中世の哲学

今道友信

The Medieval Philosophy

Tomonobu Imamichi

はしがき

本書は西洋の「中世の哲学」に関する研究書である。全体は以下の二章四部に分かれる。

それぞれの部において重要と目される哲学者の思索をくわしく辿りながら、それらがわれわれの現代や性格の定め難いポストモダンや未来に向けてのわれわれのこれからの思索に、どのような暗示を与えるかということも視野に入れながら哲学史と哲学のあるべき関わりを模索した著書である。私はもともと体系的思索としてエコエティカ（生圏倫理学）やメタテクニカ（技術連関の省察）、また存在を超えるカロノロジア（「美」の形而上学）の自分としての完成を目ざして思索している者で、哲学史家ではないけれども、西洋の中世哲学には現代が忘れている霊性や超越者への人としてあるべき憧憬や尊敬があるように思われ、この五十余年少しずつ自らの思索の遑《いとま》に親しみをこめて学んだ結果をまとめたものである。

西洋中世哲学を専攻される方々からの叱正を待つ思いを決して忘れてはいない。

私が大学一年の時に、中世哲学への関心を植えつけて下さった当時の東京大学非常勤講師の武田信一先生の霊に遥かな感謝の祈りを送る。

目次

Ⅱ　形式と方法への志向——スコラ哲学

Ⅳ　大学哲学の対極的位相

序章　豊饒なる中世——霊性の輝き

一　時間的限定と特色

時代的限定について——上限溯源のアポロギア

私は本書において西洋中世哲学について論じようと思う。私がここで西洋中世哲学と呼ぶものは、必ずしも一般に西洋の中世と言われる時代、すなわち六世紀から十四世紀の八百年余の間に成立した哲学のみとは限らない。なぜならば、本書は普通、後古代として古代に含まれる紀元三世紀頃から、ルネサンスの一部として近世に含まれもする十五世紀前半に至るおよそ千二百年間の哲学を取り扱うからである。古代や近世の領分を浸蝕するような中世観は決して常識的な時代区分ではない。従って、少なからざる中世哲学史が、学院《スコラ》の設立される八世紀中葉のカロリング王朝成立前後から書かれているのも事実である。その代表的な例は、一つはジルソン(Étienne Gilson, 1884-1978)が一九二二年に著した旧版の『中世哲学史』[1]であり、それはまさしくシャルルマーニュ(カール大帝)時代から書かれており、また、スコラ的方法に主眼をおいたグラープマン(Martin Grabmann, 1875-1949)の著書[2]であり、そこではその書のテーマであるスコラ哲学の成立以前の六世紀のボエティウス(Anicius Manlius Severinus Boethius, ca. 480–ca. 525)が重視されているが、その理由はボエティウスこそが、グラープマンによれば、最後のローマ人で最初のスコラ学者[3](der letzte Römer, der erste Scholastiker)だからである。

しかし、ジルソンは一九四八年に前掲書を、一つには文献表の充実により、一つには言及する時代の上限を引き上げることにより、改訂増補し、全く別の著書として今日でも中世哲学研究の基準と謳われる同名の著書『中世哲学史』を著したが、その最も大きな特色は、いわゆる教父時代の哲学を包含したことであり、それは時代的には紀元三世紀にまで遡ることであって、その部分は実に一七九頁に及び、著書全体の三分の一を超えるのである。ドイツ語圏でもその傾向は同様であって、哲学史の父と言われるヘーゲル(Georg Wilhelm Friedrich Hegel, 1770–1831)が十九世紀前半に著した哲学史では、中世哲学は九世紀頃からの思想として扱われ、いわゆるスコラ哲学を重視するグラープマンの遠い祖型を成していたが、例えばフラーシュ(Kurt Flasch)がその後に著した中世哲学史[4]は、その著書全体の三分の一強に当たる頁数を九世紀までに割いている。ということは、具体的には、普通の歴史では古代後期と考えられている殉教者ユスティノス(Joustinos, ca. 100–ca. 165)の時代に始まる教父学を無視しては、中世哲学は語られ得ないということに他ならない。それゆえ、それは世界的傾向なのであって、すでに英語圏では一九六七年にアームストロング(Arthur Hilary Armstrong)が、『後期ギリシア哲学および初期中世哲学』[5]という書物を著して、アスカロンのアンティオコス(Antiochus of Ascalon, ca. 130/120–ca. 68 B.C.)という、生まれから言えば紀元前一、二世紀の人であり、キケロ(Marcus Tullius Cicero, 106–43 B.C.)の師に当たる古代哲学者から、カンタベリーのアンセルムス(Anselmus Cantuariensis 〈Anselm of Canterbury〉, 1033–1109)やバグダードにいたアル＝ファーラービー(Abū Naṣr Muḥammad al-Fārābī 〈Alpharabius〉, ca. 870–950)など十一世紀あるいは十世紀の哲学者までを一巻で扱うような試みをしている。

本書がその始まりを古代後期に持つというのも、教父学(patristica)を私が重視したからである。しかし教父学は、周知のように、教父神学と教父哲学とに分けて考えることもできる。私は教父哲学を取り上げたいので、それが生起してくるのは主として三世紀であるから、本書の取り扱う時代がそこからになる次第である。

教父は、言うまでもないが、教会の父(pater ecclesiae)の略称であるし、その教会は、言うまでもなくキリスト教の教会である。従って、そのような人びとの哲学を古代後期から敢えて選ぶというのであれば、本書は中世のキリスト教哲学の研究であるのかという問いが当然生じるであろう。それに対する答えは、原理的にはそうではないと言わなくてはならない。しかし古代に関する私の語学力はギリシア語とラテン語とに限られており、ヘブライ語、アラビア語、ペルシア語、シリア語については読めるとは言えず、また実際にそれらの言語で書かれたテクストを専門的に研究したことはないので、ギリシア語文献、ラテン語文献を中心にした本書は、いきおいそれらの言語で考えた人間の哲学として、今問題となっている時代を顧みれば自ずと明らかなように、キリスト教の哲学者が圧倒的に多いことは事実である。ユダヤ教やイスラム教の哲学者たちを排除するのではなく、それらの領域も重視している点が本書の特色の一つでさえあるが、私が本書で扱い得たのは、ギリシア語やラテン語で書いた人であるか、またはラテン語訳がある学者に限られたので、キリスト教関係者が多数を占めている。しかし、このことは西洋中世哲学として見られた場合、不足であることは確かであるが、決定的な欠如ではない。なぜならば、西洋のその後の哲学の展開に大きな影響を与えてゆく思想も、中世哲学者として主力を示したキリスト教の哲学者たちのものであるからに他ならない。

内容的反省——下限設定のアポロギア

右に述べられたことを、別の視点から考え直してみたい。それは宗教性の問題である。われわれは今、前項でしきりに宗教の上で公平な扱いがあるか否かを論じていたが、そこから考えてみると、中世哲学とは、哲学としての自律性ではなく、宗教が求める理論的反省としての教義学(dogmatica)的性格を持つのであるか。これに対して、明確に言明しなくてはならないことは、中世哲学においてはじめて神学(theologia)と哲学(philosophia)とが峻別されたという事実である。それまでは周知のように、アリストテレス(Aristotelēs, 384-322 B.C.)が『形而上学(Metaphysica)』のΛ巻を基にして、そのような第一哲学をテオロギケー(θεολογική=神学)と呼んでいたのである。それに類する考え方は、恐らく『ヨハネ伝福音書』の著者にも、精神の基底に内含されていた。一人の人間が個人的に何を、いかなるように信じていようとも、その信仰や信念の内容、すなわちフィデス(fides)の対象が哲学的に論証され得るか否かは、常に問われ得ることなのである。問題によっては、例えばカント(Immanuel Kant, 1724-1804)が提示したように、哲学としては理性の二律背反(Antinomie)となって論証しようがなく、信仰の決定が哲学的に是非を論じ得ない場合もあろうし、例えば神の存在の問いのような場合に、カンタベリーのアンセルムスやデカルト(René Descartes, 1596-1650)のように証明する仕方もあれば、トマス・アクィナス(Thomas Aquinas, ca. 1224/25-74)のような証明の認定もあるであろう。その意味では、原理的にはトマスが明らかに区別したように、啓示(revelatio)に基づく啓示神学(theologia revelata)と人間の自然的理性(lumen naturale)に立脚して神をテーマにする自然神学(theologia naturalis)とは別なのであって、後者は形而上学としての哲学なのであり、これは啓示を一つの"terminus ad quem"すなわち、「課題的目標」とすることはあっても、それを"terminus a quo"すなわち「出発点」とすることはあり得ないのである。このようにして、少なくとも方法的意識において哲学を人間的理性の自律性に基づけようとしたところに、中世哲学の大きな特色の一つがあることを看過してはならない。それが自我の明確な自己発見として近世哲学の創始者と言われるデカルトに直結せざるを得ない多くの予感的模索や認識論的反省が中世において見られるというジルソンの指摘(6)を呼ぶのであり、またデカルトの問うた問いがいかに多くトマスにおいても問われているかを明らかにし、形而上学の自己進展の分節点として、トマスとデカルトを対比させるというグイエ(7)(Henri Gouhier, 1898–1994)の仕方をも肯《うべな》わしめるのである。

このように考えてみるとき、時代区分の下限についても、十四世紀で中世が終わるのではなく、近世を開いた十七世紀のデカルトまで中世哲学として続けて考えるべきではないかという主張が出てきても決して訝しくはないほどである。現実に主著の一つ『法哲学(De legibus)』を一六一二年に著し、十七世紀初頭に大家として活躍し、独裁者は殺されてしかるべきであると述べたスアレス(Francisco Suárez, 1548–1617)を、グラープマンもその『中世哲学史』においては含めているし(8)、その一世代後のピンボルク(Jan Pinborg)たちの編集した『後期中世哲学(The Cambridge History of Later Medieval Philosophy)』でも、ちょうど十六世紀の最後の年に歿したモリナ(Luis Molina, 1535–1600)と共に、スアレスはスペインの代表的哲学者として論ぜられているから、確かにデカルトの世紀の前半までを中世とする考えは生きているのである。

しかし、そのように年代を下げてしまうと、例えば人間を「世界の中心(medium mundi)」としたピコ・デラ・ミランドラ(Giovanni Pico della Mirandola, 1463–94)も、異教の性愛の女神を、裸体で描いたボッティチェッリ(Sandro Botticelli, 1444/45–1510)も、新しい信仰告白(Confessio Augustana＝アウクスブルク信仰告白)を表明したルター(Martin Luther, 1483–1546)も、みな中世の人物であるということになる。それでよいのであろうか。それらはみなある意味で脱＝中世的な考え方ではないのか。それゆえ、中世の下限をどこに求めるべきかについて考えてみなければならない。

十五世紀の最大の哲学者の一人に数えられるニコラウス・クザーヌス(Nicolaus Cusanus, 1401–64)の思想は、その思弁哲学を見れば、確かに中世的形而上学と神秘主義の綜合形態として、時によっては中世の最後を飾る哲学者とすべきではないかと見られる面も残している。しかしこの哲学者は、その主著の一つ『精神について無知なる者

〈Idiota de mente〉』において、認識を測尺〈mensura〉による測定と見る量化〈quantificatio〉の思想を展開し、その自然認識には全体としてコペルニクス〈Nicolaus Copernicus, 1473-1543〉の動的な数学的世界像が予感されるところから、むしろ近世の移行期としての後期ルネサンスの時代に相応しいのではないかとも思われる。すでにそれよりも前、十四世紀後半には、伝統的神秘思想は、近代敬虔主義〈devotio moderna〉に自らを位置づけたフローテ〈Geert Groote〈Gerardus Magnus〉, 1340-84〉によって、前代とは異質の時代に生きているという先駆的自覚が明らかに為されていた。もとより、近代的ないし近代人〈modernus〉という意識はゲスマン〈Elisabeth Gössmann〉も示すように、相対的であり、いつの時代にもあったことであるから、この名称だけであまりに多くのことを言うことはできない。しかし、少なくとも十四世紀末に書かれたそのフローテの手稿のトマス・ア・ケンピス〈Thomas a Kempis, 1379/80-1471〉によるラテン語訳『キリストに倣いて〈De imitatione Christi〉』は、一四四一年に完成しているが、その開巻劈頭には、「主は言い給う〈dicit Dominus〉」という語でキリストを指しているとは言え、全巻の基調としては、主なる創造の神に対して友なるキリストが強調され、人となった神としてのキリストに、封建的な主と僕《しもべ》との従属関係ではなく、友の関係を充てようとしている。それはもとより昔にもないわけではなかったが、すでに一四一二年に成立していた第二巻のラテン語訳のように友なるキリストが強調されているのは、イエスと信徒の関係が封建時代に特に理解されやすかった主人と従僕という関係よりも、新しい市民社会での友人としての関係で表象されるほうがより適当であり、かつ清新であるとの考え方によるのである。もとより、救い主としてのキリストは主であり、創造主として神は主であることに違いはないが、かつてモーセが述べていた神との友人関係が一般化する可能性の強い世界として、中世に対立する時代が、このようにして十五世紀には開かれかけていたのである。それゆえ、私も種々勘考して、中世の下限を一応十五世紀半ば一四五〇年前後に区切ろうと思ったのである。しかし、それだからと言って十五世紀最大の哲学者と言われるニコラウス・クザーヌスを、問題の十五世紀半ばをわずか十四年超えたというだけで中世から切ってしまうわけにはゆくまい。したがって、十五世紀のおよそ半ばまでを中世の後期の終末とすることを本書の取り扱い方としたい。デニフレ(Heinrich Denifle, 1844–1905)、ラシュドール(Hastings Rashdoll, 1858–1924)が十五世紀前半で打ち切ろうとした『中世ヨーロッパの大学史』も、そのラシュドールの改訂版を補訂したパウィック(Frederick Maurice Powicke, 1879–1963)も、ニコラウス・クザーヌスこそ中世と近世を新しい理念で結ぶ大学人として挙げている点において本書と同じ考えなのである。

哲学の自律性について

前項までの考察で、中世哲学の時代的上限や下限を、それぞれの根拠によって明確に定めることができたが、その根拠が常に宗教、殊にキリスト教との関わりにおいて語られるものであったことから、その期間内の哲学として中世哲学は、何か理性的自律性のない哲学のように考えられていることが多い。この点の誤解を解いておくことは、中世哲学に対する一般的な偏見を正すために必要であろう。

そのためには、最も中世的な哲学者の一人として万人が認めるトマス・アクィナスが最も尊敬した哲学者は、キリスト教的啓示とは全く関係のないアリストテレスであったという一つの事例を述べることは意味があるに違いない。トマスがその著書の中で単に「哲学者(philosophus)」と書いて誰かを指す場合は、周知のようにただアリストテレスのことだけである。事実トマスは、哲学は啓示に出発せず、自然的理性を表す自然的光(lumen naturale)という人間の普遍的条件から出発する論証の体系であると考えている。それでは、中世哲学はギリシア哲学の亜流に過ぎないのか。そうではない。哲学と神学《テオロギケー》(θεολογική)を志向性と方法とに従って峻別するトマスのような考え方は、ギリシアにはなかったことを想起しなくてはならない。

トマスは、哲学の志向性(intentio)は自然現象を自然現象として見て、その固有の本質に従って考えるのに対し、神学の志向性は自然現象をも神との聯関において考えるし、哲学の方法はその証明根拠を事物の固有の原因から取り出すのに対し、神学の方法は常にその証拠を第一原因から取り出すという違いがあるとする。(9) これは極めて簡単明瞭に述べられてはいるが、啓示神学と形而上学とを明確に区別する二つの徴表を示すものである。

トマスのこの考え、すなわち「哲学は、全く理性の領域に属し、そこでは理性的認識のみが取り扱われる。これに反して神学の原則は、天啓(revelatio)であって結局自明の理ではなく、神の権威(auctoritas)に基づくものである(10)」という考えは、中世哲学を代表する基本線である。しかし、これだけが中世哲学ではなかった。別の形の自律性を考えた学者もその前後にいたので、一人ずつ挙げておこう。トマスに先立つカンタベリーのアンセルムスのように、神学と哲学の区別をギリシア人同様にせず、ただ一つの思索があり、その運動のために、啓示を論理的資格としては仮設的原理と同格的・同位的に考えた人もいた。彼は、聖書は特に思索の問いを生む場と考え、それに対する知解(intelligere)を理性(ratio)による哲学としていた。そのためには、理性の目標として啓示的事項を真として信ずる必要があり、そこから有名な"Credo ut intelligam"すなわち「知らむがために信ず」、あるいは「信ずるがゆえに知るならむ(11)」という言葉も書かれたのである。

このような論理的傾向の合理化をさらに進め、これとは全く異なって、若干の基礎概念を字母によって記号化し、関係の幾何学的図表の機械的組み合わせを介して形而上学を普遍的記号学に改変しようと企てたライムンドゥス・ルルス(Raimundus Lullus, 1232-1315/16)のような人もいた。この人はスペインのマジョルカに生まれ、三十歳の頃、イスラム教から改宗した人であるから、アラビア文化、すなわちサラセン文化に通暁し、アラビアの代数学の抽象性に魅せられていたからでもあろうが、右の記号学によってキリスト教の思想を客観的に表し、イスラム教徒の改宗を企てていたのであった。

これらはいずれも一例に過ぎないが、これに類してギリシア哲学を継承してはいても、その亜流ではなく、独自の考えを展開する人びとに満ちているところに、中世哲学の興味深いところがある。中世は決して聖書に根ざす教義学やギリシアの伝統を墨守するばかりではなく、むしろ積極的に卓《すぐ》れた独創的な思索の典型の紡ぎ出されてくる時代であった。

テクストに立つこと

それゆえ歴史的な事実を凝視し、それの客観的理解を成し遂げつつ、それによる自己教化を行うという、これら二つの哲学史的研究の面に限っても、西洋の中世哲学に関しては、高田三郎に始まり、山田晶、稲垣良典たちのトマス・アクィナス『神学大全』全訳の企て、リーゼンフーバー監修の中世思想原典集成（全二十巻）、熊田陽一郎らによるキリスト教神秘主義著作集などの刊行が相次ぎ、往昔に比べると長足の進歩があるとは言え、まだ日本では充分な研究が行われているとは言いがたい。本書が、それらの点についていささかでも光を増すのに役立てば、学者としての義務の一端が果たされたことになるであろう。

しかし本書に託している私の思いは、本当はそこにあるのではない。右の哲学史的要求に応え得る研究は、すでにオーレオー（Jean-Barthélemy Hauréau）、ド・ヴルフ（Maurice de Wulf）、グラープマン、岩下壮一、ジルソン、山田晶、稲垣良典たちの著作、ケンブリッジ中世哲学史、スペインのフライレ（Guillermo Fraile）とウルダノス（Teófilo Urdánoz）による哲学史などといった形で、内外に数多く出版されているが、本書を私が特に書いた理由は、そのような歴史的関心のみによるものではない。私は、この時代に成立した夥《おびただ》しい文献において、体系的な思索の刺戟となる多くの問題の伏在と、それらをその時代の哲学者たちが考え抜いていった方法とに魅力を覚え、新しい思索への道場がここにあると思ったからこそ、この仕事に時間とエネルギーを割いたのである。中世は、歴史研究から体系的課題を喚起することが最も豊かにできるところの一つなのである。私は、人間はいつまでも過去に学ぶ必要があるとは思わない。しかしながら、哲学者は自ら新しく思索の旅を続けなくてはならず、その旅立ちに必要な力を中世哲学は与え得るはずである。否、むしろそのような力を中世哲学において発見し、それによって自らの思索を高めなくてはならない。そのとき、自ら問う者にとって過去はもはや過去ではなく、問いの次元においてまさしく現在となり、論議を尽くす友でさえある。中世哲学をこの意図で研究した例は少ないが、ジルソン、ベルリンガー(Rudolf Berlinger)、松本正夫に学ぶところ多かった。本書では、中世に書かれたもので時の腐蝕に耐え抜き今も私を励ますそれらの書物が何を論じているか、またそれらによって私において何が考えられたかが書かれてゆく。

そのような古典的書物が写本類を扱うには、それらが過去において成立しているがゆえに、歴史研究の方法としての写本研究、校訂、読解、註釈などの文献学への充分な配慮がなされなくてはならない。それらの基礎的領域に関しては、本書の中で私自らの行ったものも多少はあるが、多くはその場で一々書き録《しる》しているように、哲学史研究の基礎としての文献学的領域での先進同僚の労作に負うている。本書は、それらの文献学的研究がなければ存在し得なかった。

しかし、本書はそれらの諸研究とは性格を異にし、哲学としての中世哲学を、哲学として示したいという哲学的意図をもって書かれた。それゆえ、本書は哲学史的に発掘されてきた中世哲学を明らかにしようとするものである。このことは、無知に基づく偏見のゆえに不当に無視されている哲学的思索の園に対するいたわりの思いでもあるが、また不当に尊重されているその尊ばれ方への烈しい反発でもある。私の好まないこれら二つの対立する非学問的態度は、いずれもテクスト、すなわち原典から離れている。私は一貫してテクストを中心にして、テクストを哲学史的に読解しつつ、そのようにして純粋に抽出された意味体系としてのテクストの哲学的解釈を試みたい。それゆえ、本書で企てられた可能な限りの哲学史的彫琢は、それに思弁的な思索の燈火が当たるとき、ゆらめく影のようにして誘われ出てくる新たな未知の思索の誕生のためなのである。

私の読んだテクストの数は限られている。それでも、本書には通史としての性格をできる限りは与えたいと努力しているが、それに必要な学者や事項の中で取り扱えなかったものがなお多々あるのは止むを得ない。従って、中世哲学全体としての歴史的展望をあらかじめ示しておくことは、本書の場合、必要であろう。そこで次節において、そもそも西洋の中世とはいかなる時代であり、その時代の哲学が、もし全体として性格づけられるならば、どのように述べられるべきかについて、概観的に展望してみることにしたい。その際、中世と言われるものは、すでに説明されたように、その上限も下限も、本書で試みる限定によって区切られる。

二　自由と思索の故郷

人間への普遍的関心について

人間が動物一般と異なるのは、本能的に決定された若干の選択肢の間で可能な工夫を凝らすだけではなく、その枠を越えて、幾つもの選択肢を個人的に創造することができる自由を与えられていること、およびそのような自己決定が思索によって形成され道徳的責任で支えられるときにのみ自由と言われるのであるから、自由と思索とが人間の最も尊い徴表であると言うも過言ではない。人間の何たるかを思おうとするとき、人はこれらの問題に関する過去の省察を顧みなくてはならない。文化の歴史を無視することは、原始からの出直しという反復に堕するからである。人はこのとき、西洋中世の書物に従来よりもはるかに強く関心を持つべきであろう。というのは、近代や現代の書物は人生の一局面、例えば政治や恋愛、仕事、革命、経済、芸術や教育などについて、それぞれ鋭角的に他者操作の方法を論じているのは確かなことであり、それらも大切であろうが、「人は無限者を受け取る有限の器(Homo capax finitum infiniti)」や「人は行人(Homo viator)」などの語に刻まれているような、人生全体にわたって本当に考えさせる規模の大きさと、しかも心の高さや深さを示す思索を含む書物はさらに重要ではないか。必ずしも多くの人びとによって知られてはいないが、そのような著作が西洋の中世に多数あることは、動かしがたい事実である。

これに類似のことは、可視的な文化現象、例えば建築物についてみても明らかに認められる。近代や現代に建てられた代表的な大建築は、先端技術を駆使する設備の整った工場や官公庁のビルディング、ホテル、議事堂、自動車道路、鉄道の駅、空港施設、大病院、高層巨大住宅、大企業の本社ビルディング、銀行、大音楽堂、大劇場などであろう。そのいずれにおいても人生の重大な決定が営まれているのは疑いもない。すなわち、仕事、政治、学習、家庭、娯楽というような、いかなる人生もそれを抜かしてはあり得ないような作業が生き生きと行われていはする。けれども、それらはいずれも人生の一局面でしかないという事実を誰しも認めることができるであろう。近代以後、一人の人間はかくも甚だしく分裂して、各局面に適応した態度を使い分けている。そのいわば分散した機能はそのような人間を、家庭においては、また友人同士においては、一つの技能主体としての個物から、一人の個人に立ち帰らせるかもしれない。しかし、彼のそのような自己回復ないし自己統一は、要するに人間が出先からその巣に帰ったというだけのことで、それはつまり高度な技能状態から普通の人間に戻ったに過ぎない。ここではまだ、より高度の技能へではなくて、より高い人間へという、そういう人生の思索や反省が行われているとは限らない。読書の夜は一般的に見る限りでは侵され方も甚だしく、電気は書物を照らす奉仕者よりも、官能を刺戟する映像となって主役化し、人を楽しませたり、技能的に訓練させたりしている。いわんや、瞑想の夜は少ない。何か人を本当に人としてその人生の省察に向かわせるようなものがない限り、現代は、奈落への経過を辿るとまでは言わなくても、大切なものを忘却する軽くて品格のない技能動物への降落に人を近づけていると言わざるを得ない。それはまさしく、ひたすらなる没落に他ならない。それなのに、人生についての真に本格的な思索や修業や思いやりのある勧告を介して、人を単なる技能者(homo technicus)としてではなく、人を人として(homo humanus)向上させようとする本格的な営みの行われる場所は、特にこれほども設備の整う現代において、現代を代表する建築物の中に数えられることはない。

中世にもそこで政治が行われ、軍事が営まれる巨大な建物としての城もあった。しかし、城は決して中世を代表するものではなく、古代にもあったし、近代の宮殿もいわばその名残であろう。中世を代表する大きな建築物は教会の建物、すなわち寺院や修道院であろう。確かにそれらは近代にも現代にも造られ、建てられはする。しかしこの新しい時代を代表する建物は、必要以上に中世に負い、中世のまま残っている多くの寺院をいわば範型として新たに建てられる場合が多く、際立って現代の代表となってはいないし、仮に現代風の卓れた建築として聖堂が建てられることがあっても、それが必ずしも内省や祈禱にふさわしいか否かということになると疑問が多い状態である。なるほど、時代を代表する巨大な建築は古代にも神殿として存在したと言えるかもしれない。しかし、神殿の知恵は多く民族や国家のためであって、必ずしも人類全体に対する普遍的な人生についての教えのためではなかった。それゆえ、壁画や飾り窓や柱飾りに至るまでが、すべて人のまことの生の救いの教えに尽きており、またそのことに関する儀式や勧告や思索が営まれるところのキリスト教の教会が、いかにそれら古代の神殿と本質的に異なっているかを今さらここに述べるまでもあるまい。要するに、そのように人間(homo)を、人類(humanitas)と個人(individuum)という広袤《こうぼう》と深さにおいて捉え、その意味で本当に人生を主題とする省察のための建築が中世を代表する文化財であることは改めて注目すべきである。なぜならば、現代においても世界のあらゆる建築物の中で最も大きく、最も美しいものの一つに数えられるもの、例えば、シャルトルの大聖堂、パリのノートル・ダム、ケルンの大聖堂、モン・サン・ミッシェルなどの教会が、他の建物や設備が今日より遥かに単純で幼稚であったその時代に、全人類の一人ひとりの人生の救いのための教えに対して捧げられているからである。

空間における右の明らかな特色が暗示するように、中世はその前後のどの時代よりも、人生についての深く、そして正確な瞑想や議論が多かった。ブルクハルト(Jacob Burckhardt, 1818-97)やペーター(Walter Peter, 1839-94)はルネサンス芸術の輝きに見とれ、中世をこのようにしては知らなかったから、ルネサンス以前は暗黒であると言うが、彼らの中世観はすでに西欧の学界では訂正されているけれども、我が国では今も中世を暗黒の時代であるかのように思う人びとが多い。それと関わりがあるか否かは知らないが、日本では中世文学と言われる書物でも、多くは中世末期のフランスやドイツの方言で書かれたものしか紹介されてはいないし、出版される多くの哲学史の場合でも、中世はそれだけで独立した巻を与えられないのが普通である。何か人間性を抑圧した野蛮な秘教の雰囲気や公式的な説教しかこの時代にはないと思う人びとが多い。そういう一般的な風潮であるから、何故《なにゆえ》中世哲学の研究が哲学を学ぶ者にとって必要であるのかということについて、ニュッサのグレゴリオス、アウグスティヌス、ボエティウス、クレルヴォーのベルナルドゥス、カンタベリーのアンセルムス、アベラール、アッシジのフランチェスコ、トマス・アクィナス、ボナヴェントゥラ、ドゥンス・スコトゥス、ウィリアム・オッカム、『キリストに倣いて《イミタティオ・クリスティ》』の著者、ニコラウス・クザーヌスなどと次々に挙げてみると決して少数とは言えない卓れた哲学者に満ちているところの中世の人生論を介して、ごく必要のことを述べておかなくてはならない。

中世における人生論と労働

何にも増して中世の特色の一つは、言い古されたことではあるが、「労働が歓びである」という瑞々しい人生観であろう。これはキリスト教の精神における著しい美点である。確かに『創世記』では、労働は楽園を追放された人間に対して下された神罰として罪の記憶とつながっている。(12) そして事実、いつの世でも労働は苦労を伴うものである。けれども、その苦労はわれわれの時代に多くの人びとが考えているような必要悪、できるならば無くしてしまいたい嫌悪すべきものなのであろうか。それは生活のために止むを得ぬところの努力なのであろうか。シャンティにあるランブール兄弟(13)の筆になるという『ベリー公のいとも豪華なる時禱書(Les Très Riches Heures du Duc de Berry)』と呼ばれる暦の細密画《ミニアチュール》を見てみると、例えば二月、凍る氷花の森で木を切る男、ウサギウマを連れて街に買い物にゆく人、働きの中休みに暖炉であたたまる人たち、どれを見ても生き生きとした内的な喜びに満ちた顔であって、冬の厳しい自然を克明に描いていても、全体は静明な楽しい印象である。また今は一つの廃墟のようにも見えはするが、ロマネスクの時代のものであるヴェズレー大聖堂の装飾彫刻は、前の例と同じように農夫の労働の力のこもった、しかしいそいそとした立ち居振る舞いが実に印象的である。さらに、シャルトルの大聖堂の宝石よりも深い輝きの色彩絵硝子窓《ステンドグラス》の画面の下隅には、それを寄進した組合の職人の労働状態が表されているのが普通であるが、蹄鉄工の姿などがその律動を暗示して描き出されているところなどにも、しがない庶民の平凡な労働が希望に満ちた意味を持っていると思わせる。もしこのような例を他にも挙げよと言うならば、人は旅に出て、または美術全集の巻を繙《ひもと》くなりして、中世に建立されたいずれかの大聖堂の彫刻か、ミニアチュールの暦でも祈禱書でもを探して見さえすればよい。中世においてはキリストを中心とする人びとや聖人の他には、人が見ることのできる人物像はただ嬉々としてその労働にいそしむいわゆる一般市民、庶民の姿しか見あたらず、マール(Émile Mâle, 1862-1954)も言うように、聖堂のどこを探しても権威を振るう王や支配者の脅威的な像は皆無である。もしそこに王が彫られているとすれば、それはダビデや聖王ルイのように、彼らが聖人なるがゆえなのであって、彼らが王たるがゆえではない。これは一体いかなる理由によるのであろうか。どうしてもわれわれは、労働に対して楽園追放の帰結としての下降態とは別の上昇の意味、一つの積極的な意味付与が中世を支える思想において行われたのであろうと推定する他はない。それは何であるか。

キリストの十字架上の死は、神に対しての人類の贖罪を可能にした唯一の方法であった。その復活は、自然的存在者の存在の終わりたる死への勝利として、そのまま原罪の罰として取り去られて久しかった超自然的恩寵の回復を意味し、結局は天国への道が開かれたことに他ならない。アダムによって辿られざるを得なかった楽園からの下り道は、キリストによって再び神のもとに帰るための上り道に変えられたのである。今ここで、そうあるべき所以をさらに詳述することは、宗教書ではない本書としては省略しなければならないが、キリストの死の犠牲を介して、人類の永遠の救済が可能となったことによって、労働も以下に述べるような新しい意味を持つことになった。

労働に伴う一つ一つの苦労や犠牲はキリストの十字架の贖罪にあやかるものとして天国への歴程となり、一つ一つの仕事の完成を目指す労働は、神の救いの大業に対する協力という聖なる課題を背負う。救われた状態とは、天国における神の観想、すなわち contemplatio であるから、労働の完成が観想に至る道なのである。「仕事が人を聖化するのではなく、人が仕事を聖化する」[14]というエックハルト(Meister Eckhart, ca. 1260-1327)の言葉を見てもわかるように、労働の対象や状態がたとえ同じであっても、その主体が労働にいかなる意味を見いだすかによって、それが聖なるものとなるか否か、ひいては世界に人を介して神の聖旨が行われてゆくか否かを決することになってゆく。従って、労働の種類はいかなるものであっても、そのことに貴賤の別はなく、一つ一つの働きが生活のためということだけではなく、それを超えた天への梯子の意味を持つことができる。それは、機械によって労苦が減らされ、効果が増加され、その結果のゆとりで遊び楽しむというような、そして労働自体を必要悪と見なしたり、金銭獲得の手段とのみ考えるような、そういう労働観とは全く違う。何も私は労苦をそのまま残し、仕事の効果も低め、遊びをするなどと言っているのではない。ただ、世の中に労働がなくなることが理想なのではなく、自分が労働しないことが理想なのではなく、しなければ生きられない人はそれが単にパンのみのゆえではないことを知って喜んで為し、しなくても生きられる人はそのままでは飼育されている愛玩の鳥と同じであることを恥じて、自己の周辺にいかなることであれ、小さな善の可能性を求めて、むしろ無報酬の労働を喜んでしなければならないという考えなのである。奉仕志願《ボランティア》の思想もここに根ざす。

人はこのようにして、古代世界に常識であった人生観、すなわち奴隷に労働させるという考え方が二重の間違いであることを知らなければならない。何故《なにゆえ》二重の間違いなのか。一つには、それは人が神の被造物として平等であることに対する誤った思いなしによる差別観に根ざすということ、今一つは労働を何らか厭うべきもの、卑しむべきものと見なす現世的・逸楽的な世界観がどこかに潜んでいることに根ざすというこの二つの大きな誤謬である。これは古典古代がいかに卓れた文化を持っていたとしても恥じなければならない二つの人間学的な見落としなのである。たとえ古典古代当時のギリシア・ローマの奴隷が、いわゆる奴隷制度の奴婢とは全く異なった厚遇を受けていた者であったにしても、市民権が与えられず、命令によって何であれ行うことが要求される召使いが、古典古代においてさえ、市場で売買の対象になっていたことは許されないことであろう。それゆえ、中世の人びとは奴隷の労働ではなく、自由労働を実践し、彼らにおいては生活の手段のための苦労はまた、そのまま天国への贖《あがな》いの喜びであった。この考え方が、人類はみな神の前には罪人として平等であるという基本原理とともに、中世におけるメルセス会、その他の修道会による奴隷制度の廃止運動の原動力であった。

シャルトルの大伽藍と言えば、誰しも人類が今までに作り上げた建築物のうち最も壮大で崇高で、しかも美しい作品の一つに数えることをためらわないと思うが、そのゴシック式の大聖堂がどのようにして出来上がっていったのかを、すでにロマネスク風の大寺院ができていたモン・サン・ミッシェルにゆかりのロベルドゥスが一一四四年に書いているが、それによれば、信者たちは石や材木を持ち寄って嬉々として、しかし沈黙のうちに天に向かう堂塔を憧れをもって造っていたという。このようなことを考え合わせてみるとき、人は何故《なにゆえ》ベネディクト会大修道院をはじめとするいわゆる修道生活が、いっさい自給自足を原則としていたかを根底から理解するであろう。それは働くことの宗教的喜びにつながるからである。

しかし、それは何も仕事の鬼となれというような過大で独占的な勤労の勧告ではない。すでに、もてなしの忙《せわ》しさに取りまぎれたマルタが、主の御もとに坐して御言葉を聴いていた姉妹のマリアを見て、「主よ、わが姉妹、われを一人のこして働かするを、何とも思い給わぬか、彼に命じてわれを助けしめ給え」と言ったのに対し、「マルタよ、マルタよ、汝さまざまの事により思い煩いて心労《こころづかい》す。されど無くてならぬものは多からず、唯一つのみ、マリアは善きかたを選びたり」(15)という主の御言葉に明らかなように、本当に必要であり、しかも労働を右に述べたように意味づけ得るのは、神との対話、すなわち祈禱に他ならない。従って、中世の今一つの大きな特色は、祈禱の精神の発展である。祈禱はもとより時代を問わず行われてはいる。しかし、聖務日課のごとく、みごとな祈禱の典型が中世に出来上がったり、典礼をはじめとするあらゆる信心の業で今日見いだされるものがほぼすべて中世に起源を持つものであるということを考えてみれば、わけても中世が祈禱の世紀であったと言うことはできよう。

ところで、一時の激情的な祈りではなく、永続する真面目な祈りは、決して感情の所産に過ぎないものではなく、神の実在を理性的に認め、その見えざるものとの交わりを意志的に維持する精神的な努力を必要とする。中世は人間の理性が第一義的のものに向かって純粋に論理的に自己を展開させた稀な時代でもあったが、しかし、理性のその運動の原型はすでに古典古代にもなくはなかった。その良い意味での古典主義に立脚したところの、理知が優位を占める知性的な中世を象徴するものとしてプラトンの系統を引くカンタベリーのアンセルムスの『プロスロギオン(Proslogion)』や、アリストテレスの註釈を多数書き、そしてその方法を踏襲して新しい体系を展開させたトマス・アクィナスの『神学大全(Summa theologiae)』や『対異教徒大全(Summa contra gentiles)』(通称『哲学大全』と言われているもの)をはじめとして、多くのテクストを想起すべきであろう。その理性的中世の片鱗を、読者は本書の各章でそれぞれ代表的な哲学者のテクストを介して、さまざまなテーマに関する揺るぎない論理的な筋の運び方に充分偲ぶことができると思う。しかし、理性が認めるその見えない実在を常に念頭に保ち続けるために、強固な意志を育成することは、とりわけてこの時代の特別な配慮であったのではないか。労働への喜ばしい意欲も、自己犠牲すなわち献身の美徳が生んだ厳しい戒律の修道生活も、当時の宣教運動も、みなその成果であろう。その意味で、中世は自由な決断とそれを維持する道徳的な操について真剣な時代であった。そのため、ともすれば自由は道徳と意志の問題と考えられ、神の選択、人間の選択の自由などがすべて意志に還元されて論じられている。私自身は自由は理性の問題であり、意志とは関係ないと思うが[16]、中世では自由は主として意志の問題であった。しかし、人間的意志がまだそれだけでは充分な力ではなく、その由来もその発揚も結局は神の恩寵に関わるという実情を、聖書神学、自然神学(形而上学)、倫理学の三方面から論理的に示す必要があり、トマスの考えを見ればその配慮がなされたことは認められるであろう。そして、この壮大で強固なキリスト教の世界観に基づく意志論は、表面的に見るならばストアの哲人に過ぎないかと疑われもするようなボエティウスの、主を一度も露わには呼ぶこともない文章が綴られている『哲学の慰め(De consolatione philosophiae [Philosophiae consolatione])』においても、「すべての必然性から解放された意志に賞罰を与えることは、不当な掟ではない。(中略)慎ましい祈りを天に捧げよ。(中略)あなた方は万物を見通す裁き主の目の前で行為しているからである[17]」という結びが読まれるのを見れば、純粋な哲学的思索の行き着くところの一つは確かに祈りであるのを知ることができよう。

これらの言葉はすべて、哲学以外のあらゆる科学や技術の示す解答とは次元の異なるものである。言葉で言えるが記号では尽くせないものもある。現代、われわれの周囲には、科学や技術が問題としない事柄を扱っているということや、科学の答えとは異なっているというただそれだけの理由で、中世の書物を過去のものと軽んじる傾向がいまだに残っている。しかし、人間の生きる人生とは、科学で始末できるほど簡単なものではない。ここに収められた哲学者は、後述するように、氷山の一角に過ぎないが、虚心に読む人にも、偏見をもって読む人にも、理性と意志と情緒との果てしない世界を暗示するに違いない。もしそのようにして、問いかけが自己の周囲の世界や事物から自己自身に向けられ、自己とは何か、自己とは誰であり、どのように生きるのが本当に正しいのか、自己の求めなくてはならないものは本当は何なのか、というように考えてゆくことこそ、誰にとっても最大の、そして忘れてはならない問題であるということが自覚されてくれば、人は確かに反応や反映や反射の主体の次元から、反省の主体に上昇したのであり、つまりは人のあるべき姿になったと考えられる。人生とは本来ここから始まる。そしてこれを失ったとき、そこには機械のような技能を持つ人面の獣しかいない。われわれは互いに、内面への広がりを持つ人生を歩むように努力しなければならない。そして、見えない内面の充実ということを体験してゆくにつれて、見えない実在への確信も強まり、その論証も理解できるようになるであろう。実際、ボエティウスの言うとおり、「美人の臓腑さえ見透せない視力」[18]に象徴されるように、外面にとらわれるだけのわれわれの感覚に頼り過ぎれば、われわれよりも感覚の強い動物に対して、われわれ人間が優越を保つことさえ不可能になるはずではないか。

中世哲学の資料

右に述べたような労働、それはほとんど手仕事であったが、それへの愛と、その労苦を神への贖罪として耐え喜ぶ意志の強さとは、学問や研究の世界にもひときわ目立つ貢献をもたらすことになった。この時代はむろん、西洋にはまだ印刷術がない時代であったが、人びとは実に丹念に勤勉に莫大な写本を作製した。今日われわれがギリシア・ラテンの古典を味わうことができるのも、全くこれらの写本活動に負うており、それがまたいかに確実度の高いものであったかは、少しでも古代や中世の文献についての原典校訂の業を試みた人には驚嘆をもって体得できる事実である。稀に古代の写本が、例えばオクシュリンコス出土版のように、プラトンやアリストテレスの古代の古写本がわれわれの目に触れることがあるが、それら紀元前のものと、九世紀から十三世紀にかけての夥《おびただ》しい諸修道院の写本群との差異は、ほとんどないと言ってもよいほどである。それは真理への敬虔な憧憬が学問を重んじたことと、そのために必要な資料作成や筆写などという目立たないが最も基礎的な労働に対する誠実な努力の念が一字一字を重んじたことによる。このような労働への努力は、しかし単に古典文化財の維持にのみ向けられたのではない。この時代は、これらの古典を自然とするならば、トマスの言うとおり、「自然を破壊せず、これを完成するところの恩寵」(19)にあたる聖書や聖伝に結晶する神の啓示に基づく独特の思索を展開し、実に多くの書物、手稿本とその写本を生んだ。ほとんどは極めて高度に学問的であるから、直ちに一般知識階級の読書の要望には向かないにしても、それに適したものも少なくない。いずれにしても、重要なその時代の著者と著書名や写本などは、いずれも必要に応じ、それぞれの章で少しずつ列挙されるとしても、まず中世の書物の量を述べておきたい。

本書ではキリスト教の初代著述家、すなわち教父たちも中世の中に含めて考えるので、主に教父に主眼をおいて編集されたものの一例を挙げると、聖マウルス修道院が永年にわたって編んだものを基にして、十九世紀にパリでミーニュ(Jacques Paul Migne, 1800-75)が刊行したミーニュ版教父全集が広く知られているが、縦二十七センチメートル、横十九センチメートルの大判に二列組で稠密に印刷され、平均千九百頁のものが実に三百八十三巻ある。そのうちギリシア教父の分はラテン訳が対訳の形で含まれているから、原典の分量は半分にしたほうがよいが、そのようにして数えても約三百巻余りである。この巻数の多さにもかかわらず、これは今も述べたとおりコプト語やアラム語やシリア語の教父を除いており、しかも固有の意味の中世の著作家のものには主力を注いではいない。

さてその固有の中世の代表的思想家は、例えばアンセルムスにしてもトマスにしてもボナヴェントゥラにしても、その全集はデカルトやカントの全集のように大きく、またその他多くの学者たちには今日でも未刊行の手稿群が多数あって、パリやミュンヘンやローマなどの大学や研究所では今日もその整理や解読に忙しい。従って、仮に欧米で刊行された中世哲学の原典の文献だけを日本語に訳すとしても、それは普通の大きさの邦書では一万冊に及ぶのではなかろうか。そしてそのほとんどが難易の差こそあれ、みな神学と共に固有の哲学の問題に関する省察を含まないものはない。われわれがそのどれを読んでも、ジルソンやグラープマンというような一流の学者が、「十三世紀、十四世紀までの中世思想家の中になかったもので、近代や現代になって発見されたという良いものが果たして哲学や神学の中にあるであろうか」と訝るのも、あながち誇張とも言えないものを感じるに違いない。もっとも、私は何もこのような中世主義者たちの意見を採る者ではない。現に私自身も、新しい問題視野から新しい方法をもって新しい思索の体系を試みている哲学者に他ならない。しかし、人びとはこれら中世の思索家たちを今少し正確に学ぶことにより、何ものにも代えがたい新しい示唆を何ほどか得るに違いない。なぜならば、そこには純粋な論理をもって人間の最も深い問題を考え抜こうとした数々の範例が満ち溢れているからである。

後古代の思想と教父哲学

すべての時代は、それ自身のためにあるような一つの独立した意味を持っているはずである。従って、歴史的に見るということが、いつも過程として見るということと同じではない理由もそこにあるわけであろう。しかし、人間が時をかけて形成してゆく一つ一つの事象について見る限り、すべての時代は動きにおいて次の時代を用意する次元として示されてもよい面を持っている。

さて、今われわれが顧みた中世は、西欧に関する限りはキリスト教の精神が、イスラム教やユダヤ教と競合しながら根深く文化の中に浸透し、一つの高い哲学を展開していった時代である。一言をもって尽くすならば、神と人との唯一のあるべき関係を理論的にも省察し説明していった時代である。このような問題の理論的研究が可能であるためには、少なくとも次の三つの条件が必要である。まず最も基本的なことは、そのような関係に対する関心であるが、これはキリスト教そのものの存在によって明確な関係が明示された以上、肯否いずれにもせよ、人びとに関心を向けさせるには充分であろう。次に、少なくとも外的な秩序のあることとそれの支配者としての神の実在ということを論証するに足るだけの客観的形而上学の是認であるが、これはたとえ創造主という観念には至らないにしても、神の非物質性とその物質支配とを論証するものとして、ギリシア・ラテンの古典哲学が何よりもみごとに果たした仕事の一つであった。第三に、ソクラテス(Sōkratēs, 470–399 B.C.)やプラトン(Platōn, 427–347 B.C.)というような人びとによって培われたところのギリシア古典哲学の成立の要諦であったもの、すなわち峻厳な自己反省である。これは、外在的な秩序の方向から進む考究と並んで必要なものであり、しかも最も大切な内面の問題なのであるが、これが充分に成熟し深化したのは、ヘレニズムおよびそれに続く後古代の時代であった。「勇敢」や「正義」のような徳目も、その時代に至ってはじめていわゆるポリス(都市国家または社会)を離れて個人の問題となったし、それと呼応して、「自由」や「生死」や「信仰」が自己の人格の抜き差しならない存在に関わるということが次第に強く意識され、その結果、いろいろの宗教哲学的な思想体系が結晶してくるに至る。これを代表するものが、後古代に隆盛を示したストア学派と新プラトン主義の考えであった。これらが人間を内的なるものとして捉え、前者が倫理学と自然神学を、後者がイデアへの超越としての霊的浄化と世界発生の秘密への接近を企てたとき、すでにそれによってキリスト教的中世の偉大な思索への準備は整えられたと言ってもよいであろう。このことは、最も初期の護教家ユスティノスの精神的遍歴を見ても明らかである。『ユダヤ人トリュフォンとの対話(Dialogus cum Tryphone Judaeo)』の中で、彼は自己の真理探求の歴程を録《しる》しているが、それによると、彼はストア学派、逍遥学派《ペリパテティコイ》、ピュタゴラス学派、プラトン学徒を歴訪し、プラトン学徒が最も真理に近いと思っていたところ、一人の老翁に会い、その問いかけに応じて論じ合ううちに、結局、神の恩寵なしには理性のみをもっては神に達し得ぬことを悟り、降参し、示される聖書を手にしてキリスト教徒になった。そしてそのとき彼は、「かくしてまたこの故に我は哲学者となりぬ(20)」と言っているところから見ても、すでに彼がアウグスティヌスの「真の哲学者は神を愛する人である(21)」という言葉に相応ずるところの、霊性と理性との方向の一致を、すなわちやがて中世を性格づけるところのあの理性の局限までの努力を宗教においても企て、それによって人間の有限と神の無限をかえって明らかにする方法を採っていたことは確かである。ユスティノスとこの老翁との象徴的な光景は、前に別な文章で述べたこともあるが(22)、まさしく千八百年後のニーチェ(Friedrich Wilhelm Nietzsche, 1844-1900)の『ツァラトゥストラ』の冒頭と相似た舞台における、まったく対照的な会見であるのも興味深い。

それはそれとして、ユスティノスの時代では、逍遥学派もピュタゴラス学派もプラトン学徒も、みな内実は新プラトン主義であったと見てよいので、つまり、一人の偉大なキリスト教思想家としてのユスティノスの生成のためには、神への関心とストア哲学と新プラトン主義とがまず自然的基礎として必要であったと言うこともできよう。このように見るならば、後古代の哲学がいかに中世の高度な思索に先駆け、または質料としての大切な役割を果たしているかは明らかであろう。試みにエピクテトス(Epiktētos, ca. 55-ca. 135)を開けば、劈頭にしてすでに、「ただ一つだけは例外として、一般にいかなる技術、能力にしても自己を考察の対象にするものは、君たちには見いだされないであろう。(中略)この能力は一体何か。理性能力である」[23]と言って、内省、すなわち自己についての省察としての哲学の第一歩が指摘されている。その後に人の品位の拠り所として自由な人格を挙げ、そしてその自由を守るためには、神の求めに応じて神より受けたものを神に差し出せという、いわば捨て身の強さを暗示する。これは必要な変更を加えれば《ムターティス・ムタンディス》、もはやキリストの教えに近い。試みにプロティノス(Plōtinos, ca. 205–ca. 270)を開けば[24]、「美自体、すなわち善そのものは徳よりも先に、しかもそれを超えた彼岸にあり(中略)、徳は何らかの仕方でそれに与《あずか》ることによって、善きもの、美《うるわ》しきものとなる。故に、徳よりも先に登ってゆく人は、美つまり善を持つことになる」というところでは、プラトンそのままであろうが、「それと同様に、また、悪徳から下へ降りてゆくと、人は悪自体を持つことになる。すなわち、悪そのものを観照する人は、つまりは(中略)悪そのものに与っていることになる」と続けているところからすると、プラトンのイデア論における理念としての価値と普遍としての価値のある種の混同を全く是正して、神の直観はその中に一切の否定的なものを含まない真の至福直観であると同時に、徳がそのような超越を可能にする浄化の階梯であるという考えがあり、その限りでは、もし悪そのものというような言語に対して慎重でありさえすれば、すでにクレルヴォーのベルナルドゥスやトマスの考えが何らかの但し書きなしに、後古代の哲学において萌芽として認められるであろう。創造と救済と祈禱と贖罪と秘跡一般とは、さすがにこれら後古代の哲学にそのまま現れはしないけれども、父なる神のもとにおける至福を求めて真理に至ろうとする自由な人格の向上としての人生という構図は、右のように、この時代に明確に形成され、そのまま上からの完成を待望しつつ、中世への道を整えていたわけである。これら後古代の文章は、比較的、体系的にまとまっているのにどこか待降的(adventique)な韻を感ずるのは、その論理の形式的非充足性によるのではなく、こういう内容の自律性の論理的限界によるのであろう。このことを考えてみると、なおさら教父哲学の意味が大切であることがわかってくる。それは上げ潮のようなこの後古代の宗教哲学的な憧憬に、一つの補完的な解答を用意した時代なのである。

従って本書は教父哲学を、時代的にはむしろ後古代に属するが、内的に中世においての自己完成に苦慮している思想として詳しく論じたいと考え、第一部を教父哲学にあて、第二部のスコラ哲学と並べている。この教父哲学を中世哲学に含ませることの可否は、確かに問題であろう。教父の主な関心は教会を理論的に支えることであり、全体の方向は神の受肉としての「神の人間への一致」を神学的な根拠としており、ギリシア哲学の「人間の神への一致」を到達点とする哲学とは逆なのである。一九二二年にジルソンが『中世哲学史』を書いたときには、後の版で百七十九頁を占める教父の部分はほとんど含まれていなかった。それがその当時としてはむしろ普通であったのは、教父を中世哲学者としてみるべきか否かについて決断がつかなかったこともあろう。しかし、これらの問題はすでに本章の冒頭で触れたことであるから、反復を要しないであろう。ただ、スコラ哲学と大学哲学とを分けてみたことについては、どうしても多少の説明が必要であろう。

キリスト教世界における学校制度は、初期教父の時代から営まれた知的事業の一つであった。例えば三世紀初頭にはオリゲネス(Origenēs, ca. 185-ca. 254)がアレクサンドリア教理学校を組織していたし、四世紀にはアウグスティヌス(Aurelius Augustinus, 354-430)がミラノの学校で教えていた。アウグスティヌスは修辞学を教える際、聖書ばかりではなく、キケロをはじめとする一流の古典著述家の著作を教材に用いるなど、子弟の古典教育にも努めた。これらの教育施設ではテクストの編纂にも力を注いでいたことに鑑みると、キリスト教はその初期から、聖書をはじめ古典の保存という文化事業を果たしていたと言えよう。さらに、ヨークのアルクイヌス(Alcuinus〈Alcuin〉, ca. 730-804)がローマをはじめとするキリスト教の中心地に古典教育の学校を建てたのは八世紀であったが、九世紀になるとカロリング王朝のシャルルマーニュの時代にこれらと内容および目的をまったく異にする、真に中世を代表する教育機関、スコラ(schola)が各都市に設立されていった。

このラテン語のスコラは、周知のように、閑暇を意味するギリシア語のスコレー(σχολή)に由来して、今日の英語のスクール(school)、すなわち「学校」の元の言葉であるから、スコラをそのまま学校と訳してもよいが、慣行として「学院」と訳されている。「学院」という「学校《スコラ》」は大別すると、「宮廷付属学院」「司教座聖堂付属学院」「修道院付属学院」の三種類があった。宮廷付属学院は、主として貴族の子弟を教育するとともに優秀な官吏の養成を目的としていた。司教座聖堂付属学院は、教区司祭を養成することを目的とし、修道院付属学院は、いわゆる学僧をはじめとし、知的な修道者を養成することを目的とした。これらの学院はいずれも、立派な教室、図書館、寄宿寮を持っており、今日もその偉容をそのまま残しているところもあるが、そこでは人文系の基礎学科として文法、修辞学、弁証学の三科と、理科系の算術、幾何学、音楽、天文学の四科、合わせて七つの学問(artes liberales, すなわち自由学芸)が教授されていた。つまりそれぞれの学院では、これら七つの学問を一般的な基礎的教養の必修科目とすることで、右にも述べたように、有能な官吏、卓れた司祭や学僧の養成という職能的教育が行われていたのである。従って、修道院付属学院でのアンセルムスの例に見るような、独創的な哲学者や神学者を育てるという結果も生じているが、学院《スコラ》での学問研究の目的は、多くは真理そのものを探求するというよりは、アウクトリタス(教権)に基づいて、実社会に直ちに役立つ学問を人びとに授けるというものであった。

しかしながら、実社会に役立つ学問ではなく、いかなる世俗的干渉からも自由に、純粋に真理の探求としての学問を研究したいという人びともその一方に登場し、そのような人びとが次第次第に集結するようになる。そして、自由に研究を積むために、誰からも支えられずに自分たちだけで学問を研究する団体を作っていこうという運動が、十一世紀後半から起こり、十二世紀にそれが「大学」という制度として実ることになる。この運動の先覚者はピエール・アベラール(ペトルス・アベラルドゥス)(Pierre Abélard〈Petrus Abaelardus〉, 1079–1142)である。彼は私立の学院を建て、全欧州の秀才を集め、新しい学問の場を形成し、それにより大学制度の確立のための橋渡しとなったのである。アベラールのこの功績は、中世における独特の真理探求の場をもたらす文化運動として、特別に記憶されなければならない。

今日、大学は英語で university と言うが、元の言葉はラテン語のウニヴェルシタス（universitas）である。ウニヴェルシタスのウニ（uni）とは「ウーヌム（unum＝一つ）」の変化形であり、ヴェルシタス（versitas）は、ヴェルトー（verto＝一つの方向を持つ）から派生したものであるから、ウニヴェルシタスとは、一つの方向に向かって共同で進む団体という意味で、もともと同業組合を指し、十一、二世紀の記録に散見する当時の新語であった。また石工《いしく》、皮革製作工、ガラス工芸職人、鍛冶屋などさまざまの生活共同組合が同業徒弟の技能向上や相互補助に尽力し、五月一日の「聖母の日」に各組合の旗を立てて賃金値上げなどの要求を教会責任者の司教や行政責任者の領主に申し出るなどしていたが、聖母の祝日である五月一日のこのような半ば祝賀的行事が現代のメーデーの淵源となっている。このような同業組合の一つとして教授、学生、事務担当者が一体となって、スコラとは別に「真理の学問的研究」という「一つの目的に向かって共同する団体」として「大学《ウニヴェルシタス》」があった。いつの間にかこの学問的なトポスの勢力が全欧に波及し、他の組合は「コングレガティオ（congregatio）」、「コレギウム（collegium）」、「ギルド（guild）」の名で呼ばれるようになり、十三世紀には「ウニヴェルシタス」と言えば全欧で直ちに「大学」を指す普通名詞に転位してゆき、その速度の急激な伝播は西洋文化史の謎の一つに数える人も少なくない。確かにその語意がその制度と共に後発であるにも拘わらず、文化的に純度の高い方に社会全体が賛同を示すというところに、西洋中世の不思議な特色が秘められている。

I

信仰と言語

――教父哲学

第一章　教父学の展望

パイデイアとインヴェンティオ
——教養と発明

私の思うところでは、体系は歴史を形成するものであるがゆえに、それは決して歴史以前にとどまるものではなく、歴史を通じて超歴史的領域に歩み出る営みである。従って歴史研究は単なる過去の再現ではなく、過去における有意味的契機の発見であらねばならない。すなわち、それは過去における意味群の結晶体であるところのテクストを通じてしかなされ得ないことである。それゆえ、いたずらにテクストから隔たることはテクストの研究を終えた後でない限りは、非歴史化の象徴である。すなわちそれは、歴史以前への退化に他ならない。それゆえ、教父時代における哲学の歴史的状況を再現するにとどまらず、その有意味的契機を発見し、何らかの体系的解答を企てるに際しては、その企てた人自らにおいて充分に用意されたテクスト研究がすでに営まれていなければならない。しかし現在の私には、何らの制限もなしに、漠然と教父時代全体を達観するだけの資料的準備がないから、考察の範囲を限ろうと思う。すなわち、いろいろな言語の教父群の中で、代表的なものはギリシア教父とラテン教父であることには異論がないであろうから、それぞれから一人ずつ代表的哲学者を選ぶことにしたい。それが、本書第Ⅰ部に相応しいかどうかは別として、具体的には、ギリシア教父からニュッサのグレゴリオス（Gregorius Nyssenus〈Grēgorios Nyssa〉, ca. 335–ca. 395）、ラテン教父からアウグスティヌス（Aurelius Augustinus, 354–430）を取りあげ、教父の二大体系別における典型的思索家の原典解釈を介して、その時代に提起された問題の中で現在も意義深い構造を持つものを選び出し、課題を非歴史的にではなく、歴史的にとどまることもなく、これを越えて超歴史的な方向にまで溯及させてみたい。

ちなみに教父（pater ecclesiae）とは教会の父の意味であるが、厳密な教会用語としては、フーゴー・ラーナー（Hugo Rahner, 1900–68）が紹介しているように、以下の四条件を満たす人でなければならない。そしてそれは、（一）教会史の古代に属すること（antiquitas）、（二）教義の正統性（doctrinae orthodoxia)、(三)生活の聖性(sanctitas vitae)、(四)教会の正式布告に信仰の証言としての引証(approbatio ecclesiae)があることである。[1] しかし、このうち(二)の教義に関しては、個々の問題についての独自の見解まで教会の公式見解に一致する必要はなく、忠実に教義を教会と共にしようとする全体的意向があればよいし、(三)の聖性に関しては教会の列聖の儀に与《あずか》るか否かは関係しないし、(一)の古代性は広義の場合は中世中期に及ぶこともあるが、大体は二世紀から八世紀までの著述家に限られる。

哲学の理想

ところで、ニュッサのグレゴリオスに至って完成を見たと思われるものは、プラトン主義とキリスト教との人間教育における融合である。それはすなわち「パイデイア(παιδεία=教養)」という古典的理念として完成を見た哲学的教育観と、救済という宗教的理念に由来する神学的教育観との最初のみごとな一致であり、次の世界に展開を見る修道院的教育の理想やキリスト教的ヒューマニズムの結晶への過程の最初の踏み出しとして、ギリシア人のポリス(πόλις)、ローマ人のインペリウム(imperium)、ヘレニズム時代のユダヤ人のポリテウマ(πολίτευμα)の自ずからなる統合、完成を暗示するものであった。

しかし、哲学は教養《パイデイア》を果たしてそれほどまでも理想とするであろうか。哲学の関心事は「自己自身の発見」、「正確なる定義」、「根拠への思索」、「存在の解明」、「真理探求」であり、それらはいずれもプラトンやアリストテレス、プロティノス等の文献に頻出する術語であり、しかもいずれもパイデイアとは深い関係が直接的にはなさそうに思われる。そこでわれわれとしては、哲学的営みの目的が果たして何であるかを知らなければならない。少なくとも正統的なプラトン哲学において何と考えられていたかをごく手短に反省してみなければなるまい。周知のようにプラトンは自己の哲学の理想像として、自らの師であるソクラテスに語らせることから著作活動に入ったのであるが、その対話の課題はおおむね聖人の理解追求すべき道徳的価値(正義・徳・節制・勇気など)であり、決して直接に教養としてのパイデイアがそのうちで高い位置を占めてはいないと考える人もいるだろう。しかし『国家《ポリテイア》(ΠΟΛΙΤΕΙΑ)』のように、また『法律《ノモイ》(ΝΟΜΟΙ)』でもそうであるように、プラトンには青少年の理想的教育を最大の関心事と見なしている書物もあるし、それほど直接的に教育制度を問題にしていはしないが、『リュシス(ΛΥΣΙΣ)』や『パイドロス(ΦΑΙΔΡΟΣ)』や『ゴルギアス(ΓΟΡΓΙΑΣ)』なども教育に関する対話篇であると見ることができるし、何よりも自らアカデメイアという学園を経営し、幾多の俊才を各界に送っていた。これを見てもプラトンの哲学が外面的にもパイデイアと関わりを持つことは明らかであり、事実を精細に調べればソクラテスは円熟した徳の保持者として現れはするが、その対話の多くは、真実の生活に達するためになされるソクラテスの言論と行為による青年に対しての教育なのである。プラトンにおける教育の重視は、実は人間の哲学的完成としての「神との可能な限りの一致[2]」を目指すがゆえであり、その意味では、プラトンの哲学の理想は彼自らが書くとおりに「神の一族となること[3]」に他ならない。これこそ人間を教育して神に親しき者とすることであり、この考えをキリスト教的に継承したニュッサのグレゴリオスでは「神の友となること[4]」という言葉が明らかに示すように、グレゴリオスにおける「神との可能な限りの一致」は、神とは類を異にしつつも、それと友になることが人間の目的であった。すなわちプラトン主義においては、極端に言えば、「人間神化」が語られるが、グレゴリオスの場合、神との一致はただちに神化ではなく、友たることにおける神と人との友情としての一致であり、このような一致の保証として、荒野《あらの》で燃える柴を介して神を見たモーセにおいてその例が見られるように、恩寵であるところの神顕《テオファニア》(θεοφανία)、すなわち神が現れ出てくることによる導きが必要であった。こうして神およびその預言者を教師として、その教示のもとに果たすべきパイデイアの体系が、グレゴリオスでは新たに意識されることになる。このことに関してわれわれが注目しておかなければならない記事が『創世記』三章にある。蛇にそそのかされて知恵の木の実を食したアダムとエヴァは、その裸体を恥じて無花果《いちじく》の葉を綴って裳を作ったが、神に咎められ、いよいよ楽園を追われることとなった。そのとき神は、二人を楽園から追い出すに際して今までの祝福とは異なって、彼ら二人の将来の悲惨を予見し、「汝は面《かお》に汗して食物を食《くら》い終《つい》に土に帰らん　其《そ》は其中《そのなか》より汝は取られたればなり　汝は塵《ちり》なれば塵に帰るべきなり[5]」と言いつつ、「アダムと其《その》妻のために皮衣《かわごろも》を作りて彼等に衣《き》せ給えり[6]」という不思議な優しさを示している。この神の与えた皮衣については、古来いろいろな註釈家が説を立てているが、ウァレンティアノス(Valentianos, ca. 2 c.)は、人間の肉体が人間の真の本性とはすでにして異なっている証しであると見ている[7]。オリゲネス(Origenes, ca. 185–ca. 254)は彼に独特の象徴的解釈を通じて、復活するはずのエーテル的肉体と地上の肉体とを対立させている。ニュッサのグレゴリオスは、多くの点で最初の頃はこのようなオリゲネスの解釈に啓発されるのであるが、やがてほとんどすべての分野においてこの先輩を凌いで別様の独自の解釈を打ち立ててゆく。この問題に関してもまたそうである。グレゴリオスによれば、人間の原初的な姿は神の肖像《にすがた》であるはずなのに、今やアダムは死すべき者の皮衣によって覆われている。これは神の像が今や肉の醜さによって隠されていることに他ならない。神の肖像としての人間が罪の後に、罪を負う者の住むべき場所として楽園から追放された場所がこの地上だからである。従ってこの後、肉の衣としての皮衣を、すなわち肉的精神の衣をいつの日か脱がなければならないのである。

この問題は人間学の問題ではなく、改宗の問題である。しかしながら、その言っている意味は明らかである。これはプラトンやプロティノスの哲学が、精神を肉体から解放して人間が霊として神の一族となることを理想としていたのに対し、グレゴリオスは人間が自己を解放しなければならぬのは、肉体からではなく、皮衣に相応しい人間の動物的条件から精神を自由にすることであった。従って、プラトンの哲学を継承しているとは言えグレゴリオスの場合は、虚偽の認識がつきまとう認識論的悪である肉体を捨てることが知の主体としての精神によって目的とされたのではなく、つまり動物的な状態に堕ちた人間がその肉体を捨てるのではなしに、動物的な状態から解放されて皮衣を脱いだ元の人間の姿、すなわち肉体を持てるままの人の姿で神の友となるという違いがある。ここに人間全体の実存的昇級としての教養の意味がある。それゆえグレゴリオスにおけるように、教父に関する限りは、キリスト教が哲学的に理論化されてくるのであって、そこには神学と哲学の区別はなく、無学に近かったキリスト教が学的反省を加えられるにつれて、そこに神学的哲学が成立してきたのである。固有の意味での神学とは、教父時代においては神の自己啓示、すなわち神顕の極みとしてのキリストについての学説(すなわちキリスト論(christologia))のみではなかろうか。このような傾向は思弁的性格のギリシア教父においては、ニュッサのグレゴリオスにその典型をみるごとく、甚だ顕著であって、例えば後代の神学者であれば「キリストに倣いて(imitatio Christi)」、すなわちキリストを模範として人生を形成すると言うべきところを、グレゴリオスにとって、預言者としてモーセを論ずることとキリストを論ずることにあまり大きな差はないかのごとくであり、モーセを模倣することによって人間の理想は達成されると言うほどである。キリストはただ、このような自然的な営みを超自然的な域にまで高める保証的存在と見られていると言うも過言ではない。その結果として、「哲学の営みは神との一致ないし同化である」とするプラトンの理念でもって「自己の肖像《にすがた》として人間を創造した」というユダヤ・キリスト教的な神の創造論を基本とする人間観を解釈しつつ、両者を結び合わせて、「上り道《アノー》(ἄνω)」と「下り道《カトー》(κάτω)」の統一を完成することができたのである。従って、プラトン主義と旧約神学の接点というところにグレゴリオスの著しい特色があり、神秘思想《ミュスタゴーギア》(μυσταγωγία)というような問題も出てくる次第である。しかし、これはあくまでも理性的思弁による論理的必然の探求《アコルティア》(ἀκολουθία)なのであり、啓示という歴史的事実の現象的可能性を論理的に明示しようという形式における思索なのである。

テオロギアとテオロギケー

それゆえニュッサのグレゴリオスの試みるところは、純粋に神に関する思弁であって、神に関する歴史ではない。その意味でここにはテオロギア（θεολογία）はなく、テオロギケー（θεολογική）がある。ということは何を意味するか。周知のようにアリストテレスは、神に関する単なる伝承ないし歴史的記述をテオロギアと称して学問の中には入れず、軽蔑しているが、これに反し、神的存在の論証に関する学問をエピステーメー・テオロギケー（ἐπιστήμη θεολογική）、すなわち神学と呼んだが(8)、グレゴリオスの試みが神の歴史よりも、むしろ歴史的イメージの断絶的連続を介して神の跡を論理的に辿るというのである限り、彼の思弁は神に関する論理的思索である。それゆえ、それはアリストテレスの伝統に従うならば、確かにテオロギケーとして第一哲学でなければならず、自然的なるものを超える学としてタ・メタ・タ・ピュシカ（τὰ μετὰ τὰ φυσικά＝形而上学）であらねばならず、当然の帰結として哲学も神学も区別されるはずはない。この立場では、およそ人間である限り、自己の知らなければならない道を、知性に恵まれた人ならばその恵みに対する責務として、また文化的恩恵に浴した人ならばその恩恵から生ずる社会的義務として、反省的に論証しなければならないが、そういう知識人の必須教養として旧約聖書とギリシア哲学、すなわち神学と哲学はこのようにして一つであり、一つのものとして全人類の道標となるパイデイアなのである。

パイデイア

ニュッサのグレゴリオスにおいて、人間が成長するために習得しなければならない教養としてのパイデイアは前述のように、具体的には旧約聖書とギリシア哲学であると言ってよい。しかしそれならばその証拠はどこにあるのか。言うまでもなく、彼が預言者モーセを人間の理想として立てたことこそその明らかな証拠である。周知のようにモーセは、神に呼ばれるまで、当時としては最新の知識であったエジプトの学問を身につけていたが、特にその管理社会における法律的な知識を駆使して、神の言葉を「契約」と「命令」として地上に留めることに成功した。ニュッサのグレゴリオスは自らこの人を模範とすることによって、神のこの「契約」と「命令」が、人間の内的な、自発的な探求を通じて、実は自己の願望であり決断であることを論証しようとしたのであり、いわばモーセが律法に具体化した神の言葉を哲学の中に概念化して理論づけたと言うことができる。しかしそのことが可能であった所以は、彼が模範としたモーセすら、ある一つの人格の予表に過ぎなかったということである。それは誰であるか。言うまでもなくキリストであるが、そのキリストのことをグレゴリオスは他ならぬパイダゴーゴス(παιδαγωγός＝教育者)と呼び、パイデイアとはそもそも何を誰のもとに学ぶものであるかを明らかにしている。

周知のようにニュッサのグレゴリオスは、基本的にはプラトン主義者でありながら、人間の行為に関わる自由の問題については、アリストテレスのプロアイレシス(προαίρεσις＝選択)説に影響を受け、悪の起源を人間の決断に置こうとしている。

教師としてのキリストの教育内容は、言うまでもなくその言行を記録した新約聖書にある。そして新約聖書の精神は、モーセにおいて具体化された神の言葉の地上的形態としての律法を超えるものであった。それは律法を否定するのであるか。キリストが神の子である以上、自己を準備した律法を否定するはずがない。それならば、と言って律法のままであるならば、モーセとキリストとの間に教師としての点においては何ら差はないと言わねばなるまい。それでは何ものかをさらに掟として古き律法につけ加えるのであるか。もしそうであれば、キリストは単に新たなるモーセに過ぎない。「我律法《おきて》また預言者を毀《こぼ》つために来れりと思うな。毀たんとて来らず、反《かえ》って成就せん為なり(9)」とキリスト自らが山上で明言したように、キリストの教えは管理社会の生活規範として縮小されていた神の言葉を人の心に映し昇らせ、内心からの喜びとして強制を自発に変質させることであった。例えば、「汝らの仇を愛し、汝らを責むる者のために祈れ(10)」と説くところを見ても明らかなように、神の言葉が人間の善の最低限を示すに過ぎなかったのに対して、律法の成就とはその最高形態を積極的に示すことであり、それは管理社会の体制の下で過失なしに生きるための外的な手がかりを残しつつ、しかしそれにとどまらず、内的世界の善を示すことに他ならない。このことこそ、ニュッサのグレゴリオスが志向した問題、すなわち法律を哲学に高めること、事物を観念に高めることに他ならない。従って、旧約神学とプラトン主義の接点にグレゴリオスの著しい特色があると述べたことは、歴史と論理、律法とイデア論、ポリテウマとポリスを、キリストの人格の写しとしての哲学に止揚することに他ならない。ということは、繰り返しになるが、神学と哲学のパイデイアとしての一致を物語っている。

ギリシア教父の特色

グレゴリオスの思想を中心として見たギリシア教父の特色は、次の三つの概念によって示される。

(一) ホモイオーシス(ὁμοίωσις)。これは「同一」であって、イソテース(ἰσότης)、すなわち「同等」と同じではない。つまり教父におけるホモイオーシスは、「神となる」とか

「神の一族となる」というように、神とおのれを同格化するプラトン的ホモイオーシスではなく、「神と友となる」という類縁的ホモイオーシスが自覚されていること。

（二）アコルティア（ἀκολουθία）。これは「追求」ないしは「探求」であって、ペイタルキーアー（πειταρχία＝忍従）、アナンケー（ἀνάγκη＝強制）ではない。これによって、必然性の論理的認識を啓示的歴史の論理へ還元すること、その意味で地上的現象の歴史的・物理的秩序を観念の価値的秩序に変換して理解することへと至る。

（三）ヘルメーネイア（ἑρμηνεία）。プラトンのヘルメーネイアは、普通、対話篇『イオーン（ION）』に書かれているように、神の言葉を伝達して人語に訳す詩人の仕事であるが、ここではイオーン的霊感の芸術的伝達としてのプラトン的ヘルメーネイアではなく、その方向が逆で、神の言葉を具現しているモーセのごとき範例を解読して、内心において神の言葉に回帰するための解釈としてのヘルメーネイア。

この三概念を通じてギリシア教父におけるパイデイアは、自然人から神への立ち帰り、神に対する人間の回帰であると言ってよい。

方法的に析出された発明

右に述べられたような回帰ないし昇級の一つの道の理論的発展をもたらすものは何か。その方法論的反省の結果、さらに独自の成果が達成されるのは、私の見るところでは、ラテン教父の白眉としてのアウグスティヌスにおいてである。意外に思う人が多いかとも思うが、その方法論的自覚の最も明確に示されている書物は、題名から見てそのようなことの期待できそうもないところの『恩寵と自由意志について（De gratia et libero arbitrio）』という二十四章にわたる長文の書簡である。

そしてまた、私の論じ方は、私が話すというよりもむしろ聖書自体が真理に関する最も明らかな証拠を示して、あなた方と話し合ったというような仕方であったと思います。[11]

この短い文章に示されている方法は甚だ意義深いものがある。それによると彼の思索の方法は、自らの意識の地平の上に普遍的具体者としての問題提起者、すなわち問題を共通とする一般の人間と、scriptura すなわち聖書に具体化されている神の言葉との対話が行われるようにすることであった。そしてここで注目すべきことは、三者、すなわち聖書も平均的普遍人も自己も、すでに神によって創られ与えられた存在者であるから、思索そのものには創造がないということである。しかし、それならば理性の課題としての思索には新しい創意に溢れた躍動はもはやないのであろうか。そうではない。いかに問い、いかに聖書の言葉の教示を組み立てていくのか、すなわち自己の意識の中で、つまり独自の文化的背景および人間的体験を持つ自己の意識の中で、普遍的人間の理性の疑いに満ちた問いと、真理の断片として予在する聖句を弁証法的に対話させるという、言語の次元における真理の言語的組み立てをいかに構築するかというインヴェンティオ(inventio ＝発明)に、人間の理性の独創的営みがある。創造(creatio)からも、製造(productio)からも区別されるインヴェンティオの意義は甚だ大きい。これについてはその方法論的価値に関して『キリスト教義論(De doctrina christiana)』という著作において論ぜられるところが多いが、今われわれはこの言語的次元における真理の発明に関しての方法論的自覚が最も明瞭に現れている『恩寵と自由意志について』から具体的な問題を抽出して考察を深めてみたい。

　例えば、誰かが問うて、聖書には「汝らは恩恵《めぐみ》により、信仰によりて救われたり、是《これ》おのれに由《よ》るにあらず、神の賜物なり。行為《おこない》に由るにあらず、これ誇る者のなからん為なり(12)」とあると言って、「信者にとっては善行は必要ではなく、ただ信仰だけで充分なのだ」と主張するならば、また一方では逆にそもそも、「信仰と善行とは無関係であり、善を成し遂げるには自分たちの力だけで充分である」という意見も生じるかもしれないとすれば、いったいそのようなときにわれわれはどうすればよいのか。アウグスティヌスの先ほどの方法論的自覚によれば、このように聖句と人間的な疑問とを対話させつつ、次第に言語的関連を辿って考え進めるというのであるから、このアポリアに際してもまた予在する聖句に頼る他はない。アウグスティヌスはただちに、「我らは神に造られたる者にして、神の予《あらか》じめ備え給いし善き業《わざ》に歩むべく、キリスト・イエスの中《うち》に造られたるなり(13)」と付言するパウロの言葉を引いているが、これによると神の御業であるわれわれが、神の御業であるキリストを介して、神の御業である善行に向かうという動向が明らかになる。ということは、人間における善とはそもそも何であるかということについて深い省察を強いるものである。前述のように、人間もキリストも善行もそれぞれ本質においては異なるが、いずれも神の御業であるから、善とは人間がキリストを介して善行に至ることにより実現されるとすれば、善とはとりもなおさず、神の御業が神の御業によって、神の御業に飛躍することに他ならない。どうして飛躍という言葉を使うのかと言えば、キリストを介するということが、自然的次元を超えることであるからに他ならない。

　ところで、何か善行を実現するためにキリストが必要であるということは、罪の状態にある人間の現実と善行において歩むという完全な価値の間に、また飛び越さなければならない空虚ないし亀裂が存在することを意味する。このような完全な善と罪における人間との間に空虚があるということは、悪が善と人間とを隔てる空虚となって実在していることである。それはまた、空虚としての悪がキリストによって埋められるものであるということであろう。悪は形而上学的には無であるが、道徳論的には実在しているのである。従って、善の否定としての悪の存在に罪は由来すると見なければならない。『神の国(De civitate Dei)』において悪魔をも利用する神という表現があることも、この事実を裏書きするものである。[14]

哲学と新約神学

さて、前述の「我らは神に造られたる者にして、神の予《あらか》じめ備え給いし善き業《わざ》に歩むべく、キリスト・イエスの中《うち》に造られたるなり」という『エペソ人への書』の言葉は、「汝らは恩恵《めぐみ》により、信仰によりて救われたり、是《これ》おのれに由《よ》るにあらず、神の賜物なり。行為《おこない》に由るにあらず、これ誇る者のなからん為なり」という言葉に続いているところから見れば、いったいいかなる意味聯関が隠されているのであろうか。アウグスティヌスは「人の業によるのではない」ということを説明して、「業とは人間である汝自身によって汝に生じてくるところの汝の働きのことであるが、しかし、その汝の業はもともとそれが行われるようにとその主体として神が汝を組み立て、形作り、創造した」[15]と言って、業とはそういうものでなければならないとしている。このゆえにこそパウロは、われわれは神の作品であって善行のためにキリスト・イエスにおいて創造された者である、と言うのであるとアウグスティヌスは続け、その次に極めて大事な次のような言葉を述べる。

ここで彼の言う創造とは、われわれ人間が創られたあの創造のことではなくて、ともかくもすでに人間であったところの者が、「神よ、わがうちに清き心を創りたまえ」と言ったあの創造のことである。これに関しては、また使徒も「それゆえ、もしもキリストにおいて在る人がいれば、それは新しい被造物である。古いものはうつろいゆき、見よ、新しく創られている。しかしそれらすべては、神から出たことである」[16](『コリント人への後の書』五章十七―十八節)と述べている。

ここでパウロの言う創造とは、われわれ人間が創られたあの創造ではなく、すでに人間であったところの者が、すなわち「あゝ神よ　わがために清心《きよきこころ》をつくり、わが衷《うち》になおき霊をあらたにおこしたまえ」[17]とダビデが唱《うた》ったあの創造のことである。これに関しては、また使徒も「人もしキリストに在らば新たに造られたる者なり、古きは既に過ぎ去り、視《み》よ、新しくなりたり。これらの事はみな神より出《い》」[18]ずると言っているる。アウグスティヌスは続けて、われわれは「善行のためにこそ組み立てられ、形成され、創造されているが、その善行とはわれわれが準備したものではなく、われわれがそれにおいて進むようにと神があらかじめ備え給うたものに他ならない」[19]と言う。

従って、これで見てもわかるようにアウグスティヌスの体系においては、神と人との相互契約の発展史としての旧約聖書の理性的理解という形で、人間の歴史を通じて「旧約聖書に接点を求めた哲学としての神学」というあのギリシア教父において認められたところの神学は皆無ではないけれども、少なくとも新しい意図として、キリストを恩寵において捉え、「新約聖書に接点を求めるという形の哲学としての神学」が作られている。それは恩寵としての信仰を新しい創造と見る創造論の拡大を介して内的な問いに屈折させられ、存在論的には無であるところの悪の道徳的実在を論証するとともに、新しい形の倫理神学が考えられている。それは、善き行為とはちょうど神学的弁証論が方法論的に自覚されたときに、神学的思索が、人間が言葉を創造するのではなく、与えられた聖書の語句の組み合わせのインヴェンティオによる問題解決であったのと同様に、われわれが、所与存在であるわれわれ自身と神の用意したキリストにおける善行を状況の要求と共に組み合わせていくことをインヴェンティオすることにより、一つの行為を実現し、亀裂としての無であるところの悪を超えていくことであった。しかし、それはたびたび繰り返したように、彼の哲学が常に新約神学との接点を求めるということに他ならず、それは純粋論理が、断片的集結という形ではあれ、個々の聖句という、結局は歴史的人格であるところのキリストという啓示の歴史性に従属する傾向を生み、論理に対する歴史の優位が成立する恐れもないわけではなかった。しかしアウグスティヌスにおいては、それはロゴスとエートスとの相剋に転化しないですむ限定があった。その限定が失われたとき、事実としてのエートスは、事実としての啓示に神の摂理として収斂され、創造による所与としての人間の新しき創造によって可能となるエートス超越としてのインヴェンティオである思索も行為も、それこそが神に接する道であることが忘れられ、哲学は哲学史になるであろうし、神学は啓示的情報の整理学に堕するであろう。今の世の姿はその意味では十三世紀にもあったと思われ、その点では教父の時代は新鮮である。

テオロギケーへの意向

このことは場合によっては、今日でもテオロギアとテオロギケーとを改めて区別する必要があるという事実を暗示するものである。前述したように、神の系譜とか歴史とか物語などを集録した史的情報などの口承伝説の整理された書物を、アリストテレスはテオロギアと呼び、これを全く学(エピステーメー)とは考えず、これに反し、自らがその初期の断片以来求めて止まなかった神の存在証明としての二つの道によって、つまり一つは彼が『形而上学』M巻で五つの道を用いて不被動の動者を論証した外的証明で、後にトマス・アクィナスの踏襲したもの、今一つは、自己充足的存在としての神を、認識論的、道徳的、存在論的に論証したもので、後に『ニコマコス倫理学』第十巻六章以下で扱ったものであるが、それらによって完成されるべき体系としての神に関する学問を、アリストテレスはエピステーメー・テオロギケー、略して単にテオロギケー、すなわち真の意味の神学であるところのものと呼んだことは前に述べたとおりである。これに比べれば、キリスト教の世界で、いわゆる聖なる学(scientia sacra)ないしテオロギアと呼ばれているものの多くは、啓示的情報の秩序化に過ぎず、たかだか解釈はあっても歴史の此岸に過ぎず、歴史を超えてのインヴェンティオ(発明)は絶無であると言ってもよく、神の系譜ないしは神話に過ぎない。

アウグスティヌスの学問が、ロゴスの自己展開のみではなく、神の所与としてのロゴスと、神の所与である啓示としてのエートスを弁証法的に生かして結び合わせる神学であり、それは創造とは言えなくとも、創意に満ちたインヴェンティオとしての神学であるならば、基本的に自覚された方法論として前々項で述べた「自己(ego)」および「聖書(scriptura)」と「一般的人間(vos ut homines)」の三者の発明的対話関係が最も重要であるとしても、この「聖書」の扱い方に何か特定の方法がないならば、せっかくのインヴェンティオへの志向も無駄になりはしないのか。それに関して、アウグスティヌスは『キリスト教義論』の中で極めて明瞭に基本的方法を述べている。すなわち、「聖書を扱うために法則がある」と述べて、「言語の知識が極めて大きな方法である」と言って、神学研究についてはヘブライ語とギリシア語の知識が、ラテン語を母語とする人びとにも必須であるとしている。[20] しかしそれは決してすでに知られていることを伝えるだけ、すなわち神学的情報の伝達だけではなく、明らかに知られるべき事柄を発見していく側面が大切なものとして考えられるからである。神が無限であるならば、神の教えは無限に深い。そうであるとすれば、有限な文書の形をとっているところの聖書から、無限な神の教えを読み取る解釈(interpretatio)を通じてこそ、未知の位相の発見ないし発明が可能になるはずである。そこに解釈すなわち思索、思索すなわち発見への道としてのアウグスティヌスの哲学の特色がある。発見的な創意(modus inveniendi)に満ちた精神の位相としての哲学的精神を持たない神学、自己の未完成を自覚し、神の秘密に開かれた哲学的精神を持たない神学、それはアウグスティヌスにおいては、「神学の死」なのであった。

マリアが神の使いである天使ガブリエルから聴いた言葉は、「神の秘密の前に恐れてはならない、汝は神において恵みを発見ないし発明《インヴェンティオ》している[21]」という言葉であった。神話であるテオロギアの暗誦ではなく、神学であるテオロギケーを営むことこそが哲学と神学を結び合わせて神の創った世界の論理的必然の追求《アコルティア》であることを主張したニュッサのグレゴリオスや、行為的実存の活路を発明《インヴェンティオ》しようとしたアウグスティヌス、この二人の教父は共に現代神学に対して警鐘を鳴らしているが、しかし、神学はパイデイアで終わらずインヴェンティオに至らねばならないと考えている点に、三九五年頃に死んだグレゴリオスをも凌ぐ、四三〇年に死んだアウグスティヌスの新しさがある。「日の下に新しきことなし」とは真であるが、しかしまた、神が日ごとに創造を続けていることも真である。およそ三十五年の違いになお神学上の進歩があるのだとすれば、神が用意している真理に向けて、現代は十三世紀を神学のパイデイアとして学ぶにしても、それを超えたインヴェンティオを怠《おこた》ってよいものであろうか。

第二章　転位と塑性

――ニュッサのグレゴリオス(1)――

古代の勇敢《アンドレイア》

シャルトルの大伽藍が出来上がったとき、モン・サン・ミッシェルのロベルドゥスは、聳え立つ塔を仰ぎ見て、何という不思議な力で支えられていることかと嘆賞の言葉を録《しる》した。それは一一四四年のことであった。この時代は事実、自己自身の知性とそれが生み出すものの高さに驚いていた恵まれた世紀であったに違いない。中世哲学について語ろうとするとき、誰しもが引きたくなる言葉の一つに、ソールズベリーのヨハネス(Johannes Saresberiensis, ca. 1115/20–80)の書物『メタロギコン(Metalogicon)』で知られているシャルトルのベルナルドゥス(Bernardus Carnotensis, ?–1126)の言葉がある。

シャルトルのベルナルドゥスの言ったことであるが、われわれは、巨人の肩にたまたま坐しているために、自分の背丈や体の高さでは及びもつかず、ただ見上げ、称えるばかりの巨人の大きさによって遠くのものを多く見ることができる小人のようなものである。(1)

それは彼が、その時代の文化を指して古代という巨人の肩にとまった矮人《わいじん》となす譬《たと》えがあるが、それが言われたのも同じく十二世紀であった。彼の言おうとするところは、古代文化の伝統を偉大なものとし、かつ基礎として甚だ尊重しなければならないということであるが、そのうえに立脚して彼自らの時代はなお広大な視野を持っているという文化的自負でもある。まことに西欧の十二、十三世紀は人類が今日までに経験した最も哲学的水準の高かった時代の一つであった。われわれがここで問題にしようとするのは、この中世の代表的世紀を直接に解明しようとすることではない。これほどの時代がなお自己を矮人となして尊敬した古代とは実際には何であったかということを問うことから始めなければならない。

古代と言えばすぐ古典ギリシアだけを考える人びとがいる。確かにそれこそ学芸によって最も貴重な時代に違いない。しかしそれだからと言って中世の思想が古典ギリシアと聖書に基づくというような言い方は、単に形式的に源泉を列挙する便法であるにしても、甚だ実情に背いた表現としなければならない。われわれがこう書く根拠は、主として次の二つである。

まず第一に、中世が古代と呼ぶものは決して古典ギリシアのみではなく、ヘレニズム文化の時代、すなわち後古典古代や古典ラテン文化を経て教父時代のすべてを含む古代であったということである。そのことは、シャルトルのベルナルドゥス自身が当代きってのプラトン主義者と言われたにせよ、そのプラトン主義は古代全体を通じて形成されてきたプラトンの体系的研究の成果であったことは想像に難くないし、人はこの際の想像を非学問的と難じてはならない。件《くだん》のベルナルドゥス自身の著作はまだ発見されていず、すべてはその秘蔵弟子であったソールズベリーのヨハネスの『メタロギコン』の文章によるほかはないということは周知のことであろう。またそのヨハネスが最も重んじた古代哲学者はどのギリシア人でもなく、キケロであったし、アベラール(ペトルス・アベラルドゥス)(Pierre Abélard 〈Petrus Abaelardus〉, 1079–1142)の著作の至るところに引用されているのもウェルギリウス(Publius Vergilius Maro, 70–19 B.C.)やホラティウス(Quintus Horatius Flaccus, 65–8 B.C.)などのラテン詩人であることや、ペトルス・ロンバルドゥス(Petrus Lombardus, ca. 1100–60)やトマス・アクィナスがギリシアの哲人たちと同格に並べて古代の先達として引照する名前には、偽ディオニュシオス・アレオパギテス(Dionysios Areopagitēs)やアウグスティヌスをはじめ多くの教父があることなどから明らかであろう。

そして第二に、古代を構成しているこれらの時代的分節は、古典ギリシアと深い関わりを持ち、これをほとんど典範とするとは言っても、決してそれの延長として単純に見られるわけにはいかないということである。それは例えば、一見極めて類似したものと思われる古典ギリシアとそれにすぐ続くヘレニズムの時代の間にさえ、哲学的精神の甚だしい差異が見いだされざるを得ないことからも明らかである。その差異は通常語られているように、前者に創造的精神を、後者には単なる継承と修正を見るというような簡単な図式的な考えでは見落とされるほどに微妙で、しかも内的に非常に大きな問題を含む創意と創意の相違である。それについて私はかつて徹底的な古典文献学的研究を介して一つの説を成したことがある。(2) それは『大倫理学(Magna moralia)』の一一九一a三〇から同三六に至る文章の註と解釈であるが、そこから出てきた主題的事象の一つは古典ギリシアとヘレニズムの時代における哲学の差異を明らかにするものであった。今ごく簡単にそのことを本項で要約したい。ここで問題となるのは「勇敢」という徳目である。プラトンもまず、これを装甲の武芸に関わりありとする考え方が衆目の一致するところであると書いている。もとより『ラケス(ΛΑΧΗΣ)』に論ずる内容はそれにとどまらず、あるいはこれを「忍耐」と言い、あるいは「恐ろしきことを知る知恵」と言い、さらには「災悪を弁《わきま》える知識」とも言うが、それが果たして徳一般に対していかなる関係に立つか、また特にいかなるものを「勇敢」となすかは、彼において必ずしも明白とは言えない。古典ギリシアのエートス観の学問的結晶として、その時代の代表的書物の一つに挙げられている『ニコマコス倫理学(Ethica Nicomachea)』においては、この間の事情はいかがなものであろうか。アリストテレスはプラトンの立てた筋道を承けて、「勇敢」を最も恐ろしいものに関わる徳としていて、しかもその最も恐ろしい災悪とは死であるから、「勇敢」を「死」と相関的な徳と見なしている。しかしあらゆる場合の死が無条件にそれと関わるとは言えない。最もうるわしき死としての戦争における死こそが、「勇敢」の本来的に関わるところであると録《しる》されている。これは一見単純なリュシマコスの考えた「装甲武芸の道」と「勇敢」との同一視に逆行したかに思われるかもしれない。だが、実際はここにおいてはじめてこの徳目が徳一般への顧慮において位置づけられ、その特殊性も明らかにされた事実を見なければならない。そしてさらに注意すべきことは、戦死を最も卓《すぐ》れた意味で「勇敢」の発露と考えている点に、古典ギリシアにおけるポリス意識が強く自覚されていることである。アリストテレスは単なる国家的行為を「似非勇敢」であるとしてはいるが、死を恐れぬ徳としての真正の「勇敢」は帰するところポリスを守る戦争における死という最も重大でうるわしい死に対して恐れ怯《お》じない心がまえとしている。それはまさしく「アネール(ἀνήρ＝男たるもの)」の典型的理想「アンドレイア(ἀνδρεία＝男らしさ)」としての「勇敢」であった。これと『大倫理学』におけるこの徳目に関する考えとの比較研究は、極めて興味ある結果を示す。この書も『政治学(Politica)』の一環を成すと序言に述べていながらも、著者は「勇敢」をもはや戦争と結びつけることをしない。しかしそれならば、『ラケス』のソクラテスに後退するかというとそうでもない。『大倫理学』の著者は、「勇敢」を恐れと危険とに対する徳とするが、もとよりそれらのすべてと相関的なのではなく、ただ生命の滅びに至り得る恐れや危険と関わりを持つと言う。しかもそのようなものに種類分けをして、特にポリスのための戦争が最も重大であるなどとは言わない。個人の生命の滅びは何によるにせよ、それはそれとしてすでに絶対に重大であり、そこにポリスの介在する必要はない。このようなポリス意識の後退は、少なくともこの書がポリス文化であった古典ギリシアには属さず、いわゆる後古代的ギリシア、すなわちヘレニズム時代に書かれたことを示すであろう。従って、ここにヘレニズム時代の「勇敢」についての省察を探求することができる。

まず著者はなぜ「タナトス(θάνατος＝死)」という言葉を全章を通じて使わないかということから考えてみよう。「タナトス」は要するに生物としての自然的生命の終局であり、古典期までの「勇敢」の徳とは、それに対する恐怖の克服であった。しかし、人間として本当に勇敢であることが要求される場面とはそういうことに限るであろうか。「死を免れるのが難しいのではない。悪を避けることこそ遥かに難しい。それは死よりも早く走り来るから(3)」というプラトンの文章はすでにわれわれを害《そこな》うものが何であり、われわれが闘わなくてはならないものが何であるかを暗示している。人間の人間としての生命には、死による自然的消滅の他に、決断の如何による悪への崩落としての人間喪失がありはしないか。『大倫理学』の著者は、人間の自然的死と共にそのような人間の生命の非自然的死、非人間性の中へ崩れ落ちてゆくことを表すには、普通に使われている「タナトス」では不適当と思ったに違いない。そこでこれを上手に表現するために彼は、『エウデモス倫理学(Ethica Eudemia)』においてタナトスとしての「死」と同じ意味で、「生命の滅びに至るような本性」、すなわち「ヘー・ピュシス・アナイレティケー・トゥー・ゼーン(4)(ἡ φύσις ἀναιρετικὴ τοῦ ζῆν)」と書かれているのを利用して、死も生命も使わず、「ウーシアの滅び」、すなわち「アナイレティケー・テース・ウーシアス(ἀναιρετικὴ τῆς οὐσίας)」と言うことを考えたと思われる。「ウーシア」は明らかに生命を意味すると同時に人間の本体とか実体、すなわち人間性をも含み得る。従って『大倫理学』の著者によれば、勇敢の徳は自然的な死の恐れや危険に、またそればかりではなく、むしろ人間の人間たるにふさわしい本質を滅ぼすような悪への恐れや危険に関わるものである。こうして「勇敢」は、人間の価値を決定するような倫理的危機において、あらゆる誘惑にも毅然として自己を失わない心の力と見られてくる。それゆえ、「勇敢」と訳されている「アンドレイア(ἀνδρεία)」はホメロス的な血腥《ちなまぐさ》い戦場の「男《アネール》らしさ」、「雄々《アンドレス》しさ」を克服して、「人《アネール》であること」、「人間《アンドレス》らしさ」という卓れて倫理的な意味に結晶されているのをここに見ることができる。このように、「魂の世話」というソクラテスのテーマをポリスから解放した形で、「勇敢」という徳目において完成させようとしたところに『大倫理学』の大きな特色がある。人はここで問わなければならない、それはヘレニズム時代の哲学の特色と言えるのか、と。さもなければ、いかにその時代に書かれたとしてもまったくの例外者であるかもしれず、われわれの研究にそぐわないことになるであろう。自然的な死は恐るるに足らず、まことの恐れは魂の死という超自然的な内面の問題であるというこの傾向は、理性の限りを尽くして本当の神を探そうとした新プラトン主義の芽生えに他ならず、この思想は実にギリシア、ローマを問わず、ヘレニズムの哲学の大きな特色としなければならない。われわれは従って、問題の所説をそのままヘレニズムの一典型と称してよい。古代ギリシアと言っても古典ギリシアとヘレニズムの間には、問題の力点の転位現象による明確な理論的差異のあることが明らかになった。と同時にわれわれはここに一つの極めて興味ある事実に直面する。「勇敢」という一応はいつの世の誰にでも自明的な徳目が、ソクラテス以前、古典ギリシア、ヘレニズムを通じ次第に内面化の傾向を辿っているということである。いったいこのような内的塑性は「勇敢」に関する限りは、これで終局なのであろうか。それともまた、中世人が等しく古代の中に含めている教父の哲学では、何らか別様の創造的見解を発展させたであろうか。われわれは今からそれを考えてみたい。

徳の内面化

教父たちはキリスト教をギリシアの哲学で理論的に説明しようと企てたと言われている。そのように言うことは教父時代の精神的傾向の大勢を見誤るものではないが、それで教父哲学に関する充分に正しい見解になっているわけではない。キリスト教によってギリシア哲学の従来の形が彼らを介して修正されてゆくこともあった。もし話をギリシア教父に限るならば、この時代にも一つの型の卓れたギリシア哲学が創造されていたというのが正しい言い方であろう。(5)

問題はまず、古典的ギリシアに比較して何らか著しい倫理的特色をギリシア教父において見いだし得るかということに始まる。そこで使徒的教父と呼ばれる一世紀後半から二世紀はじめの、つまり最も初期のギリシア教父を取り上げてみたい。

この時期でこの点に関して最も重要な文献は『クレメンス第一書簡(Κλήμεντος πρὸς Κορινθίους)』と『十二使徒の教え《ディダケー》(Διδαχή)』である。前者は、教皇クレメンスと同一視されている一世紀のローマ在住の人の筆になるが、後のアレクサンドリアのクレメンス(Clemens Alexandrinus, ca. 150–ca. 215)はこれを聖書の一部として扱い、その他にも聖書のアレクサンドリア写本およびシュトラスブルク大学のコプト語版原稿の二者は、これを正典の中に入れていることからも明らかなように、甚だ重要視されていた文献である。興味ある点は、すでに聖書の『使徒行伝』二十章十九節、『エペソ人への書』四章二節、『ピリピ人への書』二章三節等に出ている「タペイノプロシュネー(ταπεινοφροσύνη)」、すなわち「謙遜」という概念がこの書簡で著しく讃美され、強調されていることである。(6)それは事実アリストテレスの讃美して止まなかった「メガロプシュキア(μεγαλοψυχία)」、すなわち「雄大な心」の正反対と言ってもよいものであり、誇りを持ち、また適当な怒りが美徳であるという古典ギリシアの考え方に比べると、倫理的にはほとんど新しい精神態度と言っても差し支えはないし、タペイノプロシュネーという名詞形は古典著作家の中には皆無であった。つまり、ここに「謙遜」という新しい概念が塑性的に結晶してくる。これがさらに徹底してゆけば、「誇ってはならない」し、また「加えることも除くこともなく、伝えられたものを承けよ」という完全に受動的とも見られる『十二使徒の教え』のような考え方にもなるであろう。[7]「心において乞食《プトーコイ》であること」が幸いであるという福音書の教えが、[8]このようにして一つの成就した型を見せている。もとよりただ形式だけならば、ホメロス(Homēros, 9 c. B.C.)の中でも「神々のもと、すべてのものはよそ人にして物乞い《プトーコイ》なり」[9]というような詩句が見いだされはするが、この「プトーコイ」は単に物質的と限られないにしても、たかだか境涯のはかなさというようなところであろう。「心の貧しき者《プトーコイ》」という謙遜の意味における精神的乞食の態度を保持することは、仮に一見極めて消極的な受動的な生き方に思われようとも、実際はいろいろな形で世間的なものと闘って獲得される至難の業である。アリステイデス(Aristidēs, ca. 2 c.)は、創造主なる唯一神を、「野蛮人もギリシア人もユダヤ人も等しく讃美しなくてはならない」という命題の証明に際して、被造物という存在論的本質と謙遜という倫理的理想との二概念を用いている。それはすでにどのような善いことをするとしても、「もし誇るならば滅び、またもし司教以外の人に知られるようにするならば亡びたも同然」[10]というイグナティオス(Ignatios Antiocheia, ca. 35-110/118)の書簡に示されているように、神に服従する正しい生活の内面は人に知られる必要はなく、ただ神と自己との秘密であればよいということと深く関わりを持っている。「誇るな」という謙遜は、それゆえ自己の光を内に輝かせ、その光明の輪の中に神との出会いの座を見ようとする積極的な志向性に他ならず、これは徳の内面化の傾向の一つの徹底した形であろう。「この世から没して神に昇ることは美しい」[11]とイグナティオスは録《しる》しているが、その美しさを達成する方法が「謙遜」である。そうなると、確かにわれわれはヘレニズム時代にはほとんど考えられもせず、その名詞形も知られていなかった一つの全く新しい徳目を重大なものとして立てる教父時代を、古代の特殊な分節の一つとして重視せざるを得ない。われわれは差し当たっての問題であった「古典ギリシアと比べてギリシア教父に倫理的特色はあるか」ということに関しては肯定的に答えることができる。しかもその最も特色的な徳目が「謙遜」であり、それは徳一般の内面化の原理であったとすれば、ここに最初の問題、すなわち「勇敢」の徳の内的塑性が教父においてさらに進んだ形で見られるか否かを問うことの必然性が、体系的にも歴史的にも認められるであろう。ここではギリシア教父ニュッサのグレゴリオス(Gregorius Nyssenus 〈Grēgorios Nyssa〉, ca. 335-ca. 395)を考察の材料として取り上げよう。

グレゴリオスの『モーセの生涯』

内面化ということは徳の美しさを心に見ることに他ならない。それはいきおい、実践的な成果よりも観想を重んじることになる。実践をおろそかにするという意味ではない。実践が外面的な現象や効果ではなく、それらをもたらす心の在り方と関係してこそ、はじめて一つの意義を持つということに他ならない。つまり、心が何を思って見ているかという観想の対象が重大になる。それは内なる目で見るという徹底的な理性主義すなわち合理主義の本来の姿に他ならず、それゆえにそれはまた感覚的な目では見ることのできない神の直観を志す限りでの神秘主義と同じものであり得ることは容易に肯けるであろう。その限りでの神秘主義こそが徳の内面化を推進するものである以上、そのような正統の理性的神秘家たちの中から恰好の人を選んで考察すれば、前項を受けて課題を明らかにすることができよう。

そういうことになれば、誰しもニュッサのグレゴリオスを挙げることになろう。ピシディアのゲオルギオス(Georgios Pisidia, ca. 7 c.)は、彼を論じて「グレゴリオスの最も神秘的な心こそは神の泉であり、神への扉であると思う」[12]と録《しる》しているが、後に偽ディオニュシオス・アレオパギテスを介してグレゴリオスが与えた影響の大きさや、エリウゲナ(Johannes Scotus Eriugena, ca. 810–ca. 877)が数多くの彼の著作を翻訳したこと、さらに下って十二世紀のクレルヴォーのベルナルドゥス(Bernardus Claraevallensis〈Bernard de Clairvaux〉, 1090–1153)の思想に彼の谺《こだま》があるという人[13]もいることなどを見ても、彼を神秘主義正統の代表者とすることは妥当なことに思われる。彼の数多くの著作の中でも神秘主義の代表的古典と言われてしかるべきものは、「徳の完成について(ΠΕΡΙ ΤΗΣ ΚΑΤ᾽ ΑΡΕΤΗΝ ΤΕΛΕΙΟΤΗΤΟΣ)」という副題と共に知られている『モーセの生涯(ΠΕΡΙ ΤΟΥ ΒΙΟΥ ΜΩΣΕΩΣ)』である。われわれはさしあたり、この書物の主題モーセを中心にしていろいろの著作を参照しながら、かねての課題を研究したい。

グレゴリオスを読む際に特に注意しなければならない点は、彼の使用するギリシア語を無条件にその外形から判じて古典やヘレニズム時代の概念に結びつけてはならないということである。例えば、テオリア(θεωρία)にしても、これはプラトンの場合のように永遠のイデアの観想ではなく、ダニエルウ(Jean Daniélou, 1905–74)が言っているように、プラトン主義とは言えないほど隔たった内容で、救済の玄義の観想である。すなわち、前者は叡知界への魂の復帰であるのに対して、後者はこの霊的被造物の世界においてキリストを介して行われる復興である。[14]言葉は同じであっても、その意味はこの両者では質的に異なっている。同じようなことが「勇敢」を意味し得る言語についても認められる。『モーセの生涯』においてギリシア語「アンドレイア(ἀνδρεία)」はもはや決してわれわれが前の時代において探求したような意味での徳目としての「勇敢」を示すものではない(15)。『人間の形成について(ΠΕΡΙ ΚΑΤΑΣΚΕΥΗΣ ΑΝΘΡΩΠΟΥ)』という論述の中でグレゴリオスは「人間的本質《ピュシス》(φύσις)のすべては最初の人間から最後の人間に至るまで、実在するところの者の一つの肖像《にすがた》に過ぎない。男性と女性との差別は付加的なものに過ぎない(16)」と書いて両性の間に人間として何ら優劣のないことを告げているが、その彼にとって、人間として大切な徳目と考えられていた「勇敢」が、単に一方の性、男性の特色という意味合いの「男らしさ《アンドレイア》」であるということは、甚だ語感に障《さわ》ることであったに違いない。事実『モーセの生涯』において「アンドレイア」は少なくとも四度使われているけれども、そのいずれも『大倫理学』において到達することを得た内面性とは関わりのない「男としての力強さ」というほどの意味でしかない(17)。それはまことに雄々しさ、あるいは「男の誉れ」とでも言おうか。男女の別を問わず、およそ人間として普遍的に持たなければならないような徳目としての「勇気」とか「勇敢」というものが、すでにヘレニズムの頃に死を介して考えられかけていたというのに、その考えは何らの発展も見ずに、むしろかえって逆行し、再び男の蛮勇になろうとするのか。そうではない。グレゴリオスはまさにそういう男女の別なしに通用する徳としての「勇敢」に相応しい言葉を、「男らしさ《アンドレイア》」の外に求めたと見ることができる。では、それは何であろうか。

　直接に今それに答える前に、われわれは『モーセの生涯』がいかなる書物であり、何が主題となっているかを考えてみたい。その経過において、われわれはこの問いに答えることができると思う。

　そもそも彼は、アレクサンドリアのクレメンスやオリゲネスから始められた神秘神学の教理化運動の伝統に立ち、先行者の余沢を充分に利用しながら、本当の意味で神秘神学の創設者となった。問題の書物は、そのような権威者たる彼が霊的生活の初歩から神秘生活の最高段階に至るまでの霊性の在りようの完全な説明を、モーセの生涯に具象的な手がかりを求めつつ企てているものである。周知のようにオリゲネスにおいて哲学は、心の昇級に応じる次の三段階に分かたれていた。第一段階は実践論(πρακτική θεωρία)で、その目的は不動心(ἀπάθεια)であり、第二段階は自然論(φυσική θεωρία)で、その目的はいわば万物を宗教的な配慮のもとに善用しつつ、しかも用いられる可視的なものの空しさを悟ることであり、最後の段階は神論(θεολογία)で、その目的はひたすら神的なものの観想であった。この三分法はそのままの形で後世に継承されるとは限らなかったが、オリゲネスの他の業績と共に多大の影響を与えたものと思われる。ニュッサのグレゴリオスはその全著作にわたって常に必ずしも一定の段階の分類を体系的に固執したわけではなく、現に霊性の段階を年齢の比喩で三分したものとか、神に至る道の五層の別とか、随所にいろいろと類似の分類をしている。『詩篇註解（ΕΙΣ ΤΗΝ ΕΠΙΓΡΑΦΗΝ ΤΩΝ ΨΑΛΜΩΝ）』において彼は徳を三分して、第一は「悪の拒絶（ἀλλοτρίωσις）」、第二に「瞑想（μελέτη）」、第三に有名な「神との同化[18]（πρὸς τὸ θεῖον ὁμοίωσιν）」を挙げているが、ここで明らかなように、徳の最高の形とは「神の肖像《にすがた》（εἰκὼν τοῦ θεοῦ）」としての人間に相応しく、神と同化することに他ならない。神と同化するとは、われわれ人間が神になることではない。それは本質的に不可能である。同書において彼が挙げる心の五つの道程は後にアムベルクロード(Henri Humberclaude, 1878-1967)が三歴程に還元しているが、まず第一に「浄化（κάθαρσις）」、これは同時に「照明（φωτισμός）」であり、第二はこの世の空しさ（κεᾳοδοξία）の認識であり、最後は「聖域（τὰ ἄδυτα）」への神秘的飛翔、すなわち「とよみあう一致《アナクラシス》（ἀνάκρασις）」である。[19] 心の歴程のこの最高の段階がまた徳の至高の相と相覆うのは当然であろう。神との同化とは神との親密な一致に他ならない。ここで取り立てて注意しなければならないことは、観想が目的ではなく、このような一致が目的となっていることで、その点はオリゲネスとも、また古来のプラトン主義とも異なっている。

パレーシアとしての勇敢

このような筋道の考えにおいてグレゴリオスは、モーセの生涯を一つの模範的な例として、神秘主義におけるこの至高の状態、アナクラシスにおいて在るためにいかなる徳が要求されるかを告げている。モーセの生涯はむろん波瀾万丈よく一筆に尽くせないけれども、ここで問題としなければならない重大な事件は三つある。すなわち、第一は燃える柴の「神顕（θεοφανία）」を体験したこと、[20] 第二はシナイの山で「雲の闇に包まれて（ἐν κύκλῳ τῷ γνόφῳ）」神隠しにあったこと、[21] 第三は、その後に「神命（τὰ θεῖα προστάγματα）」を親しく受けたことである。[22] モーセの多彩な活躍の中で、この三つが最も重大な契機を成すことに違いないとグレゴリオスが思っていたことは、神秘主義者に重視される『雅歌』に施した彼の註解の次の数行の文章にも窺い知られる。

Τῷ μεγάλῳ Μωϋσεῖ διὰ φωτὸς ἤρξατο ἡ τοῦ Θεοῦ ἐμφάνεια μετὰ ταῦτα διὰ νεφέλης αὐτῷ διαλέγεται. Εἶτα ὑψηλότερος ἤδη καὶ τελειότερος γενόμενος, ἐν γνόφῳ τὸν θεὸν βλέπει.

偉大なるモーセにおいては神はまず光を通して彼に顕れ、その後には雲のうちより彼に語った。そのようにして彼は高められより全き者となって、暗きなかに神を観た。[23]

本章の論考のすべては、いわばこの数行の註釈による問題の解明と言っても差し支えないであろう。
　さて、第一の燃える柴の体験はいかにして神秘体験として完成したかと言えば、

ἐκλύσαντα τῶν ποδῶν τὸ ὑπόδημα, οὕτω τῆς ψαύειν ἐκείνης, ὅσῃ τῷ θείῳ φωτὶ κατελάμπετο.

　彼が靴を脱いだとき、はじめて神の光に輝いた土地に触れることができた。(24)

と書いて、グレゴリオスはこのいわゆる「脱沓《だっとう》」を象徴として甚だ重視する。これは身にまつわるこの世の塵埃を捨てること、世俗的な考えからの浄化(κάθαρσις)による神的な存在への目覚めとしての「照明」にほかならず、秘跡と対応させれば洗礼がこれに当たるわけである。神秘の世界に入るためには、まずこのような類のある種の訣別が要求されるが、これは前に述べられた悪からの脱出(ἀπόστασις)、または拒絶(ἀλλοτρίωσις)または離別(ἀναχώρησις)であり、従ってヘレニズム時代に意識されてきたかなり内面的な勇敢の徳、すなわち自然的な死よりも倫理的な堕落を恐れ、そのように人間の品位を失わせるかもしれない悪の誘いを断ち切るあの『大倫理学』風の男らしさ《アンドレイア》とほぼ同じ内容の勇気によって達成される。これですべてが終わりならばグレゴリオスを問題にする必要はない。しかし、一旦住み慣れた世界を去って裸足で未知の領域に進み入れば、人はどうなるであろう。少なくとも、周囲にいた人びとからは理解されない距離に立つ謎の人とも見えようし、自らは西も東もわからない暗中模索、光にめくるめく立ち迷いである。それは双方から見てまさしく雲のただ中にあると言えよう。モーセがシナイの山で神の声を聴く前の状態をグレゴリオスは、

οὐδὲ αὐτὸς θαῤῥῶν τὸ ὁρώμενον, ἀλλὰ κατεπτηχὼς τὴν ψυχὴν ὑπὸ δέους, καὶ τὸ σῶμα τῷ φόβῳ συγκραδαινόμενος.

　彼自らもそのたたずまいに耐えきれる勇気もなく、恐怖のために身も魂もおののき慄えた。(25)

と書いている。悪を避けて正しきに立とうとしたあの「男らしさ《アンドレイア》」をもって新しい領域に入ったと思う間もなく、その「勇敢《アンドレイア》」ではどうにもならない新しい不安が生じ、人は再び絶望的な恐れに戦慄しなければならないのか。言うまでもなく、この領域はすでに自然的な死が最大の恐怖であった自然的な世界を超えた場所である。ここへの昇級は悪を恐れ、しかもこの悪への傾動に打ち克つ倫理的な勇敢をもって達せられた。それは確かに内面的な霊性の勇気であるけれども、なお単に倫理的なものとして、このいわば超自然的な領域における恐怖に対しては何の為す術《すべ》をも知らない。人はか

くて全き闇の中に陥落する。どうすればよろしいか。人はここで瞑想の限りを尽くすであろうが、それだけではどうにもならない。モーセの場合はどうであったか。グレゴリオスは書いている。

τότε μὲν γὰρ ἐν φετὶ, νῦν δὲ ἐν γνόφῳ τὸ Θεῖον.

神が顕れるのは、前〔柴のとき〕には、光の中であったが、今度はこの闇の中においてである。(26)

すでに感覚(πάθη)の世界を去って、超自然の恐怖に直面している以上、神の息吹は近いはずである。人はその理想が「神との同化」であることを思い出し、脱沓前の罪の恥の代わりに浄められた者としての囚われぬ心をもって、また立ちおののく恐怖(φόβος)の代わりに「神の肖像《にすがた》」としての神への友愛(φιλία)をもって神を呼び、神との自由な語り合い、へー・パレーシア・エピ・テオイ(ἡ παρρησία ἐπὶ θεῷ)の境地に入り、神との調和的一致《アナクラシス》を実現しなければならない。(27)

ところでこのパレーシア(παρρησία)とは何であるか。これは要するに「思うところや知っているところを自由に率直に告げる清らかな勇気のこと」(28)に他ならない。この勇気があってこそ、「神の友となること(29)(τὸ φίλον γενέσθαι θεῷ)」も可能であり、グレゴリオスによればこの状態こそ「正しく人生の完成すなわち人生における完徳の状態(30)」ということになる。従って、前述の聖なる神域への飛翔に他ならない。グレゴリオスは、このパレーシアをもって臆せず神に語りかけ得るということが最も美しい形の「勇敢」であることを示すために、タルセーサイ(θαρσῆσαι)という言葉を使って説明する。(31) しかもキリスト教的な祈りとは言うまでもなく、「神の讃美(32)(Θεοῦ ὁμιλία)」、神との会話に他ならないから、パレーシアの本質はこの場合、確かに「祈り(33)(ἡ προσευχή)」である。そうすれば、「勇敢」の徳はここにあの内面化の過程を完了して、自然的死への恐怖に克つ雄々しさでもなく、悪への崩落を恐れ、その誘惑に克つ人間たる品位でもなく、それらすべてを止揚しつつ、今や神への祈りを可能にする真に霊的な勇気、パレーシアとなったわけである。神におのれのすべてを隠すことなく告げ、神と友となるこの勇気を持つためには、人として浄化が前提されていることは論を俟たない。また見えざる真実の存在に対する信頼が前提されていることも論を俟たない。こうしてこの「勇気」こそは、すべての人間的徳の綜合された輝きの上に結晶される最も美しい光ということになる。

ここで注意しなければならないことは、この内面化の方向は、ただ人の心の内奥に尽きてしまうものではないという事実である。「勇敢」は、グレゴリオスにおける徹底的な内面化の極点において「祈り」という形式で神という絶対的な実在に接している。「勇敢」の徳こそが、この世界からの超越の可能性を担う人間の条件となっている。もし聖寵が降《くだ》る道があるとすれば、それは自らにこの徳としての「勇気《パレーシア》」を具えている人への見えざる傾斜であろう。

「勇敢」のその後の塑性

問題の重点の転位によって、同じ概念または類似の概念がそれぞれの体系の内部でいかに異なってゆくかを、「勇敢」の徳の古代における内的塑性の経過を辿ることによって、その実例を示すことができたと思う。そして、ここに取り上げたニュッサのグレゴリオスにおいてあのような内面化は全く極点に達しており、以後はまた別の動向があると言わなければならない。その用語から見ても、またその説く内容から見ても、東方神秘神学の伝統の良き継承者であり、同時に十世紀の一つの頂点とも考えられる新神学者ストゥディオスのシメオン(Symeon Novus Theologus, 949–1022)の神秘思想の代表作と目される一書『問題要項(Κεφάλαια)』という名著を見ても、神秘的体験の叙述においてニュッサのグレゴリオスと酷似した表現にしばしば出会うけれども、そこではあれほど大切であった「パレーシア」という言葉は二度にわたって使われるが、いずれもあの微妙で重要な意味を失い、ただ「親しき信頼」とでも訳されるべきであろうか。等しくギリシア語を用いる東方のしかも神秘神学においてさえ、このような次第であったから、グレゴリオス的な「勇敢」の徳としての「パレーシア」、超越の力としての「パレーシア」は、もはやその充実した内容のままでは西欧の中世には伝えられなかったと言っても差し支えない。

とにかく人生の完成(ἡ τελειότης τοῦ βίου)が、あのような「パレーシア」という神秘的な一つの徳において達成されるというギリシア教父ニュッサのグレゴリオスの考えに対して、普通の西欧の中世の学者たちは決して同意はしない。ヘルウェウス・ナタリス(Herveus Natalis, ca. 1250–1323)は、それほど注目すべき学者ではないが、一三二二年、ヨハネス二十二世(Johannes XXII, 在位 1316–34)への答申書としての『清貧論(De paupertate Christi et apostolorum)』の中で、あまりにも明瞭に反対の考え方を書いている。パリのマザラン図書館の三四九〇という比較的美しく書かれている十四世紀書体の羊皮紙にはこうある。

Quantum ad primum sciendum quod perfectio humanae vitae consistit essentialiter in habitibus virtuosis et earum actibus. . . .[34]

サイクスが一九三八年にヴァティカン図書館のラテン写本部三七四〇に従って読み改めているように、earum は eorum でなければならないが、要するに神との一致のために勧めら

恐れから最も隔たっているもの、それが勇敢である。[35]

すなわち、「恐れ(timor)」の反対者として「勇敢」が規定され、その恐れとは未来のわざわいについての魂の漠然たる予感であるから、まず不安の意味であろう。従って、「勇敢」は時間の中に生きる霊的存在者のそれとしての存在、つまり人間的実存の不安に対して闘う徳ということになる。それゆえ「勇敢」は、当然未来的なものについての積極的な徳としての「希望」にかかわる感性的欲望の運動[36](quidam motus appetitus sensitivi)の一つということになる。こうしてアウダキアという勇敢ないし勇気が、いわば単に時間的な現実超越の支点に位置づけられ、「酒飲みは酒の熱のためにむしろ勇敢である」[37]などというようにも書かれてくれば、それは極めて常識的なものになっているとしか言えないかもしれない。広く見ることは一つの高いものを見落とすのか、それともまたある一つの限られた体験を尊ぶことがものの高さを見誤らせるのか、これもまた転位と塑性についての新たな研究課題であろう。

れている徳の説明にあたって、ヘルウェウスは「人生の完成は諸々の道徳的習性とそれらの実際の働きにおいて成立する」と言っている。ここで使われているラテン語の virtuosus の名詞形 virtus が、実は「アンドレイア」そのままにもともとの男らしさ、男子(vir)たるに相応しい持ち前の意味であるのはまた別に興味ある考察材料ではあるが、それはさておき、確かにここでは、完徳に達するためには諸々の徳の実践が必要であって、一つの徳、そこにおいてすべての徳が綜合されて輝き出る一つの代表的な徳が考えられているわけではない。そして彼の時代にはすでに「清貧(paupertas)」、「貞潔(castitas)」および「従順(obedientia)」という三つの福音的勧告による徳であるとか、「信仰(fides)」、「希望(spes)」および「愛(caritas)」という三つの基本的な宗教徳であるとかが、往古からの重要性と体系的に整理された形で、それぞれ超自然への接点として考えられるようになっていたため、右のような事情も当然なことであった。そのような整理の大事業を成就している一人は言うまでもなく、このヘルウェウスの先人、トマス・アクィナスである。彼において「勇敢《アウダキア》(audacia)」は、一見再びアリストテレスに逆行するかに見えながら、グレゴリオスの高さには及びもつかないにせよ、極めて卓れた分析において、独自の説明が施されている。トマスは次のように言う。

第三章　自由と美と神秘の聯関について

――ニュッサのグレゴリオス(2)――

教父時代の美学

ニュッサのグレゴリオスは道徳哲学の方面では偉大な哲学者であったが、美学の領域における彼の業績もここで論ずることが必要なのであろうか。この問いに答えることから始めなければならないほど、この人や、またこの人を含めて教父時代の思索の特色が一般に、とりわけ我が国では知られていないし、またそれが知られていないがためにこそ、その重要性も認められていない。それゆえ最初に、前章との重複を恐れず、改めて次の三つのことを表明しておくことが望ましいと思う。

（一）ニュッサのグレゴリオスは、そもそも教父時代（紀元後二世紀から八世紀頃まで）においてアウグスティヌスと並んで二大哲学者の一人であったであろうということ。この時代にはギリシア・ローマの古典文化とキリスト教思想との対決や相互摂取が行われたため、キリスト教の側でも多くの著作家がそれぞれの属する文化圏に応じて、シリア語やアラム語からコプト語に至るまで、いろいろの言語で夥《おびただ》しい文書を著しはしたが、そのために使われた言語のうち、最も重要でしかも圧倒的に多く使用されたのは、言うまでもなくギリシア語とラテン語である。そして、もしラテン教父（その生まれの如何に拘わらず、ラテン語で著作した教父）の代表的哲学者を一人選べと言われれば、誰でも恐らくは、アフリカ人のアウグスティヌスを挙げるであろうが、ギリシア教父（その生まれの如何に拘わらず、ギリシア語で著作した教父）についての同様の問いに対して私が躊躇なく挙げ得る名前は、ペルシア人のニュッサのグレゴリオスである。後者を、前者に劣らずこのように高く評価するのは、私の早くからの主張であり、またその学問的証明を前章にて行ったが、恐らくこのことに関して、さしあたり一般に説得力のある事実は、一九六一年の死の後もなお古典ギリシア哲学研究の権威の一人であるイェーガー（Werner Wilhelm Jaeger, 1888–1961）がプラトン哲学の完成の姿として他ならぬニュッサのグレゴリオスただ一人を挙げており、[1] かつまたそのことを裏書きするように、彼の監修のもとに行われ新たに古典文献学的校訂を経たニュッサのグレゴリオス全集の刊行があり、さらにはダニエルウのように知名度の高い神学者が、プラトン主義の補完形態としての神秘主義の理論的典型にこの教父を挙げて一書を成していること、[2] などである。

(二) グレゴリオスの美学は、プラトンの美学の自己完成の一形態であるということ。かつて私はプラトンが人類ではじめて美学という学問を立てた哲学者であることを述べたが、[3] その美学(αὐτοῦ τοῦ καλοῦ μάθημα)とは、プラトンの文章によると、美そのもの(αὐτὸ τὸ καλόν)に至る精神の超越の完成として、美しい物体や肉体から美しい義務へ、美しい義務からさらに美しい諸々の学問へ、そしてそれぞれの領域で真理を証明するそれら美しい諸学問から最も美しい美そのものの認識を頂点とする哲学として最高の学である。そして、美そのものは決してこの世の中にはないから、精神がそれを認識するためには、そのつど世界超越をしなくてはならない。それこそが本来、神と同質であるところの精神《プシュケー》が憧憬《あこが》れる物象からの自己解放と離在として、このような世界から離脱する(φεύγει)ことによって得られる浄化《カタルシス》に他ならず、究極的には死《タナトス》を介して神の一族になることであるから、プラトンの最高の学としての美学は、この世から離脱して美そのものであるところの「神との能う限りの一致(ὁμοίωσις θεῷ κατὰ τὸ δυνατόν)」を理想とする。[4] それはまさしく、キリストの介在による救いの可能性のうえに成り立つ状態、「神の友となること」[5] を念願としたグレゴリオスの理性的神秘主義において一つの完成を見る人格の美学につながるものであった。自らの内部を顧みて、そこに人間としての自らの醜さを少しでも見る人には、人格の美しさ以上に美しい美を夢見ることもできないであろう。芸術は大切なものであるが、それはこのような美の練習場に過ぎない。神の美しさとは芸術の美を含むかもしれないが、それを超えた位格《ペルソナ》(persona)の美の極みに他ならない。こういう美を問題にできない美学は、本当に美の学問の名に値するであろうか。われわれはむしろ襟を正して、こういう本来の美学に回帰しなくてはならない。

(三) ニュッサのグレゴリオスの美学が人格の美学であること。彼をはじめとする教父の美学には、芸術における重要問題の思索も多々あるが、彼の美学が人格の美学であるということを聞いただけで、すでに興味を失う人びとが多いかもしれない。美学を芸術の学にしようとする傾向は、哲学の側ではスーリオ(Étienne Souriau, 1892–1979)のような代表的美学者、情報理論の側ではベンゼ(Max Bense, 1910–90)、実験美学の側ではフランセ(Robert Francès, 1921–)など、顕著な業績をあげた人びとを含めて、今日もなお多くの学派に根強く認められているが、そういう人びとは一般に教父時代の美学を無視している。しかし、芸術の理解や創造に関する重要な問題のうち、例えば象徴や解釈や社会的機能などについて、教父時代の美学は特に興味深い理論を内包しているゆえに、甚だ意義のある研究対象であるということを付言しておきたい。その一例になるかと思われるのは、一九六六年に独訳版の出版されたオヴスィヤニコフとスミルノワの共編による約五百頁の『美学史概説』[6]の教父時代の扱い方である。独訳版の本文は四百六十八頁であるが、教父時代の美学と言ってよい記述が、全体で四十八頁の中世美学史の題の下に、ビザンティンやアラビア、そして西ヨーロッパそれぞれの思想にわたって、およそ三十頁の紙面を割いて概説されている。オヴスィヤニコフの美学はマルクス主義的哲学の芸術論であり、前述の人格美の超越的形而上学とは無縁であるが、そのようなイデオロギー的立場からみてさえも、教父時代の思索が芸術哲学として美学史上無視できないことを示すものである。もっとも彼はアウグスティヌスにはかなり言及していても、ニュッサのグレゴリオスについては一語も触れていないという点では他の類書と同じく偏りがある。というのは、以下の論述でも明らかなように、グレゴリオスの思弁哲学的な美学は、象徴と比喩と解釈学の基本的諸問題に満ち溢れているため、絢爛たる展開を示すビザンティン芸術の教会建築やモザイク壁画などの理論的背景ともなり、芸術哲学ないし芸術の科学としての美学にとっても、またビザンティン芸術の考古学や美術史研究のためにも、逸すべからざる正統的古典であるからに他ならない。

このように、この時代の美学は一般に無視されているけれども、教父時代が卓れて美学の季節であったこと、あたかも現代に似ていることを指摘して、研究者の注意を喚起しておこう。ニュッサのグレゴリオスの『雅歌講話（In Canticum Canticorum）』と、アウグスティヌスの『詩篇註解（Enarrationes in Psalmos）』の二つに代表される宗教詩の神学的解釈が効果的に駆使する象徴の論理は、解釈自体の経過がすでに芸術であるかのごとく美しいし、このような霊性ないし理性の思索の美を現実に知っていたがゆえに、「詩はただ旧約詩篇を唇に浮かべればよい」[7]と、あるローマの婦人に書き送ったヒエロニムス（Eusebius Hieronymus, ca. 347–419/420）の意見のように地上的な装いの芸術は尊ばれないが、それはいわば教会の典礼芸術への非芸術的な楽観的讃美であろうか。イタリアとユーゴスラヴィアとの境界、ダルマティアのストリドンに生まれたヒエロニムスは、当時の人びとからウィル・トゥリリングイス（vir trilinguis）[8]として驚嘆された語学の天才で、『詩篇』をはじめ聖書のラテン語訳は彼によって大成されたが、それはもとよりラテン語としてもみごとな詩である。けれども、このようにして翻訳された詩の芸術としての価値を疑わないところをみれば、彼の詩観は語の響きにより は詩の意味論的方位に重きを置くものであることは明らかであろう。いったいに彼の名訳はすべて、逐語訳ではなく語の喚起力が生きてくる意訳である。

ところで『詩篇』全百五十篇の著しい特色と言えば、神を志向する上方への垂直方位であるが、その点を彼は芸術の最も卓れた存在意義であると見なしたと思われる。ということは、芸術はそれ自らの中に人間的精神の世界離脱を促進する指標を内含していなければならないという極めて現代的な考え方につながるものが、すでにこの時代に少なくとも萌芽的に見いだされるということに他ならず、この点に関しては、芸術を日常性の遊びと趣味との装飾的範囲で論じようとする近世美学の多くの学説とは、全く軌を異にすると言われるべきであろう。

しかし芸術はいかに卓れた作品であっても、その超越指標にも拘わらず、自己に耳目を惹きつける魅力のゆえに、人間的実存にとっては惑溺への誘いでもありはしないか。今は失われたが、最初の著作が「美について」という美学論文であったアウグスティヌスは、芸術の持つこの二律背反を見逃すはずはなかった。彼は教会の聖歌隊の歌唱に涙を濺《そそ》いで感動したことを想起して、芸術における「快楽の危険と健全な経験との間に(9)」動揺する自己を発見する。鋭敏なアウグスティヌスには芸術が二つの位相を持つことはあまりにも明らかであった。その二つとはすなわち、大宇宙に散在する諸事物に非統一的に関わっていた人間の感覚をその一点に結集させ、意識をして作品の小宇宙に内在化させるところの一極への「自己集中」の快い魅力と、この小宇宙にまで自己を凝集させ尖鋭化した人間の意識に対し、宇宙の外への突破を教えるかのごとき「超越指標」というこの二つである。アウグスティヌスにおいては、救霊としての世界超越が健全な成長の方向に他ならないから、芸術の二つの位相のうち、後者に重点を置く考え方が成立するのは当然である。それゆえ彼は、感覚的な快楽への惑溺の危険と精神に敬虔の情を起こさせる効果とを比較考量して、「いずれかと言えば、教会における唱詠の慣習を是認したいと思う(10)」と注意深く言う。これはいわば、「感覚の集中による小宇宙への矮小化」の危険を介さなくては「宇宙の外なる超越者としての神への飛翔」ができないという芸術による世界離脱の不安定な冒険性をいみじくも洞察した言葉であろう。芸術をこのような宗教上の効果と相関的に見ることを、一方的に功利主義ないし実用主義と断定し去ってはならない。繰り返し述べるように、ここには芸術が本質的に象徴を介しての超越指標を内含していることへの的確な認識がある。作品とは立てられるものであり、それ自身世界に埋没している物質から垂直的な離脱の方向を持つ。その点をさらに瑞々しく主張していると解されてよいのが、一般にギリシア教父なのである。

すでにアレクサンドリアのクレメンスに芽生えていた美しい文化への憧憬は、バシレイオス(Basilius Caesariensis Cappadociae, ca. 329-379)の『若人へ(Ad adolescentes)』や、名前も華やかな『美への愛(Philokalia)』や、また特に『聖霊について(De Spiritu Sancto)』の画像尊重と原物崇拝との連結性についての論や、ニュッサのグレゴリオスの光を求めて止まない精神の向日性と共に、ついに聖像破壊主義《イコノクラスム》を理論的に論破するダマスクスのヨハネス(Johannes Damascenus, ca. 650–ca. 750)やストゥディオスのテオドロス(Theodōros Stoudios, 759–826)の画像擁護の美学における芸術と宗教の渾然たる一致の理念にまで及ぶ。これは宗教の芸術化でも芸術の宗教化でもない。「文章による理解が精通し得ないところを画像の表象現前化の力が補い得る」[11]という言葉が示しているとおりに、これはいわばロゴスを補ったプラトンのミュトスを、造形芸術に代えたものと見てよい。われわれはこれを少しく一般化すれば、ロゴス(思索)と相互補完関係にあるミュトス(芸術)という考えに到達するであろう。そうであれば確かに、ロゴスの追うところの美そのものは、ミュトスとしての芸術の深い奥底でそれを支え立たせる喚起の原理として思われなくてはならないはずのものである。

自由と行為

普通に教父の神学や哲学を論ずる場合、歴史的な聯関としては、しばしばただプラトンないしプラトン主義との関係のみを重視する向きが多い。そしてアリストテレスないしアリストテレス主義の考え方は、わずかにボエティウスにその一部が知られていたくらいで、だいたいは十二、十三世紀になってイスラムの思想や研究を介してキリスト教の世界にはじめて知られるようになったと言われている。もし、三十頁くらいの極めて短い枚数で西洋の全哲学史を書くというような冒険をするときには、あるいはそのように述べても致し方ないかもしれない。それにしてもこのような見方が妥当するのは、人がただラテン教父のみに注目する場合に限られると言って差し支えない。ギリシア教父にとってはアリストテレスもまた決して未知のものではなかった。それどころか、アレクサンドリアのクレメンス、殊にエメサのネメシオス(Nemesius Emesenus, ca. 5 c.)やバシレイオス、またいわゆるユスティノス偽書問題としてハルナック(Adolf von Harnack, 1851–1930)を中心としてディーカンプ(Franz Diekamp, 1864–1943)、ユリヒャー(Adolf Jülicher, 1857–1938)およびフンク(Franz Xaver Funk, 1840–1907)などの間に論争のあった四つの文献などの例では、すでに教父の時代においても、ギリシア教父に関する限りは、徹底したアリストテレス風の術語や論理が明白に認められ、確かに人びとの言うように、この傾向の著しかった四世紀のアンティオキアには、あたかも十二、十三世紀のスコラ学のような印象を感じるというのも、あながち誇張とばかりは考えられない[12]。とにかく、そのようなわけであるから、プラトン主義者と言われ、事実そう言われても構わないニュッサのグレゴリオスにおいても、われわれは随所にプラトンの影響と共にアリストテレスのそれを見いだすことができる。われわれが今考えてみようとする最初の問題である「自由」に関しては、もとよりプラトンとオリゲネスに仰ぐものと比べて特に目立ってその影響が大きいとは言えないにしても、グレゴリオスは明らかに意識してアリストテレスの体系との対決を企てているかに見える。

　ところで、そのアリストテレスの自由論の骨子は選択《プロアイレシス》(προαίρεσις)についての省察にあったが、それはその要点においてはプラトンやイソクラテス(Isokratēs, 436–338 B.C.)やその他の同時代の意見とほぼ一致した結論で、ただその方法が極めて精細であったと見ることができる。従って、われわれはアリストテレスの選択の自由に関する説をもって古典ギリシアの自由論の代表的省察と考えてもよいであろう。それゆえ、これをニュッサのグレゴリオスというギリシア教父最大の哲学者の自由論と比較することによって、歴史的には古典時代と教父時代の思索の異同もある程度詳《つまび》らかになるであろうし、また、体系的にも自由の問題の位相の展開は少なくとも期待し得るであろう。

　さて、アリストテレスにおける自由とはいかなるものであるか。彼においても、自由《エレウテリア》(ἐλευθερία)は、市民権を持つ自由人《エレウテロス》(ἐλεύθερος)から切り離しては考えにくい状態であったから、それはまず何よりも他人の生活のために存在するように仕向けられている奴隷《ドゥロス》(δοῦλος)のもつ従属性《ドゥレイア》(δουλεία)とは全く反対の性格を持つべきことは当然である。それゆえ、そしてまたある他のことを説明するための例という気安さもあったためか、彼はいささかのためらいもなく、一般の使い方を認めて、「おのれ自らのために在って、他人のために在るのではない人を自由人と言う[13]」と書いている。このことは、この限りで決して誤ってはいない。しかし、「おのれ自らのために在る」とはどういうことであるか。それは他人の指図に強制されて自己の行為が制限されることではなく、自分の思いのままに振る舞うという意味で自己を目的とする自主性の意であろうか。それならば、「自由」も「わがまま勝手」も区別がつかないことになりはしないか。というのは、双方とも他人の指図に強制されないという意味では、同様に自主的なのであるからに他ならない。アリストテレスは自由と恣意との区別を二段に分けて立てようとしていると思われる。自由であれ恣意であれ、確かにそれらは他者の強制によらずに自分の意に随《したが》ってその好むところをとるという点、つまり不随意的ではなく、随意的に自発的に行為を決定するという点では全く同じであるかに見える。しかし、随意か不随意かを決めるものは、何も他者の強制によるものであるか否かということだけではない。そうとはじめに知ってさえいたならば、随意的に行うことはなかったであろうにというような場合がある。例えば、救うつもりで或る液体を飲ませたら逆に死を招いたというような場合である。従って、行為の相手と目的とに関する無知によるものも同様に好んで随意的にとられたものとしてよいかどうかは疑わしくなるであろう。そこで、この点を一歩進めて考えてみると、その場の欲情や願望などを根拠としただけの軽はずみの随意性によるものと、いろいろの可能性を理性的に考慮したうえでどれか一つを選び取るところの随意性によるものとは段階的な差があり、後者は人間にしか考えられない選択《プロアイレシス》と呼ばれるものである。われわれは、今日は寒過ぎるから夏にしたいと恣意的に願っても甲斐のないことである。選択は理性的に考えて、われわれ人間の能力の及ぶものをその対象としなければならない。従って、理性が伴うか否かによって、選択が問題になるか否かが決まり、これによって自由すなわち選択の自主決定と、恣意すなわち理性的限界を知らない勝手な願望とは明らかに区別される。しかし、単にこのような自然的な限界を認めて、その限界内で可能な限りのことからどれかを随意に選択するということが自由ということであるのか。もしそうであるならば、自らの能力の射程を理性的に測定した後は、その範囲内での選択は趣味を基準としようと偶然に委ねようと効果を重んじようと、要するに随意でありさえすればよいということになるのではないか。果たしてそれでよいか。自由とはそれほど無責任な自己決定であろうか。アリストテレスは、すべてが一つの目的に向かって共同に秩序づけられているさまを家の図式で説明するところで、次のような注目すべき言表を残している。すなわち、「自由人たちには勝手なことをすることはほとんど全く許されていず、彼らの仕事のすべては、そうとまでいかなくてもその大部分は、はじめから秩序正しく決められているが、奴隷や家畜類は公共のことに関わることが少なく、勝手なことをして暮らしている」(14)。自由人には自由人としての嗜《たしな》みや義務があって、従って、自由に選択し得るということは勝手気ままな選択をしてよいということにはならない。一定の価値の秩序を認識して、価値の高いものを選択する自由こそが人間の尊ぶところである。それゆえ人間は、理性によって承認された自然的限界の内部で、気随に一つの可能性を選ぶのが自由なのではなく、価値を考慮したうえで一つの行為を自己の責任において選ぶ自由があるという意味で自由なのである。そうであるとすれば、アリストテレスにおける自由とは、理性の二度にわたる作用、すなわち自然的限界の認定とその此岸における価値の洞察に支えられた行為選択の自由であるということになるであろう。だが行為の選択と言うが、それは行為の何を選ぶのか。まさしく行為はその目的とそれを実現する手段とに分かたれるからである。

ところでアリストテレスは言う、「医者は病人を治すべきか否かを考慮しはしない、弁論家は相手を説得すべきか否かを考慮しはしない、政治家は良政をもたらすべきか否かを考慮しはしない。その目的は自明であって、何人《なにびと》もそれを問いはしない。そうではなくて、人は目的を設定したうえでこの目的がいかにして、つまりいかなる手段によって達成されるかを考察する」[15]。これによっても明らかなように、アリストテレスにおける選択の自由とは、行為の目的の自明性においてその目的を実現するための手段選択の自由である。従って、彼において成立している行為の論理的構造を定式化すれば、

これこれの善Aは自明的に望ましい目的である(大前提)
しかるに、p、q、r、s、tという手段はそれぞれ右
　のAという目的を実現するであろう(小前提その一)
ところで、p、q、r、s、tのうち、pが最も容易に
　最も美《うるわ》しくAを実現するであろう(小前提その二)
ゆえに、pからAへという行為をとる(結論)

という特殊な三段論法、すなわち、小前提が二つに分かれている推論式である。

　さて、ここで注目すべき問題は、もとより選択がそこで決定されるところの小前提であるが、「その一」の方は目的に関わる人間の現有可能性の枚挙的検索であり、いわば行為への理性の予備的考察である。これがなければすでに選択の素材もなくなってしまい、人間の段階には遠く及ばないことになるという意味では基盤的な重要性を持ちはするが、決定的な契機を成すのは「その二」の方である。ここでは、「その一」で挙げられた諸々の手段のうち、一つを自分のとるべき方途として選択しなければならない。それは自由に自らが決定するものであるが、その選択の基準となる価値は右にも示されたように、望まれている目的の事象を「最も容易に最も美《うるわ》しく[16](ῥᾷστα καὶ κάλλιστα)」、すなわちできるだけ容易に効果のあがる方法で、しかもできるだけ道徳的に立派な仕方で、存在者の領域にまでもたらすということである。ここではそれゆえ行動技術の達成効能と行為の意味形態の二つが問題とされている。従って、選択は道徳的なものに関わるのみならず、技術的なものにも関わっている。その射程はいずれにせよ、行為主体としての自己の事象産出過程に留まっている。選択はこのように存在者、すなわち産出の結果としての事象にまでは及んでいない。

　ところで、キリスト教は技術的達成効能を「自由」の問題から峻厳に排除し、全く新しい選択の次元を拓《ひら》いたということに注意しなくてはならない。キリスト教徒にとっては、「いかにして行うべきか」という手段をめぐる古典哲学の問いは、もはや問題とはならない。少なくとも、行為の第一の問題とはならない。というのは、彼らにとって愛をもって一切を行うべきことがあまりにも明らかに命じられているからである。周知のように、一人の律法学士がイエスに向かって、「師よ、律法《おきて》のうち孰《いずれ》の誡命《いましめ》か大《おお》なる」と問うたときの主の

答えは、一にも二にも愛である、というものであった[17]。アレクサンドリアのクレメンスは、すでにこの世の一切のものは、いわば心の道具に過ぎず、従って隣人愛によってあらゆる手段は聖化されるということを暗示している。選択の自由の対象は、それゆえ目的に対する手段に関わりはしない。手段はわれわれが愛を持ってさえいれば自ずから決まるであろうし、聖化されるはずである。選択の自由の問題は、むしろ行為の目的の場面にあり、「人は愛をもって何を存在者の領域にもたらすべきであるか」という新しい問いが生じる。選択はこうして今や目的に立ち向かう。そして確かにキリスト教徒においては、目的は単純に願望(βούλησις)によって見境もなく自然に立てられてはならないものであった。選択《プロアイレシス》の次元は、このようにもはや古典的ギリシア人たちにおけるように、行為的主体の事象産出過程にあるのではなく、それの終局にまで、つまりその結果としての客観的存在者にまで及ぶ、否、そのような所産的事象にのみ関わる。

ニュッサのグレゴリオスはこのような思索をもって、その極めて知性的な神秘主義を説く名著『モーセの生涯』の中で選択や自由に関する注目すべき省察をわれわれに示している。彼は書いている、「誰も知らぬ者もないことであるが、万有は変化し、もとの自己と等しいままのものはなく、絶えずある状態から他の状態に生成変化が行われ、しかもこれはより善い状態に向かうか、より悪い状態に向かうかのいずれかなのである[18]」。われわれも決して常に同一の状態にいるわけではなく、われわれが自ら体験によって明らかに知るとおり、現在のわれわれからさらに新しい事態が生じる。従って、象徴的に言うならば、われわれは皆何らかの意味でそれら刻々と生じる新事態の父なのである。ところで、これらわれわれの子どもたち、すなわちわれわれの拵《こしら》える新しい事態は、物体的な運動などの場合と異なって、外的なものの介入や偶然などによるのではなく、われわれの個人的な選択に基づいて生じたものである。それゆえ、このような選択こそがこれら新しい事象を生み出すもとである。別の言葉で言うならば、プロアイレシスは無における多くの可能性の中から一つの事象を、存在のおよぶ領域にまで、無から呼び出すように選び取る。選択はそれゆえ方法の問題である手段に関わるのではなく、存在者となってそこに現れ、存在者として力を発揮するものの、このような出現に対して責めを持つという意味で、範疇表を介して存在論的領域に触れる。しかも前述のように、この新しく生じたものによって、世界の状態はその前と少しでも異なってくる、つまり幾らかでも善くなるか悪くなるかが決定されてくるという価値論的省察が必然的に導き出される。こうして、われわれはより善きより高き生に至る可能性を持つことになる。しかし、このことは同時に、より悪しき世界への降落に対する人間の責めをも充分に暗示する。それゆえ、人間の選択の自由がなければ、存在者の領域に悪なるものの生起するはずはないと言ってもよいほどである。

従って、明らかにプロアイレシスは、グレゴリオスにおいては、人が神の創造に協力して神の創造から何か善いものを生産するか、それとも神の創造に背反して何か悪いものを生産するかという分岐点を成す存在論的な力である。神の創造に協力するとは、神と共に働くことであり、つまりその完全な場合は神と一致することであり、結局、最初の人間アダムの堕罪以前の状態、すなわち恩寵に満たされ、何らの不足も不安もなく神と共にあたかもその友となって暮らしていた状態への回帰に他ならない。それはまさに神の友である以上、もはやこの世の何者をもその心の主とする必要もなく、従って誰も手下でもなく、それゆえ自主的である。人はここに至って、なぜニュッサのグレゴリオスにあっては、選択の自由としてのプロアイレシスが、奴隷でない《アドゥーロートス》(ἀδούλωτος)という意味での自由《エレウテリア》、すなわち人間的支配者への隷属性を有しない自治的な者《アウトクラテース》(αὐτοκρατής)としての自由に一致し、さらに無関心《アパテイア》(ἀπάθεια)、すなわち人間的な不足物への欲求からまぬかれているという自由とも一致し、そしてまたパレーシア、すなわち宗教的な恐れもなしに思うままにものの言えるという意味での自由にもつながるという理由が極めて明瞭に理解できるであろう。[19] 神とのパレーシアにおける一致とは、すでに前章で明らかにしたように、神における心の昇華として、神秘的な幸福に他ならない。選択の自由こそが神秘への回帰的昇級の拠点であることは、彼において最も明瞭である。これら一連の省察は、極めて意義深い二つの問題をわれわれに提示するであろう。それは何と何であるか。

自由の方位とその転換

さしあたり生じる二つの大きな問題が、いずれも自由の方位に関わるということは容易にわかることであろう。いかなる考え方をするにせよ、自由を認めるからにはそれが何らかの超越の方位をとるとせざるを得ない。最も平俗に考えてみても、木はその場所を越えて動くことはできないし、動物は本能に基づく適応変化による効能の域を越えて価値の世界にゆくことはできない。人間の開かれている状態としての自由は、単に未決の状態を言うのではなくして、一般に価値への超越の可能性を持っていることを意味する。それがなければ選択の意味はなくなるからである。このことをグレゴリオスは、選択とはより善きものを憧れ探求することであると言って説明している。しかし、自由の方位を単に価値に向けられた超越と見る限りでは、他の哲学者と異なったところはない。彼の思索の格別の迫力は、すでに前項で詳説したように、自由の方位を神秘との接点に向け、現世の超越が自由によって始まり、自由によって遂行される所以を示しているところにある。人はこの表現に恩寵を排除する響きを読み込む必要はない。選択能力そのものがすでに神の賜物であり、また志向の果てであるパレーシアが、そのまま祈りでなければならないことは、前章で明らかにした。ただ恩寵の至大な力にこと寄せて、人の責任や自由を解消させてしまうような考え方とは全く違った知的な神秘主義を彼が歩んだことは確かなことであろう。とにかく、自由方位は神秘への超越にあるとしたところに彼の自由論の特色の一つがあり、これは次に述べる第二の特色と共に、われわれに大きな問題展開を示す。

その第二の特色とは何か。前項で詳説したとおり、グレゴリオスにおける選択の自由は決して行為の手段にではなく、行為によって生じさせられるところのもの、すなわち行為の目的とするところのものに関わる。自由の方位は従って手段ではなく目的に、「いかに」ではなく「何を」に転向させられている。もとより手段選択の場面が、彼において全面的に消失しているというようなことをここで主張しようとは思わない。ただ、目的を自明的なものと考えるアリストテレスに代表される古典ギリシアの思索に対して、むしろ愛によって何を為すかという手段の自明性のもとに目的定立に選択の必要を認めたというところは、彼の際立った特色として注目しなければならず、事実このことによって、人間の自由は創造する精神にまでも人間の存在論的飛翔を求めようとする。グレゴリオスは、自由の方位のこのような転換を哲学的に予感し、組織立てようとした恐らく最初の人であり、これによって古典時代のいわば現象学的・心理学的倫理学から存在への超越を論理的にも可能にした神秘主義的倫理学の開拓者と言うことができよう。彼のこの哲学的思索はしかし適当な後継者を欠き、誰もこの問題においてこの傾向を推し進めた人はなく、その存在論的な自由論の萌芽は、アウグスティヌスにおいて典型化されるような聖寵と自由選択との関係の省察の中にかき消されてしまったと言う他はない。それはパレーシアに関しては甚だ強くグレゴリオスを辿ったと思われるヨアンネス・クリュソストモス(Ioannes Chrysostomos, 340/350–407)でさえも、自由論では彼とはまず無縁の立場である。

自由の超越の方位は価値よりさらに神秘に、自由の対象の方位は手段へではなく目的へというこの二つの方位転換は、いったいいかなる意味をわれわれに示すのであろうか。

心の射程——自由の神秘

自由とは本能の限界よりも、より善きものに開かれている状態のことであった。より善きものを選ぶことができるということ、すなわち自由が可能である所以は、心が事物的存在者の現象の領域に閉ざされずに、それらを意味づける価値序列の領域に及んでいることを示す。価値とは何であろうか。それは普通に考えられる限りは、われわれの意識によって価値づけられなくては明らかに現れはしない。その意味では意識内にのみ存在を許されているものではなかろうか。主観的価値は言うに及ばず、客観的価値と言っても、それはあたかも数の観念のように案出されたものに過ぎず、実在とは言えないものではないか。それは個々の立派な行為を指して共通に正しいという呼称で性格づけるところの一般者なのではないか。すべての存在者はこのような一般者を自らの述語としてとるときに、価値づけられるのではないか。自由とは自己の選択によってこのような一般者の述語付与に相応しいところのものを作り出すことではないか。これらのことは一応は正しい。しかし、それだけでは実在に超出しようとするグレゴリオスの自由論としては半ばにしか達してはいない。一般者としての価値に対して自由をもって心の射程を及ぼすことは、それはそれとして立派なことではあるが、一般者をもって心の歩みの極限とすることではないか。けれども彼にあっては、終末を知らない歩み、すなわち神への彷徨がある。そして魂の生命とはこのように神を憧れ求めることに他ならない。そしてこの神は、もとより創造主としての実在であるから、一般者としての価値よりもさらに別の領域にある。すなわち意識の彼岸に、一般者の彼岸に存在するものである。普通の現象的存在者は、たとえそれが意識に独立に存在するとしても、そのことのゆえに意識に対しての彼岸性を持つと言うことはできない。そのような存在者は、意識の此岸にあって、物体的な抵抗力を示し、確固としたものに見えはするものの、いつ滅びるかわからない儚《はかな》い存在に過ぎない。これらが永続化されるのは、一般者によって意識が普遍的な述語で価値づけられ、記憶に留められるからである。それゆえ、これらの現象的存在者は価値のごとき一般者に依存してはじめて意識に明確な座を占めるものとして、一般者よりも副次的な存在論的位置を占めているに過ぎない。確かに一般者も意識に依存するが、それが永続化されるのは、意識が多分に生理的な記憶にそれを留めるからではなく、論理的聯関においてつなぐからに他ならない。それゆえ、この意味では一般者の方が現象よりもより確かな存在と言うこともできよう。従って、われわれの見てきたところでは、自由による心の射程は現象を超え、一般者という意識的存在者を超えて、意識の彼岸としての神に及ぶと言わなければならない。神とのこの接触は、そういう意味で二重超越である。そしてこれは魂と神との神秘的な出会いである。従って、グレゴリオスはその自由論においてはまさに明確に一般者としての価値と神秘の領域とを峻別することを得たと言ってもよいであろう。もとより、神的存在者を一般者から区別していたことだけならば、それはすでにプラトンにおいても明瞭に読み取られることである。しかし、この神との交わりの神秘の領域を一般者と区別して立て得たのは、グレゴリオスの大きな特色と思われる。ということを理解するためには、われわれは神秘の意味をよく知らなければならない。なぜならば、一般に新プラトン主義に見られるように、神秘的直観の類《たぐい》は決して稀なことではなく、単に神秘というだけではそれに一括される恐れがあり、そうなれば今まで述べてきたことは無意味になるからに他ならない。

プラトンやその流れを汲む人たちにおける観想《テオリア》は、すでに古典時代にもある程度まで、いわゆる神秘主義的なものであった。このような観想においては、理性に真理が妨げなく開示されるように、魂はあらゆる衝動から浄化されて完全に受動的で静かでなければならないという面があった。それゆえ、アリストテレスも、静けさをもって魂の理想状態と言っている。この静けさは生理的・感性的なものを残存させつつ、それを抑制するところの勇気に基づく平安《ヘシュキア》(ἡσυχία)とは異なって、魂が感覚的な運動を完全に離れ切らなくては、つまり、日常的自己を完全に捨て去らなくては達成されることはない[20]。これこそがいわゆるギリシア神秘主義の伝統においてエクスタシス(ἔκστασις)と呼ばれているものである。神秘主義(μυσταγωγία)は、もともとその語源 μύω が暗示するように、普通には目や口を閉じること、つまり傾聴と沈黙を要求する。これは主体的主張の絶対的否定、絶対的自己否定を意味する。従って、例えばプロティノスのようにこの伝統をそのまま発展させた人の場合、個人性の完全な滅却が行われ、そういう形での一者との合一において内的な目で一者を頂点とするイデア的諸形相の体系を見ることが究極の理想であった。これは少なくとも次の二つの点で、ニュッサのグレゴリオスの神秘主義とは異なっているということに注意しなければならない。すなわち、グレゴリオスにおいてはエクスタシスは個人性の滅却ではないこと、そして神秘において見られるものは一般者に限らない、むしろ一般者を超えている、というこの二点である。

まず、もし個人性が失われるのであるとすれば、人は神と一致することによって人格を失い、選択の根拠である自由は当然消えてしまうであろう。グレゴリオスにあっては、人が神と一致する神秘はパレーシア、すなわち自由なる会話であり、人と神とのペルソナがそれぞれ流通しあう祈りである。それゆえ、エクスタシスは一面で確かにプロティノスと同様、肉体的活動性の完全な排拒として感覚的には絶対休止であるが、他面において精神が最も高度に働いていなければ不可能なものである。此岸的なものの静止と超自然的な魂の激動とは、この場合一つになっている。この伝統に根ざしたシメオンは、彼の神秘的平安をヘシュキアと呼びはするが、それは決して無為でも沈黙でもなく、「理性が不可視者へ超越し、万事を放下して、超感覚的領域に自己を保つ営みである」と言っている[21]。エクスタシスをこのように解釈してこそ、それが同時に人格的登高である所以も明らかになる。

また次に、エクスタシスにおいて人が内的な目としての理性で見るものは、グレゴリオスによれば、決して一般者としての形相の頂点にあるものの類ではない。そのようなものは、普通の思索において充分注視することができる。人はここで形相の次元を超えた生ける神を見る。それはあるいは、実在の彼岸にある善のイデアを見ようとするプラトンの企てと、形式的にはまったく同じであると言われるかもしれない。確かに、プラトンやプロティノスやさらにはフィロン(Philōn of Alexandria, ca. 25/20 B.C.-ca. A.D. 45/50)も神的存在者に迫ろうとし、すでに本章の「教父時代の美学」の項で述べたように、その努力の理想を、「神との相似を本性とする精神が神と一致すること」においたのは周知の事実である。しかし、同じこの言葉はグレゴリオスが明らかにするところでは、モーセのように「神の友となること」に他ならず、つまりは自己を失うことなく、相手を見、愛する関係に立つということである。従って、それは前にも触れたように、対話的な位格関係としての祈りであることを忘れてはならず、ここに非常に著しい特色がある。

さて、自由の超越の方位における心の射程はこのように高く、その頂《いただき》は価値的一般者の次元を超えて神との友人関係という神秘に達しているということ、このことはそもそもいかにして可能であるか。

神秘と美

自由は神秘へ超越すると言うが、それは一つの可能性に過ぎない。人はその自由がまさに自由であり、必然ではないがためにこそ、罪を犯すこともある。すなわち超越可能の自由は、その超越の方向とはまったく逆に、神秘からかけ離れた肉欲や事物の中に潜むこともできる。神秘の輝きの中にゆくか、事物の闇の中に閉じこもるかは、決して運命の必然や偶然によるのではなく、われわれの内部における自由によっている[22]。そうであるとすれば、何が自由を神秘にまで行かせるのか、それを考えてみなければならない。

ところで、この登高の過程を説明するよすがとして、グレゴリオスが典型と仰いだものが、言うまでもなく「モーセの生涯」である。従って、今の問いに答えるためには、モーセがいかにしてその自由の心を神秘の域にまで至らせたかを見るに如《し》くはない。それはもとより、よい選択に貫かれていたことは言を俟たず、その意味で理性的でなければならないと同時に、その判断に従って段階的に実践の困難な領域に入ってゆく宗教的な勇敢《パレーシア》に支えられていなくてはならない。すなわち、自由はいずれも神をその頂点に仰ぐところの理性的選択と意志的勇気によって可能なのである。それならば、なぜその二つは神を頂点に仰ぎ得るのか。それはモーセにおいては燃える柴における神顕《テオファニア》によって呼ばれたからに他ならない。この事件は日常性において生じた。しかし、それは太陽よりも明るい日常的な驚くべき光で、覚えず目を上に仰がせるものであった。要するに、モーセはこのような体験、すなわち肉眼が普通見ている形象の上に輝くところの非形象を見るという体験によって、あの超越的自由の世界に入った次第である。この世界に入っても選択を誤ったり、勇気を失うほど怠惰であれば、空しくまた事物性の中に帰らなくてはならないであろう。そこにおける神秘への超越という定方向の可能性は、なにもそこにおいて一切が必然的に定方向を辿るはずであるということを意味しはしない。

しかし、それにしてもあの体験がなければ、彼の自由も充分に成長することはできないということは、今までの省察で論理的に明らかである。それでは、われわれの望む自由の超越はただ単に選ばれた人にのみ許されるに過ぎないのではないか。そうであろうか。もしそうならば、グレゴリオスはどうして、「考えてみるとモーセこそはわれわれにとって人生の模範になる(23)」と書くことができるであろうか。モーセを取り上げて論じたのは、彼の歴史そのもののためではなく、また彼と同じく特に選ばれた人のためではなく、実に一般の人びとにとって完徳の生活がいかなるものかを、われわれが知るためであった(24)。とすれば、燃える柴の体験はいったいいかに解すればよいのか。それが神の示現であったこと自体に疑いはないとしても、それと同じことがすべての人に恵まれているのではない。しかもそれなしには誰も真の自由の超越は完遂できないというのでは、普通の人の完徳への望みは絶たれるし、モーセを模範にしようもないではないか。それなのにグレゴリオスがあのように言うとすれば、ここでどうしても象徴的な見方をしてみる他はない。

これは類比化、つまり「アナロギア」によると言うものの、実は平板化つまり「カタロギア」を行っていると言われるかもしれないが、肉眼の見る形象の上に示現するところの非日常的な光の地平が開かれてくるという限りでは、燃える柴は高度の精神的活動一切を代表する極点であると見られる。しかもそれが啓示であり、意識的に準備された企図の末ではないという限りでは、学問的認識とは著しく異なっている。呼ばれて我知らず次第に高められるということ、それは最もありふれた体験としては美的体験ではないか。しばしば言われるように、呼ぶもの(τὸ καλῶν)が美しいもの(τὸ καλόν)であるとでも言おうか、呼応する心は美を体験していくための次元に入る。最初に何を美と判ずるかは人により全く千差万別であろう。しかも一旦その次元に入るや否や、人は少なくともそこでは自由を獲得し、非日常的時間の神秘に触れる或る昂揚を感得する。事物性の支配からの超出のみが自由のすべてではなく、恍惚とエクスタシスが直ちに同一でもなく、非日常的時間がすなわち永遠でもなく、心情の昂揚が直ちに登高でもないということは、今さら断るまでもない。しかし、人は右に述べた美的体験の一般構造のうちに、超越的自由のモーセにおける完成の一つの縮図ないし模型を見ることができるであろう。しかも、何ものかを美と判じない人はいない。つまり美は人間の原体験であるから、結局、右の事実は誰にでも神秘への超越の雛形が与えられているということに他ならない。従って、柴の上の光は本当は神の顕現でありつつ、多くの人びとには美の自己開示あるいは美的体験の象徴となる。モーセがあそこから瞑想を経て神秘に至るように、われわれもまた美的体験における瞑想としての解釈や探求や思索の果ては、確かに感覚的快とは異なった最も価値の高い何ものかに触れるのではなかろうか。プロティノスはそのことを証明している。グレゴリオスに対するこのような解釈は、あまりにも恣意的であると言うのか。グレゴリオスは書いている、「偉大なモーセの美しい生涯を模範として、（中略）われわれもこの美しい人柄を身に体せんがために録《しる》した[25]」と。そうであるとすれば、グレゴリオスはまさしく自由と神秘と美との本質的聯関を説こうとした最初の人である。しかも、彼においては美は自然や芸術においてのみならず、このように明らかに人生やその中核としての人格において輝くものと認められている。このことには少しの不思議もない。否、むしろこれこそが本当ではないか。というのは、自然や芸術の美に打たれるとは、日常性を超越する精神の一態としての超日常性における恍游であると言ったが、この恍游の場としての超日常性の領域は決して極みのない無限ではなく、その頂上にこれら諸々の領域を世界として一つに統《す》べ、その中にそれぞれを定位する絶対的超越者たる神が立っていなければならない。さもないと、このような恍游としてのエクスタシスと単なる事物性や感覚的快感への自己陶酔との価値的差別はつけられ得ないからである。こうして、美意識が美意識として成立する所以は、精神が日常性よりも少しでも神に近い超越の領域に恍游して浮かび出ているからに他ならない。そうであるとすれば、精神は神に近づく度合いの高まるにつれて、つまりその恍游の超越度の昂揚につれて、より一層美意識としての完成を進めてゆくはずである。

そうであるとすれば、神との一致こそが美の極致であると言わざるを得ず、その一致はグレゴリオスの言葉では神と友情を結ぶことに他ならないが、それができるのは自然においてでも芸術においてでもない。それらは、われわれの意識をある高みにまで連れ去るであろうが、それはもともとそれらの存在者の超越に対して開かれた構造のもつ象徴的暗示力に、われわれの意識が乗せられて飛翔するということに過ぎず、もともとその飛翔の高さには限界がなくてはならない。ところが、神の友となることが許されている人格としての精神は、自然や芸術の場合と違って、そのものがすでに神と触れあう。従って、われわれの意識は、このように高い人格に打たれて感激するときには、それによって単に象徴的暗示力を介して、恍惚する快さのみならず、自らもまた美しくなるところの可能性を持つ。それゆえ、人格の美は他の美とは異なって、他者を発条《ばね》とする儚い跳躍による飛翔ではなく、自らの足で高い山を登るのと等しい苦闘と確実性と爽快な清らかさがあるが、それを含意して、グレゴリオスは、「以上すべてのことは、モーセの生涯が完全、完徳の山頂に登りついたことの明らかな証拠であるし、証明でもある」(26)という言い方をしているのを見逃してはならない。グレゴリオスにおける神秘と美との一致とは、このようにして、神の友となるという自由な境地に至る人格美という輝きにおいて完成することである。そしてこのことはまた、単なる解放とまことの自由とを分かち、その区別に応じてまた、単なる快感とまことの美的体験の浄福の思いとを分かつための標識ともなるであろう。

ところで、神秘に達するのが終点なのではない。神との神秘的一致において、すなわち神の友として、自由なる人として、モーセが多くの偉大な課題を神のために次々と実現していったように、神との神秘的一致において、自由の今一つの方位、すなわち手段ではなく目的を選択して何を実在させるかという世界への帰還が次の問題である。それはまた、美はこの下降の道においていかなる意義を持つかという問いに連なるであろう。この世に神秘と自由と美とを満たしてゆくこと以外に、神の友の下降の道における課題はないであろう。そして、美は人類の原体験として、すべての人びとが多少に拘わらず味わうものであるがゆえに、すべての人に超越を暗示しつつ、自由と神秘への道を予感させる。それゆえ、美は説かれなくてはならず、創られなくてはならず、思われなくてはならない。グレゴリオスがモーセの生涯に限らず、『雅歌』や『詩篇』の類は言うまでもなく、一切の史書をもアレゴリカルな解釈をもって説こうとする所以は、もはや単に彼がオリゲネスの方法を発展させる立場にあったなどというような仮定では説明できないことである。歴史とは少なくともキリストの意義を考慮する限り、人間の救済の完成によって讃えられる神の栄光を目的として展開するものに他ならず、そのようなものとして、それは神の大きな神秘が徐《おもむろ》にこの世に滲透して人間を神の友とする自由の実現に向かって進展してゆく壮大な経過として把握される。従って、このような経過における人間の神に対する協力、非協力がいろいろの事件の曲折をもたらすが、それこそが歴史的事件に照応する霊的意味を徳の光として精神の世界に位置づけるという彼の解釈学の原理であった。

徳は端的に美しい。それは神に至る心の輝きだからである。彼の解釈は、芸術品を意味に還元するのではなく、事件を徳としての美に還元する。こうして、神における神秘な自由に向かう人生が、美の実現を介して営まれるという次第である。神においては、このように人間における一切の積極的な営みは、決してそれ自体、自己目的的なものではなく、知的な営みでさえも、すべては神の神秘的啓示の神殿を美しく飾るものであった[27]。われわれは、われわれの自由を完成するために美を介して神秘に至る。「モーセいいけるは我ゆきてこの大《おおい》なる観《みもの》を見何故《なにゆえ》に棘《しば》の燃えたえざるかを見ん[28]」。それはエジプトの宮廷で養われたモーセの科学的好奇心のみではない。自由な心が美にうたれて神秘に至るための憧憬であった。

過程としての美と終極としての美

あたかも、父と子と聖霊とがそれぞれ独立していつつ、しかも一つの神として存在している聖三位一体の玄義と似て、神秘と美と自由との相互関係は、それぞれが別々でありながら結局は一つのことではないのか。というのも、もともと神そのものにおいては、神秘と美と自由とは同時に常にその極致においてあらねばならないからである。そしてそのような神に同化することが[29]人間の目的であるというニュッサのグレゴリオスの思想による限り、人間の目的は神秘と美と自由の統一を体現することを含まなければならない。

ジルソンとベーナー(Philotheus Boehner, 1901–55)はイェーガーやダニエルウや私と違って、グレゴリオスをそれほど高く評価しているわけではないが、しかしそれでもその思索力の強さと知識の豊かさおよび深さに関しては、当代の卓越した思想家であるいわゆるカッパドキアの三賢人[30]の中でも断然傑出した哲学者であるという点では異存がない[31]。そして、その思索の中心をしめる主題が神の像(εἰκὼν τοῦ θεοῦ)としての人間であるという点でも、ジルソンとベーナーの見解は、イエーガーが人間の自己形成と見た考えや、ダニエルウが人間の自由《パレーシア》とする解釈や、私が人間の人格美と思うところなどと相似ており、ほとんどのグレゴリオスの研究者たちは、このようにしてグレゴリオスの思索は人間の感性の浄化昇級を主題として展開されているということでは一致している。

それゆえ、われわれが神秘と美と自由という三つの理念を選んで彼の美学を概観したのは、幸いにして他の研究者たちからも妥当性の保証を得るに違いない。なぜならば、それら三つを体得することこそ、常識的自明性に限定された、醜くも悪に傾く、そして事物や感覚に自由を奪われているわれわれ人間にとって、本当に夢のような憧憬の救いであるからに他ならない。しかしそう見てくればなおのこと、われわれがグレゴリオスにおいて美を最も中心的原理と考えたことの至当性も明らかになるであろう。なぜならばわれわれが少しでも神に近づき、これに同化するためには、われわれ人間の側としては、自らに与えられた自由決定能力によって行為し、それが神に嘉《よみ》せられることによって神秘的な一致が完成するような期待を持つしか途はないがゆえである。ということは、自由と神秘を媒介する行為が、人間の神化(deificatio)の人間の側における決定的な鍵になると言っても過言ではない。グレゴリオスにおいては、自由は人間の基本的特性である。従って、自由は人間を象徴すると言ってもよい。神秘が神の名称に立ち得るとすれば、右に今述べたことは、人間と神を媒介する行為があるはずであるということを意味する。あたかもキリストがそこに立つように、媒介としての行為は、犠牲的な愛の行為でなければならず、それは当然、善をも超えた価値としての美にあたるものでなければならない。美はそれゆえ、神秘に至ろうとする自由としての人間の必然的過程としての行為に関する最高の述語である。その点はエメサのネメシオスも同じように、美しき行為によって神と一つになることを勧告する。生は行為によって分節的に構成されるし、人格は行為を支える存在であるからこそ、グレゴリオスは行為の最高述語としての美をこの両者、すなわち生《ビオス》(βίος)と人格《カラクテール》(χαρακτήρ)との最高述語として使用し、キリストの予表のごときモーセに対してその言葉を贈る。それゆえ美は、あたかもモーセの柴の例が示すように、世界に同化している人間が神に同化しようとして世界を離脱するとき、輝いていなければならない光である。それは、常に或るカイロス(時機)として神から贈られる光であるとともに、離脱する人間から流される犠牲の血の輝きでもある。従って、美が大きくなるにつれて聖も大きくなる。この世に死ななければ神においては生き得ないからである。それゆえ美は聖と一致する。まことに、犠牲的な行為の美しさこそが聖なる人格を証しするものではないのか。聖が美の別称である。キリストは単に父のロゴスであるばかりではなく、十字架に懸けられて果たした贖罪の犠牲の死のゆえに、人びとの心をうつ聖なる人格の美を輝かせ、人びとに永遠のミュートスを開示しているのではないか。美はこのように世界を離脱する神秘への過程において自由が創り出す光である。

しかし、美は浄化の過程の輝きに過ぎないのか。われわれはこのような浄化を介して、神の贈り物としてわれわれの内にある神の似姿《にすがた》の美しさを隠すものを捨て去り、そのまま神と一致するところまでゆき、自己のもとの美しさの神における再建を見なければならない。このような神との神秘的一致が美の極致であり、それは特別の人を除いては、世界離脱と世界還帰の反覆を通じての浄化の果てに、死という離脱が来ない限り、恵まれはしないであろう。美が犠牲に相関的である以上、それが死と永生の問題、すなわち宗教の基本問題につながるのは不可避的である。この点でも、グレゴリオスはプラトンの流れに立つ。しかし、このような神秘と美との本質的な聯関があればこそ、およそ美が問われる領域では、定量分析では解し得ない内的な光の予感が作用するのではないか。芸術の科学(science d'art)としての美学を主張する現代のスーリオでさえ、芸術作品の頂上の層には、そこから後光が放射する超越的存在層を立てなければならなかったし、また、それを遥か昔に予め証明するかのようにグレゴリオスは感官知覚を認識の尺度として存在者の本性の限界を現象とする考え方では、感覚的事物を超えて世界に充溢している神の理性としての神韻を知ることはできないであろうと録《しる》している。事実、理性のある人間にしか芸術もわからないし、宗教もない。

第四章　包越と恩寵
——アウグスティヌス(1)——

預言者のアポリア

ケバル河辺の預言者エゼキエルの文書に読まれるアポリアを前にして、アウグスティヌスの思索は動き始める。そのアポリアとは何か。人も知るとおり、エゼキエルの特色の一つは、確かに彼をも含めてイスラエルの民を虜囚として連れ去った強国バビロニアの滅亡を、その強勢のさなかに予告すると同時に、すでに没落したエルサレムになおも望みをつなぐべき神の民に対しては輝かしい復興を預言する際の、あの病的なまでに鮮明な幻視的記述にある。しかし、この復興の中心的主題は「新しき牧者」の「輝かしき復活」に自己を託する新しい信仰であることを忘れてはならず、それこそがこの預言者の本当の特色である。そして、その新しい信仰のことを、エゼキエルは「新しき心」と呼んで繰り返し訴えている。エゼキエルのアポリアは、しかしまさに自己の中心的主題であるこの「新しき心」の逆説として現れている。アウグスティヌスはそこに注目して、次のように、引用の対照を介して問題の所在を明確にする。

「我新しき心を汝らに賜い、新しき霊魂《たましい》を汝らの衷《うち》に賦《さず》けむ」(1)と言うその神が、「汝ら自ら新しき霊魂《たましい》を起こせ」(2)と言っているのを心にとめなければならない。つまり「(新しき心を)自ら起こせ」と言い給う方《かた》が、どうして「(新しき心を)汝らに与えん」と言うことができるのか。もし、いずれは自ら与えようというのならば、何故《なにゆえ》(起こせと人間に)命じ給うのか。もし、いずれは人間が作り興すであろうというのなら、何故与えると言い給うのか。(3)

一方で「新しき心」、すなわち信仰は神の与えるものであると告げられ、他方ではそれが同じ預言者によって人の作興するものであると告げられている。エゼキエルの信仰に関するこの逆説は、神の恩寵と人間の自由意志のアポリアであるかに見える。アウグスティヌスは、恩寵も意志も二つながらそれぞれ人間において存在し、かつ必要であるという事実を、聖書の証言による神学的論証やその意味付与に聖句を活用する哲学的論証によって充分明らかにした後に、その著『恩寵と自由意志について(De gratia et libero arbitrio)』の第十五章において、前述の引用のように書いて、信仰をめぐってこれら二つの力の関係をいかに解すべきであるかという思索の序としている。これはまことに大きな問題であると言わなくてはならない。なぜならば、これはエゼキエルが神の預言者として召された後の言葉における矛盾であり、すなわち預言者の預言の矛盾、いわば神の言葉の矛盾ではないかと考えられるからである。そして、それがまさにエゼキエル一人の矛盾ではなく、神の神秘に属することを示すかのように、聖書はこの場所以外でもこの同じ矛盾を告示するのをアウグスティヌスは見逃さずに例示している。すなわち当該の章のはじめの部分で、「『神よ、願わくは我らを立ち帰らせ給え』と呼びかけられているその神が、『汝ら、立ち帰りて生きよ』と告げるのを心にとめなくてはならない(4)」という文章が読まれるが、ここに引かれた二つの相反する聖句は『詩篇』八十篇の三節と『エゼキエル書』十八章三十二節であって、言うまでもなくいずれも「神への立ち帰り」、すなわち神への復帰としての回心を主題にしながら、前者は神の恩寵がそれに必要であることを告げ、後者は人間の自由意志がそれに必要であることを命令を介して告げていて、神の詩人と神の預言者の矛盾が問題とされている。

そのことは何も旧約の世界のみの現象ではない。アウグスティヌスは続けて「『御自ら不敬虔な者を義とし給う』ところのその神が、『汝らの諸々の罪を棄て去れ』と告げるのを心にとめなくてはならない(5)」と書いている。前の句は『ローマ人への書』四章五節であり、パウロが成義(justificatio)は恩寵によることを説くところであり、後の句は『エゼキエル書』十八章三十一節であり、エゼキエルがイスラエルの民に彼らの犯した罪を自ら棄てて義と成れという意志への訴えを述べるところであって、旧約の預言者と新約の使徒の矛盾が問題とされている。

詩人と言い、預言者と言い、使徒と言い、それぞれその呼称に差はあれ、こと聖書の著者としては、少なくともアウグスティヌスの意識に関する限り同じ資格を有している。すなわち、彼らはいずれも神の言葉が委託されている人として、神の導きによって神の言葉を記述した人びとなのである。従って、これらの人びとの間の矛盾は、決してその人びとの間の意見の対立という相対的矛盾なのではなく、神の絶対矛盾として考えられなくてはならない。それゆえにこそ、これら三者の相互矛盾を例示した後に、それの絶対性を強く印象づけようとして、アウグスティヌスは『エゼキエル書』の中における矛盾的表現を取り立てて問題とする。それはもはや預言者エゼキエルの矛盾ではなく、彼を通して告げさせる神の言葉における絶対矛盾であり、それゆえにわれわれの思索のアポリアである。まことに、われわれ人間に「汝ら自ら新しき心を作興せよ」と言うその神が、どうして「汝らに新しき心を与えん」と、同じわれわれに言うことができるのか。

律法と超越

神の存在を信じたり、認識したりした場合、人はいろいろな形で、全能の神の意向と自由なる人間の意志との関係について思い悩まざるを得ない。それが最も具体的でかつ切実な問題となるのは、神の栄光と人間の幸福とが、そこにおいて一致するところの、人間の救済に関わる両者の交渉について考える場合である。アウグスティヌスが前項に示したようなアポリアを注視するのも、恩寵と自由意志とがまさに救済の鍵である信仰についての二大契機であるからに他ならない。そして彼のこの問題提起が、ペラギウス(Pelagius, ca. 354–ca. 420/440)との論争によって生じたという史的事実も、それゆえにこそ意味深いと考えられなくてはならない。なぜならば、ペラギウスはストア的な道徳体系をキリスト教に期待しようとした堅固な修道者として、人間の意志の自由決定を過度に尊重し、そのために救いにおける恩寵の意義が貶《おとし》められようとしたのに対して、アウグスティヌスの探索は、そのような古典的学説による問題の単純化の方向には向けられず、むしろ、神の告示におけるアポリアの彼方に、今までには知られていない真理を予感し、そちらに向けられているからである。思うに、もしペラギウスの言うように人間の自由決定が救済の唯一の鍵になるのであれば、キリストの意義はむしろ単に裁き主であるに過ぎない。「いずれは世の終わりに審《さば》かんがために来たる者である[6]」とは言え、「キリストがはじめて世に来たのは、『世を審《さば》かん為にあらず、彼によりて世の救われん為なり[7]』。そしてこれは神の憐れみである[8]」と書くことによって、アウグスティヌスは、救い主と裁き主のキリストにおける一致という教理的事実の中に、差し伸べられる神の手が、人間の意志を問題とするところの裁き手であると同時に、そのような人間の営みに関わりのない神の恩寵であるところの救い手であるという前述のアポリアの影を認める。もはやわれわれは、神の啓示のアポリアから目をそむけることはできない。では、恩寵と意志とは救済においていかなる関係に立つのか。

救済は、神の側からは摂理的恩寵ないし恩寵的摂理の目的として、人間の側からは信仰の目的として見られる。ということは、恩寵も意志も二つとも目的そのものではなく、救済という目的のためにあるそれぞれの側からの手段としての位置にあるということではないか。それがどれほど有効なものか否かはしばらく問わぬとしても、少なくともそれらが救済という目的に対する限り、手段ないしは中間過程の位置を占めるものであるということには、誰しも異存はないであろう。われわれはこの点に注目して、さらに一歩を進めよう。

社会において立派に生きてゆけるようにという配慮から、親が子どもに幾つかの掟を躾《しつけ》として強いるごとく、天国において生きてゆけるように——それが救済の象徴でもあるが——という配慮から、神は人間に幾つかの掟を信仰の具体的形態として命ずる。親の躾は子に対する親の愛の現れとしての教育手段であるように、掟は人間に対する神の恩寵としての教育手段である。あたかもそれは電車により目的地に着くために乗車券を手にしなければならないという掟があるのに似ている。電車は恩寵なので、それに与《あずか》るためには乗車券を手にしなければならないし、またそれに乗らなくては到底目的地までの旅はできはしない。しかし、乗車券を手にするか否かは、全くその人の自由に委ねられている。それゆえアウグスティヌスは次のように言う、「神の掟が人間のためになるのはどうしてかと言うと、人間に意志の自由決定の力があって、もしこの力を使って〔自由に〕その掟どおりに行うなら、約束の酬《むくい》〔救済〕に達することができるからである(9)」。従って、このような掟は「罪を犯さないですむための知識(10)」であり、「掟が与えられているのは、人間にとって無知による無罪という言い訳があり得ないようにするためであった(11)」とも言っている。つまり、掟が与えられているということは、罪を犯さずにすむための知識が明示されていること、換言すれば、救済のための手段ないし条件が掟の形で明示されていることに他ならない。掟とはこのようにして、人間の救済のために神が人間に与えた条件である。

ところで、掟は必ず命令もしくは勧告という形式をとる。アウグスティヌスは、「これを欲するなかれ、それを望むなかれと言われるところでは、または神の勧告の形で、あることを為すがよいとか、為さぬがよいとかが意志の課題として要求されているというところでは、人間に意志の自由決定があることは充分に証明されている(12)」と言う。それゆえ、掟としての恩寵があるということが自由意志の人間における存在の証明であると同時に、掟としての恩寵があるからこそ、自由意志はその決定力を有効に発現し得る機会に恵まれているということにもなる。恩寵はこうして自由意志の存在の証明根拠であり、自由意志をして恣意と異ならせる原理である。

それならば恩寵と自由意志は、いわばこのようにして掟ないし律法と人、命令と被命令者、神に至る道として神の保証する条件とそれに対する人間の態度という関係にあるのか。もしそうであるとすれば、律法に具象化される恩寵は、超越者としての神と超越者ではないところの人間との中間に、超越者の側から自己に呼ぶための条件として設定された地平であって、そこにおいて人間の自由選択は行われるが、その選択とは、まず律法をそのようなものとして信じるか否かという信仰の問題になる。そしてこのように見る限りでは、信仰はたとえ最初に神が律法を設定しなければならないにもせよ、それがすでに設定されている以上は、純粋に人間の自由意志の決定するところとならざるを得ない。それゆえ信仰は、掟としての律法を前提としたうえでは、まさしく人間の業ではないか。超越としての神は、内在としての人間を自己にまで超越させようという意図をもって超越への道としての律法を人間の前に設定し、これを守るか否かを人間の自由決定に委ねるというのであれば、超越者の律法設定という恩寵が救済の必要条件であり、内在者の律法遵守という自由決定が救済の十分条件である。それでよいか。

恩寵による世界限定

しかし、そうであるとすれば「律法《おきて》によって義とせられんと思う汝らは、（中略）恩恵《めぐみ》より堕《お》ちたり[13]」というパウロの言葉の意味はどういうことになるであろうか。律法はまさに神が与えた救いの条件の一つであることは確かではないか。「もし義とせらるること律法《おきて》に由《よ》らば、キリストの死に給えるは徒然《いたずら》なり[14]」というパウロの言葉の意味はどういうことになるであろうか。律法が神の恩寵による掟として救いへの条件の中に含まれることを、キリストも否定したわけではない。しかし、律法のみによっては救済は成就しない。アウグスティヌスは言う、「すでに、ここに律法はあったけれども、その律法は人を義としなかった。（中略）それゆえにキリストの死は空しくはなかった。それは彼によって律法が成就されるためであった。キリストは自ら言う、『われ律法《おきて》を毀《こぼ》たんとて来たらず、反《かえ》って成就せん為なり[15]』[16]」と。すでに律法は恩寵であるが、そのうえさらに律法を守るだけでは得られないところの成義(justificatio)としての救いは、キリストの犠牲という恩寵によってしか得られないとすると、われわれは律法としての恩寵とこれに対するものとしての人間の自由意志という一対の関係の他に、律法の倫理性を超越する成義の恩寵としての托身(incarnatio)と、これに対するものとして倫理の次元における律法の肯否の選択としての信仰とは全く別種の、キリストの犠牲によって自らが救いあげられるように彼を信ずるか否かという人格的信仰が問われるところの人間の高次の自由意志があるということに気づくであろう。そしてこの段階的格差は倫理的等価者が複数あるとき、自己の犠牲の大きい方を敢えて選択することによって宗教的次元、人格的次元が拓《ひら》かれてくるということをも暗示する事実である。

それでは、キリストの十字架上の死が律法を前提としつつも、さらにこれを凌ぐ高次の第二の恩寵であるにしても、それを得るか否かは、つまり信仰による真の救いに至るか否かは、人間の自由意志であるのか。

アウグスティヌスは言う、「さて、もしも信仰がただ単に意志の自由決定に基づき、神によって与えられるのではないとすれば、いったいわれわれは何の理由で、信じまいと欲する人びとのために、彼らがやがて信じることができるように、と祈るのか。われわれが、全能の神は邪《よこしま》な意志や信仰に反対する意志をも回心させて信ずべきものに向かわせることができるという正しい確信を持たない限りは、このように祈ることは全く空しい仕種《しぐさ》になるであろう(17)」と。この文章の要旨は、信仰的ではない意志のために、その回心を祈るという事実が信者の生活の中にあることから、信仰が人間の意志によりも神の全能の手の中にある、つまり恩寵に属することを示そうということである。しかし誰にも明らかなように、これは一種の心情に訴える修辞的証明法であって、決して充分な証明ではない。人は祈りの中に、到底かなうはずのない、または到底許され得ない願望をも、それと知らずに含めていることもあるから、祈りの内容がそのまま神の恩寵に属するということは形式的に許容されはしない。それではなぜ、アウグスティヌスはこのような不完全な論理操作を敢えて行ったのか。それは、私の見るところでは、アウグスティヌスが読者に思索の方向を明らかに示すためにしばしば用いる説得の修辞法であるに過ぎない。認識の達成の途上において、演繹や帰納などの論証的方法の他に直観による場合があり、かつそれは認識の事実として許容されざるを得ないのと同様に、認識の伝達の途上において、演繹や帰納などの論証的方法の他に、伝達の相手に直観を誘発させるべき説得の修辞は、伝達の事実として許容されざるを得ないであろう。後でアウグスティヌスは必ず原理的な証明を行うが、それに先立って、人びとの志向を結論の方向に注視させようとして、それについては心理的に効果のある事実を暫定的理由として使用する。それによって方位的予感が与えられるから、積極的な面としては、確かに読者は無用の逸脱から守られる。

こうして今、信仰は意志によりも恩寵に属するということの学問的証明が期待されることになった。しかし、彼はただちにはそれに取りかからず、足固めとしてまず反論を立てて、しかもそれを支えている根拠と同じ権威による根拠をもってその反論を論破しようと試みる。すなわち彼は、信仰は果たして恩寵の問題であろうか、それともむしろ意志の問題ではなかろうかと問いかける。なぜならば、『詩篇』九十五篇の七—八節で「今日汝らがその〔神の〕声《みこえ》を聴かんことをのぞむ（中略）その心を頑《かたく》なにするなかれ」と言われていて、これは神が、信仰のために必要なのは自己の心を頑なにしないようにする人間の意志であると言っていることを意味するのではないのか。「確かに人間の自由決定が問題になっているのではないか」とアウグスティヌスは問いただす。けれども同じ聖書が、『エゼキエル書』十一章十九節では、預言者に「我（中略）彼らの身のうちより石の心を取り去りて、肉の心を与えん」と言わせているのは、どうしてであろうか。「もし神が人間の心からその石のような頑なさを取り去り給うことができないとすれば」、こうは書かれはしなかったに違いない。とすればしかし、頑なさを取り除く神の力は恩寵であり、頑なにすまいという人間の意志も恩寵なしには生じ得ないことになりはしないか。すべては恩寵なのか。

しかし、回心は少なくとも回心する人の意志に関わること、あたかも棄教が棄教する人の意志に関わるのと同じではなかろうか。それゆえアウグスティヌスは、「この回心の問題に関しては、人間自身が自由決定の力によって為すべきことは何もないと考えられてはいけないからこそ、そのために、『詩篇』で『その心を頑なにするなかれ』と言われている[18]」と書いて、意志が否定されてはならない点を注意する。いったい恩寵と意志とは信仰に関していかなる関係に立つのか。こうしてまた、われわれははじめの疑問に復帰するに過ぎないのか。この問いに関して、われわれの思索は無限に追いかけ合う循環にとどまるのか。「自ら新しき霊魂《たましい》を起こせ」と言う神が、「我新しき心を汝らに賜い」と言い得るのはなぜかというわれわれの最初の疑問は、ここでもなお解かれぬままにあるのではないか。しかしここまでの迂路にも似た思索を試みた後に、今はじめてアウグスティヌスのテクストでは前述の問いの直後に置かれている彼のそれに対する解答を読み、解釈してみるとき、われわれは彼の神観念や人間学の新しい性格を把握することになるであろう。

「与えよう」と神が人に言っておきながら、同時に「自分で獲得せよ」と神が人に言うのはどういうわけか。この問いに対するアウグスティヌスの考えは次のようである。「それは以下の理由以外に説明できない。すなわち、神は命令を受けた人がその命令どおりに事を行えるようにと助けるとき、命令の内容をその人に与え給うという次第ではなかろうか[19]」。換言すれば、神が回心を人に命じるとき、その人が命令に即して回心できるようにと助け給う場合、その回心をその人に与えるということに他ならない。それはどういうことか。自由意志の存在は一つの恩寵である。なぜならば、それが与えられていることによって、人間は獣のごとき他の存在者とは異なって、神との格別の関係に立たされているからである。その恩寵的存在者である意志がその自由という運動形式をいかなる内容で満たすべきかを、律法という恩寵が与えられることによって、具体的に知ってゆくように、今度はその上の段階で、意志が神の命令としての律法に従って行いを進めたいと欲するとき、その律法の外的形式をいかなる内容で満たすべきかを、救済という恩寵、すなわちキリストの死という恩寵が与えられることによって、具体的に信仰として知ってゆくということではないか。否、知ってゆくばかりではなく、律法の外的形式を満たすべき内容としての信仰が恩寵として与えられるということなのではないか。すなわち、ここには存在者としての意志が創造的恩寵とも呼ばれるべき形でまず考えられ、次にこの創造の恩寵による意志に対して善い行いを示す律法が、罪を犯さずにすむ知識として知的恩寵ないし倫理的恩寵とも呼ばれる形で考えられ、さらにこの知的恩寵としての律法を成就させるキリストが、救済の恩寵として考えられ、それと同時にこの救済の恩寵がそのようなものとして有効であるための信仰が、創造の恩寵としての意志の完成を果たす栄光の恩寵として考えられていることがわかる。この「創造」「知識」「救済」「栄光」という恩寵の四段階は、意志の自由決定の内容の具体化への階層でもあり、その意味ではまた、意志がその存在の発端からその作用の頂上まで常に恩寵なくしてはあり得ぬことを示すと同時に、恩寵が人間の神に対する信仰に関する限りは、常に意志の全位相を包含して働いていると言われなくてはならない。少なくともそのような可能性を持っていると言われなくてはならない。

恩寵と意志との前述の関係をさらに明瞭に説明するために、アウグスティヌスは、「汝ら、もし欲せば、戒命《いましめ》を守るならん」という『集会の書』十五章十五節の聖句を解釈して次のように言う。「欲してはいても戒命を守ることのできない人は、まだ自分の欲し方が充分ではなかったとわきまえて、戒命を成し遂げるに足るだけの意志を持つことができるように と祈らなくてはならない[20]」。これはまさしく前に述べたことを別の例で説明しているので、端的に言うならば、意志の作用も恩寵に依らなくては決して充分に発揮できないことを示し、個人の意志は恩寵に包まれなくては、その最初の作用としての律法への関係すら正しく保ち得ないことを強調している。

それならば、恩寵は個人の意志の存在と作用とにのみ相関的なのであろうか。アウグスティヌスはこれに対して二つの面から反対しているように思われる。そしてこれら二つの反対は、恩寵が意志を包む前述の関係をさらに一層明確な形にしている。それはいかなることか。一つは個人についての補足的説明であるが、いま一つは全歴史に関わるものである。

アウグスティヌスは『恩寵と自由意志について』の第二十二章で嬰児洗礼に触れて、意志の決定なしにも恩寵が下ることを明言し、過去の先行する善業と恩寵との本質的聯関を絶つとともに、個人の意志の作用が未発の状態においても、恩寵は意志の存在する可能性を有する者にはその作用と関わりなしに関係を持つことを示している。これは、恩寵が決して報酬と同義ではないことを示すとともに、恩寵は意志の存在と作用に同等に相関的なのではなく、意志の存在に対しては志向的関係を有し、その作用に対しては補整的関係に立つものであることを示している。これが個人の意志の存在と作用それぞれに対する恩寵の関係である。

しかし、自由意志が幸いにも作用するときは、人間はいつでも結局は神を選ぶか否かの肯否の責任を負うことになるのを忘れてはならない。そして、その肯否の自由は、決してその当の個人だけの救済に関わるにとどまるものではない。それは一つの行為として多くの連鎖反応を起こし、さまざまな形での歴史の曲折に関係するであろう。そうであるとすれば、意志の作用に補成的関係を持つ恩寵が、個人の領域にのみとどまるはずもないであろう。前にも述べたように、人間が自由なる神の肖像《にすがた》(imago)である限り、人間には他の存在者にはないところの自由が創造的恩寵として与えられている。しかしその自由は、救済がそこでさまざまの曲折を経て実現されてゆく歴史において、いかなる形をとるであろうか。アウグスティヌスは『歴代志略下』を引いて、この点に関する正確な解釈を企てている。その書物には、「すなわちエホバ、ヨラムを攻《せめ》させんとてエテオピアに近きところのペリシテ人《びと》とアラビヤ人《びと》の心を振起《ふりおこ》し給いければ、彼らユダに攻《せめ》のぼりてこれを侵し王の家に在るところの貨財を尽《ことごと》く奪い取り」[21]とあるが、これについてアウグスティヌスは次のように言っている。

ペリシテ人とアラビア人とがユダの国を亡ぼすために来たのは、彼ら自身の意志には依らなかったのか、それとも、彼ら自身の意志に依って来たのか。もし彼ら自身の意志によると言うのならば、「エホバ、このことを為さしめんとて、彼らの心を振り起こし給えり」という聖書は偽りを告げたことになる。実際はその両方とも本当である。というのは、彼らは自分たちの意志で来たのであるが、しかしその人たちの心をそのように奮い立たせたのは神だからである。あるいはまたこのことは、神は彼らの心を奮い立たせたが、しかしその結果、その人たちがやって来たのは彼ら自らの意志に依っていたとも言うことができる。[22]

ここでも意志は、神の支配のもとにおける運動として描かれている。すなわち、神の恩寵に依らなくては意志の作用がないことが述べられている。

ところで、これは神が罰としてユダの国を亡ぼそうとしたときの話であるということに留意すれば、当然この歴史的事件は救済の恩寵と本質的な関係を持つ。従って、恩寵は個人の意志の存在と作用に対してのみならず、その作用の結果をも包むものと言わなくてはならない。すなわち、意志の存在に対する恩寵の志向的関係、その作用に対する恩寵の補整的関係のほかに、その作用の結果に対する恩寵の統御的編成関係を認めなければならない。ということは、恩寵は個人の意志に関してその意識内在のみならず、その意識超越をも、すなわち意志の行為の歴史的結果をも包み込むということに他ならない。意志の自由を損なうことなくして人の意志を支配するという恩寵の秘密は、むしろこのような意志作用の結果に対する統御的編成関係にあると考えるべきであろう。

恩寵としての愛が、このように意志の存在もその作用も、否、その作用の及ぶ歴史的世界をも包んでいる。そうであるとすれば、神は単に超越者ではなく、恩寵をもって意志的存在者としての人間およびその世界を包む者、そのようにしてわれわれを超えている者、すなわち包越としての神、包越者である。ここには、恩寵をもってする一つの世界限定があり、その限定内にはさしあたり意志的存在者としての人間が帰属させられている。神は人間に関する限り包越者であり、包越の原理は恩寵である。それゆえに、有限的な存在者である人間も無限者の愛の中に包まれることによって無限者と関わりを持つ。

包越の人間学的優位

超越ではなく包越が神の人間に対する在り方であるということは、アウグスティヌスにおける神の特色である。あるいは今日、そのような規定はむしろ当然なものとしてアウグスティヌスという固有名詞を消失したほうがよいという意見が出るかもしれない。しかし彼の時代は、いまだ恩寵と意志とに関しての省察は充分に実を結んでいたわけではなく、いわゆるペラギウス論争を緒《いとぐち》にして、この至難な問題が次第に考えられてきた時である。その過程はまた、古典的超越としての存在論的な神観から、真にキリスト教的な包越としての人間学的な神観への転位の過程でもあった。ここに人間学(anthropologia)という言葉を使用したが、それは毫《ごう》も人間から見ての人間中心主義の見地を指すのではなく、恩寵から見直すときに、つまり人間の原理から見直すときに、はじめて成立する人間の自己省察としての哲学という意味である。

包越とは超越の一つの在り方である。それは超越を前提とするとも言えよう。内在的宇宙や人間を包むという以上は、それらを超えていなくてはならず、内在に対して超越と言われなくてはならない。しかし、包越は単なる超越ではない。単なる超越の最も卓越した典型は、プラトンの善のイデアの在り方であろう。それは周知のようにエペケイナ・テース・ウーシアス(ἐπέκεινα τῆς οὐσίας)、すなわち「実在の彼岸」と言われている。ここで言われているその実在も、すでに現実存在と言われるところのアリストテレス的個体ではなく、それらの原理であるイデアを指していたことを思い合わせれば、エペケイナ・テース・ウーシアスとは、日常われわれの体験する感覚的事物から言えば、二重超越なのである。二重超越的距離にある善のイデアは、人間や事物に対して全く無関係なのではない。それはそれらを支配すると言われている。なぜならば、それは諸原理の原理であり、真の存在としてのイデアの存在根拠としての原存在(Ur-existenz)であるからに他ならない。しかし、そのような存在が宇宙の内在者を支配する仕方は、最も卓越した典型的表現を引くとすれば、アリストテレスのいわゆる「愛されている者のごとくに(ホース・エローメノン＝ὡς ἐρώμενον)」ということである。それは、われわれ宇宙の内在者を強制的に自らの支配のままに動かすということが、「愛されている者のごとくに」という表現の真意である。つまり、「愛する者として(ホース・エロース＝ὡς ἐρῶς)」という面はない。これがギリシアの哲学が到達した絶対者としての超越者の性格である。

　これに対して、アウグスティヌスの包越としての神は、どういう性格を持つか。少なくともそれは宇宙の内在者すべてに対して、一応あのエペケイナ・テース・ウーシアスとホース・エローメノンというギリシア的超越者の性格を有し、そのように原理の原理として支配者である点に変わりはないであろう。しかし、創造主としての違いは大きいであろうと人は問うかもしれない。けれども、『恩寵と自由意志について』を問題とする限り、創造の問題は仮に自明のものであるとしても、主題からは逸れているので、ここではさしあたってはあまり注目しないほうがよいかと思う。というのは、創造がまず存在させることであるという一応の限定をわれわれが肯定するとすれば、創造主とは存在者の存在の根拠であり、それはすなわち存在という点で一切の内在的存在者を支配している者という限りでは、善のイデアないしアリストテレスの神との質的差異を持たないからである。創造主というのは、従って単に存在の根拠というのではあるまい。われわれは創造主としての神がアウグスティヌスにおいて最も大切なものとして考えられていたことは自明のものであることを疑わないが、しかしそれがいかなる意味によって単なる「存在の根拠」ではなくて、「創造主」なのであるかが示されるまで、一応両者の区別をないものにしなくてはならないであろう。それが論理的な態度であると思う。存在に関して見る限り、超越者は各内在者に存在を介して、すなわち存在によって浸透していると言うことはできよう。そして超越者は、自己に超絶的に濃厚に凝縮しているその存在性を常に確保している存在として、「存在そのもの」と言われもするであろう。しかし、こと存在という点に関しては、いかなる存在者も超越者とは存在の類似《アナロギア・エンティス》(analogia entis)によって結ばれている。つまり、絶対的超越者も存在《エンス》(ens)という限りでは、相対者との範疇的差別を持ち得ない。包越者はかえって、その恩寵によって包むものとそうでないものとを、存在者の存在の類比《アナロギア》的連帯の広がりにおいて差別してしまう。包越者が存在論的連結を絶つのは、このようにして恩寵による世界限定をするからだけにとどまらない。包越者は恩寵を与える者として、そのことに関してはただひとり卓絶する。すなわち、自己と意志的存在者とを恩寵によって結ぶ限定された世界において一つとさせながらも、自己は与える者として他者とは絶対的に区別される。このようにして、包越者としての神は、単なる超越者としての神よりも、恩寵を介することによって、その絶対性を範疇的に極めて明白に確保することになる。そして、その包越の対象は意志的存在者のすべてではなく、人間に限られるところに、今度は包越者としての神の人間学的省察が課題になるとともに、人間の宇宙における位置が、他の存在者からその能力においてではなく、恩寵によって差別的に優位づけられていることに基づく人間学的宇宙論が形成されなくてはならない。このように見たとき、聖書神学から提出された問いは、いつの間にか哲学の基本問題へと変成され、神論と人間論と存在論に新しい展望を与える思索の可能性を呼ぶ。ここにアウグスティヌスの特色がある。

新しき精神の逆説

先に見たように、自由に関するアウグスティヌスの思索は、エゼキエルのアポリアに始まる。この預言者は信仰を「新しき心」と呼んでいた。そして神に関するエゼキエルの思想は、アウグスティヌスによって神の恩寵と人間の自由とのアポリア的緊張として、哲学的に新たな課題として立てられるに至った。このことについてはすでに論じたとおりであるが、今ここに別の面から、すなわち主として認識論的な問題位相からアウグスティヌスの超越を考えるに際し、簡単に再言及しなければならない。

アウグスティヌスは、「新しき心を起こせ」と命じた神が、同時に「新しき心を与えん」と言う神的逆説、すなわち神の自己矛盾に注目したのであったが、「新しき心」つまり「新しき精神」と「普通の精神」との違いは何か。精神(心)はその現実態において自己を表現する。それゆえ、問われている差異を明らかにするためには、新たなる精神の現実化原理が何であるかを求めるに如《し》くはない。普通の世俗的精神が倫理と法とに向かって自己定位を行うのに対し、新たなる精神は神がその立法者であるところのモーセの律法に向かう。律法は少なくともさしあたり、新しき精神としての信仰の象徴的特徴である。先にも見たように、アウグスティヌスによれば、われわれに律法が与えられているということ、それはわれわれが罪を回避することのできる知識がわれわれに与えられているということに他ならなかった。律法はそれゆえすでに恩寵である。従って、律法は救済のために神によって予示された条件である。ところでもしそうであるとすると、救いの成就のために律法を守るか否かは、全く人間の自由に依存するかに見える。しかしそうであれば、人間の自由決定を救済の原理であると主張したペラギウスに激しく異議を唱えたアウグスティヌスの反論の意味はどこに存するのか。

『恩寵と自由意志について』に示された恩寵に関する神学的省察も、もとよりその面において、問われている意味を明らかにするに違いない。同書の第十六章および第二十二章におけるアウグスティヌスの説明によれば、恩寵は人間的自由に対して二様の関係を持つことが確証される。すなわち、自由意志の存在に対する志向的関係、および自由意志の機能に対する補完的関係の二つのことである。このように考えれば、人間の行為は確かに自由を喪失することなしに、恩寵によって包摂されることになる。すなわち超越者は、人間の歴史的次元全体を自らの恩寵をもって包摂する。人間学的見地に立つ限り、アウグスティヌスにおけるこの超越者は包摂者であり、従って単なる超越者ではなく包越者である。ここにわれわれはアウグスティヌスの神学的思索における存在の類似《アナロギア・エンティス》の拒否という興味深い傾向を認めなければならない。なぜならば、包越するこの超越者以外のすべての存在者は、これによって包まれるものであり、決して包むものではないという絶対的な差異性において在り、それはまた実質的には救う者と救われる者という神学的な絶対的差異性につながり、こうして印欧語族内部において妥当する文法的事実としての存在指示動詞と繋辞との言語形式的一致をもってわずかに支えられる存在の類似《アナロギア・エンティス》の思想を神学的に揺るがすからである。これもまた、超越に関するアウグスティヌスの問題の主要テーマの一つであろうが、私はここで超越に関する神学的意義ではなく、いわゆる新しき精神の逆説の哲学的意義を根本的に考えてみたい。ここで取り扱う原典は主として『告白(Confessionum)』である。

私が思うに、新しき精神の逆説において、超越に関する哲学的問題が成立しなければならない。というのは神学的概念である恩寵は、哲学的思索においては、超越者の人間に対する関係として正当な意義変容を受け得るからである。この変容は哲学において必要な論理的普遍化である。この思考的一般化は決して論理的な頽落ではない。むしろその逆に、この非歴史化を介して思索ははじめて論理的対話の相互伝達の次元を獲得する。

ペラギウスとアリストテレス

超越の問題に関する限り、アウグスティヌスの著作から推察されるところでは、ペラギウスはアリストテレス学説のキリスト教的後継者として特色づけられると思われる。なぜならば、ペラギウスにおける神はわれわれ人類に律法を与えるが、この律法はまさしく『ニコマコス倫理学』におけるオルトス・ロゴス(ὀρθὸς λόγος＝正しい道理または秩序)の歴史的現実形態に他ならないと考えられるが、このような律法を与えた神はすでにそれを与えた後は、倫理的起動根拠である以外には何らそれ以上親近な関係を持つことなく、いわば律法を境としてわれわれの彼岸に超越的に立っており、それは、あたかもアリストテレスの神が『形而上学』において不動の動者《キヌーン・アキネートン》(κινοῦν ἀκίνητον)として物理的起動根拠である以外には何らわれわれと関わりはなく、物理的法則を境として彼岸に起立しているのと酷似しているからである。それはあたかも、デカルトの神についてパスカルの言った言葉の「物理」を「倫理」に変えさえすればよいようなものである。神が星々の上なる天空に坐しているというのは、アリストテレスにおいては、決して寓意にとどまるものではない。

しかしながら、アリストテレスの神とペラギウスの神との間には、一つの極めて重大な差異がある。アリストテレスの神は周知のように、思惟の思惟《ノエーシス・ノエーセオース》(νοήσις νοησέως)であり、従って神の現実態、すなわちその最も神的なる存在形態は観想《テオリア》(θεωρία)に他ならない。ところが、ペラギウスの神は律法を基準としてとる裁き主、すなわち判定者である。従って、その現実態は判断でなければならない。

さて、これら二人の思想家においても、神の観念がそれぞれの理想形態であることに変わりはない。それゆえに、神の現実態の形こそ人間的精神の現実態の模範でなければならない。それゆえアリストテレスにおいては、精神の至高の働きである学問的真理の認識は、現象の形相の観想による正確な記述ということにならざるを得ない。ところがペラギウスにおいては、人生における最も重要な事象は、悪しきものから善きものを分け定める真なる判断でなければならない。記述と判断は、それぞれがこの二人の思想家における真理の正統的な現実形態である。別様に表現すれば、真理とは記述と判断という形態において自己を表すはずであるということになる。これは言うまでもなく、今日でもなお、まったく自明的なものと考えられている。記述《デスクリプティオ》(descriptio)および判断(judicium)の二つを間違いなく行うことができさえすれば、真理は人間にとって明らかになってくるはずではないか。だが果たしてそうであろうか。

ここに注目すべき真実がある。不思議なことにアウグスティヌスは「真理《ウェリタス》(veritas)」という名詞はもとよりのこと、その形容詞「真なる《ウェルス》(verus)」という言葉を、現象の記述や事象の判断に関して、『告白』の中ではただの一度も使用してはいない(23)。その間の事情を知るためには、『告白』の第七巻第六章の原典を詳しく見てみなければならない。そこでは周知のように、アウグスティヌスは占星学者の似非知識を批難している。彼が占星学者たちの学的行為を批難する根拠は、彼らの予言が事実に適合しないというからではなく、その予言の前段階の手続きの学問的不正確性のゆえである。占星学の前段階とは言うまでもなく、天体の動きを学問的に観察するところの天文学的記述であった。当時の天文学の水準がすでにかなり高かったことは、流布していた暦法の正確度などから今さら言うまでもないことである。けれどもアウグスティヌスによれば、人間の観察の及びがたいごく小さな時間的差異や、巨視的観察から見れば問題にならないような観察位置の相対的差異が無視されているような天文学的記述自体に疑問があるということになる。その辺りの事情を知るために少し長いが以下の文章を見ておこう。

> 星を調べて〔星の動きを正確に観察、記述して〕真実が予言されるのは、占星の術によるのではなく、ただ偶然当たるからであり、反対に虚偽が予言されるのは、その術の未熟によるのではなく、ただ偶然当たらないからである。私はこうして問題の核心に触れることができるようになったが、なお自ら進んでこれに類することを思い巡らしてみた。というのは、（中略）フィルミヌスが私にうそをついたか、フィルミヌスに彼の父がうそをついたとして私の説を反駁する人がいるかもしれないからである。そこで私は双生児として生まれるもののことを考えてみた。双生児はたいてい相前後して母胎から生まれ出るものであるから、そのわずかな時間の相違は、人びとの主張とするように実際にいかほど大きな力を有するものではあっても、人間の観察によってとらえられることはできず、従って占星家の予言の前段階の手続きとしての図表的記述によっても表し得ないことである(24)。

このようにして、占星術が拒否されるのは、その基礎的方法である天文学の学問的不充分性に帰せられている。しかし、このアウグスティヌスの注意は極めて大切である。実際に事象の具体的で正確な記述は不可能なのである。なぜならば一方で、事象は無数の位相を含み、しかもあらゆる点において流動的であり、他方、記述の立場は常に限定されている。アウグスティヌスは真理に関する限りは、客観的記述というアリストテレス的理念では絶対に満足することができない。彼はさきほど引用した章の終わりに、人は最も重要なことを「汝〔神〕の正しい裁き〔判断〕の淵から聴かなければならない」と書いている。アウグスティヌスは「汝の正しい判断から」聴くようにとも、「汝の真なる判断から」聴くようにとも書かず、まさに『詩篇』に書かれているとおりに、「神の正しき判断の根源〔深淵〕から」と書いている(25)。これは何を意味するのか。この意味を神学的にではなく、哲学的に追求していかなければならない。

プラトンとアウグスティヌス

ここにわれわれは極めて重要なテクストを引用しなければならない。

> quaerens enim, unde adprobarem pulchritudinem corporum sive caelestium sive terrestrium, et quid mihi praesto esset integre de mutabilibus, iudicanti et dicenti, “hoc ita esse debet, illud non ita” : hoc ergo quaerens, unde iudicarem, cum ita iudicarem, invene-

ram incommutabilem et veram veritatis aeternitatem supra mentem meam commutabilem.

それは私が、何によって形体の美を、天上のものでも地上のものでも、賞したのであるか。また変化する諸物をいかなる標準に則って、「これはそうあるべきである、あれはそうあるべきではない」と言ったのであるかを尋ねて、私がこのように判断したとき、私の変化する霊魂のうえに、移り変わることなく真である永遠の真理を見いだしたからである。[26]

ここで明らかなように、アウグスティヌスは哲学的に極めて重要な言葉である「真理《ウェリタス》」を簡単に類比的に語ろうとはしなかった。右の引用でもわかるように、「判断《ユディキウム》」もまた可変的なものに関する言表に過ぎないということをアウグスティヌスは知っていた。判断は正しいことはあり得るが、真であることはできない。第十三章においてアウグスティヌスは真なる判断とは書かずに、注意深く「正しい判断」と書いている[27]。しかし、彼において、判断が何故《なにゆえ》記述よりも論理学的ないし哲学的により高い位置を占めているのか。その理由は、今引用した文章が明示するように、もっぱら判断の根拠の優位に由来する。判断の根拠は記述の場合のように、現象形態ではなく、判断の主体の自己決断であり、それは不変の永遠の「真理」に応答しようとするものである。そこで問題は次のように立て直されなければならない。人はいかにしてこの応答の内的距離を凝縮させ、相関者たる「真理」に可能な限り迫り得るか。この内的近接は、記述や判断をもってしては不可能である。そこで再び超越の問題が考えられなければならない。

ともすると人はあまりにも性急にアウグスティヌスにおける内在と超越の一致を結論的に述べ立てる。その際、根拠として引かれる彼の言葉は「我よりもさらに内なるもの、そして我よりもさらに上なるもの[28]」という有名な対句である。しかし、この言葉は特にアウグスティヌス的であるとして特色づけられるわけにはいかない。なぜならば、この句は周知のように、『告白』の第三巻に見いだされるものであるが、そこではアウグスティヌスはおのれをいまだキリスト教徒ではないと考えていた。この言葉は元来プラトン的である。プラトンにおける超越の位置は、エペケイナ・テース・ウーシアスすなわち「実在の彼岸」という一語をもって性格づけられる。これはすなわちプラトンの場合、神は一切の存在者を超えているということであり、換言すれば、神は事物の宇宙的極点を超越するのみならず、また精神世界の自己以外の一切のイデアを超越するということに他ならない。超越と内在のこのような表象しがたい同一性は、プラトンにおいては常にミュトスの解釈によって明らかにされるが、その理由は、プラトン的神が人間に対して持つ関係が元来、内的マンティケー、つまり「内的予言」に他ならなかったからである。そのような意味において、確かにプラトンにおける超越は、我よりもさらに内なるものでありつつ、我よりもさらに上なるものであった。

しかしアウグスティヌスにおいては、意識の方向定位はこれと全く逆である。彼は『告白』第十巻の冒頭に「私の魂の力よ、魂の中に入って、それを汝に適合させ、そして魂を汝の所有として、『汚点《しみ》なく皺なく』[29]保つことができるようになし給え」[30]と書いている。これによってみれば、「我よりもさらに上なる神」は、まず私の外部から私に来たり、その後に「我よりもさらに内なるもの」になるのでなければならない。「我よりもさらに上なるもの」は、はじめから「我よりもさらに内なるもの」なのではなかった。すなわち、アウグスティヌスにおいては、超越は単純な最初からの内在とは存在論的に同一ではない。超越は内在の中に入って来なければならない。しかしこの侵入は、自我が“cogitanti et redeunti”[31]という形で、すなわち自我が「内部に帰って考えようとするとき」という言葉で示されているように、自己自身に内的に還帰し、こうして、自我そのものが超越との邂逅《かいこう》点に復帰することによって、はじめて可能になる。[32]

超越の存在的優位と内在の論理的優位は、相俟って一つの存在論的同一性を構成する。それは人間精神における一者の現実化に他ならない。これこそが、そこにおいて「新しき精神」について語られた神の恩寵と人間の自由が一致する場所であり、換言すれば、それこそがそこにおいて主体と客体が一つの新しい出来事を実現させ得る地点である。一者へのこのような一論《ヘノローギッシュ》的な還元は、思索にとって「生命」であり、「道」[33]であり、こうしてそれゆえに「真理」の思索的形態である。このヘノロギーが相対的な諸々の解釈に対して持つ優位を具体的に示すこと、これがアウグスティヌスが『告白』の終わりの三巻を付加した目的である。このようにして、いまだ必ずしも解決されていない哲学史的な問題にも一つの解答を与えることになる。それらの巻では、超越は一者として、あるいはむしろ内在の無においてさえも予在していたところの唯一者として、つまり天地の創造主として証明されてゆく。この点についてはまたさらに述べるつもりである。

判断よりも高きもの

もしも、右のようにして超越への還帰を目的とする一論的思索が本当に可能であるとすれば、そのような思索の論理的相関者は、絶対的超越としての真なる存在であることになる。ということは前述したところから明らかなように、確実を終局目標とする記述や、適正を終局目標とする判断等が自己の及びがたい遥かな理念として放棄したところのもの、すなわち真なる存在を相関者とするところの思索の形態が別にあるという驚嘆すべき事実が暗示される。記述や判断以外になお思索の形態が残されているのか。人はここで計量や実験や計算を挙げることは許されない。なぜならば、前二者は言語的記述の正確性を得るための予備的操作であり、記号的記述に過ぎないし、後者すなわち計算は物理的現象や、虚構の理念の観念的構成に役立っても、存在の存在論的秘密に参与するものではない。人はまたここに、判断と区別して推理をもってくることも論理的には許されないであろう。なぜならば、推理は二つ以上の判断を前提とする精神の運動として、新しい判断を生むに過ぎないから、判断の限界を超えることはできない。アウグスティヌスは、彼が付加した『告白』の後尾三巻において、解釈が真理に迫るところの思索の形態として、記述や判断を超える論理的構造であることを暗示している。真理の相関者は判断ではなく、解釈なのである。もしこのことが理解されるならば、内在の超越への自己同一的昇級運動としての、この「解釈」といういまだ論理学が充分に省察していなかった思索形態こそが、美や芸術の問題に真に意味のあるものであるということが併せて認められるに違いない。真に新しい形而上学を基礎づける新しい美学的運動の論理的根拠の一つがここに予感されないか。こうして、前項の終わりで述べたように解釈の論理について考えるべき秋《とき》である。

右に見てきたように、アウグスティヌスから読み取れるところでも言表形式上からは同じく命題の形式をとるとは言っても、「記述」と「判断」と「解釈」とでは、それぞれその相関価値が異なっている。「記述」には、視点の取り方によって限定された局面に支配されるところの、その場限りの状況の写しとしての正確度が対応するが、「判断」には記述とは異質の、自己が裁きの責任を持つところの決断が伴わなくてはならず、それゆえ判断はその裁きが正当であるか否かを問われるが、いまだこの段階でも真理は認識されないのではないか。こうして、「解釈」が真理への差し迫りとして問題となってくる。以下に慎重な方法で、解釈の論理学的位置を、そもそも人間の思考の原型は何であろうかという基本問題との聯関において、探索してみようと思う。

視覚的論理

われわれの言語表現に注意すると、われわれの思考には視覚への傾斜があるように思われる。この傾斜は命題を可視的なものへと偏向させている。この命題偏向は世界を誤って考えさせていはしないか。可視性への思考傾斜は、世界についての偏見あるいは変容をわれわれに強制し、それを真なるものと固定させる。この傾斜が生む地平の上では、人は全体と自我とを体験しない。人はそこでは、ある限定された風景を見るが、その被限定的風景は、感覚的に自明とされている存在者群によって分節化されている。しかし、それはわれわれの視覚という一つの限定された様式と能力とによって知覚された分節化であって、該風景の構成要素としてのいわゆる存在者群は、そのどれをとってみても、視覚の対象である限りは決して独立の個的存在者ではあり得ない。真空断絶のない通常の世界内の一つの風景である限りは、独立の個的存在者と見られるものは、実は相互に連続しているのであって、空気の微粒子や分子を見ることのできないわれわれの視覚が、おのおの存在者として個別化させて知覚しているものも、それらはいずれも質料の海の中で相互に連続している。思えば当然のことであるが、世界はパルメニデス(Parmenidēs, ca. 515–ca. 450 B.C.)の言うように連続した一なのである。例えば、私と同じ室にいる数十人の学生は、空気を構成している微細な粒子で連続していて、質料的に見る限り境界線はない。ただ、われわれの限られた視覚の能力では、そのような微粒子的連続は見えないため、質料の海の目立つ波頭のようなものをある高度以上の線で切って見ているに過ぎず、そしてそのようなものをいわゆる個物と呼んでいる。しかし、この日本語の「個物」はまたしばしば「個体」とも言われるが、その意味するところはアリストテレスの「個々の特殊者[34](καθʼ ἕκαστον)」であり、いわばこれも同じくアリストテレスの「(これと指示されるところの)これなる或る特殊者[35](τόδε または τό τόδε τι[36])」であって、それだけで決して「不可分者(τὸ ἄτομον[37] すなわち individuum)」ではない。本当に「この」とか「あの」とかいう指示代名詞が妥当するのは、原理的に分割することの考えられないもの、すなわち、非物質的存在としての霊的実体しかないのではないか。しかしながら、そのようなものは非可視的である。視覚に傾斜した思考法では、それなのに常に他と実際は区別されないはずの個別的に見えるところの現象を個別者として扱い、「この」ものという命題表現を怪しまない。それは微粒子の見えない人間生活の実際的運営の上では極めて便利である。しかし、便宜的な有効度が事の真相を測る標尺ではあるまい。

　われわれは日本語でも、ものをわきまえないことを「見る目がない」と言うし、「見識」というような熟語はもとより、『源氏物語』の用例に徴しても、「みる」は物事を判断する意味にも使われているので、古来から日本では知識作用は視覚への傾斜を有していたことは明らかであろう。「観法」とか「止観」などという仏典の漢語を想起するならば、今日では一般の日本人には仏典に出ている古語とは考えられてもいないような「観念」や「観想」のような語をはじめとして、ともかく中国の中世以後にも、「みる」ことが「思う」ことの代用に使われたり、むしろ認識するとは心眼をもって見ることであるというように考えられていたことは確かである。否、古典時代においてすらすでにそうであったことは、『論語』の「見善如不及、見不善如探湯」[38]というような例からも明らかであろう。さらに漢字のできる頃からそうであったことは、ものの真相などという「相」でさえ、木を対象として目で見ることを、向き合う目と木の関係を表している。われわれの日常語や学術語で、「見る」が「認識する」ことや「判断する」ことの基本型として考えられているのは、東洋の伝統としても抜きがたい背景であることを忘れてはならない。しかし、それは何もわれわれに限ったことではない。アウグスティヌスにおいても認められる傾向である。

知識の誘惑

人も知るように、アウグスティヌスは『告白』の第十巻で人間がどこで神に出会うかを問うて、「主よ、私は汝を尋ね求めつつ、何とはるばると自らの記憶の中を行き尽くしたことか、そして汝を私の記憶の外には見いださなかった[39]」と言って、神との出会いの場所を一応は記憶ではなかろうかとする。しかし、記憶に神が住むというのは、人が神を知って以後のことではないかと問わざるを得ない。「そこで、知るためには汝をどこで見いだしたか、汝を知る以前に、汝が私の記憶の中にいたもうたはずはない。では、どこで見いだし、どこで知るようになったのか[40]」。「私を超えて汝の中においてでなければならないのではないか[41]」と言って、人間が神を知る場所はどこにもなく、ただ神において人間が神と一致したときのみ、神は人間に見いだされるとアウグスティヌスは言う。それゆえ、われわれの企図の側に神との出会いの希望はなく、「従って、すべて私の希望は汝の大いなる慈悲においてしかない。汝の命ずるところを与え給え、汝の欲するところを命じ給え[42]」と祈って、ひたすら神が我を神の中に拾いあげる憐れみを待つほかはなく、せめてその御心に適うようにと神の命令に従うようにすることが大切であろう。そこで、神が命じた節制《コンティネンティア》(continentia)を守らなくてはならない。それは何か。

「汝が確かに命じているのは、肉の欲(concupiscentia carnis)と目の欲(concupiscentia oculorum)と世間的野心から身を保てということである[43]」とアウグスティヌスは『ヨハネの第一の書』二章十六節[44]に挙げられている三つの罪源からの自粛をそのいろいろの面から考察し、自己の過去の自伝的告白とは異なって、現在の自己の意識下に潜む罪への傾動を論じている。しかし、結局のところ注意すべきことは、肉の欲の中には性欲をはじめ、あらゆる感覚知覚の誘惑が同列に述べられているのに、目の欲が聖書においてすでに独立した一つの罪源として重要なものに思われていることである。しかし、原典を読めばすぐに気づくように、アウグスティヌスは普通の意味での目の欲、すなわち視覚の欲望は「かの我が肉の目の欲[45](voluptas oculorum istorum carnis meae)」と呼んで肉の欲の中で最後のものとして論じているのであって、「肉の欲」から区別されて立てられている「目の欲」とは単なる視覚の誘惑ではない。それは何であろうか。
『告白』第十巻第三十五章の冒頭において、「肉の欲」とは別の誘惑が襲ってくるが、それはより一層複雑多様で危険なものであるということが書かれている。それは肉の感覚によるものではあるが、肉において楽しむのではなく、「肉を介して空しきものや珍奇なるものを経験したいという欲望で、認識とか学問とかいう美名をまとっている」[46]。これは本来、「知識欲」であるが、諸感覚の中では認識に関しては目が首位を占めているから、聖書によっても「目の欲」と呼ばれている。ここで明らかなように、「肉の欲」とは区別された「目の欲」とは、何でも知りたいという知識のことである。秩序もなく制限もなく、事の大小高下の別なく、好奇の念に駆られて何でも見てやろうという態度は、本当に真理に至ろうとする人のとるべきものではない。人間の寿命も能力も限られているから、あまりにも勝手放題に無計画に、しかも認識を広め深めるという美名のもとに自他を欺き、些事に多く没頭すれば、水平的横行や低徊の典型のごとき雑駁な知識の寄せ集めになるばかりか、場合によってはおよそ知識とは縁の乏しい事実の記録簿となる恐れもあろうし、さらには知識を滅してしまうことにもなる。それはどういう場合か。

　知識には自己の実際体験を予想するものもあるから、その例で考えてみると、LSDを服用すればどういう幻想が湧くか知ってみたい、さらにこれを三カ月連日服用して自らの反応を知りたいということは、知ろうというそのことにおいては知識欲である。しかし、それを満たそうとすれば、知識のもとの思考力はなくなってしまう。しかし、そういう実際体験の試行による知識の他に、志向的体験構成による知識もある。LSDを被験者に服用させてその反応を調べるというのも知識欲には違いないが、それは他人を廃人化する恐れもあって、好奇心が非道徳を招来する例でもあり、情報量は増してもそのために自他に害があるので、その情報へのパトスを今少し上等の、研究すべき、またはわきまえおくべき事柄に関する知識へのパトスに置換しなければならない。ましてや、いまだあるいはすでに自己抑制能力や忍耐心が充分でないとき、好奇心の赴くままに一切を見知ろうとすると、知った内容に引きずられて自己を失い、堕落したり発狂したりすることもある。それは真理への接近とはあまりに遠い背反の疾走である。ここで注意しておくべきことは、事象のありのままの状態と、それを統《す》べているところのものとは違うということである。事象の「真相」と「真理」とは違う。「真理」とは真なる理論のことではない。理論は人間が立てるものであって、いろいろの形態が可能であろう。そして、理論は次々と補足されたり克服されたりもする相対的な性格を持っている。しかし、「真理」とは真なる筋道のことであり、さらに徹底すれば真なる筋道が可能であるところの根拠としての「真なる存在」、「真なるもの」、「一者」、「絶対者」である。

知的好奇心としての「目の欲」は、この一者への憧憬ではなく、一者が統べるところの末端の動揺を、この一者とは関わりなく、そこへの道の切断において、知り尽くそうとする無意識的な存在否定の病である。本末転倒とはこのことであって、常識の知の逆転が哲学ないし学問一般の知への関門であると言われる所以も、むしろ常識がこの切断線以下の領域で情報量の増加をもって学識と呼ぼうとしているからである。「象牙の塔(turris eburnea)」とはよく言われているように、サント＝ブーヴ(Charles Augustin Sainte-Beuve, 1804–69)によるのではなく、清浄無垢の聖母への中世に成立した尊称であった。そしてそれは“alma mater”[47]とつながって、精神の養いの浄き母としての大学の垂直への意志を象徴する美しい名称である。その中での視線は汚辱の末端に向けてはならないと言うのではない。ただ一者への回帰の力がない限り、徒《いたずら》に好奇の眼差しを流し走らすことは下賤の業である。しかもそれを脱却するのは容易ではない。それをアウグスティヌスは次のように語っている。

それにしても、われわれの日常生活の至るところに、実に多くのこのような種類の事柄が囲繞《いじょう》し騒ぎ立っているので、一体いつの日に敢えて言うことができようか。このものを志向して眺めたり空しい配慮に囚われたりすることは決してないなどと、本当にいつの日に敢えて言うことができようか。[48]

視覚傾斜の認定と否定

古典ギリシア哲学では、視覚に類比的な思考形式が成立していった。それはしかし、アウグスティヌスの中にも深く流れ入っていることは、目の欲が知識欲の象徴として使われていたことからもよくわかることである。彼は、「見るというのは本来目に属する仕事である」が、われわれがこの「見る(videre)」という動詞を他の感覚に関しても、例えば、「何が響くかを見よ」とか、「いかに固いかを見よ」というように使うが、それはいつも認識と相関的になっている場合であるということを指摘する。そして「他の諸感覚も、それらが何らか認識に関するものを探る場合には、目と類似した働きをする」[49]。従って、彼は視覚をもってあらゆる認識の代表的な形式と考えていたことは明白である。そして、知ってみたところで何の足しにもならないのに、人間はただ知ることだけを求めているという場合には、好奇心すなわち知的欲望は、宗教に例をとれば、何ら救いのためではなく、ただ経験してみたいという欲望から、徴《しるし》や奇跡などが探求の対象となり、こうして信仰の領域において神は試みられることになってしまうように、得てして本質的なものと非本来的なものを取り違えることが多い[50]。情報を等価的に収集していく機械のように、好奇心は光るものでさえあれば宝石であれ、硝子破片であれ、視線がそこへと吸われる視覚なのである。それゆえ、われわれ人間の限られた「心が、このような事物の巣窟となり、大がかりな空虚の群れを運ぶとき、そこではわれわれの祈りは中断され妨害されることが多い。そして、汝の御前《みまえ》で〔すなわち汝を心で捉えているときでも〕、心の声を汝の耳に向けているとき〔すなわち汝に祈りを捧げているときでも〕、どこからともなく馬鹿げた騒々しい思いが乱入してきて、これほども大事なこと〔すなわち祈り〕が中断されてしまう[51]」。従って、アウグスティヌスの考えによれば、視覚傾斜の思惟の陥りやすい好奇心によって甚だしく妨げられがちの或る別の意識があって、それは神に語りかける祈りであるということになる。視覚傾斜が人間の思考の典型であることを認定しながら、しかもそれが決して唯一最高の思考ではなく、それに妨げられつつもそれを超える別種の思考によって、それが否定されていることは、彼の認識論の一つの特色になりはしないか。アウグスティヌスは自ら目を抉《えぐ》ることなしに、オイディプスが立ち去った視覚ではない思考の世界に入っていくことを知っていた。それは外の状態に気をとられ、外を見廻して、外から情報を得ようとするところの、外から規定される鏡面の姿勢ではなく、見えざる者に向かって見えざる内から語りかける声において、祈りにおいて自己を表す思考である。これは視覚への傾斜として現象の世界に憧憬を向かわせる論理ではなく、見えざる理性に向けて自らの言葉を志向させる不可視的なるものへの不可視的上昇の論理である。他はこの登高の一つ一つの手がかりに過ぎない。形ではなく言葉が問われてゆく論理があるとすれば、すなわち視覚傾斜なしで言葉への集中純化のみが問われる論理があるとすれば、それは祈りのためでもあるであろうが、何よりも解釈の論理のはずでなければならない。

第五章　超越と解釈
——アウグスティヌス(2)——

反批判的クリティークの期待から湧き出る解釈について

アウグスティヌスは言う、「過去とはもはやないものであり、未来とは未だないものである」[1]。従って、「どこであれ、およそ存在するものは、すべてただ現在としてのみある」[2]。従って、「確かに、未来もなく過去もない」[3]。それゆえ、「恐らく厳密には次のように言うべきであろう、三つの時がある。過去についての現在、現在についての現在、未来についての現在。そしてこの三者は確かに精神の内にある。精神以外のどこにも見いだすことはできない。過去についての現在とは記憶であり、現在についての現在とは直観であり、未来についての現在とは期待である」[4]。

　ところで、この三者が最も典型的に同時現象として成立するのは、いかなる経験、いかなる場合であろうか。それは私の見るところでは、芸術経験としての解釈においてである。なぜならば、例えば音楽であれば、過去としての鳴り響いた音の記憶が現在につながっていなくてはならず、その記憶に続く新しい展開としての現在の音の直観が未来としての鳴り響くべき音への期待につながっていなくてはならず、それは詩行に関しても、絵画の視線に関しても同様で、一般化すれば、芸術とは記憶と期待においておぼめくものを直観の真証性に現実化することに他ならないからである。芸術経験の中で、相反的不在者としての未来と過去とは現在において相向かい合う。現在はその位置を失うことなく、逆流する二つの波に衝《う》たれて永遠の高みに向けて一瞬高まる。芸術経験が日常の他の経験に比較して充実しているのは、それが右に見たように、二つの不在を現在の直観において喚起して現象化することにより、現在が量を増すことになり、それに基づいて現在が変性を果たすことになるからである。このようにして、芸術は時間系列の中に位置していながら、その三つの分節を一つに円現しているものとして、永遠の模型を構成している。それは物質的現象における永遠のミニアチュールとして自己を永遠に向けて際立たせる。この超越性が芸術の持つ日常性からの距離である。超越して存在そのものに至ろうとする「理性から詩人は生まれた」[5]というアウグスティヌスの言葉は正しい。

この距離は深淵の上にある空隙である。あるいはむしろ、地から天を絶つ雲の厚さである。彼岸に立つ、あるいは地上に立つ者にとって、その常識の射程をもっては超えがたい。既存の範疇によって処理しようとすれば、永遠に近ければ近いほど、芸術はこの度しがたい距離を大きくし、人は眼路を失う。しばしばこの距離の向こうにあるものを知り得ない人びとが、傑作を自己の見聞し得る限りの高度の限界で切断し、その作品のその線以上の価値は見えないまま不問に付し、自己の見る低さの局面でその作品全体の評価を試み、折々は、否ほとんど常にその局面に欠落や不全を認めてはこれを指弾する。世の人びとは、それを鋭利な知性の批判の業として認めようとする。しかし、これほども愚かな所業がまたとあろうか。批判的精神ほど学問や芸術の存立を脅かしたものはない。このスノビズムのヒュブリス(傲慢)は、すべて自らの短見をもって、自らの及びもつかないものを裁こうとする。その傲りの心は未知の高さに至ることができない。自らのその時わからないものを断罪し去って恥じないからである。「批」とは「批把」という楽器の名に明らかなように、「打つ」ことであるから、「批判」は多くの場合、高さを見ることのできない矮人《わいじん》が、高さを持つ作品を自らの低さで切断し、その低さを嗤《わら》う自嘲に過ぎないのに、対象の作品を抹消せんばかりに非難する。それは多く、他の中に自己と等しい愚劣と醜悪を発見して喜び安堵する末人《すえびと》の宴である。末人は饗宴に酔いしれて、距離の深淵を飛ぼうとはしない。天空からの風にも予感することがない。批判とはまさしくこれら末人の志向性であり、他者の中の欠如態としての無の現象形態に執し、「美」や「善」に対して「否定的なるもの」、「完全」に対して「消極的なるもの」に結びついて、敢えて醜体験や劣悪体験を構成しようとする企てである。

その距離を渡らなければならない。その距離の向こうにも、もしや自分の今までの知性では理解できないある高い存在者が待っているかもしれないという期待をもってものを見直す敬虔さがなければならない。できるだけ、卓《すぐ》れて美しいもの、善いもの、それを憧憬《あこが》れて選び出していこうとする態度、これは古来クリティーク(Kritik)というドイツ語で呼ばれているところのものである。クリティークに批判の意味はない。クリティークは偏見を避けて価値を選び出してゆく操作である。クリティークのもととなるギリシア語のクリノー(κρίνω)という動詞は本来「卓れた価値を持つものを選抜する」という意味であったが、このホメロスの用法[6]が古典ギリシアを通じてこの語の意味の基調を成していることは言うまでもない。最善のものを選び分けるためには、選ぶべき善いものとそうでないものを判定しなければならず、そこから、「善いものを悪いものから区別する」という意味も生じるが、いずれにせよ、志向は未だ現前していない善きものに対する憧憬と渇仰の態度であって、他者に自己と等しい醜を発見しようというのではなく、従ってまた他を見下して自己の現有の範疇で他を裁定するということでもゆめさらなくて、自己が他者に内在する価値を尊重し、これを発見しようとする態度に他ならず、それゆえまた自己の現有の知識にとっての深淵を超えていかなければならないという超越への意志でもある。「批判とは最も善いものを得ようと努めることである」というマシュー・アーノルド(Matthew Arnold, 1822–88)の考え方を見ても、クリティークは確かに反批判的精神なのである。

反批判的態度としてのクリティークの志向は、どのようにして可能なのであるか。そこには二つの方法的段階があり、それらがしかも存在論的秩序と合致していることを認定しておかなければならない。典型的な原理的形式はアウグスティヌスの中にある。彼によれば、まず「およそ存在する限りは善であって(7)」、存在者はすべて何らかの価値を内含しているということであり、次に「すべての善は汝〔神〕が創造したのであり、およそ実在するもので汝が創造しなかったものはない(8)」、すなわち、すべての存在者に内含される価値の根源は超越者であるということである。従って、他者に内在する価値を認識する原理的方法は、他者が存在している限りは必ずその存在意義としての価値があるに違いないと確信すること、そしてこれは、価値の認識は意味付与ではなく、意義発見を基礎にするという考えにもつながるが、これらが第一段階であり、次にこの価値は超越者に由来するので、感覚や感情の段階で把握され尽くすものではないこと、そうかと言って、価値が存在者に内在するということから存在者の現象分析を悟性段階で行っても、価値の超越性に触れることはできない。どうしても存在者の中に超越への出口を見つけて、そこから未だ知られない、その存在者の存在意義としての超越者とその存在者との関係を発見するようにしなければならない。この理性の超越的登高において、はじめ対象と目されていた存在者は価値指示者となり、理性は該存在者の指示する価値を目標とするに至る。このようにして、存在者において理性は原初的対象を地平化し場所化して、志向を目的に転換して理念に接近させ、自己が超越者に考迫しつつ、しかもこのようにして自己を介して超越的価値をその存在者に輝かさせてくる操作としての思索が存立するが、この思索のことを私は「解釈」と呼ぶ。あたかも「美の思索としての学(τὸ τοῦ καλοῦ μάθημα)」という言葉が、本当はプラトンにおいてできかけたのに実らず、ついに西欧では作られなかったように、「解釈」という本当の言葉もこのように、自己が現象的存在者から解放されつつ超越的理解を果たし、このようにして超越者が自らを釈する、すなわち自己の円現から自らを放ち、雲を散らし、秘密を脱ぎ捨てて、自らの光を射かけ、解き、潤すということの存在者を足場とする超越者と理性との対話的価値理解、自由なる自己交換としての解釈という本当の言葉も、西欧にはないとしか言えない。もとより、言語の単語としての有無はさして問題ではない。中国、日本を通じて、解釈が右のように理解されたことはかつてなかった。逆にそのような理解の基本的な典型は、むしろ相応しい単語を有しなかった西欧の方にあったと思われる。そしてそれがアウグスティヌスである。彼の作品解釈を一つの例にとっても、そこに存在者解釈の原型を見ることができよう。それゆえ、周知の『詩篇註解(Enarrationes in Psalmos)』を例にとってみることにする。

『詩篇註解』における解釈の超越について

『詩篇』第一篇
一 悪《あ》しきものの謀略《はかりごと》にあゆまず　つみびとの途《みち》にたたず
嘲るものの座にすわらぬ者はさいわいなり
二 かかる人はエホバの法《のり》をよろこびて日《ひる》も夜《よる》もこれをおもう
三 かかる人は水流《ながれ》のほとりにうえし樹《き》の期《とき》にいたりて実をむすび　葉もまた凋《しぼ》まざるごとく　その作《な》すところ皆《みな》さかえん
四 あしき人はしからず　風のふきさる粃糠《もみがら》のごとし
五 然《され》ばあしきものは審判《さばき》にたえず
罪人《つみびと》は義《ただし》きものの会《つどい》にたつことを得ざるなり
六 そはエホバはただしきものの途《みち》をしりたまう
されど悪《あ》しきものの途《みち》はほろびん(9)

この詩の大意は、エホバすなわちヤハウェ神の信仰のもとに立てられた勧善懲悪の思想である。詩的な言葉として目立つものは、善人を水流のほとりの樹に、悪人を風前の「粃《もみ》糠《がら》」に喩《たと》えた、幼稚ではあるが農耕生活から出た比喩ぐらいである。従って、この詩の意味は誰にでも理解され、事事《ことごと》しく解釈をする必要はないように思われる。

しかし、わかりやすいからと言っても、この詩は一読して捨て去られる詩ではない。その韻律のゆえか、その語の響きのゆえか、ヘブライ語の原文とは言わず、ラテン語や日本語の訳文と言わず、いずれもこれは世々を通じて飽かず読まれ愛されてきている。その所以は、ただそれが聖書という権威のゆえに崇められているからであろうか。あるいは典礼の強制が人びとに詩篇を誦させ、それが引用を介して、いつしか人びとに郷愁を覚えさせるようになったものか。それともこの詩の中に格別の力があるのであろうか。

アウグスティヌスの思想を思い出してみよう。存在者は存在する限り、何らかの意味で善である。それゆえ、この詩においても何か意味があると信じ、その意味を探求し発見しなければならない。解釈は意味付与ではなく、意味発見である。そうであるとすれば、すべて行きずりの一切の存在者にもそのように関わらなければならないのか。そうではない。それは不可能であろう。しかし、ある予感が人を立ち止まらせたり、解釈の修練によって鍛えられた心が本物らしいと勧告したり、古典的なものが自ずと人にその修練の場を提供する。それゆえ古典、神的霊感によってダビデが書いたと伝えられているもの、あらゆる宗教詩の白眉とも言われているものについて解釈の練習を積むことは正当なことではないか。アウグスティヌスと共に、生存者としてのこの作品の価値(bonum＝善)を信じ、作品と超越者との内的聯関を辿ってみながら、作品において輝き得るものを喚び出し、作品において現前が輝くことをもたらさなくてはならない。

気をつけてテクストを見ると、一見して明らかと思われる語にも謎めいたものが影をひいている。「さいわいなり」と言われているのは誰のことか。一般にそういう人のことか。ラテン語訳聖書の原文を註に載せているが、その冒頭の“Beatus vir”、すなわち「幸福な人」、「幸福な男」とは誰のことなのか。二節には、この人が、「エホバの法《のり》をよろこびて日《ひる》も夜《よる》もこれをおもう」とあるが、そうすると一刻も休みなく、法において意識を働かせているのであるとする限り、これは人間業ではない。アウグスティヌスは、この文章では我らの主イエス・キリスト、すなわち主なる人について語られていると理解せねばならないと言う。それでこそ、三節の「作《な》すところ皆《みな》さかえん」というのも、空しい美辞麗句ではなしに、キリストの万能と救世の大業を指している真実の語ということになろう。そうなると、一般論と見過ごされていたこの詩が、何故《なにゆえ》預言者ダビデの詩の第一篇に位置しているかがわかる。そしてその前の「水流《ながれ》のほとりにうえし樹《き》」というのも、アウグスティヌス自らが書いているように[10]、黙示録と関係して生命の樹としての主キリスト、またその神秘体としての教会のことを預言しているということになる。詩の中には一見何も問題はないかのごとくであったが、こうして壮大な歴史を貫く救世の預言が告示され、主題の人はキリストであると言わなければならない。

そこで一行一語も疎《おろそ》かにすることなく、そこに一つの言葉があれば、それは何かを意味するはずであると考え、しかもこの詩を形而上学的ないし神学的な預言文学という背景のもとに読まなければならないとすれば、その意味は複数の論理的可能性ではなく、宗教的一義的に定着せねばならず、従って確定されなくてはならない。最初の一節を読み直そう。

悪《あ》しきものの謀略《はかりごと》にあゆまず　つみびとの途《みち》にたたず
嘲るものの座にすわらぬ者はさいわいなり

アウグスティヌスは、多くの人が読み過ごし、単なる修辞の技巧としか見ない動詞の言い直しに注目する。「これらの動詞の順序について熟考しなければならない、『あゆむ(abiit)』『たつ(stetit)』『すわる(sedit)』」[11]。それはどういうことであろうか。「悪しきものの謀略に歩む、というのは神から離脱するから迷い歩むのである。〔つみびとの途に〕たつというのは歩むよりも少し深みに入って、罪をたのしむから立ち止まるのである。〔嘲るものの座に〕すわるというのは自ら恃《たの》んで落ち着き坐り込んでしまうからである」[12]と書いて、アウグスティヌスはこの詩の作者が、一方で人間がいかにして罪に陥ってゆくかを、「迷い歩む」、「立ち止まる」、「坐り込む」という三つの動詞で巧みに暗示し、しかもそれを「不敬虔者の謀略」、「罪人の道」、「災厄の座」という名詞の傾斜と共に巧みに使い分けているのを明らかにした。こうすることによって、アウグスティヌスは人間の個人的実存の罪悪への主体的傾斜と人間の社会的生存の罪業への集団的傾斜との並行関係や、心理的堕落と宗教的没落との並行関係をも示唆し、詩のわれわれにおける印象の起伏分節を彫琢し、われわれがそこにおいて何を思うべきであるかを示しつつ、思われるべき主題の輝かしい登場に備える。およそ、われわれはしばしば誘惑のたびごとに立ち迷い、立ち止まり、果ては坐り込む。こうして、もはや自ら心の災厄としての罪を頼むようになっては、いかにして正道に立ち帰ることができようか。相互に励まし合うと仮定しても、すでに溺れようとしている者同士が、共に迷い、共に惹かれて立ち止まり、共に悪に根を生やした者同士が、どうやって相手を救い得よう。否、自らをさえ救い得ないで足掻《あが》くのみである。「そのような人の場合、立ち帰ることは次の一つを除いてはあり得なかった。すなわち、決して悪しきものの謀略にあゆまず、つみびとの途にたたず、嘲るものの座にすわらぬ、かの御者によって自由ならしめられる以外には回帰することができない」[13]。こうして、この詩において、われわれは思いもよらず救世主による罪悪からの浄化を教えられ、思索はこの詩のうえに輝かしい光を喚起する。それは言語の感覚的韻律や映像の美のみならず、劇的展開を示す意味聯関が負うところの全体の美である。そこでは主による救いが人間の罪からの自由であることも告げられる。われわれの志向は、このようにして作品を自己の精神の前方に措定するところの「対象」から、われわれがそこにおいて自己の精神を動かすところの「地平」に化成し、その拡がりにおいて超越者に及ぼうとする。

さてここに語られている「自由」とは何であろうか。この詩篇では、二節でキリストを「かかる人はエホバの法《のり》をよろこびて日《ひる》も夜《よる》もこれをおもう」と讃えるが、このラテン語原文を字義どおりに訳すと、「エホバの法にその意志はあり、エホバの法において日も夜も思う」となる。この箇所に対してアウグスティヌスはただちに法(lex)の前置詞が何故《なにゆえ》inであるかの意味を問う(14)。そして、「法においてあることと法の下にあることとは違う(15)」と自答する。ではどのように違うのであろうか。「法において在る人は、法に従って行為する。法の下に在る人は法に従って行為させられる。それゆえ前者は自由であるが、後者は奴隷である(16)」。それゆえ、「自由」とは自己の主体性を失うことなく、その行いが法に適う人格であり、おのれの欲するところを行いて規を踰《こ》えぬ君子のものである。もとより、この法は「文書を必要としない彼の御者によって心でとらえられたる神法(17)」である。従って「日《ひる》も夜《よる》もこれをおもう」と言うのであるが、アウグスティヌスは「日《ひる》をよろこびにも、夜をかなしみにも(18)」と説いている。この他、いろいろの事柄があるが、このように限られた類例だけでも詳しく読めば彼の行った解釈はまさしく彼において現象した解釈である。すなわちそれは分析を終点とせず、作品を出発点として超越的価値へと向かう。

前学問的数値表

アウグスティヌスを論じた文献はまことに多く、彼に触れずにその時代を含む思想史は書けないのみならず、およそ哲学や神学に関する歴史的研究や体系的研究において、彼を度外視しても差し支えない問題領域はないと言ってもよいほどであろう。それゆえ、正統的な教育を受けてきた人びとにとって、アウグスティヌスはあたかもほぼ知り尽くされた人に見えるかもしれない。しかし、事実はどうであろうか。確かに人びとは彼を知ってはいるが、同時にまた、人びとは彼のごく限られた位相をそれぞれの視点から知っているに過ぎない。そういうようなことは、およそすべての人間について当然あるべきことなのであって、ことさらアウグスティヌスの名前を挙げることはおこがましいという意見もあろうかと思われる。それでも敢えて私は、われわれの彼についての知識がどうしても限られていることを力説して止まない。どうしてなのか。それには簡単でしかも正当な特別の理由がある。それは彼の著書はその内容が充実しているばかりではなく、その量が厖大に過ぎるという一事である。これについては、アウグスティヌスの高弟の一人ポッシディウス(Possidius, 5 c.)、すなわちペラギウス論争に際し、エウォディウス(Evodius, 5 c.)ら三人の司教と共に、インノケンティウス一世(Innocentius I, 在位 401-417)宛てのアウグスティヌスの書簡に連署して彼を助け、また後にはその最初の伝記をも著すことになったポッシディウスが、「およそアウグスティヌスの著書全部を読破し得る人はいないのではないか(19)」と考えていたほどであった。事実アウグスティヌス自身、自らの著作が多いことに晩年になって驚いたこともあり、その著書は当時、九十三を数え、巻数は二百三十二巻にも及んでいた。その後、われわれの知るところでは著書は百十三と訂正され、そのうえ二百十八の書簡と五百に及ぶ説教が残されている。それは可視的な形ではどう言えばよいであろうか。周知のミーニュ版の教父全集、すなわち、縦二十八センチメートル、横二十センチメートルの大判の書物で平均の厚さが五センチメートルというそのミーニュ版は、全頁が縦に二欄に分けられ、一欄は平均約八語から成る行がだいたい五六行から五八行に及んでいる。各欄の語数(字数ではなく単語の数)は、五八×八=四六四語ということになろうか。そしてこの各欄に頁数がつけられていて、その平均は一巻がだいたい一九〇〇頁(ただし右に述べたように、一頁二欄が数えられているから、実際の頁数としては九五〇頁)に及び、それゆえ一冊の平均語数は四六四×二×九五〇、または四六四×一九〇〇で、いずれにせよ、約八八万一六〇〇語である。このうち、ほとんどの巻に解題や索引がおよそ一〇〇頁内外あることを考えに入れれば、四六四×二×一〇〇ないし四六四×二〇〇、すなわち約九万二八〇〇語を引かなければならないから、八八万一六〇〇－《マイナス》九万二八〇〇、すなわち約七八万八八〇〇語がミーニュ版一冊の中のアウグスティヌスの語数であるが、これを簡便のために少し差し引いて七八万語としよう。これは、このように計算すると字数では、四〇×五八×(二×九五〇－《マイナス》二×一〇〇)=四〇×五八×一七〇〇=三九四万四〇〇〇字ということになる。

では、そういう大変な分量の本が何冊アウグスティヌスのものであるか。ミーニュ版の全集では第三十二巻から第四十六巻までの十五冊を占めているから、彼の総語数は概算一一八三万二〇〇〇語、すなわち一一〇〇万語を超えており、字数は五九一六万字、すなわち五九〇〇万字以上なのである。この分量はどの位のものであろうか。周知のように欧文で論文を書く場合、一行一二語で三二行にするのが一般的であるが、平均して一枚で三八四語となる。それに則して換算すると、そのような紙を三万八一二枚作り出したことになる。

ところで、その枚数だと普通の学術書三〇〇頁くらいのものを百二冊、六〇〇頁くらいの大著にしても五十冊以上に及ぶ。甚だ非学問的な言い方になるが、カッシーラー版のカント全集は、平均四三〇頁で一頁の平均語数二五〇語であるから、一冊一〇万七五〇〇語で、ミーニュ版のアウグスティヌス全集の一冊はこれの約七倍以上の語数を含むものであることを考えてみなければならない。そして、カッシーラー版のカント全集は全部で十一巻であるが、最後の巻はカッシーラーのカント研究であるから、これを除いて十巻がカントの著作である。そうなると、ミーニュ版アウグスティヌス全集は、カッシーラー版カント全集の約十一倍の量ということになる。そのうえ、ラテン語の表現は簡潔で短い節や句の中に多くの内容を含み得るという点で漢文に似ているのは周知のことである。それなのに、アウグスティヌス全集はこれほども大量なのである。読破できそうもないと思うのは無理もない。プラトンもかなりな量であるが、これを全部読むことは読み方にもよるが、量としてはそれほど難しいことではなく、プラトン研究家は原典を大体若年にして少なくとも一度は通読してしまうのが常識であるし、かつて私が親しく教えを受けたことのあるクリングナー[20](Friedrich Klingner, 1894-1966)教授は、哲学の若い研究者には「プラトン全集を何度くらい原典で読んだか」としばしば問うことがあった。そしてプラトンの場合、そのように反復して通読するということは可能な企てなのである。例えば、シュタルバウム校訂本プラトン全集初版は、ライプツィヒから刊行された大型の本で縦二十九センチメートル、横十九センチメートル、厚さ五センチメートルに及ぶものであるが、とにかくそれは一冊で全集を成すものである。プラトンの著作のほとんどが対話篇であるから、最近刊行の多くの全集は話者の交替ごとに改行することにしているため、かなり行数が増えることになるが、この版はそのような改行を行わず、つめて書かれている点がミーニュ版教父全集の体裁と同じであるから、比較しやすいと思う。

さてそのプラトン全集全一巻は、全部で本文六一八頁、一頁がやはり縦の双欄に分かれ、各欄五九行、一行八語というのがおよその平均である。従って、総語数は八×五九×二×六一八＝五八万三三九二語が概数である。これも大部であるとは言え、そして事実近代語訳の全集では普通の形の本で十巻を超えるのであるから、決して少ないとは言えない量であるが、それでもアウグスティヌス全集の約二十分の一に過ぎない。

このように見てくると、人は例えば偽書が含まれることを疑って、それでこのように「アウグスティヌス著」と言われるものが多いのではないかと問うかもしれない。と言うのも、今引き合いに出されたプラトンには相変わらず偽書問題が語られ、例えば第七書簡など、あれほど卓れてプラトン的であるにも拘わらず、バーネット(John Burnet, 1863-1928)が力説しなかったとすれば、またあの時点でも真偽を問われたかもしれなかったし、今でも一、二の対話篇は偽書とされているからである。およそ古代には権威的な名前を借りることは多い。これほども多量の文献を果たしてアウグスティヌスは書き得たであろうか、という疑惑を持つことはむしろ当然であろう。さらにこの疑惑に輪をかけるような事実は、時間的数値の問題である。周知のように、アウグスティヌスは三五四年十一月十三日に生まれ、四三〇年八月二十八日に歿しているから、その年齢は七十五歳九カ月十五日、およそ七十六歳である。しかし、彼が著作活動に入っていた期間はどのくらいであろうか。残されているその最初の著書『アカデミア派反論(Contra Academicos)』および『幸福な生活について(De beata vita)』は、共に三八六年十一月にできているから、まずこの年から書き出したとみてもよいが、失われた処女作は三八〇年に書かれている。ほぼ三八八年以後が活発に著述した時期である。そして何となく死の年までも書き続けたかと見ることもできようが、何か証拠のある書物について調べると、『ユダヤ人反論(Adversus Judaeos)』は、四二九年から四三〇年にわたって書かれたものと思われるし、またこれは未完であるが『ユリアヌスの答弁に対する反論(Contra Juliani responsionem)』は四二八年に起稿され、四三〇年にも書き続けられているから、彼は歿年まで書いていたと見てよいであろう。従って、その著述年数は記録に即して長くみても三八六年から四三〇年までの四十四年間となり、それは彼の三十二歳から七十五歳に至る間のことである。

そこで、前述の語数概算がかなり正確なものと仮定すれば、彼は年平均二六万八九〇九語、すなわち約二六万九〇〇〇語を書き綴っていたのであって、前述の欧文論文の平均的文字数である一枚三八四語に則しての計算では七〇〇枚平均が一年の仕事ということになる。国際学術雑誌や外国の研究雑誌などがみな一論文の長さをこの用紙二〇枚から三〇枚、平均二五枚(日本の四〇〇字詰原稿用紙に直すと、五〇枚から六〇枚程度)というのが多いから、それで計算すればアウグスティヌスは年平均二八本の論文を、普通の学術書すなわち三〇〇頁くらいのものに換算すると二冊強、六〇〇頁くらいの大著ならばそれでも一冊強書いていたということである。これが四十四年にわたってひとしなみに続いていくわけではないが、とにかくこの調子で書いてゆくというのは並ならぬことであろう。われわれにしても、何か多年の研究や省察が実る時期に調子の波に乗る年など、数年間くらいはアウグスティヌスの平均の調子に似るような多産の時を持つことは考えられなくもない。ただこの質の高さとこの長年月にわたる多産はどうであろう。ただ驚くばかりである。

さて、右のような量の著述も、もし彼が単なる学究として、しかも著述に専念したのであれば、あるいは可能なものと思われるかもしれない。しかし周知のように、アウグスティヌスは三九一年、ヒッポ・レギウスの司教ウァレリウスによって司祭にあげられ、必ずしも学究生活に徹するというわけにはいかなくなった。もともとウァレリウスが、ヒッポを訪れたアウグスティヌスに注目するのは、その卓れた才能や人品によるのは言うまでもないが、特に自分自身がすでに老齢に達していて良い後継者を求めていたことにもより、とりわけ自らがギリシアの生まれであるためラテン語による説教に苦労していたこともあり、すでに哲学的素養の豊かなラテン語修辞学の教授として早くから定評のあったアウグスティヌスの閲歴が説教者として極めて有能であろうという推測からであった。その生まれながらの天才とまた故郷ヌミディアのタガステ(今日のアルジェリアのスーク・アハラス)がいかに地中海文化としてのギリシア・ラテン文化の光に浴していたにしても、何と言っても田舎都市であったことにもより、アウグスティヌスはすでにして三七三年の秋からタガステで教師活動を始めたが、それは彼がいまだ十九歳のことであった。ただこの事実から、彼のそれまでの教養が不充分なものではなかったかと疑う必要はない。彼は小学校は故郷タガステで終えたが、三六五年から翌年まで中等教育にあたるものを近くのかなり知的な都邑マダウラで受け、三六九年にはカルタゴ、すなわちラテン的世界ではローマに次ぐ大都会でローマ領アフリカの首都であった文化都市カルタゴに出て学生として大学生活を送り、素封家ロマニアヌスの経済的援助もあったため、研究を絶えさせずに続け、十九歳の夏までに教育の課程を終えているということは、マルウ（Henri Irénée Marrou, 1904–77）も言うとおり、当時の高等教育としては標準的なものであった。[21] しかも彼はよほどに卓れたその才が認められたから、三七四年にはカルタゴで教師生活を始めることができ、その間も研究を怠らず、三八三年から翌年にかけてはついにローマで、三八四年秋にはミラノで教授となるほどであり、そしてヒッポに来た三九一年にはすでに数冊のラテン語の著書で知られていたから、ウァレリウスにすれば是非とも欲しい人物であった。そのうえ、アウグスティヌスはアフリカ人であっても、タガステ、マダウラ、カルタゴなどおよそ彼と関わりの深かった都市はみな当時のローマ帝国領であったし、久しい文化的事情から、その母語はラテン語であったことも銘記しなければならない。そこで、三九一年に司祭になってからの彼は、しばしば説教者としてある程度酷使される結果になったことも考えなくてはならず、しかも三九五年にはウァレリウスの補佐司教に任ぜられ、三九六年アウグスティヌスがまさに男盛りの四十二歳のとき、ついに老ウァレリウスの後任としてヒッポ・レギウスの司教に叙せられざるを得なかった。一般に、司教の仕事は学者の生活ではない。それは司牧と教会行政の中で極めて多忙な生活にもなる可能性を持っている。特に彼の場合、時あたかも異端のひしめいていた際の学僧として、しかも全アフリカはおろか、ラテン的世界全体を支える代表的キリスト者として、常の司教より遥かに多くの課題を背負っていた。カルタゴでの第三次公会議に出席して重要な役割を果たしたのは三九八年であり、同じくカルタゴでのドナティスト派の人びととの大論争会議、すなわち二百八十六人のカトリック教司教と二百七十九人のドナティスト系司教を集めて四一一年に行われた宗教会議では主役を務めなくてはならず、全教会的な神学論争や政策の責任者としてローマ教皇と連絡しながら、その死に至るまでペラギウス派異端や異教蛮族の脅威とも闘わなくてはならなかった。従って、書斎における彼の時間は極めて限られたものであった。確かに異端との争いは理論抗争であって、それは書斎に彼を強いて追い返したとも言えるかもしれないが、とにかくわれわれは、彼が学究として静かに研究と思索の生活を送ったとのみは言えない多忙な公職の人であったことを忘れてはならない。彼が後継者ヘラクリウスに司教に属する管理面の仕事を委託したのは四二六年、すなわち七十二歳のときであったから、その後の数年はかなり暇があったとは言え、この激職が三十数年間続いていたにも拘わらず、年平均二六万九〇〇〇語も書いていたとなると、一日にして平均およそ七五〇語を書いていかなくてはならない。冠詞の少ない、いやすべての点で簡潔なラテン語での七五〇語は、例えばそれだけで、彼の著書の『恩寵と自由意志について』の各章の平均語数を超えているから、まずほぼ一章にまとまる分量の文章を書くということである。日記のつもりで書くような断片的なものであれば、それも可能であろうが、彼の著書の論理的な筋道による問題解決の仕方は決してそのようなものではない。

そうなると、またしてもこの夥しい著作の幾分かは偽書ではないかとの疑惑が生じるであろう。しかし、今までのところ全著作にわたっての徹底的な比較文体論もないためでもあろうが、そのような原典不信は専門家の間でもあまり起きてはいない。それよりもむしろ、著作の正統性を保証するような事実があることを忘れてはならない。それはアウグスティヌス自らが、四二六年から四二七年にかけて、すなわち前述のように彼も七十二歳に達し、自らの後継者に仕事を譲渡した頃、それまでの自分の全著作の中で犯していた誤謬を指摘訂正し、また誤解を与えそうに思われる過激な表現などを適正にするなどの目的をもって、『再考録(Retractationes)』という書物を自ら執筆しているところをみれば、彼の名で伝わっているそれ以前の著書の正統性を立証していることにもなるし、またこれも前述したように、彼自らがその時すでに九三の著書二三二巻を公にしていたと言って驚いたところをみれば、明らかにその後にできた書物は十あるから、年代不明の十を加えてみれば、数は合うし、およそのところでは、偽書の疑惑は起こりようもないことになる。

そうなれば、まさに学問上の奇跡というような逆説的表現をもって驚きを表すほかない。カンペンハウゼン[22](Hans Freiherr von Campenhausen, 1903-89)の言うところによると、アウグスティヌスは考えを抱くや速記者に口述筆記させて、後で自分で筆を入れる場合が多かったらしいが、そしてそのことは『詩篇註解』を読むと印象として実によくわかって、出来の波もそれに基づくかとも思われるが、いずれにせよ他人が書いたものに自分の名前を与えるというようなことは決してしなかった。

それでは彼は、それらの考えを思いつきのままに書きつけ、語り出でた、いわゆる天才風の著述をしたのであろうか。厖大な著書の量や乏しい閑暇、そしてリズムに乗った詩のような文章などから察すると、そういう風にも考えられる。しかし事実は全く逆なのである。彼は自らが速やかに充実させていったヒッポの教会図書館で諸文献をよく研究し、年経て司教となってからも青年時代のギリシア語学習を繰り返すほどの学究で、自分の草稿も幾度も練り直す人であった。それゆえ、著書は三九七年に一気に書き上げた『告白』のような例もありはするが、大作のほとんどは長年月にわたって考えながら資料を研究しつつ、しばしば並行的に書き進められた。マルウによると、アウグスティヌスの代表作と言われる『三位一体論(De Trinitate)』全十五巻は完成までに二十年かかっているし、『神の国(De civitate Dei)』全二十二巻には二十二年をかけ、『創世記註解(De Genesi ad litteram)』全十二巻のためには十三年をかけているし、『キリスト教義論(De doctrina christiana)』などは三分の二ができあがった三九六年から三十年も未完のままにしておき、四二六年にとりあげて完成にもたらしたというような次第であった(23)。これを見ても、彼がいかに慎重に、そのしかるべき折を選んで、問題に応じた研究を介し、一歩一歩考えつつ書き進めていったかということは明らかであろう。従って、彼のほとんどの著作が、そして特に大著は構造的に周到な論理性をもって貫かれているから、これらを全体にわたって読破することはほとんど至難の業ではなかろうか。よほど彼に打ち込む人でなくては、彼と同時代の人で、ラテン語を母語とした愛弟子ポッシディウスの、とても一人では読み得ないのではないかという前に挙げた嘆きは、翻訳の多く出てきた今日といえども、そのまま妥当するのではなかろうか。そのため、アウグスティヌスの多岐にわたる省察を充分に体系的に理解することはいまだにできていないのではないかとさえ考えられる。こういう見方に対しては、何も全部を読破しなくても、主著をもとにして基本線を推定することはできるであろうという反論は提起されよう。そして本来、私はそういう考えの者である。ただアウグスティヌスに限っては、いまだ容易に、どの書物が特に彼の思索の方法や課題を充分特色づけているものと見なすべきかは定まっていないのではないかとも思われる。そう言えば、人は直ちにむしろ驚いて、まず『告白』によってアウグスティヌスの内面的発展を跡づけ、その内的思惟方法の特色を学ぶという常道があるではないかと言うに違いない。私は『告白』が最も広く読まれている彼の著書であることを認めるにやぶさかではないし、またそこに、グラープマンの周知の言葉「最初の近代人(24)」が浮き彫りにされて出てくるような内的意識の起伏の自覚的展開が、実存的苦悩と光への期待の弁証法として読みとれることも認めるが、しかし、そもそも『告白』はアウグスティヌス自身が、「私の書物の中で『告白』ほどよく知られ喜んで読まれたものがあろうか(25)」と言っているにも拘わらず、それは同時代のことであって、全中世を通じてほとんど知られることもない書物であったと言うも過言ではない。中世においてすでにアウグスティヌスは第一級の権威であり、ギリシア教父におけるニュッサのグレゴリオスとラテン教父における彼という、ペルシア人とアフリカ人とが教父の二大系統のそれぞれの白眉として対峙するほどであるが、そのアウグスティヌスがおもに何によって知られていたかと言えば、『神の国』と、とりわけ『三位一体論』であった。そして『告白』は、ペトラルカ(Francesco Petrarca, 1304-74)が再び読書界にもたらしたと言ってもよいほどで、この人文主義者の感動を好む性格が、一つの新しいアウグスティヌス像を、一つのテクストの読み方のいわば発見によって塑性したとも考えられる。事実、それまでのアウグスティヌスは、神学者で歴史哲学の開拓者として古代ギリシアに対立するキリスト教的思弁の代表者であったが、今やルネサンスと共に内的意識の哲学者として、近代哲学を先駆ける役目を担うことになった。そして確かに『告白』は代表的著作となり、『ソリロキア(Soliloquia)』もその線で重視され、『三位一体論』でも次第にその教義論的解明よりもむしろ十七世紀のデカルトをめぐる論争で著名となった懐疑に出発する思考法の方が、重視されるようになった。ということは、アウグスティヌスの内包するところは極めて豊かであって、それぞれの著書の扱う問題も多岐にわたり、しかもそれぞれの問題に対してさまざまの方法が企てられているため、後代の人がどの著書の何に注目するかによって、彼の一位相が局部的に知られてくることを意味している。従っていまだ彼に関して、基本的主著を何とすべきであり、彼の思想の基本線がどういうものであるかなどは、決して定まったと言うことはできない状態であるとしか言えないのではないか。とにかく、右に見たような次第であるから、アウグスティヌスのモノグラフィーは時代的、問題的、領域的に偏ったり限られたりしているものが多く、この一冊を読めばその全体像がおおよそわかるというような書物は、今日までほとんど皆無であるというも過言ではない。もちろん研究書の数は決して少なくはないが、しかしいずれにせよ、われわれはこの項の最初の言葉を繰り返さなくてはならない。すなわち、アウグスティヌスは確かに人びとに知られてはいるが、それは彼のごく限られた位相がそれぞれの視点から知られているに過ぎず、しかもその度合いは他の学者の場合よりも遥かに惨めなものである。

さて以下に、解釈の問題を明らかにしなくてはならない。芸術が人間の営みである以上、それは最後的のものではなく、何ものか自己以上のものを暗示する象徴であるに違いない。それゆえ、芸術について思うことは、やがて芸術を超えてゆくことでなければならない。その衝撃的な営みとしての現象超出の自由こそが、超芸術的なあるものを理解するための解釈のもとなのである。

解釈と開示

認識に関する限り、『告白』第十巻は、視覚に傾斜する認識が鏡面としての記述論理しか生み出し得ず、それはそれとしての有効性はあるけれども、まさにそれが記述論理なるがゆえにこそ鏡面への映像としての情報は等価であり、従って、鏡面が視線を向けて出す積極性を持つとしたら、極めて当然のことであるが、視線が局部への偏向を示しても規整の理由は論理的には与えられ得ず、こうして、好奇心があたかも好学の念と同じように考えられる危険が生ずるというところから、認識における視覚傾斜の限界を指摘して、それの彼岸における知識構造としての言葉への自己表現の集中化の典型には「祈り」を挙げて、一者への回帰の可能性を示しているにとどまっていると言うことはできるに違いない。そして、私の思うところでは、そこに記述とは異なった知識の種類として「祈り」もさることながら、「解釈」という知的操作が成立する機縁がありはしないか。なぜならば、「解釈」は見られる形への道ではなく、見られない意味への言葉による歩みに他ならない。

第十一巻は、それゆえ、巻頭から「祈り」と「解釈」の問題に入り、それに終始する。そこには第十巻とのみごとな体系的聯関があるので、第一巻から第十巻までと第十一巻からの三巻との間に必然的聯関を見ることが甚だ困難であるとする西欧古来のアウグスティヌス研究者の妄言は理解に苦しむところである。この聯関の意味を認めようとした企ては、私のほかには山田晶とクーパー(John C. Cooper)の二人がいるが、どちらも私のような認識論的問題位相からの体系的方法によるものではなく、私はそれらの考えに全く反対しないが、それでは充分の説明にはならないと思い、私の考えの方が妥当ではないかと思う。

アウグスティヌスは視覚傾斜の思考のうえに、「神の耳に我が心の声を向かわせる」[26]ことを特色とする「祈り(oratio＝語りかけ)」という思考を置いていたことは前述のとおりである。しかし、何故《なにゆえ》神に語りかけるのか。もし人間の心の声を、人間の言葉をよく理解し得る神であるならば、そして神である以上は人間よりは知においても卓れていようから、そのような神にどうしてわれわれが特に語りかける必要があろう。神はわれわれの言おうとするところをすでに知り尽くしているのではないか。言うまでもなく、アウグスティヌスは神の全知全能を信じている。そうであるとすれば、祈りが必要なのは神のためではないし、神に知らせるためでもない。殊に、『告白』のようにはじめから「私が語ろうとするのは、憐れみ深い汝に対してであって、私を嘲る人間に向かってではない」[27]と言って、神に語るものとして、全篇を「祈り」という意識の完成にまで貫こうとしている場合、どのようなことになるであろう。告白がいかに神を讃えることに連なるとしても、[28]告白である以上は自己の内面や、身辺に生起する細かな事件における神の恩寵や、自己の罪過を述べることになるであろう。従って、それはいわば自己を環《めぐ》る大小の事件に関する情報を神に伝達するということなのであろうか。神が情報を必要とするのか。それゆえ、アウグスティヌスは次のように言う。

なぜ私は汝にかかる事柄の報告などを事細かに説明するのか。それは、私を介して汝がはじめてそれらの事柄を知るためではない。それはむしろ、私の心情やこれを読む人びとの心情を汝の中へと高め、相共に言わんがためである、「偉大なるかな、主は。まことに讃《ほ》むべきかな」と。(29)(30)

この意味はどういうことか。言うまでもなく、「祈り」としての告白は、神の知らないことを神に対して伝達するために行われるのでもなく、また神の認めないことを神に対して説得するために行われるのでもない。そうではなくて、「祈り」を介して人間の心情が神の方向に高まり、そのうえで、主なる神の偉大性を認めるためである。それは、伝達と説得のための下降論理とも言うべき評論的性格とは逆に、自己の浄化と超越的認識とのための上昇論理という学問的性格を持つ。それは、現象としての世界、すなわち真理によって創られ支えられている物象としての世界の形がいかにあるかを視覚に傾斜した記述的理解で写し出す意味での認識ではなく、その世界を、またこの私を、創り支える真なる存在、すなわちその世界の根拠であって、その世界ではないところの超越者への精神による志向的回帰としての、言葉による差し迫りに他ならない。それが言葉による接近であるがゆえに、純粋形象の視覚的世界を舞台とするものではなく、純粋意味の言語的脈絡を辿るものでなければならない。世界を相関者とする視覚傾斜の形相の論理は、形相的秩序の存在とその秩序の立法者としての超越的存在とを、世界が形態として現存することを介して指示し得た。しかし今、そのような思考のアポリアにおいて、神への語りかけ、すなわち超越者として指示された存在への言語的接近がなされるというとき、この新しい思考にとっては、何が視覚的思考における世界と類比するものとなるのか。換言すれば、形相の論理が超越者の存在を指示し得たのは世界の形相的理解に依ったが、意味の論理が超越者の内実を認識するためには、何を言語的に理解すればよいのか。新しい思考のための世界にあたるものは何か。それは形象の広袤《こうぼう》ではなく、言語の脈絡であるに違いないが、そもそも何がそれにあたるのか。

世界よりも「深い秘密に満ちた大きな書物」(31)とアウグスティヌスが言うところの聖書こそがそうではないか。それゆえ、視覚傾斜的思考法の限界からそれを超える思考を探ろうとするとき、舞台はもはや自分の過去(第一巻から第九巻まで)や、その現在(第十巻)の史的、心理学的、哲学的、神学的事件の記述的語りかけとしての告白、すなわち自己の意識のための告白の場合のように、自己の存在分析ではなく、言語の典型としての聖書の解釈ということになる。従って、第十一巻は前にも触れたように、当然、聖書学的趣きを呈するが、それは認識論的ないし命題学的必然性によるものである。聖書をその最初の『創世記』から解釈することは、創造主の創造に関わる秘密に迫ることであり、これはまた、美学や哲学の作品解釈のためにも、基本的な省察への寄与をなすに違いない。

「祈り」として人間が送りあげる言葉は、神を知ろうとする認識志向の矛先のように、超越者の超越の所以である不可視性の扉を破ろうとする。聖書という見える文字の立体的な理解の試みが、精神の触手を不可視の扉にまで届かせる。「扉を叩いている私の前に、汝の言葉の内密の意味が開かれてくるように」[32]と懇願するとき、アウグスティヌスはもはや自分の精神的な努力とは、扉を見つけて叩くまでが発見と接近という視覚と触覚の積極的外向的な営みではあるが、その後は、むしろ秘密の方が自己を開示することを、そして自分自身がそこにおいて、その秘密の存在が自らを開陳し語る次元となるようにすることしかないと考えているのではないか。これを完全な自己放棄であると考えるのは誤解である。自己を存在が自ら語る次元と化することは、存在の自己を自らの自己の上に開陳させることであり、そこまで自己を認識論的に浄化することは、並大抵のことではない。解釈とはこのように人間が人間に伝達することではなく、人間の精神が神の言葉を辿って神の扉、すなわち神の秘密への手がかりを発見し、そこまで登高したうえで、精神を神が自己を告げる次元に変容させるという精神の自己転身の営みである。それは精神を介して存在の秘密が開示されることである。そしてそれはどうして可能かと言えば、精神が言語を使うことができるからである。否、より適切には言語において精神が現実態になるからである。解釈とは、形相への思考の視覚化ではなく、言語による精神の存在呼吸であり、存在の言語による自己開示を精神が自己体験することに他ならない。しかし、言語であるというのであれば、何語であるのか。およそ言語であるというのであれば、何らかの歴史的言語のはずではないか。

歴史的言語による記述とロゴスによる判断

アウグスティヌスは、「元始《はじめ》に神《かみ》天地を創造《つく》り給えり」[33]と録《しる》したモーセに会いたいと言う。「もし彼がなおこの世にいたとすれば、彼を捕まえ、これらの言葉が私に自己開示してくれるように彼に要求し、汝〔神〕を介して懇願するであろう」[34]と続ける。その意味は、モーセの荘重な一句の意味がアウグスティヌスに対して自己開示するように、モーセが何かしてくれればよいということである。それはモーセが、自分で知っていることを自らアウグスティヌスに語ってくれればよいという意味であるが、それでも語られる内容が「私に自ら開く〔自己開示している〕」と書かれていることに注意しなければならない。そしてもしモーセが語るならば、肉の耳を傾けて聴くであろう。「しかし」とアウグスティヌスは言う。

しかし、もし彼〔モーセ〕がヘブライ語で語るならば、その声は空しく私の感覚をうつばかりで、そこから私の精神に触れるものはないであろう。しかし、もし彼がラテン語で語るとすれば、何を言っているかは私にわかるが、その語ることが真であるか否かをどうして知ることができようか。たとえ知り得たとしても彼から知り得るということがあり得ようか〔そんなことは決してない〕。私の内部で、私の思考の住処《すみか》なる内部で、真理が、ヘブライ語でもなく、ギリシア語でもなく、ラテン語でもなく、蛮族の語でもなく、口舌の器官によらず、音節の響きもなしに、真理が内部で告げるであろう、「モーセは真を語っている」と。そして私はすぐさま確信をもって汝〔神〕のその人〔モーセ〕に告げるであろう、「汝は真を語っている」と[35]。

これを介してもわかるとおり、アウグスティヌスは歴史的言語で何が言われているかを理解するという記述的認識と、そのようにして得られた認識内容に関する意味判定の判断的認識とを明瞭に区別し、後者の支柱としては純粋に内部において語りかける言語そのもの、すなわちロゴスとしての神を考えているもののように思われる。そして「精神の内なる耳こそは、汝の永遠の言語に対して置かれたものである」[36]。従って、判断的認識の中心となる人間の内的聴取能力において、神的ロゴスとしての神の言語が自己を開示するということになる。そして、これこそは神的なものを「聴取する(vernehmen)」に由来する「理性(Vernunft)」であって、それは「悟性(Verstand)」、すなわち「理解する(verstehen=ある見地に立って見る)」に由来するものとは差別されたより高次の認識能力の発見である。これは自らの諸偏見から浄化されて、立場の視角の一面性や限定から自由になった状態、すなわち、プラトンで言えば、アンヒュポテトン(ἀνυπόθετον=無前提的な考え)として真理を探求するのに相応しい哲学にあたるものである。それはまた、ある立場におけるある標尺を基にしなくてはできない比率の算定を行うラティオ(ratio)からも差別されて、数的計測や定量分析では捉え得ない隠された本来的な真を内的に読み徹《とお》す力として立てられているインテレクトゥス(intellectus)にあたるものに他ならない。立場の偏見から浄められているところの自由とは、立場以前の見えない状態への回帰ではない。それはそれぞれの立場において展望されたものの相対性の自覚において、また一定の予備された尺度や範疇をもって未知のものを既知量に還元するしか能のない悟性思考の原理的な非充足性の認識論的自覚において、必然的に生ずる絶対的認識への要求から出ている。しかし、その要求は人間として満たされ得ないものではないのか。常に全面的に実質的に充足的に、この絶対的認識が達成され得ると考えるとすれば、狂想の徒であろう。しかし、またそれが原理的に不可能であると見るのは、哲学を否定する考えに至ると思われる。というのは、自然、人文の別を問わず、およそ科学は正当な記述命題をもって組織されなくてはならないが、このような記述的認識とは、要するに事実認定とその事実の原因を事実認識として認定することである。すなわち記述とは、いずれにせよ「事象に原因づけられた記述」に他ならないが、われわれの思考にはそのように事象に外的に強制されるものばかりではなく、二つ以上の正当な記述的事実認識のいずれに従って判断しなくてはならないかというような決定を必要とすることがある。

例えば、初秋、人影もない夕刻の海辺に立つある哲学者アムラン(37)(Octave Hamelin, 1856-1907)のことを考えてみよう。彼の視野には沖に流れてゆく青年がいる。様子から見るに、その原因は引き潮に運ばれているので、それに抗《あらが》って岸に泳ぎつこうとしていながら泳ぎ疲れて溺れかけている。「溺れかけて沖に流されてゆく青年がいる」という一つの記述命題は成立している。仮にアムランがその海に通じているとしよう。そうすれば、彼の意識には、「水深約六メートル、潮流は秒速一メートル、水温は約十八度。これから干潮時」という記述命題もあることになる。自身に関して、「年齢は五十一歳、五百メートルくらいの距離は相当の速さで泳ぐことができる。この程度の水温では、心臓麻痺にはならない。しかし青年を救えるかどうか、自分が泳ぎきることができるかどうか、必ずしも充分の自信はない」というのも記述命題である。これらの記述命題は咄嗟に、ほぼ同時に成立する場合もある。しかしこの事象についての正確な事実認識を完成しようとすれば、記述を続けなくてはならない。そもそも青年が海中にある原因は何であるか。ボートの転覆か、投身自殺か、水泳の失敗かと思って、その辺りを見渡してボートの有無や服の有無を探さなければなるまい。しかし、今それをする暇などありはしない。それを悠長に続ければ青年は溺死する。ある事象の記述の完全を意図すれば、その間に事象自体が変化してしまうに違いない。眼前のこの事象、青年が溺れかけているという事象は、決して満足すべき完全な事象ではない。それは不足、すなわち存在の非充足の状態、すなわち「無」のある状態である。われわれは今、もしこの事象の記述を徹底させようというのであれば、この事象の傷としての「無」を描写し続けなければならない。しかし、「無」は完全に記述し得ない。その意味では、科学的認識には終極がない。多くの場合、われわれは叶わない「無」の視覚的描写の代わりに、具体的「無」、または「無」の現象形態としての存在の欠け方を示すものとしての現象的存在者の記述をしているに過ぎないが、それも原理的には「無」との関係なのである。それゆえ、いずれにせよ記述の終極は生じ得ない。というのも、「無」は変化を誘い、存在者は記述されるとともに刻一刻と様相を変えているはずであるからである。従って、久しく時をかけても、記述的認識は結局のところ完結しないと定《き》まっているのに、ましてやこの急場にどうして長く続けることがあろうか。それゆえ、ほとんど同時に成立したあの三つの記述命題から速やかに一つの判断を下さなくてはならない。しかもこの場合、それら三つの記述命題はいずれも正確であるが、これらから直接に何らか一つの別の命題が導出されるような関係にあるわけではない。「人を助けたい」という愛の要求と、「自分を守ってゆきたい」という自己存在の要求とが、これら命題の陰にあって行為的決断を迫る。しかし、いずれにせよあらゆる面から見て一番善い行為をしたいが、その見る面が限られたままで、一つの最善を判断しなければならない。しかもこの場合、いずれか一つの記述命題を選択すれば事が済むのでもない。全く異質の価値判断を人はここから創り出さなくてはならない。それはどのような意識構造であるのか。

　それは、この記述命題が示すように、自己を含めての事象の裂傷の自覚において、この不完全な状態を、自己の判断によって少しでもより完全な状態にしようという志向がもたらす存在そのものへの垂直的意志である。「おお、主よ、願わくは我を完成し給え(38)」とアウグスティヌスが言うのも、完全なる存在そのものを垂直的に仰ぎ、そこに対して「よろこびである汝〔神〕の声(39)」を聞き入れるよう身を披《ひら》くことを行うからである。存在そのものの自己開示を望んで、それに対して行う「身の披き」こそ、自己自身をして存在の自己告示の場所たらしめんとする態度である。換言すれば、自己の見解をもってその現象的場を悟性的に超越し、その超越の場所において存在そのものに対して自己を存在そのものの場所にすることであり、それはこの小さい自己が至大の存在によって破壊されることを恐れないことである。存在の言語を聴こうとする存在への「身の披き」は、このように存在への自己献身である。すなわち、諸記述命題の群立するアポリアにおける瞬時的決断と言えども、それが決断である以上は、その決断の主体が意識しているか否かは別として、意識の構造は常に存在そのものへの「身の披き」としての存在そのものへの奉仕を惜しまない献身の態度であり、自己を存在そのものの声の意味が行為化される場所としようとする姿勢である。従って、そこに常に存在そのものの自己告示の場所が十全的に設営されているとは限らないが、存在そのものの意志が人間において開示される可能性はあると言わなければならない。このように記述と異質の判断は記述の場合のように規定原因が記述対象という外部にあるのではなく、決定原理は自己において開示され得る存在そのものでなければならないということを醒めている精神は知っており、そのため、また自己が存在そのものの意志を不充分な力であるのに代行しなければならない、つまり自己において絶対者の愛が語られるように行為しなければならないということを知っており、こうして前述のように、受容しがたい存在そのものの存在性の大いさのゆえに自己が破裂することを恐れてはならないという自己犠牲の道に向かうことも知らざるを得ない。そしてこのことこそ、アウグスティヌスが聖書の解釈にとりかかる第十一巻の最初において言うことなのである。

われわれは汝〔神〕に心を開き、われわれ自らの悲惨とわれわれ自らに注がれる汝の慈悲とを告白するが、それは汝がすでに始めた業《わざ》を続けて、われわれを完全に自由にし、われわれ自身がもはや自己自身において悲惨な者ではなくなり、そして汝〔神〕において幸福な者となるためである。(40)

このように、聖書という作品についての解釈に関するアウグスティヌスの思想を要約すれば、そこには前に提出された記述と判断の差別をさらに一歩進めて、判断の上位の精神操作として解釈を立てていることは明らかである。その場合、記述は明らかに視覚傾斜の科学的命題や定量分析的思考法を典型とするものであり、判断はそのような対象論的な形相展望ではなく、従ってその真偽の原因を事物の構造に仰ぐのではなく、原理を自己の内部にもつ人格的責任の決定であり、それゆえ記述を資料としても、記述から導出されるものではなく、その意味では純粋に主観的であるが、個人の恣意的決定ではないようにしなければならず、そのため記述のアポリアからの自己転換として、記述の存在者志向を存在そのものに向けさせるところの、存在に対する自己開披がなければならない。視覚的立場からの自己浄化としてのこのような自己開披が十全に行われるか否かが、存在の声を聴くところの判断の客観性の如何《いかん》を決定する。そして、解釈とはこのような判断が下された後に、その判断方位において存在の自己開示が、その判断の主体の精神およびそれに密接に関係する行動を介して、存在者を貫いて存在者に理解される様式において展開され、しかもそのようにして存在の自己告示が進展するにつれ、その展開の次元としての存在者である精神が、次第に存在そのものを言語的に体得し、その意味で存在者の地平を超越しつつ存在に接近するというような現象に他ならない。その意味で、記述においてはただ正確か否かが問われるのみで真理はその射程外にあるが、判断においてはその正当か否かが問われ、的に当たることもあるが、いわば直観的であり、聴取的であり、その意味では真理が全体としてではなく瞬時的に得られることもあるが、その証しは充分ではないので、本当か否かはわからない。しかし、解釈においては存在が人間において自己を告示し、しかもその告示の仕方は、精神における自己展開であるから、真理が少なくとも問われている問題に関しては、全体として人間に意識されるゆえに、根拠づけられ証示される意味においても根本にあたるものとして本当に把握され、またさらに解釈においては存在が一方では人間において自己を表すものとして人間に知られてゆくので、従って他方では人間が意味的に存在に満たされつつ存在に化してゆき、人間がその精神によって自己の存在の本源に回帰し触れる意味でも、真理が本当に把握されるということになる。

「可能である者は、自らの内に語りかける汝〔神〕の言語を聴くがよい[41]」とアウグスティヌスが言うのは意味深い。真理は隠れることを好むのではない。真理は自己を語るものであるという確信、そしてその自己告白は人間の内部において行われるという確信、それこそが外部的記述や分析ではなく、また外部や内部を問わず直観や無媒介的一致としての判断ではなく、全体の体系的展開という言語的媒介を超越的な価値との出会いとしての神秘的一致への必須条件にしたアウグスティヌスの思索の偉大さの根拠であった。思うに、「真理《アレーティア》は人間の精神において自己を語る」というこの命題こそ、露わにされたるものとしてのアレーテイア(ἀλήθεια)ではなく、忘却から輝き語り出るものとしてのアレーテイアすなわち真《ま》言《こと》としての真理の保証に他ならない。解釈とは、論理的に判断を超えた上位に、体系的な言語展開のさなかで上昇してゆくものであり、精神が自己の思索のうちに存在そのものの自己開示としての超越的価値のひらめきを体験するところの道程に他ならない。その意味では、解釈とは理念の人間的理解を目的とする精神の行程である。不惑を越えた哲学教授のアムランが水泳の名手であったとは言え、潮流の変化を知らずに溺れかけていた青年を救うとともに息絶えた、その死の犠牲の美を実践した精神の内部での一瞬の決断の論理的構造はこのように複雑なものなのであった。

美の問題の体系的機能

記述、判断、解釈の間に論理的構造の差が明瞭に指摘されるという私の明らかにした事実は、アウグスティヌスがそのように明言しているわけではない。しかしそのテクストの意味するところを、慎重な文献学的語法分析によって把握すれば、それら三者の差異が極めて明らかになるところの言表があったので、彼の体系においてこのことを認めておくことは重要である。そして今、記述から判断を区別してゆくための機縁となったテクストを回顧してみると、それは本書九〇―九一頁に引かれた『告白』第七巻第十七章であって、そこにおける中心概念は、「美(pulchritudo)」であった。また、判断と解釈とを区別したうえで、解釈の実例にとられたものは、旧約聖書の『詩篇』一篇で、それはもとより宗教文献ではあるが、芸術的な詩であったことを忘れてはならない。このようにして、美と芸術とがアウグスティヌスの思索における重要契機の自己呈示に際して、その機縁となっていることは注目に値する。そして、芸術はその原理として美を何らかの形式で相関者とせざるを得ないから、以上のことは、帰するところ美が彼の思索において極めて重要な役割を果たしていることを意味する。それゆえ、以下にアウグスティヌスにおける美の問題を考えてみなければならない。それは、あたかも第三章で考えたところの、ニュッサのグレゴリオスにおける美の問題と主題的聯関をなし、その意味でもわれわれの興味をそそることになる。

美と認識

美がアウグスティヌスにおいて何であったかという極端な問いは、汗牛充棟もただならぬほどの研究書がアウグスティヌスの哲学や美学について書かれている今日でも、なおその新鮮さを失いはしない。人はしばしば『アカデミア派反論』の有名な箇所、第二巻第三章におけるフィロソフィア(philosophia＝愛知、哲学)とフィロカリア(philocalia＝愛美)の差別を想起する。そして、「この両者はほぼ同義であり、相互にほぼ同族であるかのように見られたがり、またそうでもあるから、(中略)結局フィロソフィアとフィロカリアとは姉妹であって、同じ父親から創り出されたものであるが、妹のフィロカリアの方は欲情の餌につられてその天から墜ち、平俗の檻に閉じこめられてはいるが、似た名を保つがゆえに辛うじて鳥追いの人がさげすまずにいるだけのことである」[42]とあるのを見て、人びとはフィロカリアが何であるかを見きわめずして、ただ「美を愛する営み(philocalia)」は、「知を愛する営み(philosophia)」よりも一段下であるとのみ理解している。しかし、果たしてそうであろうか。このテクストには、そのような決定を下す前に、考え抜かなくてはならない二つの問題が伏在する。それは何と何か。

一つは美の本質とその位置の問題であり、他の一つはフィロカリアの本質とその位置の問題である。アウグスティヌスは、短いこの文章の中で、人間の主観的態度とそれの対象とを同一視しないという態度をとっている。このことは甚だ重大である。なぜならば、それは哲学史のうえでの一大転換に他ならないからである。周知のように、プラトン主義においては、人間の主観とその対象としての客観とは、絶対的に相関性において考えられていた。感覚《アイステーシス》は現象的事物の映像としてのエイドーロンを、臆見《ドクサ》は現象的事物を、そして学問《エピステーメー》のみが形相《エイドス》を対象とする。このことを最も鮮明に告げるのはプラトンの『国家《ポリテイア》(ΠΟΛΙΤΕΙΑ)』の線分の比であり、また『テアイテトス(ΘΕΑΙΘΗΤΟΣ)』の分析であろう。しかし、アウグスティヌスが考えていることは、それとは大いに異なっている。どのように違うのか。

フィロソフィアもフィロカリアも、共に人間の精神的愛(フィリア=philia)の志向性に基づいているという点では同じで、ただソフィア(sophia=知)とカロン(calon=美)とが異なっているので、アウグスティヌスの主張しようとするところは、一見したところ、同じ主観的志向性が相異なった対象に向かうことがあり、ソフィアが対象としてカロンよりも高いゆえに、フィロソフィアの方がフィロカリアよりも卓れていると言っているかのように思われもしよう。ところが、アウグスティヌスは全く逆のことを言う。つまり、両者ともその志向する対象は同じものであると言うのである。テクストは次のようになっている。

哲学《フィロソフィア》とは何か。知恵への愛である。フィロカリアとは何か、美への愛である。(中略)さて、知恵とは何か。それこそ、真なる美ではないのか。(43)

ここで注意すべきことは、フィロソフィアとフィロカリアの対象は、突き詰めていくと、結局同じ「真なる美(vera pulchritudo)である」と言われていることである。そして特に注目しなければならないのは、ここで実体は「美」の方なのであり、「真」は「真なる」という形容詞として「美」を修飾する役目であって、実体的ではない。そこではしかも美こそが、神の知恵なるサピエンティア(sapientia)が何であるかという問いの答えとして告げられているが、これは美こそが神の知恵の本質なのであるということに他ならない。そしてこのことは、すでにわれわれの見てきたところの新たな認識、すなわちニュッサのグレゴリオスが告げた聖の極と一致する美の極としての神の美を想起させるものである。

それゆえ美とは、またその本性を尋ねれば、知恵そのもの、すなわち単なる事物的対象ではなく、人間の精神が精神として参与することの許されている知恵そのものなのであり、従ってまた人間の精神を超えている絶対の真としての知恵そのもの、神の光なのである。私はここにこそ、根源的同一性の生命を想定することができると思う。しかし今はそのことは問わず、アウグスティヌスの思いを辿ろう。

さて、今述べかけたことであるが、哲学《フィロソフィア》は、ソフィアすなわちサピエンティアへの愛であるが、そのサピエンティアが真なる美《カロン》であるとすれば、フィロソフィアの志向するところは美であるということになり、「美への愛」であるところのフィロカリアの志向するところと全く同じことになる。それでは、これら二つは何が違うことによってその上下が生じてきたのか。志向目的に関しては両者に差がないとすれば、残るところは志向の仕方の差である。それは結局、同じ言葉で言われているところのフィリアという志向性の質に差があるということになる。アウグスティヌスの見るところによると、フィロカリアはフィロソフィアに比較すれば、その志向の作用が充分ではない。それは、具体的に反省が不足しているということに他ならない。テクストは「フィロカリアはフィロソフィアと違って、自己がどこから生じたかを知らない[44]」と示している。それゆえ、フィロカリアは自己の成立の根拠を知らないが、しかし美を愛し求めているという無反省的志向性である。ということは、フィロカリアの本性は学問ではなく、美的経験一般なのであり、その位置は、美を志向する点ではフィロソフィアと同じではあるが、それから学的反省を差し引いたところにあると言うことができよう。それゆえ、フィロソフィアの仕事とは、単に美を愛し感ずるだけではなく、「真なる美を(中略)観想すること[45](intueri)」である。そこには、また「尋ねよ、さらば見いださん(Quaerite et invenietis)」という『マタイ伝福音書』七章七節の句が示す問題の提出と「発見する(invenire)」の目的として美の存在が課題として与えられている。そしてこの美は問われるものとして発見されるべきものであり、新たに問い直されるごとに知恵として全体的に明らかにされるものであるから、対象的に定立されるのではない。それは、知恵として人間においても位相的に明らかに直観されると同時に、その直観において人間の知恵自体がそのたびごとに深まるような、そういうものである。それゆえ、美すなわち真なる美は決して数的に明確な定量的形態を示すものではない。定量的限定によって迫るところまでは迫ってみてもよいが、決してその方法で捉えられるものではない。それゆえ、「思索をあきらめてはならない。かの数であることよりもより確かな思索〔としての認識〕が未来に出てくることをあきらめてはならない[46]」のである。

美の差別

それでは美は、アウグスティヌスの思うところでは、体系の頂点に輝く最高の価値として位置づけられることになるのか。この問いに対しては、もし「真なる美」が語られる限りでは、然りと答え、もし美一般が語られるのであれば、然りも否もあるから問い直せと答え、もし普通にわれわれが被造物において経験する美であるならば、恐らくは常に否と答えねばなるまい。なぜならば、アウグスティヌスの言うサピエンティアとしての美は神の光そのものであるが、彼はその他のものにも「美」を術語としてあてはめているからである。そのような例があるのか。次に、私はこの例となると同時に、一つの文献学上の興味ある争点ともなるべき語が入っているテクストを引用することにしよう。

誰か私のために私の悲惨を限定し宥《なだ》めてくれる者はいな

かったであろうか。最も新しい事象の逃れゆく美しさを使いこなして、その甘い快楽に節度をつけてくれる者は誰かいなかったであろうか。せめてそのような人がいさえすれば、私の年頃の波はそこで静まることはなかったにもせよ、婚姻という岸辺までうち寄せ砕け、主よ、汝の律法《おきて》が定めるとおりに、子どもを生むという目的で満足したことであろう（後略）[47]。

この文章は、「私は私の流れ去った汚れと私の魂の肉欲的な腐敗とを想起したいと思う。それは何も私が汚れや腐敗を愛するからではなく、我が神よ、汝を愛さんがためである」[48]という目的で、アウグスティヌスがいよいよ青年時代に情欲のとりこになっていたことを神の前に痛悔する覚悟を定めたところであり、十六歳からの思い出を綴るところである。

さて、前に引用した大切な文章の中にあった不思議な単語「最も新しい事象」は、註(47)において示したラテン語原文に照らし合わせると“novissima res”であり、字義どおりに訳しているので訳語として適当であるが、しかし普通には、ウルガタ聖書の読み方として、通例 novissimum に「底」という意味もあるところから、「最低の事象」とか「最も卑しいもの」とかというように訳されるのである。しかし、私は年来これをその字のとおり、「最も新しいもの（事象）」と訳し、それを『創世記』二章二十二節「エホバ神アダムより取りたる肋骨《あばらほね》をもって女を成《つく》り」という文章に結びつけて解している。これを見れば、人間の女性は、神の種的創造としては最後のものとしての人間の創造において男性よりも後に創られているので、時間的順序から言うと最も後のもの、つまり最も新しいものと言わねばならない。それゆえ、そのように訳された“novissima res”は明らかに女性のことなのではなかろうか。このように解する例は他に見なかったが、その後、カペロ（Josephi Capello）がそのアウグスティヌスの『告白』のテクストの註[49]で、この語を「婦人たちのことで最も新しく創られたものである」と述べているのを発見し、しかも私と同じように、『創世記』二章二十一―二十四節を参照箇所に挙げているのを知ったのは、大いに意を強くするところであった。

ただ、私がカペロと違うのは、私はこの解釈を支持する他のいろいろの証拠をも挙げていることである。この章の少し後の箇所もその一つで、「しかし、憐れにも私は、衝動の奔流のままに湧き立ち、汝を捨て汝のすべての掟から逸脱したが、汝の笞《むち》をまぬかれることはできなかった」[50]と言っているように、性的にも甚だ不節制な遊蕩を行い、その罰として神から苦い不快を与えられたものと見える。十六歳の頃にはどこで何をしていたのかを自問しつつ追想して、「その頃、汚れた人間の風習では放任されていはしたものの、汝の法によっては認められてはいない狂おしい愛欲が全権をふるい、私はそれに屈服しきっていた。それは、人間の恥辱のために放埒な家族の者は堕落していく私を、まともな婚姻で抑えようとは配慮せずに、できるだけ弁論を操り、舌先で相手を説得する術を習うようにと、ただそれのみを気にかけていた[51]」とあるし、浴場で彼の怪しげな様子を見て父は、やがて孫ができると喜ぶというところの直前のテクストにも、「愛欲の薊《あざみ》が頭上に生い茂ったが、誰も手で抜き取ってはくれなかった[52]」とあり、また人妻と姦通してはいけないと言う母も、「せめて婚姻の愛の限度内に抑えるようにとは配慮してくれなかった[53]」と書いてあるのを見れば、彼がいかに女性との性愛に耽っていたかは明らかで、従って文脈の上からも前出の“novissima res”を女性と見ることはむしろ当然のことなのである。

それゆえ、アウグスティヌスにおいては、永遠の神の不変な輝きとしてのサピエンティアそのものである絶対的な美のほかに、これとは差別されて、「最も新しい事象の逃れゆく美しさ[54]」、すなわちうら若い女性の移ろいやすいさまざまの美しさを典型とする相対的な美が認められていた。ここに複数形が使われていることは注意すべきである。それは相対的な美にはいろいろの種類があるということに他ならない。そこで次に美の種類について考えてみなくてはならない。

美の種類

美には絶対美と相対美の差別のあること、および後者にはいろいろの種類別のあることが明らかにされた。しかし、その種類とはいかなるものであろうか。

前項から明らかになっていることは、相対的美の相対性は、その美を持つ存在者の存在の相対性に基づいているのであるから、そのような美の種類は相対的存在者の存在の種類に従っていると見ることができる。それゆえ、一々枚挙してゆくわけにはいかないが、本質の種類だけ美の種類もあることになろう。アウグスティヌスは、「美しいもの〔複数〕には形相《スペキエス》(種別の原理)がある[55]」と言っているが、これは金や銀などの物の美しさはそれぞれの種的形相(species)に依っていることを告げており、つまり、相対的存在者の本質である形相の輝きとしての美の種類は、相対的存在者の種類の数だけあるということになる。従って個々の現象的事物は、その種《スペキエス》に応じてそれぞれの種を決定しているその形相《スペキエス》の美を原型とするところの事物の美を持っているということになる。その現象的美はどのようにして知られるのか。今見た引用のすぐ後に続いて、「肉体の接触〔触覚〕において甚だ効力があるのは適応である[56]」と録《しる》されているように、根拠を形相に持つと言っても、一つの現象的美はそれに対応する感覚的機能を介して知覚される。「他の諸感覚にもそれぞれに応じて物体の特に喜ばれるような様相がある」[57]。従って、個々の事物であってもその現象的美が全面的に知覚されるのには、その事物が呈示する現象に応ずるだけの感覚的機能による諸知覚の総和ないし綜合が成立していなければならない。すなわち、美には等しく事物の美と言っても、事物の本質としての形相の単一なる美と事物的現象としての複合的な美とがあることになる。さらにここで考えなければならないことは、ここで言われた複合的な現象美は、単数の存在者の現象がわれわれの諸感覚による複数の知覚のために複数に分かれて経験されているところに由来するのであって、もともとはその存在者の形相に帰着するはずのものであり、複数の存在者による複合現象なのではない。美はこのように一つの存在者の多数の現象として「逃れゆく美しさ」[58]、すなわち消えゆくさまざまの美として認められるが、そのことから複数の存在者からなる現象もまた同じように複合現象として見られるのであろうか。同じ事柄を問い直してみると、次のようになる。すなわち、美は一つの実体に対するわれわれの知覚の多様性によって多様な現象形態を示すので、これらが合して複合的な美が形成されるが、実体が二つ以上合して成立する複合的な美はこれと同じ種類の美なのであろうか。それとも別な種類の複合的な美なのであろうか。それともそのような場合には、美は成立しないとみるべきなのか。

アウグスティヌスは続けて言う、「この世の誉れ、支配と征服の権力もそれ独特の美を持っている」[59]と。この世の誉れにせよ、支配力にせよ、征服力にせよ、それらがいずれも一つの実体的存在者として現象することは稀であって、例えばこの世の誉れにあたる事柄は自分がそれを望むとしても世間の大部分が顔を背けるようなものであってはならないので、従ってそれは勲章であるとしても単に輝きのある一つの実体ではなく、むしろその勲章が意味する社会的功績やそれを帯びている人に対する大勢の人びとの羨望や賛同という複合現象である。そういうものの美しさを、しかし、アウグスティヌスは「プルクリトゥード(pulchritudo)」とは言わず、「デクス(decus)」と言っていることに注意しなくてはならない。「プルクリトゥード」が端的に「美」であるのに対し、「デクス」は、もし違った日本語で表すべきであるとすれば、「装飾美」とか「調和美」とすべきであろう。確かに、それ自らで美しいということと、他のものとの調和によって美しいということとは同じではない。装飾はそれが飾るところのものとの相関においてその本来の機能を果たし、調和はそれが生み出されてくる幾つかの事象の予在を必要とする。つまり装飾と言い、調和と言い、いずれも複数の他者を必要とする。すなわち、装飾や調和としての美は、それ自体が存在ではなく、幾つかの存在者の適合関係として生起するところの、本質的に相対的な関係概念なのである。例えば豆粒大の宝石でも、その大きさに調和した人間の指や耳にあてがうとき、装身具としての装飾美が生じるが、庭園に置くならば一輪の花にも及ばない。それはそこではその影だにも見せはしないであろう。教室のように実用的に建てられている空間に、それとしては美しくみごとなロココ風の椅子を並べてみても、調和した美しさは出てこず、そこにはそこに適した椅子が置かれてはじめて飾られた美しさが成立してくる。アウグスティヌスによると、天地の一切のものは、形相《スペキエス》を持つ限り、「それぞれの置かれた場所に適合して美しい」[60]はずなのである。ということは、またそれ自身としては高度に美しいもの《プルクルム》(pulchrum)ではあっても、その置かれた場所によっては、右の例において考えられたように、デクスであり得ないことがあるし、それ自身の美しさとしてはその度がさほどに高くなくとも、その置かれた場所によっては、デクスとしての美しさを得ることがあるということに他ならない。

それでは、この世の一切の現象は、すべてそれとしての形相を持つはずであるから、一応はそれ自身としての美しさ《プルクルム》を持つのか。そうではない。例えば、盗みは美ではない。彼は少年の頃、果樹園で仲間と共に盗み遊んだことを回想して、その盗みに向かって、「お前は美しくはなかった」[61]と明言している。なぜか。彼は、このように話しかけて立ち止まり、「そもそもお前はこのように語り得るごとき何か実在するものなのか」[62]と問うているが、結局そこには「形相が存しない」[63]ことを指摘しているように、悪徳は積極的な形相を持たず、形相を持つ徳の欠如態として見られ、この形相を欠くがゆえに、美《プルクルム》を持ちはしない。

このことは甚だ重大な問題なのである。なぜか。アウグスティヌスにおいては、一方において「存在する限り善であり、それゆえ存在するものはすべて善である」[64]という考えがあり、しかも、悪魔でさえもわれわれの道徳的生活を生気づけるという考えもあるので、盗みのような現象もその醜い存在なりのある意味が許されているから、すなわち恐らく人間がその誘惑のゆえに謙虚になったり、その行為のゆえに生き延びることが可能になったりするから、そのような現象として存在するのであって、従って何ほどかのボーヌム(bonum＝価値または善)なのである。それにも拘わらず、それは絶対に美《プルクルム》ではないとアウグスティヌスの言うところを見ると、美は明らかに善とは異なっている。どのように異なるのか。善《ボーヌム》が存在《エッセ》と一つであるのに対し、美は存在とは異なっていて、盗みのごとき現象としての存在には美はないことになっている。このような、美と存在の乖離は、善と存在の一致とは異なっているために、美と善との基本的な差異を示す存在論的徴表であることに注目しなければならない。アウグスティヌスは、このことを物体については気づいていて、必ずしも充分な説明を与えているわけではないが、しかし極めて明瞭に断言して「物体にとっては存在することと美しくあることとは同じではない」[65]と書いている。繰り返しになるが、存在《エッセ》が善くある《ボーヌム・エッセ》ことであるのに対し存在《エッセ》は直ちに美しくある《プルクルム・エッセ》ことではないというところに、美が善とは異なって存在論的にさらに超越的である所以が告げられている。なぜ、「さらに超越的」という言表をしたかと言えば、周知のように、後代に明確に言われてくることであるが、存在《エンス》(ens)、一《ウーヌム》(unum)、善《ボーヌム》、もの《レス》(res)、あるもの《アリクイッド》(aliquid)はあらゆる範疇を超え、また相互に互換的であるものとしては同等であるという意味で、これらは等しく「超越者」であるから、美はそれ自身超越でありながら、善とは異なって存在《エッセ》とは同じではないと言われている以上、美はこれらの超越よりもより超越的であるか、それらよりもより低いかのいずれかであろう。それなのに、前にも述べたように、サピエンティアとしての美が神の光そのものであるとするならば、その美は今述べたいくつかの超越よりもより低い超越とはなり得ないであろう。ここには論理的、範疇論的省察の他に存在論的価値論に支えられた思想が混入してくるが、そして美が二重超越であるということ自体なお論証の余地を残すにしても、アウグスティヌスの体系における美の独一的な重要性を示すものである。彼は神を讃えて、「汝の大いさ、汝の美は汝自身である」[66]と言うが、「大いさ」とは「偉大なこと」であり、従って価値を意味するのであるから、この言葉は神における美と価値全体との完全な一致を告示するものに他ならない。しかし、美は善という価値とは異なると言うのであるから、右の言表は、美は善という価値とは異なるけれども、善という価値を含む価値全体とは同等であるということでなければならない。そのことは、美こそがそれぞれの超越的価値のおのおのを包越的に超越しているところの超越の総体の代名詞的名辞であるということに他ならない。このようにして、美は超越を包越するものとして超越の超越という二重超越であり、最高の価値の極限であると言われなくてはならない。

このように考えてくると、同じく美を意味すると言われたアプトゥム(aptum＝適合、適合性)と、最も固有な意味で美とされているプルクルムとの絶対的な差異は、さらに明らかになると言ってよいであろう。なぜならば、彼の言うところでは、「美はそれ自らによってそうであるが、適合性は他の存在者に対して調和していなければならない」[67]からである。すなわち、美は本来、神の本質として自己存在という独一性を持ち、その意味でも超越的性格を示すものであるが、この世の美としての適合性は、あたかも雪景色が月明かりに適合して映えて見えても、その同じ場所であっても吹雪の夜であれば視界が消え、何らの展望も示さず、従ってまた景色の美は成立しないことがあるのに似て、この世の美しさとしての適合性は、相互の内在的照応を必要とする次第であるから、相互に他者を要する相対性において成り立つものである。

それでは、美は絶対美と相対美との二種類に分かれ、前者は端的に言われた場合のプルクルムまたはプルクリトゥードであり、後者はデクスとアプトゥムとなり、これで美の種類は尽きたことになるであろうか。

　アウグスティヌスは美と考えられるものを上から一般化しようとしたときに、輝きとしての種的形相をもって普遍的な美の原理としていたことを想起しなければならない。従って、このスペキエスもまた美の一種に数えなければなるまい。しかしまた他方、彼は下から一般化する方途も考えていた。それはすなわち「形のよい《フォルモースス》(formosus)」ことである。現象的事物の美しさは何らかの意味における形態のよさがその現象の仕方において認められなくては知覚され得ないから、可感的な美が形のよさとして性格づけられることは言うまでもないことである。しかしアウグスティヌスによると、人間の魂は、学問によって教養づけられ、徳によって「姿よく形成された魂」[68]になると言っているところからみると、精神的な超感覚的な美の場合も形のよさとして考えられることになる。その限りでは、神の超越的な美《プルクリトゥード》の場合も、凡俗のつまらなさを拒絶した孤高の清らかな姿のよさを思わせることにもなるから、これにもフォルモーススをあてはめてよいことになる。従って、アプトゥム、デクスからプルクリトゥードに至る美の全領域に妥当する一般条件として、フォルモーススという性格を挙げることが重要である。

最高の超越としての美

　前項で魂は、学問によって教養づけられ、徳によって姿よく形成された魂になると述べたが、魂がこの二条件を兼備したとき、それは知と行との一致を果たすものとして哲学の目的である至福の生を享受することになる。ということは、知識と徳行とを兼備すれば、魂は神との一致という超越的な状態に達することができるということに他ならず、これはまた、「姿よく形成された魂」が学的知識に裏打ちされない限りは、形のよさとしての美しさの状態に過ぎず、絶対的な美としての神のプルクリトゥードには至りつけないことを意味する。

　ところで、そういう美に達しない美とは何であったかと言えば、調和としての相対的美であるデクスであった。ということは、知識に裏打ちされていない徳行はデクスに過ぎないということである。盗みが悪であることを知らない限りは、盗賊仲間での忠誠は一つの徳として魂をフォルモーススの意味で美しく保つものであり、それによって盗賊団のそれとしてのまとまりができるのであるから、このような調和の相対的契機の一つとしてその魂は、デクスとしての美しさを持つことになる。しかしこの程度のフォルモーススな魂に知的要素が加わり、何が善であり何が悪であるかを学的知識によって知ってくれれば、そこで魂は教養づけられ、さらに何が善であるかではなく善とは何かを、何が悪であるかではなく悪とは何かを知るようになってくれば、次第に超越への道が開かれてきて、「一切の知や無知を調整し、統治するところの理性の美」[69]に至るであろう。つまり、魂は自己を美しくするとき、神としての至高の美を見ることになる。そのことを、アウグスティヌスは、「魂が自らを構成し、秩序づけ、調整あるものとなし、美しく為し返したときに、はじめて敢えて神を見んとする」[70]と言っている。その神こそが、それを模倣することによってすべての他の存在者が美しいものとなり、またそれと比較されれば、それら一切の存在者は醜いし、とるに足りぬところの美そのものに他ならない。それゆえにこそ、彼は「美しき神(pulcher Deus)」と神を讃えて呼ぶのである。[71]すでに先に紹介した言葉であるが、「真なる美を観想すること」[72]こそ、理想の超越の至境ということになる。

II　形式と方法への志向——スコラ哲学

第六章　スコラ学展望

いわゆるスコラ学について

一つの大きな声が立派に響くとき、人びとはみな従いがちである。本当は誰が中世の哲学を、修道者養成の修道院付属のスコラ(学院)、教区司祭養成の司教座聖堂付属のスコラ、そして官吏養成のための王室付属のスコラという実際目的のために八世紀頃に建てられた教育施設の特色をもって中世哲学全体の雰囲気や水準と考えるようにしたのであろうか。それは定かではないが、十九世紀に卓《すぐ》れた哲学史がプロテスタントのヘーゲルのような人びとによって多く書かれ、中世哲学の栄えた大学の生まれた十三世紀の真理探求を目的とした研究までも、スコラ哲学の名で統一されていった。そしてカトリックの中世研究者として抜群の文献研究を成し遂げたグラープマンまでが、中世哲学史ともいうべき大著に『スコラ的方法の歴史(Die Geschichte der scholastischen Methode)』と命名してしまった。こうしてスコラ哲学が中世哲学と同義にされているのが現状である。本章はその世間のいわゆるスコラ学即中世哲学という視点のまま論を進めていくことにする。そうすることによって、ともかくも一般の見方で中世の哲学に入ってゆくことになろうからである。

その詩的開花

頂上からの遥かな展望と、また日に輝き立つその相貌のゆえに、山は透明な知的認識と光に立つ有徳を意味する。従って、山はダンテ(Dante Alighieri, 1265-1321)によって賢者の徳の象徴として「美しき山[1](bel monte)」と呼ばれ、迷妄の「暗い森林[2](selva oscura)」と対立させられている。この森の小径からその美しき山への登攀《とうはん》を求めての道すがら、豹や獅子が立ち現れたのを巧みに逃れつつ進み来たものの、すなわちようやくの思いで官能の誘惑や権力への憧憬を絶ち切ってはきたものの、痩身の狼が途上に迫るのを見て、ダンテはそれを自己の内部に捨てがたくうごめく貪欲の化身であると感じ、美しき山への道は鎖《とざ》されたかのごとく、心いたくも沮《そ》喪《そう》し果てて絶望に陥った[3]。しかしそのとき、幽暗のところに立ち出でて導師となったウェルギリウス(Publius Vergilius Maro, 70–19 B.C.)に励まされ、しかもこのウェルギリウスが案内に来たのは、ダンテその人の恋人ベアトリーチェ、今は天上にあってダンテの浄福を祈るベアトリーチェの依頼によるのを知るや、ダンテは、「夜《よ》寒《さ》むの氷にしぼんだ花が、白い太陽の日ざしに醒めて、頭《こうべ》をもたげて花咲くように、自分で自分を変え勇み立ち、かほどに立派な心になって(4)」、次のように歌うのである。

我を救えるかの女《ひと》の慈悲《めぐみ》深きかな、
その女《ひと》の真《まこと》の言葉に　かくも疾《と》く
従いし汝もまた懇到《ねんごろ》なるかな。
汝がのべし言葉によりて　汝は我に
立ち行かんとの願いを起こさしめたれば、
我は我が初志に帰りぬ。
いざ　行かせ給え、汝　導師よ、主よ、
師の君よ、我ら二人の意志は一つなり(5)。

こうして、ダンテは地獄の門に向かう勇気も出て、三界の認識を完成することになるが、スコラ学の秩序の構造分析を行うにあたっては、右に掲げた詩を解釈することから着手するのは都合のよい方法である。というのも、周知のように、ダンテの『神曲(La Divina Commedia)』は、中世における代表的学者であるトマス・アクィナス(Thomas Aquinas, ca. 1224/25–74)の思想の詩的開花であるからであり、またその中でも右の八行には、いわゆるスコラ学の体系的秩序と実践的秩序の二つについてそれぞれに本質的な問題が含まれているからである。それはどのようなものであるのか。

秩序の体系的構造

それを理解してゆくために、まずウェルギリウスというローマの大詩人――もちろんダンテは、イタリア語で綴りヴィルジリオ(Virgilio)と呼んではいるが――、このウェルギリウスが『神曲』全篇を通じていかなる人物として扱われているかを知っておかなければならない。彼はダンテによって「我が権威(6)(il mio autore)」と呼ばれているように、およそ人間が人間としてなし得る限りの知的活動の原理的根拠を与え得る人として、哲学と芸術の象徴となっている。それゆえ、地獄における責罰の劫火と煉獄の浄罪の火を見終えた旅の一区切りで、このウェルギリウスは次のようにダンテに言う。

子よ、一時の火と永劫の火とを汝は見て、
今や我自らもこの上を
見分け得ざるところにまでも来れるなり(7)。
我は理知と芸術もて汝をここに伴いき。

この四行で明らかなように、ウェルギリウスは常識の限界である死を超えて、さまざまのことを理知と芸術とをもってダンテに示すことはできたが、その上限は煉獄の最上位までであって、天国の扉はその見分け得ざるところにしかない。哲学も芸術も、たとえそれが人間精神の極致であっても、それで神を充分に認識するわけにはゆかない。従って、天啓にたとえられたベアトリーチェが「白き面帕《ヴェール》に橄欖の環飾を頂き、緑の上衣の下には燃え立つ焔《ほのお》の色を纏《まと》うて」(8)天上の車に乗って現れ出るや、ダンテがその感激をウェルギリウスに伝えようとしてその名を呼んで探しても、

だがヴィルジリオはもういなかった
やさしい極みの父ヴィルジリオ
ヴィルジリオよ　わが救霊《たすかり》の杖。(9)

と歌われているように、ウェルギリウスも、信仰、希望、愛という三つの対神徳(10)が満たされて現れる場所では、すなわち神学の前ではその価値が霧消してしまうものでしかなく、ただ、人間を超える存在を予示するところで、自己が論理的に尽きてしまうという点に意義がある。

今右に見て来たウェルギリウスが『神曲』において占めている意義を心に留めて、最初に掲げた八行の引用に帰ってみよう。そうすると、われわれは直ちに二つの言葉の世界が厳しい境界線を接して上下に階層をなして立てられているのに気づくに違いない。すなわち、ベアトリーチェの言葉、つまり真なる言葉の世界、換言すれば天啓に基礎を置く聖書的、神学的、救済の言語の領域が一つであり、他の一つはヴィルジリオの言葉、つまり有効性の言葉の世界、換言すれば人間的公理に基礎を置く文法的、哲学的、倫理の言語の領域であって、後者は前者に命じられて動かなくてはならず、かつまた後者はそれ自らが人間の経験の世界に有効な説明方式を含む言語であることによって、人間の意志をして前者に向けさせるという限りでは、同時に求道教化の言語でもある。それゆえ、ダンテの考えによると、それはまた繰り返して言うことになるが、スコラ学的教養を身につけた中世末期の大詩人の考えを言うことになるわけであるが、本当に真理の名に値するものが損なわれることなく語られる啓示神学の言語領域は、神のカリタス(慈愛)として人間に目的のように与えられており、この領域こそが究極の根拠として絶対性を有するものであり、ここに人間を向かわせる手段として哲学や芸術という自然的理性に由来する純粋に人間の営みとしての文化的言語領域があるということになる。従って、スコラ学の秩序の体系的構造から言えば、一方で、救済という脱存在論的実存目的が保証されている聖書的真理を啓示に基づいて論理的に展開する神学が、至上権威を可能的に内包するという要請

をもって、いわば諸学芸の目的であると同時に根拠として、諸学芸とは別にそれらよりも上なるものとして立てられなくてはならず、他方これに対して、このような要請を有する神学を、その要請の実現されるように充分に論理的に形成するために、論理性そのものを形式的にもまた内容上からもさまざまの領域で研究する諸学芸が、いわば神学の手段であると同時に基礎として準備され習得されなくてはならない。そして、これら諸学芸の頂点に立つ弁証論が哲学の本領であるのか、それとも神を論証するという神学の序論部分が哲学の本領であるのかは時により人により必ずしも定かではないが、固有の意味での啓示神学が常に固有の意味での哲学に対して上位の言語と考えられていたのは、右の説明に見られたように、前者が理念上の要請としては後者の目的と根拠であり、習得上の実際としては後者を手段とし基礎としていたからに他ならない。この関係が、「哲学は神学の侍女なり[11]」というしばしば間違って解される辞句の真意である。確かにペトルス・ダミアニ(Petrus Damiani, 1007–72)も、弁証論としての哲学は神学を女主人とする侍女でなければならないと書いているけれども、それは聖書的言語領域において哲学を頂点とする人文諸学芸が指導的権利を越権的に要求してはならないと言っているのであって、神学上の価値から離れたところでの弁証論者や修辞論理学者の論証の成果のそれなりの独立性を否定しているわけではない[12]。

ペトルス・ダミアニの同時代者には、この哲学的弁証論を濫用し、神学上の決定的根拠としようと企てたベレンガリウス(Berengarius Turonensis 〈Bérenger de Tours〉, ca. 1005–88)のような人もいたほどであって、スコラ学というのは決して一様に性格づけられるものではないが、殊にスコラ学は人間の自然的理性の自律性の次元を認めなかったと思い込んでいる人びとが多い。だがそれは大きな誤解であり、しかもそれは夥《おびただ》しい中世の文献を読みもしない怠惰に由来する無知が原因である。このベレンガリウスを論難して神学を擁護した大立者と言われるランフランクス(Lanfrancus Cantuariensis, ca. 1010–89)も、決して哲学が無用であると主張したのではなく、「論証技法そのものが悪いのではなく、論証の謬れる使用こそが悪い[13]」と言い、むしろこのような哲学的弁証論が神学の学的確立の論理的基礎として必要であることを認めるにやぶさかではなく、「弁証論は神の秘跡に挑戦するものではなく、必要に応じて正確に使われるならば、むしろこれを基礎づけ、確立するものである[14]」とさえ書いている。

そのようなわけであったから、十三世紀の大学とは区別された意味の、言わばそれ以前の時代の教育施設としてのスコラ学の体系的秩序でさえも周知のように基礎に七つの学問から成る「自由学芸」を有し、これらで鍛えた頭脳でその上に聖書的知識の体系化を企てる聖なる学問としての神学(theo-logia)を、それら諸学芸の補完的統一目的という形式で具えていた。この神学はさらにその内部で、およそ次の三部門に分かたれていた。すなわち、人間的理性による神の存在証明を企てるところの、トマス・アクィナスによって哲学の一部とされたいわゆる「自然神学」と、これとは別に啓示を公理として展開される教理神学に代表される「聖書神学」と、そして第三にこの教理神学を基礎にする応用神学とも呼ばれるべき一連の学問、すなわち「教会法学(スコラ学内における法律学の典型)」や「聖書解釈学」などである。

秩序の実践的構造

次にスコラ学の実践的構造について述べなければならない。この場合もわれわれは本章のはじめに掲げた『神曲』の八行に帰らなくてはならない。そこには、相互に次元を異にする三つのパローレ(palore＝言葉)がそれぞれに対応する意志を顕現しつつ語られているのを見逃してはならない。ベアトリーチェの真理のパローレに対応する救済の意志としての「慈しみ」、ウェルギリウスの学芸のパローレに対応する限界の意志としての「敬虔」、そしてそれに応ずるダンテの倫理のパローレに対応する向上の意志としての「決断」、これら三つのパローレが各自で構成している世界は、それぞれ「神的世界」「論理的世界」「行為的世界」であるが、同じ一つの人格的意志なるものがそのおのおのの世界において、「慈愛」、「敬虔」ないし「節度」、「決断」という異なった形式で現象しているという事実は何を意味するのか。人間の実存が単一の要素ではなく、いわば構造的全体であるという意味のことを、トマス・アクィナスは「人間は小宇宙と言われるが、その理由は全宇宙の一切の被造物から構成されているからである」[15]という大胆な文章で含意しているが、魂(anima)でさえも人間の場合、これは周知のようにアリストテレス以来の伝統のままであるが、「植物的、感覚的ないし動物的、知的部分の三重構造を持つ」[16]とされている。

ところで、この知的魂なるものが人間のいわば形相的原理であり、これこそが言葉としてのロゴスの相関者である。なぜならば、言葉は知的対象そのものであり、知識的に受けとられるものだからである。それゆえ、知的部分が支配する霊魂はその統一性を失うことなく、およそ言葉と名づけられるところのものとは本質的に関係するはずなのであって、従ってダンテの三つのパローレに対応する三つの意志が、一つの人格的意志のそれぞれのパローレの次元における形態として現れることに存在論的に見て何の不思議もない。しかし、スコラ学は一つの下属分科の自律性を認めはするが、それが構造的に他の分科といかに関わるか、特に全分科の補完的頂点に立つ神学的、聖書的知識の根拠との聯関を究めることなしに放置するということをしない。トマス・アクィナスも被造物が神の完全性を身に体そうとする限りにおいて、つまり完全な存在を追求している限り、聖三位一体の影跡ないし刻印が被造物の中に見いだされると言って、人間的霊魂の意志の三態の秘密を神学的根拠に溯らせようとする企図が見られる。その点を最も明瞭に示すのは、トマスの同時代者であったボナヴェントゥラ(Bonaventura, ca. 1217/21-74)である。彼は思考の原理を『箴言』の「われ勧《すすめ》言と知識とをふくみたる勝《すぐ》れし言《ことば》を汝の為に録《しる》ししにあらずや」[17]という聖句に求めた著書『三重構造の道について(De triplici via)』において、「およそ一切の知識が自らの中に聖三位一体の刻印を有する限り、聖書の中で教えられる知識は、特にその内部に聖三位一体の影跡を呈示していなければならない」[18]と著して、範型論的方法をもって省察し、人間の修徳の段階を浄化が目的である倫理的言語の次元、照明が目的である記号論的言語の次元、完成が目的である象徴的言語の領域に分け、[19]それぞれに応ずる霊魂の現出の形象を、良心または意識の針、知性の光線、叡知の焔と呼んでいる。[20]これらはいずれも意識の志向性としての意志なしには存立し得ない精神の自己尖鋭化現象であるから、それぞれ行為的世界における倫理的決断、認識的世界における限界自覚としての敬虔、その自覚的な光の源にあたる火焔の熱としての愛というようにして、前掲のダンテの意志の三形態に自ずと神学的に脈絡がつけられてくる。換言すれば、「三位一体」という範型論を操作することによって、実践的構造聯関は神学に還元され、そのことによってスコラ学の全体構造において権威づけられた論理性を獲得したと言ってもよい。そしてまた、正しくここでは実践的修徳の秩序に関する構造聯関がそのまま学芸の研究という体系的構造聯関と神学を介して相通じ合い、両々相俟ってスコラ学という一つの大きな文化大系を構造的に組織していることを忘れてはならない。事がスコラ学に関する限り、その文法だけを論じても、その哲学だけを論じても、さらに神学が最高位にあったからと言ってそれだけを論じても、決して論理的にも歴史的にも有意味的に論じ進むことはできない。中世はスコラ学を構造的に成立させたとき、殊に中世的な精神的使命の一つを成し終えたものと見なければならない。

ところで、この構造的全体としてのスコラ学は、その名のもとに多くの研究を蔵していることはわかったにしても、そもそも自己に相応しい何か特色のある文献の形態を生み出したであろうか。もしその答えが肯定であるならば、われわれはその種の文献を介して、スコラ学の内容ないし方法をより具体的に知ってゆくことができるはずである。一体いかなる発表形式をスコラ学は自己のために求め得たか。

博識に対立する綜合的大系《スンマ》

文字が使われるようになって以後、どの時代にもその時代を代表するような著作形式がある。中世哲学が最盛期を迎えたのは十二、十三世紀であるが、中世のその時代を象徴するような著作形式とはどのようなものであろうか。

いつの時代にも、他の多くの時代と何ら変わることのない著作形式もあり、内容的にはかえってこのように不変の形式を持つもの、例えば περί… や de… というような題の、「……について」とでも訳されるべき論文や著書のごときものに卓れたものが多いように思われる。従って、中世の思想界を代表するような優秀な研究がそのような論文の中にも多々あることはもちろんである。しかし、前項までに見てきたスコラ学の構造的全体性という特色から検討するとき、当然挙げられるべき第一の著作形態は、その字義もすでにキケロ(Marcus Tullius Cicero, 106–43 B.C.)の時から「全体」とか「綜合」などの意味合いで使われていたスンマ(summa)なる名称の綜合的大系の形式を持つ著書ではなかろうか。それは私の見るところでは、中世のスコラ学そのものの最も正統的な自己表現であり、スコラ学の現実態の可視的像である。スンマ(大系または大全)はまさしく言葉の最も本来的な意味で、エン・キュクロ－イ・パイデイア(ἐν κύκλῳ παιδεία)、またはエンキュクリオス・パイデイア(ἐγκύκλιος παιδεία)、すなわち相互に聯関し合って一つの円環を成す知識教養体系、換言すればエンサイクロペディア、すなわち百学連環ないし百科全書であった。しかも、それは例えば後の章で扱うヘイルズのアレクサンデル(Alexandrus Halensis, ca. 1180–1245)やトマス・アクィナスの『神学大全』の場合に明らかなように、少なくとも人文系の学問一切の知識を、またアルベルトゥス・マグヌス(Albertus Magnus, ca. 1193/1200–1280)の場合など自然科学までをも含めて、ともかく学問的知識を単に水平的に網羅するポリュマティエー(πολυμαθίη)、すなわち博識の形式で収納しているのではなく、その一切の知識を論理的に体系化し、「研究」と「教導」という二つの目的に使用していたという点では、現代の百科事典、つまり事実に関する情報が同位的に等質視され、非体系的に収集され、しかも字母順という記号性を軸にして並列され、厖大な協同作業の結果が思考過程を無視して書かれ、主としては万人が偶発的に遭遇する問題を処理するための参考資料として使われるように作られている百科事典とも全く対立するとともに、古典古代の知識の結果や見聞の包括的記載としておよそ二万に及ぶ項目を収めたプリニウス(Gaius Plinius Secundus, 23–79)の饒舌な『博物誌(Naturalis historia)』三十七巻とも鋭く対立する独特の書物と言わなくてはならない。教養全体の理性的統合という単にそれだけの理念から言えば、古典古代のキケロが考えていたフマニタス(humanitas)がスンマと似てはいるが、前者が主にギリシアの古典を中心とし、物的存在としては直接現実の世界には現象しない観念的なものであったのに対し、スンマはむしろ、まず書物の形態ないし研究の形態として視覚的に存在しているという点、および主として問題の体系的研究が中心であるという点では全く異なっているし、また中世人がこのような綜合的研究体系を尊重してはいても、その理念をこの名前で呼ぼうとしたという事実はない。ただ克明に論証的に書かれているところから、人びとが直接に読み写して検討論究する教材や対象にもなり、従ってまたそこでは著者の個人的見解も自由にしかも判然と展開される可能性も多かった。もとより、この時代のスコラ学者たちの間でも、キケロのフマニタスをそのままに古典研究に力を注ぎ、トマスにも直接アリストテレスのギリシア語原典を知らせたメルベケのギヨーム(Guillaume de Moerbeke〈Guillelmus de Moerbeka〉, ca. 1215–ca. 86)のごとき人もいたし、また神を軸性の中心に置いたとは言え、その時代の全知識をむしろ集大成しているという点では後代の百科全書派に似ている人、すなわちトマスの同時代者で同じくドミニコ会の修道者であり、厖大な『宇宙の鏡(Speculum mundi)』を書いたボーヴェのヴィンケンティウス(Vincentius Bellovacensis〈Vincent de Beauvais〉, ca. 1190–1264)や『万有本性論ないし宇宙論(Liber de natura rerum)』を書いたカンタンプレのトマス(Thomas de Cantimpré〈Thomas Cantimpratensis〉, ca. 1201–63/72)のごとき人もいた。そしてこれらの人びとの仕事も、知識全般のキリスト教的再組織という中世スコラ学の企てた方向にあるには違いない。しかしそれらの営み、すなわち古典研究や百科全書編纂のようなことは、いつの時代にも必要であるとともに多くの時代に何らかの形で存在している企てである。それらに比較すれば、スンマはおよそそのような博識《ポリュマティエー》とは異質の一定の方法論的自覚をもって貫かれた神学全体の問題意識の体系的著作であったという点を充分に強調しておかなければならない。そして既述のように、まさにこの方法論的体系の綜合的性格にスコラ学の特色の一つがあったが、スンマは、それに最も適合した著作形態であり、否、むしろそれの文章的自己表現そのものであったればこそ、中世人もまたこの形態を自己の文化の特色を示すものとして重用したがために、この名称を持つ著書をペトルス・カントル(Petrus Cantor, ?–1197)以来、実に多くの学者が残すことになった[21]。それは十二世紀に多かった「命題集(Liber sententiarum)」という著作名にとって代ったのである。トマス・アクィナスは、周知のように『対異教徒大全(Summa contra gentiles)』と『神学大全(Summa theologiae)』の二つの甚だ大部のスンマを著しているが、彼が前者の序論で述べている知者の二つの課題、すなわち「秩序づけること」と「正しく舵をとること」、換言すれば、論理的に体系化し、唯一の真なる目的に方向づけること、構造的に合目的的な全体理論を組織するというこの課題こそ、スンマに具体化されたスコラ学の要望するところであった。この著作形態についてムランのロベルトゥス(Robertus Melodunensis〈Robert de Melun〉, ca. 1100–67)は

「スンマとは何か。個々の知識の簡潔な体系的要約ではないか[22]」と性格づけている。それでは、そのようなスンマを成立させたスコラ的方法とはいかなるものであるのか。

スコラ的方法

われわれは以下のような三つの段階を通って、スコラ的方法がいかなるものであるかを明らかにしよう。(一)この方法の代表的具現者としてのスンマの中で、さらに代表的な傑作と言われているトマス・アクィナスの『神学大全』の方法論的分析を行い、(二)次いでその結果から考えられるあらゆる論証方法を中世スコラ学の史実に照らして検討し、(三)最後にそれらの学的方法の基礎にある思索の基本的形式ないし原理的パターンを抽出することを企てる。もし右の手順で幾つかの論理的事象が明らかになれば、われわれとしてはさらにスコラ的方法の後世における史的影響や現代における意義すらも別の折に論じ得るに違いない。

では、トマスの『神学大全』はどのように構成されているか[23]。本を開けてみればすぐにわかることであるが、まず問題が立てられている。例えば同書の第二問題は「神について、神は存在するか否か」である。この提題の下に平均して十数行、問題提起の理由とどのような手続きで何項にわたって考えられるかが書かれている。そして第一項の「神が存在するということは自体的に知られるか否か、すなわち自明的なりや否や」という問いが始まる。この問題の扱い方であるが、決してただちに自らの考察を一方的に述べることをしない。必ずまず当然考えられそうなことを、「以下のように思われる(videtur quod)」という書き出しで、しかも聖書や教父や著名な学者のような神学的ないし哲学的に権威がある典拠と共に述べる。今の場合、まず「神が存在するということは自体的に知られる」という肯定命題がそれぞれ異なる三つの根拠から論証されて三度繰り返される。すなわち、まず第一にはヨハネス・ダマスケヌス(Johannes Damascenus, ca. 675–749)の『正統信仰論(De fide orthodoxa)』第一巻第一章および第三章の「神が存在するという認識は万人に生まれつき内在している」という説を根拠とするもの、さらに第二には、アリストテレスが『分析論後書(Analytica posteriora)』第一巻第二章において第一原理の論証に帰したところのこと、すなわち、「その名辞の認識によってただちに知られるところのものは自体的に知られる」という説を根拠とするもの、そして第三に『ヨハネ伝福音書』十四章六節のキリストの語「われは道なり、真理《まこと》なり、生命《いのち》なり」という聖句を典拠にしてラテン語の「エッセ(esse)」の両義性を用いて考えられるものである。この論証についてはすぐ後に詳しく述べる(一四三頁)。このようにして、神の存在するということが自体的に知られるという肯定(sic)がまず論証を経て挙げられた後、これらと全く対立する命題、すなわち否定(non)の命題が、肯定を導出した際に依拠した説と同等の権威をもつ典拠をもって論証される。今の場合では、三つの肯定命題の論証紹介の後、「しかし、これらとは反対に(sed contra)」という書き出しで、まずアリストテレスからも明らかなように、「自体的に知られるものの反対者は考えられはしない」にも拘わらず、『詩篇』五十三篇一節で「愚かなるものは心のうちに神なしといえり」とあるのを引いて、このように反対の事象が考えられている以上は自体的に知られる、つまり自明的であると言うわけにはいかない。「それゆえに、神の存在するということは自体的には知られない」という否定命題が立てられる。

右の事象は何を意味するのか。聖書のように信仰上、不可謬の書と考えられるものを典拠にしてみても、卓れた学者の学説を典拠にしてみても、それら等しい権威から全く相反する命題が論理的に導出されてくるということに他ならない。それは何を意味するのか。権威に頼ることは思索の世界において決定的な役割を果たすことになりはしないということであり、また言葉の定義を明らかにしないで使うと混乱が生じるに違いないということであり、同時に、一つの問題について古来、実に多くの神学的ないし哲学的な解答が試みられてきはしたが、いまだに矛盾対立する説が拮抗し合っているのであるから、是非とも今、新たに理性的に考え直してみなければならないということである。それゆえ、「以下のように私は答えて言わなければならない(respondeo dicendum quod)」という書き出しで、第一項の問題に対するトマス自身の思索による解答の試みを展開する。その場合彼がまず注意することは、使用する言語の意味の分析と思索の論理的形式の厳密性の確保である。今の例ではまず、「私は答えて言わなければならない。ある事が自体的に知られるということは二様の仕方で生じる。すなわち一つは、それ自らにおいては自体的に知られてもわれわれにとってはそうではないという場合と、二つには、それ自らにおいてもわれわれにとってもそうである場合とがある」と言語の意義分析を果たしたうえで、五百年後にカントが問題にして以来、論理学上の主題としてしばしば論じられている分析判断と綜合判断の差異にこのときすでに注目して次のように考えを進める。「ある命題はその述語が主語概念の内に含まれているがゆえに自体的に知られる(自明的である)、例えば人は動物であるなど」、「それゆえ、述語や主語についてそれの何であるかが万人に知られている場合なら、それらによって構成される命題は万人に自明的なはずである」、「しかし、もしある命題の述語および主語の本質を知らない人がいた場合、その命題は、即自的に見られる限り、自明的であるべきにしても、その命題の述語や主語を知らない人びとにおいては、自明的ではない」、「それゆえ、私は以下のように言う、神が存在するというこの命題は、即自的に言われる限り、自明的命題である。というのは、後に第三問第四項で明らかになるように、神は自らの存在であるから、この場合、この命題の述語と主語とは同じであることになる。しかし、今われわれはいまだ神の何であるかを知ってはいないので、この命題はわれわれにとっては自明的ではないため、本性上、充分明らかにされてはいないが、われわれにとって一応知られているもの、すなわち、結果的現象を介して〔その原因を溯証するようにして〕論証されなければならない」。このようにして、神の存在に関する命題は、われわれ此の世にある人間にとっては論証に依らなくては理性的に肯定し得ない非自明的命題であるということが、トマスのこの項の解答である。それを明らかにしたうえは、はじめに引用した諸々の権威による反対の結論をどう考えるかを定めなければならない。そうでなくただ放置するのであれば、それらの諸説と自説との論理的聯関の有無も不問に付され、結果の乖離関係のみが断絶として意識されるに過ぎない。それればかりではない。事と次第によっては、神霊の加護によって録《しる》されたはずの不可謬の聖書の文章を典拠とする説が、人間的に営まれた自説の論理的展開と矛盾対立するということにもなって、ひいては自説を自ら異端と疑わせることにもなりはしないか。この第二問題という今の例がまさしくそれにあたるわけで、自説の前に紹介された異説第三は実に『ヨハネ伝福音書』によるものであった。このままではトマスの説は福音書に対立することになりはしないか。それゆえ、トマスはこれらの異説の一つ一つを検討し、自説との論理的聯関における調整や反論を指示する。例えば右の『ヨハネ伝福音書』による第三の異説に対してはどう言っているか。それが具体的によくわかるように、前に簡略に紹介したこの第三の異説を、順序が逆になるが、ここで全文を示しておこう。

真理が存在するということは自明的である。というのは真理の存在を否定する人は真理の不在を認める、すなわち、そこに真理がなく誤りであることを認めることになるからである。さて、もし真理がなければ真理は存在しないという命題は、少なくとも真である。ところが、もし何らかの真なることがあるのならば、少なくともそこに真理が存在すると言わざるを得ない。しかるに、神は真理である。『ヨハネ伝福音書』十四章六節に、「われは道なり、真理《まこと》なり、生命《いのち》なり」と書かれているからである。以上のような理由からして、神の存在は自明的である。

そしてトマスは自説を述べた後で、この異説に対し「次のように言わなくてはならない」と言って異説の不備を明らかにしている。すなわち、「普遍者としての真理の存在は自明的であるが、第一の真理が存在するということ、これはわれわれにとって自明的ではない」。この聖句を典拠とする異説に対するトマスの応じ方を仔細に検討すると、異説一般に対するトマスの態度に三つの特色があることが理解できると思う。彼はまず異説の論理を辿ってその定義上の不備ないし論理的欠陥を指摘するのであって、それが典拠として用いた権威そのものを否定するのではない。また、定義や推理はそれぞれ一種の論理的限定であるという自覚のもとに、思索の途上でも説明の中でも、しばしば「……の限りにおいて(quantum ないし quatenus)」という限定副詞句を活用して意味論的切断を行い、もって異説の積極面と消極面とを明らかにする。そして第三の特色としては、自説展開前には肯否の対立であったところの諸異説が自説展開後にはいずれも自説の論理的形成の契機となっていたことを問題点の指摘を介して含意している。そしてこの第三の特色こそは、恐らくスンマ全篇を通じて最も意義深い方法的自覚ではないかと思う。この動的な弁証法的立体性がなければ、そもそも各部門にわたっての広汎な知識の統合は単なる百科全書的な史的資料の集大成にしかならなかったであろうから、スンマという体系的統合の鍵は、またそれゆえにスコラ的方法の中核は、まずこの「肯定および否定(sic et non)」の論理的意義づけの弁証法にあったとしなければならない。事実、相反する権威的命題の一見すると二律背反的並列から論議を始める方法は、中世の多くの学者たちのスンマのみならず、「討論問題案(quaestiones disputates)」の形式でもあった。それゆえ、次にこの問題を考えなければならない。

判断弁証法としての「肯定と否定」の源泉と流布

スコラとは言うまでもなく閑暇を意味するギリシア語のスコレー(σχολή)に由来するラテン語 schola であって、それが時間的にも経済的にも精神的にも研究に専念する閑暇ないしゆとりを持つ人びとの集う場所としての学校(school, école, Schule)の意味に使われている例はすでに古代ローマにもあったことはキケロが証人となっている。しかしこの単語が文化史上特定の意味内容をもって使われるようになった所以は、周知のようにシャルルマーニュ帝(Charlemagne〈Karl der Grosse〉, 在位 768–814)の文化政策によって英国のヨークから招かれたアルクイヌス(Alcuinus〈Alcuin〉, ca. 730–804)などを中心にして聖職者や教師また事務官僚の養成を目的とした修道院付属学院、司教座聖堂付属学院、宮廷付属学院が次々と設立され、人類の発展史上西洋中世の果たした最大の寄与の一つである大学(universitas, studium generale)への機運の萌芽が生じた九世紀頃からのそれらの学院でのキリスト教的知的教育の充実にある。従って、スコラ的方法の源泉を探索するに際しては、一応その前後の事情を調べる必要があろう。右のようにして成立したスコラにおける最初の偉大な学者は、九世紀に活躍したヨハネス・スコトゥス・エリウゲナ(Johannes Scotus Eriugena, ca. 810–ca. 877)である。彼はボエティウス(Anicius Manlius Severinus Boethius, ca. 480–ca. 525)を介して伝わったアリストテレスの論理学による定義的規定方法、すなわち命題の述語を十の範疇のいずれかに正式に位置づける肯定命題の定立が認識の完成であると考え、例えば「神は実体である」とか、「神は善である」というように言表することを一応認めはする。しかしもしそう定言的に陳述することで済むとすれば、「犬は実体である」とか「犬も役に立つので善である」とかいう命題と神に関する命題との間に意味論的に原理的差別がなくなりはしないか。それゆえ、神は実体や善でありつつ、実は単なる実体や単なる善ではないということを認めざるを得ない。神の述語は範疇表を超越する。すなわち、絶対的一者についての命題は形式論理学的には肯定を有し得るが、内容的には否定を含意していなければならないということになる。そのことをエリウゲナは、「万有の原因そのものとしての神はあらゆる肯定と否定の彼岸にあると言わざるを得ない」と書いている。ここにはすでに、単なる肯定命題の集積としての事実命題の加算をもってしては把握しがたい存在の玄義と、肯否の弁証法的彼岸に輝く真理の地平とに対する予感が明瞭に息づいており、肯定神学と否定神学のいずれか一方では認識され得ぬ「存在以上の神、超存在的存在者としての神」の哲学的措定の一つの型が見られる。(24)

しかしスコラはその設立の目的が学問の純粋な研究よりも、当初は有識の司祭や官僚を養成しようとする実際的教育機能を果たすことにあった。それゆえ、例外的なカンタベリーのアンセルムス(Anselmus Cantuariensis〈Anselm of Canterbury〉, 1033–1109)の『瞑想(Meditationes)』を除いては、総じて十二世紀までの間は興味のある研究は少なく、ともかくも聖書聖伝に典拠を仰ぐ無難な肯定命題を多く定立し、また収集することによって、信仰内容の何であるかを言語化する運動が主流であったと言っても過言ではない。このように学説の基礎を聖書ないし聖伝の引証に求める他律的思惟方法は実証神学的方法と言われるが、これは全欧州の知的世界に神学の初歩形態を普遍化させるには有意義であったに違いない。しかし、同じように聖書聖伝に基づかせても、少なくとも聖句相互間の表現上の相違は考えられることではあるし、そのうえ個人の解釈の異同、さらには論理学的手法の巧拙などが原因して、長年の間には多くの面で矛盾し合う命題を導出してくる可能性もあろう。特に実際の司牧活動の上で一般に問題となったのは、等しく権威として重んぜられていた教父たちの教会法的規定に関する相互の対立的言表であった。十一世紀の法律学者である枢機卿デウスデディトゥス(Deusdeditus)の教会法典のごとき資料がそなわってくれば、それだけ法令間の矛盾も明らかになる。コンスタンツのベルノルドゥス(Bernoldus, ?–1100)やシャルトルのイーヴォ(Ivo, ?–1116)のような十二世紀初頭の法学者たちは、法律言語上矛盾する諸命題を比較検討し、相互の意味解明を期待し、また公表された時代、風土、人事関係などを顧慮し、仮象の矛盾をもたらした根本的原因を追求することにより、言表上の矛盾が法意味論的に解決されるように試みた。(25) この方法はいわば便宜的な法解釈の修辞学であり、共同体としての歴史的一貫性を保たせんがための口実のような面もありはするが、権威を基礎にして対立する諸命題の肯否をいかに扱うべきかという問いの方法的処理の最初の自覚形態であった。そしてこれがスコラ学のうえで意味深いのは、スコラ的方法の基礎を築いたピエール・アベラール(ペトルス・アベラルドゥス)(Pierre Abélard〈Petrus Abaelardus〉, 1079–1142)の不朽の著書『肯定と否定(Sic et non)』の先駆を成すからに他ならない。

アベラールが哲学や神学の体系的研究や歴史的展開のうえで実際に果たしている役割や意義は、恐らく現に人びとが考えている程度とは比較にならないほど重要であると思われる。いわんや固有の意味での中世哲学史、すなわち六世紀以後十五世紀までの千年の期間における彼の思索の占めるべき位置となれば、十二世紀、十三世紀、十四世紀の三百年を人類史上哲学の最も隆盛であった時代の一つに数えなければならないほど人材が豊富であるにも拘わらず、カンタベリーのアンセルムス、サン・ヴィクトールのフーゴー(Hugo de Sancto Victore, ca. 1096–1141)、トマス・アクィナス、ドゥンス・スコトゥス(Johannes Duns Scotus, 1265/66–1308)、ニコラウス・クザーヌス(Nicolaus Cusanus, 1401–64)らと並び立ち、ひときわ抜きん出て高いところにいるとしなければならない。中世哲学史を通じて著名な「普遍論争」を例にとってみても、彼の言語論理学的思索による命題学的分析があったればこそ、カンタベリーのアンセルムスを代表とする普遍実在論——論理的秩序と事物的秩序の存在論的並存ないし等価の主張——と、自らの旧師ロスケリヌス(Roscelinus, Compendiensis, ca. 1050–1120/25)の唯名論——普遍すなわち一般者は単なる音声(vox)ないし音声の流れ(flatus vocis)であって、精神の外には個物しかないという主張——との論争も見事な解決を得ることになる。アベラールは普遍ないし一般者の本性とは多数の個別者に対する述語的存在であると定義し、一般者は共通の名辞(nomen)であり、事物ではないと言明して、まず普遍実在論を否定する。(26) 一般者とは確かに命題において言表される名辞に違いない。だが唯名論の主張するように、もしこの名辞が単に音声であるとするならばどうなるか。音声とは自然学的現象の一つであり、自然所産としての事物である。従って結論としては、名辞は事物であるということになるが、これは明らかに前の考えに矛盾する。それゆえ、名辞としての一般者を音声とした仮設が否定されなくてはならない。それでは一般者とは何なのか。一般者が意味するところのものとは、その呼称を理由づける「共通の原因(causa communis)」のゆえに同じ名辞で呼ばれている限りの個別的実在である。ということは、一般者が事物を意味するのは、それが事物の或る本性ないし特有性を志向する概念を構成することに依るということに他ならない。従って、名辞としての一般者は単なる音声ではなく、意識の直接対象に志向的に関係する意味としての言語でなければならない。この論理学的省察を見ても、アベラールは実在論と唯名論との極端な対立を、そのおのおのの主張の中心概念である事物と音声とのいずれをも契機として止揚しつつ、両者を関係づける志向作用に注目し、言語を介して意味論的論理学という新次元を構成することによって超克しているが、これは肯定命題と否定命題の双方を必要とすると考えたエリウゲナ以来、ベルナルドゥスを経て流布されていた弁証法的思索の結実であり、アベラールの方法論としての『肯定と否定』の成果の一つである。

アベラールの主著の一つ『肯定と否定』は重要な教父たちの学説の中から特に論議を呼ぶ百五十八の問題を選び、それに関する対立命題を集成し、新しい解決を企てたものであって、以下に述べるような方法的秩序を具えている。まず問題提出、次に肯定論証、否定論証がそれぞれ挙げられ、しかる後、主要省察として彼自らの解決が続き、その後に前掲論証の批判ないし反論をもって結ぶという実に見事な論理的構造を成している。これがいわゆるスコラ的方法の組織面であり、これをアベラールは主にアリストテレスの『トピカ(Topica)』第八巻の弁証論的な問い方についての考察を基礎にして、それまでのスコラ学者たちの業績を参照しつつ、自律的論理学を築き上げた才能をもって、自ら編み出している。トマスは普遍問題に関して、つとにアベラールの緩和実在論としての普遍意味論を踏襲したのみならず、思考方法に関しても、『神学大全』において明らかなように、この天才の形式をそのまま採用している。

ところで、右の方法は相互に対立する教父の命題が並存しない限り使うことができない。しかし、そのような矛盾がありさえすれば、無造作に中間的な案を出せばよいというものではない。アベラールは序論において方法論的原則を克明に述べている。その内容をまとめると次のようになる。

われわれは能う限り教父間の矛盾(意見対立＝controversias)はないものと考えて以下のような方法を用いて、聖なる人びとの著述における矛盾の解消を試みなければならない。まず、例えばテクストの損傷誤写による原文の変化に由来する矛盾があろうから、教父の名で伝わる原典の文献学的配慮が必要である。次に、例えば後に再考や修正が行われ、その結果矛盾が消失していることも考えられるので、問題の教父その人の発展史的検討を行うべきである。第三には、例えば禁止令など時代によって変わってくる事柄もあるので、矛盾の時間的解決という方法も必要ではないか。第四には、同じ言葉が人によっていろいろに使われることから生じる表現の矛盾ということもあるので、語義の多様性に鑑みなければならない。最後に、以上の矛盾除去を試みてもなお矛盾関係が残る場合、はじめて「肯定と否定」と言われる実質的矛盾と見るべきで、その解決はまず比較して論理的に強いもの、真正の根拠による方をとる。[27]

ところで、そのように企てても矛盾解決のできない場合がある。双方が誤りであることもあり、預言者や使徒は絶対的にではないにしても誤謬からまぬかれていたと認めるのはおかしなことである。従って、そのような文献を読む際、信じなければならないという必然性はなく、自由に判断するところがなければならない。ここに命題の対立およびその中のより正確なる方の選択という、事実の記述や、比較の段階とは全く異質の思索の次元、すなわち理性の自律的自主的判断の成立がアベラールによって問われている。[28] これはアンセルムスで結晶した思弁神学と少々後にペトルス・ロンバルドゥス(Petrus Lombardus, ca. 1100–60)に集約した命題研究の実証神学との論理的統一として、スコラ学の方法的完成であったとともに、神学の方向を、事実の論理的基礎づけや事実の記述的解明といういずれにしても事実を対象とする歴史性の水準から、人間の理性が判断しなくては成立しないところの価値の創造的発見という哲学性の次元へと、方位転換させたことでもあった。十二世紀後半以後のスコラ学はその登高を続けて自己を完成させる。時はまたまさに、諸々の都市でその尖塔を天に向かって高めながらゴシックの壮麗な寺院が次々と建立されていた時代であった。

第七章　学燈の保持
――ボエティウス(1)――

暗さへの怖れ

自己の暗さが世界を暗くする。ある時代の輝きが見えないとき、場合によっては、その時代の文化についてわれわれが何も知っていないということが原因になっていることもあるに違いない。中世全体が谷間に思われるような歴史記述もあるが、そういうものが書かれるのは、そう書いた人びとにとって、中世の文献が充分には知られていなかったからである。無知は対象の光を土深く沈ませる。そういうことを自らに警告しながら、見直してみなければならないのは、六世紀から十世紀にかけての約五百年の哲学史である。私は本書においても、この五百年を中世哲学の歴史の中で比較的に暗黒時代と性格づけていることを告白しなければならないし、事実、本書の扱いから言っても、この五百年は中世を四世紀から十四世紀にかけての約千年余りにみるそのおよそ半ばに達するという長さにも拘わらず、それに対して本章と次章のわずかに二章を割くに過ぎない。多くを語ることが常に高く評価しているとは限らず、少ししか語らないことが低い評価を意味するとは限らない。しかしほとんどすべての研究者は、この時期をその長さにも拘わらず、教父時代と盛期スコラ学時代という二大巨峰に挟まれた暗い谷間と見るのである。

確かに、三世紀から五世紀にかけての百花繚乱とも称えられるべきさまざまの傾向の学者たちによって築かれた教父時代の思索の高さと、十一世紀から十四世紀にかけての人類の思想史上、最高の水準の哲学者たちが輩出した時代の一つと言われる頃の思索の高さとに比べれば、今ここで問題とする六世紀から十世紀の間には、それほど人目を引く新しい体系の試みもなければ、またわれわれの時代に直接大きな影響を及ぼす人びともいないように考えられる。政治経済のうえから見ても、西洋が最も無力であった時代であろう。こうして、右の五百年は長くて暗い谷間にされてしまうのである。

しかし、果たしてそのように断定してもよいものであろうか。私はこの時代の文献についての自らの暗さを、この時代自体の暗さと間違えているのではないかという怖れから免れることができない。なぜならばわずかに窺い知ったに過ぎないボエティウスやヨハネス・スコトゥス・エリウゲナ、セヴィリャのイシドルス(Isidorus episcopus Hispalensis, ca. 560–636)らの学問的業績を思いみるだけでも、それらが極めて密度の高い研究や思索であることは認められるので、もしわれわれがこの時代の文献により一層通じてくれば、自己の無知に基因するのかもしれないこの時代に対するそれほど高くない評価は、覆されることになるかもしれないからである。そのような怖れを読者と共に分かつために、一、二の例を挙げて考え進みながら、重点をボエティウスに置き、他は極めて断片的になるが、五世紀から十世紀までの歴史記述を企ててみたいと思う。

執政官の生涯

「カトーやキケロが喜んでおのれの同国人であることを認めたに違いない最後のローマ人」というギボンの表現を利用したグラープマンによって、「最後のローマ人にして最初のスコラ学者(1)」と称せられたボエティウス、すなわちアニキウス・マンリウス・セウェリヌス・ボエティウス(Anicius Manlius Severinus Boethius, ca. 480–ca. 525)について沈黙することは、中世哲学の重要な契機を無視することになるであろう。というのも、たとえその完成は見られなかったにせよ、ボエティウスこそがプラトンとアリストテレスの全著作のラテン語訳と註解とを企てた最初の哲学者であり、そのアリストテレスの『オルガノン(Organon)』の一部に関する訳註は、直前の教父時代がプラトンないし新プラトン主義に彩られていたのに対して、一つの新しい見解による新しい時代を用意していたとも言えるからであり、またその獄死直前の囚窓録『哲学の慰め(De consolatione philosophiae [Philosophiae consolatione])』は、その写本が四百種を超えるというところからも知られるとおり、極めて広く読まれた書物の一つであり、従ってその著者ボエティウスは中世で最も知られた著者の一人であったため、「著作家(auctor)」と言えばそのままボエティウスを指すということもあったほどだからである。

有数の名門の子として、ボエティウスはおよそ四七〇年から四八〇年の間にローマで生まれた。その父は四八七年に執政官を務め、二度までも法務長官を歴任した政治家であったが、比較的早く世を去ったので、ボエティウスは成人に達する前に、当時その父よりもさらに有名な貴族シムマクス(Quintus Aurelius Memmius Symmachus, ?–ca. 525)に引き取られ、やがてその令嬢ルスティキアーナ(Rusticiana)と結婚するに至る。その間にこの才子はローマ文化を充分に習得し、あわせてキリスト教の教義を学んだが、特筆すべきことは、アテナイに留学し、少なく見積もっても十年余りその地で研究に励んだことである。彼はそこでプラトン、アリストテレスをはじめとしてストア学派やポルフュリオス(Porphyrios, 234-ca. 305)の原典に親しみ、後にアリストテレスの『オルガノン』やポルフュリオスの『エイサゴーゲー(Isagoge)』(『哲学入門』)の訳註を成し遂げ、ギリシア哲学の論理学的用語をラテン語に移す仕事を、五、六百年前のキケロと分かち持つことになった。そのキケロにも自国の古典として通じていたボエティウスの文章には、後代の神学書には見あたらなくなるラテン語の古典的品格が感じられる。

ローマにおける彼の書斎は「その壁が象牙と色硝子で飾られ」(2)ていたと自ら書いているほど豪華なものであったし、哲学の女神の幻を見た際の記述に、その女神の衣装の表面の優雅な翳りを「古めかしい絵画のようである」(3)と書いたところから見ても、その書斎には、そのような美術品がいくつもあったと考えられるから、すでにこの長年の研究生活や閑静な書斎の想像図というだけで、文化の谷間や暗黒時代という言い方にはそろそろ迫力が欠けてくるように思われる。

哲学の女神に向かってボエティウスは次のように言う。

あなたもご承知のとおり、私はいささかなりともこの世の事物に関する野心に支配されたことはございませんでした。しかし、徳を空しく朽ち果たしてしまわないために、徳を働かせる機会が欲しいと思いました。(4)

そのように考えたボエティウスは、その尊敬したプラトンの考えに従い、自らの学徳を実際の政治に活用しようとして、当時西ローマ帝国を支配していた東ゴート族の王テオドリック(Theodoric, 在位 471-526)に仕え、この王の信任を得て、五一〇年には、かつて父がその任にあった執政官という官吏としては最高の地位に就き、退官後も元老院議員として枢機に参画した。五二二年には、彼の息子が二人ともいまだ弱年の身でありながら揃って執政官に任ぜられ、名家の多いローマで最も栄えた一族として名誉の絶頂にあった時もある。このかなり多忙な生活の中で、幾多の著作が書かれ、公にされている(5)ことは、アウグスティヌスの場合と同様に、驚くべきことである。

しかし、この「幸福で新鮮であった青春の日の栄光」が去り、「あの悲しい時が来てわが一生は不幸の淵に沈みかけた」(6)と自ら嘆きの歌を作らなければならない年が、その栄光の直後、五二三年にやってきた。どのようにしてであったか。

あなたは、国家が幸福になるのは哲学者によって支配される時か、支配者が哲学に励む時であるという原則を、プラトンの口を介してお定めになりました。あなたはまた、哲学者には公の政治を引き受ける当然の理由がある、なぜならば邪悪で恥知らずの市民たちに国家の指導を委ねて善人の不幸や破滅を招いてはならないからであるということも、同じくプラトンの口を借りて警告なさいました。

静かな私的生活においてあなたから学びとったものを、国家行政の実際に応用してみようと望みましたのは、このような典拠に従ったからでございます。あなたご自身、それからあなたを哲人たちの心に忍び込ませ給うた神さまもご承知のように、私を駆って官職に就かせた理由はただ一つ、あらゆる善人に共通する要求だけなのでございます。これがもとで、邪悪な者どもと激しく重苦しい不和も生じましたし、良心の自由に属する権利を守るためには、絶えず権力者たちの不興を買うことになっても、ものともせずにいることができました。(7)

このように哲学の女神に対して語りかけた彼は、それに続いて、彼自らが行わざるを得なかった廷臣たちとの争いの具体例を九つも挙げている。廉直な学者ボエティウスが、プラトンの理想を掲げて正義の実現に向かおうとするとき、テオドリック王配下の、ただでさえ反ローマ人意識の燻るゴート人の現実的政治家や利欲を追う廷臣と衝突するのは当然のことかもしれない。ついには、元執政官でローマ人の貴族アルビヌスの反逆罪に元老院全体が連座させられたとき、元老院の潔白を一人で弁護したその勇気ある行為が原因になり、正当な裁判もなしに、彼自らの録《しる》すところでは、「五百哩《マイル》も離れた地点で、発言も抗弁も許されぬまま、元老院を立て過ぎるというかどで、死刑と財産没収を宣告され」(8)、パヴィアの牢獄に幽閉の身となった。刑の執行は五二五年であったから、もし四七〇年の生まれだとすれば、いまだ五十半ばにして、この哲人執政官は命を絶たれたことになる。

獄窓の論理

元執政官で、二人の執政官の父親である元老院議員という地位から、身に覚えのないことながら、王に対する逆臣として死刑を待つ身となった獄中のボエティウス、それは幸運から不運への転落であるとともに、死に囲まれた一つの限界状況に立たされた人間の図である。この実存的苦悩の極限において、思索は彼において何を可能にしたのか。死刑に処せられるに先立って過ごした二年余りの獄中に書き上げた書物が、前述の『哲学の慰め』である。私の見るところでは、この書物の中に獄窓の論理は結晶している。それはいかなる形状をなすのであろうか。

獄窓にも渦巻く感情がある。そして囚われの生活がそのような感情に始まるのも是非ないことであろう。最初の詩は二十二行であるが、そこに感情に関わる単語が二十四も使われているのに、「表象力や感覚力と共に理性認識の力をも有するわれわれは、むしろ理性の側に味方すべきではなかろうか」(9)と書かれている文章を含む節の後に続く最終の詩においては、その詩自体はヴァレリー（Paul Valéry, 1871-1945）の彫琢を思わせるみごとな詩であるが、そこに使われている感情の相関単語はわずかに三つに過ぎない。このことは、ボエティウス自身が狂おしい悶えや不安また誣告者《ぶこく》への恨みなどを次第に克服し、感情的な喜怒哀楽とは異なった高度の知的認識による平安に至る道を歩み終えたことの小さな象徴であろう。そこに至る獄窓の論理は、単に現実の牢獄で死を待つ著者のみの営みとは思われない。たとえその苦しみも悲しみも比較にはならぬほど小さな規模であるにせよ、いずれは訪れてくる死の壁に囲まれ、窓から洩れる陽光のように、わずかな知性の光で身を励ましはするものの、思うにまかせぬ日を嘆くわれわれすべての人間にとって、まことに相似た境遇ではなかろうか。人生は牢獄によって象徴されるとするならば、獄窓の論理はまた人生の論理にもなるはずである。

ボエティウスは囚われの身の悲運を嘆くが、やがてその嘆きを自己省察により克服しながら、獄中の苦悩に伏在するいくつかの大問題に思いを致し、五部から成る『哲学の慰め』を著した。私の見るところでは、その書物は四つの問題の省察に集約される。それはまず、幸運や不運の有為転変に一喜一憂し、結局は死に至る人間にとって、真の幸福とは何であるかという問いであり、次いで、そのように運命の起伏が多い世を主宰する神があるか否かという問いであり、第三に、神の主宰するこの世における悪とは何であるかという問いであり、最後に、第三の問いに関連することなのであるが、悪の栄えるような世に神の摂理などがあると言えるのかという問いである。

これら一連の問いに関して、その論述の一切を辿るゆとりは今ここにはないが、よくボエティウスの特色を示し、かつ結論の構造が全体的に明らかになるような思考契機を取り出してみたいと思う。それは幸福論、神存在の一論《ヘノロギア》的証明および偶然論である。

幸福を願うのは人みなの心の自然な傾きである。ボエティウスはこの幸福を二つに峻別し、「幸運（fortuna）」と「福祉（felicitas）」と「至福（beatitudo）」とし、幸福論の原型の一つを構成する。(10)「幸運」は、彼によれば、移ろいやすい可変性をその本性とするものである。それはさまざまの外的条件と特定の人との一時的な結合離散をもたらす運り合《めぐりあ》わせであって、それが勝手に訪れると、人は外的条件の充足した「福祉」を自分の能力や努力に相応した以上の程度に恵まれる。しかし、そのような身に余る「福祉」が伴うのは極めて一時的のことであるし、また逆に、もし「幸運」がその人から完全に去ってしまうと、その人自身の能力や努力に相応した「福祉」さえも失ってしまうことにもなる。「福祉」とは、ボエティウスが必ずしも明確に述べているわけではないが、牢ボエティウスにはそれがあるのに、最初は涙に暮れていたのではなかったか。それゆえ、福祉の条件はあっても、人は必ずしも幸福ではないということになる。哲学の女神は次のように告げる。

お前が逐謫《ちくたく》の僻地と呼ぶこの土地にしても、ここに住む人びとにとっては故郷に他ならない。されば、一切はお前が不幸と思うときのみ不幸なのであり、これに反して安んじてこれに耐える者にとってはどのような運命も祝福されている。(12)

それゆえ、幸福とは一つの思い方なのである。もとよりそれは無条件的な主観的思念なのではない。それは福祉の条件を福祉として発見し、賛同するところの精神的態度である。しかし、いかに恵まれた福祉としてもそれは外的条件であり、それによる幸福は、確かに幸運による幸福が確固としてはいても、結局は滅びゆくものなのではなかろうか。「おお、死すべき人間よ、お前たちはなぜお前たちの内にある幸福をお前たちの外に求めるのか。(中略)私はお前に最高の幸福の核心を示そう(13)」と哲学の女神は告げた後、次のように教える。人間に属するもののうち、人間にとって自己自身より高貴なものはない。ゆえに人間が自己自身を確保していさえすれば、人間が絶対に失いたくないところのもの、また幸運に左右さ

れないものを所有していることになる。(14)

「死を免れない人間にとって生命を維持することが最大の関心事であるのに、お前がお前に残されている自分の財宝をよく認識するならば、お前は何という幸福な人間であろうか、お前には今になっても、生命より貴重なことを誰も疑いはしない宝物がたくさん残されているではないか(11)」という言葉を考えてみると、ある程度明瞭な概念を得ることができる。彼に残されている生命よりも大切な財宝とは、この場合、この引用文の前にある文章からみれば、明らかに義父シムマクスの彼のための義憤の態度、妻ルスティキアーナの彼に対する貞節と思慕、執政官であった息子たちの才能などという彼を繞《めぐ》る人びとの精神的資能としての徳である。それを基礎にして考え合わすと、彼自らの「英明と雄弁」や「物惜しみなき寛大」という徳も、この生命よりも大切な宝の中に数えられることになる。徳が生命の実現のためにあるのではなく、与えられた生命が徳の実現を果たさなくてはならないのである。そうであるとすれば、ある人が自らの生命のうえに自らが刻みあげてゆく徳が、そしてまたその徳がもたらす精神的な快が、幸運の有無にかかわらず、その人に相応しい福祉の条件であるとしなければならない。

このようにして、福祉としての幸福の条件は、幸運の有無と関係のない精神的な財宝であるということになるが、それではこの条件さえ具われば、それで人は幸福なのであろうか。

れたりしないところのもの、そういうものを所有していることになる。[14] 従って、そういう精神としての自己が外的な事物で満足するはずもなく、それにとって幸福は自己がよいものとして立てる徳と一つになることしかない。それゆえ、至福とは最高善を自己のものとすることに他ならず、それは自己を正しく意識する精神が、地上の牢獄から解放されて、自由に天を志すところの理性の飛翔であり、最高善に他ならない神を至福直観することである。[15] 獄窓に仄見えた一条の光が無限の太陽からきたように、人生の獄窓に立てられた徳は、それを介して遥かな神への憧憬を生かし、真実の幸福に至る論理的筋道の基本的分節となる。

同一化による神の証明

『哲学の慰め』は、右の幸福論でも明らかなように、きわめてプラトン的であるが、事実そこではプラトンの名前は十一回も出てきており、それはソクラテス四回、アリストテレス三回、エピクロス(Epikouros, 341–270 B.C.)二回、ピュタゴラス(Pythagoras, ca. 570 B.C.–?)一回、ゼノン(Zenon, ca. 490–ca. 430 B.C.)一回、アナクサゴラス(Anaxagoras, ca. 500–ca. 428 B.C.)一回、プトレマイオス(Ptolemaios Klaudios, 2 c.)一回というギリシア哲学者への言及数と、セネカ(Lucius Annaeus Seneca, ca. 4 B.C.–A.C. 65)三回、カトー (Marcus Porcius Cato Censorius, 234–149 B.C.)二回、カニウス(Jurius Canius)二回というローマ哲学者への言及数とに比べてみると、圧倒的に多く、しかもプラトンはいずれの場合も肯定ないし賞讃をもって引用され、また語られているのである。そして名指すことなしに暗にプラトンないしその学説が攻撃されるということも、前掲書の中では見いだされない。それにも拘わらず、ボエティウスの企てる神の証明方法は、プラトンに特有の「生ける運動としての神」を導出する方法でもないし、そうかと言って、アリストテレスに特有の「不動の動者としての神」を導出する方法でもない。ボエティウスの神の証明法は、同一化作用の根源としての一者を措定するという独特の論理存在学的《ロゴオンティーク》方法によるものであった。もとより、単に類似の祖型を探索することになれば、新プラトン主義の中にそれらしいものを見ることはできようが、事物の存在様式から体系化された一論《ヘノロギア》は、ボエティウスにおいて最も簡潔にしかも最も論理的にまとめられている。それを説明的に要約すれば次のようである。

「すべての存在者は、それが一たる間は持続し、存続するが、一たることを止《や》めると滅び、解体する」[16]。例えば、「生魂(anima)と物体(corpus)とが一に結合して一に留まる限り、それは生物と名づけられるが、この両者が分離して一たることが崩れるや、それは確かに滅亡し、もはや生物ではない」[17]ことからも明らかである。ところで、「存続し、持続しようと求めるすべての存在者は一たることを欲する」[18]から、一はすべてのものにとって善いものとして善(bonum)である。それゆえ、万物の目的は一にして善なるものである。[19]

さて、あるものが何らかの意味で善いものであるのは、それが善そのものに関与するからであるように、あるものがそのように統一されて在ることは、すなわち一者(unus)に関与して一(unum)となっているからである。つまり、根源的な一者は統一としての同一化作用を営むものである。それゆえ、「この世界がかくもさまざまな対立的な諸部分から一つの形相にまとまっているのは、この一者(unus)が存在し、それらを一つに結合しなければ不可能である」[20]。そして、大自然の中に種々の形で一定の秩序があるのも、このような一者がその同一化作用によって一定性を維持するからに他ならない。「かくて、被造物をして存続させ、活動させるところの一者を、その本質が何であるかにせよ、私は人びとの慣用語に倣って神と呼ぶ」[21]と言って、ボエティウスは神の存在証明を完成する。

右のように妥当力のある証明となるためには、引用文と地の文との交錯からすぐに気づかれた読者もあるかと思うが、ボエティウスからの引用を三つの点で補足しなければならなかった。すなわち、前述の部分において見たように、まずメテクシス(μέθεξις)ないしパルティキパティオ(participatio)、つまり「関与」ないし「分有」の考え方を使うことが必要であり、次に「一(unum)」を、何らかの一定の統一(unitas)を有してさえいればよい相対的存在者としての被統一的合成者の意味と、根源的で絶対的な一者の意味とに巧みに読み分ける必要もあるし、最後にこれは甚だ重要なことなのであるが、絶対的な一者(unum)を原同一性(Ur-identitas)と解釈し、これに内属する機能として統一化としての同一化作用を認めるという手続きを、右に示したように、明らかにする必要がある。これらのうち第一の「関与」ないし「分有」については、全篇に漲るプラトン的な性格から言っても自明的であると言えるし、善に関しては「関与」ないし「分有」が明言されていることでもあるから[22]、「一」に関してもむしろ読者が読みとるべきことであるとも言えようから、それほど問題にしなくてもよいかと思われる。第二の「一」の両義性も、文脈を辿れば誰にも両者の別はわかるのであるから、一応どこかで両者の差別のあるべきことを言及しておくべきではあったにせよ、これまたそれほど問題にしなくてもよいであろう。しかし、第三に挙げられたこと、すなわち一者が同一性であり、それゆえにまた統一化としての同一化を果たすものであるということについての明言の不在は、形而上学的にも論理的にも、かなり大きな欠陥であると言わなければならない。この解釈は原典における可能性の誘導であるが、このように補わなくては体系は成立しない。これら三つの大小の難点があるにしても、このボエティウスが企てた証明は、全体としてはみごとな構成で、「一」と「善」とが存在と同じであることを明示し、そしてその意味では、少なくともこの三者があらゆる存在者について語られるところから単独の個々の存在者に内属するにとどまらず、ありとしあるものに共通に超え出ている超越であることを暗示し、さらにこれが眼目であるが、一切の目的であり、一切の存在を維持する原理原因である一者としての最高善を神として証示し得たのである。ここに主宰者としての神は明らかになったが、創造主としての神は明らかにされてはいない。しかし、これが一つの独自の業績であることは認められるべきであろう。

悪について

主宰する神の存在することが証明されるとしても、それがただちに現実のこととして承認されるであろうか。身に覚えのない反逆罪を帰せられ、獄窓につながれ、誣告《ぶこく》し陥れるような邪悪の人が栄えているというようなことが、果たして神の支配する世界なのであろうか。

至福なる神は満足し自己充実する神である。そのため、「世界支配にあたって何らの外的助力を必要としない」(23)。それゆえ、「神は一切を自己自らに依ってのみ規定する」(24)。従って神は「一切を為し得るし、神の為し能わぬものごとはない」(25)はずである。

ところで、哲学の女神に「神は悪を為し得るか」(26)と問われたとき、それ自ら最高善である神が悪を「為し得るはずがない」(27)とボエティウスは答えた。ということは、為し能わぬもののごとのない神に為し得ない悪とは、ものごとではないということである。悪がものごとではないということは存在者ではないということであり、存在者ではないということは無であるということに他ならない。「悪は無である」(28)ということは何を意味するか。「悪が無であるとすれば、悪のみしか為し得ない邪悪者は」(29)、無しか行わないということになり、つまり「全くの何ごとも為し得ないということが明らかではないか」(30)。それはそのとおりであろう。しかし、現実に正義の人が獄窓にあるということは、殊にもそれが悪意の誣告によるというのであれば、邪悪者によって何も為されなかったのではなく、まさしく何ごとか実体のある悪が為されていることになりはしないのか。

一見したところ、そのように思われるかもしれない。しかしボエティウスの考えたところを辿るとそうはならない。善人も悪人も、共に目的としては、幸福になることを求めているのであるから、結局それぞれの生の志向は最高善に向けられている。「これを善人は徳という本性的機能によって求めるが、悪人はこれを徳とは縁遠いさまざまの欲望によって求めようとする」(31)。徳によって最高善に達しようとするのであれば、当然、善を実現することを少しずつでも努力しなければならない。ところが善とは一であり、何らか一つの統一的な意味を持つ事象である。それゆえ、徳によって最高善に進む善人とは、こういう有意味の事象の実現を介して至福に至ろうとする人のことである。これと反対の悪人は、こういう統一的事象の構成ではなく、破壊に進むことに他ならず、つまりはものごとを何一つ為し遂げることができず、崩すことしかできない。「彼らも、もし、善を為し続けることができたならば、悪を為すことには至らなかったであろう」[32]。その道は崩れへの降落に過ぎず、至福への自己構成ではない。こうして「あのプラトンの考えを証明することになる。すなわち、賢者のみが欲することを成し遂げることができ、悪人どもは自分の勝手に気に入ることは為し得ても、欲することを成し遂げることはできない」[33]。そうであるとすれば、善人の為す善は現実にどれほど不成功に見えようとも、それは至福への一階梯としての何ものかであるが、悪人の為す悪は現実にどれほど成功に見えようとも、それは至福への道から外れた崩しに他ならず、何ごとをも成し遂げることにはならないのである。悪は無であるという命題は決して新しいものではない。しかし、そこからこのような考えに展開させたところは、ギリシア哲学とキリスト教とのみごとな統一を果たしたボエティウスの明察と言えよう。獄窓にひとり耐えることの方が、人を罪に陥れたうえに政権を恣《ほしいまま》にするよりも遥かに何ごとかを為すことなのである。「辛く見える一切は、修練か矯正か刑罰かに過ぎない」[34]、「邪悪の人は何ごとをも為すこと能わず」[35]というのは何という清冽な行為観であろう。それは善に存在の充実を見る存在論的価値観の透明な推論の結果である。私はこの一行の文章だけでも、ボエティウスの前に頭を垂れる者である。

愛の欠如としての偶然について

神の支配者としての摂理が、このような理論でその大筋は認められるとしても、しかし世に幸運(fortuna)の有無があり、王に誠実に尽くすのに思いもかけず反逆の罪に問われるなどということを考えると、神の支配の必然的秩序に合わない偶然が多発するように思われる。自由が摂理的必然と矛盾しないことは、一切が最高善たる一者を目的とする秩序の中で、人間が徳に従って善に向かうか、無なる悪に向かうかを定《き》める決断が人間の自由にかかるのであるから問題はない。しかし、日常の具体的経験においてよい意向による行為が偶発的なことによって妨げられたり、思いもかけぬ迷惑をかけることになるのを知っている。それゆえ、「およそ偶然《カースス》(casus)というものが存在するのか、また在るとすればその本質は何であるか」[36]を考えてみなければならない。ボエティウスは「偶然を何らの原因とも結びつかない、無秩序の運動から生じた出来事と定義するならば、そのような偶然は決して存在しないと言わなければならない[37]」と言い、アリストテレスの『自然学(Physica)』を引用して手がかりとする。「あることが一定の意図のために企てられながら、実際には種々の原因から、その意図されたところとは異なったことが生ずる場合、それが偶然と呼ばれる。例えば、畑を耕すために土を掘り返したところ、そこに埋められた金貨を発見するごとき場合である[38]」。これはどのような構造であるか。「金貨を埋めた人も畑を耕した人も、その金貨がこのような形で発見されることを意図したわけではなく、前者が埋めたという事態に、後者がそこを掘りおこしたという事態が随伴し、遭遇したのである[39]」。それは、それぞれまったく別の原因から生じた相異なる結果として独立の因果系列であるが、両方の系列の結果同士が、それぞれ原因となって予測されていない結合をしたのであって、このような結合は当人がいくらその気になってみても成立する必然性はない。それゆえ、われわれは「偶然とはあることが一定の目的のために行われるにあたって、合流し並行する多くの原因から生ずる思いもよらぬ出来事である[40]」と定義することができる。この定義自体は、ボエティウス自らが言うとおり、アリストテレスが下した定義に負い、あるいは人によってはそれから一歩も出ないと見るかもしれない。仮にそうであるとしても、この時代にすでにアリストテレスを援用しているということ自体が、すでに大変なことなのである。本当に彼が五十歳半ばで獄死するという悲劇を経なかったとすれば、そして彼の年来の願望どおりに、もしプラトンとアリストテレスの全著作のギリシア語原典からのラテン語訳を完成していたとすれば、西欧の中世哲学の様相は、十三世紀を待たずにアリストテレスの全貌を知り、その消化にも充分の時間を持つことができ、プラトン主義との調和などもさらに実り豊かになっていたのではなかったかと悔やまれる。人材も豊富で、体系も思想も多様で興味深い現実の中世哲学の歴史に、今さら何の不満を言う必要もないのであるが、プラトンに加えて、もしアリストテレスももう少し早く知られていたとすれば、すでに早くからさらに独自の思想家がより多く出ていたであろうと推測することもできる。

それはさておき、偶然《カースス》をあのように定義することによって、いかなることが生ずるであろうか。前述したように、アリストテレスでは偶然が「意図されたところとは異なったこと」である点が問題であったが、ボエティウスでは、それを「思いもよらぬ出来事」と性格づけている点に注目しなければならない。この用語の小さな差は、現象の自然学的意義としては何も問題にならないが、道徳的には甚だ大きな意味を持つからである。われわれが何ごとかを営もうとするとき、意図するところを逸脱したことが生起した場合に責任はないと考えることができる。しかし人間の営みは、その意図するところは普通一つであり、そうでなくても極めて限られているが、その営みがどのような影響を及ぼすか、どのような経過を辿るか、その影響なり経過なりにおいて、他人や協力者たちにどのような迷惑なり利益なりをもたらすかなどを充分考慮するとなると、実に多数の問題に配慮を及ぼさなくてはならない。それゆえ、他人に対する愛を持つならば、行為を決断する際に、単にその行為の意図するところばかりではなく、その行為の経過および影響において神や人や他の存在者に何か迷惑が及びはしないかどうかを少なくとも考慮に入れるようにしなければならない。それゆえ、一般的に言うならば、「意図するところより異なったもの」は、「考慮に入れられないこと、すなわち思いもかけなかったこと」よりも、その外延において、遥かに小さいはずである。ということは、行為の意図のみに注目する人の視野は、意図のみならず行為の及ぼすあらゆる作用をできる限り考慮する人の視野よりも狭いということに他ならない。換言すれば、それは一つの行為に関係するさまざまの因果系列をあらかじめ考慮する人の場合の方が「思いもかけぬこと」、すなわち偶然が少ないということに他ならない。確かに、どれほど考慮を尽くしても人力の思い及ばないさまざまの因果系列が介入してくるから、偶然を排除し尽くすことのできないことは今改めて言うまでもない。

　右に見たように、行為を起こす際に、その行為の直接目的ばかりではなく、それが及ぼすさまざまの結果を他人のために考慮する人、すなわち愛の大きな人、この人の方がいくらかでも思いもかけぬこととしての偶然をより少なくするということは大きな意味を持つ。なぜならば、それは愛が偶然を減らすということであり、愛が大きくなればなるほど偶然は少なくなるということになるからである。愛は、このように必然的な秩序と照応する徳なのである。そればかりではない。「しかし、なぜ精神はこれほどの愛に燃え、真理の隠れた標識を見いだそうとするのか[41]」とあるように、愛のある人間はできる限りすべてを予知しようとさえする。そしてこのことを省察するとき、予知(praevidentia)と摂理(providentia)との差も明らかになってくる。なぜならば、愛に満ちた立派な人間でも努力して得ようとすることは、今見たように、まず偶然を能う限り少なくするための予知であるから、換言すれば、未来に関しての可能性の推測に過ぎない。それならば、「テイレシアスのあの嗤《わら》うべき予言、わが言うことはあらんかあらざらんかなり、と何の異なるところがあろうか[42]」。そういうものは、ただ前もって(prae)見る力(videntia)としての、先見としての予知(praevidentia)に過ぎない。それは、それを持つ人にとって現在はそれに入ってこないものを、つまり知られていない多くの必然をその人の将来の経験において偶然として認識しなければならない。すなわち、予知において無であるところの必然性が、やがて現実認識において偶然として経験されるのである。神に帰せられるところの摂理はそういう頼りないものではない。われわれの理解によれば、愛は偶然を減少させるのであったから、無限の愛であるところの神、愛そのものである神においては、偶然はないはずである。ということは、神の知識においては一切が必然であるということなのであろうか。もしそうであるとすれば、一切の事柄が神において必然的で不動な秩序によって連結されていることになるから、人間が何かを祈願するという望みもなくなる。つまり「望み、あるいは祈るという人間と神との間のあの唯一の交わりも閉ざされてしまうであろう」(43)。それゆえ、偶然の反対概念としての必然には、一方で確定的に知られているということの他に、他方で人間の自由決定の可能性とそれに応じる神の恩寵や賞罰の期待が保証されるという未決定性も、確定性と矛盾することなしに含まれていなければならない。それはいかにして可能であろうか。

神は永遠であり、永遠とは時間を超えていることであるから、神においては過去も未来も永遠の現在において見られる。あることを現在において見るとは、現在あることが生起していると見ることであるが、現在生起していることは必然である。なぜならば、それは必ずある原因によって生じているからである。そして「必然性には二種類ある。一つは端的必然性で、すべての人は死なねばならないというのが必然的であるというがごときであり、他は条件つき必然性であって、もし汝がある人の散歩しているのを知るならば、その人が散歩しているそのことは必然的であると言うがごときである」(44)。前者は本性上必然的であるが、後者は行為者の力によって生じる。それゆえ、前者のように「生起する前においても、生起することが必然的であるもの」(45)と、後者のように、「神の現在的知識に関してみれば必然的であるが、それ自体として考察されると、必然性の連鎖から解き放たれて自由であるもの」(46)の二つの必然性があることになる。こうして、神の現在的認識において、絶対的必然性と並んで、人間の個々の行為についても神の個々の裁きについても、それ自体として見ると、自由や変化が含まれるところの必然性が認められることになる。このようにして、大いなる愛としてその中に偶然のない神において、必然と自由の併存がみごとに説明されたことになる。そこに成立する知識は、未来に関する不完全な推測として偶然を許容する予知に過ぎないものではない。その中に偶然のない、そしてそれゆえに愛そのものであるところの者の、必然と自由との現在的認識こそが、あらゆる事物のために(pro)、あらゆる事物の未来に先だって(pro)、永遠の現在において見るところの providentia としての摂理なのである。

その流布について

前にも述べたが『哲学の慰め』(47)は中世を通じて広く愛読された。グラープマンによると、この書物を何らかの形で所有していないような修道院図書館や司教座聖堂図書館はないというほどであった。従って、その写本の種類も極めて多く四百種を超えるが、これは聖書に次いで広く読まれたというあの十五世紀のトマス・ア・ケンピス(Thomas a Kempis, 1379/80–1471)の手になるラテン語版の『キリストに倣いて(De imitatione Christi)』の写本が約三百種くらいであるのを思いあわせてみると、確かに時代が違い過ぎて比較するというわけにはいかないにしても、いかにも多いということは明らかである。中世にすでにその翻訳が多数企てられ、アルフレッド大王(Alfred the Great, 849–899)の英訳(年代不詳)、ザンクト・ガレンのノートケル三世(Notker III 〈Notker Labeo; Notker Teutonicus〉, ca. 950–1022)の独訳(十一世紀初期)、ジャン・ド・マン(Jean de Meung, ca. 1240–ca. 1305)の仏訳(十三世紀末)、珍しいところではマクシモス・プラヌデス(Maximus Planudes, ca. 1260–1330)によるギリシア語訳(十三世紀末)やヴァティカンの図書館にはヘブライ語の翻訳があるということを指摘している訳書もあるようだが、これはまた中世の註釈の対象ともなった。トリーアの市立図書館にある十世紀の写本(Codex 1093)には著名な哲人ヨハネス・スコトゥス・エリウゲナ(Johannes Scotus Eriugena, ca. 810–ca. 877)とオーセールのレミギウス(Remigius Autissiodorensis, ca. 841–ca. 908)の註解が含まれているし、パリの国立図書館にはいろいろ貴重な文献が多いが、そのCodex lat. 13953は十世紀の手稿本で、この書物の語彙集(glossarium)を含み、またCodex lat. 14380も同じく十世紀のものであるが、リンカンのロバートの小註がその第六六葉《フォリオ》右欄にあり、レニエリウス(Renierius de S. Trudone)の註釈が手稿本Codex lat. 17814(十一世紀)、16094(十四世紀)、17816(十五世紀)にそれぞれ含まれているし、十四世紀のCodex lat. 18424にはニコラス・トリヴェート(Nicholas Trivet, ca. 1258–ca. 1328)の註釈と前掲のジャン・ド・マンの翻訳があり、その他エルランゲンの大学図書館やクーエスの図書館などにも十一、十二世紀の古写本でこれの註釈書を持つものがある。とにかく、パイパー(Rudolfus Peiper, 1834–98)が一八七一年にライプツィヒで公刊したこの書のテクストの序文で挙げている註釈書だけでも、コンシュのギヨーム(Guillaume de Conches 〈Guillelmus de Conchis〉, ca. 1090–ca. 1154)、ニコラス・トリヴェート、ピエール・ダイイ(Pierre d'Ailly 〈Petrus de Alliaco〉, 1351–1420)、ディオニュシウス・カルトゥシアヌス(Dionysius Carthusianus, 15 c.)、ヨハネス・ムルメリウス(Johannes Murmellius, ca. 1480–1517)等とあって、多くの学者の研究対象であったことを物語る。

これだけ読まれ、また研究されると、その模倣も試みられる。すでに一八八一年にヴィンチェンツォ・ディ・ジョヴァンニ(Vincenzo di Giovanni)はそれだけで四〇頁余りにもわたる研究を示しているほどである。多くの類書の中でも、わけても有名なものは十五世紀初頭にジャン・ジェルソン(Jean

Gerson, 1363–1429) の書いた『神学の慰め (Consolatio theologiae)』であろう。

なお、ダンテは本書第六章でも触れたように、哲学や神学の思想に通じていた詩人であって、自らも『哲学の慰め』を愛読したことを『饗宴(Convivio)』第二篇第二章の中で告げているが、彼の著『新生(La Vita Nuova)』の詩と散文の交互に出てくる様式は、ボエティウスの影響ではなかろうかとグラープマンは言っている(48)。

これほど広い範囲にわたり、しかも中世に限って千年もの間、一つの書物が印刷術のない頃に読まれ続けていたということは、いかにこの書物の思索が深く人の心をとらえたかということの何よりの証しであろう。私は中世哲学の最も重要な文献の一つとして、人びとがボエティウスの『哲学の慰め』を見直すことを要求したいのである。

ボエティウスの著作活動について

前述したボエティウスの思弁は、『哲学の慰め』において彼によって明記されていたり意味されているのに、従来久しく人びとの看過していたその書の体系的構成において、その書のテーマと思われる四つの契機を中心にする解釈を通して明らかにされたものである。彼がこのような深い思索を残したというだけでも、中世哲学の一角を占める重要な学者であるということになろう。しかも彼は、キリスト教神学史上逸すべからざるペルソナの定義を含んだ『エウテュケスとネストリウスへの反論(Contra Eutychen et Nestorium)』をはじめとして、ギルベルトゥス・ポレタヌス(Gilbertus Porretanus〈Gilbert de la Porrée〉, ca. 1076–1154) やトマス・アクィナスなど、中世において多くの学者が註釈の対象としたところの『三位一体論(Quomodo Trinitas unus Deus ac non tres Dii [De Trinitate])』、『カトリック信仰論(De fide catholica)』、助祭ヨハネス(後の教皇ヨハネス一世)に宛てた論文として二つ、『父と子と聖霊は神性として実体的に述語づけられるか(Utrum Pater et Filius et Spiritus Sanctus de divinitate substantialiter praedicentur)』、および『デ・ヘブドマディブス[いかにして実体は実体的善でないにも拘わらず、それらが存在するということで善たり得るか](De hebdomadibus [Quomodo substantiae in eo quod sint bonae sint cum non sint substantialia bona])』という五篇の神学的小論文(opuscula sacra)を著している。これらの諸論文は、近世以来ボエティウスに帰し得るか否かが十九世紀末まで疑われ続けた。その理由は、確かに彼の著作である『哲学の慰め』にキリストの名が一度も出ていないので、著者はキリスト教の信者ではなく、その思想は新プラトン主義とストア哲学の折衷に過ぎないから、純粋にキリスト教的なこれらの諸論文は、ボエティウスの名を借りた知られざる神学者のものであろうということであった。しかし、『哲学の慰め』の思想をそのように解することがいかに表面的なものであるかは、前の諸項で提示した解釈と比較すれば、今さら言うまでもないことであろう。その書物を真に読破した人は、その内容がキリスト教的な思想と矛盾するものでないことくらいは直ちに理解できるはずである。これらの神学的小論文の写本の伝承に関する研究によって、これらの著作がボエティウスに帰すべきであるとした業績としては、ボシジオ(Giovanni Bosisio)の研究がすでに一八六九年に出ているが、決定的なこととしては、幸いにも一八七七年にアルフレッド・ホルダー(Alfred Holder)がカールスルーエ州立図書館で散逸したカッシオドルス(Flavius Magnus Aurelius Cassiodorus, ca. 485/490–ca. 580/582)の断片を発見し、そこにボエティウスについての記録として「彼は聖三位一体について一書を、教義学的諸論文を、またネストリウス反論の書物を書いた」という文章があったのと、これに関するウーゼナー(Hermann Usener)の積極的見解とに支えられ、今日では例えば、ロエブ古典叢書のテクストを編んだスチュワート(Hugh Fraser Stewart, 1863–1948)やラント(Edward Kennard Rand, 1871–1945)のようなボエティウス研究者も、グラープマンやジルソンをはじめウィッペル(John F. Wippel)に至るほとんどの中世哲学史家も、みなこれら神学的諸文書をボエティウスに帰している。ボエティウスのテクストを編むための写本の研究では、一八七一年にライプツィヒから『哲学の慰め』の最初の批判版を出したパイパーと並んで有名なシェプス(Georg Schepss)という学者がいるが、この人だけは問題のカッシオドルスの断片の真正を疑い、そこからこれらの神学的文書をボエティウスに帰するのを拒んでいる。しかし、これはグラープマンによっても行きすぎの懐疑主義だと考えられているように、(49)例外的見解である。そういうわけであるから、思索家としてのボエティウスの名声は神学の方面でも高められている。

このような思索は、外見上は詩と散文とが交錯する随想録にしか思われないような、そして題名も何か感傷的であるため、ややもすれば非論理的な獄中記に考えられがちのあの『哲学の慰め』において明らかに示されているように、厳密な論証によって立てられていく。われわれは以下に神学的思索の一例も示してみたいと思うが、その前に、ボエティウス自身がいかに論理学に関心を有していたかについて述べ、それに付随して出てくる他の領域の業績についても付言しておきたい。まず、彼自ら六つの論理学的著作を書いている。それらはいずれもミーニュ版ラテン教父全集第六十四巻に収められているが、現在、独立した書物として出版されることがほとんどないようなので、かなり大部のものもあることを示すために、書名の後に頁数をおく。すなわち、『定言的三段論法入門(Introductio ad categoricos syllogismos)』(P. L., LXIV, 761–794)、『定言的三段論法について(De syllogismo categorico)』(ibid., 793–832)、『仮言的三段論法について(De syllogismo hypothetico)』(ibid., 831–876)、『分割論(Liber de divisione)』(ibid., 875–892)、『定義論(Liber de diffinitione)』(ibid., 891–910)、『トピカの差異について(De differentiis topicis)』(ibid., 1173–1216)の六巻である。その他の著作として挙げるならその論理的思考力は数学の領域にも及び、ニコマコス(Nikomachos, ca. 50–ca. 150?)に範を求めた『算術教程(De institutione arithmetica)』があるし、今日ボエティウスの名を冠せられている『幾何学(De geometria)』は、彼のものではないという意見が強いが、しかし彼がギリシアの学者、例えばエウクレイデス(ユークリッド。Eukleides, ca. 300 B.C.)などに依って『幾何学』を書いたことは確かである。それらを基礎にしたうえで、数学的秩序がもたらす音階の妙を問題にするプトレマイオスをはじめとする多くのギリシアの学者たちに学んで『音楽教程(De institutione musica)』を著した。これはスチュワートとラントの言うところでは、近年に至るまでオックスフォードとケンブリッジ両大学では、音楽学の教科書として使用されていた。

　このように、古典古代の学的遺産を咀嚼し、これを忠実に伝えるという仕事も、ボエティウスの志向したところであった。前にも触れたように、彼はプラトンとアリストテレスの全著作のラテン語解釈と註解とを完成しようと望んでいた。それが比較的早い獄死、その他によって妨げられたが、どの程度進捗していたかは、多くの手稿などの現れて久しい今となっては、まったく知る由もない。しかし今も残されているその著作からみて、彼がこの両大哲をはじめとして多くのギリシアやローマの哲学者たちの書物を充分に読みこなしていたことは直ちにわかることである。そしてあたかもその詳細な証拠のようにして、彼の著した註釈類の中で現存しているものは、いずれもその後の中世に大きな影響を与えた立派なものばかりである。それらは、『アリストテレス範疇論訳註(In Categorias Aristotelis libri IV)』(P. L., LXIV, 159–294)、ならびに初心者向きの editio prima と学者用の editio secunda の二種類をふくむ『アリストテレス命題論訳註(In librum Arisotelis de interpretatione libri II)』(ibid., 293–638)、およびこれも二つの editio に分かれ、editio prima にはマリウス・ウィクトリヌス(Caius Marius Victorinus, 281/291–365/386)の訳に自分の註をつけ、edito secunda には自らの新訳に註をつけているところの『ポルフュリオス哲学入門訳註(In Isagogen Porphyrii commentorum editio prima et secunda)』(ibid., 9–158)、そして完全な形では残されていないが『キケロのトピカへの註解(Commetarium in Ciceronis Topica)』(ibid., 1039–1169)もある。なお、これらの訳註書の評判は甚だ高かったため、十三世紀のアリストテレス流行に先立って、十二世紀にすでに訳されたアリストテレスの『分析論(Analytica)』や『トピカ(Topica)』、『似而非推理論(De sophisticis elenchis)』などがボエティウスの名を冠せられている。これらはグラープマンによるとすべてヴェネツィアのヤコブス〈Jacobus〈Jakob von Venetia〉, 12 c. 前半〉が一一二八年に公にしたものであり、[50] 十五世紀にヨハネス・アルギュロプロス(Johannes Argyropulos, ca. 1415-87)によって人文主義的見地から言語学上も正しい訳と折り紙をつけられたものであるが、これらが一五四六年にボエティウスのバーゼル版全集が編まれた際に組み入れられ、それがもとでミーニュ版に取り入れられたのである。アリストテレスの立派な訳でしかも十三世紀のメルベケのギヨーム(Guillaume de Moerbeke〈Guillelmus de Moerbeka〉, ca. 1215-ca. 86)の定訳に先立つものと言えば、いつの間にか誰からともなくボエティウスに帰されてしまうというところに、彼の古典哲学研究者としての不動の令名が滲透していた事実をまざまざと知らされる思いがする。次章においてわれわれはまず哲学的小論文から見てみよう。

第八章　思索としての神学
——ボエティウス(2)——

テオロギカとしての神学

中世を通じて教理神学上、幾度も問題になり、尊敬の対象でもあったボエティウスの五つの小論文は、すでに述べたように『神学論文集(Opuscula sacra)』と呼ばれて一括されている。そのこと自体にそれほど大きな問題はないが、この sacra ないしその男性単数形 sacer(聖別されたる)という形容詞によって、それが冠せられている多くの宗教的事物を思い浮かべ、その結果、もしわれわれが後代の神学に見られるような歴史性の重視や権威的規定の集積を予想するならば、当を得ないということに注意しなければならない。現代神学者の中では、十九世紀のメビウス(August Ferdinand Möbius, 1790-1868)やシェーベン(Matthias Joseph Scheeben, 1835-88)のような思弁的神学の意味を理解した少数者に属する二十世紀のゼーンゲン(Gottlieb Söngen, 1892-1971)は、自身ニコライ・ハルトマン(Nicolai Hartmann, 1882-1950)の哲学を尊重し、思弁的傾向を持つ神学者であるが、そのゼーンゲンも神学には二つの目があり、一つは歴史であり、他の一つは哲学であると言って歴史性を重視する。[1] もとより、彼の意図そのものは思索力を警戒する神学の自縛的傾向がもたらす非哲学性に対する思索の復興のための哲学の重視にあったことは言うまでもない。しかし、それでも神学は普通に考えられる限り、啓示やイエス・キリストの生涯や教会設立というがごとき歴史的事件を無視することができない。それは純粋論理の次元ではなく、歴史の次元に立てられなくてはならない。否、むしろ歴史の論理が神学の骨格である。その意味では、神学は思索的論理を突破してでも自己を完成する歴史的現実としての啓示の歴史性から免れることはできない。このことは、何も神学が非論理的であるとか非合理的であるとかということではない。神学の合理性とは、人間の考え得る限りの純粋論理の可能性という事前論理《ロギカ・ア・プリオリ》からは考えられない啓示の歴史性によって方向を教えられて成立する事後論理《ロギカ・ア・ポステリオリ》の性格を持たざるを得ない。ということはしかし、事前論理が無用であるということではない。だが、後者が前者を追わなくてはならない。方向を決定するのは、神学においては神の意思の自己表明としての歴史的啓示であり、その意味において歴史はロギカ・ア・プリオリに対して優位に立つ。

　ところでボエティウスの神学は、テオロギカ(theologica)であって、テオロギア(theologia)ではなかった。ということは、ボエティウスが言語的には古代により近く生きていたのか、それとも古代の文献に極めてよく通じていたのか、その理由はともかく、すでに本書で述べた両者の区別を、彼がよく知っていたということである。ボエティウスが『三位一体論(De Trinitate)』においてテオロギカという語を選んでテオロギアを使わないということは、テオロギアがアリストテレスにおいて占めている歴史的神話としての低い地位に対し、神に関する学問的論証としてのテオロギケー(θεολογική)すなわち神学的論証ないし論理的神学が第一哲学という最高の体系的地位を占めていたことを熟知し、さらにそのうえで、そのような意味での神学は、歴史や伝承をではなく、むしろひたすらに論証や思弁を重んずるべきであると考えていたからに違いない。その意味では、ボエティウスは当時の学者たちの中では際立ってギリシア的知性に目醒めたキリスト教徒であったと言われなくてはならない。

　義父のシムマクスに捧げられた『三位一体論』の序文で、ボエティウスは「私の思索において聖アウグスティヌスの著書によって蒔かれた種子がいかばかり豊かに実ったかを見ていただきたい[2]」と述べて、彼の書物の性格が深い思索の人たるヒッポの司教に刺戟を受けた思索的なものであることを予告しているが、第二章の冒頭で、彼はかなり長い文章の中で、「学問には三つの思弁的な営みがあり」、それらは、(一)運動を扱い非抽象的で、つまり質料から離存的ではない自然学(*naturalis*, in motu inabstracta)、(二)運動を扱わないが非抽象的な数学(*mathematica*, sine motu inabstracta)、(三)運動を扱わず抽象的で離存的な神学(*theologica*, sine motu abstracta atque separabilis)であると言う[3]。それゆえ、自然学においては質料の量的測定による推理が必要であり、数学においては公式に準じた規則的推理が必要であり、神学においては純粋に理性的な思索が必要である[4]。従って、ボエティウスが三位一体を明らかにしようとする努力は、聖書を一度も引用することのない純粋思弁であって、このような神の玄義ないし秘義のような主題を扱うに際しても彼は、「われわれは想像に誘導されてはならず、ひたすら理性に支えられ、理性によってとらえられる限りのことが知られるようにせねばならない[5]」と言うのである。

　さて、そのような基本的方針で純粋に理性的に考えられた三位一体とはいかなるものなのであろうか。私の見るところでは、それは差異論、記号論、範疇論の三つによって行われた証明である。この順序で彼はその思索を展開しているから、それに従ってごく簡単にその論旨を辿ることにする。

三位一体の命題とは、彼によると「父なる神は子なる神であり、聖霊なる神である」[6]ということであり、「従って、父と子と聖霊とは一つの神であって三つの神々ではない」[7]。それゆえ、「この統一の根拠は無差別性である」[8]。このことは、そもそもどのような意味を持つのか。ここでは右の「無差別性(indifferentia)」によって、それぞれ異なったものが同様であるというようになっているところが問題なのである。この点を明らかにするため、ものの異同の位相を求める。すべてものの異同は「類(genus)」においてか、「種(species)」においてか、「数(numerus)」においてかである。いずれも神であるところの父と子と聖霊とが、「類」においても「種」においても同じであることは論を俟たないが、それらが「数」においても同じで一つの神であるという点に問題がある。従って、この点を論理的に始末できればよいことになる。「ところが、数において異なるということは、偶有性の多様性がもたらすものなのである」[9]。例えば、カトーとキケロは「類」としては「動物」で同じ、「種」としても「人間」で同じであるが、それぞれが個体であって、少なくともその占める空間的場所が異なるが、その場所たるや、それを占める個体にとっては「偶有性(accidens)」である[10]。こうして、少なくとも場所的偶有性の差異によって、数的な差がカトーとキケロの間には生起し、それが現実に犯しがたい個体差を意味する。「人間が数において多であるのは、偶有性において多になるからに他ならない」[11]。偶有性を持つものには、このようにして個体間の無差別性は成立しないで、逆に個体差が成立する。

ところで、偶有性のないものには、個体的に無差別が妥当せざるを得ないはずである。神には偶有性がない。また偶有性のないところに数における差異はあり得ないから、神においては、父と子と聖霊という三つの個体が数において同じである、すなわち一つであるということが成立しなければならない。これが前に私が差異論からする証明と名づけたものである。ここで付言しておくべきことは、改めて指摘するまでもないことではあろうが、数において異なるというような表現は、アリストテレスの『形而上学』における考え方の継承である。

次に記号論的な証明とは、数と単語の意味作用に関係させての説明とも言うべきものである。「数には二種類あって、一つはそれによってわれわれが数えるところのもの、他は数えられた事物において成立しているものである。一つというのは物に属し、一性というのは、それによって一つをわれわれが意味するものである」[12]。「それゆえ、一性を繰り返すことは、それによってわれわれが数える数においては多数をもたらすが、数えられた物においては多数をもたらすとは限らない。例えば、われわれが『一つの刀、一つの刃《やいば》、一つの剣《つるぎ》』

と言う場合、それがまったく同じ刀を指していることもあるからである」[13]。従って、異なった一つの名前が三度反復されても、そのことで多数の実在が意味されるとは限らない。「それゆえ、神が父と子と聖霊とによって三度述語づけられても、この三様の述定が数の多数をもたらしはしない」[14]。

このように述べることによって、ボエティウスは三位一体の可能性を記号論ないし意味論的に示しはしたが、なおその思考方位を押し詰めてゆき、神の三つの名前が単に同義語であるというようにはしない。もしそうであれば、「神」についてのすべての名称が、「父」と「子」と「聖霊」と同じ資格をもって語られることになるからである。従って、「父」と「子」と「聖霊」と言われるのは、多義語(multivocum)としてではない。その点では「刀」という同一にして同様の事物を指す「刃」や「剣」などの例とは合わないところがある。なぜならば、「父と子と聖霊とは神という点で同様ではあるが、相互に同一ではないからである」[15]。「それゆえ、これら三者の間に完全な無差別性はない」[16]。

そこで、神における差別的無差別性の秘密を明らかにする必要がある。「差別」とか「無差別」ということは述語の問題であるから、述語論としての範疇論に入らなくてはならない。この問題はボエティウスが独自の範疇論を展開しながら、三位一体論の仕上げを果たすところでもあるから、本来ならば詳細に扱うべきところであるが、ここでは論旨の概略を結論的に述べることにする。

一般に範疇(praedicator)は十ある。すなわち、実体(substantia)、性質(qualitas)、量(quantitas)、関係(ad aliquid)、場所(ubi)、時間(quando)、所持(habere)、状況(situm esse)、能動(facere)、受動(pati)である[17]。ここでボエティウスの列挙したものは、その順序と共に、周知のようにアリストテレスそのままの継承である。ただ、彼は範疇の差別を行い、「実体」、「性質」、「量」の三範疇のみが主語の実体に関わり、他の範疇は偶有性にしか関わりはしないと言い、「何らかの存在を示すものを、事物的範疇と呼ぶ」[18]。

そのうえに常ならぬ偶有性の変化が生起する「基体ではないところの神に関しては、ただこの事物的範疇しか適用できない」[19]。この考えそのものは、ボエティウス自らが案出したものとも見られるが、すでにこの書の冒頭で彼自らがその思索の源泉となったと告げているアウグスティヌスその人が、その『三位一体論』の中で、「所持、状況、場所、時間、能動、受動は偶有的である。しかし、神においては何ものも偶有性に関しては語られない。なぜならば、神においては何ものも可変的ではないからである」[20]と述べていることの継承であろう。ここで神に適用できるものとしては、アウグスティヌスが明示的に排除した六つの偶有的範疇は、ボエティウスも例を挙げながら排拒しているのであるが、これらと、ボエティウスが神に適用できるものとして明示的に取り上げた三つの事物的範疇とを合わせると、今ここで九つの範疇が明示的に問題とされたことになる。十の範疇のうち、それではいったい何の範疇が残されているのであろうか。言うまでもなく、ボエティウスによって ad quid, relativis, または relatio と呼ばれているところの「関係」の範疇である[21]。そして、この「関係」の範疇こそ、アウグスティヌスがこれを用いてその『三位一体論』においてアリウス派の三実体説を論破したところのものなのである。そしてボエティウスも、範疇の差別を論じた後で、「さて、今から関係について思索してみたい。今まで論じてきたものは、これがための準備なのである[22]」と書いて、「関係」の範疇を最後の切り札としている。ボエティウスがこの範疇に注目するのは、確かにアウグスティヌスの影響であろうが、しかしその用い方は彼独自のものであって、アウグスティヌスとは違っている。

「関係」の範疇はボエティウスの範疇分類からすると、事物的範疇の中にも、偶有的範疇の中にも入れられておらず、いわば一つだけ浮き上がった独特の位置を占めている。なぜであろうか。それは「関係」が実体の存在に関する述定でないにも拘わらず、実体相互の間を述定するものとして、実体に関わる述定であるからに他ならないからである。それは、いわば事物的範疇と偶有的範疇の止揚された形である。ボエティウスの論述によると次のようである。

主人Ａとその従僕Ｂとは関係的である。つまりＡＢが主従関係にあるとして、もし従僕Ｂが去ったとすると、Ａその人の実体に変わりはないが、Ａはもはや主人ではない。それは、白い字が黒板に書かれているとして、その字の白さがなくなると、白いものとしての字そのものもなくなるという例と同じであろう。後者は偶有性の喪失が事物の消失をもたらす例であるが、前者つまり関係項の喪失の例は、従僕が主人の偶有性ではないという点で異なっている。すなわち、「関係」の範疇は偶有性に関わるものではない。それならば実体に関わるのか。そうでもないことは、従僕が去って主従関係がなくなり、Ａは主人でなくなっても、Ａの実体は残ることからもわかるが、例えばＡの右に私が立つと、Ａが実体として自ら左の者になったのではないのに、Ａは私の左の者になり、私がその左に立てば、Ａの実体は変わらないのに、Ａは私の右の者と言われるところからも明らかである。確かに「関係」の範疇は、「私」という実体の動きによるので、Ａの実体には関わらないものである[23]。

このように見てくると、「関係」の範疇は、偶有性にも実体にも関わらない独特のものでなければならない。それゆえ、この範疇をもってすれば、偶有性を持たないものとしての神について語り得るが、こう語ることにおいて神の実体について語ることにはならない。

ところで、「父」と「子」は関係的である。父も神、子も神であるけれども、これは右の省察によって明らかなように、両者の相関性を語るのであって、両者の実体の別を語るものではない。なぜかと言えば、父なる神は永遠に神であるから、子を生んだことによって何か偶有性が加わり、その実体に変化があって父となったのではない[24]。それはもともと永遠からの相関性によるのである。同様のことは、父なる神により生み出された子なる神に関しても、両者からの聖霊なる神に関しても言えることなのである。そして、これはいずれも非物体的であるから、もとより何らの空間的差異はない。しかも、これらはいずれも神であるからして、神が神から異なるはずはないので、それらの間に差別性はない。差別性のないところに多数性はない。多数性のないところには一性がある。そして前に説明されたように、数えられる事物すなわち存在するものにおいて、一性を反復することは決して多数性をもたらしはしない。つまり、関係的に差別性が認められた三者は相互に無差別なのであり、そういうものを三度数えあげても、それは一性の反復に過ぎず、実体的な複数がもたらされはしない。このようにして三位一体は成立する。そしてこのようにして、三位一体の三つという多数性は、「関係」の範疇で確保され、その統一としての一性はあらゆる事物的範疇で語られるものにおける無差別性によって確保される[25]。

ボエティウスは右のように思索することによって、三位一体をともかくも論証することができた。そしてそれは一応、前記三つの独立した証明によってそれぞれの位相において立証したと見ることもできようが、結局は三つの証明が構造的に「関係」の範疇による最後の証明において一つとなるように体系づけられており、三位一体を三位一体的に証明したその思索的な腕前はみごとと言う他はない。

人格の定義

その他のいわゆる『神学論文集』に属する小論文についても、言うべきことは極めて多いが、本章の意図から見ても、また本書の構成から見ても、神学書についてこれ以上あまり多くの紙数を割く必要はないと思われる。なぜならば、右に述べた『三位一体論』の解釈において、ボエティウスの神学の特色は充分尽くされているからである。

しかし、「ペルソナ(persona)」についてのほぼ最初と言ってもよい定義がボエティウスの他の神学書においてなされているので、哲学史上注意すべき事柄として、以下に断片的にそれに類したことを書き加えておこう。

まず、「ペルソナ」であるが、この術語は周知のように、およそ三位一体を省察する場合、普通に考えられる限りではその中心的な概念であろうし、事実、例えばアウグスティヌスの『三位一体論』においては、少なくともその第七巻では探求主題に属すると言ってもよいほどに頻出するのであるが、ボエティウスはこれを右に論述したその『三位一体論』においてはわずか一度、その複数二格である personarum の形で使っているに過ぎない。その点ではボエティウスはアウグスティヌスに範を求めていると自称してはいても、かなり意識的に異なった道を採ろうとしているようにも思われる。

ただし、このことはボエティウスがペルソナを無視していたということではない。前に単に『エウテュケスとネストリウスへの反論』と紹介した論文は、その実際の題目は「ペルソナと〈キリストの〉二つの本性についてのエウテュケスとネストリウスへの反論の書(Liber de persona et duabus naturis contra Eutychen et Nestorium)」というのであって、「ペルソナ考」なのである。彼はその序文の終わりで、「自己矛盾的な異端に関する問題全体においてペルソナと本性とが論ぜられるのであるから、まずこれらの概念が定義されなくてはならず、それらの固有の差異によって分析されなくてはならない(26)」と言って、ペルソナの定義を考えるのである。「しかし、ペルソナに適合する定義を下すのは極めて問題である(27)」から、ボエティウスは慎重にそれと深く関係する本性《ナトゥーラ》(natura)概念を分析し、「ペルソナの定義を見いだして、《理性的本性の個人的実体》とする(28)」。これは確かにペルソナの定義として最も早い時代の、しかも最も論理的に、かつ最も巧妙に形成されているところのものである。われわれが驚嘆すべきは、単にこの定義が中世を支配したという事実ばかりではない。さらに驚嘆すべきことは、恐らく、現代でも人がペルソナないし少なくとも人間のペルソナとしての人格について考えようとするとき、殊にその定義を新たに形成しようとするとき、ボエティウスの定義が依然として参考にすべき最も厳密な古典的定義として妥当しているという事実であり、この定義の後に彼が録《しる》しているギリシア文化に関する精密な知識についてである。彼は問題の定義の後に「この定義によって、われわれローマ人はギリシア人が実体《ヒュポスタシス》と呼んでいるところのものを規定したことになる(29)」と言い、このようにペルソナが内容的にはヒュポスタシス(ὑπόστασις)でありながら、言葉としては別の源泉に由来すると述べて、悲劇や喜劇の仮面《プロソーポン》(πρόσωπον)の訳語に基づくことを詳しく説明している(30)。ペルソナが personare に由来するという、後にトマス・アクィナスも採った間違った語源的説明の原型もここにある(31)。しかしボエティウスの場合、ともかくも、もっともらしい根拠を示すところが探索の時代の特色である。「仮面という意味の単語ペルソナ(ラテン語の発音に似せて書くとペルソーナ)は、あるものを介して鳴り響くという意味の動詞 persono の活用形の一つ personandum に由来し、終わりから二番目の音節にシルコンフレクスをつけて読んでペルソーナとしたわけである(32)」というのが一応の理由である。この説明はその後、personare という不定形を用いることにして、今日まで続いているが、言語学的には無理な考えであるということになっている。しかし、これを否定したところで、今日でもペルソナの語源的由来は謎のままである。恐らくエトルリア語のphersu に由来するという説が言語学的には最も正しいと思われる。もっとも、エトルリア人の墳墓の壁画の大きな顔の横に書かれていたその phersu が何を意味しているのかはいまだ不詳であって、私の知る限りでは神の名ではなく、人の名でもなく、仮面のことではなかろうかという説が有力なだけである。しかしそれにも信を置く人は少ないし、一般の学界でもそのことを全く知らない人ばかりと言ってもよく、ペルソナと言えば、personare に由来するというのは、オックスフォードのラテン語辞書まで採用している考えであるから、ボエティウスの説明は今でも命脈を保っていることになる。

善とその探求方法など

十七世紀のユダヤ教の哲学者スピノザ(Baruch de Spinoza, 1632-77)と、その千年以上も前のキリスト教の哲学者ボエティウスとを、何も無理に関係づける必然性もなければ、またその必要性もありはしない。しかし、真実の生き方を求め、至善の神を求めた『エティカ(Ethica)』の著者が採った方法は、周知のとおり平面幾何学の秩序と方法に従って、最初に定義や公理を示し、定理の証明を一つずつ果たしながら、形而上学の課題を演繹的に明らかにしてゆくことであった。そして、その具体的な方法の当否や成果の評価は人びとによって異なっているにしても、そういう演繹的方法を採ろうとした精神を、ほとんどの哲学史家は十七世紀の合理的精神の現れの一つに見ようとする。そしてそのこと自体、誤りではないであろう。しかし、数学的方法をもって形而上学的課題に立ち向かおうとした人びとが多くいたことは、ピュタゴラス以来、一時期のプラトンをはじめとして、殊に哲学は数学となってしまったとアリストテレスを嘆かせたスペウシッポス(Speusippos, ca. 400-339 B.C.)に代表された頃のアカデメイアの特色でもあった。そして、小規模ではあったが、そういう試みの一種をボエティウスは『いかにして実体は実体的善でないにも拘わらず、それらが存在するということで善たり得るか(Quomodo substantiae in eo quod sint bonae sint cum non sint substantialia bona)』という長い題名の小論文で実行している。その序文によると、この論文は彼の失われた著書『デ・ヘブドマディブス(De hebdomadibus)』の自註と見なすことができるので、便宜上すでに中世時代から「デ・ヘブドマディブス」と呼ばれていた。[33] もとより、この論文が数学的方法によるものではないことは想像に難くないであろうが、あたかもスピノザが企てたように、定義と公理をはじめに掲げ、それから演繹的に組織するところに、一種の数学的精神が見られるのである。ボエティウスはその序文で、「思索の結果を、軽薄でおもしろくなければ論証を辿ろうともしない人びとに分けるよりは、むしろおのれ自らの記憶の中に埋め果てたいほどである」(34)と書いているので、思いの深きがゆえに理解されることに乏しく、孤独に耐えなくてはならない思索家の常として、鋭いだけで思う力のない多くの批評家たちに浴びせられがちの雑言に、よほど腹を据えかねた思いをさせられたのであろう。それゆえ、「以下の論述が短いためにわかりにくいと言って文句を言わないでもらいたい」と釘をさした後で、「晦渋こそ深秘の確かな砦」と言い、「これに耐える者こそ共に論ずるに足る者」とまで言う。いたずらに難解を衒《てら》うのは憐れむべき児戯であろうが、難しいものは難しいのであって、わかり得ない水準の者にはわかり得ないのは致し方ない。それゆえ、難解な『デ・ヘブドマディブス』のわかりやすい説明としての註解を求められたにも拘わらず、その問題のためには学問的に対処しなければならないと考えた彼は、「数学や若干の諸学において習慣となっているごとく、以下に展開される一切の論証に使われる概念と規則とをまず前提として説明することにした」と書き、九カ条にわたって定義および公理とも称すべき基礎的命題群を立てている。その中には第二条のように、「存在と存在者とは異なる」というハイデガー(Martin Heidegger, 1889–1976)の喜びそうな命題もある。もとより、プラトンやアリストテレスには、解釈すればこれと相似た表現がないわけではないが、明示的にこのように言う命題は、全くボエティウスの創見であろうかとも思われる。ただし、その典範と見て差し支えのないものが、近年になって明らかにされてきた。それは新プラトン主義の隠れた大思索家のマリウス・ウィクトリヌス(Caius Marius Victorinus, 281/291–365/386)である。

ウィクトリヌスはその『アリウス反論(Adversus Arium)』の中で、「存在者《オン》(ὄν)の前とロゴスの前に、実在するための力や可能性があって、それは存在《エッセ》(esse)という言葉で意味づけられているが、それはギリシア語では存在《ト・エイナイ》(τὸ εἶναι)と言われるものである」(35)と述べている。しかしこのことは、ボエティウスの偉大さを損なうものではない。むしろこれは、新プラトン的な考え方一般にあった傾向と旧約聖書の創造説との自ずからなる結合として、誰にも認められるものであろう。

ボエティウスにはまた第三条のように「存在者としてあるところのものは、何物かを分有し得るが、存在そのものは何物をも分有することはない。何ものかがすでにあるとき、分有は現象している。しかし、何ものかがあるのは、それが存在を受けとってからのことである」(36)というメテクシス(μέτεξις)、すなわち分有(participatio)に関する規定もあれば、第五条のように「単に何ものかであることと、その本質において何ものかであることとは別である。前者は偶有性であり、後者は実体である」(37)という存在の面からする実体の確保の試みもある。いずれもみな存在論の基礎的命題である。ボエティウスはこれらを駆使して、内容的にはすでに『哲学の慰め』で述べられた事柄、すなわち存在そのものや最高善、ここでは第一善(primum bonum)の存在、それへの志向性などを介して、標題の問題に答えるのである。ただし、それよりもこの論文で興味深いのは、むしろ善と正義の差別である。「善たることは存在を、正義たることは行為を含む」(38)。「ただ、存在と行為の一致する神のみにおいて、善と正義は一致する」。ところが、「われわれ人間においては存在と行為は同一ではない」から、「われわれ人間においては善と正義とは同一ではない」。われわれはすでに、「存在する限りのものは、その存在が最高善の意思に由来するからこそ善である」(39)ということを知っているから、これとすぐ前に論述した命題を組み合わせると、「あらゆる人間は善であるが正義とは限らない」(40)ということになる。そういうわけであるから、「結局のところ、善は一般的ないし類的であり、正義は善の特殊的なものであり、つまり種的であるが、この種は人間に限られ、他の一切にまで及ぶものではない」。「こうして正義であるものと正義でないものがあるが、一切は善である」と言うことができる。

註釈としての思索

思索の人としてのボエティウスを右のように強調する解釈は、従来の研究例からみれば異例に属するに違いない。しかし私は、体系的な問題位相に注目しながら、その原典を忠実に辿ることによって、彼の思索の奥行きを明らかにし得たのであって、そのこと自体が、いわば解釈(interpretatio)による一つの発明(inventio)の例ではないかと考えている。従来のボエティウス像は思索する哲学者であるよりも、研究する註釈家であった。もとより私は註釈を軽視する者ではない。それはすでに本書の序章に示したとおりである。真の註釈は真の思索の次元への道であることは確かであり、また思索なき目は、思索の書に相応しい註釈を施すことはできないであろう。しかし、註釈はどこまでいっても他者において語ることであり、他者における思索であって、いまだ自らが自らにおいて語ることではなく、自らにおいて思索することでもない。それゆえ、真理への差し迫りとしての哲学であることにおける自由と独立は、註釈によって達成されるのではなく、註釈で力を養われた思索においてはじめて達成への可能性が成立するのである。従って言うまでもないことであるが、哲学に関する限り、甚だ稀にしか成功しないにせよ、成功した思索家は成功した註釈家よりも貴重な存在である。

ところで前にも述べたように、人びとはえてしてボエティウスを単に卓れた註釈家としてしか評価していない。古代、中世の哲学に関して極めて正確かつ該博な知識を持つリチャード・マッキーオン(Richard McKeon, 1900–85)も、「歴史的に、そして少なからず知的に見ると彼〔ボエティウス〕は、カルキディウス、マクロビウス、マルティアヌス・カペラ、カッシオドルス、セヴィリャのイシドルス、そして尊者ベーダと連なる翻訳者、註釈者、百科全書的博識者の列に並んでいる」[41]とボエティウスを位置づけている。また、ジルソンは、「多くのアリストテレスの論理学書の翻訳や註解をもって、ボエティウスは、中世の論理学の教授になった」[42]と言っている。そしてベーナー(Philotheus Boehner, 1901-55)はボエティウスを讃えて、「ボエティウス。この思想家こそアウグスティヌスと並んで、中世哲学に最も大きな影響を及ぼした」と言いはするものの、すぐ続けて、「しかし、そのような意義は彼において認めがたい思想の独創的湧出のゆえではなく、まさしくギリシア哲学とスコラ学の仲介者としての彼の役割による」というように結ぶのである。[43] 確かにボエティウスのその面での研究はそれ自体としても卓れ、かつ甚だ大きな歴史的意義を有することに何らの異議をも差し挟む余地はない。私が強調したいことは、註釈家としてのそれに勝るとも劣らぬ彼の思索家としての独立の価値の発見なのである。しかしそういう解釈も、註釈家としてのボエティウスを無視することは許されない。それはどのようなものであろうか。

　ポルフュリオス(Porphyrios, 234-ca. 305)の『エイサゴーゲー(哲学入門)』の冒頭の第一行に施したボエティウスの註を、一例として見ることにしよう。前にも述べたように、これはマリウス・ウィクトリヌスの旧訳にもあるが、ボエティウス自身が試みた訳もある。最初の部分を比較してみることは甚だ興味深い。まずウィクトリヌス、次にボエティウスの訳を示す。

Cum sit necessar ium Menanti, sive ad Aristotelis categorias, sive ad definitionis disciplinam, nosse quid sit genus, quidve species, quid differentia, quid proprium, quid accidens, et omnino ad ea quae sunt divisionis, vel quae approbationis, quorum utilitas est et magna cognitio, breviter tibi explicare tantabo. Quae apud antiquos quidem alte et magnifice quaestionum genera proposita sunt, ego simplici sermone cum quadam conjectura[44] in res consideratione alia, ista explicabo mediocriter.

Cum sit necessarium, Chrysaori, et ad eam quae est apud Aristotelem praedicamentorum doctrinam nosse quid sit genus, quid differentia, quid species, quid proprium, et quid accidens, et ad diffinitionum assignationem, et omnino ad ea quae in divisione et in demonstratione sunt, utili istarum rerum speculatione compendiosam tibi traditionem faciens, tentabo breviter, velut introductionis modo, ea quae ab antiquis dicta sunt, aggredi, ab altioribus quidem quaestionibus abstinens, simpliciores vero mediocriter conjectans.(45)

書き出しの“cum sit necessarium”という文章も同じであるし、文脈のとらえ方も論理学的術語もほとんど同じ訳語である。それにも拘わらず、両者の間に非常に大きな差異があると私に思われることは、ウィクトリヌスとは異なった用語をボエティウスが使用することである。この数行の間では目立つのはわずか三つであるが、その対照を示すと下図のとおりである。これを見てもすぐわかるように、ボエティウスはポルフュリオスのギリシア語、ないしはそれの源であるアリストテレスのギリシア語の論証的思索性の側面をラテン語に即して強調している。このように、例えば私の見るところでは、ἀπόδειξις というギリシア語に対して単なる approbatio ではなく、demonstratio を選びとったボエティウス訳の方がはるかに原文の学問性を重視するように訳出している。

　このようにして訳した序文に対して、ボエティウスはまずこの書物の目的が四重であると指摘する。

「そして、これらは著者の意図を超えたものであるが、読者にもたらすところがあるので、その効用は少なからざるものである。すなわち、この著作によって範疇に関するすぐ役立つ知識、定義の課題、分析に関する正確な理解、そして論証による最も真なる結論が得られることになっている(46)」。

ポルフュリオス		ウィクトリヌス		ボエティウス
κατηγορίαι	→	categoria（カテゴリア）	→	praedicamenta（述語概念）
ἀπόδειξις	→	approbatio（証明）	→	demonstratio（論証）
θεωρία	→	cognitio（認識）	→	speculatio（思索）

すでにここに、註釈は著者の意図を超えているものであってもテクストに内在する意味志向を発見するものでなければならないという、いわば探求的な態度が窺われる。

　ところで、意味の発見とは思索の現実態である。まず原典を言語学的に正確に訳出したうえで、テクストを思索の次元とするというところに註釈の現実態があるとする考えこそ、ボエティウスに一貫する信念であった。従って彼はこの箇所よりも遥か前に、すなわち原典翻訳が掲げられるよりも前に最も優秀な哲学者たちは人間精神に関係しているから、彼自身の註釈も人間精神の力から始めなければならないと言っている。そしてそれ以下において、ポルフュリオスのテクストとは直接には関係しないかに思われる思弁的心理学に始まり、概念の存在論的位置、論理学の意義などに関するボエティウス自らの思索を展開してゆくのである。すなわち、註釈は省察から始まる。もとより、『エイサゴーゲー』自体が範疇論への手引き、すなわち入門書であるから、ボエティウスがこれから行うのは入門書の註解である以上、まず一般的な入門的知識が告げられなくてはならない。このように、ポルフュリオスと同様に、入門書を著すには教育上の配慮から高邁な思索は捨てても、ごく普通の解釈をしなくてはならないというのがボエティウスにとっての自明の態度であった。従って註釈のはじめの方で、すべてにわたって独自の考えを述べるというはずはなく、人間精神(anima humana)の力に関する論述の大筋は、アリストテレスの心理学の教える三重構造説の踏襲である。すなわち第一の力は、生命を支えるもので栄養摂取と生殖の機能を支配し、第二の力は、事物に関して断定を下し、ある程度の記憶をも持ち得る感覚能力であり、第三の力は、これらの諸力を駆使し推理する人間にしかない理性であり、これら三つによって人間精神は形成されていると言うのである。大綱は確かにこのとおりであるが、人間に特有の力についての記述には、彼の独特の考察や表現が見られる。それはいかなるものであるか。

動物は確かに感覚によってイメージを持つが、これによって未来に関する知識を構成することはできない。それは感覚されたものの記憶による以外は、不在の事物に関する知識がないということであろう。これに反して、人間の持つ第三の力は、「現前する事物の強固な概念形成に、あるいは不在の事物の理解に、あるいは知られざる事物の探求に適合している。(中略)この力は、感覚できないものや不在のものにも想像力によって得られた名前を付与することができ、理解の方法で得られたものを言語に開き入れることもできる」(47)。さらにこの力は、「既知のものを使って未知のものを探求し、個々の事物を知るに際しても、それが在るか否かばかりではなく、それが何であるか、それがいかにあるか、そしてそれがなぜ在るかさえも知ろうと欲する」(48)。

このようにボエティウスにおいては、人間の理性は存在の肯否、事物の様態、本質、存在理由を探索し得るものとして、それぞれに応ずる判断、記述、推理、思索の主体なのである。しかし、注意しなければならないことは、論証における推理によって把握されたことが、何事も事物の次元においてそのまま生起すると考える誤りを犯すことである。論証における推理は数学の計算とは違う。「数においては計算上の結果が百であれば、数えられる事物においても百の事物がなければならない」(49)。

また論理的証明で妥当するものが、すべて事物の世界に妥当するとは限らないので、いかに熱心に事物を研究しても、論理学の方法を知らなくては誤謬に陥る。それゆえ、「いかなる推理が論証の真の道かを示す学、真理に相応しい道へと導く学を学ばなくては、また何が真であり、何が疑われ得るかを学び知ったうえでなくては、事物に関する朽ちざる真理が推理によって見いだされるということはない」(50)。そこで形式論理学についての知識の必要性が指摘される。

「ところで、論理学の機能は二つあり、発見と判断である。これはキケロがその著『トピカ(Topica)』で明らかに言っていることであるが、それによると、アリストテレスはこの二つの道を兼ね備えていたが、ストア派は弁証論と呼ぶ学で判断の道を追求したにもかかわらず、トピカという発見の道を顧みなかったということである」(51)。

このことから見ても、ボエティウスは論理学の目的を、単に伝わり知られていることについての正しい判断にとどめることなく、いまだ知られざることを求めての発見にも置いていたことがわかる。この発見の方法が論理学を思索につなぐものであろう。彼はそれゆえ、論理学を単に哲学から切り離された学一般の道具とはせず、あたかも手がいわば道具のようでもありながら人間の部分であるのに似て、「論理学は哲学の道具でありながら哲学の一部である」(52)と言う。そして、その他に思弁哲学と実践哲学の二つが含まれるから、哲学は全体としてこれら三つの部分から成る。

さて、これらの省察のあとに彼は、「今や、論理学の原理、また論理学が何であるべきかについてできる限り簡潔に説明したのであるから、ここに註釈しようと企てた書物に関して少し述べなくてはならない」(53)と書き、ポルフュリオスの対象としたのが、アリストテレスの範疇論であること、実体、偶有性、属性、類種、種差等について簡単な説明を施し、原典につないでいる。

それでは彼の註釈とは、原典と関わりの少ない思索が主であとは調べずとも書ける術語の簡単な解説なのか。そうではない。例えば、ポルフュリオスが冒頭に使用したという一語について、ボエティウスはあの大判のミーニュ版のテクストでも数頁も割いているほど詳しい研究をしている。その大体を紹介すると、まず necessarium はギリシア語の ἀναγκαῖον と同様に多義語であるという言葉から始まる(54)。一つはキケロが necessarium sum と言うときであり、次はわれわれが necessarium nostrum と言うときであり、第三にわれわれが necessarium nobis と言うときの三つが代表的であろう。第一はこの際、問題にしなくてもよいが、後者二つはよく弁別しなければならない。前者は、ある種の効用(utilitas)が考えられているので、日本語では「必要」ということになろう。後者は necesse est の意味で、日本語では「必然」ということになろう。ここで明らかなように、necessarium には効用上の必要という意味と論理的必然という意味の二つがあるが、ポルフュリオスはどちらの意味に使ったのか。カテゴリーを研究してゆく場合、それに先立って「類」とか「種」とかが何であるかということを学ぶことは、その効用上必要であるとも言えるし、あるいはまた範疇論に入る前にそういう知識を具えることは理の当然で、従って必然的であるとも言えるであろうが、そのどちらであろうか。一見どちらでも良いような、またはいわゆる常識で処理したいような事柄でも、それが語義となると絶対にゆるがせにできないというのが註釈の基本である。ボエティウスはそれを守って、執拗にここの necessarium の意味を追求する。「しかし、ポルフュリオスはここで necessarium を必然ではなく効用上の必要という意味で使っている」のであるが、「文章そのものと幾つかの単語の文脈が、そのことを明瞭な理由で示している。なぜならば、必然とはそれ自体でそうなのであるが、効用上の必要とはそれが有用として役立つところの他のものに関係して語られる。そしてこの場合、アリストテレスの範疇論のために necessarium であると他者との関係で言われているから、効用上の必要という意味でなければならない」(55)(傍点は引用者による)とボエティウスは断定する。このように慎重に一語をもおろそかにしないという人文主義的な配慮を、思索と共に兼ね備えているのがボエティウスの註釈の性格である。しかし、その語義の決定が、語法に注意したうえでの論理的思惟の結論として出てくることこそ、見逃してはならない彼の方法的特色である。

丹念に読んでみると、ボエティウスは一つの驚異である。ジルソンはその『中世哲学史』で十数頁にまとめた巧みなボエティウスの概説の後に、「彼の思想の全体に関するよい研究はない」(56)と言っているが、私の知る限りでもそのとおりで、哲学者としての彼は忘れられていたのである。本書で私は、ボエティウスが好んで用いた speculatio は恐らくギリシア語の θεωρία すなわち「観想《テオリア》」の訳語として選ばれ、その後次第にイデア的直観からさらに一歩進めて玄義的なものの探索的思考にまで深められたかと思われるが、とにかくそういう言葉に相応しい思索者としてのボエティウス像を、その著作全体から刻みあげるように努力したつもりである。

ボエティウスはその豊かな教養、殊にマッキーオンが指摘しているように(57)、六世紀になって学者の間からさえほとんど立ち消えてしまうギリシア的教養をもっての重要な古典の解釈を通して自己の思索を高め、幾つかの貴重な理念的価値の発明に至ったのである。それは教父学の全体的展望において述べられた三つの精神的操作、教養、解釈、発明を体系的に結び合わせた思索の完成として、確かに教父学の自己完成の姿と見ることができる。そしてその同じことは、彼においてギリシア的伝統とラテン的伝統がキリスト教を土台として一つになったということから、ニュッサのグレゴリオスとヒッポのアウグスティヌスの綜合であるという形でも認められるに違いない。ただし、綜合がそこに統合される諸契機よりも常に高いとは限らない。私はボエティウスの新しい解釈をした今でも、そして彼の偉大さを改めて知った今でも、その豊かさと高さにおいて、アウグスティヌスとニュッサのグレゴリオスとは、彼を凌いで余りあるものであると思わざるを得ない。しかし、人びとが見落としてゆく六世紀の初頭に、獄窓になお学燈をともし続けた思索の人がいたことを、その深遠な思索はそこに至るまでの教父学の一つの綜合であることを、そしてその研究はそこから続くスコラ学の時代にプラトンやアリストテレスをはじめとする古代の知識をもたらす泉であったということを、われわれは改めて驚嘆の念をもって銘記しなければならない。まことにその墓碑に刻まれたごとく、かつて栄えたその名声は一度久しく埋もれはしたけれども、また誰かが彼を讃えるに違いない。

Tandem ignotus habes quit te colat,[58] ut tua virtus
Ut tua fortuna promeruitque σοφῶς.

最初のスコラ学者

　ボエティウスの思索が、右に述べたように、教養と発明を解釈で結ぶ一つの体系であるとすれば、これも前に述べたことであるが、それは教父哲学の自己完成ということになり、「最後の教父」と呼ばれるべきであろう。それにも拘わらず、何故《なにゆえ》本書は彼を教父学のところに置かず、スコラ学の側に位置づけようとするのであろうか。その理由は、実際のところすでに述べたことの中に含まれているはずなのである。それらをわれわれはここに取り出して明示しておく必要がある。それはどういうことであろうか。この問題を取り扱う方法として、教父学の展望を述べた本書第一章とスコラ学の展望を述べた第六章とを参考にし、そこでそれぞれ教父学の特色としたもの、スコラ学の特色としたものを、ボエティウスの学的営みである註釈と思索に関して考え合わせ、この哲学者がいずれの側に属すべきであるかを論定することにしたい。

　それゆえ、まず彼の註釈と相関的に教父学やスコラ学の特色を見てみよう。すでにわれわれが見てきたように、ボエティウスの註釈の偉大な業績は、残されている限りでも、また恐らく湮滅《いんめつ》したものを考え合わせても、すべてアリストテレスやポルフュリオスやキケロというようなギリシア・ラテンの哲学者の書いた著作のみである。彼の註釈の対象はこのように古典哲学なのである。この点で、教父たちが成し遂げた夥《おびただ》しい註釈との大きな差異は明瞭であろう。本書第二章で私はニュッサのグレゴリオスの思想を、旧約聖書に接点を求めた哲学としての神学、第四章でアウグスティヌスの思想を、新約聖書に接点を求めた哲学としての神学というように性格づけた。ということは、この二人の解釈の巨匠が、解釈の場として求めた原典は聖書であったということに他ならない。もとより、それはあまりにも類型化を急いでいると言われるかもしれない。そして、二人の教父がたまたまあのように性格づけられたからと言って、ギリシア教父の目が「旧約」に注がれ、ラテン教父の目が「新約」に注がれているなどと、その関心の方位の一般化を考えたり企てたりしているものではない。ニュッサのグレゴリオスの先師であるギリシア教父のオリゲネス(Origenēs, ca. 185–ca. 254)がはじめて書き出した聖書註解は、カイサレイアのエウセビオス(Eusebios, ca. 260–339/340)の伝えるところでは、新約聖書の『ヨハネ伝福音書註解』であったし、ラテン教父のアウグスティヌスが『告白』で試みたのは、周知のように、『創世記』の註解であり、それとは別に独立の書物もあるし、また『詩篇註解』のように著名なものもあり、このように旧約聖書の領域にアウグスティヌスの註釈は多々あるという具合に、前に述べたことと逆に思われるような事例もある。しかし私の言ったことは思索の類型なのであって、註釈対象の類別ではない。従ってこの事例にこだわる必要はない。もとより、例外的なことは幾つかあって、例えば四世紀のカルキディウス(Chalcidius)のようにプラトンの『ティマイオス(ΤΙΜΑΙΟΣ)』に註を付した人や、マクロビウス(Macrobius, ca. 5 c.)のようにその道をキケロの『国家論(De repblica)』第六巻『スキピオの夢(Somnium Scipionis)』に託した人もあるが、大体においてはギリシア教父にせよラテン教父にせよ、いずれにしても教父の註釈対象は古典哲学でなく聖書なのである。それゆえ、この点ではボエティウスは教父の系列には属さないことになる。それではスコラ学の系列に彼は属するのであろうか。われわれはいろいろと調べてみなくてはならない。

そもそも、スコラ学およびそれ以後における註釈はいかなるものか。もとより多くの註釈が聖書について書かれたことは、スコラ学以後のトマス・アクィナスの例を見ても明らかである。パリ大学では一二一二年の制度改革により、準備過程を終えた神学部の学生はペトルス・ロンバルドゥスの『命題集(Sententiae)』研究に先立ち、四年間聖書研究をしなければならなかった。それゆえ、二十六歳という例外的な若さで一二五二年から五四年まで、パリのサン・ジャック修道院における聖書註解の講師に抜擢されたトマスは、本来ならばその頃の講義録ないし講義手控えを残していてもよいはずであるが、それは失われたらしい。それにも拘わらず、聖書に関する彼の註解は、以下の七つないし八つが現存している。すなわち、ヴァルツ(Angelus Walz, 1893–1978)の調べた年代順に挙げてみると、『イザヤ書註解』[59]をはじめとして、一二六八年頃パリでの『エレミヤ哀歌註解』ならびに『エレミヤ書註解』、一二六九—七二年ナポリでの『ヨブ記註解』、『マタイ伝福音書註解』、一二六九—七二年ナポリでの『ヨハネ伝福音書註解』、一二五九—六五年に一旦着手され、一二七三年にナポリで完成した『聖パウロ書簡註解』、一二七二—七三年ナポリでの『詩篇註解』、なお付加してよいとすれば、『マタイ・マルコ・ルカ・ヨハネ伝福音書連続註解』すなわち別称『黄金の鎖(Catena aurea)』という一二六三年から六四年に書かれたものである。しかし、これらはいずれもほとんど神学生の中期段階に与える講義で、最後のものが教皇ウルバヌス四世(Urbanus IV, 在位 1261–64)に依頼された一般向きのものであって、そういう種類の著作が常に水準が低いというのではないが、これらはみな、特にトマスの研究上の傑出した特色を示す高度の著作とは思われていないし、また聖書研究にはトマスの有していたような卓越した思考力も必要であるが、また他方言語学的、歴史的知識も必要であろうが、そういう方面で彼が充分の力量を具えていたとは思われない。

トマスが註釈の仕事でも卓越していたことについては、そのアリストテレスの『形而上学』に関する見事な体系的解釈を完成した点で、それに賛成するか反対するかに拘わらず、大方の認めるところであるが、そのような註釈はどのくらいあるのであろうか。アリストテレスの註釈についてのみ挙げてみても、優に十指を越す。すなわち、一二六八年の『自然学註解』、一二六八—六九年の『心理学(霊魂論)註解』、一二六八—七二年の『感覚と可感的なるもの註解』、一二六九—七二年の『形而上学註解』、一二六九—七二年の『気象学註解』、一二六九—七二年の『政治学註解』、一二六九—七二年の『命題解釈論註解』、一二六九—七二年の『分析論後書註解』、一二七〇—七二年の『ニコマコス倫理学註解』、一二七一—七二年の『記憶論註解』、一二七二年の『天体論および世界論註解』、一二七二—七三年の『生成消滅論註解』というように十二冊に達する。彼の註釈活動はこれにとどまらない。彼自身はアリストテレスの著と思っていた『原因論』に対する註解もあるし、それ以外に他ならぬボエティウスのものに対して二つ、すなわち『デ・ヘブドマディブス註解』および『三位一体論註解』、その他の人に対しても、『偽ディオニュシオス・アレオパギテス神名論註解』、『ペトルス・ロンバルドゥス命題集註解』というように、少なくとも五つの註釈書をアリストテレス以外の哲学者に対して書いている。ということは、アリストテレスに関する註釈の十二冊を加えると、あの体系家トマスが、一人で実に十七の註釈書を書いたことになる。もとより、それが書かれた年代がほとんど同一であることからみて、それらの註釈には大学の講義に際して速読的になされたものもあろうし、その聴講者による筆録を主として友人のレギナルドゥス(Reginaldus de Piperno, ?–ca. 1290)が編んだに過ぎないものもあったかもしれない。しかし、トマスが若い頃から、アルベルトゥス・マグヌス(Albertus Magnus, ca. 1193/1200–1280)のもとで、アリストテレスを精読していたことを忘れてはならず、一二七〇年前後に集中して出てきた註釈書はその頃からの研究の集積が一挙に客観的な形をとったもので、極めて質の高いものが多く、今日でも学問的に高い評価を得ているものがある。それゆえ、トマスに特色的な註釈の対象は古典ギリシア哲学および教父学ないしスコラ学の古典的著作、一口に言って哲学の古典的著作であると言ってもよいであろう。この傾向は何もトマスに限るものではなく、ほとんどのスコラ哲学者たちはそのような註釈を施している。[60] ボエティウスに関する註釈を思い出すだけでも、ギルベルトゥス・ポレタヌス(Gilbertus Porretanus)やシャルトルのティエリ(THierrie de Chartre)やコンシュのギヨーム(Guillaume de Conches〈Guillelmus de Conchis〉)ら十二世紀の俊秀がいるが、この最後の人はプラトンの『ティマイオス』やマクロビウスの『キケロのスキピオの夢註解』にも註釈したのである。これらを綜合すると、確かにスコラ学およびそれ以後の大学における研究に属する学者の註釈の対象には哲学の古典が極めて多い。この点に関して言えば、ボエティウスは明らかにその先駆けを成すものであった。彼はわれわれの知る限り、聖書の註釈を企てることなく、聖書的な思想を堅持してはいたが、註釈の仕事としては哲学的な古典に対する営みに終始したのである。もし、教父哲学者たちがキリスト教の理論的体系化を望んで、哲学的精神をもって聖書の註釈に勤《いそ》しんでいたと言ってよければ、スコラ哲学者たちは身についたキリスト教的信仰をもって、哲学の古典の註釈に勤しんだと言ってもよいであろう。従って、私の見るところでは、ボエティウスは明らかに、単にスコラ学の系列に属するばかりではなく、註釈のこの系列の先駆者、この系列の先頭に立つ開拓者である。

次に、ボエティウスの思索と相関的にこの帰属の問題を論じてみよう。教父学においては、その代表者として考えられたニュッサのグレゴリオスとアウグスティヌスとは、聖書の言葉の論理的意味聯関を発見し、それを解釈することがただちに思索となるということにおいて、すなわち解釈が思索であるという新しい考え方においては大局的に一致するということが認められた。それはこの二人の巨匠において偶然そうであったのではない。思索における聖書、すなわち超自然的な恩寵の圧倒的な優位ということは教父の特色であった。ラテン教父の中でよく知られた人では、テルトゥリアヌス(Quintus Septimius Florens Tertullianus, ca. 155–ca. 220)がいて、『異端排斥論(De praescriptione haereticorum)』第七章では、「アテナイとエルサレムと何の関わりがあろうか。アカデメイアと教会と何の関わりがあろうか。異端者とキリスト教徒と何の関わりがあろうか。我らの教えはソロモンの柱より出でたるものにして、そのソロモンこそは二心なく一人の主を求めよと教え給うた者である[61]」という有名なギリシア哲学批難の文章を録《しる》して、聖書と哲学とが無縁であることを力説している。しかし、そのテルトゥリアヌスでさえ、「思うところが我らに近ければ哲学者とて拒みはしない[62]」から、「セネカは常に我が方にあり[63]」とも言い、前提は異なっても、聖書の線に沿う実践的な哲学を認めようとしていた。それは今一歩を踏み出すことができれば、聖書を理念の住処《すみか》としてこれに導かれて自己形成を果たす思索としての哲学に変身し得る蛹《さなぎ》の状態であると言えよう。

テルトゥリアヌスに三十年遅れて生まれたギリシア教父の

オリゲネスは、まさしくこの一歩を踏み出すことによって、聖書解釈の伝統を築いたと見ることができる。彼は、聖書のみならず、真理への愛に基づき哲学者たちをも研究したが、エウセビオスの証言によると、それらの哲学者とはプラトンやヌメニオス(Noumenios, 2 c. 末-3 c. 初頭)、ピュタゴラスの徒、ストア学派のカイレモンらであった。それゆえ、これら見えざる理念を追求する思索家たちは彼の思考力を鍛えていたのである。[64] それはいかなる役に立つのであるか。オリゲネスの聖書研究は徹底的に方法意識をもって貫かれる。まず彼は、奪うべからざる教権が認容した七十人訳の聖書をテクストとして尊重するが、それにも当然損傷もあり得るとして、エウセビオスが伝える術語では外立視《エクセタシス》(ἐξέτασις)という、いわば原典批判の操作をする。[65] そしてそのうえで解釈《ヘルメネイア》(ἑρμηνεία)に入るのであるが、第一段階はカタ・ト・グラムマ(κατὰ τὸ γράμμα)、すなわち文法的解読であり、そのためには文献学や考古学、必要とあらばラビの伝統までも参照して、いわば実証的に文の表面的な意味を確定する。しかしこれは予備的段階でしかない。聖書は霊的な書物であり、より深い意味を持つから、ここからカタ・ト・プネウマ(κατὰ τὸ πνεῦμα)、すなわち霊的次元に向かっての上昇が行われなければならない。これは聖書の霊的意味の発見であり、これこそが彼にとって本質的なものである。そしてここにいわば、メタグラマティカ(metagrammatica)としてのメタフィジカ(metaphysica)とでも言うべき思索が必要であり、しかもそれはあくまでも現実に録《しる》されている聖句の解釈でなければならない。こうして、確かに教父学が問題とする教父の思索は、聖書の解釈としての思索なのであり、それはむしろ本質的には思索的解釈なのである。ボエティウスは、この系列には属さないのではあるまいか。なぜならば、彼は教父によって現実化されたところの、聖書と一致した思索的解釈としての営みを出発点として、新しい体系を模索したのである。それゆえその方法として、釈義学的方法とは別の純粋思惟の論理学を改めて検討したのである。

　それでは思索に関しても、彼はスコラ学の系列に属するのであろうか。それについて断定するためにも、いろいろ調べなくてはならない。スコラ学者たちも一見したところ教父たちと同様、一層強く信仰内容に規定され、聖書の前に跪拝する理論しか認めないように思われる。『神学論文集』についての註釈を書いたことでボエティウスと縁の深いギルベルトゥス・ポレタヌスのことを想起するだけでも、そのような印象は故《ゆえ》なしとしないように思われる。ポレタヌスは一一四二年にはポワティエの司教に叙任されたというのに、四八年ランスで、その七年前にアベラールが受けたと同じく異端の宣告を危うく受けそうになった。これは、もとはと言えば、偶有性を担う「実体(substantia)」と「本性(subsistentia)」との区別をする新たな哲学説で三位一体を論証しようとしたことを、テルトゥリアヌスの生まれ変わりのように、我が師は使徒であって哲学者ではないとするクレルヴォーのベルナルドゥス〈Bernardus Claraevallensis 〈Bernard de Clairvaux〉, 1090–1153〉が批難したのに基づくが、この事実などは右の印象を実証するかに思われもしよう。しかし、事実はテクストを読むことによって深められる。確かにクレルヴォーのベルナルドゥスは多士済々の十二世紀にあって、哲学者の敵であると見られよう。彼は註釈を残してもいないしするから、当時の考え方からすれば学生にも及ばないと言われるのである。しかし、そのベルナルドゥスでさえも、シトー会の修道生活の理想たる神との幸いなる一致を説明するのにあたり、それが神と人との関係の現実の一つであるから、関係の理想である愛とは何であるかを知らなくてはならないという理論的態度を持し、愛は自己愛ならば自己固有の意志、他者との相互の愛ならば共通の意志であるから、一致とは意志の共有において成立し、従って愛における思いの一致と見なすという思索を形成しているのである。そして、他ならぬこのベルナルドゥスによって異端宣告を受けるに至った人、つまり後の章で見るようにわれわれがスコラ学から大学の創始者の一人に数えているアベラールは、「われわれが真なる根拠をもってその証明と詭弁を論破するのでなければ、どのような異端邪説も否定されたことになりはしない。そうしてこそはじめて誤謬は真理に座を譲り、弁証論者がソフィストを追放するのである」と言って、単に結論に目を奪われることが学問的に何の意味をも成さず、学説は一定の方法による論証と結論とが一体となった体系であるべきことを示している(66)。このように見てくると、確かにスコラ学の特色は、方法的意識をもって思索することである。そしてこのことは、われわれがすでに考察したことを裏書きする。この点ではボエティウスはまさしくこの系列に属するうえに、それを啓発してゆく位置にあると言うことができる。このようにして、私は註釈と思索の両面から見て、ボエティウスをスコラ学の萌芽と考える次第である。事実、彼の影響は、その著作が模範となって後の中世人の中で養われてゆく文化に方向を与えたというところにある。

第九章　否定と超越
——ヨハネス・スコトゥス・エリウゲナ——

北上の軌跡

萌芽の中に一切はある。しかし、萌芽におけるその一切はすべて小さい。ボエティウスがいかに思索の人であり、いかに註釈の人であり、そこに多くの精神的財宝があるにしても、それは一つの始まりの点に過ぎない。もとより、アウグスティヌスで頂点に達した教父の哲学を、違った時代の中でその時代を導いてゆく哲学につなぐこの一点の意味の大きさをわれわれは忘れない。しかし繰り返すが、それは品質の優れた萌芽に過ぎない。それは大きな森への予感に過ぎない。学燈はともされていたが、燃え立つ焔《ほのお》ではなかった。萌芽から森につなぐ一本の巨木、ともされた火が燃え移った松明、そういうものに譬えられる哲学者は、恐らくヨハネス・スコトゥス・エリウゲナ(Johannes Scotus Eriugena, ca. 810–ca. 877)であろう。九世紀のこの人について若干のことを述べる前に、しかし一応そこに至るまでの歴史の大略は見ておかなくてはなるまい。それは哲学の北上の記録でもある。

ボエティウスの歿後、六世紀で目立つ学者は同じくイタリアの、ジルソンの表現を借りれば、「最後のローマ人」[1]という称号をボエティウスと競い得るようなカッシオドルス(Flavius Magnus Aurelius Cassiodorus, ca. 485/490–ca. 580/582)であった。彼はやはりテオドリック王(Theodoric, 在位 471–526)のもとで政治家としての輝かしい経歴[2]を得た後に、自分がカラブリアに建てた修道院ウィウァリウムに五四〇年頃から引き籠もり、長い晩年をそこで送り、『教会史三部(Historia ecclesiastica tripartita)』『聖俗文献教程(Institutiones divinarum et saecularium litterarum)』『霊魂論(De anima)』『詩篇講解(Expositio Psalmorum)』等を書いた。彼は当時としては豊富に文献を揃えた図書館を備えていたし、その資質も哲学者ではなく、古典文化と教父の伝統とを博《ひろ》く吸収し、これを伝える教養の士であったから、後代にかなり引用されはしたが、『霊魂論』も独立の思想ではなく、すべては主としてアウグスティヌスの『霊魂の大きさ(De quantitate animae)』や

『霊魂の起源について(De origine animae)』や、後にアベラールにも引用されたことがあったが、「量」の範疇を霊魂には認めなかったクローディアヌス・マメルトゥス(Claudianus Mamertus, ca. 425–474)の『霊魂の状態について(De statu animae)』などの単なる継承に過ぎない。それよりもカッシオドルスの特色を示すのは、『聖俗文献教程』である。この第一巻は聖書研究の神学的方法としての方法形成(hodegetique)を説明しているが、そこでは特に聖書解釈における権威として教父が重んじられ、第二巻は『自由学芸論(De artibus ac disciplinis liberalium litterarum)』という別称があり、そこでは「三科」すなわち文法、修辞学、弁証学と、「四科」すなわち算術、幾何学、天文学、音楽が神学の入門階梯として置かれている。このように、世俗に通用する諸学を神学の準備として奨励している理由として、グラープマンはアウグスティヌスの『キリスト教義論(De doctrina christiana)』の延長線上にあるというエッゲルスドルファー(Franz Xaver Eggersdorfer)の説を採っている(3)。またこの著作はセヴィリャのイシドルス(Isidorus Hispalensis, ca. 560–636)の『語源(Etymologiae または Origines)』という二十巻の書物を準備したものと見なされている。なぜならば、その第一巻から第三巻までにわたって、「七科」の学のことが扱われているからであるし、その百科全書的な博識《ポリュマティエー》が、規模の大小はあれ、似通っているからである。『教会史三部』は後の中世全期にわたって教会史の手引きとして重宝されたし、『詩篇講解』も利用された。後の世に少しでも問題にされる註釈が、カッシオドルスの場合このように聖書のものであって哲学ではないということは、哲学史的に見れば、ボエティウスよりも後退したことになるが、しかしボエティウスにおいて内含的であった「自由七科」の学を恐らくほとんどはじめて明示的に、かつ詳細に論じたこと、およびボエティウスでは哲学的註釈の陰に忘れられかけていた聖書註釈という教父の伝統を方法的に反省したこと、これら二つの点はスコラを支えるところの、ボエティウスが立てた哲学書註釈の柱とはまた別の、二つの柱になるべきものの先駆けと見ることができるであろう。ただ、このカッシオドルスは、数あるボエティウスのギリシア古典翻訳のうち、今は失われた二つ、すなわちプトレマイオスの『天文学』とアルキメデスの『機械学』の訳書の名をも挙げているほど(4)、同時代人のボエティウスの仕事を外面的には知っているのであるが、ギリシア古典そのものについての知識と哲学的思索というボエティウスの最大の関心事において、彼を継承し、その仕事を発展させるということはなかった。

　このような、いわば非ボエティウス的なカッシオドルスの学殖を受け継いでゆくのは、前にも触れたセヴィリャのイシドルスであった。前に触れた彼の『語源』は当時の百科全書であった。これはシセブト王(Sisebut, 在位 612–621)のために編まれ、イシドルスの生前には完成に至らず、その友サラゴサの司教ブラウリオ(Braulio Caesaraugustanus, ca. 590–651)をはじめとする共同編輯で完成されたものである。その内容を巻数に応じて表記すれば次のようである。

Liber I. De grammatica(文法)
Liber II. De rhetorica et dialectica(修辞学と弁証学)
Liber III. De quatuor disciplinis mathematicis(算術、幾何学、天文学、音楽)
Liber IV. De medicina(医学)
Liber V. De legibus et temporibus(法律および創造以来キリスト紀元六二七年までの一般歴史)
Liber VI. De libris et officiis ecclesiasticis(聖書と教会の聖務)
Liber VII. De Deo, angelis et fidelium ordinibus(神、使、教会の民の位階)
Liber VIII. De ecclesia et sectis diversis(教会ならびに異端)
Liber IX. De linguis, gentibus, regnis, militia, civibus, affinitatibus(言語、民族、国家、軍隊、市民、家族)
Liber X. De vocum certarum alphabetum(語源辞書)
Liber XI. De homine et portentis(人間および怪物)
Liber XII. De animalibus(動物誌)
Liber XIII. De mundo et partibus(宇宙論)
Liber XIV. De terra et partibus(地理誌)
Liber XV. De aedificiis et agris(建築および耕地)
Liber XVI. De lapidibus et metallis(岩石誌、鉱物学および尺度)
Liber XVII. De rebus rusticis(農業、園芸)
Liber XVIII. De bello et ludis(戦争および遊び)
Liber XIX. De navibus, aedificiis et vestibus(海事、住宅、および衣装〔被服〕)
Liber XX. De penu et instrumentis domesticis et rusticis(食品、諸技芸、道具および農具)

これらの題目からわかるように、『語源』は当時の生活全般の知識を網羅しているので、この書が中世の図書館において占めた役割は、現時の図書館におけるブリタニカ百科事典(Encyclopaedia Britannica)やラルース(Larousse)の占めるものと類似している。これによってもおよそ推測がつくように、「語源」とは言っても、それは現代の言語学で考えられるような形式的な類縁関係を辿るものとは異なって、単語が指示する事物の本質を理解するために、語音の類似を頼りにして、存在の類縁関係を辿ろうとしたものである。たとえばamicus ex hamo説、すなわちamicusがhamo(原形はhamus)

から派生したという説は、amicus(友)はhamus(鉤状の留め金、ホック)と発音上似ているが、それは本質的にホックのように相互に支え合うところからそう言われるのであるし、homo ex humo(homo が humo(原形は humus)に由来する)説は、homo(人)が、humus(大地)に発音が似ているが、それは人が土から創られ、土に帰るという事実に基づくのである。こういうことは今日からみると何の意味もないように思われるかもしれないが、事物の名と事物とは何らか本質的聯関を持つという思想に由来するのである。このような語源論には多少ともプラトンの『クラテュロス(ΚΡΑΤΥΛΟΣ)』篇などに著しい考え方も混入しているであろうが、基本的にはそれは聖書的伝統なのである。創世記によると「アダムが生物《いきもの》に名《なづ》けたるところは皆其名《みなそのな》となりぬ」[5]とあるが、これに基づく一つの言語的世界観が背後にあるから、単にイシドルスのみならず、九世紀のラバヌス・マウルス(Hrabanus〈Rhabanus〉Maurus, ca. 780–856)もしばしば用いたし、後述する十二世紀のオータンのホノリウス(Honorius Augustodunensis, ca. 1080–ca. 1157)もその方法を捨てない。

しかし、スコラ学との関係からみれば、一般には有名なこの書よりも『命題論集(Sententiarum)』(全三巻)である。これは主としてアウグスティヌスの諸著書や教皇グレゴリウス一世(Gregorius I, ca. 540–604, 在位 590–604)の『道徳論(Moralia)』から抄出した教理(第一巻)や道徳(第二、第三巻)を命題の形式で集録したもので、書名そのものはアクイタニアのプロスペル(Prosper Tiro Aquitanus, ca. 390–ca. 455)から借りたものであるが、これは標題の先駆性を持つに過ぎず、体系性には乏しいので、命名という点を除けば、イシドルスのこの書物こそが、後代、特に十二世紀に重要な役割を占めた幾多の命題論集やその註解の方法的先駆をなすものであった。特に『最高善論(De summo bono)』という別称もある第一巻全三十章は第一―三章の神の属性に始まり、神の可認識性および永遠性、創造論、悪の起源、天使論、人間論、キリスト論、聖霊論、教会論、旧約と新約の関係、祈禱論、秘跡論、そして終末論という順序でまとめられており、これはグラープマンによると中世に行き渡った神学体系の基礎的特色をすでに示しているということである。[6]聖書学の領域でも、例えば聖書中の人物八十六人に関する伝記的ノートである『師父史伝(De ortu et obitu patrum)』なども著している。

イシドルスに少し遅れて、その『命題論集』に類似しているが体系的には一層整った『命題論集(Sententiarum)』(全五巻)をサラゴサの司教サムエル・タフス(Samuel Tahus, ca. 600–ca. 683)が公刊した。だが、それも内容的にはほとんどグレゴリウス一世と若干アウグスティヌスが入っているだけである。十七世紀の人文学の泰斗マビヨン(Jean Mabillon, 1632–1707)は、中世最高の命題論集の編者ペトルス・ロンバルドゥスをはじめとする多くの学者が依って範としたものは、こ

のタフスの著書であったと言っている。(7)

このように六、七世紀にかけては、ボエティウスの体系的思索を継ぐというよりも、むしろ内容的には教父時代の整理が行われていたのであるが、ボエティウスの方法的精神が遺った形で受け継がれ、整理の対象としての教父の思想が命題論集として提示され、また百科全書的にまとめられたと見ることができよう。

ところで、イタリアからスペインに拡がっていったキリスト教文化は、今見た二つの『命題論集』に明らかなように大教皇グレゴリウス一世の影響が強かった。この教皇はイギリスにもその大胆な文化的布教を行ったので、カトリック教の信仰と共に、その枠内でのギリシア・ラテン文化もその地に移植されたのである。はじめはボニファティウス(Bonifatius, ca. 675–754)のような宣教師的な人物が多かったが、文化の開拓者は有名なベーダ・ウェネラビリス(尊者ベーダ)(Beda Venerabilis, ca. 673–735)であった。彼は歴史家であった。その著作は、それまでの古代文化全般にわたる一種の回顧的記念碑と見ることもできよう。『宇宙論(De rerum natura)』は、彼のイシドルス解釈を介して成立した百科全書であり、『英国教会史(Historia ecclesiastica gentis Anglorum)』は、五四七年に書かれたギルダス(Gildas, ca. 500–570)の『ブリテン人の歴史(Historia Britonum)』などを参照しているが、教会史として特色があり、ことにまた『韻律論(De arte metrica)』は、アウグスティヌスの『音楽論(De musica)』以来、久々の詩学であろう。このようにして、グレゴリウス一世が人文系統の世俗文化を嫌っていたにも拘わらず、彼の促した教会の宣教に伴って伝わった古典文化の根は、イギリスで次第にその度を高めつつ育成されていった。

学院の創立——スコラの成立

ベーダ・ウェネラビリスは、大教皇グレゴリウス一世と同じくベネディクト会修道士であり、イングランドの中央部にあるヨーク州のジャロウで後進の育成にあたったが、その高弟エグベルト(Egbert, ca. 678–766)はヨークの初代大司教に叙任され、司教座聖堂付属学院を設立した。そこから偉大な教育者アルクイヌス(Alcuinus, ca. 730–804)が出てきた。この人の著書も決して少なくなく、ミーニュ版教父全集の第百巻と第百一巻の二冊にわたり、その中には『魂の理拠について(De animae ratione)』や対話篇『弁証論について(De dialectica)』などのようにかなり知られたものもあるが、それらをはじめとする著書よりも、その実際の教育活動の方が歴史的に意味がある。『箴言』九章冒頭に、「知恵はその家を建て　その七《なな》つの柱を砍成《きりな》し」とあるのを、アルクイヌスは自由七科の学が知識の支柱であると解し、哲学をこれらの百科全書的博識と見て、カッシオドルス、イシドルスの線を固守したが、教理の説明には思弁的方法が必要であることを、主著『聖なる不可分な三位一体の信仰について(De fide sanctae et individuae trinitatis, libri tres)』において、以下のように述べて、すなわち、弁証論の必要性に因み、アウグスティヌスとボエティウスの伝統も維持している。アウグスティヌスの『三位一体論』に言及した後で、「三位一体に関する甚だ深遠な問題の多くは、範疇の精妙に依らなくては説明され得ない」[8]と言い、間接的にではあれ、遠くアリストテレスに溯ることを読者に求めている。そしてまた、『徳と悪徳[9](De virtutibus et vitiis liber)』では、信仰・希望・愛というキリスト教的な対神徳を述べた後に、正義・勇気・賢慮・節制という四つの枢要徳を挙げているが、これは遠くアリストテレスの『ニコマコス倫理学』に由来するが[10]、直接にはキケロがその『義務について(De officiis)』において定義し論じたものであるから、この例をもってもわかるように、アルクイヌスは一般道徳の面でもローマ古典文化を伝えている。それゆえ、彼においてはアウグスティヌス、ボエティウス、イシドルスなどの伝統と共に、それを介してのギリシア古典文化、また直接に知っていたローマ古典文化などが、いわば渦を成して次の世代の竜巻を待つような状態であった。

このようなアルクイヌスが七八〇年、ローマに出かけたとき、その旅路の北イタリアのパルマで、シャルルマーニュ帝として知られるカール大帝に出会った。前者はそのとき約五十歳であり、後者は七七一年以来フランク族の王となり、その会見の二十年後にはローマで教皇から戴冠して西ローマ帝国の皇帝となるのであるから、いわば意欲に燃えた日の出の勢いの時であった。大帝は、彼をアーヘンの宮廷の教育責任者として迎え、フランク族の文化的水準を高めようとした。学芸の復興は、その中央ヨーロッパにおける新興を志したカール大帝と、その要請に応えたアルクイヌスの教育活動によって生起したといっても過言ではない。そして、アルクイヌスこそが最初のスコラ、すなわち学院の設立者なのである。彼はカール大帝の支援のもとに、まず宮廷付属学院を創立し、主として貴族の子弟が後に王国の有能な官吏となり得るように、また偉大なキリスト教君主としての大帝の官吏に相応しい信仰に関する知識も併せ持つようにと、いわゆる七科の自由学芸を中心に、聖書や古典文学の教育にも力を注いだ。この学院ではアキレのパウリヌス(Paulinus II of Aquileia, ca. 730–802)やピサのペトルス(Petrus de Pisa)も協力していた。特筆すべきことは、アルクイヌスが聖書や哲学書の写本の正確な転写を奨励したこと、後に彼がトゥールのサン・マルタン修道院の院長となった際には、これも大帝の支援で可能であったが、かつて彼が収集した故郷ヨークの図書館の古写本をその修道院に移転させたことである。このようにして、ここに第二の種類のスコラ、すなわち主として有識の聖職者を養成しようとする修道院付属学院が成立した。彼の弟子に、前に少し触れたラバヌス・マウルスがいて、後にマインツの大司教となるや、かつてアルクイヌスその人が学んだヨークの司教座聖堂の学院のような司教座聖堂付属学院を設立し、これが第三の種類のスコラであり、この種類から多少分立している参事会付属学院を別種と数えれば、同じスコラにも四種があることになる。これらスコラでの教育に使われた言語は一貫してラテン語であった。六八五年から七五二年に至る約七十年間にわたり、大部分の教皇がシリア人やギリシア人であったということを思うと、その後、幾ばくもなくして西欧の教会的な学者が育つ土壌となる学院《スコラ》がすべてラテン語を使うようになったことは意外なほどである。しかし、それはたぶんカール大帝が西ローマ帝国の統一という政策を堅持したからでもあろうが、何と言っても教育文化面の責任者となったアルクイヌスが、決して一流の詩人とは言えないにしても、自らラテン語で詩を綴るほどラテン古典文化に通じていたことが挙げられよう。さらに今まで見てきたことでもわかるように、アウグスティヌスに結集したラテン教父の精神的遺産や、学院への仲介役ともなったボエティウスらの業績が、たとえわずかとは言え、プラトン、アリストテレスというギリシア哲学の本格的なところを含み持っており、ラテン系の学者たちには、ラテン語を使うことが当時の世界文化の習得につながるという自信もあったからであろう。すでに多くの書物がラテン語で書かれていたことで明らかなように、少なくとも西欧の文化的国際語はラテン語であったが、教育もこのようにしてラテン語で普及した。哲学の国際語として欧州諸大学の学位論文がそれによって書かれるという二十世紀初頭までラテン語が持ち続けた栄光は、そしてまたカトリック神学校では二十世紀の後半になっても根強く残っていたラテン語での講義の習慣は、正式にはこのときから始まったのである。そして、そのことは哲学の研究の国際性のためには極めて有利なことであった。なお、このカトリック教会におけるラテン語主義は、周知のように一九六二―六五年の第二ヴァティカン公会議で廃止された。典礼はミサを含めて、一部を除き、全体はその行われる国の公用語に変えられた。なお、ギリシア語は少数の学者によって学ばれてはいたが、特にアイルランドの諸修道院におけるその水準は甚だ高かった。その理由は優秀な学者たちがそこにいたのだという当然すぎること以外には、必ずしも明らかではないが、一つには六六八年から六九〇年にかけてカンタベリーの大司教の地位にあったテオドロス（Theodōros〈Theodor von Canterbury〉, ca. 602–690）がアテナイで教育を受けた文化的で生粋のギリシア人であり、この人がアイルランドの布教と教育に熱心であったからであろう。

出発と回帰

　カロリング王朝はやがて政治的には権威を失墜する。偉大なカール大帝の歿後、内乱が続出し、西ローマ帝国の統一は瓦解に面するからである。しかしカロリング・ルネサンスと言われた文化興隆の度は、一人の偉大な哲学者の仕事のゆえに、むしろこの内乱の時代の方が高かったであろう。その哲学者の名はヨハネス・スコトゥス・エリウゲナである。ウィッペル(John F. Wippel)の説では、[11] 九世紀の頃「スコトゥス」とは、「アイルランド人」のことを意味していたから、「アイルランド生まれ」を意味する「エリウゲナ」を付加するのは余計であろう。この人は生歿年とも不詳であるが、およそ八一〇年頃に生まれ、前記のようにギリシア語研究の水準が高かった故国で教育を受けた後、シャルル(カール)禿頭王《とくとうおう》(Charles II 〈Karl der Kahle〉, 在位 843-877)の要請を受け、八四〇年から八四七年までの間にフランスに赴き、パリにあるその宮廷付属学院の院長になった。八五〇年にはランスの大司教ヒンクマルス(Hincmarus Remensis, ?-882)の請いを容れ、一切は神の予定によるので自由意志は否定されるというゴットシャルク(Gottschalk, ca. 803-ca. 869)の救済予定説に対抗して、アウグスティヌスの線に即し、自由意志を認める説をまとめた。その説自体は正統的なものであるが、その思索の過程には啓示や宗教そのものを理性と同列に置くと見られる表現もあった。すなわちエリウゲナの思索の態度は、岩下壮一神父が早くに紹介した文章であるが、「哲学を論ずるは、真の宗教——それによって万物の最上且根本の原因たる神が謙遜に礼拝され又合理的に研究さるる——の則《のり》を明らかにする事に非ずして何ぞや。従って真の哲学は即ち真の宗教、又逆に真の宗教即ち真の哲学なりと云うべきなり」[12]というものであった。その例は『予定論(De divina praedestinatione)』の幾つかの箇所に見いだすことができるが、いずれにせよ、これらがもとで、エリウゲナは八五五年と八五九年の二回の司教会議で異端視されたが、それらは一種の警告にとどまり、彼のその後の自由な思索と研究には支障をきたさなかったようである。

　さて、エリウゲナも自身の仕事を註釈から始めている。『ヨハネ伝福音書』の註解も企ててはいるが、多くの中世哲学者と同様に哲学古典の註解が多い。オーレオー(Jean-Barthélemy Hauréau, 1812-96)はパリの国立図書館で Codex lat. 12960という九世紀の写本において、マルティアヌス・カペラ(Martianus Capella, 5 c.)についてのエリウゲナの註釈を発見し、ラント(Edward Kennard Rand, 1871-1945)はボエティウスの『神学論文集』についての註釈の夥しい写本がエリウゲナの著すところであるのを証明した。しかし、エリウゲナはギリシア語が堪能であったため、八六二年から八六四年の間に、四世紀の大哲学者であったニュッサのグレゴリオスや、七世紀の正統神学の旗手でアリストテレスの哲学を神学に応用しようと企てた碩学マクシムス・コンフェソール(Maximus Confessor, ca. 580-662)の著書を、ラテン語に翻訳してもいる。前者のものとしては『人間創造論(De hominis opificio)』、そして後者のものとしては『不定言説論(De ambiguiis)』がある。しかし、この面で彼自らを最も豊かにし、かつ後世に最も大きく影響した訳業は、今挙げた二つの翻訳の仕事よりも、その二年ほど前に完成した偽ディオニュシオス・アレオパギテス(Dionysios Areopagitēs)のラテン語改訳であった。このギリシア語写本は、すでに八二七年にビザンティン帝国のミカエル皇帝からフランク王国のルイ敬虔王に贈られたことは、一般に認められているが、その写本がサン・ドニ(ディオニュシオスのフランス語訛り)修道院の院長ヒルドゥイヌス(Hilduinus, ?-840/844)を喜ばせた。というのも一般にまだこの頃は、この文書の著者ディオニュシオスは『使徒行伝』第十七章三十四節に登場し、アテナイにおける聖パウロの説教にうたれてその弟子となったアレオパゴス(法廷)の裁判官ディオニュシオスと同一人物と考えられており、しかも特にガリア地方では、その人がフランスにまでも布教に来て、サン・ドニ修道院を建てたという話までもできていたからである。さすがにエリウゲナはこのガリアの使徒と聖パウロの高弟とを区別してはいたが、この有名な文書は後者の真作であると信じていた。彼は最初ヒルドゥイヌスの翻訳を読み、次いで自ら精密な翻訳を企てたが、その正確度は時の教皇ニコラウスの秘書官でギリシア語学者アナスタシウス(Anastasius)を驚嘆させたほどであった。この翻訳が後のラテン的中世に与えた影響は計り知れないほど大きく、それはサン・ヴィクトールのフーゴー(Hugo de Sancto Victore, ca. 1096-1141)、ロバート・グロステスト(Robert Grosseteste, ca. 1170-1253)、アルベルトゥス・マグヌス、トマス・アクィナスらが、このエリウゲナの訳に註釈を施している点からだけでも想像がつくであろう。今となっては誰の手になるものか知る由もないこの一群の思弁神学的文献は、もともとは紀元五〇〇年前後に成立したもので、シリアの修道院に属する神秘思想の学者によって書かれたものであろう。その内容はキリスト教思想と新プラトン主義のみごとな統一であったから、思索的なエリウゲナを刺戟するところは大きかった。そして、これを機縁にして創り上げられた『自然の区分について(De divisione naturae)』(全五巻)こそ、エリウゲナをしてこの時代に比類なき大思想家という名を恣《ほしいまま》にさせるものなのである。

プラトンを模して師弟の対話で構成された長大な対話篇『自然の区分について』にはギリシア語の標題もあり、それは『ペリ・ピュセオース・メリスムー(περί φύσεως μερισμού)』であるが、まことにナトゥーラ(natura)をギリシア語のピュシス(φύσις)の意味にとらなくては、この書を理解することは難しい。なぜならば、ナトゥーラには自然全体の意味はあるが、その他は事物の成り立ちを含めての誕生とか、その成り立ちから具わる本性とかという意味しかないと考えるのがラテン語としての常識であるが、それではこの書物の理解は不可能である。エリウゲナ自身がこの書物の序論で、事物を実在するものと実在しないものに分けたあと、この両者を含む一般的な術語が一つあるが、それはギリシア語でピュシスであり、ラテン語ではナトゥーラであると言う。確かにピュシスには右記のナトゥーラの意味の他に、一つ一つの実在が含まれ得るし、またピュシスもナトゥーラも、それが本質という限りでは、現に実在しない事物に関しても妥当するわけであるから、ピュシスは辛うじてエリウゲナの言うように、すべての実在するものおよび実在しないものの両者を意味すると言うことができよう。この意味では、原文に即する限り、コプルストン(Frederick S. J. Copleston, 1907–94)の言うように[13]、自然はあらゆる実在を意味すると書くのは誤りなのである。そして、このようなピュシスに対してナトゥーラが完全に対応すると見られる限りにおいて、「ナトゥーラは、かくて、在るものと在らざるもの、すなわち一切のものの共通名称である」[14]と定めることができる。そのうえでこの自然《ナトゥーラ》を創造概念と組み合わせて、有名な自然の四つの分類が行われる。すなわち、(一)創造するが、創造されはしない自然(natura creans non creata)、(二)創造するが、創造された自然(natura creans creata)、(三)創造されるが、創造しない自然(natura creata non creans)、(四)創造もせず、創造されもしない自然(natura non creata non creans)である。ここに掲げられたラテン語名詞句は哲学史などで説明する際に一般に使われている簡略化された形であって、原典では関係副詞を伴って語られ、例えば(一)は、その意味は全く同じであるが、“natura, quae creat et non creatur”となっている[15]。

ところで、「これら四つのうち、二組ずつの対立がある。すなわち、第一に対し第三が対立し、第二に対し第四が対立する」[16]。ここで誰の目にも明らかなことは、第一の自然とは一切の原因として、つまり神として理解され、第二の自然とは諸々の原初的原因として理解され、第三の自然とは時間、空間のいろいろの点における生成において認識される事物として理解され、この三つは比較的理解しやすいので、この対話篇では弟子が言い当てている。しかし第四の「創造もせず、創造されもしない自然」は少しわかりにくいので、師匠の方で、弟子が前述の三者に関する推量をするに先立って、あらかじめ次のように説明を与えている。すなわち、「第四の自然とは存在し能わぬことを種差、すなわち特色とするところの不可能者の中に措定される」[17]のである。ここで注目しなければならないことは、さしあたり次の二つの問題であろう。一つは、右に示された対立のさせ方であり、今一つは第四の

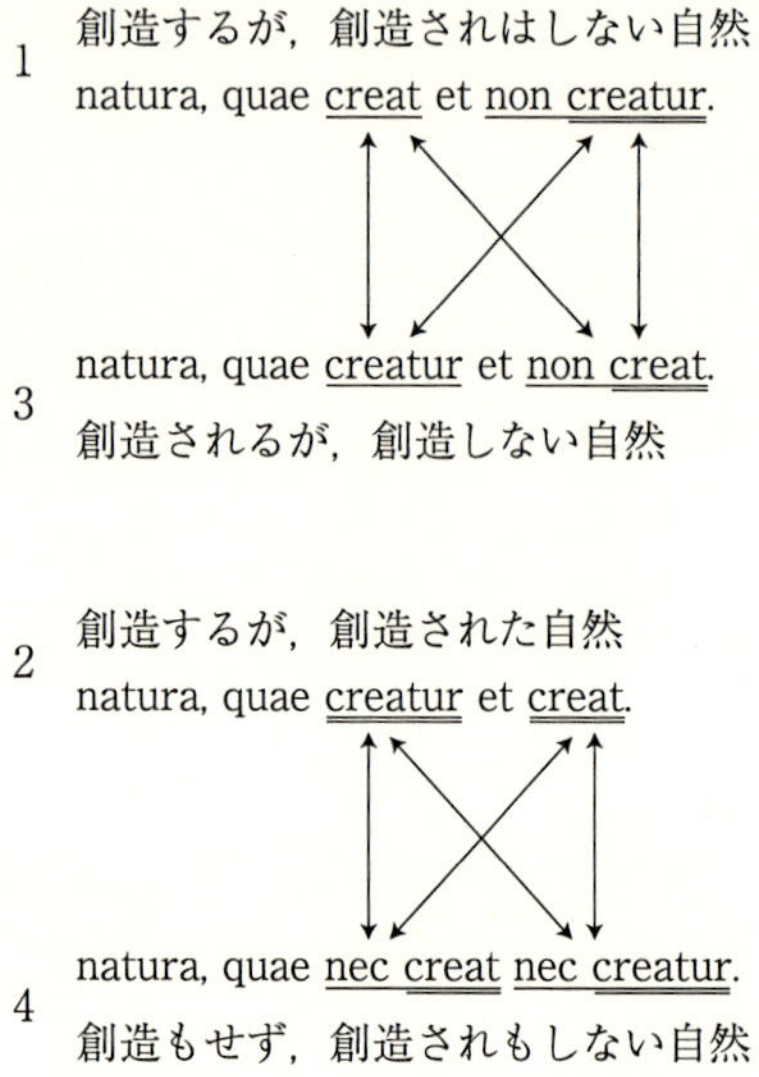

自然が果たして何なのかということである。何故《なにゆえ》こういうことが問題になるかと言えば、そもそも第四の自然は存在することが不可能であるものというように解されると、それは従って無ではなかろうかと考えられ、まずこれが存在そのものである神に違いないところの第一の自然と対立するのではないかと思われるのに、エリウゲナは第一の自然は第三の自然と対立するというのである。それはなぜか。この対立の必然性はエリウゲナの規定したとおりの文章でそれぞれの対立項を見てみると明らかになる(右図参照)。

ここで矢印で示したように、対立項はいずれも相互に creat と creatur がその肯否に関わりなく対立し、そしてまた、同じ creat 同士の肯否が対立し、creatur 同士の肯否が対立しているという形になっている。それゆえ、ここではそのそれぞれが何であるかという本質規定を明らかにした後に、その意味上の対立が求められたのではなく、まずおのおのが何であるかが明らかではないままに、文章の論理形式上の対立が明らかにされているということを見落としてはならない。そこには、ボエティウス以来研ぎ澄まされてきた論理的方法による観念論的思索の一つの典型が見られる。それは、常識的命名によって分節化されている日常の世界に還帰することによって思考の具体性が保証されたとする経験主義のリアリズムとは全く反対に、存在と非存在を含めて一切のものをナトゥーラと、いわば非常識的に、しかしたぶんそれゆえ学問的に命名し、次にそれを創造概念を中心としてその能動(creat)と受動(creatur)に分け、それぞれに肯定、否定という判断を付してみると、存在と非存在を含めた全体の分節が成立するという論理存在学《ロゴオンティカ》の営みなのである。この考え方では、この考え方の内部の対立関係や同一関係を探索するのが正しいのであって、それらの関係項そのものが実際上何であるかを求めて、それらに関する経験情報を基にしてそれらの項相互の関係を定立しようというのではない。このように論理的思弁による全体構造が正しいとすれば、それは必ず存在一般に関しても、またこの世界についても正しいはずなのである。この点に関しては、エリウゲナは権威(auctoritas)の教示よりも理性(ratio)の思索を重んずる。かなり読み進むと、この対話篇で弟子が「先生がご自分のお考えを強めるために教父たちの権威によって何ほどかの支えを加えて下さるほうが私には望ましいのですが(18)」と言うのに対し、エリウゲナその人を表すと思われるマギステルは、「自然においてより先なるものの方が、時間においてより先なるものよりも、より偉大な価値がある」と言い、さらに「理性は自然においてより先であり、権威は時間においてより先である(19)」と続け、理性が権威よりも卓れていることを形式的に証明している。

しかし、どうして理性は自然においてより先なのか、またどうして権威は時間においてより先なのか。エリウゲナは次の三通りの、多少、層を異にした説明を反復して、むしろ一応は周知のことと言われている「理性が権威に立ちまさる」ことの証明を果たそうとする。最初の説明は、確かに「自然は時間と共に創られたけれども、権威は時間や自然の最初の始原から存在したわけではない(20)」と言って、権威が自然や時間より後で付け加わった歴史的存在であることを示し、「これに反して理性はそもそもの起源を、自然および時間と共にその始原から共有している(21)」と述べ、理性は自然や時間にとって本質的存在であることを明らかにしている。第二、第三の説明は、右の基本原理を受けて、弟子が演繹する係なのである。それではその第二の方から言うと、権威と言えども教父の思索から生じるのであるから、「理性それ自らが教えるところでは、権威はいずれも理性に由来するのに対し、理性は決して権威より出ずるものではない。けだし、真の理性が支えない権威はすべて弱く思われるのに対し、真の理性はそれ自身で不変の力を示し、自己を強めるために権威の付加的な同意を必要としないからである(22)」。第三に、そのように考えてゆけば、「真の権威というものがあれば、それは理性の力によって明らかにされて、聖なる教父たちによって後世のために書かれたところの真理に他ならない(23)」ということになる。それゆえ、「今、人びとの論ずる事柄においてはまず理性を用い、しかる後に権威を用いるのでなければならない(24)」。

従って、あの第四の自然、すなわち「創造もせず、創造されもしない自然」、それは何であるかという問題も、全く理性で自由に考えてゆかなければならない。今、われわれはその問題についてどこまで考えていたかというと、それが第一の自然、すなわち「創造するが、創造されはしない自然」としての神に対して対立するものではなく、論理形式上、第二の自然、すなわち「創造するが、創造された自然」と対立するものであるというところまでである。

それでは、まずこの第二の自然が何であるかを今少し明らかにしなくてはならない。それは創造者である第一の自然によって創造されると同時に創造するものであるから、前者の限りでは神ではないが後者の限りでは神である。従って、それは創造主体としての神から離れてしかも現に神であるものという性格を持つものである。それはとりもなおさず、神の思惟として神の対象という距離をもって神の主体から離れており、しかも神によって創造されるものはすべてそのような神の思惟を基にしてこれに象《かたど》って創造されるのであるから、このような思惟は、創られてくるものの側から言えば、それを創り出す範型因として創造するものであると言われるであろう。それゆえ、この第二の自然とは、実在物の種的範型因ということになる。つまり、それは形相因に他ならない。このような形相因によって創り出されてくる事物はすべて創造されるものであり、それが無生物の場合は自然的変化しかせず、仮にそれが生物であっても作り出すものはせいぜい自己と同じ子を産み出すだけであり、人の場合は何らかの創作があると言っても、結局は予在する材料の新規の組み立てを果たすだけであり、つまりは創造することはない。それゆえ、このようなこの世の事物こそは、「創造されるが、創造しない」という第三の自然の定義に全く合致するのである。

ところで、第四の自然は第二の自然の反対であるということであるから、この事物という第三の自然たる有の反対者、すなわち有に対立するものたる無であるはずはない。そうであるとすれば、いったいあの「創造もせず、創造されもしないところの自然」とはそもそも何なのであろうか。それは創造もしないという限りでは神ではないが、創造されないという限りでは神か無か不合理なものか、いずれかよくはわからない。しかし、無ではないということがすでに明らかになっている以上、神か不合理なものかのいずれかになる。しかしながら、不合理なものであれば、存在することが不可能であるものに他ならず、それがこの第四の自然に含まれることはすでに述べたとおりであるが、しかしその他に創造されないものとして、残るところは神であるということしかない。してみると、「創造もせず、創造されもしない自然」という第四の自然として存在するものは、創造の主体たる神ではなくて、しかも神であるところのものであらねばならない。しかし、単にこの規定だけであれば、第二の自然と全く同じことにもなり得るであろう。けれども、この問われている第四の自然は、第二の自然に対立するものなのであった。そして、後者が事物の形相因であるというのであれば、前者すなわち第四の自然は、事物の形相因の対立者でなければならない。

ところで、神の思惟において範型的形相因に対立するものとは何か。それが起動因でないことはそれが創造しないというところから明らかであり、それが質料因でもないことは、それが神である以上当然のことである。そうなれば残るところは目的因ということになる。第四の自然とは、一切の究極目的としての神である。一切は、創造者としての第一の自然である神によって存在させられるが、帰するところ、目的としての第四の自然であるその同じ神に回帰しなければ、存在の意味を果たしたことにならない。宇宙はこのようにして神に包まれている。ここにおいてエリウゲナ自らが書いているように、(25)「これ凡《すべ》ての物は神より出《い》で、神によりて成《な》り、神に帰すればなり」という『ロマ人への書』十一章三十六節の思想が純粋の哲学的思索によって証明されている。

そして、このような見方をすると、確かに神は一切の原因であり、目的であるばかりでなく、神は形相因および目的因として何らかの形式で一切に内在し、またそうなることによって神が一切であるとも言われ、そこから当然のことのようにして汎神論的解釈がエリウゲナの思索に対して下されたりする傾向も生じるに至った。モーリス・ド・ヴルフ(Maurice de Wulf, 1867–1947)は、一九三四年に著した『中世哲学史(L'histoire de la philosophie médiévale)』の中でヨハネス・スコトゥス・エリウゲナを反スコラ学の父と記述しているが、これは、私の考える限り、テクストの実情を論理的に知悉していなかったために生じた誤解ではないかと思うのであるが、これなどは確かにまだ良い方なのである。中世においてはトゥールのベレンガリウス(Berengarius Turonensis, ca. 1005–88)やオータンのホノリウスのような高名な学者たちが『自然の区分について』を重用しており、特に十二世紀のマームズベリーのウィレルムス(Willelmus Malmesbiriensis, ca. 1080–1142)やその少し後のトゥルネのシモン(Simon de Tournai, ca. 1130–1201)などではその著を非常に高く評価していはするけれども、ベーヌのアモウリ(Amaury de Bène, ?–1206)によって為されたような、エリウゲナに汎神論的な誤謬があるという指摘が呼び水となって、一二一〇年にはパリ司教区で問題とされ、ついに一二二五年には教皇ホノリウス三世が『自然の区分について』を異端の書と宣告し、禁書は言うまでもないが、さらに酷烈に現存の部数をすべて焚書処分に付すことを命じた。幸いにも十三世紀は知的な時代であったから、この命令はかなり形式的なものに受け取られたに過ぎなかった。

まことに、ヨハネス・スコトゥス・エリウゲナの書物には大胆に過ぎる思索や言表があることは確かである。例えば、あの壮大な「四自然論」の体系には、彼自身も偽ディオニュシオス・アレオパギテスに対するとともに尊敬の念を捧げていた思索家として有名なニュッサのグレゴリオスにさえ見いだし得ないような論理的地平の深さがあるし、また哲学という単語の内容がいかに不定であるにもせよ、それが祈禱や痛悔でないことは明らかであるのに、誰も哲学に依るのでなければ天国に入ることができないとまでエリウゲナは言っているのである。そういうことが、ランスの大司教ヒンクマルスのように、教父の諸著作を博く読破し、それらの受容と解説で一家を成すような人のみが多かったその頃には、ひときわ目立つ鋭峰であり、その頃の世の驚異と警戒の念が三百年余り経た後も、伝統墨守の風土の中では、何とはなしに息づいていたのであろう。凡庸の人びとの中では、エリウゲナは異端の人と見なされがちなのであった。しかし、彼が怪しまれた理由の一つとなった「すべてにおけるすべてである神

(Deus omunis in omnibus)」という言葉でさえも、コプルストンが指摘しているように、キリストの復活の効果を説き、それが万物に対する勝利であることを述べるところの『コリント人への前の書』十五章二十八節のパウロの「これ神は万《よろず》の物に於《お》いて万の事となり給わん為なり」という文章に基づいている。ギリシア語が一般にはまだあまり読まれなかったこの時代のラテン教会の内部で、彼は例外的にギリシア教父に通じていたが、確かに『ヨハネ伝福音書』とパウロの『書簡』に盛られた宗教思想をギリシア教父の思索で解釈してゆけば、エリウゲナの思想はより親しいものと見られたに違いなかった。彼自身ラテン教父の中で好んで読んだのは、アウグスティヌスとニュッサのグレゴリオスの註釈家であるマクシムス・コンフェソールやボエティウスのように思弁的傾向の強い人びとであった。

さて、『自然の区分について』における右のような思想を支えているものとしてわれわれが特に注目しなければならないと思われる特色は、私の見るところでは次の二つである。第一は、前にも触れたことであるが、理性を権威よりも重視するという論理的思索の強調であり、第二はその思索の方法としての否定的思考である。このいずれもが中世哲学にとって重要な問題であるから、それらに関する肝要な事柄について若干述べておかなくてはならない。

理性が正当に思索し得たところのものは、「その妥当力についていかなる権威の同意をも必要とはしない(27)」と言って、権威からの理性の自己解放を主張するかに見えるエリウゲナではあるが、これをそのまま中世盛期で問題となる権威と理性との関係に当てはめてみるわけにはゆかない。というのは、エリウゲナは前述したように権威をただ教父の学説と限っていて、これにはもとより教会が教父として認めたり、その学説を支持したり、教義に取り入れたりしているという形で、教会の教導性も含意されていると見てよいかもしれないが、要するに教父の著書における正統的思想が権威の実質なのである。ところが、中世で一般に教父と言う場合には、まず第一に聖書や教会の伝承事項が挙げられ、公会議の決定事項などが教父と並んで考えられているから、権威の定義のうえでかなりの差異があることを確認しておかなくてはならない。なぜこのようなことが大事であるかと言えば、エリウゲナは理性を権威よりも高しとしているが、それは彼が聖書を権威の中に含ませていない限りにおいてである、ということが明確であるからである。従って、彼の理性優位論は必ずしも徹底したものと言えないかもしれない。理性と信仰といずれが重要かという問いを出してみると、彼はどのように答えるであろうか。

これについては、十九世紀末から二十世紀半ばにかけての多くの精力的な文献学者たちの写本研究による貴重な成果が、ある鮮やかな事実を示す。ヨハネス・スコトゥス・エリウゲナが歴史家や註釈家としても並々ならぬ業績を挙げた学者であったことは、前にその翻訳の努力について述べたときに暗示されたことであったが、それが明瞭になってきたのはオーレオーの研究に始まる。パリ国立図書館がギリシア語写本やラテン語写本の良質なものを豊富に蔵しているのは周知の事実であろうが、グラープマンが伝えるところによると、[28]そこには弁証論の教材に使われたと思われる九世紀および十世紀に書かれた一連のラテン語写本群が含まれている。その中にサン・ジェルマン・デ・プレのベネディクト会大修道院に由来する手跡本が幾つかあるが、オーレオーはその中の九世紀本の Codex lat. 12960 を精査し、それがマルティアヌス・カペラに対するヨハネス・スコトゥス・エリウゲナの註解であることを示した。[29]そして、それに刺戟された研究の中で、ラントは、同様の手跡本を調査し、エリウゲナがこれら多くの写本の形で残っているボエティウスの『神学論文集』(第一、第二、第三、第五論文)への註解の著者であることを証明したが、その方法はエリウゲナの『ヨハネ伝福音書註解』と、この註解との類似や並行現象を基にしたもので、中世文献学者として令名の高かったトラウベ (Ludwig Traube, 1861–1907) が序を寄せてその方法が成功したと認めている。[30]

ところで、ラントの研究書の中に次のような文章がある。

もし可能ならば、信仰と理性とを結び合わせよ。信仰は大衆が持っているものであるが、理性は持つ人が極めて少ない。すなわちただ知者のみが持つに過ぎない。しかしながら、信仰を介して理性に達するものであるから、そこからして福音書は言う、信ぜざれば知るを得じと。[31]それゆえ、信仰の方が理性よりも上である。

これがエリウゲナのものであるとして、これで見ると、確かに信仰は理性より高しとされ、信仰の相関者ないし源泉は、彼の言うところの権威、すなわち教父の学説からは厳密に区別されていることがわかる。彼のこの考えは、権威を聖書にではなく、聖書についての教会内部で有力視されている教父の解釈に置こうとすることであり、帰するところ、権威を人間の営みの結果とそれに付随して生じた歴史的事情とによって成立した社会心理学的価値と見なしていることに他ならない。権威をこのように聖書には置かず、聖書の下に位置づけることにより、理性は権威の名のもとに介入する一切の邪魔立てに対して極めて自由に処することができる。そしてこのことは、信仰を理性と置換しようとするのではないということであり、それについて改めて言うを要しないであろう。

次に、第二の特色である否定的思考の活用である。彼の独創的な自然の四区分が成功したことについては、すでに述べたとおりである。しかしこの他にも、ヨハネス・スコトゥス・エリウゲナの名と共に記憶されるべきものとして、ラテン語の世界にはじめてもたらされた否定神学(theologia negativa)がある。主著『自然の区分について』のそれも第一の自然である「創造するが、創造されはしない神」を論ずることで、エリウゲナは神が「言表され得ぬ自然」であることをいろいろ述べた後、神学にはその最高の部門として二つの部門があり、それはわれわれ自身の立てたものではなく、偽ディオニュシオス・アレオパギテスの権威によるものであって、彼は神学が二つの部門に分かれることを最も明らかに述べているが、それらはカタファティケー(καταφατική)とアポファティケー(ἀποφατική)であり、キケロはこれをそれぞれ注視《インテンティオ》(intentio)と拒否《レプルシオ》(repulsio)と訳しているが、言葉の意味をより明らかにするために、われわれはそれらを肯定《アフィルマティオ》(affirmatio)と否定《ネガティオ》(negatio)と訳すことにしたいと言っている。[32] この文章にはもとより歴史的な誤謬がある。エリウゲナは多くの中世人と同様に、キケロより遥か後の偽ディオニュシオス・アレオパギテスを、パウロの説教を聞いて改宗したあの大法官《アレオパゴス》ディオニュシオスと思い込んでいるということ、従って読みようによっては、その偽ディオニュシオス・アレオパギテスの文章に出てくる語をキケロが訳したようにとれないでもない。しかし、もとより時間的にそういうことはあり得ない。ただし、インテンティオもレプルシオもキケロが使用していることは確かであり、それらがアリストテレスの『分析論前書(Analytica priora)』のギリシア語の訳にあてられていたことも事実である。

多少重要に思われることは、ここでもエリウゲナの示す思索についての深い自信であって、彼にとってはラテン語界の学術語の父である文章の士キケロも、哲学上の訳語に関しては、それこそ権威ではなかった。そして、さらに内容的に重要なことは、神学のこの二部門の活用である。そこには否定の持つ形而上学的効果がよく現れてくる。それはどのようにしてであるか。

テクストの場所としては、今取り上げた箇所よりも少し前の方になるが、そこで、「上述のいろいろの名辞が、もしこれらに対立する諸名辞に対する関係を含むとすれば、これらが厳密に意味するところのものは、それに対立する反対者を持たねばならない。従って、そういうような名辞はみな、およそ対立者というものがいないところの神については厳密には述語され得ないであろう。(中略)ところで、神は実体と言われるが、しかし厳密に言うならば、対立者のいない、そして永遠の昔から共存してそれと異なるというようなものが何もないところの神、そういう神は実体なのではない。それはヒューペルウーシア(ὑπερούσια)、超実体なのである」[33]と言っている。この文章は論理的に極めて慎重に書かれていはするが、その反面、多少とも意味の取りがたいところがなくもない。それゆえ別様に要約してみると、実体のような名辞は当然偶有のような反対概念を予想させる相対名辞であるから、絶対者である神には述語として妥当しないということである。確かに神は創造主として存在するのであるから、「神は実体である」という肯定的命題を立てざるを得ない。しかし同時にその同じ神は、それに対立するものはいないのであるから、対立者を持つ実体という言い方には厳密にはあてはまらない。そこで「神は実体ではない」という否定的命題を立てざるを得ない。神はそれゆえ、実体であると同時に実体ではないという矛盾した言表を受けることになるのであろうか。近代の弁証法はその両義的言語に陶酔する傾向であるが、エリウゲナはそういうようにはならない。彼はこの「実体ではない」という否定が、明らかに「実体以上のものである」という意味を内含していることを知っている。なぜならばあの否定は、述語としての実体にはその限りでは対立者があるから、対立者を持たない主語には相応しくないというところから押し寄せてくるようにして迫り生じた否定である。従って、この否定は主語の格が述語の現在の格よりも一段上であるから、述語を主語の格にまで格上げしようというのである。そのため述語を否定するのである以上、それは言うなれば格上げ否定である。それゆえ、ノン・ウーシア(non-ousia＝非＝実体)がそのままではなく、ヒューペルウーシア(超実体)とならざるを得ない。このようにして神はあらゆる範疇の彼岸に置かれる。彼の有名な否定神学は、その実は否定による超越化を企てるものであった。

右のように見てくると、確かに彼は偉大であって、グラープマンの言葉を借りれば、「スコラ以前の最も卓れた体系家(der gewandeste Systematiker der Vorscholastik)」であり[34]、ジルソンはその著作が西洋思想史上あまりにも斬新な性格を示すために新たに注意を喚起するに値すると言っているが[35]、まさしくそのとおりであろう。また他にも、エリウゲナはあのむしろ平凡な時代に巨人の風貌を呈したと言って讃えている研究者も多い。しかし私の見るところ、この巨人は孤独のようである。八五九年のラングルの司教会議で異端視された後にも、八六二年から八六六年にかけてその主著『自然の区分について』を書くほどの偉大な個性の学者であるのに、一時期イギリスを出て、フランスのシャルル禿頭王の宮廷で研究の便を得ていたのは確かであることを除き、晩年その行方は杳《よう》として知られないままである。一説には異土のフランスで禿頭王の死と同じ年の八七七年に息を引き取ったことになっているが、また別の説では王の死後、故国のイギリスに帰り、マームズベリーの大修道院で教授を務めていたが、そこで自らの弟子たちに暗殺されたとも伝えられている。遠い世にも忌まわしい紛争があり、その犠牲にでもなったのであろうか。思索の内実はこのように輝かしく、後世はその教えを鑽仰しているというのに、すべての巨人的な思索のために、その生きていた世には容れられることの少ないということを、予め告げ示すような幽暗の生涯であった。

その寂しい人にはどのような門弟がいたのであろうか。パリの国立図書館の写本群の一部としてサン・ジェルマン・デ・プレ大修道院系の手稿本があることは前にも触れたが、その Codex lat. 12949 の中に、エリウゲナの手跡本と共に、オーセールのヘイリクス(Heiricus Autissiodorensis, ca. 841–876)の手跡本も見いだされ、それらは偽アウグスティヌスの著『カテゴリア』への註釈や、ポルフュリオスの『エイサゴーゲー』のボエティウス訳への註釈などであり、いくらかエリウゲナの仕事と類似しているところもあるため、恐らくはこのヘイリクスがエリウゲナの高弟の一人であろうと断定する人びとも多いが、しかし確実なことはヘイリクスがセルウァトゥス・ルプス(Servatus Lupus, ca. 805–ca. 861)の弟子であるということで、グラープマンはそれに付け加えて、「恐らくまたエリウゲナの弟子でもあった」[36]と言うにとどめている。このヘイリクスの弟子レミギウス(Remigius Autissiodorensis, ca. 841–ca. 908)も、エリウゲナ流の卓れた註釈書を出している。このようにその流れを汲むと言われている学者たちでさえ、エリウゲナの歴史家ないし註釈家としての仕事を継承しただけであって、あの精緻な論理による雄渾な思索を発展させたり、それに並ぶような人はついに彼の周辺にはその影だにも見るを得ない。

続く「十世紀は学問の領域でも衰退の時期であった」[37]とグラープマンは言うが、それはそのとおりであろうが、実際はそうでないのかもしれず、ただわれわれにとってその時代の文献が不足しているために、そのように思われるのかもしれないということを心に留めておかなければならないであろう。『神の全能について(De divina omnipotentia)』などかなり興味深い論著を残しているラヴェンナ出のペトルス・ダミアニ(Petrus Damiani, 1007–72)や、アリストテレスやボエティウスの研究家として知られるザンクト・ガレンのノートケル三世〈Notker III 〈Notker Labeo : Notker Teutonicus〉, ca. 950–1022)たちに多少の心残りはあるけれども、十一世紀の方に進むことにしよう。

第十章　論証と真理

――カンタベリーのアンセルムス(1)――

二つの問い

　暗い谷間と言われている六、七世紀から九世紀にかけても、ボエティウスやヨハネス・スコトゥス・エリウゲナのような有力な形而上学者が思索のともし火を絶やしていなかったことをわれわれは知っている。そしてそれらのラテン的世界の人びとの憧憬であり、また範型でもあったキリスト教の哲学者は、言うまでもなくアウグスティヌスであった。この偉大な教父の伝統は脈々としてこれらの学者たちの心を貫いている。そして『告白』や『ソリロキア』を読みなれているわれわれは次のような文章に親しみをもって入ってゆくことができる。

　されば今、汝、主なるわが神よ、わが心に教えたまえ、何処《いずこ》に、また如何《いか》にして、汝を尋ぬべきか、何処に、また如何にして、汝を見出すべきかを。主よ、もし汝がここに居まさずとせば、不在にましまず汝を何処に尋ぬべきか。されど、汝が遍在したもうとせば、現前にましまず汝を、何故《なにゆえ》に私は見ないのであろうか。(1)

註に原文を載せておいたが、このアウグスティヌスを偲ばせる美しいリズミカルなラテン語と、思惟と祈禱の深い一致を示す文章は、しかし『告白』からの引用ではなく、十一世紀における哲学史上不朽の記念碑となった『プロスロギオン(Proslogion)』の第一章からの引用であり、本章の課題となるカンタベリーのアンセルムス(Anselmus Cantuariensis〈Anselm of Canterbury〉, 1033/34-1109)の手になる文章である。彼にとってもアウグスティヌスは教理神学と哲学の両面にわたっての巨匠中の巨匠であった。彼が思い切って新しい方法で大胆に考えたものをまとめて、その第一作『モノロギオン(Monologion)』を公表したとき、その序文(Prologus)で、「それゆえ、もしこの小著の中で私が、甚だしく新奇なことやあるいは真理に背反するようなことを述べていると思われる際には、願わくは、直ちに私を責めて新奇を衒《てら》う者、また誤謬の主張者などと声を荒らげることなく、まずもって今挙げたアウグスティヌス博士の『三位一体論』を綿密に研究し、しかる後、それに従って小著を判定していただきたいものである」と書いているほどである。

それではアンセルムスの思索とは、アウグスティヌスの変奏曲に過ぎないのであろうか。ボエティウスやヨハネス・スコトゥス・エリウゲナのように、一般に人びとが見過ごしがちの学者にも、たとえ彼らがアウグスティヌスの精神を継承するとは言っても、彼ら独自の思索をわれわれが示し得た以上、アンセルムス、それもいかなる哲学史家もこれに触れずにおくわけにはいかないほどの彼の独自性のある思索には、彼自身がどれほど謙虚に語るとしても、アウグスティヌスの射程内で尽きるわけにはいかない独創性があるはずである。それはいかなるものなのか。そしてその思索が怪しまれそうなとき、何故《なにゆえ》特に名を挙げられた『三位一体論』と比較検討される必要があるのであろうか。これら二つの問いを自らに課しながら、まずその人の生涯を見渡すことにする。それは十一世紀の鼓動を伝えるとともに、アンセルムスの規模を予告することにもなるであろう。

その生涯

カンタベリーのアンセルムスは、一〇三三年に北イタリアのアオスタに生まれた。それは彼がトゥールのベレンガリウス(Berengarius Turonensis 〈Bérenger de Tours〉, ca. 1005–88)やエメラムのオトロヌス(Othlonus Sancti Emmerammi, ca. 1010–ca. 79)やペトルス・ダミアニ(Petrus Damiani)らの神学者たちと、ロスケリヌス(Roscelinus Compendiensis, ca. 1050–1120/25)のごとき唯名論的哲学者たちと時代を同じくすることを示す。この十一世紀において、神学の研究が高度の水準で行われていたのはフランスであった。わけてもその蔵書量が多かったと言われたノルマンディーのル・ベックの修道院では、アンセルムスと同郷の高潔な学者ランフランクス(Lanfrancus Cantuariensis, ca. 1010–89)が院長を務めていたが、そこに一〇五九年の秋、アンセルムスは一般学生として入門したのである。これに先立ち一〇五六年にすでに母を失っていたのであるが、遊学後わずか半年の一〇六〇年春、父も世を去ったという報に接したことから、彼は決断を早め件《くだん》のル・ベックのベネディクト会の修道僧となった。伝記によると、ブルゴーニュ出の母エルメンベルガ(Ermenberga)の篤信が讃えられているので、この決心にはその影響もあるに違いないが、当時は学問を修めるということが修道院に入るということを意味するに近かった事情も考えに入れるべきであろう。カロリング王朝の文化政策が、学院《スコラ》を設置していったことはすでに知られている。そのスコラの中でも学問的水準の高かったのは修道院付属学院であり、そこの教授は修道僧であったし、やがて知識欲に燃える青年が集まってくるところの大学《ウニヴェルシタス》という制度はいまだない頃の話である。従って、アンセルムスが修道院に入った動機の一つには、神学と哲学という完徳への道としての学問に対する憧憬があったことを忘れてはなるまい。学問こそは、真理であるところの神に至る知性的な道に他ならないから、それを修得することがまた、叡知を実体とするところの神や、叡知の叡知たるキリストに肖《あやか》る道に他ならない。

さて、ベネディクト会入会後三年経つと、彼が敬慕していた院長のランフランクスはカーンのステファノ大修道院長に任ぜられたので、アンセルムスはランフランクスの後を承けて院長となり、学院の責任者となった(2)。それは十四年続くのであるが、この期間に彼はル・ベック図書館の写本の充実を果たし、ボゾー(Boso, 1065–1136)をはじめとする多くの俊秀を教育するとともに、彼の主著である『モノロギオン』『プロスロギオン』をはじめとして、『真理論(De veritate)』など多数の著作をものにして、彼の世紀を哲学史の上で不滅なものにした。しかし、この学者として恵まれた生活もやがて終わらなくてはならなかった。ル・ベック修道院の創立者で修道院長であったヘルルイヌス(Herluinus〈Hellouin〉, ca. 994–1078)が一〇七八年に死に、翌年アンセルムスが選挙されて修道院長に就かなくてはならなかったからである。それすらも固辞したがった学究肌の彼にとって、なおさら由由《ゆゆ》しいことがその十年余り後に起きた。一〇八九年五月、八十四歳でなお現職にあったカンタベリーの大司教ランフランクスが死んだのである。英国王ウィリアム二世(William II Rufus, 在位1087–1100)は教権を抑えようとして二年もの間、大司教の座を空位のままにしていたが、ランフランクスの人格と才能を評価していた人びとの間には、自ずからその高弟であるアンセルムスを迎えようとする気運が高まり、たまたま知人の招きに応じて渡英したのが機縁となって、この王の周囲の人びとの強い希望もあったため、一〇九三年にいわば無理にアンセルムスは大司教に叙任された。この叙任のいきさつは省略するが、これが王との抗争の始まりともなり、大司教位継承の納税額をめぐり、また王に対するアンセルムスの教会財産返却の要請をめぐり、後には正統教皇ウルバヌス二世(Urbanus II, 在位1088–99)を王が承認するか否かというローマ教皇庁との関係をめぐって争いが絶えず、結局王は彼をその位置から追放することはできなかったが、英国から追放してしまう。アンセルムスはその間、フランス各地を巡歴した後、ローマの教皇ウルバヌス二世に温かく迎えられ、しかもかつて彼がベック修道院長時代に教えたヨハネス・ロマヌスがこのウルバヌス教皇に認められてカンパニアのサン・サルヴァトーレの修道院長であったため、その配下にある修道院の中でも山紫水明の地スキアーヴィにある修道院をアンセルムスのために充てたので、この地において久しぶりに研究生活に恵まれ、折々はナポリ近くにも出かけたようであるが、ほとんどこの静かな村で、かつてカンタベリーにおいて起稿したままになっていた神学史上の名著『クール・デウス・ホモ(Cur Deus homo(神は何故《なにゆえ》に人となり給いしか))』二巻全四十七章を完成するのである。

とかくするうちに教皇もパスカリス二世(Paschalis II, 在位1099-1118)へ、英国王もヘンリー一世(Henry I, 在位1100-35)へと代わっていた。アンセルムスは再びカンタベリーに迎えられはしたが、司教叙任権は大司教にあるとする彼の世界宗教としては当然の考え方と、それは国王にあるとする国教的宗教観を主張するヘンリー一世との間に長く和解のあるはずもなく、二回目の追放や教会財産の没収が宣告されたり、続いて今度は国際的に不評となった王の譲歩があるなどというろいろの事件の後、三度目となるが、一一〇六年の秋アンセルムスは英国に向かって海峡を渡り、カンタベリーの大司教として最後の努力を試みることになった。彼の努力は教皇庁をも動かし、一一〇七年八月十一日に司教叙任権が王にではなく教会に属することを明らかにし、その代わりすべての司教は国王と国家とに忠誠を尽くすことを明らかにした教政条約が教会(具体的には英国でローマ教皇を代表するカンタベリーの大司教)と英国国家との間に締結されるに至った。これは、「カエサルの物はカエサルに返し、神の物は神に返せ」(3)というイエスの教えの実現と言えば言えることであろうが、それよりもこのような妥協こそは、教会が、次第に台頭してくる世俗の権力に伍して生き抜いてゆくためには忍ばなくてはならない保守と譲歩との工夫であって、近代に入ると多かれ少なかれ、さまざまの領域でこれと類似した方策がとられてきたことを思えば、十一世紀後半から十二世紀初頭に活躍したこの最も中世らしい哲学者の努力が、近代以降の教権が生き残るための政策を予告しているという点で、驚嘆とも感慨ともつかぬ一種の思いに打たれる。

しかし問題はなおそれで尽きはしなかった。カンタベリーの大司教が英国において占めている優位、いわば英国における教皇権の代表者とも言うべき位置と、それの承認から由来する中央集権的な秩序にかねてより少しずつ反感を示していたヨークの大司教トマスは、アンセルムスと国王の間に亀裂のあることを利用し、幾人かの王の側近と相諮《はか》ってこの秩序を崩し、カンタベリーの大司教をも他の大司教並みにしようと考えて、カンタベリー大司教座の優位を否認した。平準化への欲求と、そのための陰謀とはいつの世も変わりはない。すでに七十三歳を超えていた老学者は、自己の名誉や傲りのためではなく、英国における教権の安泰のために、ヨークのトマスのこの反抗を許さず、教皇庁にも仔細を伝えて指示を仰いだ。ヘンリー一世の破門を思いとどまったほどの穏健なパスカリス二世も、今回は全面的にアンセルムスを支持した返書を送ったのであるが、それが届く前に、一一〇九年アンセルムスはその年の復活祭を数日後に控えた四月二十一日に帰天した。その繁忙の中においても彼の思索は続けられ、『神の予知、予定ならびに恩寵と自由選択との一致について(De concordia praescientiae et praedestinationis et gratiae Dei cum libero arbitrio)』や『意志について(De voluntate)』などの著述をものにしていることは、その精神の強さの何よりの証しである。

孤独なる思索

アンセルムスの生涯を辿ってみたとき、常に心に残ることは、ル・ベック修道院長、カンタベリー大司教、パリの公会議における講演、広く読まれた『プロスロギオン』や『モノロギオン』『クール・デウス・ホモ』の著者、ロスケリヌス批判の名声、教政条約の立役者などの語でわかるように、アンセルムスは十一世紀においてイタリア、イギリス、フランスの各地で代表的聖職者にしてかつ国際的学者として目覚ましい活躍をし、教皇ウルバヌス二世、パスカリス二世、ルッカの司教ラインゲル(Reinger)、ルグドゥーヌムすなわちリヨンの大司教フーゴー(Hugo)、カンタベリーの大司教ランフランクスのように当代屈指の教会首脳を知己に持ち、アンセルムス自身が「最愛の子」と呼び、年少の友でもあった修道士マウリティウス(Mauritius)をはじめ、弟子には思索を共にしたボゾーや苦しい旅をともにしたバルドゥィヌス(Balduinus)、伝記を書いたカンタベリーのエアドメルス(Eadmerus Cantuariensis, ca. 1060–ca. 1128)など優秀な人材がいたにも拘わらず、そしてまた対話体の著書さえ多いというにも拘わらず、痛切に孤独な印象があるということである。

それは何故《なにゆえ》であろうか。一つには管理者とはなりたくなかった学僧にとって、管理者としての生活があまりに長かったこともその孤影を際立たせることになったに違いない。彼の正義感と筋を通そうとする態度は賞《ほ》められても、管理者仲間で受け容れられることは少なかった。それが彼をますます論理だけの世界に追いやり、彼をなお一層孤立させる。第二には、そしてそれが大切なのであるが、恐らく天才のみが持つ高さのゆえの孤独ということもあろう。彼の思索を理解した者はその高さをも知るがゆえに畏敬して近づかず、近づいたにしても彼が望むような対話が不可能であることを予知していたに違いないし、彼の思索を理解し得ない者は、彼にとってはあまり意味のない空しい賛同を表明するか、次元の低い反論を飽かず反復するのみならず、権威を借りきって陥れようと企む者さえ現れもする。考えてみれば小人佞人《ねいじん》の類はいつの世もすることは同じなのであって、これを要するに常に偉大な者は苦しむことを望まれているのである。従って、ランフランクスの勧告によって『信仰の理拠に関する瞑想の範例』と名づけられたアンセルムスの処女作が、後に彼自らによって『モノロギオン』すなわち「独思録」ないし「独語録」とでも訳されるべき名を与えられているのは、彼の思索の運命を予告するかのようである。この著書によって彼は有名になったが、「その書物が多くの論証の連鎖によって構成されていることを慮《おもんぱか》り、むしろ一つの論証が発明され得るのではないかと反省し始めた(4)」ことから書き上げるに至った『プロスロギオン』は、彼の苦心の思索の跡であるにも拘わらず、エアドメルスの伝えるところでは、手もとにインクがなかったためにアンセルムスはまず彼の考えの要点を蠟板に書いたが、その最初の草稿は一人の修道士に預けておいたのに二、三日後には跡形もなく紛失し、再構成して口述してできた第二の蠟板稿は別の修道士に預けたところ、翌朝その寝台の前に砕け散らされてしまっていたのである(5)。これらはいずれも、彼が同じ修道院の信頼していた修道士に渡しておいたというのに、このような目に遭っている。人びとはこれを悪魔の業と言うが、おそらく同門の士の中に巣くった嫉《そね》み心か、あるいは要らざる過度の配慮、すなわち危険思想を流布させてはならないという配慮によるものであって、不注意や無作為で修道院長の大切な原稿が二度もこのようになるとは到底考えられないことである。裏切られたという思いは、彼の中に匿名への志向をつのらせた。「またこの書も、上に述べた書も、書物の名に値せず、かつその著者の名を前面におくべきではないと思った(6)」と三度目にインクで羊皮紙の上に書き起こさなければならなかった原稿のはじめに彼は録《しる》している。それは、高名となり、それゆえにまた陰謀の対象や過度の賞讃の対象になるかもしれない自己の名を、独自の思索の健全な成長を守るために省いてしまおうとする自己消去の姿勢である。それは世間のアド・ホミネムに傾く態度が、思索という彼の仕事を危うくすることを怖れ、敢えて無名性の中に自己を埋没させようとする孤独への道であった。しかし、著作にはその思想に責任を持つ著者がいなければならない。これを書き写した多くの人びとは、賞讃のゆえに著者の名を付したがったが、とりわけリヨンの大司教フーゴーは使徒の権威により、アンセルムスに著者としてその名を付すことを命じたので、無名への逃亡は行われなかった。だが、思索することがいかに孤独の道であるかは、彼はその多くの友人たちの中にあっても自覚せざるを得なかった。アンセルムスは『モノロギオン』の序文において、「自己の論証は聖書の権威に依拠するところは一つもない(7)」ようにしたいと言っているのであるが、それこそは聖書の権威を一切の思惟や行為の原理や規範と仰いでいる彼の多くの秀れた友人たちからの目立たぬ、しかしながら決定的な一線を画するものであった。信仰において彼は教会の中にいたし、ラトラムの公会議では司教たちは彼をパスカリス二世の補佐にすべしと提議したほど、その学徳を高く評価していたけれども、思索において彼は誰からも離れて理性の論理という自己自身の自覚以外には何も頼るもののない世界に立っていた。それはわずかに結果として「聖アウグスティヌスに反する事は何一つ言ってはいない」(8)ことを、世の疑惑や批判に備えて予め自己のアポロギアとして立ててはいするが、そこに至る思索そのものは啓示宗教の限りにおいて、自然的理性の論理的自律性を自覚的に確立した本当にはじめてのものであった。その点では、論理的思索の原理的規範としてボエティウスを支えとしていた十二世紀のアベラールや、アリストテレスを支えとしていた十三世紀のトマス・アクィナスよりも百年、二百年先立っていながら、近世理性主義の動向を早々と先取りしていたと言うこともできよう。それでは、そのように偉大なアンセルムスの思索とはいかなるものか。

真理への道程

ある命題が真理として容認されるのはひとえに論証によるということは、今日の哲学者には全く自明的なことと考えられているかと思う。私も哲学者としてそのように考え、かつそれ以外に真理の学問的保証はないと考えている。しかし、この考えは必ずしも一般的なものなのではない。学問の領域によっては、ある種の学風がこれを拒否している場合もある。例えば、物理学などでは、すべての学者が論証を一つの命題の真理性の根拠として充分なものと考えているわけではない。何らかの形式でその理論が実験による検証を経ない限りは、たとえ計算による論証が完成していても、一つの可能性に過ぎないと考える立場が一般的なのである。そのような学問の場合、立論の基礎となる第一命題は仮説によることが普通で、従って論証体系そのものが本質的に他の原理による基礎づけを論理的に必要とするのは考えてみれば当然のことなのである。しかし、このような場合の事情を一般化して、論証はおよそそれだけでは不充分なものであると言うことは多少ともいかがわしいことになる。それは人間の辿り得るロゴスに対する不信であり、人間の論証の中には仮説からではなく、原理から出発するものもあり得るということを、全く考慮に入れない暴挙であると言わざるを得ない。実証主義や実験主義は、それとしての研究の成果を高めていることは事実であり、われわれとしてはそのことを少しも軽視するつもりはない。だが、それらの考え方が行き過ぎてしまうと、定量的に計算ないし観測できるものでない限りは、およそすべての命題は「真」とは言えないと主張することになり、厳しい論理に依拠する純粋思弁の論証体系を空しいものとして斥けることになってしまう。われわれは今日、そのような人びとを実に多く周囲に持っているし、常識はしばしばそういう手合いの味方になってしまう傾きが強いので、そのような風潮に逆らって論証のみによる純粋論理の成果を世に問おうとすることには、並々ならぬ勇気を必要とするし、学問的にも世間的にもしばらくはそして多分生涯、かなり厳しく疎外された孤独の境涯を覚悟しなくてはならないものである。

アンセルムスの学問的な仕事における偉大な点の一つは、敢えてそのような嶮しい道を選びとったところにあり、その結果、論証による学問がその後、栄えるに至ったことにある。あたかも今日の自然科学や社会科学が自己の領域において妥当する実証的方法のみを重視して、純粋な思索の論証を必ずしも常に尊敬はせず、むしろこれを排拒する傾向が強過ぎるのと似て、十一世紀の西欧の精神的風土においては、真理は神であり、またその啓示内容であるというところから、人間の営みの中で真理の名に値するものと言えば、聖書や正統伝承に基づく聖書の解釈や教理の解明の中においてしか認められはしない。またペトルス・ダミアニの言うようにその解明に名を借りて、「弁証論者や修辞学者のするごとく、自分たちの道具としての論証を聖書の神秘にあてはめたりしてはならない」という考え方が支配的であったが、まさにそういう時代に、彼はその最初の著書と思われる『モノロギオン』を公にするにあたり、すでに本章のはじめにも触れたことであるが、その序文の中で「この省察においては何事も決して聖書の権威によって説かれはせず、むしろさまざまの個々の探求の結果がしかじかであることが平明な文体で述べられ、つまりそのことを一般に理解できる論証と端的な論議によって理性の必然性が強制し、真理の明晰性が明らかに示す[9]」ところのことを目的として書かれたものであることを明言し、すべてが聖書を典拠として語られていたところの、一種の文献実証主義の長い伝統に抗して、理性のみによる論証の学問的権威をはじめて樹立するのである。

アンセルムスにとって幸いであったことは、このような論証への希求がひとり彼のみにおいて芽生えていただけではなく、『モノロギオン』の最初の言葉「幾人かの修道者たち」が明示するように、彼との対話によって論証に基づく省察に興味をそそられた人びとが若い年代の中にかなり多数いたことであって、こういう人びとの懇請が縁となり、この新しい黙想を書き録《しる》す勇気を与えられたことである。それでも、彼自身このような新しい思索の行程についてはその影響するところが多大であることを恐れ、「自らが述べるところは、幾度か反省してみたが、教父たち殊にアウグスティヌスの著書に一致しないようなところは見いだし得なかった[10]」と述べている。これは、たとえアンセルムスの思索が聖書を典拠とする啓示神学的な方法によるものではなく、その意味では従来の思索とは異なるものであっても、少なくとも基本的な内容と方法とに関する限りは、つとに最大のラテン教父として信頼されているアウグスティヌスに代表される思弁神学と背反するものではないということを言明して、自らを正統の系列に位置づけようとする言葉であって、あるいはこういうことを言わなくては、人びとから大いに誤解される恐れもあったのであろう。伝えによると、彼は自分が院長を務めているル・ベック修道院以外でもこの原稿が転写されることが果たしてよいことなのか否かを疑い、自己の生涯の師と仰いでいた当時のカンタベリーの大司教ランフランクスにその当否を問い合わせているほどであった。人間の精神は論証を介して真理を直接に知ることができるということ、それは思えば啓示や神秘的苦業や権威や、あらゆる形式の実証主義に対する一つの華々しい挑戦にすら見えることもあろう。しかし、アンセルムスの態度は過去の態度に対立しようとするものではない。それはただ人間の理性の本質的な課題たる論証がどのようにして真理を知るのかということを、むしろ信仰の補完として企ててみることであった。なぜならば、信仰は知識として見られる限り、後にトマス・アクィナスも言っているように、確かに「劣った」知識に他ならないからである。

論証の目的

論証はもとより理性《ラテイオ》の仕事であるが、それは何を目的とする仕事であるか。人間は誰が見ても不完全な存在であるから、さまざまの苦しみの淵に浮き沈みしている。それゆえ、救われなくてはならない存在なのである。『クール・デウス・ホモ』でアンセルムスに問いかける役割をする愛弟子のボゾーは、それゆえその最も鋭く問い迫る場面の一つを人間の不幸とそれからの救済に関する対話において展開している。アンセルムスの透徹した省察を含む教導的な応答により、人間が欠けた存在として不完全な存在であり、従ってまた幸福でもないことを明白に肯定せざるを得なかったボゾーは、有限の人間が自力でその欠落を補い得ないことを知っていた。そこで、「神が正義の道理《ラテイオ》を究め給うとすれば、憐れな小人には逃げるべき道もなく、また神の慈悲もなくなってしまうように思われる(11)」と考えざるを得ず、従って、理論的には絶望的な境涯から問いかけることになる、「それではいったい人間はどうして救われるのか(12)」と。

もとより、ボゾーはこの答えを知らないわけではない。しかし、論証にはこのような方法的無知が必要である。情報的所与として充分よく知っていることであっても理性の論証がそこまで及んでいないときは、ソクラテスも言っていたことであるが、知っていても知っていることにはならないという逆説が成立している。論証のさしあたっての目的は、このような逆説の両項をつなぐことであり、具体的には情報として受容されている認識内容の学問性への還元である。それゆえ、論証はそれだけではしばしば新しい知識内容をもたらしはせず、すでに知られている知識内容を真であると証明したり、また問題の知識内容の真か偽かを判定したりする仕事と関係する。それゆえ、右の問いに対するアンセルムスの答えも、ここに取り出されるように試みられた思考の組み立てには、彼独自の論証の冴えが確かに見られはするけれども、もともと答えそのものの内容は、すでにすべてのキリスト教徒には知られている事柄であって、それは言うまでもなく、「キリストによって人間が救済される(13)」ということであって、それは何もここに論証によって生じてきた真理ではない。

では、アンセルムスのように神学的な教義に関する思索を展開する場合、論証の目的とはそのような信仰上の規定としての教理を確かめることであって、つまりは信仰そのものに至るためであろうか。そうではない。アンセルムスは『クール・デウス・ホモ』という著作の執筆を促した「多くの人びとがそれを求めるのは、理性によって信仰に達するためではない(14)」ということを知っていた。それはむしろ、信仰のある「それらの人びとが自らの信ずるところのものを理解し、瞑想して楽しむためであり」、また『ペテロの前の書』三章十五節にも教えられるように、われわれのうちにある希望に関して、その理論的根拠《ラティオ》を問うすべての人に対して満足のゆく答えを与えるように、常にできる限り準備しておくためである(15)。従って、論証は自己が信仰によって認識しているところの情報を理性の事後承認にもたらす条件であるとともに、自己が宿す救済の希望を、尋究する他人にも分かち得るための条件である。このことは、論証が信仰内容を学問的知識に変容させるとともに、それによって信仰内容は神のみがではなく、自己というこの人間が自己に問いかける他の人間に語り得る内容となるので、こうして自己の他人への愛を果たすことになる。それゆえ、論証の究極目的とは信仰による希望を他人への愛において生かすことであり、信・望・愛の一致を対人関係において果たすことになる。端的に言えば、論証の目的は「愛」に他ならない。

そのことを、アンセルムスはまた別の方面から明らかにしている。すなわち、信仰内容に関する論証が決定的になされると、「信仰内容はすべての人びとに容易に理解され、またその理論的根拠が効用と美しさとを持っているために、人びとを裨益《ひえき》する(16)」ということにより、彼は論証が信仰にありがちの秘教的印象を消去し、宗教の重要点を人類の共通の広場たる理性の美しい秩序の上に開披することができ、それが人びとの役に立つということを明示しているのである。

知性の構造

信仰内容を論理的に明らかにすること、それは不遜な企てではないのか。もともとそのようなことは、神に対する挑戦になりはしないか。なぜならば、信仰内容は神の啓示したものであり、人知を超絶した教えに他ならないからである。アンセルムスはしかし、決して神の高みを我がものにしようと企《たくら》むのではない。彼は『プロスロギオン』において『詩篇』の三カ所を引いた後、神に祈って言う、「主よ、我らを顧み給え、聴き入れ給え、照らし給え、我らに汝自らを告げ示し給え、汝なしにはかくも不幸なる我らが幸福ならんために、我らに汝をかえし給え(17)」と。彼が願うところは、「神がその顔を我らに示すこと(18)」であり、従って神を直観するという幸福を神から受けることにあって、しかもそれは天国における死後の永遠の喜びとしてではなく、今この世にいる「われわれに神が自らを引き戻す(19)」ことなのである。

それゆえ、天使的な純粋直観においてではなく、推理という人間の論証的知性の課題において神が自らを示すことが今、現に望まれているのであって、そのことはとりも直さず神が示すところを人間が理解したいということであって、人間が神の教えないところまでも知ろうというのではない。神の教示するところのことが知性の目標となるのであって、それが示されない限りは、知性は何に向かって進み、何を対象として理解すべきか、その方位も課題も失うであろう。それゆえ、アンセルムスは「汝が教え給うにあらざれば、私は汝を問うこともできず、汝が汝を示し給うにあらざれば、私は汝を見出すことができない(20)」と言う。まさしく彼は、「汝の高みを知り尽くそうと企むものではない」のであって、「自分の心が信じ愛するところの神的真理を幾らかでも理解したいと望むにすぎない(21)」。これこそが、彼の有名な「まことに、信ぜんがために理解しようと求めるのではなく、逆に理解せんがために信ずるのである——または信じているがゆえにこそ理解したくなるのである(22)」という文章の真意である。

知性は、右のように理解能力に対してある方位決定を付与する理念的な対象が上に輝いていて、それに向かって思考が自己展開を試みてゆくという構造に立っている。カントが『純粋理性批判(Kritik der reinen Vernunft)』で使用した術語で言えば、「規整的理念(die regulative Idee)」にあたるものがなくては、思索はその運動途上で立ち迷うことになる傾きが強い。少なくとも、われわれが思索を実際に遂行する場合、何ものをも主題とせずにいることはできないであろう。こうして、例えば存在について、または善について考えると定めた場合、われわれはそのようにしてわれわれの対象となり主題となったそれらの理念について、全く何らの内容をもあらかじめ想定することなしに考えを進め得るであろうか。われわれが、例えば存在について考えようとするのであれば、われわれは少なくとももはやここでは色彩や経済について考えるのではない、という区別をするのであって、ある理念を表示する単語の語意についてすでに幾ばくかの意味を想定しているからこそ、それを主題にしてそこに思索を結集できるのである。そして、そのようにして想定された意味内容は、多くの場合、歴史や伝統によって一応の共通理解を伴うかなり漠然としたものである。あたかもそれはアリストテレスが「われわれにより先なるもの」と言ったような前＝学問的意味群の集合体である。われわれはそこから次第に自己の歴史性を論理的に浄化して存在論的地平に至り、それ自体においてより先なるものへ進むべきであるが、それは結局、所与性の事実の論理的証明に他ならない。もしそのようなことを認めるとすれば、アンセルムスの場合はその理念的主題の内容として一応理解されているものが信仰内容なのであるから、その限りでは形式的には歴史や伝統によって共通理解を持っているわれわれ自身の理念的主題と少しも変わりはない。なぜならば、信仰内容も形式的には歴史と伝統によって形成された共通理解を含むものであるからに他ならないのである。それゆえ、彼の「理解せんがために信ず」[23]を何か特別に奇矯な学説と見るのはあたらず、むしろ知識構造の本質的解明につながる論理的分析と見なすのがよいと思われる。この命題は、アンセルムスの文脈から逸脱するのを恐れずに一般化すれば、単にアンセルムスの場合のように方位の終極目標としての主題ないし理念にとどまらず、原理的ないし公理的なものへの確信ないし仮定的信憑にも適用できるものである。思うに、幼児が算術の九九《くく》を理解する前にその九九の定式を信じ覚えることや、成人でもはじめて学ぶ外国語などの場合や習い立ての頃は、それと母語との意味対応、すなわち訳語を疑い調べるよりも、むしろ教師や辞書の示すとおりに一応は信じておくことこそ、その領域における思考の活躍の条件ではなかろうか。ただし、ここで注意しておきたいことは、このような前提の信の上に成り立つ学問は、少なくともアンセルムスにとって学問の名に値するものではなかった。そのことは、彼の最初の著書『モノロギオン』においても序文で言われていたことであるが、アンセルムスの研究者として著名なヴィムプフェン大修道院のシュミット（Franciscus Salesius Schmitt）は、特にアンセルムスが前提なしの思索を進めた点で、その前例を見ない学者と言ってもよいし、またその後にも類例の極めて稀な人であると言っている[24]。それでは、右に述べられたような論証の考え方、知識構造の反省のもとに、アンセルムスはそもそも何を考え、何を論証しようとしたのか。

述語論理への疑義

プラトン以来、論理学は述語論理に傾いていた。学問の目的が何であるにせよ、学問を支える論理的思考の要諦に「定義」があることは周知の事実であるが、この定義は主語の何であるかを一般者としての述語で規定することであり、主語が述語づけられることは、その主語の指示する対象が述語としての一般者に関与することであり、そういう形式で一般者を分有することである。主語となる対象は、それが一般者を分有するという形式で、この一般者に包まれ、一般者としての真理の中に位置づけられる。少なくとも初期対話篇におけるイデアはこのような一般者であったから、イデアの解明も一般者の種別や存在様式の省察であった時期がプラトンにもあったことは事実である。アリストテレスの形式論理学は、その中核においては存在論的論理学であったが、それは明らかに述語《カテゴリア》論理であり、存在者の一切は述語の最高類たるいわゆる十の範疇に属することとなる。それゆえ存在分析も範疇分析になり、命題の規定者としての述語を考察すれば、思索の全体を把捉することができるとさえ思われるに至った。この範疇を重視する傾向は、『三位一体論』を読むならば、アウグスティヌスにさえ認めることができる。

　アンセルムスは好学の人であり、十一世紀としては最高の教養をも身につけた学僧であったが、しかし彼がプラトンやアリストテレスについての知識を果たしてどれだけ持っていたかはよくわからない。ただボエティウスを介して、アリストテレスの論理学の基本的性格がある程度知られていたことは確かである。アンセルムスがアウグスティヌスをよく読んでいたことは明らかであるし、それを介して、プラトン、アリストテレス以来の哲学的概念をよく知っていたことはアンセルムスの著書が示すとおりであり、そしてまた知識は命題であり命題は述語によって規定されるため範疇論が哲学の中心となるという述語論理的傾向の中で彼は育ってきていたことも確かである。

　アンセルムスはしかし、その最初の著書『モノロギオン』の冒頭から、述語に運命を委ねるこの思考法に真っ向から反対している。この点は誰も指摘していないが、これが彼の思索の一つの発条《ばね》になっていることに気づかなくてはならない。彼はまず何を課題とするかを最初に言明しているが、それは“de meditanda divinitatis essentia”[25]と書かれているところから明らかなように、「神の存在性を瞑想すること」なのである。ところが、それは“Deus est(神が存在する)”という主語と述語を持つ命題を考えることではなく、また、その述語の est もしくはその不定法の esse あるいは抽象名詞 essentia を考えること、すなわち範疇について考えることではなく、端的に divinitas(神あるいは神性)の essentia(存在性)を思索するのである。それは神について考え、いかなる述語をそれにあてるかを探索することでもなく、ただ「神の存在性」を考えるのである。それはまさしく主題の自己深化をもたらすことであり、一つの述語で事を整理しようとすることではなく、また述語の規定性に依拠することでもない。

　しかし人は問うであろう、主題の自己深化とは、帰するところその主題を主語とする命題に述語を喚起することに他ならず、述語の規定性に期待すべきことではないか、と。確かに、ある主題について瞑想することは、その主題を述語化してゆくことに他ならず、このように述語の決定的な規定性を認めることであるから、述語論理であることに変わりはなさそうである。アンセルムスは、「すべての人は自らが善であると思うものしか享受しようと欲しない」[26]ということから、まず善(bonum)を主題にするが、そこでしかし命題における述語の限界を一つの例をもって示し、述語に傾斜する形式論理学の盲点を突くのである。「もし馬が強いからあるいは速いから善いと言われるとすれば、強くかつ速い盗賊は何故《なにゆえ》に悪いことになるのか」[27]とアンセルムスは問う。これは一見愚問に思われるかもしれない。しかしこれは形式的に考えてみると次のようになるので、見逃してはならない省察である。

〔第一例〕
大前提　強くて速いものは善い。
小前提　Aは強くて速い。　ただし　A＝その馬
結　論　Aは善い。

〔第二例〕
大前提　強くて速いものは善い。
小前提　Bは強くて速い。　ただし　B＝その盗賊
結　論　Bは悪い。（形式的に見れば善いはずである）

第一例も第二例も形式的には同じであり、小前提は正しい。従って、結論が相反しているというのは、大前提が間違っているからなのである。確かに、この大前提はその直前で馬について話していたために出てきたものであるから、一般化されるべきものではない。しかし今、この例を純粋に記号化してみる。

〔第一例〕
大前提　XはYである。
小前提　AはXである。
結　論　AはYである。

〔第二例〕
大前提　XはYである。
小前提　BはXである。
結　論　BはYである。（とならざるを得ない）

従って、第一例の結論が正しく、第一例、第二例とも小前提の正しいこの二組の三段論法においては、われわれとしては共通の大前提が正しいか正しくないかを知らなければ、第二例の結論が正しいか否かはわからない。そして、その大前提が正しいか正しくないかが人間には判定できないものであったり、判定できても時として変わってゆくような内容のものであれば、われわれはたとえ第一例で正鵠を射ても、第二

例でもそうであるか否かは形式的には絶対にわからないと言わなくてはならない。これは、私の見るところでは、AやBという主語を問題とせず、主語の述語化の形式的側面に執するからに他ならない。アンセルムスは続けて言う、「つまり強くて速い盗賊が悪いのは、それが有害であるからであるが、それと同様に、強くて速い馬が善いのは、それが有益だからである」[28]と。これもあまりに当然の話であるが、しかしそこに含まれている意味は甚だ大きい。われわれは述語からものを定めようとすれば形式的に行き悩むばかりでなく、実質的にも決しかねる場合に直面する。そのようなとき、主語の判断規定力を想起しなくてはならない。盗賊ははじめから有害であるから悪いのであり、それに強さと速さが加わればなおさら悪いのは当然である。われわれは命題の主語が指示する対象の善悪を、例えば今の例のようにそれが人間社会にとって有益か有害かによって直ちに断定し得ることがあるが、その場合は述語を探索するのではなく、その対象を指示する単語そのものが価値を示すのである。従って、価値論的な思索は価値のあるものを選び出して主題とするところから始まり、述語論理ではなく、主題の自己深化しかあり得ない。それは形式論理学の述語論理の立場からすれば同語反復の繰り返しに見えようとも、その同じ言葉の内実が深まり、思弁的思索は進展する。どのように展開するのか。

主語の自己展開としての思弁的方法

それを考えるには、「すべて善なるものは、相互に比較されると、程度に等不等の差があるにせよ、善であることは確実であるから、必然的に、すべて善なるものは、種々な善において同じであると解せられるあるものによって善なのでなければならない」[29]という文章を手がかりにすべきである。これは善の類比(analogia bonis)とその根拠を語るに過ぎないが、命題論ないし述語論理としては全く意味のない「一切の善いものは善い(Omnia bona sint bona.)」という命題は、考えてみると主語の「一切の善いもの」が述語「善い」を必然的に導出していること、しかもそれは分析判断のように述語が主語に含まれているというよりも、単に同語反復なのである。それにも拘わらず、このような主語の自己展開によって、その命題全体が確実であることが保証される。そしてそれゆえに、そのような一切の善が、程度の差はあれ、善と言われているのが確実であるのは、すべてそれら一切の善を善と呼ばせる共通のある同じものがなければならないと推定する。これもすでに「一切の善いもの」という主語を立ててみれば、その中にすべて含まれていることに他ならない。すなわち、確かな述語は主語に含まれているから、その自己展開の道としての主語論理こそが大切である。また一切の善を善と呼ばせるある同じものとは、一切の善を善とする一つのものでなければならない。なぜなら、「もしそれらが真に善であるならば、すべてのものを必然的に善とするものによって善であるのでなければならない(30)」からである。

さて、存在するものはすべて何らかの意味でそれなりの価値であり、それは善ということである。そのように考えてみると、そしてそれ以外に考えようはないが、そうなると「すべてのものを善とするものが大いなる善であるのを誰が疑うだろうか。また、すべての善はそのものによって善なのであるから、その大いなる善は自己自身によって善なのである(31)」。従って、「すべて他の善は、それ自らとは別のものによって善なのであるが、今述べられた大いなる善はそのものの自己自身によって善なのであるという結論になる。そうであるのに、他のものによって善であるという相対的な善はいかなる善であっても、自己自らによって善であるところの、あの大いなる善に等しくもなければ、また、より大きくもない。従って、あの大いなる善こそが、ただひとり自己によって善である唯一の最高善である(32)」。「ところで、最高善は最も偉大なるもの、すなわち最高度の大いなるものである。それゆえに、最高度の善にして最高度の大いなるものが一つある。それはすなわち、存在するあらゆるもののうちの最高なるものである(33)」。

このようにして、アンセルムスは、『モノロギオン』の第一章では、「すべての人がその人の善と思うものしか求めようとしない」と言うところから、善を思索のテーマとし、それを命題の主語に置き、もっぱらその自己深化が行われるように思索を進めている。純粋の思弁とはこういうものであって、一つの主題的観念の論理的自己展開以外の何ものでもない。ただし、それは一つの概念の分析判断がその概念に含まれている知識量以外に何ら新しい知識を増やさないのに対し、善の観念から出発して、論証を介して唯一つ最高に大いなるものが存在するという新しい知識に到達したのである。

このことから、第二章において、この論証を手短にまとめたうえで、最高に大いなるものの「大」とは、「物体的なるものが大である場合のように、空間的に大いなるものを意味するのではなく、大であればあるほどそれだけより善であるもの、またより品位のあるもの、例えば知恵のようなものを意味する(34)」と念を押して、「より大いなる(maius)」ということがいかなるものであるかを告げている。このことを知っておくことは、『プロスロギオン』の付録で、次章に出るガウニロ(Gaunilo, 994–ca. 1083)の反論およびそれに対するアンセルムスの答弁を読むためにも有益である。

『モノロギオン』としては、これから第三章の自己によって存在する最高の実体の存在証明に考えをつなげてゆくのであるが、われわれはこれだけの用意をして、それよりも有名な『プロスロギオン』の神の存在証明に入ることにしたい。

文献統計学からの疑問

『プロスロギオン』の序文において、アンセルムスは前著『モノロギオン』が、神の存在証明やその実体の本性についての証明に関して、多数の論証の連鎖による複合組織であるのを反省し、むしろ一つの論証が発明される可能性がありはしないかと自問し始め、「そもそも証明のためにはそれ自身のみで充分であって他のいかなる論証も必要としないような論証を企てて、そのことに絶えず真剣に思惟を傾けた[35]」と録《しる》している。そして久しい努力にも拘わらず、問題があまりに難しく、これを果たしたいという執念に囚われ過ぎて、他の手近な仕事においても進歩できなくなっては大変であると思い直し、遂にはこの思惟をおのが心から排除してしまおうと考えるに至ったこともあったが、ある日心にまつわりつくこの思索の執拗さに激しく抗って疲れ果てたとき、思惟の抗争のさなかにもはやあきらめていたもの、すなわち求めあぐねていた一つの論証が目の前に立ち現れてきた。そのようにして論証の発明できたことを自ら歓び、もしこれを書き残せば、それを読んで他人も満足するかもしれないので、この小著を書いたと彼自らが述べているところを見れば[36]、この『プロスロギオン』こそは、アンセルムスが「神がたしかに存在すること」を論証するための最善の書として世に問う自信の作であったと言うべきであろう。しかもこの書が、前著『モノロギオン』の論理的純化とでも言うべき完成度の高い著作として呈示されている事実は動かしがたいことも認めておかなくてはならない。

ところが、不思議な文献学的事実のあることを指摘しなくてはならない。神の存在の論証として、より卓《すぐ》れて結晶化されていると言われたこの『プロスロギオン』は「いざ、小さき人間よ、しばしば汝の営みをのがれ、騒がしき汝が思いより、ひとときはその身を隠すべし[37]」という黙想静修の勧告に始まり、そして本章の冒頭に引用した「されば今、汝、主なるわが神よ」云々という神への祈りが続く文章で第一章は終わりまで綴られていて、その印象はあたかも純粋な宗教的信心の書とでも評すべきであろうか。そしてこれに対し、前著『モノロギオン』が第一章の書き出しから終始一貫して論証的文章をもって綴られているのを見るとき、単なる印象としてはこちらの方がより論証的な書物ではないのかと思わざるを得ないであろう。事実、統計的に見ても、『モノロギオン』ではアンセルムスが神という言葉を使うのは、序文の最初にdivinitas(神)を一度、第一章と終章の第八十章にDeus(神)をそれぞれ前者で一度、後者で五度用いた場合だけであって、これを見ても彼は哲学的思索が宗教とはいかに異なるものと考えていたかは明らかである。それなのに、『プロスロギオン』では、第一章の長さが幾らか『モノロギオン』の場合よりも長いということはあるにしても、Deus は八回、Dominus(主)が十六回、双方を tu(汝)という代名詞で呼ぶ数はおおよそ五十五回の多数に上り、終章第二十六章に至るまでに『モノロギオン』の大部分と同じく Deus や Dominus や divinitas のような神を表す単語が出てこない章はわずかに第十、十二、十九、二十、二十四章の五章のみであるが、そのうち前四つの章には Deus も Dominus も divinitas も見当たりはしないが、それぞれ前章の Deus や Dominus をうけている tu という呼びかけの語が入っているので、純粋にそういう宗教的な単語が何もないのは第二十四章のみである。

右の事実は何を物語るか。それは、明らかに『モノロギオン』よりも論証において卓れていると著者自らが認めている『プロスロギオン』の方が、より宗教的な雰囲気を持っているということに他ならない。ある論証を論理的に純化してゆくということは、本来ならばそれを祈禱や宗教から完全に離脱させることなのではなかろうか。それなのに、なぜアンセルムスにおいては、神の存在の論証の論理的純化が完成した形で示されている『プロスロギオン』の方が、祈禱の風土にあるのであろうか。

啓示と思索

『モノロギオン』では確かに、その中では何事も聖書の権威に依らずに、むしろ個々の研究を介して、神の存在するということについて省察し、またこのような省察と聯関した諸問題について考察するとアンセルムスは述べているので[38]、彼の思索とは神学と哲学とに分かれ、神についての哲学的証明は啓示とは全く無関係であるかのように考えられもするであろうが、決してそうではない。彼の思索は論証のために啓示を使うことを避けはするが、思索が論証すべき課題そのものは、啓示によって与えられている信仰の内容なのである。

例えば、すでにあの聖書の権威に依らないという『モノロギオン』においてさえ、「見よ、言語に絶する或る三位なる一体にして、一体なる三位を信ずることは、すべての人にとって有益なことは明らかである[39]」と書いているほどである。まことに、この考えこそが『プロスロギオン』において結晶的に書かれた彼の基本傾向を表す次の言葉につながるものなのである。「まことに信ぜんがために理解しようと欲するのではなく、逆に、理解せんがためにこそ信ずるものである[40]」。

アンセルムスの思うところでは、何かが自分の理解するものであるがゆえに、それをそのように信ずるというのであれば、自己の相対的な理解力を絶対的なものとして信ずるという非合理的な態度に堕ちることになり、また進展しあるいは退歩するところの理解の度につれて、信仰の内容が相対的に変化してゆき、このようにして信仰の絶対的真理を自ら否定してゆくことになる他はない。それゆえ、このような立場で、われわれは何を理解すべきであるかということを考えるとき、われわれとしても自らの確信しているものを理解の目標とすべきであると言わざるを得ないであろう。現に、自然学的研究にしても、われわれが日常の生活において知覚上何らの疑義をも差し挟み得ない運動の現象がいかにして成立し得るかを理解しようとして運動の原理原因を探索するのであるが、これも知覚上疑義を差し挟み得ないということは知覚的確信のことに他ならないので、その存在を知覚上確信している現象からその理性的解明に進んでいる以上、「信」が先行して理解すべき目標ないし課題が何であるかを示していると言わなければならない。「信」のこのような形式における「知」への先行性は、アンセルムスにおける啓示が思索に対して占める意義そのものに他ならない。それゆえ、『モノロギオン』における有名な三位一体の論証にしても、例えばその長い論証の一過程として、最高の霊が父であり、その言葉が子であるということを証明する第四十二章の冒頭で、「望むらくは、そしてまた多分できるとは思うが、ともかく前述の最高の霊が全く真実に父であり、その言葉は全く真実に子であるということを結論として導出したい(41)」という文章を含み、結論は論証の方向として予め立てられているのである。そしてそれこそは啓示の内容である。従って、アンセルムスの思索に関してこのようにその特色を辿ってきたわれわれは、ここで明瞭に言わなくてはならない、アンセルムスにおいては神の自己開示が人間の思索において論証される、と。このことは、人間の思索が神の自己開示を喚起することではない。そうではなくて、人間の思索に先立って所与となっている神の恩寵としての啓示が、信仰としては犯すべからざる真理として立っているけれども、これが人間の理性によってどのようにして論理的に把捉され得るかを試してみたいということに他ならない。それは論証の次元に啓示を落とすことではなく、啓示の高度に論証を引き上げることである。論証は理性の自己運動であるから、右に言われたことは、理性が自己運動によって神の恩寵に超越的に還帰しようとすることに他ならず、罪によって絶たれた人間と神との一致を少なくとも理性において再建しようという人間の神への接近の一つに違いない。この接近が理性によって行われるというところに、神に対する人間的理性の認識関係が救いの基本問題であるということは明らかであるが、それは帰するところ、神が恵むところの啓示に対して理性の解明の度の如何《いかん》が救いに関わる問題であるということに他ならない。

アンセルムスにおいては、それゆえ思索が啓示から演繹されるのではない。思索は啓示を原理とするのではない。そうではなくて、啓示が思索の志向目的であり、啓示が思索による論証の課題なのである。従って、啓示は思索に対して嚮導的理念ないし規整的理念として論証の目的になるのである。論証そのことの基礎に啓示があるのではない。その目標として啓示が輝いている。それゆえアンセルムスにおいては、啓示という神の恩寵が思索という人の理性的な営みによって人間により一層納得しやすくなるように論証される。すなわち、啓示は思索によって明示されてこなければならない。

第十一章　純粋思索の自己展開
――カンタベリーのアンセルムス(2)――

『プロスロギオン』の哲学性

一九五九年にアンセルムスゆかりの地であるル・ベックにおいて、その九百年祭を記念して国際アンセルムス学会が開かれたが、その席上、独自の体系的思索で知られているベルリンガーは、アウグスティヌスやアンセルムスの卓れた研究家としても注目されていたこともあり、期待どおりの講演を行った。一九七五年に、そのときの原稿に手を入れたものをベルリンガーは公にしたが、そこでは、アンセルムスが神の存在証明をいかにして見いだしたかを告げているその直弟子エアドメルスのアンセルムス伝の一節「神の恩寵が彼の心に照り、その結果、事象が知性にとって明らかとなった」[1]という文章を取り上げ、この言表に暗示されている形而上学的洞察こそがカント以来存在論的証明と呼ばれている神の存在証明の根本であるとしている。ベルリンガーは、啓示として露わなものは反省によって明らかとならなければならない、すなわち、啓示は反省的思索によって明示的とならねばならない、と力説している。[2]一九六二年にシュミットは、五十頁を超す長文の序論を付したラテン語原文と、自らの手になるドイツ訳とを対比させて、『カンタベリーのアンセルムス／プロスロギオン(Anselm von Canterbury/Proslogion)』を出版しているが、その中で、アンセルムスの研究対象は『プロスロギオン』においても『モノロギオン』と同じく信仰から取り出されていて、目的は彼の洞察であると述べて、アンセルムスの思索を性格づけている。シュミットも、アンセルムスは証明に際しては信仰から前提を取り出してはいないと言っている。

これら一聯の省察によって、また前章においても明らかなように、アンセルムスの思索は信仰上の真理を信仰とは関わりのない論理をもって論証しようとするものである。そうしてみると、かつてボエティウスが三位一体を聖書の権威に依らずに証明したのと同じ態度で、アンセルムスは啓示を目標とし、これを証明する形で哲学的思索の場所を確保したと言わなければならず、このようにして、彼はボエティウスに芽生えていた宗教的なものをめぐる思索の哲学性を見事に完成の域にまで結晶させたと言うことができる。それゆえ、『プロスロギオン』において、神の名が多く用いられていようとも、また祈禱的な文章が散見するとしても、そのことでその書物の哲学的性格を『モノロギオン』よりも低めていると断定することはできない。それらは論証さるべき目標についての発言であり、『プロスロギオン』はそれに向けてむしろより一層論証を整えて差し迫ろうとしていると見るべきである。

存在論的証明——一つの註解

アンセルムスが哲学史上不朽の位置を占めるのは、『プロスロギオン』第二章全体にわたって彼が書いたわずか二二九語のラテン文のためであると言っても過言ではない。その中で述べられている神の存在の論証が賛否両論を誘い起こして、今日に至っても人びとの注目を集めている。それはどのような論証であるのか。

神は、「それよりもより大いなるものは何も考え得られないようなあるもの(aliquid quo nihil maius cogitari possit)」であるというのがわれわれの信仰である。換言すれば、啓示は神が最大の存在であるということを教えている。われわれは今、このようなものとして神を信じているが、それはすなわち、われわれが神をそのようなものとして信仰的に知っているのである。今、このようにして信じられている神の現実存在を思索によって論証せねばならない。そこでまず、右の信仰は人間に普遍的であるか否かと問うてみると、心のうちに神なしと言った愚かなる者は旧約聖書の頃にもいたのであるから、すべての人がそのように神の存在を信じているとは限らないことは今さら言うまでもない。それゆえ、このような不信の人に啓示的な神存在を論証しなければならない。しかしこのような人でさえ、私が「それよりもより大いなるものは何も考え得られないようなあるもの」と言うのを聞けば、少なくともその聞いたことを理解する。なぜならば、最大の存在というものを考えることはできるからである。ところで、そのようなものは何であっても、人がそれを理解したとなると、たとえそのようなものが実際に存在するということを理解したり認めたりはしないとしても、それは少なくとも概念としてその人の理性の中に存在することになる。それゆえ、この「それよりもより大いなるものは何も考え得られないようなあるもの」という最大の存在は、あの愚かなる者の意識の中には存在している。ところが、事象が理性、すなわち意識において存在することと、事象が現実に存在していることを理解することとは別である。換言すれば、言うまでもないことであるが、人間の意識の中にしか存在せず、現実には存在しない事象がある。例えば、画家が描こうとしている像は画家の理性ないし意識の中に存在しているが、まだ描かれていないうちは決して現実に存在しているとは認められたりはしない。もしその像を描き上げてしまえば、画家はその像が理性の中にもあるし、また現実にも存在すると認めざるを得ない。こういう次第であるから、くどいようであるが確かめておくと、愚かなる者と言えども、「それよりもより大いなるものは何も考え得られないようなあるもの」が彼の意識ないし理性の中には存在するということを認めざるを得ないであろう。なぜならば、彼がこれを聞くときにこれを理解するに違いないが、彼が理解したものはそのときの彼の意識ないし理性に存在するからである。ただし、そのときその最大の存在は、彼の意識ないし理性の中にあるに過ぎないものとして考えられている。ところで、像を例にとって考えてみると、画家の心の中にしかない像と比べると、画家の心の中にもあって、しかもすでに描かれて事象の中に作品化されている方が像としては存在度がより大きいのではないか。それゆえ、理性の中にしか存在しないものよりも、事象の中にも存在するものの方がより大いなるものなのである。従って、「それよりもより大いなるものは何も考え得られないようなあるもの」が、ただ理性の中にしか存在しないということは、確かにあり得ないことである。なぜならば、理性の中にしかないものであれば、事象の中にもあるものより、より小さいものになるであろう。それゆえ、もしも「それよりもより大いなるものは何も考え得られないようなあるもの」が、ただ理性の中にしか存在しないとすれば、それよりもより大いなるものが考え得られないその当のものが、それよりもより大いなるものが考え得られるものともなってしまう。これは矛盾である。それゆえに、疑いもなく、「それよりもより大いなるものは何も考え得られないようなあるもの」は、理性の中にも存在しているが、また事象の中にも存在している。それは現実に存在していなければならない。ここで合意されることは以下のようなことである。それは、神と呼ばれようと否とに拘わらず、ともかく至高至大の存在で、それよりもより大いなるものは考え得られないものと言われる限りでは、それは絶対的存在でなくてはならないということである。神を信じていない者の立場からでも、われわれが神と呼ぶ、そういう絶対的存在は実在するということになる。(3)

右に挙げた省察は、『プロスロギオン』の第二章でアンセルムスの考えた、「神がまことに存在すること（Quod vere sit

Deus)」の論証の全体を、理解しやすくするべく辿ったものである。これは要約を兼ねたつもりでいるが、しかし原文に比べてかなり長い印象である。ラテン語原文は既述のように二二九語であるが、これに句読点を加えると、写本を私は見ていないので印刷本に限定してのことであるが、最も句読点の多いシュミット版で二七二語に過ぎない。その日本語訳は、岩波文庫に収められている長沢信寿版では句読点を含めて一〇四九字である。ところが、その要約たろうとする本項の右の文章はラテン語を省いて日本文のみで約一八〇〇字であり、字数にして、長沢訳の約一・七倍に達している。この事実は、アンセルムスがいかに彼の思索を凝縮的に述べているかという証しである。そして、今までそれが充分論証に値する思索であるということが必ずしも多くの人びとに迎え入れられなかった理由の一つは、洋の東西を問わず、私が右に試みたような敢えてより長くなることを厭わない哲学的な註解がなかったことにもよるであろう。右に述べた註解を辿るならば、アンセルムスの思索がいかに論理的であるかは明らかになるはずである。

純粋思弁の射程

『プロスロギオン』第三章に進むと、アンセルムスは前章で確保した神の存在を、以下に挙げた要約からも明らかなように、今までとは別の形で、いわば裏側から反転的に支えようとする。彼は実在的なものと何も関係のない純粋思弁の力を人間理性の特色の一つとして考えている哲学者であるから、ここでもまた、ただ考えるだけの話として次のようなことは可能であろうと提言しているのである。

前章でその存在が証明されたあの「それよりもより大いなるものは何も考え得られないようなあるもの」は、すなわち考えられ得ないあるものとしての至高の存在は確かに存在するので、それが存在しないとは決して考えられ得ない。ところで、人はそれが存在しないことは考えられ得ないようなあるものを考えることはできる。その場合、これはそれが存在しないことが考えられるようなものよりも大きい。それゆえ、もし人が、「それよりもより大いなるものは何も考え得られないようなあるもの」そのものが存在しないと考え得るとすれば、もうそのとき、これは存在すると考えられるときよりも小さくなり、従ってそれよりもより大いなるものは何も考え得られないはずのものが、それよりも大いなるものが考えられ得ないものではなくなってしまう。これでは両立しない矛盾である。このようにして、それゆえそれよりも大いなるものが考えられ得ないような何ものかが、それが存在しないとは決して考えられないほど、まことに存

在していることになる。(4)

アンセルムスは、人間の純粋思弁の射程の限りを行き尽くした人であると言うことができよう。なぜならば、彼は自ら、「仮に私が汝の存在することを信ずることを欲しないとしても、しかも汝の存在することを理解せざるを得ないほど、光を与える汝によってかくも深く理解している」(5)と録《しる》しているように、不信仰の立場にあるとしても、神の存在を思弁の力で論証することができたからである。

シュミットも述べているように、アンセルムスはこの論証のために、「神とはそれよりもより大いなるものは何も考えられ得ないようなあるものである」という命題を一度も使ってはいない。最初に神がそのようなものであると言っているのは、論証以前の啓示による論証目的を定めるときのことで、論証自体には入っていない。論証においては、それは決して使われてはいない。彼が論証に使っているのは、「それよりもより大いなるものは何も考えられ得ないようなあるもの」という概念のみである。シュミットも言うように、一つの概念はいまだ命題ではなく、また判断ではなく、それゆえに信仰箇条として列挙されるような教義でもない。しかも、この概念が証明されるべき命題の主語として立てられ、これが「存在する」という述語をこの概念の自己展開として、またそれと同じことであるが、この概念に対する理性の理解の自己深化として、証明し得るか否かというように考えを進めている。(6)ここに前章でアンセルムスの方法的特色として私の挙げた「述語論理への疑義」に基づく、「主語の自己展開としての思弁的方法」が最も精緻な形式で用いられていることは明らかである。この論証は、一つの概念を取り出して主題にし、それが現実のいかなる存在に該当するのかというようなことは全く度外視して、この概念がその本質において単に人間の意識された理性の中に存在するだけではなく、現実の事象として実存しなければ論理的ではないということを論証している。それは全く独特の方法であって、いわば論理に思索の運命と存在の重みとを賭けた理性の大胆な企てと見なければならない。

「それよりもより大いなるものは何も考えられ得ないようなあるもの」というこの基本概念も、このままの形で哲学史の上に生じたことはなかった。ただ、アウグスティヌスは神を述語づけて、「それよりもより善き、またより崇高な何ものもないもの」(7)としているから、これを述語とした前提のもとに神学的思索を試みた人は他になおいたことは認めなくてはならない。ただそれにしても、「より大いなる(maius)」という言表は一切の価値を含むばかりではなく、仮に価値を存在と分け得たとしても、その存在度をも含み得るものであるから、この言い換えは決して小さなものではない。アンセルムス自身、『モノロギオン』では「最善(optimum)」を用いるか「最大(maximum)」を用いるか「最高(summum)」を用いるか迷っていて、結局その第四章から「最高の実体(summa natura)」を使うように定めている。その点は、『プロスロギオン』でははじめから「それよりもより大いなるものは何も考えられ得ないようなあるもの」というように「大きさ」に定め、しかも比較級を使って「無(nihil)」の概念を効果的に媒介としていることは、甚だ特色のあるところと思われる。ベルリンガーはそのアンセルムス解釈において、「最高」という概念の重要性を指摘しているが、[8] 確かに中世哲学の全歴史を考えれば、典礼書でもしばしば「いと高き者」という言表があり、十三世紀以後盛んになったアリストテレスの「不被動の動者(κινοῦν ἀκινητόν)」が天界の星々の上に高く卓越した存在者でもあるところから、この「最高」の方が一般的であるのは事実で、ドゥンス・スコトゥス(Johannes Duns Scotus, 1265/66–1308)も「思惟される最高なるもの」という概念において、この伝統にアンセルムスの思考を取り入れた形式を発明したことになると言ってよいであろう。

「愚かなる者」について

“insipiens”は古くからの『詩篇』の訳により、長沢版の『プロスロギオン』の日本語訳でも「愚かなる者」と訳されているし、また旧約のユダヤ思想から言えば神を認めないことは知恵に反することであるから、そういう人を「愚かなる者」と言うのは結局においては正鵠を射ているので、その訳語を踏襲することにするが、しかし本来は何と訳すべきなのかについてまず考えてみる必要があろう。なぜならば、その語義は日本語の「愚かなる者」のニュアンスとは多少とも異なっているように思われるからである。もとより insipiens は sapiens(知恵)に打ち消しの接頭語 in が付き、それに引かれて sa が si に代わったのであるから、深い知を味わう賢慮ある人の反対の人として、浅はかで慎みを欠く人とでも言わねばならず、恐らく「愚かなる者」という語とは少し異なり、不敬虔の人というに近いであろう。アンセルムスはラテン語においてもそのような語義の勝っていることを承知のうえで、しかし敢えてこれを宗教上の敬虔な賢慮を欠くという意味ではなしに、論理的な思索能力に欠ける者としての「愚かなる者」の意味に使っている。従って、われわれは当初に立てた当然の疑義にも拘わらず、アンセルムスの意図を察するならばむしろ長沢訳を擁護しなければならないであろう。アレルス(Rudolf Allers)もシュミットもそれぞれの独語訳では Tor(愚かなる者)と訳し、[9] ピエール・ルソーは、試みた仏語訳において insensé と言い、[10] それは端的には「方向を失った人間」、「道理をわきまえることのできない者」の意で、「愚かなる者」に近い。

ところで、前々項と前項とにおいて述べたように、神なる

「汝が一切のもののうちで最も大いなるものとして存在すること」は、「理性的精神にはこうも明らかであるのに」どうして愚かなる者にはこれが理解できないのか。(11)その解答が『プロスロギオン』第四章に述べられている。それは、一つの概念の理解の仕方の論理性の有無によるのである。アンセルムスは言う、「いかなるものであれ、心のうちで言われること、すなわち考えられること、それはただ一つの仕方によるのではない(12)」と。

ところで、『詩篇』では、「愚かなる者は心のうちに神なしと言えり(13)」とあるから、「愚かなる者」は「神はなし」と考えたのであるが、そのように彼が考えた神は、右によると、一つの仕方のみで考えられたのではないことになっている。では、どのように考えられたのか。

ある事象が考えられるとき、その事象を意味する言葉が考えられる場合と、その事象の本質そのものが理解される場合とは別である。これは、ある事象をその本質の理解と関わりなしにただ言語の水準で考える場合と、その事象が本質として何であるかという存在論の水準で考える場合とでは差異があるということに他ならない。言語の水準で考える例の一つは物語の次元で考えることであり、「翼をもった天馬」などがこれに該当する。それは言語の水準では、蒼い夜空の横雲を越して遥かな月に向かって飛ぶ。物語の世界にそれは存在している。しかし、その本質は何かと問うてみれば、そこには四足獣と翼との非生物学的な結合があり、前肢が翼となるべきであろうに、そうなっていない不自然な形態であるから、存在論の水準ではそれは存在しない。

このように、言語の水準での存在肯否と存在論の水準での存在肯否とは別々のものなのである。われわれはある事象の概念を意識した場合、その概念を言語の水準で処理できるようには存在論の水準では勝手がきかない。前者は情緒や想像の世界の動きをそのまま含み得るが、後者は論理の必然性の次元である。従って、人はさまざまの苦しみを体験したとき、感情的に「神はいはしない」と言語の水準で言うことは可能であるが、しかしもし人がそのときも理性を失わずに深く考えることができて、「それよりもより大いなるものは何も考えられ得ないようなあるもの」を思い、その本質を考えればそれが現実に存在せざるを得ないことを知るので、そのような最も大いなる存在としてそれ以上のもののないものを「神」として認めなくてはならないことになるであろう。同じ事象を考えても、言語の水準と存在論の水準とは確かに別なのである。

アンセルムスは「それゆえに、神が存在しないと言うことも、前者の仕方では考えられるが、後者の仕方では考えられない(14)」と言う。従って、「神の本質を理解している者は、神がいないと考えることはできない(15)」はずである。もとより、この神の本質の知り方は、「それよりもより大いなるものは何も考えられ得ないようなあるもの」という比較思索から逆に推定していくものである。「愚かなる者」とは、それゆえ言語の水準より深くは決して考えることのできない情緒だけの人間のことである。

なお、「愚かなる者」については、最後にガウニロ(Gaunilo, 994-ca. 1083)の反論について触れておかなければならない。周知のように、『プロスロギオン』の公表後、幾ばくもなくして、これを精読した彼がアンセルムスの論証に疑問を表明する一つの論文を作成し、それを『愚かなる者に代わりて(Pro insipiente)』と題しているからである。これに対してアンセルムスの反論も書かれており、それらは二つとも『プロスロギオン』の本文の後に、この順序で編みこまれていて、その標題はそれぞれ、「以上のことに対して愚かなる者に代わりて人は何を答えるか(Quid ad haec respondeat quidam pro insipiente)」、および「以上のことに対して、本書の著者は何を答えるか(Quid ad haec respondeat editor ipsius libelli)」となっている。

ガウニロその人については多くのことは知られていないが、かつて領主でもあり、サン・ティレールの修道院の建立者でもあったが、そのような社会的活動もしたうえで、一〇四四年に修道院に入っているので、一〇五九年に学生の身から修道院に入ったアンセルムスよりもかなり年長であったことは確かである。

ガウニロの批判と批難とは、カントが存在論的証明を拒否した事実と対比的に語られ、しばしばカントの先駆者であると言われる。彼がその反論の(一)でまとめたところは、アンセルムスの主旨をよく理解したものと思われる。しかし、(二)で言うところは、恐らくアンセルムスが『プロスロギオン』の第四章で言っていることを理解していないことによる。すなわちガウニロは、「語られたものを私が理解するというただそれだけの理由で、これがすでに私の理性の中に存在すると言われるなら、同様に、どのように誤った、またいかなる意味においても全然それ自身では存在していないものをも、私が理性の中に持っている、と人は言い得るであろう[16]」と言っているが、この問題は明らかにアンセルムスが考えていたと見るべきで、本書でも前項で彼の文章を引きながら説明したばかりである。ガウニロは、ある事象を理解する仕方が二様あることについてのアンセルムスの指摘を想起すべきであった。

(三)において、絵画は画家が作品を描き上げる前にその理性の中にあるという例は問題の論証とは合致しない、とガウニロが言うのは面白い。その絵画は画家が制作する以前には「画家の技術そのものの中に存する[17]」という考えは、アウグスティヌスが『ヨハネ伝福音書』一章十七節の解釈に際して語ったことを利用したものであるが、それ自身としても興味のある考え方であろう。ガウニロはこれを基にして、魂

(anima)に内属する天与の技術と理性とを区別してゆくことにより、絵画の原像と概念との差を明らかにしていこうとする。しかし、アンセルムスの言う理性は考える力一般を指しているほど広く、単に言語を語るのみの水準の意識をも含むものであるから、魂と言われるものとも相覆う面もあって、必ずしもガウニロの思うとおりにはいかない。

(四)では、ガウニロは、アンセルムスが「考えられ得るすべてのものよりも大いなるものが神そのもの以外のものではあり得ない[18]」と考えたと言い、かつガウニロ自身は「神そのものを私が思惟したり、知性の中に持つことはできないのと同様、そういう考えを聞いても、今まで種か類によって一般的に知られている事象によって、そういうものを思惟したり理解したりすることはできない[19]」と言って、アンセルムスの論証前提であるあの概念の可能性を拒否しようとする。しかしアンセルムスは、あの概念が神そのものであるとは言っていない。それは神の知られ得る一面なのである。むしろアンセルムスは、人間が考え得る至高至大の概念を、「それよりもより大いなるものは何も考えられ得ないようなあるもの」というように案出し、それを主語とする命題を、主語なるその概念の論理必然的な自己展開によって構成しようとし、そのようにして「現実に存在する」という述語を導出してきたと見られるべきである。そのように見るならば、「愚かなる者」を弁護しようとするガウニロは、むしろ自ら「愚かなる者」に化したかに思われるほど、アンセルムスを誤解していることになる。

(五)において、ガウニロはまず、「それ〔最高の実体《ナトゥーラ》〕が事象においてもまた必然的に存在するということは、私にとっては次のことが証明されることになる。すなわち、それが存在しないとすれば、およそ事象の中にあるものは何であれ、それよりも大きいことになり、そしてこのことにより、それはすべてのものよりもより大きいとは限らないことになる。すでにそれが理性の中にあることは証明されたのに[20]」と書いているが、これは明らかに誤解である。アンセルムスは、事象の中にあるものがすべて何であれ、理性の中にのみあるものよりもより大きいなどと言ってはいない。彼が言うのは、画匠の絵画の案と比べれば、それの現実化された絵画の作品の方がより大きいと言っているだけであって、例えばその巨匠の絵画の案と私の手すさびの作品とを比べれば、前者の方がより大きいであろう。そうでなくては、正義の観念のように理性の中にあるものの方が、殺人行為よりもより大きくはないことになるではないか。アンセルムスが言おうとしたことは、それゆえ観念とそれの実現された事象との比較なのであって、決して「何であれ事象の中にあるところのもの[21]」がその事物性のゆえに、それと本質的関係のない観念よりもより大きいなどと言っているのではない。また、ここでガウニロは自らの誤解を省みることなしに、ひたすら自分がわからないことを理由にして、問題の論証が成立しないというように主張しているが、それは自己の不明に謙虚とならず、いたずらに人を責めるに急な矮人《わいじん》の業であって論理的ではない。

(十六)においては、有名な幸福の島よりも遥かに卓れた島の例が出ている。それは手短に言えば、次のようである。考え得る限りの善さをもち、あらゆる土地よりも卓れている島があると語られ、そこに何も難しい話もないので、その島の話を私が理解したとして、理性の中にあるものと認めよう。そして、「君は、あらゆる土地よりも卓れているあの島がどこかで事象の中に真に存在することを疑うことができない。なぜならば、それが君の理性の中にも存在していることを君は疑いはしないからである。そしてただ知性の中にだけではなく、事象のうちにも存在する方がより卓れた存在であるから、その島は必然的にそのようにして存在していなければならない。もしそうでなければ、他のいかなる土地にもせよ、事象の中にあるものの方が、その島よりも卓れていることになるから、そしてまた、君がより卓れていると理解している島の方がより卓れていないことになるからである(22)」。

さてこのようにして、これがその想像の島が事象として現実にあることの証明であると言ったりするとどうなるであろう。それゆえ、ここでは、誰もこのような島の実在を認めることができないが、『プロスロギオン』はそれと同じ論理構造を持つ論証に過ぎないからして、「それよりもより大いなるものは何も考えられ得ないようなあるもの」の実在は証明されていないとガウニロは言う。

しかしこの場合、ガウニロは後に百ターレルの例を出したカント同様に、極めて大きな論理的誤謬を犯している。アンセルムスは、島とか金貨のようにそれよりもより大いなる何ものかが考えられるものを考えているのではない。島としていかに考えられないほど卓れた島を考えても、所詮それは島であって、例えばそれは広さから言っても地球よりは狭いから、それは元来、「それよりもより大いなる何ものか(この場合は地球)が考えられ得るもの」なのであり、また、島としてどれほどそれ以上の島が考えられ得ないような島があるとしても、それは所詮島であって、従って本質的に島以上のものこれよりもより大いなるものは何ものも考えられ得ないようなあるものと比べて、こちらの方が件《くだん》の島よりもより大いなるものになるであろう。その例としては、例えば人を挙げることができよう。人は本質的に島よりもより大いなる存在であって、ごく普通の人でも、それよりもより大いなる島はないと思われるほどの島と比べれば、前者の方が後者よりも遥かに大きいので、島はいくら考えてみても、決して「それよりもより大いなるものは何も考えられ得ないようなあるもの」たり得ない。ガウニロはここでは完全に間違っているのである。アンセルムスは、ただ観念あるいは概念として、本質上、「それよりもより大いなるものは何も考えられ得ないようなあるもの」を考えてみることを提言し、それを主語とし、その論理的な自己展開を、それが自己矛盾しないように進めてみると、そういうものが実在しなければならないことを論証したのであって、本質的にそれよりもより大いなるものが考えられ得るものを問題にしたのではない。愚かなる批判者はいつの世にもいて、常識的な格の中から、巨人の創造の営みを垣間見て、自己の水準以上のものを見ることもなしに、巨人を自己の視線の低度で判定しようとする。この部分のガウニロは、まことの愚者になっている。

なおここでガウニロは、「より大いなる」の代わりにしばしば「優先する(praestans)」を使用し、(四)では「それよりもより大いなるものは何も考えられ得ないようなあるもの」に対して「最高の実体《スンマ・ナトゥーラ》(summa natura)」なる概念を代用しようと努めているが、そういう用語の小差にも、二人の考え方の差が出ている。アンセルムスの場合は、「大いさ」というそれ自身としては絶対的であり得る観念を用いて、偉大性そのものとしての神に向かう可能性が残されているのに対し、ガウニロにおいては「優先する(先立つ)」というそれ自身として相対的であるところの観念を用いて、絶対者への道が言語的には絶たれている。これが双方共に無意識的になされたものか、思考の技術によるのであるか否かはわからない。また、アンセルムスは「より大いなる(maius)」という比較級と「無(nihil)」とを媒介として「あるもの(aliquid)」という概念を使って思考対象を言い表しているが、これは『プロスロギオン』における彼の新しい方法論的進展によるものである。というのは、「あるもの」は後に十三世紀で大きな問題となる「超越(transcendentalia)」、すなわち範疇を超えるものの一つであり、ここでアンセルムスがそのことを意識していたと思う必要はないが、この「あるもの」の前後にこれと並んで使われる術語はesse[23], res そして含意されるものとしてbonum と umum であるため、五つの超越が並んでいることになり、われわれはここに期せずして超越の次元に立っていることを認めなくてはならない。こういう点に、アンセルムスがいわゆる「盛期スコラ学」と言われている「大学時代」につながる重大な伏線を敷いている事実の一端がある。

この「あるもの(aliquid)」を中心にした考え方は、ガウニロの「最高の実体《スンマ・ナトゥーラ》」というとらえ方とは違う。アンセルムスも『モノロギオン』ではこちらの方を多用していたし、内容的には両者とも同じであり得るが、厳密に言えば最高とか最大の実体は、必ずしも「それよりもより高きないしより大いなるものは何ものも考えられ得ないあるもの」とは限らないし、また何よりもこの「あるもの」という言表の方が、最初から心に肯定を強いる「最高の実体《スンマ・ナトゥーラ》」という立言よりも、遥かに論証の風土に似つかわしい。なぜならば、「最高の実体《スンマ・ナトゥーラ》」という概念はその背後に何の命題をも持たずに、「ナトゥーラ」というラテン語でもかなり一義性に乏しい語[24]で直接に何かを考えさせようとすることは、論証に先立ってそれの妨げとなる表象やイメージをわれわれに喚起させる恐れが多いからである。

さて、(六)まではすべて『プロスロギオン』の第二章に関係したものであるのに対し、(七)は第三章に関係する。その要点は、アンセルムスが「人はそれが存在しないことは考えられ得ないようなあるものを考えることはできる[25]」と言って、存在そのものとしての「それよりもより大いなるものは何も考え得られないようなあるもの」を指していたのに対し、ガウニロは、「私が自分の存在を極めて確実に知っている限り、私の非存在を考えることが、私にできるかどうかを知らない[26]」と言って反論しようとする。アンセルムスの論理的思弁についてはすでに充分述べているから、ここではガウニロの反論の見当違いを指摘するだけで足りると思う。彼は「私の非存在の可能性[27]」は考えられ得るか否か不明であるというが、それは根本的に間違った考えではなかろうか。なぜならば、「私」はある時に生み出されてきた存在なのであるから、何十年か前に「私」は存在していなかったことを考えることは可能なのである。こういう言い方が素朴な非哲学的な言い方であるというのであれば、「私」の現在がここに在ることの不可能性は、例えばどこかへ行く途中の路上の何か一つの小さな手違いででも生起し得ることなのであり、もしここに在る自己の存在が一切必然的で、偶然に見えた多くの出来事も自己の現在の存在に集結するように編みなされている必然の導きであると考えるならば、それだけですでに世の一切を支配する大いなる必然的存在を想定せざるを得ず、それはむしろアンセルムスとは違って非論証的に神ないし大自然のごときものを、それこそ「最高の実体《スンマ・ナトゥーラ》」として秘かに立てていることになる。アンセルムスの言うところは、もし少しでもその非存在が考えられるとすれば、そのときそのものは「それよりもより大いなるものは何も考え得られないようなあるもの」ではないからこそ、そういう「あるもの」の非存在は考えられ得ないと言っているのである。

(八)は単なる結語であるからここに紹介する必要はない。

アンセルムス自身が、ガウニロの反論に対して約二倍の長さの答弁をものにして、やはり『プロスロギオン』の付録として添えてあるから、ガウニロの考えに対する右に行ったような私の解釈と論難よりも、アンセルムス自身の反駁をこそ紹介すべきであるという考え方もあるに違いない。しかし、アンセルムス自身が答えていることの要領は、すでに彼が本文の第二、三、四章を通じて述べていることであるから、重複を避けるためにも、答弁のあらましを詳述する必要はない。むしろそれよりも、ガウニロの立論が第三者から見てどれほど的《まと》を外れたものであるかを明らかにしておくことの方が大切であるから、このような処置をとった次第である。ただ、アンセルムスが自らの答弁において新たに提出した一つの問題については簡潔に述べておくほうがよいであろう。

論理化を含む二段構造

「以上のことに対して本書の著者は何を答えるか」という標題のもとに、アンセルムスは極めて律儀に答えてはいるが、しかしそれは愚かなる者に対してではない。「愚かなる者に対しては、私は私の小著で語った」のであるが、反論しているのは「この愚かなる者ではなく、この愚かなる者のために、またはそれに代わって弁じている愚かではないカトリック教徒であるから、カトリック教徒に答えるので、私としては充分であろう(28)」と言っている。それゆえアンセルムスは、ここではガウニロの「信仰と良心とを最も堅固な論拠として使う(29)」と言う。ガウニロその人が神を信じているから、その思索の中には神が存在するのである以上、「それよりもより大いなるものは何も考え得られないようなあるもの」が思惟の中に存在すると言うことはできる。従ってガウニロが、「語られたものを私が理解するというただそれだけの理由で、これがすでに私の理性の中に存在すると言われるなら、同様に、どのように誤った、またいかなる意味においても全然それ自身では存在していないものをも、私が理性の中に持っている、と人は言い得るであろう(30)」などと言うのは言いがかりに過ぎず、心の中に在るというその在り方が、本来、神と他の単なる想像とは少なくともガウニロの中では違っているはずであるというのを指摘している。カトリック信者であれば、神を信じているはずで、その観念は論理化すれば、「それよりもより大いなるものは何も考え得られないようなあるもの」になるはずで、それならばこの概念が表すものは現実に存在するか否かを検討しなければならない。そしてここから後の検討ないし論理的手続きが、アンセルムスの『プロスロギオン』第二章の論証なのである。それゆえ、キリスト教の信者が信じている神の実在するか否かを考えるというときは、まずその神観念を論理化する、そして論理化された概念がその指表するものの実在を必然的に示してくる、という二段構えの構造が可能であるということになる。最初にアンセルムスが、ガウニロの信仰と良心を論拠とすると言ったのは、右の第一段のことに関してであって、「それよりもより大いなるものは何も考え得られないようなあるもの」は、ガウニロがその反論の(四)でそういうものを「私が思惟したり、知性の中に持つことはできない」と言うことに対して、その考えの足りなさを指摘することになる。

それゆえアンセルムスは、本文では純粋思弁としての神の論証を行うのであるが、ガウニロへの反論においては、むしろガウニロのように信仰のある者がいかにすべきであるかということ、すなわち啓示神学と哲学との結合の可能性を信仰的事実の論理化において示している。詳しく言えば、例えば右に見たように、神を超越論的概念によって形而上学的次元に還元し、そこから純粋思弁の論証に入ればよいという仕方である。このように論理学をもって啓示と思索とを統一しようとする運動は、すでに十二世紀を暗示している。グラープマンは、「アンセルムスが人間的理性の射程を強調することによって理性を独立させ、それから哲学の独立化を果たすとともに、哲学の応用がどれほど神学を高めるものであるかを示した人」として、「アウグスティヌスに溯示し、トマス・アクィナスを暗示する」と言い、そういう意味でアンセルムスこそがスコラ学の父であるとしている。(31) そのような見方に特別な反論を加えるほどのことではないが、むしろ一般にスコラ学と言われた大学派の主流は、アンセルムスを理解していないことを付記しておかなくてはならない。彼が理性の論理的展開としての論証にはじめて最も重大な権威と意義とを与えた中世人であることに間違いはなく、しかも祈禱と修徳の内容がそのような論理の次元に客観化されてくるというところにスコラ学、すなわち私の語で言えば、脱スコラ学的大学派の祖としての一面はあるに違いない。しかしその彼は、「スコラ学」の隆盛につれて、多くのガウニロたちに包囲されて、孤独の影を深める。彼の論証的思索は、むしろ近代や現代の方で再生してきているのではないか。いずれにせよ、一つ彼をアウグスティヌスとトマス・アクィナスの中間に、一つの巨峰として位置づけることは忘れてはならない。彼は西欧における十一世紀のキリスト教的思索を一身に背負っていて、十二世紀のキリスト教が十一世紀のイスラム哲学やユダヤ哲学に目を見張ったときにも、自己の側にもそれらの人びとにいささかも劣らない大哲学者がいたとして誇り得た唯一人の十一世紀人であった。論証によってしか哲学の真理は確保されはしないし、論証の名に値する論証とは純粋思索の自己展開においてしかあり得ないと言うアンセルムスの精神は、永遠に哲学者の範とするところでなければならない。

Ⅲ　未来への遺産——大学哲学

第十二章　原型と刺戟

——中世のユダヤ哲学——

原型としてのモーセ

旧約聖書の数多い巨人の中でも群を抜いて偉大なモーセについては、すでに本書でも教父哲学の中で取り上げたニュッサのグレゴリオスを介して、彼の持つ哲学的契機の幾つかに触れている。今ここに中世のユダヤ哲学の一端を述べるに際しても、私の念頭に浮かぶのは、モーセが神と対決するまた一つの場面である。エジプトより立ち出でて、シナイの山麓まで辿りついたイスラエルの民が待ちあぐねる間に、モーセはシナイ山頂で神から律法の録《しる》された石の板二枚を授けられていた。しかし、まだ帰って来ないモーセに対して善意からの心配ではあろうが、不在の時期の指導を託されていたその兄アーロンは民の要求を容れ、黄金の犢《こうし》を鋳《い》なし、モーセの固く禁じた偶像を前にする燔祭《はんさい》を献げた。これを見て怒る神エホバすなわちヤーウェは、モーセに「我かれらに向いて怒《いかり》を発して彼等を滅ぼし尽さん」(1)と言う。モーセはその神エホバの面《かお》を和《なだ》めて、「エホバよ汝など彼《か》の大《おおい》なる権能《ちから》と強き手をもてエジプトの国より導きいだし給いし汝の民にむかいて怒を発し給うや／何ぞエジプト人《びと》をして斯《かく》言わしむべけんや曰く彼は禍《わざわい》をくだして彼等〔イスラエル人〕を山に殺し地の面《おもて》より滅尽《ほろぼしつく》さんとて彼等を導出《みちびきいだ》せしなりと／然《され》ば汝の烈しき怒を息《や》め汝の民にこの禍を下さんとせしを思直し給え／汝の僕《しもべ》アブラハム、イサク、イスラエルを憶《おも》い給え汝は自己《みずから》さして彼等に誓いて我《われ》天の星のごとくに汝等の子孫を増《ま》し又わが言うところの此《この》地をことごとく汝等の子孫にあたえて永くこれを有《たも》たしめんと彼等に言給えり」(2)と言う。エホバは、「是《ここ》においてその民に禍を降《くだ》さんとせしを思直し給えり」(3)と録《しる》されている。ここに何を見るべきか。私の思うところでは、神と預言者モーセとの対話の劇的迫力こそ、第一にわれわれの目を惹くものである。モーセは神に祈願して「思い直し給え」と言い、神が思い直さなくてはならない理由を論理的に示すのである。そしてその結果、神は思い直すことになっている。この神の決断を巡っては神学的に微妙な問題が多々伏在するにちがいないが、今はそれは措き、この対話(oratio)としての祈禱[4](oratio)において、人間への神の予告、神への人間の祈願、神に対する人間の論理的思索の提示がみごとに一体となっていることを認めなくてはならない。このことは、対面的緊張における預言と祈願という信仰的なものと、人間の哲学的思索との調和的統一、換言すれば、神の友モーセという理想的人間像における信頼と論理の一致、信仰と学問との一致である。この対面には神と人間との呼応という相互の存在交信があり、それはイサーク・イスラエリ、モーゼス・マイモニデスら中世のユダヤ哲学の原型を成すのみではなく、マルティン・ブーバー(Martin Buber, 1878–1965)やエマニュエル・レヴィナス(Emmanuel Levinas, 1906–95)ら現代のユダヤ哲学の祖型ともなっている。

フィロン前後の初期ユダヤ哲学

中世ユダヤ人の哲学的運動は、私の見るところでは、大筋においてはやはりこのような一致を、この時期に独特な知的風土の中で新たに実現することを目的としたものである。従って、キリスト教やイスラム教におけると同様、ユダヤ教においても、イサーク・フズィーク(Isaac Husik)がその『ユダヤ哲学史(A History of Mediaeval Jewish Philosophy)』で述べているとおり、信仰による啓示的知識と理性による学問的知識という相互に異なった源泉に由来する二種の知識の対立や矛盾をどのように処理するか、ということが問題なのであった[5]。西洋中世の持つ特殊な歴史的事情によって、前記三つのいずれの宗教においても、前者すなわち信仰の知識は、聖書[6]とその教団ないし教会の教えであり、後者すなわち理性の知識は、ギリシアに起源を持つ学問であった。ユダヤ教の場合、信仰的知識を代表するものは、聖書と言ってももとより旧約聖書のみであり、その他にミシュナーおよびタルムードがある[7]。聖書は書き録《しる》された律法と教示であり、預言者と律法家に啓示された神の言葉が文字として残されているものである。タルムードは、その解釈としてのミシュナーを含めて、律法の語句に関する古来からの伝統的な「書かれざりし註釈」を可能な限り正確に文字化したものであり、元来は口伝の律法であった。しかし、権威としては聖書と同様に重んぜられていたし、また現在でも重んぜられている。それゆえ、ラビ[8]によっては宗教的権威は二種に分かれていて、神の直接の語りかけが文書化された疑う余地のない「聖書」と、それが書き録されるまでに幾世代も「口伝」によって継承されたところの神の間接の語りかけとであり[9]、それはあたかもカトリック教会における聖書と聖伝に通じるものがある。

ユダヤ教にギリシア哲学が知られるようになったのは、中世になってからというわけではなかった。すでに紀元前二世紀の中葉に、アリストブロス(Aristoboulos)が旧約聖書の寓意的解釈を企てたことが四つの断片によって知られるように、プトレマイオス王朝下のエジプトに散在しているギリシア語を話すユダヤ人の中において、固有の意味のユダヤ哲学は芽生えていたのである。ほぼイエス・キリストと同時代人であったフィロン（Philōn of Alexandria, ca. 25/20 B.C.–ca. A.D. 45/50）が、新プラトン主義的な哲学やストア学派の考えを採り入れて、旧約聖書の寓意的解釈をも企てていたが、恐らくこの人においてヘブライズムとギリシア哲学との哲学的思索の側からの最初の統一がみごとに行われていて、宗教的思弁の側からのそれに対応する企てとしての『知恵の書』や『ヨハネ伝福音書』一章などと共に、このような視点から思想史上、特に注目すべきものであろう。しかし、古代哲学末期の大思想家と考えられてしかるべきこのフィロンの影響が、ユダヤ人の間で比較的少ないのは、どういうわけであろうか。私の見るところでは、およそ次の三つの理由によると思われる。

一つは、フィロンの前後の時代のユダヤ人たちは、ローマの支配に対する反抗の営みに忙殺されていたことである。あたかも紀元前二世紀中葉に、シリアを統治していたセレウコス家のアンティオコス四世エピファネス（Antiochos IV Epiphanēs, 在位 175–163 B.C.）のギリシア文化政策に反抗して、ユダヤの信仰と生活を守り通すことを可能にしたユダス・マカベウスを統領とするハシディームの徒が反乱を起こし、エルサレムを奪回したのと同じように、フィロンの同時代のユダヤ人たちには、ローマの権力からの自由独立を夢みていた人が多く、そのため急進派《シカリ》を含めて熱心党《ゼロタイ》はついに紀元後六六年武装蜂起するが、七〇年にはエルサレムが陥落してしまう。フィロンがこういう、いわばユダヤ民族の存亡の危機の時代に冷静な思索を続け得たことは、たとえアレクサンドリアという当時の世界の学都にいたという好条件があったにせよ、驚嘆すべきことである。ただ、いわば国粋的に純正な伝統主義の団結が強固であった時代に、あのアンティオコス四世を思い起こさせるギリシア文化という敵性哲学にかぶれたフィロンの書物に人気が集まるはずはなかった。

二つ目の理由は、このエルサレムの陥落はユダヤの歴史上、「第二神殿崩壊」と言われ、ユダヤ人の国家の終焉を物語るものであったから、その後特に偉大なラビ・アキバ・ベン・ヨセフ（Akiba ben Joseph, 40–ca. 135）によって救世主《メシア》と見なされたバル・コフバ（Bar Cochba, ?–135）の挑戦が一三五年に失敗に帰し、激減した人口が各地に離散した後は、ユダヤの知性はひたすら自己の宗教的伝統の維持に努め、タルムード編纂や教訓、伝説などを聖書註解と結びつけてまとめたミドラッシュの編纂にあたるのである。従って、『バビロニア・タルムード』の完結を見る五世紀末までは、少なくとも一般の知的ユダヤ人にはギリシア文化に関心を向ける心のゆとりはなかったであろう。

三つ目の理由は、五二九年にユスティニアヌス皇帝による、アテナイのアカデメイアをはじめとするギリシア哲学の学園閉鎖令である。これによってローマの支配力が及んでいるヨーロッパ各地に、ギリシア哲学が一般的に歓迎される風潮は途絶え、ギリシア人の学者たちは、それ以前からも密接な関係を保っていたところではあるが、近東とアフリカに逃避し、そこで栄えてゆく。なおこれが、前に述べたことであるが、ギリシア哲学が中世としては最も早くかつ豊かにイスラム教と結びつく一つの原因であった。

フィロン以後、幾多の卓《すぐ》れたラビたちやガオン[10]たちは輩出しているけれども、注目に値するような哲学者はユダヤ人の中からはしばらくの間、現れることはなかった。古代末期の三世紀後半から中世初期の六世紀頃までの間に成立したと思われる『創造の書(Sefer Yesirah)』にしても、ほとんどプロクロス(Proklos, 410–485)[11]のユダヤ的翻案に過ぎないという指摘もある。

イサーク・イスラエリ

この章のはじめに述べたように、ギリシア哲学が聖書や宗教的権威にどのように調和し得るかという問題がなければ、中世のユダヤ哲学は今日われわれが見るようなものではなかったであろう。それゆえ、ギリシア哲学はユダヤ人にとっては確かに原型である宗教上の教義に対して広範な効力をもたらす生ける刺戟なのであった。そのようなギリシア哲学を、しかしユダヤ人は、アリストブロスやフィロンに例を見るごとく、自ら直接に発見していたにも拘わらず久しく忘れ果てて、中世もかなり時を経た九世紀頃になって、ようやくアラビア人の学者を介して再発見するのである。あたかもその頃は、イスラムの世界では、アル＝キンディー(Abū Yūsuf Ya'qūb ibn Isḥāq al-Kindī, ca. 801–ca. 873)やアル＝ファーラービー(Abū Naṣr Muḥammad al-Fārābī, ca. 870–950)のような多才多識の学者が、新プラトン主義と共に新たにアリストテレスを研究し始めていたのであった。そして多くのギリシア語原典のアラビア語訳が成立していた。主にエジプトやバビロニア(現イラク)にいたユダヤ神学者たちが、まずイスラムのムータジラ派[12]の神観に共感を覚え、この派が利用していたギリシア哲学に目を向け始めたのであった。それゆえ、ジルソンはユダヤ哲学の師はイスラムの哲学であると極言している。[13]

さて、エジプトに生まれ、チュニジアのカイルワーンの宮廷の医師であったイサーク・イスラエリ(Isaac ben Solomon Israeli, 850–950)は、医学の研究書の著者として有名であったが、哲学について言えば、この人と共に新プラトン主義がフィロン以来久しぶりにユダヤ思想の中に採り入れられてきたのである。この人はグートマン(Jacob Gutmann)やフズィーク[14]によれば、中世のスコラ学者たちにはマイモニデスに次いで重要な哲学者と思われていたが、それはサレルノのアルファヌス(Alfanus Salernitanus, ?–1085)と共に十一世紀の南イタリアで翻訳活動をしていた語学の天才コンスタンティヌス・アフリカヌス(Constantinus Africanus, ?–1087)がイスラエリのアラビア語の著書[15]を、ガレノス(Galēnos, 129–ca. 199)やヒポクラテス(Hippokratēs, ca. 460–ca. 375 B.C.)らのギリシア語の著書と共にラテン語に訳したため、アルベルトゥス・マグヌスやボーヴェのヴィンケンティウス(Vincentius Bellovacensis〈Vincent de Beauvais〉, ca. 1190–1264)、トマス・アクィナスらがそれを手軽に読むことができたからである。従って、イスラエリのみが西欧で有名であるのは、他のユダヤ学者がキリスト教徒たちに充分に知られなかったからなのであり、彼自身の思想の内容は独創的ではなく、医学や自然学などを織り込んだユダヤ思想の[16]「編纂者以上のものではなかった」とジルソンも書いている。フズィークは、ユダヤ哲学者としてはイスラエリをマイモニデスと並べることは不可能であると言い、後者がそのアラビア語の著『迷える者のための導き』のヘブライ語訳者サムエル・イブン・ティボン(Samuel ibn Tibbon)に寄せた書簡で、「イスラエリは医師に過ぎず、その著書『要素の書』も『定義の書』も無内容な想像の饒舌である」と書いたのを紹介している[17]。

『要素の書』は、月下の世界の諸現象を医学的見地から取り扱っていて、要素《エレメント》とは火・空気・水・土、すなわち伝統的な四大の地水火風であり、イスラエリはその書物で、たとえその用語に差異はあっても、結局、内容的にはガレノスやヒポクラテスも要素論に関してはアリストテレス的見解に一致すると見ている。ただ、いかにもユダヤ哲学者らしい点と言えば、神観では前述のようにユダヤ人たちの共鳴を得たイスラム教のムータジラ派が、自然哲学で採っていたところのデモクリトス(Dēmokritos, ca. 460–ca. 370 B.C.)の流れを汲む原子論には異を唱え、質の量への全的還元を認めず、神の創造による種の質的な独自性への論理的可能性を残していることである。従ってイスラエリの考えでは、直線も質として独立した本質を有し、決して点から成るものではなかった。

『定義の書』はその標題どおり、哲学に必要な概念の定義を明らかにしているが、ここで哲学を「自己認識と悪からの離在」と規定していることは注目に値しよう。人間において物質的なるものと精神的なるものという宇宙全体を構成する二つの相異なったものが結合されているから、人間が自己を認識することは、可能的には、宇宙に内在的なあらゆる事象を本質において知ることになる。

ところで、そのように一切を認識する可能性において現実に認識の量を増し、その度を深めてゆくことは、人間の自己がそれだけ自己実現に向かって自己を変えてゆくことに他ならない。それゆえ哲学は単に認識にとどまらず、人間の自己変革を伴うものである。その変革の究極目的は何であるか。すでにプラトンが言い、その後多くの新プラトン主義者たちが語り継いできたように、哲学の目的は可能な限り神に似ることであるという考えを、新プラトン主義を奉ずるイスラエリは踏襲し、それをもって人間の自己変革の目的としている。しかし、その具体的内実は何なのか。どのようなことが神に似ることの極みであるのか。イスラエリの見るところでは、模倣が意味を持つのはその対象の中心を模するからであるゆえに、神に似るとは神の現実態としての行為を模することに他ならず、かくて事象の真実を知り、真理が要求するところのものを行うことに他ならない。それは、帰するところ全知の創造者に少しでも自己を接近させようとすることに他ならないが、哲学とは前述のように、自己認識と悪からの離在であるとすれば、それだけでは神の認識も善の実現もないのであるから、とうてい哲学では全知の創造者への充分な模倣の域には及ばない。このような模倣の完成は宗教に俟たねばならない。そうすると、イサーク・イスラエリにおける哲学の意味は、宗教への前段階を整えることであろう。私の見るところでは、自己認識によって自己の罪障を知り、自己が決して完全ではないことを知り、身を滅ぼす悪に近づかないことという二つの否定によって、完全である神や絶対者である善を樹立するという絶対肯定への準備をするのが哲学の課題であるというのがイスラエリの考えである。すなわち、哲学においては神学的肯定性ないし積極性に向かって知が転換し得るように否定の極みを思弁的に実現しようとする。このように見てよいとすれば、それはそれまでのユダヤ教徒の中でも、また新プラトン主義を範型にした人びとの中でも際立って哲学を宗教から分けた考え方である。哲学は宗教に収斂される営みではあるが、このように前者に否定の契機を、後者に肯定の契機を配分したところは偉大な特色であろう。なぜならば、ほとんどの神秘主義者や新プラトン主義者は、神の偉大性を示すものとして、神がいかなる範疇によっても述語づけられないことを強調し、神学や宗教の方に否定神学を位置づけ、哲学の方には一定の限度内、例えば自然哲学や論理学などの内部で原則として肯定命題による積極的言表を期待しているからである。その点に関しては、全く一般とは逆の形態をとっているところに、イスラエリの哲学的思索の特色を見ておくべきである。

イェフダ・ハレヴィー

イェフダ・ハレヴィー(Yehudah Ben Samuel Halevi, ca. 1075–1141)は、理論的思想家というよりも詩人である。しかし、それは彼が哲学的思考に慣れていないとか、術語に通じていないとかということなのではない。まったく逆に、彼はアリストテレスの術語については彼以前の学者たちよりもよく知っていたし、新プラトン主義の考え方にも習熟していた。確かに彼は、自分の心の中でユダヤ教と両立しないと思われるような哲学の考え方に対しては攻撃を加えてやまないが、しかし哲学用語を駆使して自分の考えを述べたし、また折々その詩的な文章によって哲学者たちに譲歩することもあった。それゆえ彼は、例えばもし理性が本当に要求するならば、ユダヤ教の本質に何の害もなしに、質料の永遠性を哲学者と共に採用してもかまわないと言う。[18] 彼は何よりも聖書を重んじてはいたが、それがすべての哲学や科学に反するものであるとは思わなかった。なぜならば、科学はもともとユダヤ人の手中にあって、この人びとからカルデア人たちがその知識を受け取り、そしてペルシア人に手渡され、そこからギリシアに移り、さらにローマに来たのであり、その長い歴史の間に科学のユダヤ起源は忘れられてしまったとハレヴィーは言う。[19]

ところで哲学や科学は、人間の理性が及ばない事柄については極めてしばしば間違いに陥る。なぜならば、自己の不完全な方法で推測するからである。啓示のみが、神の本質や人間の行為に関して一定の限られた、しかし確実な知識を与える。それゆえ、哲学者たちが判断し得ないような問題についても、確実な真理を学びたいと思うならば、われわれは啓示につき、哲学者を離れなければならない。

イェフダ・ハレヴィーは一〇七五年頃トレドに生まれた。この時代はちょうど、この町がアルフォンソ六世(Alfonso VI, ca. 1040-1109)によってイスラム教徒から奪い返されたときであった。この当時、しかしトレドはなお文化においても言語においてもイスラムの影響がそのまま残っていた。従って、キリスト教のうえにイスラム文化の大きな影響が及んでいた。ただこの当時ユダヤ人たちは、トレドにおいてはイスラム教徒からもキリスト教徒からも似たような良い扱いを受けていた。従って、ハレヴィーの青年期は後に起こってくるユダヤ人迫害によって悩まされることはなかった。恐らく彼はユダヤ文化の中心地であるルセナに行かされ、その地において有名なラビ・アルファーズィ(Rabbi Isaac Alfasi, 1013-1103)のもとでタルムードを学び、そこでヨセフ・イブン・ミガーシュ(Joseph ibn Migash, 1077-1141)という後にアルファーズィを継いだ人や、哲学者のバルー・アルバリア(Baruch Ben Isaac Albalia, 1077-1126)と交遊を結んだ。生まれながらの詩人であったために、ガビロル(Solomon ibn Gabirol, ca. 1021/22-ca. 1058)を別にすると、ハレヴィーは中世を通じて最も有名なヘブライ語詩人として知られるに至った。しかし彼は、詩で生業を立てたのではなく、時の知識人の常として医学の業で生計を立てた。晩年コルドバを訪れたが、そこはすでにムラービト王朝の専制主義の政府によって衰えかけていた町である。つまり支配者たちはあまりにも宗教的に過ぎ、イスラムの宗教と法律の研究に身を捧げた人びとである「フッカッハ(fukaha)」の信奉者であり、科学的研究や哲学はこの地方では禁じられていた。イスラム以外の宗教は歓迎されず、しかもユダヤ人たちはキリスト教徒と異なって、どこにも強力な皇帝や支配者を持たなかったために、自分たちの苦しんで得た富で生活と比較的自由な日々を贖わねばならなかった。そのようなわけで、ハレヴィーはここでも医者として過ごした。その腕が買われて王室のサークルに出入りでき、個人的にはかなり幸運であったが、ハレヴィーは自分の同胞が冷遇されているのをしのびがたく思って、悶々とした日々を送ったことがその書簡の中に見られる。

ハレヴィーの詩にはいろいろな主題があるが、最も特徴的なものはそのユダヤ主義とも言うべきナショナリズムの激しさを示す詩である。その情熱が彼をしてパレスチナ、すなわちユダヤ人の父祖の地に旅立たせたのである。しかし風向きが悪かったため、エジプトのアレクサンドリアに上陸しなければならなかった。そして彼の名声を慕う人びとの招待に応じてカイロに行き、一時期そこに定住を強いられたが、敬虔な決心たる聖地訪問の志を捨て切れず、ダミエッタ、ダマスクス等までは彼の足跡を辿ることができるような旅を続けた。しかし、エルサレムに着いたかどうかについては何もわからない。歴史の終わったところから伝説がそのあとを受けて、ハレヴィーは死ぬ前に聖なる町の門前に立ち、涙ながらにシオン讃歌を歌っていたときに、一人のアラビア人の騎兵がその槍で老いたるハレヴィーを突き殺したと伝えられている。

ハレヴィーは、その反哲学的な態度をアラビア人のアル＝ガザーリー (Abū Ḥamid Muḥammad ibn Muḥammad al-Ghazālī, 1058-1111) に学んだ。ガザーリーはもとより哲学者であったが、後に論理的証明を信ぜず、スーフィズムに移り、イスラム信仰の神話に親しんだ。ガザーリーとハレヴィーの間には少なからざる類似点がある。すなわち、一方では人間理性の力に関する疑いと、他方では深い宗教的センスとが二人の見地にとって重要な特色である。しかし、ハレヴィーは多少別の動機もあって、迫害されている民族を護ろうとする考えや軽蔑されているユダヤの信仰を単に哲学者に対してばかりでなく、他の宗教の信者に対しても護ろうとした。[20]

ハレヴィーはその主著『クザリ (Sefer ha-Kusari)』[21] の書き出しで、哲学者の論証や、彼らの宗教に敵対する他の宗教の信者に対して、彼が答えて言わなければならないことは何であるかということを尋ねられたと言い、[22] 彼はこの書物でユダヤの信仰を理性および他の宗教に対して明らかにしようとする意図を示したのである。そしてこの問題を体系的に論ずる代わりに、対話の形式による劇的な扱いで考えようとした。彼にとって運の良いことには、ちょうどそのとき、彼の目的に沿うような一つの歴史的事件を見ることができた。

十世紀頃、コルドバにハスダイ・イブン・シャプルート (Hsdai ibn Shaprut, ca. 915-ca. 970/990) というユダヤ人の大臣がいたが、彼はコルドバの学問の保護者でもあった。この人が、その当時コーカサスに居住していたトルコ人にその出自を持つ民族ハザール (Khazar) の王と文通をしていた。文通を通して王は、三つの有力な宗教、すなわちユダヤ教、キリスト教、イスラム教のうちいずれが良いかを知ろうと欲し、回心の事情についての報告を得た。その結果、キリスト教徒もイスラム教徒もヘブライ人の聖書を真理の証しとして用いているのを知り、ユダヤ教こそ真の宗教であると判断し、ハザールの王は廷臣たちや家来を引き連れてユダヤ教に回心したのであった。そしてこの歴史的事実が、ハレヴィーに『クザリ』のあらすじを与えたのである。

『クザリ』においてハレヴィーは、ユダヤのラビとハザールの王との対話の形で、彼の時代の諸宗教の文化的な、また宗教的な比較を行おうとしたのである。ハレヴィーの話では、ハザールの王がまず哲学者を呼んでその信仰を尋ねたところ、永遠である神が個物や個人について何も知らないのは、個別的なものは絶えず変化しているのに神の知恵は常に変わらないからであり、従って神は個人を知ることもなければ、個人の祈りを聞くこともないと哲学者は言った(23)。哲学者が神こそ人間を創造したと言うときには、その創造という言葉は比喩的に使われており、神が一切の諸原因の原因であるという意味であり、神が人を目的や意図をもって創ったのではないということである。要するにハレヴィーは、神の本質については合理主義的なユダヤ哲学の伝統を踏襲して、正確な反復に富む自然の説明に終始しているのである。しかしこれと共に人間に自由意志を与えたために生ずる個人の決断という歴史的問題、すなわち自然法則の神ではなく、預言者の神としての宗教的性格は、私の見るところでは、ハレヴィーの思索の中で体系的統一を達成し得なかった。そしてこのことは、遥か後の近代における自然科学、すなわち因果関係の必然性の正確な知識と、同じく近代において中世的な神的摂理の超越性に代わって、神が人間に与えた自由の自覚による決断とその帰結をめぐる行為の哲学、つまりハレヴィーにおける預言者の哲学の近代的変奏との容易には統一しがたい対立につながるものではなかろうか。その点においては、ハレヴィーの一見統一を欠く思索は、近代以後に明確な形で現象する唯物論的機械論と自由主義的観念論との融和しがたい対立を予告するものである。現代人の多くが日常的生活において、技術聯関の必然性の中で反復と進歩の器用な統一を生きながら、稀に襲い来る個人の実存的危機に際し、断絶と戦慄を介して盲信に走るという不統一を露呈するとき、いかなる根拠をもってハレヴィーの不統一を笑うことができるであろうか。

モーゼス・マイモニデス

哲学史の上で、ユダヤ思想を全く無視する学者でも、十二世紀から十三世紀初頭に活躍したモーゼス・マイモニデス〈Moses Maimonides〈Moses ben Maimon〉, 1135-1204〉を無視する人はいない。一一三五年ニサンの月の十四日(太陽暦では三月三日）、すなわち過越の祭の前日の土曜日（サバト）の午後一時、スペインのコルドバにモーゼス・ベン・マイモン、すなわち通称モーゼス・マイモニデスは生まれた。中世のユダヤ人著作者の誕生に関して、これほども克明な時点が伝承されている人は稀である。この時代、コルドバはすでにその最盛期を過ぎていた。アルモアデ[24]の熱狂的な群衆がイスラム教徒の古いモットー、「『コーラン』か剣か」を改めて蘇生させたその当時は、コルドバはまさしく狂信者の町となっていた。モロッコからのこの狂信的なイスラム教徒の手にこの町が奪われたとき、マイモニデスはちょうど十三歳であった。その頃からコルドバでは、ユダヤ教徒もキリスト教徒も公にその信仰を示すことはできなかった。人びとには、イスラム教の受容か亡命かまたは死か、この三者のいずれかを選ぶ以外に道はなかった。多くのユダヤ人たちは公式にはイスラム教徒を装ったが、それはそのように強要されたからであり、家庭では秘かにユダヤ教を護っていた。若干の人びとは亡命の道を選んだが、モーゼスの父親とその家族もその一群に属していた。暫時スペインの町から町へ居を移し、やがて一一五九年モロッコのフェズに渡った。しかしそれは好んで死地に赴くようなものであった。なぜならフェズこそはコルドバを落とした狂信者たちの故郷であったからである。そこでやむなく、マイモン家の人びとはイスラム教徒を装うに至った。しかしそれはともかく、マイモニデス自身は早くにフェズを捨て、一一六五年四月十八日に家族と共にパレスチナに向かって出帆し、月余の荒れた航海の後にアッコに着いた。そしてエルサレムとヘブロンを訪れたが、パレスチナを永住の地とする気はなく、エジプトに渡ることになった。そこでカイロ近郊のフォスタットに定住し、兄のダビデと共に宝石商を営んだ。父はほどなく死に、まもなくして兄も商用でインド洋を渡るときに、その船が難破し、若くして死んでしまった。そこでマイモニデスは宝石商をあきらめ臨床医となった。最初の頃はあまり患者もなかったが、年と共にその名声は高まり、サラディンの信頼厚い高官で、外交文書担当大臣を務めていたアル＝ファディルの侍医となり、宮廷医の一人として登録された。やがてその宮廷医としての社会的地位とその名声のゆえにエジプトのユダヤ人の指導者となり、文筆活動も始め、ラビとしての活動と学者としての研究活動と臨床医としての活動をもって多忙のうちにさらに名声を広げていった。そのうちに、アラビア語で書かれたマイモニデス自身の著書『迷える者のための導き《モレー・ネブーキム》（Moreh Nevukim［Nebukim］）』のヘブライ語訳をすることになるサムエル・イブン・ティボンとも彼は知り合うようになった。その訳が日の目を見る前に、マイモニデスは一二〇四年テベトの月二十日、すなわち太陽暦の十二月十三日月曜日に六十九歳をもってその輝かしい生涯を閉じた。

　先に、哲学史上マイモニデスを無視する人はいないと述べたが、それは彼の思想が特にユダヤ教の教義と関係なしに理解できる、アリストテレスに基づいた合理的な面を有しているというばかりではなく、「彼において中世ユダヤ哲学の最高水準[25]」が見られるからである。事実、彼の思想はユダヤの全体系を含むものである。その教養はユダヤのあらゆる文献、すなわち聖書、ラビの文献一切を含み、さらにそれらを論理的に説明する道具としてアリストテレスの哲学に代表されるギリシア的伝統を踏まえていた。そのことは、当時として可能な限りの学問の全領域を占めることであり、つまり神学、哲学、論理学、数学、自然科学、法学、医学、天文学にわたるということである。事実、カイロでイスラム教のカリフのもとにおいて臨床医として活躍していたことはよく知られており、基礎医学に関する論文も書いている。彼はユダヤの暦についての研究も行った。しかしこのように輝かしい多方面にわたる活躍も、彼の若年から終生変わることのなかった大目的に応ずる業績に比べれば、単に外面の飾りないしは準備に過ぎなかった。

その大目的とは何か。またそれに相応しい業績としての偉大な著作《マグナ・オペラ》とは何か。彼の早くからの目的はユダヤ思想と哲学を調和させること、具体的に言えば聖書とタルムードをアリストテレスと和解させることであった。従ってその仕事としては自ずから三つの分野が成立する。それは、(一)ユダヤ宗教文書の合理的精神による註解であり、(二)そのような合理主義の代表となるアリストテレス哲学の研究ないし註解であり、(三)ユダヤ教の信仰に向けられている精神による理性の営みとしての彼自らの哲学的思索である。(一)としては、アラビア語で書かれた『ミシュナー註解』とヘブライ語で書かれた『トーラー再説』というラビの註解がその若年の大著であり、そこではタルムードの教義的論説を集大成し、それらを理性的に説明しようとしている。(二)としては、アル＝ファーラービーやアヴィケンナ(イブン・シーナー)(Avicenna〈Abū ʿAlī al-Ḥusayn ibn Sīnā〉, 980–1037)という二人のイスラムのアリストテレスの体系註解に従い、ガザーリーやハレヴィーといったユダヤ教の先駆者の批判を綜合して、アリストテレスの註解を完成させたことである。(三)の代表として挙げられるべきものは『迷える者のための導き』である。マイモニデスの哲学は、すべてその最晩年のこの大著に含まれている。もとより、哲学や倫理学の領域に属する思考は、ミシュナー的文献に関する彼の註釈書、例えば『アボット』(通称「第八章」すなわちシェモナー・ペラキム)の序論や、タルムードの文献、『法廷《サンヘドリン》』の第十一章への序や法典の序章(「ヒルコット・エソダ・ハ・トゥー」および「ヒルコット・デオット」)等においても見ることができるが、そこでは通俗的で極めて入門的な書き方である。そのようにしてそれらの説の由来やまた弁論も反論もなしに、結果のみを摘要の形でまとめているに過ぎない。しかし、『迷える者のための導き』は、いわばエリート階級に属する知識人を問題としており、言うなれば聖書をはじめとするユダヤ的教養に加えて学問的教養を持ち、聖書やラビ文献に言い表されている宗教思想と哲学的思索との間の見せかけの矛盾によって不安に面している人びとのために書かれたのである。その目的は護教的である。その性質から言えば、この書は決して純粋な哲学論文とは言えないであろうとイサーク・フズィークは言うが、[26]私の見るところではユダヤ的世界観を論理的に確立しようとする哲学的な企図がある。アリストテレス的な考え方は、それが目的に有用な限り利用され、有害と思われる限りは捨てられている。迷える者の疑いをはらそうとする彼の方法は原理的には古いものであり、フィロンに、あるいはさらに遠くに溯り得るかと思われるが、聖書の句をメタファーまたはアレゴリーと見なすことであり、それはつまり字義の他にそれと並んで、またはそれとほとんど反対の秘教的意味を含むと見ることである。従って彼は、聖書的同音異義語《ホモニム》と彼が呼ぶところのものの説明に重点を置いている。[27]この語は、何ら相互に共通項のない幾つかの事物を意味する言葉である。従ってその例としては、キリスト教でもしばしば採られたことであるが、アリストテレスに出ると思われるところの例を、すなわち動物の犬と星座の犬[28]とは現実には何の共通項もないが同じ言葉で呼ばれるということを挙げることができよう。それと同様に、「慈悲深い」という語は聖書で神にも使われるが、もちろん人にもこの語を使うことができる。しかしマイモニデスによると、これら二つは程度の差ではなく、まったく種類の違ったものであり、神の愛を表す語がないためにこの語を使うが、神においては現実には「慈悲深い」という語にあたるものはないのである。神においてはもっと素晴らしいものがある。[29]

聖書の中には、またこの他に字義どおりにとられた普通の意味あいでそのまますぐ理解されるものでありながら、事実上は宗教的訓練を積んだ人のみが発見できるようなより深い意味を内蔵している文章もある。例えば、『箴言』七章の遊女の物語がそれにあたる。客から客へ渡り歩く遊女は、その字のとおりに解してわかることとなのであるが、マイモニデスの解するところでは、これが字義どおりの意味の他に物質的欲望の原因としての質料の教えが語られていることになる。アリストテレスの言うように、質料は形相なしには決して存在し得ず、常に形相を求めて自己を変えてゆくが、聖書の遊女はそのような質料を象徴しているということになる。

このような解釈の手法には何ら新しさはないかもしれない。なぜならば、フィロンというマイモニデスの知らなかった人やアブラハム・イブン・ダウド(Abraham Ibn Daud, ?–ca. 1180)も、この点ではマイモニデスを先取りしており、同音異義語の使い方に関しても先例があった。しかしマイモニデスは、それを自己の体系の中心問題に据えようとしたのである。彼の中心的な欲求は、神の霊的概念が同音異義的な道具を使わなければ表し得ないこと、言い換えれば聖書と哲学的思索との和解などあり得ようはずがないことを明らかにする点にあった。彼の体系におけるこの方法の意味は非常に重大で、その著『迷える者のための導き』の第一巻の大部分は、聖書において同音異義的に用いられたすべての言葉に関する理路整然たる体系的で網羅的な研究に捧げられている。これらのことは、すべて神の属性についての彼の理論の準備段階である。

マイモニデスは体系的で論理的な思想家であったが、一見したところは論理的には誤ったことを言う人に思われることもあろう。例えば神の存在をまず証明して、しかる後その本性や属性を論ずるという常道、すなわちサーディア(Saadia Gaon, ca. 882/892-942)、バフィア(Bahya ibn Paquda, 11c. 前半)、イブン・ダウドおよびその他一般の学者の方法とは違って、彼はまず第一巻で神の属性に関して徹底的に論じ、その巻では神の存在証明はまったく現れず、第二巻になってはじめて出てくる。この論理的秩序の逆転は、しかし相当に考えられた結果なのである。というのは、マイモニデスの方法は人を見て説くというアド・ホミネムなものだからである。彼の言う「迷える者」とは、実のところはユダヤ人の内部に限られており、彼らと言えども、ユダヤ人として神の存在を疑ってはいないが、その大部分の人びとは神の霊的本性に関して誤った観念を持っていた。そして明らかに聖書は擬人観を黙認している。それゆえ、マイモニデスはそのような風潮に対して適応するような論理的考察を施し、まず心に最も近いところのものから始めたのである。

『迷える者のための導き』の序論でマイモニデスが言うには、ミシュナーの註釈で彼が約束したことは『和解の書』および『預言の書』という二つの書物において、アレゴリーとミドラッシュを説明するということであった。しかし何年か経って、彼はこの試みをやめようと決心した。なぜであろうか。もしも彼が説明を曖昧にするならば、その結果は大衆にとっては難しすぎて必ずしも適当なことではない。むしろその大衆のために彼は、『迷える者のための導き』を書こうとしているのである。さらにこれらのミドラッシュは無知の人が読んでもまったく害はない。なぜなら、こういう人にとっては何事も可能ではないからである。そしてもしミドラッシュが学識のある人によって読まれると、次の二つのうちいずれか一つが起きてくる。すなわち一つは、その人がミドラッシュを字義どおりにとって著者を無知ではないかと疑うことであるが、これはそれほどの罪ではない。もう一つは、その人がその伝えられた命題を何か秘教的な意味を含んだものと見なして、著者に関していろいろ思い巡らすであろうということであるが、このことは文意をその人が把捉しようとしまいと試みとしては良いことではある。いずれにせよ、このようなことを考えてマイモニデスは、前に挙げた書物を書くことをあきらめた。そして『迷える者のための導き』において彼は、哲学的に考える人びとに対して語りかけようとしている。また聖書を信じ、同時に科学を知っている人に対して語りかける。そしてまた同音異義的な述語のゆえに、考えにおいて困惑している人に語りかけるのである。

さらにマイモニデスが言うところでは、秘義のすべてが誰にでも完全に理解されると思ってはならない。それはほとんどそのことが不可能だからだが、しばしば真理の光はひらめき、心に昼がくる。しかし、再びわれわれの自然的な構成や習慣等がひらめきを締め出し、再び闇に入る。光と闇とのこの交錯は、個人個人がそれぞれの対象において経験するが、偉大な人物や預言者を凡人から区別するのはその度合いである。預言者の最大なる者はほとんど闇にはいない。光をまったく見ないような人、つまり大衆はこの書物において何ら関わりのない者である、とマイモニデスは見なしている(30)。

聖書における神は創造主として存在するのであるが、マイモニデスは、哲学的に思索する限りにおいてこの同一主語に関する二つの述語をそれぞれ以下の二つの命題に分配し、「神は創造主である」という命題と「神は存在である」という命題の二者択一の緊張の中での哲学的立場としては、「神は存在する」こそが正しいとする。なぜならば、神は絶対者として他者との関係で規定されてはならないのである以上、神はただ自己自身として存在するとしか言えないはずなのである。マイモニデスのこの考えは、私の見る限りでは、アリストテレス『形而上学』Λ巻の純粋思索（思惟の思惟《グノーシス・グノセオース》）としての神の最も純粋な継承である。なぜならば、神についてその他の肯定的述定を試みることは、神をそれだけ低めることになるからである。神は確かに端的に存在なのである。しかしそれは生命の泉としての存在でなくてはならない。そのことについてさらに考えてゆこう。

『生命の泉』について

ソロモン・イブン・ガビロルの代表的な著作は『生命の泉（Fons vitae）』であるが、この書物はラテン的中世では広く知られていたにも拘わらず、十九世紀半ば頃まで、その著者はアヴィケブロン（Avicebron）であると信じられていた。イブン・ガビロルの人物像や思想については、項を新たにして述べるつもりであるが、ともかくこの書物の著者は、ただアヴィケブロンと知られていただけであった。だが原典のアラビア語から、十二世紀にドミニクス・グンディサリヌス（Dominicus Gundissalinus 〈Dominicus Gundisalui ; Domingo Gundi salvo〉, ca. 1110–81/90）がラテン語に訳し、十三世紀にスコラ学者たちの注目を浴び、この書物の考え方に対して、例えばトマス・アクィナスは反対したが、ドゥンス・スコトゥス(Johannes Duns Scotus, 1265/66–1308)は「私はアヴィケブロンの命題に立ち帰る」と大事なところで言うほどであり、この意味でその書物は西洋中世哲学の二つの行方のいずれに自己を置くかを決するかに思われるほど、重要な書物の一つなのである。(31)

右のことを考えてみると、ほとんど信じがたいことなのであるが、『生命の泉』について熟知していたスコラ学者たちも、否、彼らばかりではなく、十九世紀に至るすべての学者たちも、その著者アヴィケブロンが誰であるかを知らなかったのである。というのは、アヴィケブロンが実は有名なユダヤの詩人ソロモン・イブン・ガビロルであるということは、(32)十九世紀の半ばまで知られてはいなかったからである。

十九世紀半ば近くになって、ムンク(Salomon Munk, 1805–67)が『生命の泉』のラテン語手写本とシェム・トブ・イブン・ファラケラ(Shem Tob ibn Falaquera, 1225–90)によるヘブライ語の抜粋である『摘要』の写本とを発見したが、後者の序文でイブン・ファラケラはこの書の著者をイブン・ガビロルに帰している。ムンクは、後者をスコラの論争で見いだされたアヴィケブロンの見解と比較することによって、はじめてこの神秘なアヴィケブロンはイスラム教徒でもなく、キリスト教徒でもなく、ユダヤ教徒であり、しかもかの有名な詩人、ソロモン・イブン・ガビロルであるという重大な発見を行い、一八四六年にこの発見を公に発表した。

フェルナン・ブリュンネル(Fernand Brunner, 1920–91)は、その周到な研究書の序文で、(33)右の事実を中心にしたイブン・ガビロルの哲学史への新たな登場の経過をわれわれに示している。主としてそれに依りながら、他の資料を使って説明すると、『生命の泉』は中世哲学史の研究者たちの間ではかなり早くから注目されており、ムンクの発表後の一九〇五年になってさえ、ガビロルをイスラム哲学者と共に扱っている人もいるほど、その著者や思想の位置づけは問題であった。ジュールダンもオーレオーも、『生命の泉』をつとに研究していたが、ジュールダンはこの書がアラビア語からのグンディサリヌスの手になる翻訳であろうとの仮説を立てていた。だがザイエルレン(Rudolf Seyerlen, 1831–1906)は一八五五年の終わりに、翻訳者の名前が書かれている四行の文末を有するラテン語の手写本をパリのマザラン図書館で発見した。そこに挙げられている名は、ヨハネス・ヒスパヌス(Johannes Hispanus)とグンディサリヌスの二名であった。この二人の在世年代から見れば、このラテン語のテクストは十二世紀の前半に書かれたものであり、従ってラテン的西洋に紹介されたアラビア語文献としては、最初の一群に属するものであり、その点では、アル＝キンディー、アル＝ファーラービーやアヴィケンナとして知られているイブン・シーナー(Abū ʿAlī al-Husayn ibn Sīnā, 980–1037)およびガザーリーなど、イスラムの哲学者と同じである。一八五六年、五七年にザイエルレンは自分の発見したマザラン図書館の写本に依拠して、イブン・ガビロルの学説を"Avicebron, De materia universali"という題のもとにテュービンゲンの神学年報誌において紹介している。[34] そして一八五九年に、ムンクはイブン・ファラケラの部分的なヘブライ語訳を出版し、その際そのフランス語訳を行ったが、それに『生命の泉』の分析、源泉、影響の研究などを付した。一八九九年には、ヤコブ・グートマンがザイエルレンの写本とイブン・ファラケラのテクストによってその書のドイツ語解釈をまとめるとともに、研究状況を進歩させた。

　クレメンス・ボイムカー(Clemens Baeumker, 1853–1924)はグラープマンと共に、十九世紀末から二十世紀の初頭にかけて西洋中世哲学の原資料を収集し、テクストの校訂に力を尽くしたことで著名な学者であるが、『中世哲学史への寄与(Beiträge zur Geschichte der Philosophie des Mittelalters)』というよく知られた卓れた叢書の一八九五年に公刊された第一巻で、このボイムカーはラテン語のテクスト四種類を校合して『生命の泉』のラテン語定本を拵《こしら》えた。その四つの写本とは、パリのもの二つ、すなわち国立図書館所蔵でムンクの発見したものとマザラン図書館所蔵でザイエルレンの発見したもの、第三はセヴィリャにあるもの、第四はエアフルトにあるものである。この新しい校訂本の出現はイブン・ガビロルへの関心を高め、二十世紀はじめにデ・カストロ・イ・フェルナンデス(Federico de Castro y Fernandez)によってスペイン語に翻訳され、一九一六年にフズィークが『ユダヤ哲学史』を著したとき、この哲学者については特別に一章を割いているし、一九二六年にブラオシュタイン(J. Blaustein)は、そのラテン・テクストのヘブライ語の完訳を作った。その後、一九四二年にトレドの司教座図書館の近東語翻訳部門の手写本の中で、ミラス・ヴァリクローザ(Josep María Millás Vallicrosa, 1897–1970)は、ボイムカーの見ることのできなかった第五の写本を見いだしたのであるが、それが今日までに知られたマニュスクリプトのうち、最も古いものである。一九五〇年に、前掲のブリュンネルがその書の第三巻、すなわち「単純実体の存在証明」の巻について、序論、翻訳、註、事項索引をまとめて卓れた研究を示している。イスラエル・エフロス(Israel Efros, 1891–1981)が一九七四年に公刊した Studies in Medieval Jewish Philosophy においては、イブン・ガビロルをピュタゴラス主義に結びつけようとする新解釈なども含まれている。[35]

　何はともあれ、哲学史の上に新しい研究が加わるというのは、学問である以上当然のことであるが、この場合はそれによって、哲学史の上にその死後八百年くらいも経た哲学者が新人として登場してくるという珍しい事件なので、この点は後に少し触れるが、悲劇的な死を遂げなければならなかったこの人に対して、後世が為し得た何よりの手向けの花であろう。ちなみに、一九二二年に初版が出たジルソンの『中世哲学史』、一九一〇年前後に初版が出たグラープマンの『スコラ的方法の歴史』は、二十世紀中葉前後に西洋中世哲学に関して研究を始めた者にとってまさに導きの書であるが、これらの書物にすら、ここで述べられたイブン・ガビロルについては、人名索引においても、ただ「ゲビロル(Gebirol)」とあり、「アヴィケブロンを見よ」とだけしか書かれておらず、イブン・ガビロルの一切の業績がすべてイスラムのアヴィケブロンの仕事とされている。

本書のこの部分を最初に私が書き上げたのは、一九六〇年代およびそれ以後の大学紛争の時期であり、限られた研究時間の一切を私の為すべきと信じた体系的思索に捧げたので、本書自体のそれ以後の執筆を長く中断せざるを得ず発表が遅れ、その後のイブン・ガビロルに関する新しい研究についても充分の知識を私は残念ながら持っていない。それでも本書のこの部分は、たぶん日本ではじめての試みであろう。その業績が、八百年にわたって別人の名のもとでしか知られなかったこの不遇の人への哲学史的贈り物の一つとなるであろう。

時代とユダヤ人

かつて薄幸な詩人としてしか知られていなかったソロモン・イブン・ガビロルというスペイン生まれの哲学者を境として、ユダヤの哲学的な営みは、その舞台を近東から西欧に移し、西洋中世哲学の範囲に入ってくることになる。すなわち、十世紀の半ばまではユダヤ哲学の中心地はバビロニアにあったが、この哲学者以後ユダヤ哲学は後に述べるような理由から、スペインを発祥地として西洋中世哲学の領域に入ってくる。全般的に概評すれば十世紀におけるキリスト教の文化的水準はあまり高くはない状態であったから、例外的に卓れた少数の学者を除いて考えてみると、註釈的な研究の伝統で鍛えられていたイスラム教徒やユダヤ教徒の方が確かな教養を持っていたけれども、キリスト教化していたヨーロッパの多くの都市において、キリスト教徒の方が政治的には優位を占めていたので、仮に知的な生活や宗教的な態度においてユダヤ教徒の方が高い場合が多かったとしても、ユダヤ教徒には公的な生活はかなり難しいものであったと見るべきである。かえって文化的に比較的高水準の者同士の寛容と自信とがなせる業であろうか、十世紀頃ではむしろイスラム勢力圏においてならば、ユダヤ人もかなりの地位を得ることもあったようで、例えばサミュエル・ハレヴィー(Samuel Ha-Levi, 993-ca. 1056)は、九九三年に生まれ、一〇五六年以後に死んだ人であるから、まさしく十世紀から十一世紀にかけての生涯を持った人であるが、グラナダのユダヤ人の長となった知識人である。彼は一〇二七年に公爵となったので、ヘブライ語で大公ないし公爵の意味を持つナギド(Nagid)が呼び名となり、いつしかサミュエル・ハナギド(Samuel Ha-Nagid)という名で呼ばれるようになった。このラビは、グラナダの宰相のイブン・アル＝アリフ(Abu al-Kasim ibn al-Arif)の秘書官となり幾年か経った後、イブン・アル＝アリフが重篤の病に臥したとき、王ハッブス(Habbus)にハレヴィーを宰相とすべきであると進言して世を去ったので、王はそのとおりにし、ついには大公《ナギド》に任ぜられるに至ったのである。このようなこともありはするが、それが十二世紀トレドのユダヤ史家アブラハム・イブン・ダウドの『伝統の線列(Sefer Seder ha-Kabbalah)』(『セフェル・セデル・ハカバラハ』)に詳細にわたって記載されているのを見ても、恐らくこれが特例であることは否めない。そのようにして続いていた伝統が成文的にまとめられた一例として、スペインのカスティリャの王で賢者と謳われたアルフォンソ十世(Alfonso X, 在位 1252–84)のもとで一二六五年に編まれた『七部法(Las siete partidas)』を挙げることができよう。その第二十四はユダヤ人に関するものであるが、それは当時としては相当に開けた精神で貫かれてはいたものの、条文の中には、いかなるユダヤ人もキリスト教徒を抑圧する可能性のある官職に就いたり、職業を持ったりすることはできないというような記述もあり、これはその実、社会的に高い地位をユダヤ人には与えまいとする政策であり、条文の説明には、民族の罪のゆえにユダヤ人には一切の名誉ある地位は不適当であるという偏見に満ちた考えが間接的に表明されている。

　そのような頃に、アンダルシアすなわちイスラム教徒領スペインのウマイヤ王朝のカリフ、アブドゥル・ラフマーン三世(ʻAbd al-Rahmān III, 在位 912–961)という寛容で学問を愛した王の文化政策に支えられた学者たちの中に、教養の高いユダヤ人ハスダイ・イブン・シャプルートがいた。王は彼の学才を信じ、宗教を異にしているにも拘わらず、世俗的な学問においてのみならず、王にとっては異教のユダヤ教の柱石とも言われるべきタルムードの研究においても彼を励まし、援助や便宜を与えた。そういう事情があったから、バビロニア学士院から碩学モーゼス・ベン・エノク(Moses ben Enock, 年代不詳)がはるばるコルドバに来てタルムード学院を主宰するようになり、スペインという西欧の一角にユダヤ哲学が根づくことになった。これはフズィークが指摘するように、「甚だ大きな事件である。なぜならば、コルドバはその百年後にヨーロッパ哲学の一大中心地になったからである(36)」。

イブン・ガビロルの人物と哲学史的意義

イブン・ガビロルは一〇二一／二二年に生まれ、一〇五八年に死んだ哲学者で詩人である。一説にその死は一〇七〇年とも言われるが、要するに十一世紀の前半に盛期を持った人である。その生まれはカンタベリーのアンセルムスに十一、二年先立ち、通説の死の年はアベラールの誕生に二十一年先立つという按配であるから、西洋中世哲学史には彼を除くといまだスペインから目立つ哲学者が現れていない頃の人である。もとより、七世紀のセヴィリャのイシドルスのような人を忘れてはならないが、それは哲学者というよりも、ジルソンの言うように、カッシオドルス同様、百科全書派であり、ブラガのマルティヌス(Martinus Bracarensis Dumiensis, ca. 515–579)にしてもモラリストではあれ、特に哲学者として注目すべきであるか否かは疑問である。[37] それゆえ、フズィークの語を借りるまでもないのだが、「イブン・ガビロルこそは、単にスペインにおける最初のユダヤ人哲学者であるのみならず、最初のスペインの哲学者[38]」であった。スペインにおける最初のイスラム教の哲学者は、彼よりも約半世紀遅れて生まれたとフズィークは付言してもいる。[39]

イブン・ガビロルの主著は、右にしばしばその重要性を指摘してきた『生命の泉』であり、彼がもともとはアラビア語で書いたものであったが、それは失われてしまったと思われる。ユダヤ人の文化的共同体意識は当時も盛んで、イスラム文化圏においてはアラビア語で著述するのが知識人の常であったが、それは各地にあるユダヤ人一般に通じるはずもないので、重要なアラビア語文献のヘブライ語への翻訳は、殊にユダヤ人の手になるアラビア語文献の母語への翻訳はほとんど手当たり次第と言ってもよいほど当時は有名なティボン一族によって行われていた。しかし、「翻訳の父」と言われたユダ・イブン・ティボン(Judah ben Saul ibn Tibbon, 1120–ca. 90)をはじめとして、サムエル・イブン・ティボン(Samuel ben Judah ibn Tibbon, 1150–1230)およびモーゼス・イブン・ティボン(Moses ibn Tibbon, 1240–83頃活躍)の誰一人としてこのイブン・ガビロルの哲学書を知りもしなかったらしいし、また知っていたとしても、それを翻訳に値するほどのものとは思っていなかった。サムエル・イブン・ティボンとマイモニデスとの間に交わされた書簡から判断しても、この両者がイブン・ガビロルには何らの関心をも示していなかったとフズィークは断言している。[40] それは何故《なにゆえ》であろうか。内容的な理由はいずれ別なふうに明らかになると私は思うが、少なくとも形式的な面では、問題の書『生命の泉』は旧約聖書やタルムードを一行も引用してはいないというところが、伝統的なタルムード学院を擁立したコルドバのユダヤの知識人に無視された原因の一つであろう。ブリュンネルはこの書物がユダヤの共同社会に何らかの関心をも示していないと言っているが、[41] これもまた、ついに当時のユダヤ人の社会から『生命の泉』が無視された所以でもあろう。

さて、ティボン一族をはじめとして、ユダヤ人社会からこのように見放されていた書物は、アラビア語の文献に一種の驚異と敬仰の眼差しを向けていた十二世紀のキリスト教徒によって注目され、トレドの大司教ライムンドゥス(Raimundus

〈Francis Raymond de Sauvetât〉, ca. 1080–1152) の指示により、セゴヴィアの学者グンディサリヌスの手によって、ユダヤ人の医者で後にキリスト教に改宗したイブン・ダウドの助力を得て、十二世紀の半ばにラテン語訳が完成した。この翻訳はキリスト教徒の間で極めて広く読まれ、その原典がアラビア語であることと、そこには前述のように際立ってユダヤ教的特色が表面に出ていないためもあって、人びとは久しくイスラム教徒の哲学者の著書と信じていたし、中には十三世紀のパリの司教で学者としても令名の高かったオーヴェルニュのギヨーム〈Guillaume d'Auvergne〈Guillelmus Alvernus〉, ca. 1180–1249) のように、著者をキリスト教徒であると思った人もあった。その理由は、次項でも触れるが、イブン・ガビロルはその基調として新プラトン主義を採っていたにも拘わらず、それゆえに「創造」とは哲学的に言えば、形相が神から普遍質料を派出する過程に過ぎないと言っているにも拘わらず、神の意志を重んじており、従って非人格的な必然的存在派出とは異なって、創造の内的構造における目的を志向する意志の活動が考えられているからである。これは新プラトン主義にはない考え方である。ガビロルの言うところでは、今日伝わってはいない『神意について』という論著があることになっているが、ただ『生命の泉』によると考察主題は、(一)質料と形相、(二)能動的言語すなわち意志、(三)第一本質すなわち神、であり、大部分は第一の主題に捧げられている。僅少な文章から判断しても、彼には汎神論の香りがありはするが、神の意志と神の知識と神の言葉を同一視しているところや、多少神から区別された存在として神の言葉を基体化しているところ等、フィロンのロゴスと似ており、これが後にキリスト教のロゴスとなり、三位一体における第二の位格とされたこと等を思い合わせると、前述のオーヴェルニュのギヨームの誤解もうなずけるであろう。

その哲学の全体像

イブン・ガビロルは、その主著『生命の泉』においてユダヤ教的な考えを裏切ることはない。しかし前にも述べたように、彼はそこでただの一行も聖書やタルムードの句を引用しはしないのである。その試みは、中世のあらゆる宗教の哲学者が為していたこと、すなわち自らの哲学的見解と宗教的信仰を和解させようとする企てではなかった。すなわちこれを彼はまったく行っていないのである。この書は純粋に思弁的であり、フズィークの言うところでは、「あたかも宗教的ドグマが人の研究や踏むべき道を検査するためにあるなどということが考えられないほどであった」[42]。マイモニデスの先駆者でもあり、『高められた信仰《エムナー・ラマー》(Emunah Ramah)』という哲学的な書物の著者イブン・ダウドは、このガビロルを厳しく批判しているが、それは、ガビロルが哲学的推理において説得力や論理性に欠けているうえに、主としてユダヤ教徒としての態度を採っていないという理由、すなわちユダヤ教にとって危険であるという理由に依っている。確かにガビロルは詩人的な性格を持っていて、通常の哲学者とは違う点がある。またガビロルの視点はやがて陳腐なものとなるようなもので、イブン・ダウドによって整えられた基礎に立つマイモニデスは、アリストテレスの哲学をもってガビロルの風変わりな哲学に致命的な打撃を加えることになる。このように見れば、なぜガビロルの哲学がユダヤ人の間で時と共に忘れられ、逆にそのラテン名アヴィケブロンがその主な学説と共にスコラ学者の間で有名であったかという理由が了解されてくる。ありていに言えば、前にも少し触れたが、スコラの学者たちはガビロルの書物を実際に読んではいなかった。少なくとも印刷物を実際に読んではいなかった。それは印刷されてもいなかったし、またその手写本がなお残存しているかどうかも直接に知っている人はいなかった。アヴィケブロンの哲学に関する資料は、わずかにトマス・アクィナスの反論、ドゥンス・スコトゥスの弁護、そして他のスコラ学者たちに引かれた間接的な引用文のみなのである。そもそもアヴィケブロンが誰であるのか知っていた人は当時いなかったのである。一八一九年、アリストテレスのラテン語訳の歴史を辿った際に、アマーブル・ジュールダンは、もしわれわれがスコラ学者たちを理解しようと望むならば、アヴィケブロンの『生命の泉』の哲学について、もっと多くのことが知られなければならないという結論に到達した。そして前述のように、一八四六年にムンクが、アヴィケブロンがイブン・ガビロルであるという発見を公にしたことでこの動向に拍車がかかり、ラテン語の手写本を求める仕事が始まり、多くの研究の実りが上げられた。ムンクとザイエルルレンの二人が『生命の泉』の写本を発見し、今日ではそれのイブン・ファラケラによるヘブライ語の『摘要』も、グンディサリヌスのラテン語訳も印刷されている。その発見の歴史はかくも興味深いものであった。

ファラケラは、ガビロルの『生命の泉』の自分で作った『摘要』の序文において、ソロモン・イブン・ガビロルは本書において古代の哲学者の見解をとっているように思われる。それはエンペドクレス(Empedoklēs, ca. 490–ca. 430 B.C.)であり、その五つの要素の説をとっているというように述べている。[43] しかし、フズィークの言うとおりに、[44] ファラケラは真のエンペドクレスを知っていたとは思われず、この説もそのままには受け取りがたいが、聖書やタルムードでなく、古代ギリシアの哲学に直接つながると見てとったところは炯眼《けいがん》である。ファラケラはさらに加えて、アリストテレスをエンペドクレスに次いで名指しで挙げているが、これも中世の初期にしばしば語られていた『アリストテレスの神学』という類の書物に見いだされるものや、『リベル・デ・カウシス』のようなアリストテレス偽書等に見られるいわゆるアリストテレスであり、歴史的なアリストテレスの思想とはかけはなれているものである。それらはみな新プラトン主義である。

イブン・ガビロルは、実際はこのようにして新プラトン主義者である。一九七四年に出たプロシアのコンラート(Conrad of Prussia)の『トマス・アクィナスの存在と本質に関する註釈』に関するジョゼフ・ボビック(Joseph Bobik)の研究(45)によると、コンラートはガビロルの主著『生命の泉』をカンタベリーのアンセルムスに帰しているが、それも無理からぬことだということである。トマス・アクィナスその人がこの書をアヴィケブロン、すなわちガビロルの著作であると明らかに示しているのに、敢えてこのように誤った指摘をしたのは、その書がそれほどもユダヤ教の教義から離れて新プラトン主義の性格を持っていたことを物語るものである。新プラトン主義そのものがアリストテレス的要素を持っていたわけであるから、以上のことはガビロルの思想の中にアリストテレス的要素がなかったことを意味しはしない。しかし彼の全体は、むしろ新プラトン主義の代表者プロティノスを受けるものであった。プロティノスのように、ガビロルは宇宙を一者たる神からの下降的流出の過程として見ようとする。つまり、宇宙は光であり善であるところの創造主から溢れ出てきたものとして、本質において存在的にこのような絶対者に依存しながら、その流出の距離だけ神から隔たった存在なのである。従って、存在には二つの極みがあり、最上に一者としての神があり、他方に物質の世界がある。これらの中間に霊的実体、理性、魂(生命)および自然がある。(46)人間は小宇宙として、自然の世界と中間の世界とに参与し、大宇宙の構成の雛形として役に立つ。もっとも人間の身体は、質料から成る物的世界か、それの延長と形や色やその他の形相等に関わるのみである。

ところで、『生命の泉』は一人の師と一人の弟子との間の対話の形式を採る。しかし、プラトンの方法とは全く違う方法である。というのは、三百三十九頁にわたる全講義において、対決の会話はただの一度もないのである。途中で行き詰まるような、すなわち答えに苦しむような問いは立てられてはいない。この書は五部に分かたれるが、その区分原理は会話の知的な内容に関してのみであり、少なくともそのうちの三部は休みなしに続けられているのに、弟子は天性の資質のゆえに、そのように行われている対話でも理解できるのである。書物のスタイルは推理であり、思索の正確さと精妙性に奉仕することが目的となっている。譬えや比喩は伝統的なもので、それほど豊かではないが、思考方法はこのような抽象的思索の指示である。著作は全体的に見るとスコラ的ではない。つまり教科書的ではなく、推理の陰には見せかけの矛盾や語のかなり勝手な使用法や言外の暗示や推論の順序の混乱があるが、結局のところ思考内容は甚だ複雑であると同時に、抽象度は高く、高尚な印象を与える。

さて、物体は本来的には静止しているもので、運動の能力はない。動くためにはそれは動きを起こすものを必要とする。それゆえ、ある物体がその要素を結び合わせてそのものになるために、すなわちその本来の姿が成立するために、それらの要素を動かして一つにする能動者を必要とする。われわれはそれを「自然」と呼ぶ。人の肉体は植物と同じく成長し栄養を摂取し生殖する。これも同様に非物体的な原因を必要とする。なぜなら、物体はそれ自身動かないものだからである。これをわれわれは植物的霊魂と呼ぶ。人はそのうえ、動物と同様に感覚知覚と場所的運動をする。この原理は動物的霊魂である。人はまた考え、推理し反省する。これは理性的霊魂の仕事である。この説はアリストテレスの心理学にほとんど同じである。

次に、人間には単なる論理的思考よりもさらに高い機能がある。これが単に前提から結論に至る運動とは異なって、それ自身の本性を除くいかなる他の原因もなしに、求めることもなく、努力することもなく、理性の把握として生起する直接的知的直観である。理性にはこれができる。なぜなら、理性はおのれ自身の内部に存在のあらゆる形相を含み、その知識は対象の形相を把捉することだからである。

人は宇宙の典型である。それゆえ今、人において挙げられた原理の関係に相応じた宇宙的秩序がある。従って、宇宙的理性、宇宙的霊魂(これは悟性的、動物的、植物的霊魂を含む)および宇宙的自然という力の段階がある。ここでもより完全なるものは、完全度の低いものに比べてその存在の原因となっている。それゆえ、宇宙の秩序は第一の原因からの流出の秩序となっている。

流出の最低の部分は、ただ広がりと大きさを保っただけの質料であり、そこでは過程がもはやない。この質料は、もはや存在の付加的形相の源泉ではない。これらの物体的質料に内在するいろいろな質や属性の原因は、上位の霊的実体である。なぜならば、あらゆる徳と善の原型のように、神という第一本質はすぐ下の実体に対して形相となるという傾向を生みつけながら流出してゆく。下位のものは上位の形相を劣る仕方で受容する。

「理性は神に次いで最高の存在である。これも質料と形相の合成物であるが、両者とも宇宙的質料と宇宙的形相であり、あらゆる下位の質料と形相を含むものである」(47)。それゆえに理性は、自らを知ることにおいてあらゆるものを知るのである。なぜなら一切の形相がそのうちにあるからである。そしてそれは一切に先立ち、一切の原因であるから、努力なしに探求することもなしに一切の事物の直接的な知識を持っている。それならば、理性を構成しつつ一切の存在の基本的原理となっているところの宇宙的質料と宇宙的形相の起源は何か。それは第一本質である神、一者である。なぜならば、そもそも一性、統一性は二性ないし多性に先立ち、しかも神を除けば、真の一性はないからである。彼から出るところのものはすべて神ではないゆえに、みな二性の影響を受ける。質料と形相はこの二性である。形相と質料の統一は必然的であって、実在的であり、それを切り離すことができるのは、ただ思考においてのみである。現実にはそれらは一体となり、その起源に近いか遠いかによって、その結合の度合いが違うだけである。それゆえ、この結合としての統一は、神からの最初の流出である理性において最も密接で、目下の世界の物体的事物においては最もゆるやかである。

宇宙的質料と宇宙的形相が神から流れ出るこの過程を創造と呼んでもよい。しかしわれわれはこの創造を、泉から絶えず妨げられることなしに湧き出てくる水の類似ないし類比として考えねばならない。水の湧き出る現象との唯一の相違は、神からの流出は運動もなしに時間もなしに生起するということである。

宇宙的形相と宇宙的質料は結合するが、その仕方は質料の上に形相が刻印するものと考えられている。質料はそれ自身のうちに何らの能動性も決定性をも有しない存在である。それはいわば磨いた板《タブラ・ラーサ》であり、可能的背景、空虚な受容性、その上に書かれるべき形相のための鏡であり、要するにその上に何かが映る仕組みのものである。それゆえに、神はこの宇宙的質料を鏡として眺める者であり、宇宙的形相はその鏡面に映し出された眺める者としての神の反映であると見てもよいであろう。神そのものはこの鏡面の中に入り込むことはないが、その反映のみが鏡面の中に輪郭づけられる。そして形相と質料とが全世界を形成するものであるから、宇宙とはとりもなおさず神の反映に過ぎず、神そのものは神としてとどまり、自己の本質をもって世界のうちに入ることはない。

われわれは質料の上に刻印される形相の作用を、語りかけの類比で説明できる。語りかける者の言葉は聞く者の魂に観念を刻印するのである。神はこのように自己の言語として自己の意志を語ることにより、質料の上に形相を刻印する。それゆえ、世界は神の言葉と意志によって創造されている。[48]

これらの比喩で見ると、質料は神にとって外的な存在であり、その上に形相を刻印する何か対象的な事物に思われる。しかし、それは厳密に言うと間違いである。なぜならば、質料は形相なしには何らの現実的存在でもなく、形相なしにかつて存在したことはない。質料と形相の存在は同時的であり、双方とも神に由来しており、質料は神の本質から、形相は神の属性つまり知恵または言葉または意志から出てくる。そしてしかも神においては、神がもともと完全な統一であるから、本質と属性とは一つなのである。それゆえ、質料の鏡に輪郭が映るところの眺める者として見なされたものは、これによって見るに、神自身ではなくて神の意志なのである。それゆえ質料の表面に形相を書くのは、そしてまたこのようにして世界を産出するのは神の意志なのである。神が万物のうちにあると言われるのは神の意志の所為である。

しかし神の意志は、神自身といかにして区別されるのか。なぜこのように向かうかと言えば、純粋な統一である神においては、意志が独立に区別されるならば、そのことによって神は統一ではなくて、二性として分裂を提示することになるからである。ガビロルの答えは充分ではない。彼の言うところによると、活動性と無関係に考えれば、神の意志と神とは同一である。しかしその活動の面から見れば、神の意志はその本質から区別される。その辺の事情は正確に記述することは不可能であるが、次のように書けばおよそのことはわかるであろう。質料と形相を生み、両者を結びつけ、それらを満たすのは神の力である。それはちょうど霊魂が肉体を満たし、すべてのものを動かしたり秩序づけたりするのに似ている（それゆえ神は宇宙にとってその魂のようなものである）。

神そのものは第一本質として一切を満たす意志を通してのみ知られる。つまり世界におけるその効果を介して知られる。そしてこのようにしてまた極めて大切なことであるが、知られ得るのは神の存在であって、それの本質ではないということである。なぜなら神は一切の上にあって無限であるから、下位の限定者をもって言い表し得ないからである。

ところで人間の霊魂が知性を知ることができるのは、この知性が人間の霊魂を遥かに凌駕しているのにも拘わらず、両者の間にある種の類似があるからである。しかし、第一本質は知性に何らの類似も持たず、それゆえまた、いかなる知性も第一本質を知ることはできない。

人間がしかし霊的実体に接触したり、知性の上にある宇宙的質料にまで達するための神秘的な知識というものがある。もし、汝がこれらの実体の図を描こうと思うならば以下のようにせよ、と『生命の泉』の中で師が弟子に述べる。

汝は最後に知られるべき者にまで、汝の知性を起こそうとせねばならぬ。汝は感覚から汝の知を浄め、自然の受容性からまぬかれ、そして汝の知恵の力をもって最後の限界にまで近づかねばならぬ。そしてその結果、汝は感覚的な実体から完全に離れてそれらに関する知識を失うに至る。〔そのように感覚的な個別的なものから離れると〕その時に汝はいわば、汝の存在のうちで一切の物質的世界を抱《いだ》き、そしてそれを汝の心の一隅に置くことになる。もし、汝がこのことを果たしたならば、知的なるものの大きさに比べてみて、汝は感覚的事物の無意味性を理解するであろう。かくて霊的実体が汝の眼前に現れるであろうが、それによって汝はあたかも汝自身がそのような実体であるかのごとく汝自身の存在を見ることができるであろう。しばしば汝にとって、汝自身が物的実体と関係があるために、それの一部と見えることもあり、またしばしば汝は、それら霊的実体自身と見えることもあろ

う。なぜならば、汝の存在がそれら霊的実体と一致しているがゆえに。(49)

弟子は師に誓ってこの忠告に従い、物質的世界全体を大海に浮かぶ小舟や大空に飛ぶ小鳥のように、広大な霊的実体の星座に漂うもののように見ようとした。

汝が自らを第一の宇宙的質料に達せしめ、それの陰を照らすならば、汝はそこに奇跡の奇跡を見るであろう。それゆえこのことをまじめに愛をもって追求せよ。なぜなら、これこそが人間の魂の存在の目的であり、ここにこそ大きな喜びと幸せがあるからだ。(50)

しかしガビロルは、こういう認識の王道としてのエクスタシーを通じての最高の存在者に関する知識を、われわれに約束したわけではない。その知識を得るためには、われわれの側としては宇宙的質料のうちに奇跡の奇跡を見るという期待に胸をふくらませているところに、万有の最深の秘密である神の本質を一瞥するという秘密の暗示があると思う他ない。

ガビロルに従えば、すべての知識はただ次の三者に関わるだけである。(一)質料と形相、(二)能動的言語すなわち意志、(三)第一本質すなわち神。『生命の泉』の大部分は(一)に関している。(二)と(三)の問題に関してはごくわずかのヒントがあるのみで、特に意志についてはガビロル自身の言うところでは別に一冊の書物が書かれたことになっている。しかし、今日までのところそのような著作は存在しない。しかしながら、『生命の泉』において神の意志に関して書かれているものはわずかであるが、その論じ方から見てもガビロルの哲学において意志が重要な役割を示していることは明らかである。この点は甚だ注目しなければならない。なぜかと言うと、意志はガビロルが依存した新プラトン主義においては決して本質的な問題ではなかったからである。否、神の意志の思想はプロティノスの流出説の中ではほとんど問題にならないはずである。新プラトン主義の場合、宇宙的経過は単に必然的で非人格的なものと考えられている。従って、『生命の泉』における意志の導入がなければ、ガビロルをわれわれとしても新プラトン主義なみに理解するように強いられたことであろう。新プラトン主義における問題点は神が超越であると同時に、その流出という点で世界と等質になり、世界に内在することである。神はあらゆる存在を超えているとともに、あらゆる存在を満たしている。ガビロルはここに哲学的矛盾を感じたのみならず、またユダヤ教徒としてこの非人格的な汎神論《パンティズム》が信仰的に許容できなかった。そこで彼は、両方面の矛盾ないし困難な神的意志を導入することにより、神と世界の間の仲立ちとしようとした。これによって神は、その創造に関してもっと人格的に密接な関係を持つようになる。宇宙的プロセスは、もはや単に必然的で非人格的な流出のみではなく、目的を持った意志的行為の結果である。しかしこの考え方で充分に解決ができたとは思われない。また神的意志の本性も明らかではない。もし神に意志があるとすれば、そして神はその内部で何らの区別もない絶対的一者であるとするならば、われわれはただ新しい言葉を得ただけで、実際上は何の解決も得ていない。もし、人間の次元で類比的に考えてみて、意志を特別に理性やその他の能力から区別したものと考えると、神の統一が犯されてしまう。ガビロルはこのジレンマを解いていない。彼のシステムはパンテイズムの強い香りを持ち、さらに神の意志と知恵と言葉との同一視と、神の言葉の実体化(存在という意味を与えたこと、つまり神そのものから区別した存在を与えたこと)は、フィロンのロゴスの説を思い起こさせる。そしてそれはキリスト教のロゴスとなり、三位一体の第二のペルソナになったところのものである。こういう傾向が、十三世紀のパリの司教オーヴェルニュのギヨームが、このガビロルすなわちラテン名アヴィケブロンをキリスト教徒と見なした理由である。そしてまたこれらの理由が、せっかく彼の述語が普遍的なもので、聖書やタルムードの引用がないのに、彼についてイブン・ダウドが言っていたとおり、ユダヤ教の読者たちを遠ざけてしまう原因でもあった。

ガビロルはまた一〇四五年に倫理学の書を著している。その書物は哲学的にはそれほど重要ではない。『霊魂の質の改良(Tikkun Middot ha-Nefesh)』と題したこの著書は、もっと重要な姉妹編『メコール・ハイーム(Mekor Hayim)』よりも歓迎された。翻訳の父、ユダ・イブン・ティボンの手になるヘブライ語の翻訳に関して、特権的に早く紹介されたというばかりではなく、そのアラビア語の原典自体が今日でもよく読まれ、一九〇一年にはワイズ(Stephan S. Wise)の英訳もできた。ヘブライ語の翻訳もまた、幾度となく繰り返し印刷された。しかしその理由は、『霊魂の質の改良』が大衆的な書物であり、道徳と宗教とを扱い、形而上学的問題に入っていかないということに依っていた。それは聖書の引用だらけであり、いかにもユダヤ的風土を示している。そしてまた、論証を説明するにあたって役立ちそうなイスラムの学者の引用も多い。

人生の目的の大問題は『生命の泉』において触れられている。そこでは、人間的実存の究極目的は、霊魂がもともとそれの属する上方の世界と合一することであると教えられている。個々人の霊魂は、ガビロルによると、宇宙的実体(普遍的霊的実体)の一種である宇宙霊魂の一部であるが、その関係は自然的ではない。それゆえ、個人の霊魂の本当の存在は霊的で永遠で肉体に依存しない。それの由来した上方の世界との接触をゆるめることがないにも拘わらず、霊魂が肉体に入るということがそれの本来の霊的視力を眩ませる。感覚とセンス・データは目的ではなく、それらは魂の自己自身においてあったより高い知識を思い起こさせる手段に過ぎない。人間の義務は、その魂のためにこのようなより高い生活を得るように努めることである。このことは知識と実践によってまかなわれる。この知識はすべてのものをそのあるがままに知ることであり、特に知的な実体と第一本質のあるがままに近づくことである。何が特に霊魂のためになるか害になるかは、ガビロルの倫理的な論文から学び得る。人間の魂は推理を司る理性のごとき高い力と、動物的または植物的な低い力の二つから成り、人の仕事は理性がより低い性質を支配することを見ることである。

ガビロルは欲望が肉体の病であるということを除いては、どういう行為や感情がそれぞれ高級か低級かということは何も述べていない。また行為や感情は理性霊魂に属さず、それらの欲望を満足させることは、よいことの獲得にはならない。徳と悪徳を扱うガビロルの方法は、それらを五感と四つの気質に関係させる。徳と悪徳は地水火風という四大や熱寒湿乾と関係する。これらのことはいずれも、自然学や医学の当時の水準から見ればごく普通であった。つまりアリストテレス、ガレノス、ヒポクラテスに基づくのである。前述の気質の心理学的分析を与える試みをせずに、ガビロルは五感の一つ一つについてその自然的基礎を強調するのである。

大宇宙は四つのエレメントから創られた。同じく人も小宇宙であるから、同じく四つの性質を宇宙に応じて持っており、これら四つのものが調和しているとき、健康なのである。地水火風に応ずるものは血と粘液と黒胆汁と赤胆汁であり、その他に人は五感を与えられている。人間が賢ければ、ちょうど手慣れた医者が薬を按配するように、この五感を等しい割合で使用する。

視覚は最も高尚な感覚で、身体にとっては世界の太陽にあたる。まぶたの動きで見えるようになる霊的色彩が魂の中にある。それは誇りと傲慢と柔和と謙遜である。視力に基づく倫理的な性質は、それゆえに誇りと柔和と謙遜と鉄面皮である。誇りは温かい性質の人にあり、その人においては赤胆汁が支配的である。多くの賢人はこういう性質を不適当と示し、愚者はこの性質に支配されるまでに至り、若者は特にそうである。この誇りは悪事やつまらぬことから人を遠ざける場合にのみ有益で、人を高尚な性質や神への奉仕に引きあげるための力はある。しかし一般的に言えば、無益で多くの悪に至り、特に頑固で他人の忠告を拒否する思い込みの原因となる。しかしもしも一切の悪事が過ぎゆくものであると理解さえすれば、自分もはかないものとわかり、誇りも謙遜と変わる。

柔和は誇りよりは徳に近い。なぜならば、これを持っている人は自分の欲望を満足させることのみを求めはしないからである。従って、預言者によって讃えられる徳である。哲学者はかつて、謙遜こそ愛と静けさであると言った。満足は柔和の一種である。最も豊かな心とは満足と忍耐である。へつらうことなく謙遜であれ、いばることなしに男らしくあれ、と賢者は言う。いばることは猛獣の徳であり、荒野を彷徨《さまよ》うごとくである。謙譲は謙遜と関係するが、それ以上である。なぜならば、それは理性の姉妹だからである。周知のように理性は最高の性質なのであり、人を動物から遠ざけ、天使に近づけるものである。良識のない謙譲な人はいないし、謙譲でない良識の人はいない。人は他人に対してのみ謙譲であってはならず、自己自身に対しても謙譲でなければならない。謙譲と良識とは密接な関係にあり、一方が欠けては他方は成り立たない。

鉄面皮の人は、たとえその人が賢く学識があっても、神によっても人によっても嫌われる。もし人がこの性質を持っているならば、友達の義務はそのような欠点を打ち砕くことである。しかしこれもまた、まれに価値のあるときがある。それはトーラーを護ったり、神のためにまた真理のための戦《いくさ》に用いられるときだけである。

視覚の次に重要なのは聴覚である。そしてそれは憎しみ、愛、慈悲、残酷と関係する。われわれは聖書の中で「愛」と「聞くこと」とが関係していることに気づく。例えば「イスラエルよ聴け我らの神エホバは惟一《ただひとり》のエホバなり／汝心を尽《つく》し精神を尽し力を尽して汝の神エホバを愛すべし」[51]がそれである。憎しみもまた聞くことに関係する。「エサウ父のヤコブを祝《しゅく》したる其祝《めぐみ》の為にヤコブを悪《にく》めり」[52]がその例である。慈悲は『出エジプト記』において聞くことと関係させられており、「我聞かん、我は慈悲《あわれみ》ある者なればなり」[53]と録《しる》されている。最後に「残酷」は聞くことを拒否することである。『出エジプト記』九章十二節でのファラオの場合を見よ。「然《され》どエホバ、パロの心を剛愎《かたくな》にし給いたれば彼らに聴かざりき」とある。

同様にしてガビロルは嗅覚が四つの性質、すなわち怒り、好み、嫉《ねた》み、抜け目なさと関係すると教える。味覚は喜び、悲しみ、後悔、平静に関係する。自由、吝嗇、勇気、卑怯は触覚と関係する。

ガビロルの詩人としての資質は必ずしも一級とは言えないが、哲学的内容を持った宗教詩の作者としては、やはり歴史に残る人であろう。『王冠』と題した詩は、神の偉大さと人間の取るに足りない価値とを比較して神の慈悲と赦しとを求める筋の詩であるが、その中に『生命の泉』に述べられた思想内容と密接な関係を持つ部分もある。例えば、

汝は光にして、その影より万物は生じ、
その影の守りのもとに我らは生く。

汝は一者にしてすべての物の始まり、
あらゆる構造の基礎なり。

汝は一者なり。されど数の如き者にあらず。
複数も変化も形もいかなる属性も
汝の性質を表すいかなる名も
汝に達することはできない。

汝は賢く、生命の泉なる知恵は汝より流れ出づ。
汝の知恵に比べなば、
人の知識の如きは愚かと言わざるを得ず。

汝は賢く、汝の知恵よりして汝は意志を
流れしめ、それがあたかも行為者や芸術家の如く、
無より有を引き出すこと、あたかも目より
光の出ずるが如し。

右の詩に見られるように、神を万物の原因者とし、創造を光の放射のごとき流出と見る思想があるが、これは明らかに新プラトン主義につながるものであり、基本的には『生命の泉』の形而上学的一元論に一致する。また、神が光であり、一者であるという考え方も光の形而上学として、パルメニデス(Parmenides, ca. 500 B.C.-?)以来の伝統を継ぐ者と言えるが、一面で神が最初に創造したものが光であり、神は光以上の存在であるという思想と、光を象徴的に最高の存在に置く考え方との間には、一種の矛盾がないわけでもない。ただ創造は何らの道具なしにあらゆるものを生み出すことであるというところに、制作と創造の根本的な相違が述べられている。このことは簡単には見過ごせない事実である。私の見るところでは、それは単に創造の瞬間のみの特色ではない。創造されたものがその自然の法則に従ってさまざまの営みをなすとき、例えば自己の生長、食物の摂取、消化、栄養への変化、排泄等、個体内部の重要な生命的営みは、健康である限り特に外的道具を必要としない。特に生物体が作り得る最大の産物としての同種の生命体の産出も、性交を介するとは言え、そこには何らの外的道具を必要とはせず、また母体は懐妊した場合、一個の生命体としての自律的な営みにおいて、つまり生命体としての栄養摂取や休息や運動を通じて、外的道具なしに胎児を育成するのである。人間ほどの高度な生物でも、彼が外的道具を使って制作し得るものは、よく考えてみると道具なしに彼が生産し得る生命を守る条件のみなのであって、それを凌駕することができない。なお、人間が営み得る最大の規模の最高の効力を有する技術も、その原理となるところの考案に至っては、ただ単に道具なしに思索することによって生み出されてくる。もしこの思索に道具があるとすれば、それを道具と呼ぶべきか、空気(雰囲気)と呼ぶべきか、微妙な境にある言語のみである。思想も一つの産出であるが、これを制作と言わない点、しかもまたその思索が道具を作って

制作を果たすという点、これらのことはガビロルのわずかな詩句に含まれている大きな思索内容である。

なおこの詩には天文学的な宇宙構造の言及もあり、月、水星、金星、太陽、木星、土星等、天体の秩序を支えて第九天に知性の座、第十天に主なる神の座を考えている。

われわれの知る限り、ガビロルが聖書の註釈を書いたか否かはまったく不明である。しかし、アブラハム・イブン・エズラ(Abraham ibn Ezra, ca. 1092–ca. 1167)が引用した聖句に関するガビロルの説明の文章や、ガビロルの倫理学書における聖書解釈学的考察から見て、彼はその前のフィロンやその後のマイモニデスと同様に、自己の哲学的見解と聖書とを和解させるべき方法としてアレゴリー的考えを用いていたことは確かであり、哲学をもって聖書の中に入りこもうとしていたと見ることができる。

エデンは神の現前を表し、エデンに作られた園は天使的存在を表すが、エデンから流れ出る川は、『生命の泉』によると神の本質から流れ出る第一質料を意味する。川の四つの部分は四要素を表し、アダムは理性的霊魂を、エヴァはヘブライ語の意味どおりに動物的霊魂、蛇は植物的霊魂を表す。そして蛇がアダムをそそのかして禁断の木の実を食べさせたという事実は、低次元の霊魂が理性を支配するとその結果は悪か罪であるということを意味し、人が園から追放されたということは、人が天使的純粋性から締め出されて肉体的存在となったことを意味する。

『生命の泉』という主著においてガビロルがユダヤ教の教義に言及しないことは、右のことから見ても純粋に方法論的な問題である。哲学と宗教ないし神学は、純粋な哲学的著作においては分離していなければならないという論理的な意図がガビロルにはあった。このことが本章の冒頭に述べられたこと、すなわちガビロルに至ってはじめてユダヤの哲学が前面に出てきたことと関わるのである。しかしそのことは、ガビロルがユダヤの信仰や聖書を無視した学問を、全体像として持っていたことを意味しているわけではない。聖書解釈と聯関して護教の営みは、哲学を使っても哲学ではなく、別種の学問なのである。

ガビロルの影響が、続くユダヤ哲学の上に僅少であるということは否めない事実である。それでも探せば、マイモニデスとアブラハム・イブン・エズラ、アブラハム・イブン・ダウド、ヨーゼフ・イブン・ザディク(Joseph ibn Zaddik, ?–1149)においてはいくらか影響を見ることができる。そして主としてその影響は、カバラの神秘思想と深い関係を持つ。ガビロルの『生命の泉』は、神秘的深さと論理的形式主義の不思議な独特の結合である。それは、純粋思惟の対象として、それ自身としては物体化されない生命のような神秘的実在を察するには純粋な思索しかないということを示す点において、二十一世紀の形而上学者たちに勇気を与えるものであろう。

レヴィ・ベン・ゲルソン

西洋哲学史で通常ゲルソニデス(Gersonides)と呼ばれる南フランスの碩学は、中世ユダヤ哲学を飾る最後の人物の一人と言ってよく、この本名レヴィ・ベン・ゲルソン(Levi ben Gerson, 1288–1344)という彼について、二、三必要なことに触れておきたい。すでにジルソンは、この人の仕事を「十四世紀の決算書」と呼び、重要視している。ゲルソンは哲学者であると同時に、ユダヤ学の重要文献について註釈を著すかと思えば、数学者として数多《あまた》の公理の証明を試み、天文学者としては星座観測の機械をも発明していて、古典研究としてはアリストテレスの『オルガノン』について書かれたイスラムの哲学者アヴェロエス(イブン・ルシュド)(Averroes〈Ibn Rushd〉, 1126–98)の註解に対して批判的な註解書を書いたことなどで知られ、独自の論理学の書物も著しているが、ラテン語訳は極めて少なく、その厖大な知識についての哲学的研究は、今後に俟つ他ないと言われている。主著として知られている『主の戦闘の書(Sefer mihamot Adonai)』は、ゲルソンの宗教哲学概論と呼ぶことができよう。マイモニデスが、神の実在と本質的範疇とを分離するのが哲学的良心であると考えたのに対し、ゲルソンはむしろそれ以前のユダヤ哲学者がイスラムの哲学者の影響を受けて、アリストテレス主義に徹底しようと努力を傾けていたのに対して、新プラトン主義的な存在以上の理念(プラトン的な表現を使えば、実在の彼岸《エペケイナ・テース・ウーシアス》)を志向していたと見ることができる。それは旧約聖書でモーセにその名を尋ねられた創造主が答えた「ハヤト(Hayath)」を想定したからであろう。そのラテン語訳は周知のように「われは在りて在る者なり(Ego sum qui sum)」であった。すなわちそれはプラトンのいう「実在の彼岸」しかない。ゲルソンにとっては、世界が神によって創造されたという聖書の考えは、哲学的に解するならば、世界が絶対的な合目的性によって貫かれているということに他ならない。それは、世界の全存在がそれを超える知的理念に支配されているということに他ならない。テクストが充分に可読的状態にはない今日、早急な推測は充分慎まなければならないが、マイモニデスが生成のすべての条件に、平等に経験的価値を認定するのに対し、ゲルソンはこれら一切の経験的必然性を絶対的に超越する神の生命を認めなければならないと考えていたと言ってよいであろう。それは、新プラトン主義的「流出説」をも超えた超時間的、超歴史的神秘の肯定であり、その意味では創造は、その後の生成消滅とはまったく無縁の「実在の彼岸」の出来事であり、そのような理念である。ここに、二十世紀後半に何人かの哲学者たちがそれぞれ別途の仕方で、実在の彼岸あるいは脱存在としての存立を志向した現代哲学状況と照応する縁《えにし》を思わざるを得ない。その一人は言うまでもなく、神を闇とするエマニュエル・レヴィナスであり、他の一人は神を非存在的存在とするジャン＝リュック・マリオン(Jean-Luc Marion, 1946–)であり、私も存在を超えた美の理念や実在の彼岸の、そして存在よりも力のある「有」を主張して、はるかにゲルソンと相通うところがある。中世の哲学研究は他のどの時代よりも、少なくとも、その中世から最も遠いと誤認している近・現代人的自覚を戒めるかのように、今日的および未来的な哲学的問題をわれわれに提示しつつ、われわれが彼らと共に西洋中世を通して長い間主張されたアリストテレス風の「神と存在との無条件的一致」に苦悶する状況を打破せよ、と言うかのごとくである。

ゲルソンの思想は、ユダヤ教の神の独一《ユニーク》的な卓越性を地上的な事物にも妥当する存在という呼称で汚したくはないという信仰上の潔癖な純粋を特色としている。この思想は、このような神と同じ資格でそれと一対となるものを拒否する。それはデジタルの体系の絶対性を基本的には認めないことになりはしないか。私はこの点に大きな関心を持つ。というのも現代のポストモダンはデジタル文明であって、かかる技術聯関の産物は勢いよく製作されてゆくが、出来上がるものは相似形(similitudo)に過ぎない。それゆえ今流行《はやり》の技術聯関の情報システムから呼び出されるもののどこに真理があると言うのか。このようなデジタル文明に対立してアナログ文化がある。それこそは独一的な絶対者への憧憬に満ちて、それぞれの立場からそのものに迫ろうとする世界なのである。

十四世紀と言えば、中世の哲学を十二世紀後半から支えていた大学哲学がようやく衰弱すると言おうか、新生を求めたと言おうか、自己変革を求めていた世紀であった。まさしくその後者に賭けていたのがウィリアム・オッカム(William of Ockham［Occam］〈Guillelmus de Ockham〉, ca. 1285–1347/49)であり、齢の近いゲルソンは年月によって変わることのない絶対者におのれを賭けていた。それゆえゲルソンの目には、その頃の大学派のスワインズヘッド(Richard Swineshead〈Suisset〉, ?–ca. 1365)の『計算の書(Liber calculationum)』のような数量のみに拘泥するところの、霊性を忘れたデジタルな方向は許せないものであった。

ではここにアナログ文化があると言うのか。われわれはここに一転して言語哲学の問題を考えなくてはならない。ガブリエル・マルセル(Gabriel Marcel, 1889–1973)のような人が技術文明の申し子と言おうか、その支柱と言おうか、デジタル文明の代表者である、と私が言えば世は挙げて私を物知らずの愚人と思うであろう。しかし次の事実に基づいてお互いに考えてみよう。前世紀の半ばマルセルは今も名著と言われている『存在と所有(Être et avoir)』を出版した。存在は類比的《アナロジカル》に神の名にも関わり、人の名誉でもあるが、所有は人の物欲に根ざすものとして、両者すなわち存在と所有は一つのデジタルの基本的対立項なのである。これでよろしいか。

言語哲学がここで問題となる。本当に所有は神の存在と対立するのか。神は所有することがないのか。レヴィナスが大切にする「彼はそこに持つ(Il y a)」の「彼」は何なのだろうか。「美しい花がここにある」と喜びの言葉をドイツ語で言うときの、"Es gibt hier die wunderschöne Blume."の直訳は「それがここに美しい花を与える」であるが、その「それ」とは何者であると言うのか。言語学者や文法学者たちは声を揃えて言う。「それは非人称命題の主語で impersonal な不定代名詞である」と。それは一つの苦肉の策に過ぎない。英語で「雨を降らせる——雨が降る」の it もフランス語の il もドイツ語の es も、ゲルソンの言う絶対者としての神のことだと考えられはしないか。私には一つの確認事項がある。それは漢字文化圏で語られている「有」についての言語文化的な事実に関する興味深い問題である。漢字文化圏で一般に無に対する反対の語は存在(これは esse の訳語として使われ出した新しい語である)ではなく「有」であるが、この語の基本的意味は「持つ」ことである。その持つ主体が人間であれば大したことはないが、一神教宗教の儒教のような場合、Deus(ゲルソンの絶対者)を表す語は天(le ciel, der Himmel, the Heaven)であり、これが持つ主体であれば、それに持たれた限りこの世にあるし、天としての「有」は絶対者として「無」に化することはない。それは自己保有を続ける。そうすると東西の哲学という、違う言語を用いる文化圏にゲルソンが望んだような考えを見ることができる。それは有無の対立はありつつもまたなく、「存在」と「無」の対立もありつつないという、まさしく非デジタルなアナロジー文化が成立しているのではないか。私はここに東西の哲学を綜合した新しい考えが相似形(similitudo)としてではなく、真理(veritas)として構成されてくる予感がしてならない。そのとき、人類の哲学への道が曙の光に照らし出されてくる。十四世紀の決算とジルソンが讃えたゲルソンの偉大さはここにあったと言わねばなるまい。

第十三章　方法と普遍
――アベラール(1)――

伝記への顧慮

ある時代には、その時代全体が関心を持たずにはいられないような花形がいる。アベラール(ペトルス・アベラルドゥス)(Pierre Abélard 〈Petrus Abaelardus〉, 1079–1142)はそういう人であった。俊敏ならぶ者なき頭脳、芸術的な豊かさ、経世の手腕、騎士的な情熱、そして修道院の敬虔、容易には結ばれがたいこの五つを一身に兼ね備えて、世の賞讃と攻撃の的になりつつ、いささかも自己を変えることなく学才を発露し、六十余年にわたる劇的な生涯を終えたアベラールは、早春の嵐とも言うべき革新の世紀、十二世紀の悲劇的な象徴と見ることができよう。それはまた、時を先駆けた天才の孤独が、いかに悲惨であるかを物語る一篇の譚詩でもあろう。タレス(Thalēs, ca. 624–ca. 546 B.C.)や孔子(551–479 B.C.)以来、すでに二千五、六百年を閲《けみ》するという東西の哲学史を通じて、この人ほど波瀾万丈の生涯を輝かせた人を私は知らない。それゆえ、まず彼の生涯を詳しく辿ることから、その当時の思想界の状況をも調べながら、次第に彼の学説に迫ることにしよう。

数ある中世の哲学者の中でも、自叙伝を書いた人は極めて稀である。アウグスティヌスの『告白』に多少ともその趣きはあるかもしれないが、それはあくまでも生涯の初期における回心前後の神の恩寵の歴史が主題である。アベラールはただ一人、『我が災厄記(Historia calamitatum)』という自伝を残している。それをもとに、また同時代者の証言を補ってゆくと、生涯はかなり明らかになる。

一〇七九年、ナントの約十三キロ東のパレの城に生まれたアベラールは、ブルターニュの騎士の家門の出である。幼少より学芸と武道を修めたが、教育熱心な父の影響もあって、研学の思いは強く、父祖伝来の騎士の家統を継承する意志をすでに少年の頃に放擲《ほうてき》し、弁証学の勉強をするために「マルスを捨て、ミネルヴァを選び」[1]、フライジングのオットー(Otto Frisingensis 〈Otto von Freising〉, ca. 1112–58)の証言によれば、ロシュにある学院《スコラ》でロスケリヌス〈Roscelinus Compendiensis, ca. 1050–1120/25〉の教えを受け、その批判的唯名論、すなわち普遍概念は単なる音声に過ぎず、実在しないとするノミナリズムを学びながら、次第に決意を固め、論理学や哲学の研究において身を立てようと志した。ただし、ロスケリヌスに就いたことは、その自伝には触れられていない。ごく短い期間のゆえであろうか。そしてやがてパリに出て、ノートル・ダムの司教座聖堂付属学院でこれらの学問をさらに学んだが、ここでの師は、「普遍概念は単なる名にあらずして精神の外にある実在的事象に客観的な基礎を持つ」という意味で、普遍は実在すると考える普遍実在論者として知られるシャンポーのギヨーム〈Guillaume de Champeaux〈Guillelmus Campellensis〉, ca. 1070–1122〉であった。あいついで師事した二人の高名な学者たちが、このように普遍すなわち概念について、前者はノミナリズムを、後者はリアリズムを、それぞれアベラールに教えたということは、後項で詳述する普遍論争という中世を貫く哲学的関心事に関して、彼自らがすでに若年の頃に、極端に相対立する両派の巨頭から、直接にそれぞれの学説を習得したことに他ならず、後年この論争の華やかな勝利者となって、単なる妥協案ではない第三の道を創造する彼自らの思考を、早くも準備させる縁《よすが》になったのである。

独立と敵意

さて、このようにアベラールはシャンポーのギヨームに師事してはいたが、間もなく師を幾度となく反駁するに及んで、一門の激しい不興を買うに至ったが、最も若い彼が議論において勝るように見えることが多かった。そこで、彼自らの言うところでは、「ついに私は自らの年並みの力以上におのが才能を恃《たの》み、きわめて弱年の身ではあったが、一つの学院の指導者たらんと企てるに至った(2)」。そして二十二歳にして、まず王宮もあったムランに学院を開き、これを妨げようとした師に対抗して行った弁証学の講義をもって名声を得た。これに力を得て、次いでパリ近郊のコルベーユに学院を移し、いわば学都たるパリへの進出を企てたが、「過度の勉強のため病を得て帰郷せざるを得ず(3)」、数年間静養の年月を流した。その間にギヨームはシャーロンの司教に昇任していたが、パリ在住を許され、しかも講義を続けていたので、アベラールは修辞学を聴講するため再びギヨームに入門した。そして二人の間を決定的に裂く論争が、時代の話題でもあった普遍(universalia)について行われた。詳細は後述するが、要するにアベラールの「明白な推論によって」、ギヨームはその年来の主張を撤回せざるを得ず、その講義において信を失い、「弁証学の講義を人びとはギヨームには許さないほどになった」(4)。

このような次第であったから、アベラールの名声は旭日昇天の観があり、引退したギヨームの後継者までがアベラールにその地位を提供し、旧師の門弟はほぼことごとく彼の下に集まり、パリの弁証学研究の指導者となった。これがギヨームの嫉妬と怒りをつのらせ、その陰謀によってアベラールはパリを追われ、またムランに帰って学校を始めた。ギヨームを敵にまわしたことは、学問上致し方のないことであった。人はアベラールの倨傲《きょごう》を責めるが、彼はギヨームに学説上の異を唱えただけであり、二度も入門するほど礼を尽くしていることを忘れてはならない。このギヨームは、前述のようにシャーロンの司教となったが、その任命の年、一一一三年頃からクレルヴォーのベルナルドゥス〈Bernard de Clairvaux〈Bernardus Claraevallensis〉, 1090-1153〉と親交を結んでいた。教会の実力者であり、十字軍の組織者でもあった神秘主義者ベルナルドゥスは、禁欲の修道生活を送った点では模範的であったが、哲学に対する偏狭な態度に終始した人物であるから、恐らくはただでさえアベラールを嫌ったであろうが、それに加えて恨みに燃えるギヨームが友人としてあることなきことを積み重ねて言えば、アベラール迫害の筋書きはできてしまったようなものである。

アベラールは一旦はムランに退いたものの、ギヨームが任地に向かうや、再びパリに出て、サント・ジュヌヴィエーヴの丘の山に自らの学院を開き、また大勢の学生たちの信頼と驚嘆をかちえたのである。それを聞くと、前師ギヨームは最後の挑戦のごとくにパリに帰来して、もとの学校をアベラールの手から守ろうとしたが、それは講義の質も人気も違っていたし、論争で敗れたために、アベラールの前には敵とも言えない状態になってしまった。

神学への視線

このように年月の流れる間に、アベラールの父ベランジェ〈ラテン名、ベレンガリウス Berengarius〉が修道院生活を送ることになり、母リュシー〈ラテン名、ルキア Lucia〉も同じ道を辿ろうと決めて、アベラールの帰郷を望んだ。父母との別れ、その他の雑事を済ませるや、彼は突如として三度《みたび》学生となるのである。三十三歳となっていた彼は、自ら省みて今までのれがただ弁証学、すなわち論理学と哲学しか知らず、神学を学んだことのないのを恥じて、その方面の大家として令名の高かったランのアンセルムス〈Anselmus de Laon〈Anselmus Laudunensis〉, ?-1117〉のもとに赴き、先頃まで多くの学生に教えを垂れていた高名な教授が一介の学生として講義を聴く身に自らを変えたのである。アベラールのこの思い切りのよさは格別で、学び取る姿勢の厳しさはいつ思っても清々しいものがある。

ところで、この神学研究の決意の理由は真実何であったのか、自伝の記事ではよくわからない。その動機の一つには、父母の修道院入りという敬虔な決断が、彼に宗教への関心を高めさせたということも考えられる。しかしまた、師でしかも敵となったギヨームが神学者としてその活路を見いだしていたことも刺戟になったようである。ギヨームは、ノートル・ダムの学院をアベラールによって追われた頃、すでに一一〇八年以降、サン・ヴィクトール学院を建て、そこを神学研究の中心にしようと考えていたうえ、今はシャーロン管区で神学の教授として名を高めつつあった。哲学における敗者が神学において復活しようとしているという事態は、哲学における勝者にとって無関心でいられることではなかった。なぜならば、もし誰かが神学の権威をもって人を責めれば、そのときは哲学上の論争のように論理と理性とが裁き主になるのと違って、教会の権威が介入するが、もしその権威がある神学者の策謀によって動かされることになればどうなるか。これほど常に妨げられてきている身としては、自己の哲学の保全を考えるならば、それと神学との関係をあらかじめ理論的に明らかにしておかなくてはならない。アベラールにはこの配慮が意識的にあったか否かは不明である。しかし、当時は弁証学におけるいかなる大家も、神学において暗ければ、時代を代表する学者としての素養に欠けることになるのは確かなことである。その他、哲学の研究が深まれば、いきおい神学的問題領域に入ってゆかなくてはならないのも当時としては当然のことでもあった。そこでアベラールの神学研究はあらゆる面から必然的に思われるし、さらに従来のいきさつを考慮に入れれば、ギヨームに対する決定的な敵愾心があって、哲学のみならず、神学においてもこれを論破しようという気持ちもあったようにさえ見えるところがある。アベラールが最も優れた神学者として師事することに定めたのは、前述したように、ランのアンセルムスであるが、この人は他ならぬギヨームの師なのであった。

久しく最高の権威をその方面で持っていたアンセルムスも、しかし、近しく師事してみると、「大勢の大衆の眼前に在ってこそ驚嘆すべき存在であったが、質問する人に対面すると無に等しく答えることもできなかった。言葉の駆使は驚嘆に値したが、その意味内容においては軽蔑すべきものであり、その理論においては空虚しかなかった(5)」。このようなことを後に書くほどであったから、アベラールの態度には一門の目からすれば非礼にあたるものがあったに違いない。彼の出席が稀になるにつれて、弟子たちは「師をも私の敵にまわすように暗々裡に動かし、不当な数々の暗示によって師をして私を憎悪させようとした(6)」とアベラールはその頃のことを回顧して記録に残している。そしてある日、聖書解釈の価値や方法をめぐっての談義がもとで、彼はついにアンセルムスの一門と争うことになってしまう。アベラールは、聖書の講読は霊魂の救いが知られてくるので大いに有益であると言って、アンセルムスの聖書への傾斜を大いに誉めたのであるが、しかしその解釈の方法に疑問を持っていたのであろう、アベラールは続けて、「字の読める人びと」が、聖書の解釈にあたって、「諸々の聖人たちの書物すなわち註解では事足れりとせず、他の師〔アンセルムスを指す〕を必要とするのが私には不思議である」[7]と言ってのけた。これは、アベラールが文献実証主義と言ってもよいほど、註釈の地道な努力を研究において方法的に要求していることから鑑みて、まことに当然のことなのである。しかし、人びとはこれをもって、ほとんど老師アンセルムスに対する果たし状とさえ見たのである。そこで一門からの要求として、アベラールは旧約聖書中でも最も難解な文献の一つである『エゼキエル書』の註釈の公開講義を引き受けなければならなかった。具体的な内容は伝えられていないが、アベラールの方法的に構成された講解はみごとな成功を収め、人びとはその解釈を筆写するほどであった。この結果、アンセルムスは激しい嫉妬に駆られ、アベラールの講義を禁じたり、妨害したりし始めたので、彼はそのもとを去って、三度《みたび》パリに現れることになる。

別の見地からの探索

アベラールによると、まことに小人に見えるシャンポーのギヨームも、普遍論争の一方の雄であったし、のちに中世神学の根城の一つになるサン・ヴィクトール学院の創立者でもあったように、このランのアンセルムスにしても、周知のようにカンタベリーのアンセルムスの高弟の一人であり、師に倣って体系的な神学者であるとともに、スコラ学の重要な部門である聖書解釈学の大家でもあって、その弟のラードルフ（Radulf〈Radulfus〉, ?–1131/33 または 1136/38）と共に人びとの尊敬を集めていた。ソールズベリーのヨハネス（Johannes Saresberiensis〈John of Salisbury〉, ca. 1115/20–80）などは、「兄弟二人の神学者アンセルムスとラードルフとはフランスの最も輝ける光、ランの誉れ」[8]と述べ、さらに続けて、「この二人の名誉を傷つけた人はみな罰せられずにはすまなかったし、この二人を疎ましく思ったのは異端の徒と堕落した人びとだけであった」[9]と言っているところをみると、暗にここにはアベラールが語られているようでもあるが、このソールズベリーのヨハネスもまたアベラールの学徳を慕って聴講もした人だけに、批難に行き過ぎたアベラールの見方だけでは、ランのアンセルムスもシャンポーのギヨームも、決して正しく評価されることにはならない点も銘記しなくてはならない。特にランのアンセルムスは問題別に類別された教父のテクストの選集である『命題集（Liber sententiarum）』[10]の編者となっているが、もしそうであるとすれば、それは中世哲学史にとってはたいへんなことなのである。なぜならば、アベラールの『肯定と否定(Sic et non)』も、ペトルス・ロンバルドゥス(Petrus Lombardus, ca. 1100–60)の『命題集』なども、みなこのランのアンセルムスの業績を基にしたことになるからである。アンセルムスの聖書解釈の著書『行間註解集(Glossa interlinearis)』などには多くの写本があることも、この人の著作が広く後世に読まれていた証しであろう。ルフェーヴル[11](G. Lefévre)の調べたところでは、ランのアンセルムスの弟子は、アベラールの弟子の場合のように、全欧州から、そしてスラヴ諸国からさえも来ていたようであるし、命題集の初期の形態と見てもよい『精華集(Liber pancrisis)』の写本群の中で、十二世紀末か十三世紀頃に作られた本でオウランシュの図書館の写本 Auranches 19 の標題が、「アウグスティヌス、ヒエロニムス、アンブロシウス、グレゴリオス、イシドルス、ベーダの諸聖人の命題および問題集、選者ならびに解説者は現代の学匠、ギヨーム、アンセルムス、ラードルフおよびシャルトルの司教イーヴォ[12]」となっているのを見れば、アベラールに攻撃されているギヨームとアンセルムス[13]、その両人が並んで十二世紀に極めて盛んとなったところの命題集の先駆的形態の書物の編纂に関係していたことになり、このアンセルムスが命題集の創始者であるというジルソンの断定が仮に根拠が乏しいにしても、アンセルムスがそのような書物を編む先駆者たちの重要な一人であったことに間違いはなく、われわれはその論敵、アベラールの視角においてのみ見るわけにはいかない。

エロイーズとの恋

さて、ランのアンセルムスのもとを去って、アベラールは三度《みたび》パリに現れた。それは一一一四年、彼の三十五歳の時のことである。そしてノートル・ダムの学院で人びとが彼のために久しく用意していた教授に復帰し、哲学と神学との両面における熱心な講義の結果、その聴講者の数は著しく増えた。ドゥイユの修道院長フールケ(Foulques de Deuil)のアベラール宛ての書簡によっても、全欧州の知的な青年たちが海や嵐や一切の危険をものともせず、その講義を聴きに集まり、ローマの教皇庁さえも留学生を彼のもとに送ったということが知られる。この時期に『ディアレクティカ(Dialectica)』全四巻が書かれ、また今は失われたと言うべきか、いまだ発見されないと言うべきか、とにかくわれわれの目に触れないところの、しかし多くの人びとの語り草になっているところの『エゼキエル書註解』もこの前後の著作である。

この輝かしい成功の時期に、彼は自ら録《しる》しているように、「自分をこの世における唯一の哲学者のように思い、もはやいかなる攻撃をも恐れる要無しとした[14]」と言うほど思い上がり、「それまでは最も節制に努めて生きてきたのに情欲の手綱を緩め始めた[15]」頃に、十七歳の才媛エロイーズ(Héloïse

〈Heloissa〉, ca. 1100–64）との情熱的な恋愛が生まれた。この物語は周知のことであるから抄記にとどめるが、史実は明らかにしておきたい。

エロイーズはパリの司教座聖堂参事フュルベールの姪と言われていて、幼児からこのパリの教会の実力者のもとで当時としては最高の教育を受けつつあった。彼女はアウグスティヌスが聖書研究に必要であると考えたラテン語、ギリシア語、ヘブライ語に通じていたが、この後の二つの言語はアベラールでさえあまり読めなかったはずである。従って、エロイーズの才能はその美貌と共に知れ渡っていた。アベラールはこの乙女を見て愛に燃えた。叔父フュルベールの家がノートル・ダム学院に近いところから、策略をもってそこに下宿するようになり、エロイーズの家庭教師を引き受けた。二人はいつしか愛を交わすようになり、人びとの噂も立った。二人は引き裂かれたが、愛は燃えまさり、ほどなく懐妊したエロイーズは、秘かにパリを出て、アベラールの故郷でその妹の家にかくまわれ、アストロラビウス（Astrolabius）と名づけた男子を産んだ。エロイーズの蒸発は、フュルベールを狂人のごとくにした。その怒りを、アベラールはエロイーズとの正式の結婚を申し出て宥《なだ》めようとし、それにはフュルベールも同意した。ところが、エロイーズは結婚がアベラールの名誉を傷つけ、家庭生活が哲学を妨げるであろうし、それに叔父が何をするかわからないからパリへ戻ることは危険であると言い、「妻と呼ばれるよりも愛人と呼ばれるほうがはるかに望ましい」[16]という、いかにも彼女らしい言葉を述べたりして反対する。しかし結局、二人はフュルベールとそれぞれの側の少数の友人の出席のもとに、教会で秘かに結婚式を挙げ、その後は別居し、世間に隠れて逢うという生活をしばらく続けた。しかしフュルベールというのは、エロイーズの単なる叔父とは思われず、あるいはエロイーズを愛人としようとしていたのではなかろうか。これは司祭にはあるまじき企みであるが、いずれ彼はそうした参事としては全く考えられぬような復讐を、アベラールに対して加えるのである。まずフュルベールはこの結婚を勝手に公にし、そのいきさつを人びとに語る。久しく修道者にも似た貞潔な生活のゆえに、目に余る倨傲も容認されていた聖職者であり、かつフュルベールと同じく司教座聖堂参事であったアベラールには、この隠れた結婚は決定的な醜聞であった。エロイーズは、このような恥を公にした叔父フュルベールを激しく批難したので、仕返しに叔父の虐待を受ける。そこでアベラールは、エロイーズがかつて幼い頃に養育を受けたところのアルジャントゥイユの女子修道院に彼女をかくまった。修道院の囲いは絶対であって、さすがのフュルベールも手が出せず、しかも彼はアベラールがいわば厄介払いとして彼女を本当に尼僧にさせてしまったと誤解して激怒する。そこでアベラールの下僕を買収し、幾人かの自分の手下を差し向けて、ある夜、離れで就寝中のアベラールの性殖器を切断させた。彼ら下手人のうち二人は捕らえられ、目と性殖器とを切り取られたが、そのうちの一人は彼の召使いであった。翌朝になり、苦痛に呻くアベラールを、学生たちが悲嘆と驚愕の声をあげながら同情するが、アベラールの呻きは傷の痛みよりも彼の心の痛みによるものであった。彼は苦慮する。律法に録《しる》されて「外腎を傷《そこ》ないたる者または玉茎《ぎょくきょう》を切りたる者はエホバの会に入《い》るべからず」[17]とあるがゆえに、公には聖堂にも入れないのではないかと彼は苦しんでいる。しかし、このことで、そのような心配をする必要はなかったであろう。彼が、「最大のキリスト教哲学者」と呼んで尊敬したオリゲネスその人は、彼が後に引き合いに出すように閹人《えんじん》であった。そのことは別にしても、この仕打ちによる打撃はあまりにも大きい。アベラールは、「困惑と恥辱に耐えかねて、宗教的欲求からではなしに」[18]、とにかく世間を逃れようとしてベネディクト会のサン・ドニ修道院に修道者として入り、エロイーズは同時に、アベラールの「命ずるままに」[19]アルジャントゥイユの女子修道院において着衣式を行い、これも正式に修道女となった。

サン・ドニ時代

サン・ドニ修道院はしかし、当時は甚だ乱脈な世俗的生活に沈んでいた。あまりのことにアベラールは、私的にもまた修道院内の公の席でもそのことを難じたので、彼はここでも嫌われ始めた。他方では彼の多くの門弟が講義の再開を懇願するので、ある小堂に籠もって神学と哲学の講義を始めることになる。そこには、実に大勢の学生が聴講し出したので、他の諸学院の学生が減少し、そのゆえをもって世の教師たちの嫉妬を招いた。

ランのアンセルムスとシャンポーのギヨームの系列にあって、早くからアベラールを陥れようとしていたアルベリック(Albericus Remensis, ?–1141)とロチュルフ(Lotulfus)は、今は共にランスで学校を開き、ローマ教皇特使や大司教たちにアベラールに対する反感をそそるような言動を取り続けていたが、ついに彼の『神の一性と三位一体性について(De unitate et trinitate divina)』という小著を取り上げ、それを精読することなしに、一一二一年ソワッソンの公会議を開いて、この書についての判決を下そうとした。多大の悪条件にもかかわらず、アベラール自らの弁論は多くの人びとを魅了し、反対者のうちによく語る者とてなく、召集された司教たちは裁く側の人びとに疑惑を持つほどになった。アルベリクスは特に、神が神を創り、神は一つしかない。それゆえ、神は自己自らを創ったはずであるのに、汝は神の自己創造を否定していると述べた[20]。これに対してアベラールは、自著の中に典拠のあることを告げ、相手の精読していないことを明らかにしたのであるが、彼がそこに引いた典拠とは、アウグスティヌスの『三位一体論』の第一部からの引用で、「神が自己自らを創る力があると考える者は極めて間違っている。かかる力は神にもないし、すべての霊的および物体的被造物にもない。およそいかなるものも自己自らを創るということはない[21]」というもので、居合わせたアルベリクスの弟子たちはこれを聞き、大いに驚き恥じた。会議の最終日、シャルトルの司教ジョフロワ(Geoffroy)が、論理の是非によらず嫉妬による判定はなすべきではないという公正な弁護に立ち、重大決定を延期する提案を出したが容れられず、結局、反対者たちの陰謀が一時の勝利を得るのである。判決は、アベラールの書物の内容に特別の問題がなかったにも拘わらず、ローマ教皇や教会の認可なしに公の教科書にしたこと、すでに多数の人びとに筆写させようと貸与したことなどをもって充分の罪に値するというものであった。なぜならば、これを前例として人びとの同様の僭越を防ぎ得るとすれば、キリスト教のために益するところ大であろうということであった。このような愚かな判決によって彼の評判の書は、公会議構成員の面前で、彼自らの手によって火中に投ぜられなくてはならなかった。印刷や機械技術によるコピーのない頃のことである。書かれてから多少の時間が経っているとは言え、著書が焼かれるということは、いくら多くの手写本がすでに写されていたとは言え、その行方はわからない場合が多いので、著者が永久に消されていくのと同じである。才能と器量に劣る者どもが、それらにおいて卓越する人を陥れようとする策は、常に讒言《ざんげん》と陰謀と多勢を恃《たの》むしかないこと、それはいつの世も変わりはない。アベラールの無念は推して知るべしである。しかし幸いにも、この書の写本は残存していて、われわれも大体を知ることができる。このようにして、書物が焼かれたその場で、しかも灰となった後になって、突如またそこに書かれていたことを責めようとする卑劣を言い出した者どももいたし、それに動揺した教皇特使やその他の人びともいた。これらに対して義憤を感じたテルリエール(Terricus)という学者は、アベラールの説はアタナシオス(Athanasios, ca. 295–373)によって保証されると弁護し、さらに預言者ダニエルの故事を引いて、調べもせずに人を罰する審問の愚を難じ、罪無きアベラールを解放せよと論じたが、すでに機を逸した発言であった。アベラールはアタナシオス信条[22]を読む以外のいかなる発言も認められず、そのまま罪を認めた被告の資格で、サン・メダールの修道院長に引き渡され、そこに幽閉されることになった。アベラールは自ら書いているが、「私は肉体の毀損《きそん》よりも名誉の毀損をはるかに深く悩んだ。以前の迫害は自分に過失があって受けたのであるが、今度の明白な暴行は、私が純粋な意図と自分の信仰への愛とに促されて執筆したことが理由であった[23]」だけに、後世のわれわれをも悔しがらせる出来事であった。

教皇特使は、自分が人びとの嫉妬心に動かされて愚かな決定を下したことを後悔し、アベラールをもとのサン・ドニ修道院に復帰させた。その修道院では、前述したようにほとんど全員が彼を憎んでいた。この人びとは、自分たちの修道院にゆかりの保護聖人たるサン・ドニ(Saint-Denis, ?–ca. 250)、すなわちラテン名でサンクトゥス・ディオニュシウス(Sanctus Dionysius)は、あの『使徒行伝』に登場するディオニュシオス・アレオパギテスであると信じ、その人がまたアテナイの司教であるという記録を大切に伝えていた。ところが、ある日アベラールが尊者ベーダの『使徒行伝』の註解を読んでいると、ここにゆかりの聖者は実はディオニュシオスという名のコリントの司教であるということが書かれているのを見いだす。アベラールがそれを修友に示したのは意地悪からではなかった。学者としては、ベーダのような著名な著作家の書いていることを放置するわけにはいかない。しかし、ここの僧たちは修道院長イルデュアンがこの問題についてギリシアに遊学して調べてきたから間違いはないと主張し、ベーダを尊重するアベラールが保護聖人がディオニュシオス・アレオパギテスであろうと他のディオニュシオスであろうといずれ神に嘉《よみ》された聖者である以上、大差はなかろうと言ったのを咎め、これはフランス王国を侮辱するものであるとなし、王に訴えて彼を処罰しようと試みた。彼は絶望し、若干の修友や弟子たちの助けで近くのティボー伯爵の領地に逃亡し、プロヴァンス城内の小修道院に居を得た。サン・ドニ修道院は彼を取り戻そうと企てたが、イルデュアンが急死したり、王と王室顧問官たちが中に入ることで、一つの妥協案が作成された。それはアベラールはサン・ドニ修道院に籍を残し、他の修道院に移籍してはならないが、自らの欲するいかなる地に移住しても構わないというもので、王の面前で同意が交わされた。

荒野の学者

かくてアベラールはトロワの荒野に退く。それはセーヌ川沿いのノジャンの近くでアルデュゾン川が流れていた。ここから四十三歳になった哲学者の、真に偉大なその後の生活が始まる。かつてパリのノートル・ダム学院で全欧の注目を浴びた華やかな教授、人びとがパリ大学の前身と呼ぶサント・ジュヌヴィエーヴの丘の学院の創立者として多くの先進を論敵にまわし、新しい学問の世紀を呼んだ人、そのアベラールが荒野の中に「葦と藁《わら》から成る礼拝堂[24]」を建て、聖三位一体の堂と命名し、そこに一人の聖職者と共に隠棲するのである。この極度に貧しい小堂に、敢えて三位一体の名を帰するのは、それを繞《めぐ》っての不当な裁判に屈しなくてはならなかった彼のせめてもの抵抗であろう。彼は、ダビデが[25]天主に歌ったように「見よ、我遥かに逃れさりて野にすまん」と誦するのであった。この風評を伝え聞いた学生たちは各地から集まって来た。秀でた若い心は、真偽を直観的に見分けるところにその特色の一つを示す。世にいかに捨てられ、権勢にいかに圧迫されようとも、誰が何を言おうとも、彼が第一級の学者であることを優秀な学生たちは見抜いていた。パリ時代の弟子であったソールズベリーのヨハネスが、「明断で讃嘆に値する学者」と讃えていたとおりに、アベラールは単に明晰なばかりではなく、讃嘆に値する学者であることをここで示そう。

学生たちは都市と城とを捨てて荒野に住み、その多くが諸々の王侯に推されていたため都市ではゆかりの大邸宅に宿っていたものであったが、ここではみな自ら小屋を建て、机の代わりに木片を積み立てて彼の講義に参加した。中世の学校は修道院付属のスコラでさえ、都市と関係した地域にあり、その頃も『カルミナ・ブーラーナ(Carmina Burana)』に見るような歓楽の側面が学生たちの中にあったのは当然で、都市を離れて隠修士のような生活に耐えた師弟の協力は記憶されるべきであろう。ただ、ここでもアベラールに批判的なクレルヴォーのベルナルドゥスによる、「アベラールの学生の中に何らの教養もなく、弁証学も知らず、神学の基礎知識のない者もいた」という文章があることも忘れてはならない(26)。こういう場所に集まる学生の中には、確かに英雄気取りの、都会での研学生活の脱落者もいたに違いない。それゆえ、必ずしもそこにおいて常に一流の討議が行われていたとは考えられないが、講義の水準は常に高かったと思われる。なぜならば、こういうところにいてさえも彼の名は以前として鳴り響き、論敵は絶えなかったからである。殊に、クレルヴォーのベルナルドゥスをはじめとする神秘神学の陣営からの攻撃は、サン・ティエリのギヨーム(Guillaume de Saint-Thierry〈Willelmus Sancti Theodorici〉, ca. 1085–1148)の『ピエール・アベラールに対する反論(Disputatio adversus Petrum Abaelardum)』などいろいろあるが、大部分がこの時期以後のアベラールの思索について書かれていると思われる。

彼は極貧の状態にありながら荒野に学院を立てることになった。最初の小堂は学生を収容するにはあまりに小さかったので、彼らが自ら石と木とをもって拡張改築した。この新しい聖堂は前の小堂が三位一体に献げられていたのに対し、神の恩寵を記念して「慰むる者(Paraclitus)」と命名された。逃亡者として絶望の淵にあったアベラールが、ここに思いもかけず再び学院を立てて、学者としての自己の使命を全うする可能性ができたばかりか、教授として多くの学生に囲まれるとは何という大きな慰めであろう。しかしこの当然の命名すら、敵対者からは攻撃される。そこにも誤解に基づく神学的牽強付会があった。すなわち、教会では周知のように聖霊のことを「慰むる霊(Spiritus paraclitus)」と言い慣わしているが、人びとはこれとアベラールが単に「慰むる者《パラクリトゥス》」と言って神を指したこととの区別がわからず、激しく攻撃して聖堂を聖霊にだけ献げるとは何事であるかと言うのであった。

それは要するに荒野の学院の成功を恐れ妬む人びとが多かったからである。殊に、神学の領域におけるアベラールは、哲学の領域における紛う方なき勝利者として嫉妬や鑽仰の対象となるばかりというのとは違って、明らかに教会の信仰に関する危険思想家と思われていたことを忘れてはならない。ソワッソンの公会議で否認された『神の一性と三位一体性について』において力説していたところのこと、すなわち神学に対して哲学を応用するという基本的態度は『キリスト教神学(Theologia christiana)』において、より大規模にそして文献的な典拠を豊富にした形で再現され、その方法は表現上の変容はあっても『神学入門(Introductio ad theologiam)』にも受け継がれていて、この三部はいずれも、「弁証学」という名で言表されている哲学的思索をもって神学上の玄義を解明しようとするものであった。ベルナルドゥスが、その書簡一九〇でアベラールは我らの教父たちが前提とした限界を乱して、啓示という最も尊い問題を言語にもたらそうとすると(27)言っているように、伝統的な神学者から見ればこの意向そのものが、すでにして一種の冒瀆であった。そういう一般的風潮の中で、アベラールの試みた哲学的論証の神学への応用あるいは神学の思索的展開は、方向そのものとしては十一世紀の巨匠であるカンタベリーのアンセルムスの伝統を継承するものであると同時に、さらにそれを超えて十二世紀のキリスト教の持つ危機意識につながる新しい意図を含んでいたと思われる。その時代はキリスト教がヨーロッパにおいて学問的に覚醒してきた時期ではあるが、その水準を絢爛たるイスラム文化圏やユダヤ哲学に比べて果たしてどのように考えるべきか、充分に自他を見定めることのできない時代であった。事実、カトリック教会が視野を広めようとしていた時代なのであるから、理論的に閉鎖的なベルナルドゥスのような考えで内紛をこじらせるような悠長な時ではなかった。それゆえ、ベルナルドゥス自身この危機を十字軍によって乗り切ろうと考えたのであった。アベラールは、「我らの信仰に反対せんがために哲学的文献を根拠とする人びとに対抗して、われわれがこの反論を哲学者の証言や論拠に依存して行うことは相応しいことである(28)」と言っているが、これこそ単に同信の者同士の愚かしい勢力争いなどの遥か向こうに、真の信仰が何であるかを客観的に論証しようとするアベラールの世界的な視野を暗示するものである。事実、この後のことであるが、キリスト教内部でのあまりの讒言《ざんげん》と裏切りと陰謀とに苦しんだとき、むしろ異教の国に赴き、そこで自らの信仰を純粋に哲学的に論証してみたい、また、そこの学者たちと理性的に論争を闘わせ、清遊を交わしたいと考えたほど、アベラールは視線を遠くに及ぼしていたのであった。

サン・ジルダ大修道院長

荒れ野のパラクリトゥス学院は、このようにして数年間、全欧の学界の注目を浴びたが、その間にも彼の敵対者たちは主として教会の有力者の層を煽動し、アベラールが自ら遠く異教の地に去ろうかと思い始めた頃、ブルターニュのヴァーヌ司教区にあるサン・ジルダ・ドゥ・リュイスという修道院の院長として彼が招かれるという話が起きた。今や迫害に耐えるに倦《う》み、余生を静かに暮らしたいと思って、彼はそれを引き受けることにした。前に交わした誓約のこともあるので、サン・ドニ修道院の他の関係者たちの諒解をとり、学生たちにも事情を説明して、パラクリトゥス聖堂の学院を閉鎖し、サン・ジルダ修道院の院長としてその所在地、故国であるブルターニュに赴いたが、それは一一二八年、彼が四十九歳の時であった。その時の思いを彼は、「ローマ人の嫉妬心がヒエロニムスを東国に追いやったように、フランス人の嫉妬心が私を西国に追放した(29)」と録《しる》している。この修道院に来てみると、その綱紀の乱れ方は言語に絶していた。祈禱と労働の精神がないゆえに、自給自足も不可能で、世間の支持もなく、経済的に破綻していたうえ、道徳的には荒廃の極みであった。例えば、多数の修道者たちが外に妾や子どもを持っていて、その養育のために盗みをする者さえいたと言う。難を避けようとしてここに来てはみたものの、ここには慰めもなく、今さらにして「慰む者《パラクリトゥス》」という名の聖堂を去ってきたことが悔やまれもするし、またその聖堂の維持をいかにすべきかが心配の種でもあった。

しかし結局のところ、パラクリトゥス聖堂の後事は、エロイーズに託することになる。その次第は以下のようである。エロイーズは既述のように、すでに十年近くもアルジャントゥイユの女子修道院にあって、今やそこの副院長になっていた。ところがたまたまこの頃、サン・ドニ修道院はアルジャントゥイユ修道院を自己の管轄圏に収め、修道女団を解散させてしまったので多くの修道女は途方に暮れていた。そこでアベラールは、パラクリトゥス聖堂とこれに属する付属施設を一切エロイーズと彼女に従う修道女たちに与えることにし、そしてこの贈与は教皇インノケンティウス二世(Innocentius II. 在位 1130-43)によって永久特権と認められた。アベラールは稀にではあるが、できるだけ多く、この聖堂を訪れ、修道女たちの力になろうとした。彼はこのようにして再びエロイーズとめぐり逢うことになる。閹人となった彼ではあるが、また敵対する人びとの批難の的であった。しかし、パラクリトゥス聖堂の新しい女子修道院は、院長のエロイーズをはじめとしてその近隣の評判は高く、荒れ野の聖堂は美しく栄えていった。ただサン・ジルダの修道院は全く手に負えない悪僧どもの巣であった。修道生活の理想を説くアベラールが暗殺されかかったことも何度となくあった。彼らはあるときは食事に毒を盛り、あるときはミサ聖祭の聖杯《カリス》に毒をまぜ、あるときは彼が所用でナントの伯爵を訪れた道すがら久しぶりに寄った弟の家でも買収された修道士の一人が毒を盛り、随員の中から死亡者が出るということもあった。アベラールは、ときには心を許した少数の修道士たちと共に大修道院から離れた小堂に籠もったり、教皇インノケンティウス二世やナントの伯爵や土地の司教たちの助力を得たけれども、必ずしもその身は安全ではなく、修道院の管理も行き届かなかった。かかる情況において、彼は第一書簡と言われている『我が災厄記』を綴り終えたのである。それはおよそ一一三二年頃で、彼が五十三歳の時であろう。

サン・ジルダの修道院長として悪僧どもを教導することは確かに難事であったに違いない。しかし、アベラールがいかに自らとエロイーズのその頃の関係を聖ヒエロニムスと聖女パウラの関係のように潔白なものであると称しても、そして事実そうであっても、周りは信じなかったであろう。また性交不能の身となっていたと言っても、時折にせよ、院長が特権をもって女子修道院の指導に赴き、その女子修道院の院長がかつての恋人であるという噂があれば、性根の悪い妾持ちの修道士たちは何を想像するか分かりはしないし、ましてやその状態で身を修めよと言われれば、反抗心の増しつのるのも当然であるような気もする。そのようにアベラールの記述には、ときとして常識外れの自己中心的な傾向の著しい文章がある。彼が中世哲学史屈指の優秀な頭脳であり、十二世紀全体が注目した革新的な思想家であったことも事実であるが、あまりにも卓《すぐ》れた才のゆえに妬《ねた》まれ方も並ならなかったために、被害妄想が生じたときもあったのではないかと思われる節もある。しかし、この自伝の終わり近くに、「キリストにおける愛する兄弟、古くよりの親しき友よ。私はこの若い頃からの絶え間なき悩みであった不幸な物語をここまで綴ってきた。願わくはそれが君の孤独と不遇とを慰めるに充分であってくれればよいと思う。手紙の冒頭に書いたように、君の災難は私のものと比較すれば何ら災難と言えないか、少なくとも小さな災厄に過ぎないことを知ってくれ給え(30)」と書き、「世もし汝らを憎《にく》まば、汝等《なんじら》より先に我を憎みたることを知れ。汝等もし世のものならば、世は己《おの》がものを愛するならん(31)」という『ヨハネ伝福音書』を引いている。この言葉を読むと、いかに心狭くしてアベラールの記録を誇張とのみ取ろうとする人と言えども、心打たれるものがあろう。それはそのまま人を慰める書物でもある。

クレルヴォーのベルナルドゥスとの争い

アベラールはこの『我が災厄記』を書いた後、一一三四年にはついにサン・ジルダの修道院を立ち出でて、しばらくは歴史の上からその影を没し去るのである。伝えとしては一一三六年に、その昔二十年も前に華やかに教鞭をとったことのあるサント・ジュヌヴィエーヴの丘の上で客員教授をした。ソールズベリーのヨハネスはそのときの弟子の一人であるとも言われているが、たぶんそうではないであろう。ヨハネスの伝えるアベラールは若々しいし、後にまた大問題の主役となるほどの彼がその頃、再びパリに現れたとすれば大きな話題となったはずであるが、それらしい記録はどこにも見あたらない。アベラールは、できればそのまま杳《よう》として足跡を絶ちたかったに違いなかった。世はあまりにも愚かで、論理をもって彼を責めず、策略と衆を恃んで彼を迫害するのみであったから、あるいは異教の地に潜んでいたのかもしれなかった。ただ、アベラールなくしても彼の講義の追憶や著書の名声とそれらの影響は多くの学者を動かしていたのである。一一四〇年、サンスの公会議はアベラールの命題の異端宣告を狙って行われることになった。彼のこの度の相手として訴人となり事を構えたのは、正統信仰の擁護者をもって自任し、修道者の鑑と謳われ、当時の全教会きっての実力者であったクレルヴォーのベルナルドゥスである。彼もまた有数の著作者であったが、哲学を忌み、「哲学者どもの凬と空しき饒舌」と言い、弁証学のごときは「空しきを教える世間の知」と考えた人で、グラープマンもジルソンも口を揃えて中世神秘主義の樹立者と言っているほどである。(32) 従ってその傾向は、根本的にアベラールやその良き理解者であったギルベルトゥス・ポレタヌス(Gilbertus Porretanus〈Gilbert de la Porrée〉, ca. 1076–1154)たちの理性主義とは相容れぬものがあった。久しく杳として行方の知れぬ彼ではあったが、後に述べるような事情でサンスに出てくるのである。彼はすでに六十一歳になっており、その数年前に落馬して首の骨折を経験していたうえに、病身と化していた。それにも拘わらずアベラールは、いずれ自らの業績に対して語られるに違いない、荘重と敬虔を装いながらもその実は軽薄で形式的でしかも非論理的な発言によって、真理を目指す彼の新しい思索とその方法とが不当に汚されてゆくであろうことを思うに忍びなかった。それは学者たる者の執念であり、良心である。歴史の影に沈んでいたこの類い稀な哲学者は、キリストから離れるくらいなら、アリストテレスの徒でありたくはないし、パウロと矛盾するくらいなら哲学者であることを欲しないというキリスト者としての、人には知られなかった内的誠実をもって、(33) 論理学と哲学への不当な干渉を身をもって妨げるために、冬の湖底から浮き上がってくる一つの大きな鯉のようにして、公衆の面前に立ち現れた。

ベルナルドゥスの攻撃は激越で、しかも事柄が神学固有の問題であったために、多くの哲学者は論争に口を出すことも難しかったし、また彼の組織的工作の前に孤影の天才は敗北せざるを得なかった。それは狂信と衆愚の勝利であった。翌一一四一年五月二十六日、アベラールの異端宣告が宣布され、その年の七月十六日、「サンス公会議とインノケンティウス二世によるアベラールの異端命題表」が公式に出された。あのいくらか好意的であった教皇でさえも、ついに敵対者になってしまったのである。

弁証学と神学

弾劾された具体的な内容は哲学とは関係が少ないため、その詳細を述べる必要はないと思われるので大略を示すに止《とど》めたい。批難の一般的理由は、神学と哲学の差異を認めずに啓示の神秘に弁証学を介入させたということであるが、異端を宣告された十九の命題は、大別すると「三位一体論」と「キリスト論」の二領域である。

まず弁証学の問題であるが、ガンディヤック(Maurice Patronnier de Gandillac)は「伝統主義者の反発を誇張してはならない。例えば、カンタベリーのアンセルムスならば、あれほど新しい論証を試みたが、決してベルナルドゥスと衝突するところはない[34]」と言うけれども、アベラールの基本的態度にはまさしくこのカンタベリーのアンセルムスと本質的に異なるところはなかった。アベラールがその神学的著作で意図したことは、キリスト教の信仰を理性によって擁護することと深化することの二つしかなかった。アウグスティヌスが『ヨハネ伝福音書講解(In Iohannis Evangelium tractatus)』で述べているように[35]、アベラールも「神を信じる(credere Deum)」や「神に信じる(credere Deo)」に、「神において信じる(credere in Deum)」を対立させているが、これは必ずしも一貫していない[36]。それはともかく前者が神の存在や力を信ずることであるのに対して、後者は神に信頼し、神において安らうことであるから信仰の真実の相であるが、そこに至るためには、「見えざるものの評価」という理性の行う「信仰の手がかり」がなければならない。そしてそれこそが、疑わしいものを確信に変容するところの理性的論証の仕事でなければならない。それゆえ、弁証学はその限りで信仰に奉仕するものなのである。

次に、信仰を持つに至っても、われわれは必ずしもそのすべてを理解するには至らない。それゆえ、例えば聖書でも不明の箇所も多いであろう。そういうときには「いたずらに祈りで神からの教えを待つばかりではなく、むしろ研究することによって真理を問うようにしなければならない[37]」。従って、弁証学は信仰の対象に応用されるべきであって、このことにより信仰が知的により明らかになる可能性が出てくる。このように、アベラールのテクストを読めばそこには「信ぜんがために知る」と「知らんがために信ず」の弁証学的関係が成立していて、ベルナルドゥスの批難は的外れという他はない。ロスケリヌスのように弁証学を過度にしかも誤用するソフィスト流の無用な弁証学の教授どもに対するアベラールの攻撃は痛烈で、こういう人びとや異端に対する彼の文章は、例えば「自分たちの小さな思考力で理解できないものや説明できないものはありはしないと考えたり、権威全体を軽蔑して自己にのみ信を置くことで誇っているような人びとは何という傲慢なことか」というように、ベルナルドゥスの文章と同じく、謙遜の称揚のための相似た擁護を続けるのである。このように見てくると、あの卓れたマビヨン(Jean Mabillon, 1632-1707)が何故《なにゆえ》にベルナルドゥスを称して「確かに公平な首長」となし得たかは理解に苦しむ(38)。事実、一一三一年の教皇のフランス旅行の際、シトーの大修道院長クレルヴォーのベルナルドゥスは、サン・ジルダの大修道院長アベラールとモリニーで会っているが、そのときには双方の側とも何の不平も争論も持ち出してはいない。その少し後に、ベルナルドゥスはあの荒れ野のパラクリトゥス聖堂、すなわちすでにエロイーズが院長となっていたベネディクト会を訪れている。そのときのベルナルドゥスの唯一の批判は、『マタイ伝福音書』によって父なる神を「超実体的パン(panis supersubstantialis)」とする言表形式の採用にのみ向けられていた。その直後に、アベラールは自説を弁護する書簡をベルナルドゥスに宛てて書き、それはヴィクトール・クーザン(Victor Cousin, 1792-1867)の『アベラールの未刊の著作集(Duvrages inédits d'Abélard)』に収められているが、「クレルヴォーの大修道院長、我が尊敬する兄弟ベルナールよ、司祭なるピエールより」という呼びかけで、「自分が所用のため呼ばれてパラクリトゥスに参りましたところ、この地の女子修道院長、キリストにおける貴殿の娘にして私の姉妹(エロイーズ)が、久しくお待ち申し上げていた貴殿のご訪問を大変な感激で伝えてくれました。貴殿がその聖なる勧告をもってこの院長とその姉妹たちをいかに力づけてくださったことか、それはまさしく人というよりも天使のごとくであったと申しております(39)」と書きつける尊敬の真情が見られるものである。二人は生まれながらの敵対者という宿敵であったという見方もある。一方は理性と論争と激情の人で、他方は祈禱と神秘と苦行の人であるというのである。しかし、ベルナルドゥスはアベラールの高弟たち、ソールズベリーのヨハネスやペトルス・ロンバルドゥスたちとは親愛に満ちた手紙を交わしているのであって、簡単にすべての哲学者を敵にするというわけではない。ただベルナルドゥスにとっては、アベラールがパリを空けてすでに十数年を閲《けみ》するというのに、神学における弁証学の適用という彼の流儀がますます隆盛に向かうのが次第に不安の種子となってきたのは事実である。確かにベルナルドゥスは、「私は学問の知識を軽蔑せよとか、なおざりにせよとか言っているのではない。それは魂を飾り、教え、そして他人を教え得るように作用する(40)」とは言っているものの、一一二一年に公にされた『謙遜と倨傲の階梯について(De oradibus humilitatis et superbiae)』、一一二六年から四一年の間に書かれた『愛の神(De diligendo Dei)』や一一三五年に起稿して六年後に完成したところの『雅歌註解(Sermones super Cantica canticorum)』などの著者として神秘主義の大家であったベルナルドゥスの目からすれば、知を愛する営みとしての哲学は「知らんがためにのみ知ろうと欲する者がいるが、その心は恥ずべき好奇心である[41]」と言う程度のものになるのであろう。

それぞれが自己の置かれた時代をどのように見ていたかという歴史的意識においても、二人の間には懸隔があったから、少しずつ対立の原因が用意されてきたのは確かなことであった。今まで述べてきたことからでも想像がつくように、アベラールは少なくとも神学に新風を吹き込み、哲学でも青年たちを動かすことができ、彼以前の世紀の思想とは異なった生き生きとした論理と言論の技術を駆使した学問を作ろうとしていたし、権威に基づきはするが、それで間に合わないときは、十二分に自由を発揮するという新しい世界の前触れであった。そのようなアベラールの生きていた時代にはどんな歴史的な事件があったのか。周知のように一一三〇年にはローマ・カトリック教会の内部に分裂《シスマ》が生じ、教皇インノケンティウス二世に対抗して対立教皇アナクレトゥス二世(Anacletus II. 在位 1130-38)が立ったので、一一三三年に教皇インノケンティウス二世はベルナルドゥスをイタリアに招いてさまざまのことに当たらせ、補佐の任務を果たさせたが、三七年にもベルナルドゥスは同じ目的のためにローマに赴き、三八年にはついに分裂を終息させてしまう。こういう宗務上の危機が続いていた時代に、アベラールの新説や新方法が全欧州の青年学徒たちの間で神学の新生を願望する雰囲気となって沸き立つのを見れば、ベルナルドゥスとしてはその成り行きを多少の不安をもって監視せざるを得なかったであろう。それゆえ、対立教皇の問題処理の直後に開かれることになった一一四〇年のサンスの公会議ではアベラールを、一一四三年のランスの公会議ではギルベルトゥス・ポレタヌスを次々に攻撃していかなければならなかった事情も、教会の分裂の危機の前後に思想の動揺を恐れてのことであろうから、ベルナルドゥスの立場に立ち、彼の展望で考えてみれば、それとしての必然性は理解されなくもない。ただ、それは決して哲学的態度ではなかったし、神学的態度とも言えず、およそ学問的なものではなく、政治家や教育家としての配慮と宗務の達人としての策謀に他ならない。

三位一体論

さて、第二の「三位一体論」において、何が問題視されたのか。三位一体(Trinitas)とは、周知のように、三つの位格《ペルソナ》を持つ一つの神(Deus unus)というキリスト教の信仰内容、またその教義の中でも最も理解しがたいもので、否、むしろ理解することのできない玄義である。アベラールはしかし、「これについてわれわれは真理を論証するのではなく、（中略）いくらかそれに類似したものをもたらし、人間理性によって自ら信仰と闘うことを誇りとするような人びとに対して信仰の反対をさせないようにする」[42]と言って、できるだけ理性で解明しようとする。ペリパテティクス・パラティヌス(Peripatheticus Pallatinus)、すなわちパレ生まれのアリストテレス学徒と呼ばれていながら、アベラールがアリストテレスその人と似ているところは論理学や弁証学の巨匠であったということだけで、彼は『形而上学』のΛ巻にあるような第一動者としての「不被動の動者」を求めることもしなかったし、また論証の雄としてランのアンセルムスの後継者と言われもするが、神の存在証明をしようともしなかった。そういう意味では、アベラールは存在の形而上学者ではなかった。彼の仕事は、すでに本書の「スコラ学展望」の章で述べたスコラ的方法の確立と、後述する「普遍論」を含む言語哲学と、今ここに抄記しようとする教理神学の領域なのである。

教理神学とサンス公会議

「三位一体論」の問題は、常に三つの位格《ペルソナ》がどのようにして一つの神(Deus)であるかという位格《ペルソナ》と実体(substantia)の問題に傾斜する存在論的な系統と、三つの位格《ペルソナ》の間の同一性と差異性をめぐる関係論理学の問題に傾斜する系統との二種の省察があるが、アベラールはもとより後者に属する。そしてその古典的定型は、アウグスティヌスが「父」と「子」と「聖霊」三者間の生成関係を省察した説である。それによると、「父」なる位格《ペルソナ》は「生み出す者(genitor)」であって「生み出され不《ざ》る者(ingenitus)」であり、「子」なる位格《ペルソナ》は「生み出されたる者(genitus)」であり、「聖霊」なる位格《ペルソナ》は「父」と「子」の両者から「発出されたるもの(processus)」と言われる。アベラールもこれをそのまま継承したうえで、論理学者に相応しく、次のように言う。ここには特別に三つの呼称があるが、これをめぐって考える必要がある。聖霊は、「発出されたるもの」であるから、確かに「生み出されたるものに非《あら》ざるもの(non-genitus)」ではあるが、しかしそれだからと言って、「父」の呼称たる「生み出され不《ざ》る者」と混同されてはならない。それはあたかも「正に非《あら》ざるもの(non-iustus)」が、「不正または正なら不《ざ》るもの(injustus)」と混同されてはならないのと同様である。[43] これを基にして、われわれは考えを進めてみよう。

「ノン(non)」すなわち「非」という否定が使われている語は、その語の意味する以外のことであれば何でもよく、「非正」または「正で非《あら》ざるもの」ならば、「醜」でも「美」でも「犬」でも「松」でもよいが、「イン(in)」という否定はその次に続く語の反対を意味するから「不」と同じで、「不正」または「正なら不《ざ》るもの」と言えば、正の反対以外の何ものでもない。従って、「父」と「聖霊」との差異性は、「父」と「子」との差異性とは同一ではなく、前者は「不《イン》A」と「非《ノン》A」との差異性であるのに対し、後者は「不《イン》A」と「A」との差異性である。換言すれば、前者は「対極者」と「相異者」との差異であり、後者は「対極者」同士の差異である。

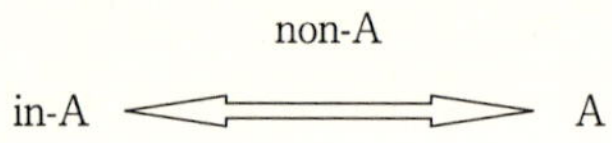

ところでこの場合、「聖霊」は「父」と「子」という「対極者」の双方から出ている「発出されたるもの」である。従って、「生み出されたる者」を「A」とすれば、「生み出され不《ざ》る者」は「不《イン》A」となるが、「生み出されたる者に非《あら》ざる者」としての聖霊は、「非《ノン》A」すなわち両者の間に位置しなければならない。図示すれば、右のようになる。しかしながら、三つの位格を生成関係に即して「生み出されたる者」である「A」を中心に置くと、「A」≠「不《イン》A」、「A」≠「非《ノン》A」、「不《イン》A」≠「非《ノン》A」という激烈な三つの相異なる対立形式が明らかになる。だが三者相互のこの考えられ得る最大の差異形式にも拘わらず、この差異性は三者の神的統一を排除するものではない。なぜならば、三者はそれぞれ、永遠、無限という点で同一性を示すからである。ところで右に見たように、差異性は数や実体によるものではなく、関係的なものであり、三者は関係的に一つのものを構成している。換言すれば、これら三つの位格に与えられた名前は、三つの実体を指示するのではなく、実体において考えられるところの内的関係(relatio interna)を表すものである。[44] これをさらによく理解するには、位格を表すラテン語「ペルソナ」が両義語であることを考えなくてはならない。それはボエティウスの言うように、理性的な個的実体であり、一方で理性的実体の個体性を意味するとともに、演劇の役割を果たす俳優をも示す。アベラールがこのように指摘する理由は、ペルソナのこの両義性を生かして考えれば、ペルソナが一つの理性的実体である神の、さまざまなその役割を果たすときの役割の担い手を表すことになると思うからである。そして実際に、ペルソナに関してこのような役割の差異を強調し過ぎたことが、サンス公会議での異端宣告に及ぶのである。事実、アベラールは三位一体を機能分析的に捉え、父に権能を、子に知恵を、そして聖霊に善意を帰するのである。[45] 例えば、十九の異端命題の(一)では、父のみが全能とされているが、これは父の創造主としての役割を強調しているからであり、それは(十四)の摂理を父に帰していて知恵や愛を帰していないことも同じであるし、(十七)の世の終わりの到来は父の仕事としていることも同じであるし、(二)では聖霊が父と子との実体からのものではないとされており、そのような言表にまとめられるのは、実体

から出るというのは出生としての肉体性が強調されてはくるが、非物体的現象としての愛や言語を司る聖霊の役割を強調するには相応しくないところからである。(三)では、聖霊が世界霊魂とされているが、これも父と子に対比すれば、その宇宙における位置づけが必ずしも明瞭とは言えない聖霊の宇宙的役割をプラトン哲学によって言表したことになる。もっともこの聖霊世界霊魂説は、聖霊理解への興味のある問題であったためか、翌年の教皇署名の異端宣告命題からは省かれている。

さて、神学領域での第三の問題たる「キリスト論」では、神の子とキリストにおける人間性との結合に関する極めて微妙な問題提起をする(五)「神にして人なるキリストも、キリストなるこのペルソナも三位一体の三つのペルソナの一つではない」というネストリウス(Nestorius, ?–ca. 451)の学説とまごう命題がある。しかし、これは三位一体の構成契機としての子なるペルソナが永遠から子としてある以上、その子たるペルソナが人としてキリストとなるとき、果たしてそのキリストがマリアの子として人間のペルソナを持たずに、子なる神のペルソナのままであるのか否かは、論ずべき問題とはなるであろう。このような分析的思弁性はまた、(十八)で、キリストが死後の黄泉《よみ》に降ることについて、その霊魂が降ったことを否定してその権能によって降ったとしている説にも現れていて、非合理的な伝承内容に関する合理的説明が、救済論の面からみると行き過ぎに見える点もある。

以上がサンス公会議の問題のあらましである。それを見ても、アベラールの攻撃された命題は、果たしてそのように要約されてよいものか否かという問題と、仮にそのように要約されたからと言って、異端として排されるほどカトリック教会の正統たるべき思想に叛くものであったか否かは疑問である。三位一体の機能分析などは今日普通に言われていることで、誰しも子なる神を創造主とは思わないし、聖霊が救い主であるとは言わず、マリアが聖霊によって身籠もるのはそれが神の愛を代表するからであろう。それを見てもわかるように、アベラールの言表は思索を深める過程として必要な言表であったと言われるべきものもあろうし、将来の神学の発展のために手がかりとなるべきものも多かった。それなのに、何故《なにゆえ》彼は同じベネディクト修道会の、しかも顔見知りで書簡も交わしたこともあるあの聖者と言われたベルナルドゥスによって、サンスにおいて異端とされたのであろうか。その遠因たるべき事柄は、すでに前々項で述べられている。サンスの公会議そのものの直接の原因は、サン・ティエリのギヨームがその親友ベルナルドゥスに宛てた密告文書と、それに動揺したベルナルドゥスがアベラール一門の計画した司教立ち会いの公開論争の案に不安と不快とを覚えたからであったと思われる。その次第は、おおよそ以下のようである。

サン・ティエリのギヨームはドイツのルペルトゥス(Rupert

von Deutz〈Rupertus Tuitiensis〉, ca. 1076–1129)やシャステルのグィゴ(Guigo de Chastel, ?–1137)たちと共に、クレルヴォーのベルナルドゥスと並んで名を挙げられる十二世紀屈指の神秘主義者の一人である。特にサン・ティエリのギヨームは、『神の観想(De contemplando Deo)』や『愛の本質と品位(De natura et dignitate amoris)』、また神秘神学の立場から信仰・希望・愛という三対神徳の主観的側面を論ずる『信仰の鏡(Speculum fidei)』や、信仰内容として最も大切な三位一体の神秘を論ずる『信仰の謎(Aenigma fidei)』などを著している。特に前述の『愛の本質と品位』は、本章の主題であるアベラールとの対比においては重要な書物である。そこには著者の同僚たるベルナルドゥスの多くの著作と同じく、修道生活の目的と方法とが述べられているが、その目的とは、原罪によって本来の方向から逸脱している人間の愛を創造主なる神に立ち帰らせることであり、その方法は、人間の魂がその目標である神との類似点を発見することから始まる。ギヨームはアウグスティヌスに倣って、人が「神の肖像《にすがた》(imago Dei)」であるということは、三位一体の神が人間の魂に類似性を与えていることであると考える。わけても強く神が自らを刻印するのは人間の心の奥処《おくが》なる記憶の深みにおいてである。それはいつでも必要なとき、人が心に神を想起するようにという神の恵みなのである。

　ところで、人間の精神作用を観察すると、まずこの神が刻印した記憶から次第に言葉としての理性が生まれ、この理性でものを考えるようになってくると、これと記憶との交互関係から意志が発生してくる。例えばそれは、かつて聞いた教えを記憶が呼び起こし、理性がこれを善いと判ずれば、そこにその教えを実現しようとする意志が出てくるようにである。こうして、記憶からその子として理性が生まれ、記憶と理性の交流から意志が発出するというのは、まさしく父から言葉としての子が生まれ、父と子との相互から聖霊が発出するという三位一体の構造の写しであると言えよう。このようにして、記憶は父に、理性は聖言《みことば》に、意志は聖霊に照応する。このようにして、「創られたる三位一体(trinitas creata)」が、「創る三位一体(trinitas creans)」の肖像となっている。それゆえ、人間は自己に沈潜して自己を認識することによって神を知る可能性を持っているが、神の恩寵が罪によって汚れた魂を浄化するのでなければ、それが達成されないことは言うまでもない。この思想は、それとして立派な神秘神学の体系を成している。

　しかし、私の問題としたいのは、この三位一体の考え方には、明らかに創造を父なる神に、神に至る救済の言葉を子なる神に、愛を聖霊なる神に、という最も古典的な形式における機能分析が前提とされていて、アベラールの三位一体説と軌を一にしていると言ってよいことである。もとより、アベラールの場合には、その文脈から離れれば多少とも奇異なる言表があると言うことはできよう。しかし、右のような思想を書き残していた人が傍らにいたというのに、ベルナルドゥスがアベラールを攻め立てた近因は何なのであろうか。われわれは少し前に、このサン・ティエリのギヨームの密告文書があったことを言った。それはどういうものであったか。

ベルナルドゥス宛てのギヨームの手紙が残っているが、そこには名を挙げずに、ある新しい神学者で救済と原罪とについて危険な説を立てている人があり、その影響は全欧に拡がっていると告げ、それに添えてソワッソンの公会議でアベラールの味方となった例のシャルトルの司教ジョフロワに献げられた一つの論文が入れてある。これは暗示として全く充分であった。ベルナルドゥスは早速返書をしたためて親友の警告に感謝している。一一四〇年初頭に私的な会見があり、そこで一応アベラールへの攻撃が行われはしたが、そこでは何らの成果もなかった。しかし、この機を利用してベルナルドゥスはパリの学生を前にして説教を試み、彼らを弁証論に対して警戒させた。まさにそういうときであったが、アベラールの弟子の一人が、一一四〇年の聖霊降臨祭にサンスとランスの司教たちが揃ってサンスに招待された機会を利用して、公開討論会を開催するようサンスの大司教に懇請したのである。もとより、これは師のアベラールの気乗りのしない同意を得たうえでの計画である。久しく身を隠していたアベラールではあるが、そして老いて病の身ではあるが、年頭の詰問には心穏やかならざるものがあったであろうし、久しぶりではあるが、公開討論会で敗れるはずはないという自信はあったに違いない。なぜならば、自らの論証能力に衰えはなかったし、門弟の数は多い。ただ、ベルナルドゥスはアベラールの才能をよく知っていたうえに、教会の安全を計ることにかけては策謀の人であった。急遽この集会を正式の公会議に仕立て、積年の危険を一挙に処理しようと企て、彼の目から見れば異端的な人物を聖会の権威によって威圧し去ろうとするのである。会議の開会の前夜、彼は司教たちを召集し、サン・ティエリのギヨームの訴状よりもはるかに長文になった自分の手になる訴状を読み上げ、若干の説明を施した。そのときベルナルドゥスは四十九歳、前述したように教皇補佐の大役を果たし、教会分裂の危機を切り抜けたうえに、修道者の鑑として名声は高く、いわば彼の存在そのものが信仰の証しのようなものであった。司教たちは簡単に説得された。それゆえ、この会議前夜の私的会合で、すべては決定されたのである。「アベラールは前もって有罪の判決を受けていた」[46]とガンディヤックは言っている。翌日、アベラールは会議に呼び出されたが、単にその著『命題の書（Liber Sententiarum）』にあるとして列挙された十九の誤謬の撤回を要求されただけで、討議に加わることは一切許されなかった。それは幾人かの審問官たちをさえ当惑させはしたが、策謀家のもとに統制された多数がいたのでは、会議の手続きも踏みにじられてしまうことは私でさえも身に覚えがある。アベラールはわずかに、そこで問題となり、かつ告訴状の理由とされ、審問と判決の根拠とされている件《くだん》の書『命題の書』なるものを書いたことはないと言っただけである。

一九三〇年にグラープマンは新たに発見されたアベラールの『弁明の書(Apologia)』の手稿本の断片を活字化し註釈を付した研究を発表しているが、グラープマンの推定では、今は失われた類似の別の著書があったことになっているが、要するに審問官たちは事実誤認をしている。ガンディヤックは、問題の一人が作成した梗概書が標的になったかとも思われる、としている。門弟の手になるそういう種類の手稿本は多数あって、例えば一八三五年にラインヴァルト(Rheinwald)がミュンヘンの手稿本 clm. 14160 として「ピエール・アベラールのキリスト教神学抄録(Petri Abaelardi Epitome Theologiae Christianae)」を解読し公にしたが、これの他の写本はアドモントにもザンクト・ガレンにもあって、それぞれギートル(Gietl)やグラープマンによって発見されたものである。[47] デニフレ(Heinrich Denifle, 1844-1905)もこれをアベラールの門弟の一人が作った要約であるという。[48] いずれにせよ、ソワッソン公会議の場合と同じで、訴状の起稿者もそれによって審問したと称する人びとも、否、はじめに陥れるための密告状を出した人も、誰一人としてアベラールの書物をまともに読んだことはなく、本人に確かめることもなく、すべて風評のうちに危険視し、また妬むのである。アベラールは会議の合法性と権能とを忌避し否認し、これに関し教皇に訴えることにして、甘んじなければならなかった。アベラールは、それまでもしばしば教皇庁に頼って、著しく不当な扱いを取り払ってもらったことはあった。ローマ教皇インノケンティウス二世は、アベラールの大胆な学説をむしろ新風を拓くものとして大目に見ていた趣きがあった。そして、デニフレによる発見であるが、ボローニャの教会法学者のロランド・バンディネリ(Rolando Bandinelli)の著書の、十二世紀に書かれた写本がニュルンベルクにある Cent. III, 77, fol. 144r-178r であるが、これは信(fides)と秘跡(sacramentum)と愛(caritas)とを人間の救済のための三条件にしているところなどから、明らかにアベラールの弟子の著であるに相応しいが、この人は一一五〇年には枢機卿となり、後に教皇アレクサンデル三世(Alexander III, 在位 1159-81)となる人であって、一一四一年頃、ローマ教皇庁の近辺でアベラールの弁護をする人びとのうちの一人であった。老いたるアベラールは、それゆえローマにはまだ望みをつないでいた。ベルナルドゥスは、自分の仇敵がこのように教皇庁に案外支持者を持っていることを知っていたし、恐らくアベラールが自分でローマに出かけるであろうとも予想していた。もしそこで、あの弁舌さわやかなアベラール自身の学説の弁明が行われたり、会議の手続き上の不備や不公正が訴えられたりしようものなら、どうなることであろうか。そこでベルナルドゥスは急遽詳細で説得力のある多分に虚偽を交えた書簡をしたため、これを自分の側に立つ有力な枢機卿たちに宛てて、早馬の秘書に託すのである。大勢の有力な発言に囲まれてインノケンティウス二世は判決を批准せざるを得ず、かくてローマでアベラールの諸著書は焚書の刑を受けた。一縷《いちる》の望みを抱いてローマに向けて旅立っていた彼は、その道がベルナルドゥスによってすでに絶たれていたことを、聖座からの異端宣告によって知らされる。卑劣な謀略に対する激しい怒りと、学問の将来を憂うる思いとで、今は病も重い傷心の哲学者は、ある日飄然とクリューニーの修道院に現れた。このことはそこの院長、尊者ピエール(ペトルス・ウェネラビリス)(Petrus Venerabilis, 1092/94-1156)、あのイスラム文化圏の新しい学問運動に目を向け、一一四一年にスペインを訪れ、トレドのペトロに『コーラン』のラテン語訳を委託し、教会の学問を豊かにしようと試みた学者、その尊者ピエールが教皇インノケンティウス二世に宛てた書簡で告げていることである。ピエールは友なるアベラールを篤くもてなし、クリューニー修道院では最上席を与え、その皮膚病や衰弱の甚だしいときは、保養のためシャーロンの静かな修道院を世話したりして、彼の思索と執筆を助けている。このことは、ピエールがエロイーズに宛てた書簡から知られることである。アベラールの怒りをピエールは真情を尽くして宥め、ローマ行きを断念してクリューニーに留まることを勧めた。彼はベルナルドゥスの勢力を知っていたし、アベラールの健康が決して良くないことを見抜いていたからでもあった。長いためらいの後、往年の闘将もついにピエールの勧告に従った。ピエールはまたベルナルドゥスにも書簡を送り、アベラールとベルナルドゥスとを少なくとも表面上和解させるようにし、特にローマ教皇庁にはアベラールを誉め、これを弁護する文章を送った。このピエールは、人も知るとおり、三十歳でクリューニーの大修道院長に選ばれるなどして、学徳並び立つ人傑で、わずか二十歳でヴェズレーの教授となり、ベルナルドゥスの属するベネディクト会でも彼と共に最も重きをなしていたばかりではなく、一一三〇年の教皇選出にあたってインノケンティウス二世を守り立て、ベルナルドゥスと共に教会を分裂《シスマ》の危機から回避させたことにも功績が高く、教会全体においても極めて重要な位置を占めていたためもあって、彼のアベラールへの傾倒は人びとを動かすに充分であった。異端宣告は取り消されはしなかったが、破門は撤回された。アベラールはピエールの保護の下に、ついに未完に終わりはしたが、『哲学者、ユダヤ教徒およびキリスト教徒の間の対話(Dialogus inter philosophum, Judaeum et Christianum)』という大著にとりかかった。その頃のアベラールが、いかに人びとの模範となるべき生活を送っていたかは、彼の死後ピエールがエロイーズに送ったところの、前にも触れた書簡に詳しいが、「彼ほど謙譲な人を私は見たことがありません。(中略)そして大グレゴリオスのように、彼はひとときといえども祈るか読むか書くか口授するかせずに過ごしたことがなかったのです。(中略)比類なき学と教えとのゆえにほとんど全世界に知られ、令名天下に遍《あまね》く馳《は》せていた彼は『我は柔和にして心卑《こころひく》ければ、我が軛《くびき》を負いて我に学べ[49]』と仰せられたそのお方の学校に学び、柔和に謙遜に身を持し、かくしてついに——私どもは堅く信じますが——そのお方ご自身の御許に赴いたのです[50]」と述べられている。ここに世紀を代表する偉大な学者の落日の輝照がある。その死は一一四二年四月二十一日、彼は六十三歳であった。遺骸はパラクリトゥス修道院長エロイーズに渡され、ピエールより全贖宥《しょくゆう》を受け、それから十三年を生きたエロイーズの供養を受けていた。エロイーズの死後は二人の骸は合葬され、年経て改葬され、今はパリのペール・ラシェーズの墓地に比翼塚がある。

　未完の大著の最後の頁に次のような文章がある。「われわれは祈りの中でいろいろと神に祈願するが、それがしばしば神によって拒まれることがある。それはなぜかと言えば、われわれに何が必要であるかを、われわれよりも神の方がよく知り給うからである。それゆえにこそ、祈りの基本は『聖旨《みむね》の行われんことを』なのである[51]」。生前も死後も久しく人びとの敵意によって知られるところの少なかった彼の真意や思索が、ようやく二十世紀になって研究され明らかにされつつあるのも、奇しき因縁と言わねばならない。何故《なにゆえ》にアベラールはあれほども苦しまなくてはならず、辱められなければならなかったかは、誰にもわからないが、しかし学の歴史においてもわれわれに何が必要であるかは、ベルナルドゥスよりも神の方が知っているからこそ、アベラールは甦るのである。

読まれざる支配者

　その名の遍く知られていることを考えると不思議ではあるが、アベラールは十九世紀までその内容がほとんど知られていない哲学者であった。ヴィクトール・クーザンが、一八三六年に『アベラールの未刊の著作集』を出版しているが、その序文で彼は、アベラールこそフランス最初の哲学者であるのに、そのテクストさえ充分に知られていないのは残念であるからまず基礎的テクストをここに印刷公刊すると言い、かつ優秀な青年がこのフランス最初の哲学者に対して研究を進めてゆくために国家の奨学金が用意されればよいと書いているが、その名を知らぬ人はいなくても、その思索を知る学者はフランスに限らず世界中でも少なかったのである。ということはアベラールは結局、中世哲学においても、その後の哲学の展開の歴史においてはなおさらのこと、あまり影響がなかったということであろうか。そうではない。まったく逆なのである。彼の内実はそれとして知られることなくして、彼以後の哲学史に重大な作用を及ぼすのである。すでに本書の

「スコラ学展望」の章で述べたように、彼が『肯定と否定(Sic et non)』で示した方法ならびに方法論は、そのままスコラ学の伝統的方法として継承され、それの体系化的傾向はトマス・アクィナスのスンマに収斂されていったし、それの文献学的傾向は、近世ユマニストの原典校訂や古典註解の仕事に収斂されていった。それら二傾向とも方法として純粋にアベラールの思索から離れて完全に形式的に学びとられていったため、人びとはそれが彼に基づくことは知っていても、今さら彼のテクストに立ち帰る必要はなかったのである。けれどもこのように見てみると、アベラールは歴史の背後に自らを潜ませつつ、実際には哲学や神学および人文科学一般の基本的方法を支配しているのである。また、「普遍論争」におけるアベラールの勝利は、彼が唯名論と実在論とを中和させたことによるが、その緩和実在論の結論だけが、その論証過程は詳細に辿られることなしに、アリストテレス主義の隆盛とともに博《ひろ》く受け容れられ、いわば中世哲学の主流となってゆくため、これまた特にアベラールの名が冠せられることもなしに、ましてやその著書が読まれるということもなしに、普遍者ないし一般者の基本的形式に関する常識となってしまったのである。従って、論理学と形而上学の接点としての普遍問題においても、アベラールは現代に至るまで多くの追随者を従えていると言わなければならない。神学の領域でも、彼のこの方面における弁証学の応用は、その実質に大いに異なるものであるにしても、体系的思弁神学を構成しようとする点では、カンタベリーのアンセルムスを継承してトマス・アクィナス、ニコラウス・クザーヌスを経て、メビウスやシェーベンやガリグ＝ラグランジュ(Réginald Garrigou-Lagrange, 1877-1964)に続く系列の重大な契機を成すものであり、また教父の権威をつぶさに活用する点では、直弟子のペトルス・ロンバルドゥスの『命題集』や、近世のマビヨンの文献的歴史研究や、二十世紀のハルナック(Adolf von Harnack, 1851-1930)やダニエルウ(Jean Daniélou, 1905-74)やイェーガー(Werner Wilhelm Jaeger, 1888-1961)の教父研究につながるものである。それほど多方面に影響を持つ天才でありながら、彼の書物が長らく本格的に研究されてこなかったのは、右に述べたように、彼の学説がすでに十二世紀から十三世紀のうちに人びとの中に言論を介して標準的なものとして滲透していったからである。異端の宣告を受け、多くの反対者を持っていた人としては稀有のことである。彼の学説がすでにその世紀のうちに広まったのは、彼が高名な教授で多くの俊秀を全欧州から集めて門弟となし、それらの人びとが著書をなしたり、また講義をしたりして彼の学説を紹介したり発展させたりしたからでもあった。印刷術がない時代に非常に有名であるということは、部数の限られた手写本で読まれるというよりも、講義や討論や言説をもって伝わるほうが多かったが、この仕方で広まると、定式的に要約された命題として記憶され、従っていつの間にかテクストが全く忘れられながら内容だけが知られてゆく。その知られ方には危険が伏在する。なぜならば、そこには学問の命としての思考経過を追体験することなしに、幾つかのモットーでアベラールの思想が虚構されるからである。アベラールとエロイーズの第二書簡から第五書簡までのいわゆる「愛の書簡」ですらも、あれほど知られたものとは言え、近世にその名で伝わるものは、そこにラテン語原文の姿を再認することは相当困難であったということである。[52] それは書物の少ない時代に、あまりに有名になった著作のしばしば受けなければならない運命である。アベラールの著書は、そのすべてがほとんどそのような状況に置かれていたと言ってよい。彼こそはまさしく読まれることなく、従って研究されることもなくして、しかも彼以後の幾世紀もの哲学を支配している思索の巨人である。しかしそれゆえにこそ、この巨人の幾つかの面はともかくとして、その全貌は遠く誰にも知られていないのではないか。

　右のような次第であるから、ベオニオ＝ブロッキエーリ・フマガッリ(Maria Teresa Beonio-Brocchieri Fumagalli)は「ガイヤー(Bernhard Geyer)の〔『アベラールの哲学的著作』〕第一巻の初版が出た年である一九一九年までは、アベラールの著作で世に知られていたものはクーザンの編纂したものに限られていた」が、「パラティヌスの巨匠の哲学的著作の研究に最初の決定的刺戟を与えたのはガイヤーのテクスト校訂であって、これ以前に入手し得るテクストが不充分であるということから」、それ以前の研究は「多分に恣意的で根拠に乏しい」と言っている。[53] 確かにクーザンの編纂したものや、ミーニュ版に載せられているものには、例の書簡集をはじめ『肯定と否定』や『キリスト教神学』など大切なテクストは含まれているけれども、アベラールの最も独特な思索が展開されているはずの論理学の書物はそれでは決して充分ではない。そしてまた、そういう論理学的部門では、原典批判が特にできていず、クーザンは『類と種について(De generibus et speciebus)』をもアベラールの著作として編み込んでいるが、[54] これはソワッソンのジョスラン(Josoelin de Soissons, ?–1151)のものに違いない。こういう次第であるから、前に記したガイヤー編『アベラールの哲学的著作』が一九一九、二一、二七、三三年と十余年にわたって着実に公刊されたのは、いわばクーザンによって拓かれたアベラール研究の基盤がはじめて整備されてきた現れであると言ってよいであろう。事実それまでは、アベラール研究で見るべきものは、わずかに一八四五年にクーザンに刺戟されて生まれたレミュザ(Charles de Rémusat, 1797–1875)の二巻にわたる『アベラール　その生と哲学と神学(Abélard, sa vie, sa philosophie et sa théologie)』の大著を除けば寥々《りょうりょう》たるもので、哲学史や教義史、大辞典などの一項目として論究されているのを見る他はないような状態で、そういう中では何と言っても一九一一年にその初版が出たグラープマンの『スコラ的方法の歴史(Die Geschichte der scholastischen Methode)』第二巻の七十頁に及ぶピエール・アベラールの章での研究が出色のものである。ただ、そういう哲学的研究とは別に、クーザンに刺戟された手稿本研究によるアベラール再現への努力はデニフレ、ボイムカー、グラープマンたちによってガイヤー以前から行われ始めていた。そのガイヤーが指摘したことなのであるが、アベラールの論理学上の位置を確定するには単にアベラールのテクストを読むばかりではなく、その同時代のグロサリア、すなわち術語註解に通じなければ困難であるという説があるが、実際はそれ以上で、アベラールの哲学や神学のどの部分の理解のためにも、彼のテクスト研究の深化と共に、写本研究もさることながら、それに支えられた十二世紀の思想全般についての研究がさらに進まなければならない。特にシャルトル学派の研究は従来よりも一般的に普及しなければならないであろう。なぜならば、ここにはアベラールに好意を持つ人びとも多かったし、また哲学の運動としてアベラールと並行するような傾向も認められるからである。特に、この学派の代表的学者であるギルベルトゥス・ポレタヌスは、ジルソンによるとアベラールと並んで十二世紀の最も力強い思索的な精神の持ち主とされているが(55)、パリで教授をしたことと言い、ポワティエの司教として世人の信望を集めたことと言い、ベルナルドゥスの秘書クレルヴォーのガウフリドゥス(Gaufridus Claraevallensis, ca. 1114/20–ca. 88)の誣告《ぶこく》にあって(56)、他ならぬベルナルドゥスによってアベラールの死後六年目の一一四八年ランスの公会議で攻撃され、異端宣告までには至らなかったが、幾つかの命題が警告を受けるというようなことがあり、外的生涯についてもアベラールと多少の類似を示す学者である。その思索は確かに独創的で、ミーニュ版では人文主義者のエルモラオ・バルバロ(Ermolao Barbaro)のものとされているが今は明らかにギルベルトゥスのものとされる『六つの原理の書(Liber sex principiorum)』という著書がある。そこでは、あるものが他のものに持つ関係可能性は内的に規定されていて決して付帯的ではないという理由から、敢えて「関係(relatio)」の範疇を「内在形相(forma inhaerentes)」として実体に内属させ(57)、かくて三位一体論のために独特の論理＝形而上学的準備を整え、アリストテレスの『範疇論』を換骨奪胎して神学に応用するところなどは、ジョリヴェ(Jean Jolivet)も言うとおりに(58)、アベラールとギルベルトゥスが第一人者である。ボエティウスの『神学論文集』の註釈においてギルベルトゥスの展開する思索は、ボエティウスが考えたこと、欲したことを述べていて、この種の書物の範型とも言われている(59)。これも、註釈を水準の高い仕事として残しているアベラールと比較すべき材料であろう。

コンシュのギヨーム(Guillaume de Conches〈Guillelmus de Conchis〉, ca. 1090–ca. 1154)もこの学派に属する。彼によると

自由三科（文法、修辞学、弁証学）は自己の知っていることを表明する学として、エロクエンティア（eloquentia＝陳述、雄弁）を構成し、四科（算術、音楽、幾何学、天文学）は実在の真なる認識に至る学であるが、認識は四科の学より遥かに広く、アリストテレスの言うように、神学、数学、自然学にわたるが、四科はここにわずかに数学を呈示するだけに過ぎない。そして、形体的なものを対象とする理性（ratio）とは別に、非形体的なものを対象とする知性（intellectus）をもって神学に向かうべきことを主張し、プラトンのイデアを神的言語に変形し、これらを被造物の創造の際の形相因（causa formalis）と見るとき、哲学が神学に昇華してゆくと考える。シャルトル学派の人文主義《ユマニスム》が哲学的に開花した姿を如実に示すのは、ソールズベリーのヨハネスであろう。『ポリクラティクス（Policraticus）』と『メタロギコン（Metalogicon）』の著書で知られているこの学者は、コンシュのギヨームのように知識とエロクエンティアとを分けようとはしない。人間が何かを知るということは、人間がその何かについて言葉を語るということに他ならない。そういう意味で言葉を自由に美しく語ることが文化の花であり、プラトンやアリストテレスよりも、キケロこそが尊敬に値する最高の学者である。このように言語が知識であると考えれば、言語としての普遍をあたかも事実存在のように扱う普遍論争は彼にとっては空しいものに思われる。考えられた普遍者について事物のようにしてその現実存在状態を問うことは、果てしなくまた実りの少ない営みであるが、普遍者が思惟の中においてある在り方を問うことは意味があろう。数的に異なる個体、すなわち複数の個体があるとき、それらの間の実体的相似性を考えるならば、われわれは「種（species）」を獲得する。異なる「種」の間で基底に残る相似性を考えるならば、われわれは「類」を得る。かくて、われわれが普遍者に出会うのは、実体間の差異を成す形相や偶有性を思惟によって実体から取り出すことによってである。

以上、アベラールの苦難と光栄にみちた学問的生涯を一貫するものとして、言語が論理としてロゴスにおいて一つであるという本質構造を持ち、それゆえに人間的言語も知識として神的言語との関わりを問うことができ、言語はまさにそのゆえに哲学と神学双方の主題となることをわれわれは知り得たのである。次章において人間における言語の支柱としての論理学について考えることにする。

第十四章　論理学の本質
――アベラール(2)――

論理学の位置

「論理学の研究にはじめて入る人びとのために、この学問の特色について少しばかり触れることにしよう」と、アベラールはその著『ロギカ・イングレディエンティブス(Logica Ingredientibus)』(『ポルフュリオス註解(Glossae super Porphyrium)』)のはじめに書いているが、確かに彼が論理学における巨匠であったということをわれわれは知っているけれども、そもそも論理学がいかなる学問であるかということについては、必ずしも人はこれを明らかにしているとは限らない。また、仮に明らかにした少数の人を例にとるとしても、そこにはさまざまの異なった見解があった。例えば、最も知られた古典的な考えとしては、哲学を論理学、自然学、倫理学の三部門に分けたクセノクラテス(Xenokratês, ca. 396–ca. 314 B.C.)の学問分類があり、これはストア学派を介してオリゲネス(Origenês, ca. 185–ca. 254)のような教父に継承されていたため、中世一般にも滲透していた。それゆえ、例えば学校制度としてのスコラの教育や研究活動の創始者の一人に数えられてしかるべきアルクイヌス〈Alcuinus〈Alcuin〉, ca. 730–804〉もこの考えを採っていた。この考えにおいては、論理学が哲学に下属することは明らかであるが、論理学がどのように構成されているかという点になると、人びとは必ずしも一致した見解を持つとは限らなかった。(1)グラープマンが紹介した十二世紀の分類が書かれている手稿本に限定して論ずるとして、ミュンヘンの国立図書館所蔵の手稿本「中世・ラテン語写本九九二一」第一三葉によると、論理学は弁証学と修辞学および文法に分かれている。すなわち、論理学とはいわゆる七科の学のうちの人文三科の総称ということになる。また、同図書館の「中世・ラテン語写本一四五一六」第一葉によると、論理学が三科に分かれるところは、前掲の手稿本と同じであるが、前者ではそれ以上の細分はなかったのに対し、後者では弁証学の部分がさらに、isagoge, categorie, topica, perihermeneias, diffinitiones を含むように明示されている。このラテン語は原文のままであるが、topica を除くとみな誤綴で、本来は eisagoge, categoriae, peri hermeneias, definitiones とあるべきものである。そして、これらは具体的には、ポルフュリオスの『エイサゴーゲー』、アリストテレスの『範疇論』『命題解釈論』、ボエティウスの『異なったトピカについて(De topicis differentiis)』と『定義について(De definitione)』を指すのであるから、この著者の考えでは、論理学には文法と修辞学の他には形式論理学と認識論の一部に関する古典の学習を介して、そこに含まれている論理的操作が求められていた。スペウシッポス(Speusippos, ca. 400–ca. 339 B.C.)において考えられていたような、論理学と数学との同一視という考えはここにはなかった。数学はこれらの手稿本のいずれにおいても、自然学(physica)に含まれた四科の中に、「算術(arithmetica)」および「幾何学(geometria)」として位置づけられていた。「中世・ラテン語写本一四五一六」の方は自然学を「算術」「天文学(astronomia)」「占星術(astrologia)」「機械学(mechanica)」「医学(medicina)」「幾何学」「音楽(musica)」というように並列的に七分しているのに対し、「中世・ラテン語写本九九二一」の方は、自然学を自然哲学(physiologia)と四科に分けていて、四科すなわち「算術《アリスメティカ》」「幾何学《ゲオメトリア》」「天文学《アストロノミア》」「音楽《ムジカ》」をともかく一つのグループに総括している。これらの諸学科に共通のことは、あたかも人文三科において「言語」が共通であったように、「数」であるから、従ってこれらを一括して「数学(mathematica)」とする考え方もあった。例えば、やはり十二世紀の手稿本「中世・ラテン語写本三三二一」第三八葉では、哲学は「理論哲学(theoretica)」と「実践哲学(practica)」と「論理学(logica)」とに三分され、第一の「理論哲学《テオレティカ》」が「神学《テオロギア》」「数学《マテマティカ》」「自然学《フィジカ》」に三分され、その「数学」の中に前述の数に立つ四科が分類されている。従って、数学は理論哲学という論理学に並び立つ学科の一分科としての四科ということになり、論理学は明らかに数学とは異なっている。この手稿本では、論理学は dialectica, apodictica, sophistica, すなわち、弁証学、論証学、詭弁術に三分されている。

　このように見てくると、十二世紀の一般的な傾向としては、数学は定量的傾向のある自然学の基礎学であり、それ自身は自然学に含まれる場合と含まれない場合とがあったが、いずれにせよ理論哲学に属していた。論理学は、これに対し、定性的傾向の強いところの言語を使う学問の基礎学であり、それ自身は常に広義の哲学に属してはいたが、必ずしも理論哲学に属するとは限らず、理論哲学、実践哲学に並び立つものとされることもあったことは、右に述べたとおりである。その場合、論理学は方法論とでも呼ばれるべきものであるが、特に方法論的に考えられた言語哲学という内容であった。

　その傾向が一層明らかであるのは、バンベルクの聖ミカエル大修道院に由来し、今はバンベルク図書館にある写本

Q. VI. 30における論理学観である。これも十二世紀のものではあるが、著者不明の論文である。この手稿本については、すでに十九世紀末にライトシュー＝フィッシャーがバンベルク図書館の写本カタログの中で説明を施し、グラープマンは『スコラ的方法の歴史』第二巻の中で一節を割き、そこにテクスト全文の解読結果を載せている。[2]

この論文では、「学問(scientia)」を「サピエンティア(sapientia＝英知)」とエロクエンティア(eloquentia＝陳述、雄弁)の二つに分け、前者を“vera cognitio rerum(真なる事象認識)”後者を“scientia proferendi cognita cum ornatu verborum(言語整備による認識拡張の学)”と規定している。後者のscientia proferendiは一言では訳しにくい語であって、認識内容を生み出す意味の拡張と、知られたものを他人に伝播する意味の拡張との両方を指示し得るので、この学は認識の発見と伝達との双方を言語の秩序によって行うものと見るべきであろう。ところでこの著者は、「英知は決して有害ではなく、常に有益であるが、エロクエンティアは常に有益とは限らず、ときに有害である。従って、これは決して有害なことがないところの哲学の一種たることはできない[3]」と言って、エロクエンティアを哲学から除外する。哲学と同一視されたサピエンティアは理論哲学《テオレティカ》、実践哲学《プラクティカ》、機械学《メカニカ》に分けられ、数学《マテマティカ》は神学《テオロギア》、自然学《フィジカ》と共に理論哲学の中に位置づけられるが、サピエンティアとは四科の学なのである。では哲学から除外されたエロクエンティアとは具体的には何であろうか。テクストによると、「エロクエンティアそのものは論理学と言われているものと同じである。これは弁証学、修辞学、文法とに分かたれるが、このうち弁証学は論証的、すなわちrationalis(合理的)なものとsophistica(説得的)とに分かれる[4]」ということで、人文的三科としての論理学がそのままエロクエンティアの内容であり、それが哲学とは別個のものとして立てられている。ということは、論理学は七科の学のうちの人文三科であり、それは哲学ではなく、哲学のための言語に関する方法的学問であるということに他ならない。このことは、記号計算を事とする数学と異なって、言語思考を事とする人文三科を論理学として哲学の準備たる方法論にしていこうとする傾向であり、それは従来の学院《スコラ》での哲学が人文三科の弁証学に過ぎなかったことに対する一つの革新的挑戦でもあって、哲学そのものが十一世紀のカンタベリーのアンセルムスを介して、十二世紀になると一般にその内容を、自由学科の水準よりも遥かに高めたことに由来するものであろう。

同様の傾向が、パリの国立図書館の「ラテン語写本六五七〇」第五七葉から第五九葉にわたる『哲学とその部門に関する論文(Tractatus quidam de philosophia et partibus eius)』というおそらく十二世紀に書かれたと思われる著者不明の文献にも見いだされる。そこでも、サピエンティアとエロクエンティアの差別がなされ、しかも、哲学と人文三科の格差を強調し、その第五八葉で「多くの文法学者は敢えて哲学者として評価するにあたらないが、同様のことが弁証学者にも修辞学者にもあてはまる」[5]と言われ、哲学が明らかに論理学から区別され、その意味ではまた、論理学が全体として、ムランのロベルトゥス(Robertus Melodunensis〈Robert de Melun〉, ca. 1100–67)の言ったように、「真理の道具(instrumentum veritatis)」[6]と見なされるのと軌を一にする。もし、真理が内容的には神の教示するところのものであり、理論哲学《テオレティカ》としての神学《テオロギア》が自己の課題とするものであるとすれば、右の考えは帰するところ論理学をもって神の啓示を思索することになり、サン・ティエリのギヨームの言葉を借りれば、「弁証学でこそ、なすべかりしことを聖書において行う」[7]ことになってしまい、それは事と次第によっては、アベラールが自分の生涯を顧みて言ったところの「論理学が私を世の憎まれ役にした」[8]という言葉が意味するような状況を惹起する可能性につながるものであった。

　十二世紀の学界ではこのようにして、論理学は一方で言語哲学という性格を持つと同時に、他方では哲学から除外され、その基礎的方法と見なされるという二つの多少矛盾する方向を与えられていた。アベラールはそれらを止揚するように運命づけられていたと言うも過言ではない。なぜならば、そのように論理学が考えられ、言語が新たに問われてきた未定の渦巻きの中に彼は登場したからである。

アベラールの論理学

アベラールの哲学上の最も重要な業績は、ジルソンも書いているように[9]、その論理学の教授としての活動に由来する。しかし、その論理学の著作は、一九一九年にガイヤーが『ロギカ・イングレディエンティブス(Logica, Ingredientibus)』(『初心者のための論理学』)の名のもとに幾つかの論理学的註釈書を出版するまでは、今からおよそ百六十年前である一八四九年にヴィクトール・クーザンの編んだ『アベラール著作集』の中にある『ディアレクティカ』『類と種について』『ポルフュリオス註釈』『カテゴリー論註釈』『命題論註釈』『ボエティウスのトピカ註釈』に限られていたと言う他はない。それゆえ、アベラールの論理学についての研究は、哲学史研究としてはかなり新しい企てである。

　そのように資料の整備が比較的新しいにも拘わらず、アベラールが論理学の歴史において占めるべき地位がいかに高いものであるかについては、古来、自明のことと見なされていた。十九世紀以降では、前記のクーザンが一八三六年に『アベラールの未刊の著作集(Ouvrages inédits d'Abélard)』を公刊したときから、いろいろの学者によって繰り返し、アベラールの論理学史上の意義の重要性が強調されてきている。

特に最近ではその点は、ダル・プラが「グロッサエ(Glossae=註解)」を編輯してPietro Abelardo, Scritti Filosofici を一九五四年に公にした際にも、デ・リイクが『ディアレクティカ(Dialectica)』を一九五六年に編輯・公刊した際にも特に強く主張され、さらにパルウェロがAbaelardiana ineditia を一九五八年に出したときにも、そして一九六九年ジョリヴェがArts du Langage et Théologie chez Abélard を、フマガッリが『アベラールの論理学』を出したときにも、それぞれ然るべき場所で強調されている。

もとより、アベラールの論理学論争における劇的な姿は、その性格や論敵の意向にもよるであろうし、また十二世紀というゴリアルド風の自由が吹きまくっていた時代相にもよるのであろう。しかし、学問的にその由来を尋ねることの方がより重要であって、そのためには当時の論理学説や論争の実態を、当時の文献にできるだけあたって知る必要がある。前項の考察は、その意味で企てられたものであるが、さらに具体的に研究を深めるためには、すでにガイヤーが一九三三年に指摘した[10]ように、同時代の註解《グロッサエ》に資料を求めて情報を豊かにする必要もあろう。従ってこの研究は、単に資料的にみても、今後に俟つところが多い課題であるが、その他主題的にみても、現代の論理学や言語学、そして修辞学の新しい運動に関聯するものがあるから、その面からも興味ある展開が期待される。ただし、アベラールの論理学の中心課題として忘れてならない問題は、「普遍(universalium)」の問題であるから、それについては項を改めて後に論じなくてはならない。

今この項では、アベラールが論理学をどのように考えていたかを明らかにする。まず前項との関聯で、論理学と弁証学との関係を見ておかなければならない。もともと、こういう術語は、ほとんどすべてボエティウスを介して古代ギリシア哲学から十二世紀の知識人に伝わっているが、アベラールの場合も、その例外ではない。

ところで、これらの問題について古代ギリシア哲学を代表するものとしてボエティウスに知られていたのは、アリストテレスとストア学派の考えであった。周知のように、アリストテレスにおいては、論理学《ロギケー》は思索の機関《オルガノン》であり、正確な学問的研究の筋道を明らかにするものであるのに対し、弁証学《ディアレクティケー》は蓋然的論証による説得を目的とする方法として、トピカという学科に属するものとされている。それゆえ、弁証学は哲学者のものではなく、むしろ弁論家(orator)の技術と考えられ、必然的、論証的証明を扱うところの哲学に対立するものであった。これに対し、ストア学派では、あらゆる認識方法がディアレクティカと呼ばれていたので、これと論理学とは同じものであった。しかし、この両者を同一視するためには、ストア学派は、通常弁証学《ディアレクティカ》に属すべきインヴェンティオ(inventio)を修辞学の課題として、その論理学化した弁証学《ディアレクティカ》からは省かざるを得なかった。

この二つの流れが、いずれもボエティウスを介して中世に知られていた。そのため、多くの学者において、論理学と弁証学との区別が必ずしも明らかではない。それゆえ、論理学者としてのアベラールが神学において批難を受けたとき、その理由は、神学の中に弁証学《ディアレクティカ》を持ち込んだということであった。そのことをみても、これら二つは一般に混同されていたと言うべきであろう。アベラール自身の著作においても、両者が同じ意味で使われることがあるけれども、『ロギカ・イングレディエンティブス』という名でまとめられているガイヤーの編んだ論文集『スーペル・トピカ(Super topica)』の序において、アベラールは論理学が弁証学を包括するように考えていることを明らかにしている。

それではアベラールにおいて、論理学《ロギカ》とはいかなる営みなのであろうか。『ディアレクティカ』において、彼は論理学《ロギカ》が学問(scientia)であり、従ってそれは本質上、「悪」とは両立しないと考える。論理学による「悪」があるのは、ただこの学問としての論理学の実際使用に際しての誤用に基づく。

『ロギカ・イングレディエンティブス』の最初のところでアベラールは「論理学がいかなる類に属するか、まずそれを決定することから始めたい。その類とはすなわち哲学である」[11]と述べる。そしてその後に続けて、ボエティウスに従って、ストア的に哲学が三部門、すなわち、「思弁(speculativa)」「道徳(moralis)」「理性(rationalis)」に分かれることを言い、この最後のものは、「論証を理性的に組織するものでギリシア人が論理学と呼んだものである」[12]と言い、続けて、「しかし、ボエティウスの伝えるところでは、この論理学は哲学の部門ではなく、その道具であると考える人びともいる。〔中略〕自然学的問題〔philosophia speculativa の対象〕や道徳的問題〔philosophia moralis の対象〕に関して論証を用意するのは、まさしく論理学である」[13]。

ところで、「部門」であることと「道具」であることとは矛盾することであろうか。これに対してはボエティウス自らも答えているように、「論理学が哲学の部門であるとともにその道具であることに何の支障もありはしない。手にしても、人体の一部であるが同時にその道具でもあるではないか」[14]と書いて、論理学を哲学の一部門に定着させている。ではその学の構成はどうなるのか。それが推論(argumentatio)の学であるから、推論を構成する判断または命題を考えねばならず、そのためには命題を構成する概念を考えねばならない。アベラールは、「それゆえ、論理学者は順序として、まず概念、つぎに命題または判断、その後に推論を考えて仕事を完成しなければならない。そしてこのことは、われわれの師たるアリストテレスが、その『範疇論』で概念を、『命題論』で命題ないし判断を、『トピカ』および『分析論』で推論を論じた範例に従うものである」[15]と言っている。

課題として彼が取り上げているのは、もとより右の構成から予想される多くの問題であるが、特に興味があるのは、普遍者(universalium)の存在性に関する問題、似像《シミリトゥードー》(similitudo)と像《イマーゴ》(imago)の問題[16]、それからトピカ(topica)の問題、すなわち論拠発見(inventio argumenti)の問題で、これはガンディヤックによってもアベラールにとって最も重要と思われていたと録《しる》されている[17]。

要するに、論理学《ロギカ》は学問《スキエンティア》であって、「術(ars)」とは言われず、その対象は論証を成立させる要素や根拠であり、それが思弁的哲学、すなわち自然学と異なる点は、これが事物の本性《ナトゥーラ》(natura)や原因《カウサ》(causa)を取り扱うのに対し、論理学《ロギカ》は思考形式に自己を限定していることであり、また道徳哲学、すなわち倫理学と異なる所以は、これが生活の基準を取り扱うのに対し、ロギカは純粋形式にとどまるからである。このようにして、論理学はあらゆる学問の道具であり、従ってあらゆる学問的研究の一般的で基礎的な方法と法則とを探求する学問である。それはまた自らも学問であるから、右の定義によってそれ自らの道具でもあらねばならず、またそうであるが、どうしてそのことが可能であるかというと、それが自己のメタ言語的な様相を明らかにするからである。ただし、ストア的な三分法では、思弁哲学の実体が自然哲学であり、形而上学は広義の自然《ナトゥーラ》やその背後の原因《カウサ》を扱うものとして特別に立てられず、自然哲学の中に含まれてしまう場合が多い。そのため、この分類でゆくと、普遍者の存在について考えるところの論理学が形而上学的思索をすることになる。それゆえアベラールでは、論理学の自己深化として形而上学が立てられていて、真の思弁哲学は形而上学としてここにあると言うことができる。それは、アベラールがその『ティマイオス』のラテン語訳しか読まなかったプラトンが辿った道であった。アベラールの弟子の一人であったソールズベリーのヨハネスが、内容は人文主義的なものではあったが、『メタロギコン(Metalogicon)』を書いたことは、決して偶然ではなかった。

普遍者の問題

前述のように、アベラールが教権によって批難されたのは神学者としてであったが、その本領は、普遍者の問題の解決のゆえにその時代からすでに著名となっていたことからも推定されるように、論理学を中心とした哲学者であった。

彼はコンピエーニュのロスケリヌスとシャンポーのギヨームとに相次いで師事し、それぞれに反対の学説を創り上げていったが、その経緯を極く単純化して言えば次のように言うことができよう。すなわち前者は唯名論者で、普遍者は物の名に過ぎず、ただ意識上にしかない非実在であると主張し、後者は観念実在論者で、普遍者は事物を離れ、また意識とも独立にある実在であると主張していたが、普遍論争のこの両極端の代表者の学説を充分に検討し得る地位を占めることのできたアベラールが、それら対立する二説を論理学的、哲学的にみごとな中和にもたらしたと言うに尽きる。このことはすべての哲学史に述べられていることではあるが、それだけ基礎的なことであるから、一応触れておかなくてはならない。

ロスケリヌスは、「普遍者」は「声の息、声の放出(flatus vocis)」に過ぎないと言い、普遍者、具体的に言えば概念、または類とか種のようなもの、これらはすべて名称(nomen)に過ぎず、実在性を欠くものであるとする。それはどういうことであろうか。普遍者が名称としての声(vox)の放出であるとすれば、それは言語として現象しているので、言語の構成法則としての文法が普遍者の法則であるということになる。アベラールは言う、「構成的結合の限りでは、繋辞の『である《エスト》(est)』は、『人』と『石』とを結びつけることができるし、さらに一般的に恣《ほしいまま》にすべての名称の主格を、『動物』と『人』とが結びあうのと同様に、『人』に結びつけることができる(18)」。これが、「文法家の事とする純粋に構成的な結合と、弁証家〔すなわち論理学者〕が考える属性的結合との違いである(19)」。「文章が〔形成的に〕完全でありさえすれば、構成的結合は、それが現実事象に応じるか否かにかかわりなく、常に正確である。しかし、われわれがここに関心を持つ属性的結合は、事物そのものに関係し、事物の真の構造を示そうとするものである(20)」。従って、アベラールの考えによれば、ロスケリヌスの主張に代表されるような普遍唯名論は、もともと文章の純粋法則を求める文法学者の形式主義であって、真の内容を認識するための法則を探求する弁証論の学者、すなわち哲学的論理学者の採るところではないということになる。ここには、明らかに命名《ノミナティオ》(nominatio)と意味作用《シグニフィカティオ》(significatio)の差がある。論理学の基本問題としては、普遍者の指示作用ないし意味づけとしての意味作用《シグニフィカティオ》について考えなければならない。

普遍者は実在しないところの名称に過ぎないものではないとすれば、それはつまり単に意識内の存在ではなく、何らかの意味で実在するものということになる。それゆえ、ボエテイウスが『エイサゴーゲー註解』において紹介したポルフュリオスの有名な三つの問いのうち、「類や種は実在するか、あるいは意識内の存在か」という第一の問いに対しては、アベラールは答えたことになる。すなわち、類や種を総称して普遍者は単なる意識の思いなしの事柄ではなく、事実存在なのである。

そこで当然、「普遍者が実在するとして、それらは物象的(corporeus)か非物象的(incorporeus)か」という第二の問いに向かわねばならない。ここで、前述の命名《ノミナティオ》と区別された意味作用《シグニフィカティオ》が重要な役割を果たすのである。普遍者は事物の名称と見られる限り、それの本性《ナトゥーラ》は発音された声《ヴォックス》としての語の本性を持つので、自然現象として物象的であるが、それの能力は複数の類似の個体を意味する。従って、普遍者は語としては物象的であるが、それによって意味されるものとしての意味は一つの物象ではない。例えば、「馬」という語は、発せられる音としての語という点からみれば、確かに自然的物象であるが、それが意味するところは、およそすべての馬という実体であり、さらにそれらの個々の馬のいずれにも含まれていないところの特殊な普遍性を持っているところのものである。すなわちそれは、老馬にも仔馬にも黒馬にも白馬にも、およそ考え得るすべての馬に妥当しなければならず、その意味では、最も抽象的でありつつも最も具体的な現実に密着した普遍性である。これが意味作用《シグニフィカティオ》の実態である。それゆえアベラールは「普遍者は、（中略）意味作用の仕方の限りでは非物象的実在である[21]」と言う。

　そうなれば、当然、第三の問いに応じなくてはならない。すなわち、「普遍者が非物象的な実在であるとして、それらは、可感的事物を離れて実在するのか、それとも可感的事物の中において実在するのか」という問いである。普遍者は意味作用に関しては非物象的実在であると言われたが、そもそも非物象的実在には二つの種類がある。一つは可感的事物から独立に非物象性において存立することのできる実在で、例えば神や魂のようなものであり、いま一つは自らが属している可感的事物から切り離され得ないところの実在で、例えば線ないし輪郭はそれ自身普遍的なものに違いないが、それを保っている物体から切り離すことはできない。このようにして、普遍者は可感的事物のうちに実在し、そのことはとりも直さず、普遍者は外的形態によって可感的実体者のうちに存在する内的実体を意味し、このように可感的実在のうちに現実に実在するこの実体を意味することによって、普遍者はこの実体をあたかも可感的実在から自然に切り離されているかのごとくに顕示する。この普遍者が意味作用《シグニフィカティオ》を介してあたかも可感的実在から離れているかのごとくにその実体を示すということ、このことがアベラールによると、ボエティウスによって人は類や種を可感的事物から離れて理解し得ると主張された理由である[22]。そしてこれこそが抽象作用の実相である。恐らくシャンポーのギヨームのことであろうが、普遍者が実在の事物とは別の存在の仕方をしているのでは普遍者の知的意味作用は空しいであろうと言って、普遍者の離在的実在を詭弁的に説く者もいるが、普遍的事物はあり得ず、普遍者とは、可感的事物において非物象的に実在し、その意味作用により、その事物の実体をあたかも離在するかのように顕示するものである。そういう点まで理解が進めば、『ロギカ・イングレディエンティブス』の中のポルフュリオスの文に含まれている第四の問いに応ずるべきであろう。問われるべき課題として挙げられているのは、ポルフュリオスのラテン語テクストでは“circa ea constantia”とある。普遍者に関する恒常性とでも訳すべきであろうか。多少疑問の残る句であるが、ガンディヤックは「それら普遍者の永続性とはいかなるものか[23]」としているが、それに従うべきであろう。問題は、可感的事物において意味作用による非物象的実在を有するに過ぎない普遍者は、その意味作用に対応する可感的事物が消滅し去った後にも存続するか否かということである。「仮にもはや薔薇という普遍者としての名称が妥当するすべての薔薇がなくなり、従ってこの名称が指名する対象がなくなっても、この名称は知性に一つの意味作用をなお提供するのである。そうでなければ、どうして、もう薔薇がないなどと言えるであろうか[24]」。こうして、意味作用《シグニフィカティオ》が確かに特定事物の指名作用(denominatio)とも異なるところから、普遍者は事物の存否に関わりなく、その非物象的実在として可感的事物においてあり、しかもこのうちにある実体を意味することにより、抽象的にそれを可感的事物から離れているかのように顕示する。

言語の普遍性の問題

言語の普遍性の問題は、普通には言語が意味する語義の普遍性の問題と考えられている。従って、語義としての一義性が普遍性の条件となる。それゆえにこの限りでの言語の普遍性とは、言語が社会構成員の間における伝達において有効であるということに他ならない。従って、言語の普遍性がその限りでの普遍性に過ぎないとすれば、言語は群居動物の信号発受の水準と類似しているのではなかろうか。その限りでは言語は記号(signum)なのである。

考えてみると、われわれが日常の生活で社会人として日常的に使用している言語は、われわれが物心ついて以来、自然に習得し自然に活用し伝達の効果を認め合っているものである。このような言語を今「自然《ピュシス》(physis)としての言語」と呼ぶことにしよう。このような「自然《ピュシス》としての言語」においては、われわれは語義を定義的に習得することはなかったし、また本来そこでは定義は厳密な意味ではないと言うべきであろう。語の指示する語義は、その語が指示する限りの事象の観念であり、それを自己を含めて人びとに範例的に具象する。「なぜならば、意味する(significare)とは概念を生むこと[25]」だからであり、また「そのことは聞く人に範例としてのしるしを与える」ことだからである。例えば「馬」を例に取ろう。われわれは日常言語である「自然《ピュシス》としての言語」においては、馬を定義することはないから、馬の語義がそれ自体として明確であるか否かは解らないが、しかしその語義によって表象される事物は明白である。それゆえ、われわれの間に誤解が生ずることのない世界がそこに開かれている。すなわち「自然《ピュシス》としての言語」の普遍性とは知覚的に確保される普遍性であって、そこには誤りというものがない。もとより知覚上の見誤りはそこにもある。馬を牛と誤ったとすれば、それは知覚上の見誤りである。それでも、そこに牛という語とその語義、その指示対象の聯関には誤りがないから普遍性が犯されるところの誤解はあり得ない。すなわち自然《ピュシス》の次元では言語の領域における誤りは有り得ない。「自然《ピュシス》としての言語」に誤りがあるとすれば知覚の誤りなのである。

　人間の日常生活において自然《ピュシス》の次元では、普遍性に関する言語上の誤りがないということは、そのような次元における言語的交渉が、前にも述べたように、いまだ人間的な水準には達していない群居動物の信号発受の水準と同類であるということに他ならない。そこには知覚の上での誤り以外の認識の誤りはないということであり、すなわち知覚以外の認識類型がないということなのである。従って右のように考えられた「自然《ピュシス》としての言語」の段階には、知覚認識とその個々の対象との間に事実の当否があるだけで、真理はないということになりはしないか。

　人間は言語を組み立てて命題を立てるのでなくては、すなわちテシス(thesis)の水準に上るのでなければ真理を認識するわけにはゆかない。自然《ピュシス》から命題《テシス》へと言語の移行がなくてはならない。自然《ピュシス》における知覚の事実を自己から一旦引き離してその意味を問うたり、その事実が果たしてそのとおりであるかを問うたりすることが、言語の記号以外の機能の原初的なものである。単語的連結という知覚的次元から、文章の構成という認識的定立へ向かうとき、真偽いずれかへの冒険が行われる。

声《ヴォックス》から語り《セルモ》へ

自然《ピュシス》の世界での知覚的一義性としての記号的普遍性は、人間の生活の中で私的領域ではかなり有効性を持つものではあるが、本質的には動物一般の声としての記号的普遍性と類似している。もとより人間の世界である以上、自然《ピュシス》の世界であるとは言え、単語的連結を介してそこでの知覚が文章を成すことがあり得る。「今日は暑い」とか「それは馬である」という記述命題は、自然《ピュシス》の世界での知覚の言語化としての文章である。しかし、このような文章化ないし命題形成は、純粋な認識論の面から見ると知覚としては不純な命題化《テシス》なのである。それは人間が知覚の面でも動物以上であろうとする一種の伝統的擬態なのである。本来の知覚は「暑い」であり、「馬」なのであって、それは「暑い」、「馬」というような叫びやつぶやきとしての声《ヴォックス》(vox)だけであるべきなのである。なぜなら、「今日は暑い」というのも、「私は今暑く感じる」とか「この部屋は暑い」というように、単に「暑い」という知覚をそのままの声《ヴォックス》にとどめないで、同じ一つの知覚を有限数の一定の形式に組み込ませた結果の一つに過ぎない。「今日は暑い」と人びとは書くであろうが、酷暑の中で顔を合わせれば、単に「暑い」という述語を声として言い交わすだけで、命題形成や文章のごとき礼儀擬態も教養擬態も必要とはしない。山野を放浪して野生の裸馬に遭遇した場合、誰が悠長に「そこに馬がいる」とか、「私は今馬を見る」などと命題をもって語るであろうか。日本語にしてもラテン語にしても、「馬(equus)」や「馬だ(Est equus.)」と叫ぶ。これらの叫びは本質的には区別のない同類の叫びであって、これらは要するに「馬」を知覚して、その知覚内容を一定の叫びとしての声にしているから、その声が現実の馬を指示する記号としての機能を持つ限りの共同体においては、その声はその限りでの普遍性を持つ。

しかし右の普遍性は、声が記号(signum)として機能する範囲での事物指示機能に関する局地的、民族的また時代的な限定を持つ歴史的普遍性のことであって、それゆえに相対的普遍性であり、声が指示する意味の持つ絶対的普遍性とは異なる。声としての言語の生活共同体的な普遍性は知覚的であって、そのような普遍性の獲得には、私の見るところ、記号的呼応と、場合によってはある種の感情移入とが必要である。それは行動のパトスのための動物的普遍性である。これに対し、意味としての言語の人類的普遍性は思考的であって、そのような普遍性の獲得には、対話的呼応と認識とが必要である。それは行為のロゴスのための普遍性である。

ところで、人は動物として自然《ピュシス》的に生き、またその前提のもとに人間としてロゴス的に生きる。それゆえに、右に述べられたように、同じ一つの言語が二つの普遍性を持つ。そこにこそ、アベラールが「声《ヴォックス》」と「語り《セルモ》」とを区別した理由があるのではないか。アベラール自ら「名詞と動詞は二重の意味〔指示作用〕を持つ。一つは事物についての意味〔指示作用〕であり、他は概念についての意味〔指示作用〕である」[26]と言う。なぜ、そのように言うのであろうか。われわれは動物として、前述したように、自然《ピュシス》の中にこもらなければならない。この自然《ピュシス》の世界とは、種的必然性のうえに一切の個体が偶然として生起する世界である。そこでは衝撃と衝撃とが継起するまま、意識的展望を欠いた断片的事象の体系が起伏する。それらに応じて人は動物のようにその事象を感情化し、驚きや喜びや憤りを知覚し、それを声にする。それは急激に去来する事象を一つずつ断片的に知覚し、その一つ一つを記号として語に対応させ、自己とその集団に行動としての反応を可能にさせる信号(signum)である。そこには限られた数の行動類型があって、一切の「斜格」を捨てた名辞の「主格」のみが点滅して、いかなる行動類型を反射的に選択するかをわれわれに迫る。声としての言語の普遍性は、このように内発的自由のためではなく、外的衝撃に対する行動の強制のためのものである。

文法的には名詞と動詞の差があるにしても、いずれも抽象的に考えられるという限りでは、両者とも名辞という意味でnomen と呼ばれることになる。そしてこのような名辞が、事物ないし事物の状態を指示するという限りでは、彼の論敵ロスケリヌスの考えたとおり名辞は声に過ぎず、その限りでは声を持つだけの動物の声と名辞としての声を持つ人間の言語との質的な差異はなくなってしまう。唯名論(nominalismus)の危険は、このように考えてみると、人間の言語(lingua)を事物に対応する声という動物一般の記号の水準に落としてしまうところにあると見なければならない。名辞はしかし、単に事物に対応する声だけではない。確かに、アベラールの言うとおり、名辞は概念としての意味をも指示し得るから、声としては異なっているものであっても、同じ一つの意味に向かうことがある。例えば語り《セルモ》と言明《ディクトゥム》は確かに声としては異なっているが、それらは同じ一つの意味を志向する。もとより、より広い展望で人類全体を考えてみるとすれば、語り《セルモ》と話と言説《ディスクール》とスピーチ等は、声としてはみな違うが、同じ一つの意味を志向すると言わなければならない。これらはその各々の社会では、いずれも声としての事物指示の機能を果たしている。しかし、それらは同時にその一々の個々の事物を志向するのみではなく、それら個々のその時々に指示される事物の本性ないし特有性を志向することによって、すなわち極めて高度の抽象によって、それら知覚される事物に属するところの、知覚されずに思考されるところの概念を指示する。これによって、声と知覚と事物という自然《ピュシス》の世界の三位一体を超える意味と認識と概念の三位一体としての命題《テシス》の世界が開かれる。声はこうして叫びと語りの二つの層を持つ。声はこうして、それよりも高い層であるところの語り《セルモ》に転身しなければならない。「声」としての普遍性が、閉ざされた自然《ピュシス》におけるパトスの叫びとして、仲間や同一種族にしか通じないある一時的状況の主観的記述の限定的普遍性としての記号以上の何ものでもないのに対し、「語り」としての普遍性は、アベラールの「名辞は事物に属する概念を立てることによって事物を指示する」という言葉にもあるように、概念を立てることによって、すなわちテシス(定立－命題)の世界が開かれることによって、事物ではなくロゴスが示す妥当性を獲得する。「声」としての普遍性は、伝達の完了をもってその役割を果たす。それは達成しやすい。それは断片的であって集積を許すが、探求に至ることがない。「語り」としての普遍性は伝達が始まりであって、対話の中で深化される。それは達成されがたい。しかしそれは体系的であって、論理的に合わなければ集積を認めず、探求に開かれている。それは事実の水準を超えていく。

語りの論理的な形態は言うまでもなく論証《アルグメントゥム》(argumentum)である。論証は主として『トピカに関する論叢(Super Topica Glossae)』で扱われているが、それについては周知のようにダル・プラが編輯し一九五四年に出版したその Pietro Abelardo, Scritti Filosofici において、ガイヤーが一九一九年に先がけた仕事を継いで、テクストをわれわれに手近なものとしている。そこでアベラールは、論証としての「語り」は声としての語をおのれの手段として持つが、語をおのれの対象とはしない、論証は声としての言葉を対象とせず、手段とし、事物を対象とすると考えている(27)。従って、人間が思考するということは、本性上、判断中止の論理的機能を示す語の指示作用を保持しつつ、それらの語を現実に応じて組み合わせ、語り《セルモ》ないし論証《アルグメントゥム》を構成することによって、はじめて意味論の領域を出て、事物の世界に内在するさまざまの法則という普遍的なものに対し自己自身を開くのである。換言すれば、自然《ピュシス》的世界の記号としての語が結合によって自己を命題化するとき、そこに自ずから事物に関する命題《テシス》の世界が生起する。従って、自然《ピュシス》から命題《テシス》への上昇的普遍化は、そのまま事物における要素から実体への構成につながるものがある。

何故《なにゆえ》そのことは可能であるか。そこにアベラールの普遍観の偉大な貢献がみられる。彼によれば普遍者は、一方で種の名前を表すとともに、他方では一つの事物を指示するために使われる(28)。このことで推測されるように、種的普遍は個に含まれていなければならない。なぜならば、もし普遍者が個に内在しないとすれば、種という普遍の名をもって個を指示することはできず、また個を知覚することが直ちにその種の名を挙げることにもならないからである。個が本質的に普遍者を内含し、その意味では普遍者の萌芽であること、それは命題《テシス》の普遍性の根拠が、実在する個の存在論的構造を分析することになるという事実を明示する。命題形成とは、命題の十個の普遍的述語としての範疇によって、主語としての個を普遍者の中に位置づけることに他ならないが、このことは、個における普遍が明らかになるトポス(場所)が命題《テシス》であるということに他ならない。

アベラールは、論理学を論証の根拠を扱うものとして、ものの本性や事物の原因を扱う思弁的形而上学や自然哲学から区別し、また生き方を探求する倫理学からも区別し、それを「証明理法(ratio disserendi)」としている(29)。フマガッリの言を俟つまでもなく、論理学は、アベラールにとってもあらゆる探求の一般的で基本的な方法なのであった(30)。従って、論理学に属する問題としての普遍者は、アベラールの理念からすれば本来的には存在論の課題になるはずのものではなかったと見えるかもしれない。しかし、もともと意味を指示するということ(significare)は、前にも述べたように、概念(intellectum)を生み出すことなのである。意味論だけを扱うにしても、論理学は存在論に直結するものであろう。そしてさらに、正しく考えるか否かということは、そのまま言語をもって思考する動物としての人間にとっては、完全に倫理の問題なのである。自律的ではあるが、それだけに狭く限定された基礎学としての論理学を志向したアベラールの企図の体系的破綻は、私の見るところでは、むしろ彼の思索の鋭さを示す。ボエティウスを註釈することによって、アベラールはボエテイウスを超えて、アリストテレスの基本形態に帰っていったのである。しかし、その回帰は過去の反覆としてではなく、基本形の新たな再生であった。

語り《セルモ》から対話《ディアログス》へ

声《ヴォックス》から語り《セルモ》への上昇は、言語の普遍性の問題視野から見ると相対的普遍性から絶対的普遍性への変化、歴史的普遍性から論理的普遍性への展開である。そしてそれはまた人間がより動物に近い自然《ピュシス》の状態から、いかにも人間に相応しい命題《テシス》の次元に移行すること、パトスからロゴスへの自己展開でもあった。それならば、言語の普遍性としてはこの意味論的、論理的、ロゴス的普遍性が終極的なものであろうか。

前項で述べたように、「語り《セルモ》」としての普遍性はロゴス的命題《テシス》の普遍性である。このような命題の持つ意味論的支えは、言うまでもなく論証である。論証は虚偽と誤謬を許容しない。それは知性の純粋が汚されることを容認しない。従って、「語り」としての普遍性は命題化によって深化すると言ったが、その命題は論証的討論を呼ぶであろう。アベラールはその書簡で見ると、討論の相手であったランのアンセルムスの一切を許容しない。またランのアンセルムスも、シャンポーのギヨームやクレルヴォーのベルナルドゥスと組んで、アベラールの一切を許容しないほどである。しかし、ソールズベリーのヨハネスの記録を見、ベレンガリウスの弁護を読めば、アベラールは卓越した人柄であるし、さらにまた同じくソールズベリーのヨハネスの記録を見れば、ランのアンセルムスもシャンポーのギヨームもみな並々ならぬ人物である。それなのに、何がこれらの卓れた人びとをあのように争わせたのか。

それは彼らがいずれも「語り」としての命題(propositio)の普遍性を信じ、それをもって事物に関する知覚の個人性を超越しようとし、ロゴスによる認識の人類普遍性に至ろうとしたからである。「語り」としての言語は「声」としての言語と異なり、外的事物に責任を負わせず、自己の内部の論証に一切を委ねようとする。確かに永遠の真理を探求する場合には、論証の基準として、外的な現象的事実存在等は問題にしてはならない。ボエティウスの言うとおり、線分は精神の外にそれ自身外的に存在することはあり得ないが、われわれは長さだけで幅の全くない線分を正確な観念として認め、これを使って幾何学を構成してゆかなくてはならない。論証のこの前提を理解することができず、また是認することのできない者は、ユークリッド幾何学の門に入ることは許されはしない。「語り」としての普遍性は、それゆえ論争の厳しさを前提としなければならない。それは、「声」の相対的普遍性による知覚の特殊性を介して生起した人類の分裂を、論理的普遍性によって一旦は人類の次元に統一したかに見えたが、論理的討論の厳しさによって敵対を論証づけてしまい、かえって人類を深く分裂させてゆくのではないか。

イデオロギーによる対立抗争は、まさしくこのような「語り」の普遍性をめぐっての争いである。そして、この一応は純粋に語りの中での対立に過ぎなかったものが、やがて命題《テシス》の世界の対抗を自然《ピュシス》の力の世界に回帰させ、ロゴスの討論がパトスの抗争となって流血の惨に至る。このように考えてみると、われわれは「語り」としての普遍性、ロゴスとしての普遍性を超えてゆく、より強き、より高き普遍性を知らなくてはならない。

人びとはいかなる「語り」を命題《テシス》と化するにしても、それはその極点においてすら、人類の次元においての普遍性にしか達しないことを自覚しなければならない。そして、人類の次元における普遍性とは、誤謬の可能性を持つ存在者の次元における普遍性に他ならない。そのことは、誤謬の普遍化への論証として悪への誘《いざな》いにならないとも限らない。「声」としての言語の普遍性にはなかった恐ろしいものが、「語り」としての言語の普遍性の中には存在し得る。それは何か。それは罪である。「語り」となった言葉が罪をもたらすのである。声は自然《ピュシス》の現象であるから、そこに知覚上の誤りはあり得るとしても、判断を前提とする罪はない。「語り」という言語の現実態において、現象的世界においては人間にのみ罪が可能なのである。そしてこの罪の一つが許しを拒否する不寛容な自己主張である。

信仰は力にではなく、理性に由来すると言うアベラールにとって、彼自らを苦境に陥れたクレルヴォーのベルナルドゥスが企てていた十字軍という武力による異教徒制圧は、単にキリスト教の愛の精神に反するばかりでなく、「十字軍を構成する」という宣言そのことが「語り」としての罪につながると考えられた。言論をもって宗教を護ろうとするアベラールと、教会の政策をもって宗教を護らなくてはならないと考えたベルナルドゥスとは、神学のみならず異教徒対策でも対立抗争に至らざるを得なかった。しかし私の見るところでは、この対立を単に聖戦を肯定するか否定するかという教会の対異教徒政策上の意見の対立と断定するにとどまるのは、アベラール研究としてはいまだ充分ではない。この点に関し哲学者としてアベラールが考えていたことは、理性の自己証示としての「語り」においてアベラール自身を含めて人びとが対立し、相互に認容しないという不寛容が現象しているこの罪の状態に対して、どのように対処すべきであるかという倫理の問題であった。ここに、言語哲学や論理学が倫理学につながるというアベラールに独特な思惟構造がある。周知のように、十二世紀は一般に倫理学がその体系的位置に関して改めて問われ始めた時代であった。写本研究の面からも、このことはすでに十九世紀の終わり頃から言われている[31]。つとに印刷されている著名な人を探せば、十二世紀を代表する学者の一人であるサン・ヴィクトールのフーゴーは学問を論理学、実践学、理論学、機械学の四部門に分けているが、その実践学は伝統的三分科、「論理学(ethica)」「経済(oeconomica)」「政治学(politica)」に分けられていて、『ディダスカリコン(Didascalicon)』(『学習論』)という書物の中で、倫理学の占める位置を論理学(文法、修辞学、弁証学)の後、理論学(数学——算術、音楽、幾何学、天文学を含む——、自然学、神学)の前に学ばれるべきものとしている。[32] そういう概況であったから、シュニュ(Marie-Dominique Chenu)は特に十二世紀が「道徳の進化」を見た時代であると述べているほどである。[33] それは十三世紀にも持ちこまれ、後にカンタベリーの大司教となるラントンのステファヌス(Stephanus Cantuariensis, ?–1228)も倫理学の原理や自然法についての論文が多く、トマス・アクィナスでも問題になるところのシンテレーシス(synteresis)についての論説がすでに“De sinderesi”という論文として、パリの国立図書館の写本 Codex Bibl. nat. lat. 14556, fol. 251v にある。[34]

いずれも形式的には、アベラールと軌を一にして言語学と倫理学とを結びつけているように見えはするが、私の見るところでは、それらのどの学者も倫理学を教育課程の一単位としてどこに位置づけるかということを述べているか、倫理学の中の特殊問題について考えているだけであって、倫理学が人間に固有のものとして、人間に固有の言語と論理に関する学問と体系的必然性をもって連結すべきものであることについては、何らの顧慮も払われていない。この点において、アベラールの唯一の未完の著書であり、最後の著書でもある『哲学者、ユダヤ教徒およびキリスト教徒の間の対話(Dialogus inter philosophum, Judaeum et Christianum)』(以下、『対話』と略す)は極めて注目すべき書物である。周知のようにこの書は、一九四五年にミーニュ版のテクストからガンディヤックによって仏訳されてからのち一般に読まれるようになり、トマス(Rudolf Thomas)が、一九六六年にテクスト校訂を発表したことを契機に、[35] 新たな研究への展望が開かれている。この書は未完でもあるところから、コッティオー[36]以後、従来アベラールがその晩年を過ごしたクリューニー修道院、あるいはその別荘と目されるサン・マルセル修道院で一一四一年に書かれたと思われていたが、最近になって『キリスト教神学(Theologia christiana)』の研究が進むにつれ、その前後の諸著書との関係づけにおいて、この『対話』の成立年代を一一四〇年のサンス公会議以前、一一三〇年代の半ば以後に置こうとする人びともいる。[37] 確かに、論理学に関してフマガッリが嘆じていることを敷衍して、[38] アベラールの著作年代決定はまことに難しいと私は思う。しかし、クリューニー修道院の院長であったペトルス・ウェネラビリス(Petrus Venerabilis, 1092/94–1156)が、当時のキリスト教徒としては例外的にイスラムの文化に開かれていて、武力によらず文筆の才をもって異教徒に対せよと主張し、『コーラン(Alchoran)』の翻訳をはじめとして、『サラセン人の物語(Fabulae Saracenorum)』『ムハンマドの系譜(Liber generationis Mahumet)』『ムハンマドの教義(Doctrina Mahumet)』『サラセン人とキリスト教徒の往復書簡(Epistola Saraceni; Rescriptum Christiani)』を収めているトレド叢書(Collectio Toletana)に具体化されているように多くのイスラム哲学者の翻訳を推奨したばかりか、自らもそれらを基にして『サラセン異端大全(Summa totius haeresis Saracenorum)』や『サラセン派反論(Liber contra sectam sive haeresim Saracenorum)』を著したことを思うと、その影響が同居していたアベラールに及ぶことは考えられるし、特に一一四〇年のサンス公会議で、アベラール自らが経験した「語り」の次元における悲劇的分裂に関する顧慮等が原因で、「語り」における論証の運命的な不寛容性を倫理的に止揚する対話と寛容の地平を拓こうとして、その『対話』を死に至るまで書き続けたと見るほうが、少なくとも内容に適した理解ではないかと思われる。なぜそのように私は言うのか。その理由を明らかにするため、問題の『対話』を少し紹介してみる必要がある。

対話《ディアログス》から祈り《オラティオ》へ

『対話』はアベラールの夢から始まる。彼は三つの異なった方向からやって来る三人の男を夢見る。夢でそれぞれの職業と、彼らがなぜ訪ねて来たのか、その動機を問うと、彼らは次のように答えた。「われわれ三人はそれぞれ宗教を異にしている。実はわれわれ三人とも唯一の神を崇めるものであるが、われわれは信仰を異にしているし、この唯一の神に仕える方法も異にしている。一人は異教徒で、哲学者であり、自然法で事足れりとしている。他の二人は聖書を携えており、そのうちの一人はユダヤ教徒、他の一人はキリスト教徒である。われわれはそれぞれの宗教を対決させ、それぞれの内容について論じてきたが、今やあなたに裁き手になってもらいたいと願う次第である」[39]。

このように『対話』は異なる世界観を持ちながら、唯一の神を信じている三人の学者たちの討論を、アベラールが議長となって進めかつ調停することになっている。すなわち、アベラール自身がキリスト教徒でありながら、キリスト教徒を代表せず、自分のことを異教の哲学者に「真に哲学的議論を組織し得る人」と告げさせ、裁き手すなわち討論の判定者にさせている。このことは極めて重大である。なぜならば、この異教の哲学者は『対話』において繰り返し、「自分は自然法で事足りると思う[40]」と言い、また「幸福な人間とは自己の善業、すなわち徳によって生きる人のことである[41]」と言い、キリスト教徒が常に超自然的な存在の介入を主張し、この世の人間的な営みの意義を軽視するのに対し、現世を肯定し人間の活動を積極的に評価している。

ところで、有神論でありながら、現世肯定の強いこの考え方は、井筒俊彦が『イスラーム思想史』で指摘し、ファラトゥーリもその『イスラーム文化とニヒリズム[42]』で指摘するように、ユダヤ教やキリスト教に比べて、イスラム教の特色と言うべきであるから、この異教の哲学者とは、恐らくイスラム教徒であると考えられる。それゆえ、アベラールの『我が災厄記』に書かれているように、彼がキリスト教徒の世界を逃れて異教徒のもとで暮らそうとしたのは周知のことであるが、その異教徒とは、クリバンスキーも想定するとおり[43]、恐らくイスラム教徒であったに違いない。事実、翻訳としてはいろいろ問題が多い作品ではあるにしても、十三世紀に出された『我が災厄記』のジャン・ド・マンの仏訳では、この異教徒をサラセン人としている。さらに憶測を進めて、ジョリヴェはクリューニー修道院とサラセン文化の隆盛であったスペインとの関係が密であったこと、および一一三九年頃に歿したイスラムの哲学者イブン・バーッジャ(Ibn Badidja [Bājja], ?–1139)に関するイブン・ハーカーン(Ibn Khaqan, ?–1134)やイブン・ハッリカーン(Ibn Khallikān, 1211–82)の記録が、『対話』の哲学者に似ているところから、アベラールがこの人について多少の認識を有していたものと考え[44]、その哲学者はイブン・バーッジャではなかろうかと想定し、ルドルフ・トマスはこの仮設を強く支持している[45]。事実、『対話』でこの哲学者はアベラールに向かって、「私はユダヤ教徒やキリスト教徒が、それぞれの教理や信条や律法などについて成した論証を勉強してはみましたが、ユダヤ教徒は愚かにみえましたし、キリスト教徒として通っているあなたを前にして申し上げるのも失礼とは存じますが、キリスト教徒、これは物狂いではないかとみえたのです[46]」と言いながら、イスラム教については沈黙を守っているところからみれば、イブン・ハーカーンが多少の敵意をもって伝えているイブン・バーッジャの様子に似通うものである。イブン・ハッリカーンは、それは誇張であるとして修正してはいるが、この人に伝えたイブン・ハーカーンの報告では、イブン・バーッジャはその科学的知識を自負し、『コーラン』の教えさえ蔑み、その挙げ足取りに終始し、人の運命は天体に依存するもので、人だからといって復活するわけではなく、人の命も植物に異ならず、死とは成熟であり、この世を去ること、それは果実の採集されるのと似ていると考え、信仰すらも失うに至ったということである。『対話』の哲学者は神を信じているとは言うが、『コーラン』については一言も言わず、しかもイスラム教についても一言も言わないというところから考えると、この哲学者はイスラムの土地に生まれ、イスラム文化の中に育ち、イスラムの世界観は維持しながら、イスラム教のモスク(寺院)や教団勢力からは距離を保った自由思想家の一人であろうから、イブン・バーッジャであって不都合ではない。そして、この哲学者をしてアベラールが言わせたことの中には、アベラールの著書が受けた迫害も、ただその名誉を高めるばかりであったというような文章もあって、教権によって不当な扱いを受けた学問的著作について充分な同情を、この哲学者が示していることになっている。従って、少なくとも心情的には同じ状態にあったと目されるイブン・バーッジャの言葉として受けとることも可能である。

『対話』では、この哲学者の好意に応じるかのごとく、アベラールはこの哲学者を三人の対話者の中で最も理路整然と語らせ、充分尊敬に値する人物としている。

それにも拘わらず、『対話』を読み進むと、至福と神直観が問題となるあたりから次第にキリスト教徒の発言の方が、その度数も長さも増大し、内容も神学的な密度を充実させてゆく傾きは否めない。例えば哲学者が、「最高善としての神の愛は、神を直観することに由来して人間にやってくるのであれば、むしろ付加的属性ではないのか[47]」と問うたのに対して、キリスト教徒の答えの中に次のような一節があるが、これなどは甚だ深い省察であろう。

「人が天国の生活において持つはずのあの愛、それが属性であろうか、何らか本質的範疇であろうかと、それを定めることは何の役にも立ちはしません。というのも、その愛は、地上の学問の一切の意義を遥かに超えるもので、自己が真に経験しなくては知られ得ないものだからです[48]」。

ここに述べられていることは、結局、超越的存在としての神に対しては、地上の事物に有効な実体と属性という範疇のアリストテレス的な区別、すなわち論理学的な差異など意味を失うということであり、その少し前に引用している聖句、「地より出ずるものは地の者にして、その語ることも地の事なり[49]」のみごとな転用的解釈を示している。ここには哲学の射程を、その地上の存在者に対する理論的効用は極限まで認めつつも、その限界内に厳重に抑制し、しかもその彼方に超越する神の超範疇論的存在性を認めているという、スコラ学の正統的伝統を用意した当時の知的なキリスト教神学者の態度が認められる。

これらの特色を考えてみると、アベラールはこの書を介して、彼の年来の主張、すなわち武力によらず、理性によって、イスラム教徒をおもむろにキリスト教の次元に導き入れようとする志を実現しようと企てたと思われる。それは彼のキリスト教徒としての理想像が、理性に支えられた愛と寛容の精神であることを物語る。このことは、帰するところキリスト教徒の倫理意識の問題であるが、そのことをアベラールは既に『対話』の開巻劈頭に異教の哲学者をして、「一切の学問の究極の冠は倫理学、すなわち道徳哲学である[50]」と言わせているところからすると、およそ哲学はすべてそのような体系を構成しなければならないということにもなるであろう。アベラールを感動をもって聴講したソールズベリーのヨハネスは、シャルトル学派のベルナルドゥスを継承した人物であるが、その著『メタロギコン』において、「哲学の全学科の中で、最も卓越した位置を占めるのは倫理学である。これなくしては哲学者と呼ばれるに値しない。倫理学は美(decor)をもたらすという点で、他のすべての学問に優越する[51]」と言っている。そしてこの考えは、師の「シャルトルのベルナルドゥスの考えである」と付記しているところから見ると、前にも述べたように、十二世紀に成立したところの倫理学を尊重する新しい運動の一つとして、哲学の冠飾りに倫理学を置く考え方は、アベラール周辺にあったことに注目しておかなければなるまい。しかし、アベラールが倫理学を特別に重んじていたことは、その『汝自らを知れ(Scito te ipsum)』という著作一つを見ても明らかで、その第十一章は、短いがその特色を示す場所であって、そこでは「善い行為とわれわれが言うとき、それが善い意向から生じるということを意味する[52]」と書かれていて、彼において確立される内面性の倫理学の支点が明らかにされている。「善い意向とはそれ自らによって正しいものである[53]」が、そのような意向は心の目に、行為は体にたとえられようから、聖句の「この故に汝の目ただしくば、全身あかるからん[54]」とあるごとく、意向は「汚れから清くなっている[55]」ことが必要である。それゆえ、罪を犯すわれわれ人間としては、聖句「さらば悔改《くいあらため》に相応しき果《み》を結べ[56]」に従って、「犯した罪に相当する悔悛によって自らを清めること[57]」が神と和解し得るような正しい意向に至る道なのである。従って、アベラールの倫理学も帰するところ浄化による心の美しさをもたらすものに他ならない。その意味では、前述のソールズベリーのヨハネスの述べていること、倫理学が人格の美に向かうものというのと軌を一にするところがあり、ヨハネスにおいてはアベラールとベルナルドゥスの双方の教えが熟していると見るべきであろう。

『汝自らを知れ』において、倫理学は意向論から罪の問題に至り、第二十四章から告解の論に入って宗教の領域と接するように、『対話』においても、行為の基準となるところの法をめぐって、省察は最初から道徳哲学と道徳神学の相接する領域から始められる。哲学と神学とは十二世紀において、十三世紀においてのように、いまだ形式的に分離されてはいなかったことは、この倫理問題の扱い方に関しても認められることである。アベラールにあっても、倫理学が人間に固有な言語と論理に関する学問を経て学ばれるべき最高の学であるというのは、それがただちに宗教の問題への入り口であるからに他ならなかった。なぜならば、倫理学で考えなければならない倫理的な徳とは、それによって人間の道が最高善に達するところのものであり、宗教は神との一致を究極目標とするものであるが、その神こそは、それのみが本来的にまた絶対的に最高善と呼ばれるのであるから、倫理学と宗教とは少なくとも対象を同じくする精神の営みと言わざるを得ない。しかし、「徳とは魂の最善の習性」であるから、徳は人間の自己自身の力に過ぎない。いかに愛と寛容の徳を尽くすとしても、それは人間の習性を超えることはない。そうであるとすれば、理性《ラティオ》の限りを尽くす言論《セルモ》と言論の対話《ディアログス》が愛をもって行われるとしても、帰するところ人間の視点からして必要なものを相手に提供するに過ぎない。果たして、それで対話は目的を達成して完結するものなのであろうか。アベラールは言う、「われわれは多くのことを祈るが、その中で結局は神に拒まれてしまうものも少なくない。その理由はわれわれに必要なものが何であるかを、われわれ自身よりも神の方がよく知っているからである。それゆえにこそ、最も大切なことは次のように言うことである、『御意《みこころ》の行われん事を』。それは祈りである」(58)。ここで、この祈りの意味は何であろうか。それは、われわれが感覚的事物における善さや歴史的行為の善さや命題の善さなどという善さ、換言すれば、自然《ピュシス》における知覚上の個別的快としての善さ、倫理的命題《テシス》や論理的命題《テシス》における普遍性としての善、すなわち語り《セルモ》としての普遍性、あるいはまた命題と命題との対決としての複数の命題群(propositiones)たる対話における普遍性としての善、すなわち対話《ディアログス》を介して露わになる相互理解としての普遍性などをすべて超えるところの、最高善としての存在論的、救済史的独一性において明らかとなる絶対的普遍性への希求なのである。何故《なにゆえ》それは絶対的普遍性であるのか。なぜならば、それが「最高善としての神」であり、「絶対的真理」であるからに他ならない(59)。ここに対話《ディアログス》の普遍性の限界を超えて祈り《オラティオ》という言語の新たな普遍性を秘めた次元への道が開かれる。それは声《ヴォックス》としての知覚の自然《ピュシス》的普遍性、またその上の語り《セルモ》としての論証の命題《テシス》的普遍性、またその上の対話《ディアログス》としての抽象的相互確認の統合《シュンテシス》的普遍性のうえに、さらに新しく開かれるはずの次元である。

以上のことをアベラールは、その『対話』の終わりに次のように書いている。

> 私の思うところでは、これまでの省察によって、善という語を理解することがいかに必要であるかが充分に示されました。善は単に事物についても言われるし、また行為や命題群にも適用されるのです。もし、まだその他にも最高善の探求に関して何か問題があるならば、私に続けて問うていただきたいし、あるいはむしろ他の問題に移るのでもよいと思います(60)。

それは、最高善に向かって、新しいメタ論理学的、形而上学的探求の秘密を残しつつ、未完のままである。このことは、あたかもその著『対話』そのものがディアログスの本質として完成することを見ず、それ自体が言語の有限的普遍性の限界において自己を未完のままに終え、一切のより高き意味を求めようとする者は、祈りの中に言語の真の普遍性を希求せざるを得ないということを象徴するかのようである。今、もしわれわれがあの有名な言葉を思い出すならば、すなわち「パウロに背くような哲学者でありたくはないし、キリストを離れるようなアリストテレスであろうとは思わない[61]」という周知の言葉を思い出すならば、アベラールは人間に固有な言語をもって、討論から抗争に至る道をとらず、対話から祈りに至る道の延長に最高善との普遍的一致を望み見ていたことは確かである。そして、そこにこそ「主が完成する真の倫理学[62]」の希望がある。「倫理学はその意味において、万学の目的である[63]」。このようなことが、常に普遍的真理を求めたアベラールの言語的哲学の基本線であったというところに重大な意味があると私は考える。なぜならば、祈りの世界は概念の世界ではなく、像《イマーゴ》(imago)の世界であり、それは言語をその記号的一義性から最も遥かなところに連れ去り、精神の自由をもって神の深秘に迫るところにあるからである。ただ、それが概念的普遍を知り尽くしたうえに開かれるはずであったところに、『対話』の未完に関する後代の悔いが続くのである。なぜならば、ここにアベラール自身の革命が秘められているからである。というのも、『キリスト教神学』において、「理解を超えることが神から告げ聞かされると、聞いた人は探索に駆られる。そういうことは告げ聞かされなければ起こりはしないことであろう。探索は、もし敬虔な信心があるならば、確かに理解を生みやすくする[64]」と書いて、アベラールは神の謎が理性を刺戟するがゆえに、そのような神を信心によって信じ、大切にすることが理性を成長させることになるので、信心が理性を助けて深秘を理性の相関者にすることを主張し、そのようにして理性が思うところは「神については被造物の様子を使わなくては語ることはできない」と言い、イメージによる認識の可能性を肯定するかに見える。しかし、論理学的に厳密な、彼自らの方法論を確立した『肯定と否定(Sic et non)』において、神は物象的イメージを介しては再現されないと言い、像による神認識の可能性を否定しているかにも見える。もとより、ここでわれわれは「神について被造物の様子を使って語る」というのと、「神を物象的イメージを介して再現する」の二つの文章の間にある差異に注意しなければならない。「神について語ること」は、神をめぐって思い巡らすことを考えつつ語ることであるから、神という超絶的に高い存在について、われわれが像《イマーゴ》(imago)や似像《シミリトゥードー》(similitudo)を被造物の世界に求めてそれらをもって象徴的に語ることなのであり、それは可能であるし、また試みなければならないことなのである。これに反し、「神を再現すること」は、神を客観的に呈示することであり、それは物象的イメージを介しては不可能なのである。それゆえ、論理学の騎士であったアベラールも、単に概念的思考のみではなく、イメージによる思索の必要かつ有効な場面とそうでない場面とを意識していたことによって、また確かに形而上学の騎士の資格を有していたと見なさなければならない。

似像《シミリトゥードー》については、アリストテレスを踏襲して、質(qualitas)の共通性が必要であると考えていたシャンポーのギヨームに反対して、それは関係(relatio)であるとしたアベラールは、また原存在との距離によって像《イマーゴ》と似像《シミリトゥードー》とを分けようとしていた。創造の直接性によってアダムに三位一体の像(imago Trinitatis)を、創造がアダムの骨を介する間接性のゆえにエヴァに三位一体の似像(similitudo Trinitatis)を見ようとした考えなどもそれである[65]。従って、もし時日が彼に思索のゆとりをなお与えることができたとすれば、対話《ディアログス》から開かれた祈り《オラティオ》の世界において求められた最高善に向かう思索的な倫理学に関し、アベラールのイメージによる思索が展開されたに違いないからである。想像力が理性と並んで進むときの創造的思索の入り口で、彼はさまざまの暗示を残している。

第十五章　スンマの祖型とアリストテレスの登場
——ヘイルズのアレクサンデルとアルベルトゥス・マグヌス——

山岳修道院の観想から都市大学の研究へ

すでに述べたところからも明らかなごとく、十二世紀はハスキンズ(Charles Homer Haskins, 1870–1937)やジルソンの言ういわゆる中世ルネサンスの時代である。この時期に、キリスト教的西欧には、新しい知識としてギリシア古典文化を独自の形で消化していたイスラム文化が流れ入り、その刺戟でキリスト教の知的世界は活気の溢れた社会となった。ヨーロッパ各都市の知的革新の中心となる大学の成立もその頃のことである。われわれが注目しなければならない事実は、当時のキリスト教会がイスラム教やユダヤ教の哲学者の知的充実の外装に驚きつつも、その学問的根源が宗教よりもギリシア文化にあることを見抜き、それを文化的に学ぶことの意味をわきまえ、それの直接習得に向かった見識とその成果である。

その成果の一つが第十四章のアベラールやシャルトル学派にも見られた普遍論争における古典哲学への注目とそれを利した独自の考え方である。彼らの研究に明らかなように、十二世紀の特色としては、論理的内面化による自己の思索とその道具としての概念への認識論的集結が著しい。

しかし、このような内向性は未だ体系化を果たすとは限らない。十二世紀の思想は、それが神学であれ哲学であれ、新たな視点による問題を提起し、それらをめぐっての多様な企てが、思索の新しい次元を開拓してきたのは事実であるけれども、そこには方法的自覚や問題への集中的切り込みがあるだけで、それらを統括した大きな体系として自己を呈示するには至っていなかった。

この世紀は、一一四二年に逝去したアベラールと、一一五三年に帰天したクレルヴォーのベルナルドゥスという生まれ年もほとんど同じで、十年前後の差しかなかった二人の同時代の対立する大思想家の争いにその半ばを閉じ、彼らの後を継いで十三世紀を準備する後半に入っていった。その五十年を巨視的に見るならば、教権的権威に関しては山岳大修道院のベルナルドゥスの伝統的敬虔の断乎たる態度が勝ち残り、学問的知性に関してはアベラールの方が都市に大学を喚起する先駆的役割を果たして勝ち残ったとでも言おうか、ともかくも新時代を開き、哲学の進歩において差をつけたことは確かであろう。この間に山岳のスコラを出て都市の大学に集結しつつあった人びとの間に、それまでは充分に知られてはいなかった二つのこと、すなわちスンマ(summa)という綜合的大系とアリストテレスという哲学者の体系が、西欧の思想界に沸き立つ力となって知られるようになった。それはアラビア語によるイスラムの文化——ギリシア古典哲学のイスラム的理解——の刺戟によることは確かなのである。修道的観想から学問的研究への変化、つまり山岳で栄えた新プラトン主義の神秘主義的神学から、アリストテレスを新しい支柱とする都市の哲学的研究への転換には、おそらくアベラールによるイスラム文化圏への鋭い予感が作用したことは少なくとも一因をなすであろう。しかし、この五十年の文化的大転換の詳細は、アラビア語の知識を欠く私には本当のところは何もわからない。ただ、キリスト教会にはベルナルドゥスのように十字軍をもってイスラムという異教に対抗しようとする護教的守勢とは別に、アベラールのように知られざる文化との対話的交流による布教的自己開示の態度が、ある程度の均衡を保ちつつ、十二世紀から十三世紀に入ろうとしていた。なおここで、山岳の修道院と言ったが、それは本院と言われるものであり、すでに十二世紀にはパリにもその支院は、今日のサン・ジェルマン・デ・プレ教会がベネディクト会のものとして建てられていた。都会においても大修道院の行う仕事が多かったことは言うまでもない。

中世の思想が、十一世紀の間に完成した観想の祈禱的思弁とは違った形の体系として樹立されてゆくのは、一般的に見る限りは、思想の激動を経た十二世紀の終わりから十三世紀にかけてであった。その代表的な哲学者を挙げるとすれば、ドミニコ会に属し、師弟関係にあるアルベルトゥス・マグヌス(Albertus Magnus, ca. 1193/1200-1280)とトマス・アクィナス(Thomas Aquinas, ca. 1224/25-74)、およびフランシスコ会に属し、師弟関係にあるヘイルズのアレクサンデル(Alexandrus Halensis, ca. 1180-1245)とボナヴェントゥラ(Bonaventura, 1217/21-74)の四人であった。彼らの周囲には、単にヨーロッパにおいて発展したキリスト教の文献研究ばかりではなく、当時としては全くの新知識であったイスラムの哲学やそれとの対決をすでに終えて以後のユダヤ思想を介して、ヨーロッパでは一時久しく無縁となっていたアリストテレスの思想が伝わってきていたから、中国やインドを除いての話ではあるが、いわば世界的な新知識の坩堝《るつぼ》の中で、従来にはなかった大規模な体系が構成されていく素地が形成されており、そのうえにキリスト教による綜合が企てられていた。それが十三世紀を通じて見られる体系志向への恰好の準備となった。特に、この時代の業績として一般の哲学者が忘れているのは、ヘイルズのアレクサンデルの思想である。彼こそは、最初に中世風スンマ（summa＝大全）の形式をもって著作をした先駆者ではないかと言われている。また、アラビアから流入してきたイスラムの学者たちによるアリストテレスを最も早くキリスト教化した形で活用した先駆者は、アルベルトゥス・マグヌスであった。それゆえ本章ではまず、この二人の哲学を考えてゆくことにしよう。

一　ヘイルズのアレクサンデル
——神学大全の嚆矢

生　涯

ヘイルズのアレクサンデルは、一一七〇年から八〇年の間に英国のグロースターシャー近くのヘイルズに生まれ、一二一〇年以前にすでにパリ大学で学び、学術修士（magister artium）の学位を獲得していた。一二九年には大学を代表する渉外委員会に属していたし、三五年にはパリ大学の要職にある英国人として、外交政治家の役割を果たして英仏休戦に努力した。その後間もなく、三六年の末に、また一説ではすでに三一年頃に、まだ創設されて日の浅いフランシスコ会に入り、パリ大学における最初のフランシスコ会の修道司祭として教授に任命された。フランシスコ会とは、アッシジの聖フランチェスコ（Francesco d'Assisi〈Franciscus Assisiensis〉, 1181/82-1226）によってイタリアにおいて創立された托鉢修道会であって、聖ドミンゴ（Dominicus〈Domingo de Guzmán Garcés〉, ca. 1170-1221）によってスペインにおいて創立されたドミニコ会と並んで、十二世紀の後半に登場してきた修道会（ordo）である。いずれも当初は、祈禱と労働と托鉢のみで貫かれた厳しい清貧の修道会であったが、多くの優秀な青年が集まるところとなり、その祈禱的観想の生む学問的営みでも頭角を顕した集団となり、これら二つの修道会が競ってパリ大学の神学講座を獲得し、学界を導くに至るのである。この先鞭をつけたのがヘイルズのアレクサンデルである。一二三八年から約一年、彼は修道会の所用でイタリアに滞留したため一時休講せざるを得なかったが、帰還後は四三年頃までパリ大学教授として活躍したと伝えられるが、四五年に一種の伝染病（ペストだという説が多い）に罹って死亡した。[1]彼の弟子で秘書も務めていた才子のヨハネス・デ・ルペラ（Johannes de Rupella〈Jean de la Rochelle〉, ca. 1200-45）は、教授補佐として三五年にアレクサンデルの後継者となり、三八年にパリ大学教授となったが、ヨハネスもまた師の歿した同じ年に、しかも師よりも早くに同じ疾患で亡くなっている。それゆえ、すでに五〇年頃にはパリ大学のフランシスコ会の担当する神学講座の教授の地位は、学問上アレクサンデルの真の弟子たるボナヴェントゥラが受け継いだ。ただし、五五年に修道司祭と在俗司祭(教区司祭)との対立に基づく大学紛争があったため[2]、その年、ボナヴェントゥラはパリ大学から追放され、大学教授としての資格を剥奪される。五六年に彼は再びその資格を得るのであるが、完全に大学に復帰するのは五七年、教皇の勧奨によって托鉢修道会と教区司祭団との間の和睦が成立して以後のことである。しかし、五七年二月二日に、彼はフランシスコ会の総長に選ばれ、教授職を辞したために、大学教授としての実際活動は時間的には極めて限られたものであった。これに比べると、その師のアレクサンデルは教授としての活動には恵まれていた。

アレクサンデルは「論破不可能博士(不可抗博士＝doctor irrefragabilis)」と呼ばれている。その著書は、大版のクァラッキ(Quaracchi)版で四巻の印刷本となっている『神学大全[3](Summa theologica)』が主著で、その他にも、私がフランシスコ会本部を訪ねた一九六〇年頃にはまだ手稿本のまま残されている二百に及ぶ「設問(Quaestiones)」の解読公刊に向けての努力がなされており、その他すでにドゥセ(V. Doucet)とアニュイネ(F. Henuinet)が発見し公刊した『命題集註解(Glossa super sententias)』があり、これは一二二二年から二七年の間に書かれたものと推定される。これらの全貌が明らかになるにはなお半世紀くらいも待たねばなるまいか。その暁には、この先駆者の内実は今よりはるかに明らかとなろう。

ベーコンの毒舌の影

それにしても、ヘイルズのアレクサンデルの評価は、従来のどの哲学史に徴しても、決して高いものではない。何故《なにゆえ》であろうか。一つには、彼より一世代後の、従ってより若い同時代者で、しかも同じ修道会に属するロジャー・ベーコン(Roger Bacon, ca. 1219–ca. 92 以後)の痛烈な毒舌が災いしているのかもしれない。パリにもかなり長期にわたり生活したこのオックスフォードの秀才は、彼自らの言うところでは、多弁なパリ大学の人びとを顧みずに、フランスの錬金術師ピエール・ド・マリクール(Pière de Maricourt)のもとで実験を学び、周知のように、これが後年の著書『新研究(Opus Maius)』第二巻第六章で論じられる「実験科学(scientia experimentalis)」の基礎を成すに至った。それでも彼はパリ大学で教授資格を得たが、一二四七年それを捨てて英国に帰り、オックスフォードで約十年間、徹底的に自然科学の研究と言語(ギリシア語とヘブライ語)の研究を深めた。五二年頃、彼はこの地でフランシスコ会に入会した。右のような教養を積んだ彼の目から見れば、有名なヘイルズのアレクサンデルもアルベルトゥス・マグヌスも、科学の新しい知見には乏しく、ギリシア語やヘブライ語の知識は不正確な翻訳に頼るだけの、根なき思弁の徒にしか見えなかった。多少とも誇張癖のあるベーコンの筆は、ヘイルズのアレクサンデルの『神学大全』について、一頭の馬に見合う重さの本で、しかも自分で書いたものではないと軽蔑の語を述べている[4]。大型のスンマとしては中世最初の大著に、これほどの毒舌を浴びせたのは、パリのフランシスコ会士たちとベーコン自身との間に生じたさまざまの緊張が原因ともなっていたのであろうが、確かにアレクサンデルの著書として代表的なものであるこの『神学大全』には、他の学者たちの名とその人びとの学説の要約が連なり、彼自らの思索があまり見あたらないような章もありはする。その他にも、この書の後半部、特にクァラッキ版第四巻は神学的テーマの秘跡論のところであり、純粋神学の領域であるから哲学に直接関わりはしないが、この部分は未完で、しかも他人の筆が付加されていることは確実であると言われている。それゆえ、少なくとも部分的にベーコンの激しい批難の当たるところもないわけではない。自身フランシスコ会に属する中世哲学史家のベーナー(Philotheus Boehner)も、やはり同会に所属するドゥセのクァラッキ版第四巻の序論により、『神学大全』の大部分がアレクサンデルの編輯計画に従った多数の協力者たちの筆によるもので、それにアレクサンデル自らの斧鉞《ふえつ》が加えられて成ったということ、しかもまたその他に、彼自らの計画には入っていなかった他人の著作も多少含まれているということ、これら二点を認めざるを得なかった[5]。そして、この中で最も重要な役割を果たしたのは、高弟で秘書を務めていたヨハネス・デ・ルペラであったことは言うまでもない。前述のように、この人がアレクサンデルと同年に恐らく同じ伝染病で死亡してしまったので、問題の『神学大全』の編纂は一時頓挫し、未完のままで二人の死後十年を経るまで公刊されなかった。その十年の間に、後半部においては、両名の企画とは異なる草稿の出し入れがあったものと思われる。これらの事情が、この哲学者についての研究が遅れたり、その取り扱いが不当に軽きに失したりしていることの原因であろう。例えば、二〇一〇年の今となっては多少古い話になるのであろうが、一九六六年、それが出版された当時、ルーヴァン大学の中世研究の伝統をさらに輝照させる力作と言われたファン・ステーンベルヘン(Fernand van Steenberghen)の『十三世紀の哲学(La Philosophie au XIIIe siècle)』は、それまでの類書に比してアレクサンデルについてほぼ二十回を超す言及があって、クリバンスキーや松本正夫たちに、その点も目新しいと言われはしたが、ボナヴェントゥラやブラバンのシゲルス(Sigerus de Brabantia〈Siger de Brabant〉, ca. 1240–81/84)の六十回を遥かに超す言及に比べればあまりに少ないし、目次を見ればすぐわかることであるが、十三世紀を代表する前述の二つの托鉢修道会のそれぞれ一組の師弟グループ四名のうち、章や節の題の中にその固有名詞も、その他その人を指す語も挙げられていないのは、アレクサンデルのみであるというだけではなく、その内容については第四章の「折衷アリストテリズム」中の「パリの神学的文献」という節の中で五頁にわたって他の学者たちとの関連が述べられているだけであって、その特色は明らかにされてはいない。しかしそのようなことは、トマス・アクィナスを中心とするアリストテリズムの切り口で哲学や神学を見るのに傾き過ぎているからではないのか。

新しい切り口

すでに機会のあるごとに少しずつ述べていることであるが、一九三〇年代の半ばから人びとは中世哲学における教父哲学の重要性に気づくとともに、それまであまり考えることの少なかった神の遍在性(ubiquitas)を介して、実体性の他に聖霊の持つ臨在性と共に全地のどの場所も聖地としての可能性を有し、そこにおける表象の独自性が普遍性につながるとする神学的論理性が見られることになった。そこから普遍論争も見直されることになり、表象の多様性の認知は概念の豊饒性を確認させ、他方では過去の残影の尾を引くスコラ学的自閉性への批判も生じてきた。それが現代神学の最初の生起としてのド・リュバック(Henri de Lubac, 1896–1991)やダニエルウ(Jean Daniélou, 1905–74)、コンガール(Yves Marie Joseph Congar, 1904–95)たちの新神学(la nouvelle théologie)の動向、グァルディーニ(Romano Guardini, 1885–1968)やバルタザール(Hans Urs von Balthasar, 1905–88)の典礼美学、シュマウス(Michael Schmaus, 1897–1993)やコンガールの聖霊神学の刺戟の源である。その目で見直してみると、中世という時代を意識したヘイルズのアレクサンデルのキリスト教思想史における、というよりも一般哲学史上の意味の大きさがわかってくるのではなかろうか。そのことについて述べることにする。

外的なこととのみ見なされがちであるが、アレクサンデルはファン・ステーンベルヘンの言うところでは、神学部の講義テクストとしてペトルス・ロンバルドゥスの『命題集(Sententiae)』を採用した最初の教師であった。[6] その『命題集』に関するアレクサンデル自らの註解の原稿は一九四五年に発見され、六〇年代に公刊されたが、編輯者たちはその成立を極めて早く一二二三年と二九年の間としている。この意味は私の見るところでは極めて注目すべきことなのである。というのは、命題(sententia)とはアウグスティヌスが『神の国』第十一巻第三章で明らかに述べているように、学者が「感覚の前にあるもの(esse prae sensibus)」を「現前するもの(praesentia)」と呼び、それが精神によって認知されたとき「知覚(sensus)」と呼ばれ、それに関する内的考究の結果を、sententia(見解およびその文章化としての命題)と言うのであるが、一般に命題はその成立の構造上、学者の考究がなければならず、その点こそが本来、神がその人を選んでおのれの語を預けるという預言者の預言や、神感を得て聖書を書いた使徒たちとは全く異なるのである。そしてこのような神の直接的な知識注入と関わりのない人間的思索の成果としての命題が、研究の対象となっているという事態の意味をどのように解釈するかが大きな問いなのである。人びとはこれを当然のこととして、神の摂理の広大な計画や人間の歴史の劇的な変化とは見ないままに過ごしてきている。これはしかし看過してはならない世の変化なのである。では、どのように思うべきか。

アウグスティヌスは同じく『神の国』で次のように言っている。「彼〔キリスト〕は、はじめに預言者たちを通して、ついで自らにより、さらにその後は使徒たちを通して、充分であると判断した限り語ったのであり、そのうえ、われわれが『カノニカ（canonica＝基準または基本経典）』と呼ぶ聖書を設けた。聖書は最も輝かしい権威を持つものであって、救われるために知らねばならないのであるが、われわれ自身からしては知り得ない諸々のものについて、われわれはこの権威に信頼を置く(7)」が、果たしてそれだけで充分なのであろうか。聖書に書かれてはいない天変地異も聖書が書かれた以後に起きたことがあるし、いろいろの領域で「われわれの感覚の及ばないところのものを、われわれがその証人となることによって知ることはできない以上、それらのものについて他の証人を求め、かつ彼らに信頼を置く(8)」他ないであろう。このようにアウグスティヌスは考える。

これが命題を書き上げた卓れた学者たちのことでなくして誰であろう。そしてそれらの命題はみな、そのままで正しいのか。このように考えてみると、われわれ後世の者はみな聖書を持って以後、キリストはおろか、預言者も使徒も新しい神与の文献も持たない人びとなのである。新しい証人たちはそれぞれに一長一短あり、これらの研究なしにはわれわれは新しい事象に対してどのように考え、またどのように聖書に結びつけ、主の示した道と同じ方向であるものがどの命題のどの解に依ればよいのか、迷いの中をさすらう他ないのではないか。十二世紀にペトルス・ロンバルドゥスやアベラールの予感したことをさらに深く憂い、対処を考え進めた人こそこのヘイルズのアレクサンデルなのである。

ファン・ステーンベルヘンと共にわれわれは言わねばなるまい、「もしアレクサンデルの『命題集註解』とサン・シェルのフーゴー（Hugo de Sancto Caro〈Hugues de Saint-Cher〉, ca. 1190-1263）の註解とを考えに入れなければ、一二四〇年以前のパリの神学部からは命題集註解書は一冊も出なかったであろう(9)」と。

神の共在性の密度を考えるとき、中世ははじめて教父の権威的地位からも距離づけられた、傾斜の線の下位にある地上的存在としての時代であることを認めなくてはならない時代なのであった。たとえ朧気《おぼろげ》にではあれ、それを意識したのはヘイルズのアレクサンデルだけではなかったか。彼のみが、おのれの時代としての中世全体が神にも預言者にもキリストにも使徒からも教父からも見放された地上の流謫《るたく》の民の時代、聖書しか頼るもののない地上の時の意識を持っていた人なのである。さればこそ、彼においては存在する神の遍在(ubiquitas)の確認は、最大の課題となったのである。その意味では、神の遍在など哲学の問題ではないとする二十一世紀のわれわれが本当は問い直すべき事柄を、二十世紀の新神学者たちよりも深い思いで、八百年も前に考えていた人としてヘイルズのアレクサンデルを讃えねばならない。

神の遍在について

ヘイルズのアレクサンデルの評価は、すでに述べたように、従来の哲学史では決して高いものではない。その理由の一つは、一般の人びとが中世の思想家を特色づける問題は神の存在証明であると誤解し、その点では彼に特別な独創性がないと考えているからである。神の存在証明が盛んになるのは、本来、神についての信仰が揺らぎ、理論的にも感情的にも疑惑が生じてくるとき、世人一般がその存在の確かな証しを求めて論理に頼ろうとする場合である。そういう事情を考えれば、中世ではカンタベリーのアンセルムスの場合を除けば、神の存在証明は一種の通過儀礼のような手続きであって、これが主題として取り扱われるのは、むしろ新しい世界との対立を意識して自己の原点を探索したデカルト(René Descartes, 1596–1650)やライプニッツ(Gottfried Wilhelm Leibniz, 1646–1716)に見られるように、近世哲学の仕事なのである。従って神の存在証明は、現代においても哲学の一つの大きな主題であると言わなければなるまい。私はこのことについてかつて意見を述べたことがあるので、ここでは詳しく語ることを割愛するが、一つの統計的事実を述べれば、パリの国立図書館の収蔵する一流の学術書に属するところの神の存在証明に関する書物は、その出版年度で比較すると、一九三六年から五九年の二十四年間に七十四冊、一九六〇年から七一年の十二年間に八十六冊も出版され、その年間にこの図書館のリストに洩れていて、なお重要な書物が私の調べた限りでも二十冊はあった[10]。これは同一テーマとして決して少ない数ではない。ここに情報社会の常として、書物がたやすく公刊されるという事情も充分考慮に入れなければならないであろうが、興味深い事実であったから示しておく。信仰の問われているときほど、人は神の存在を論証しようとするものなのである。従って、基本的には神が信じられていた時代の中世哲学者としては、神の存在証明に特別な方法を案出していないからという理由で、中世哲学の主流から逸れた存在のように思うのは、中世哲学そのものを見誤ることにもなるし、ヘイルズのアレクサンデルその人の特色をも見逃すことになる。

神の存在証明について独創的な見解はないにしても、彼の特色の一つは、「神が存在しないと思うことは不可能である」[11]という主張である。この命題を理解するためには、次の二点を理解しなくてはならない。まず第一は、アレクサンデルが明言していることではないが、あらかじめ用意しておかなくてはならない論理構造である。すなわち、神が存在しないと思うことは神の存在に気づかないということであり、それは神の存在を認識せずにいるということである。その意味で神の存在の問題は認識の問題に還元できる。第二に、彼自らが明言するところであるが、認識には、「習性的認識(cognitio habitu)」と「現実認識(cognitio actu)」との二種類がある[12]。

ところで「習性的認識による神認識は生まれつきわれわれに与えられている」から、この段階では神を否定すべくもない。「現実認識は二種類あり、一つは心が理性の優位部分に従って動くもので(中略)神の存在を無視することはできない。今一つは心が理性の劣位部分に従って動くもので、被造物に向かうが、それでも神の存在を無視することはできない。その場合は罪や過ちで心が神から遠ざかるようにくらまされているのである」[13]。それゆえ、愚かなる者(insipiens)が「神なし(Non est Deus.)」というその「なし(non)」は、他の仕方で、心が被造物の方に向かわされているという意味でしかない。アレクサンデルについては、あらかじめこれらの二点に言及しておかなければならない。

彼は神の存在についてこの認識の不可避性だけを述べたのではなく、多くの人びとによってすでに案出された論証を紹介して、神の存在が理性的に疑うべからざるものであることを示している。その中には、サン・ヴィクトールのリカルドゥス(Richardus de Sancto Victore, ?–1173)が『三位一体論(De Trinitate)』で試みた存在分析による証明、ダマスクスのヨハネス(Johannes Damascenus, ca. 650–ca. 750)の因果性(causalitas)からの証明、サン・ヴィクトールのフーゴーの、霊魂は自らの存在を疑い得ないが、その存在は始まりを持たねばならないという霊魂の自己認識からの証明、その他、特にカンタベリーのアンセルムスに関しては、『プロスロギオン』をはじめ四つの著書に言及し、その完全性の観念からの証明を受け入れている。時代の風潮から見て当然のことであるが、アリストテレスをアレクサンデルはある程度知っていた。それは例えば序論第二問第三部第二章で「神が被造物を通して知られ得るか」という考察をする際、神を「起動因(または作動因=causa efficiens)」「目的因(causa finalis)」であるというように、アリストテレスの用語を使っているところからも明らかである。しかしアリストテレスが西欧で完全に消化されないうちに、彼が浩瀚《こうかん》な『神学大全』を書き著し、むしろアウグスティヌスやカンタベリーのアンセルムスの線で体系的にまとまった思索を世に残したことは、後のトマスとの対比において中世の別の姿を示すという点で、まことに興味深いことであった。ただし前述のように『神学大全』の編輯については疑念も提示され、特に第四巻の終わりの部分は、彼の直筆であるか否かはもとより、彼が口述したものであるか否かも判然としない。何はともあれ、その書物は死後の出版であり、全体にわたってテクスト批判はなお必要であるが、第一巻から第三巻までの大部分は彼の著作であることに変わりはない。私としてはここに、ヘイルズのアレクサンデルの独自の面目を明らかにするテクストを見いだして解釈を企ててみたい。彼の書物が『神学大全』として現存する以上、しかも少なくともその前半は彼の直筆であると認められている以上、まずその書物を読む他はない。

二つの極めて注目すべき思想が、相次いで彼の書物において展開されている。それゆえ、そのテクストに簡単な註解を施しながら、二つの特色を明らかにしたい。彼の『神学大全』には[14]、「神の位置について(De localitate divina)」という章がある。そこにおいて、神学上困難な問題として知られる「神の遍在(ubiquitas)」の問題が問われている。これこそ前項で予告しておいたように、この哲学者に独特の考えなのである。

ヘイルズのアレクサンデルによると、神が遍在するとは神が何らか(汚物の中や尊い国宝)の事物の中に内在しているということなのか、あるいはそれぞれの空間に神が存在するということなのかと問うて、もし神がそのように諸々の事物に含まれていたり、または特定の場に囲まれるとするならば、神は制限を受けていることになり、相対的な存在になりはしないかと言う。それゆえ、神は決して事物の中に入ることはなく、またある特定の空間に囚われはしない。むしろすべての空間が神に対して現前(adest)している。すなわち、空間の方が神の前に存在するのであって、換言すれば、すべての空間が神に向かっている、あるいは、神の方向に自己を展延させているのである。すなわち、空間ないし場所は天に向けて神の方に展延的に傾斜しているということになり、このことは異様に聞こえるかもしれない。しかし、大地に関する現在の知識を介入させて解すれば、極めてもっともなことである。われわれが住んでいる空間を常識的に見ると水平的に続いており、われわれはそのうえに直立していると信じているが、実際に物理的な空間のありようから言えば、われわれの大地は球面であり、われわれは球体のうえに直立しているから、われわれには図像的には信じがたいことであるが、この足下を垂直に掘ってゆけばその果ては地球の対蹠点《たいせきてん》になり、そこにはやはり人がいて、その人びとは「対蹠」という文字どおり、大地を介してわれわれと蹠《あしうら》を相接するかのごとくにして、逆方向に立っていなくてはならない。すなわちわれわれは日常、知覚はしないけれども、地上の運動が行われる物理的な空間は、現実には球面的に傾斜しているのであり、同様に、形而上学的な空間は傾斜して神の方向に、天の方向に向かっていることをわれわれは知らなければならない。空間がすべて神の面前に「向かってある(adest)」がゆえに、神はどの空間にもいるということになる。この考えがすでにして甚だ面白い発想であるが、ヘイルズのアレクサンデルはそれにとどまりはしなかった。彼の考えでは、神がどこにでもいるということ(遍在性)の具体的な在り方は、空間のそれぞれの位置によって異なっているということになる。すなわち、すべての空間が、deo adesse つまり「神の面前に現前し」ていて、どこかで神に接していると言っても、神はそれらすべての空間に平等な接し方をするのではない。彼は次のように考えている。[15] すなわち、神は天国には「本質的《エッセンティアリテール》(essentialiter)」に存在し、神は海の果てには「可能的《ポテンティアリテール》(potentialiter)」に、あるいは「潜在的《ヴィルトゥアリテール》(virtualiter)」に存在し、神は地獄すなわち地底には「呈示的《プラエセンティアリテール》(praesentialiter)」に存在すると言う。「本質的」は言うまでもなく、本質《エッセンティア》(存在性)と関わり、「潜在的」は神の「力《ヴィルトゥス》(virtus)」に関わり、「呈示的」は神の「働き《オペラティオ》(operatio)」に関わると言う。それはどういうことか。天は高く人びとの仰ぎ望むところであるから、最高の存在としての神の本質《エッセンティア》(存在性)にかなう場所である。従って、神は本質的に天にいる。しかしながら、『詩篇』一三九篇(中世において使用されていたウルガタ版では一三八篇)に、[16]「我は曙の翼を借りて、たとえ海の果てに行こうとも、神、そこにても我を導き給う」とあるように、この世においてはいかなる遠隔の地に逃れようとも、神はわれわれをその徳としての力によって導く。それが神が潜在的に存在するということに他ならない。そしてまた同『詩篇』、「地の底に罪人らは行くとしても、神はそこで彼らの体の骨を数え給う」とあるように、神はそこにおいても自らのなす働きを通してわれわれにその存在を呈示する。それが呈示的に存在するという意味である。

このように考えると、前述の空間の傾斜とは違った別の傾斜も考えられる。それは大いなる存在としての神が、人間に向かって傾斜していることに他ならない。それは恵みの傾斜と言われなければなるまい。恵みの傾斜があるからこそ、われわれは本性上は神に届かぬ小さき存在でありながら、神と交わりを結び得る。われわれ地上の存在は、物理的に水平面に直立していると知覚するのであるが、空間そのものが形而上学的には神の方に上向きに傾いており、同時に神がそれぞれの上向きの空間に対して下向きに接しようとしている。この状況において、小さなわれわれの存在はどのようになっているのか。われわれの立っている空間が神に向かって傾いているというそのことは同時にまた、われわれの場が水平ではなく天に向かって傾いていることを示すが、それはまた同時に、地獄に向かって傾いていることに他ならない。それゆえ、われわれはこの傾斜面においてわれわれ自身が、そのいずれの方向にこの傾斜を辿るかを決断しなければならない。そこに「旅行く人《ホモ・ヴィアトール》(homo viator)」としての人間の存在論的傾斜が成立してくる。従って、われわれはその形而上学的な傾斜をすべり落ちていかないように、逆に神の方向に昇り進んでいくために、大いなる存在としての神の大いなる恵みの傾斜による神の接近の意志を信じ、それに沿うて生きてゆかなければならない。

いずれにせよ人に傾斜面が居住空間として与えられていることは、人間が絶壁の途中にしがみつき、天に昇ることは絶望で地底に落下するのを待つのみという状態ではなく、傾斜面を匍《は》い登れば天にも近づけるという希望の許される存在だということなのである。

ヘイルズのアレクサンデルの思索は、このように極めてイメージ豊かな独特の存在論の可能性を秘めている。人は、トマス・アクィナスを教えたアルベルトゥス・マグヌスは偉大な学者であったと言い、いずれの哲学史もその業績に言及するが、ボナヴェントゥラがはじめてパリに出てきたときに学んだこの偉大な神学者、偉大な哲学者、そして恐らくは『神学大全』という形式や題を持つ書物のほとんど最初の著者の一人たるアレクサンデルについて、およそ今までどの哲学史がそもそもいかほど述べたことであろうか。アレクサンデルは確かに、時を得なかった人であった。しかし、フランシスコ会がパリ大学に根を下ろすことができたのは、この英国人の哲学者の卓れた活躍があったからであるという史実を忘れてはならないし、その思想は神の遍在論に見られるごとく、極めて可塑性に富む創造的なエネルギーに支えられている。

二　アルベルトゥス・マグヌス
——アリストテレス研究の嚆矢

生　涯

アルベルトゥス・マグヌスは、現代もドイツ哲学者を多く輩出しているシュヴァーベンのドナウ川のほとり、ラウインゲンで、一一九三年頃に生まれた。そこには今日でも町の誇りとしていかにも思索家らしい風貌の彼の銅像が立っている。しかし彼はここで何も学びはしなかった。一二二三年、学問に憧れてイタリアのパドヴァでドミニコ会に入会し、その後、故国のケルンで神学を学びつつ神学の講義を続け、四五年、パリで神学学位を取得し、そのまま同大学で神学を講じた。彼は創立間もないドミニコ会の管理職としてもその学徳のゆえに多忙を極めた。後に同会のテウトニア管区長すなわちドイツ管区長をも務め、さらにレーゲンスブルクの大司教にも選ばれたために、その当時としては大旅行となるローマ教皇庁訪問も多かった。アルベルトゥス・マグヌスに学んでアリストテレスの哲学を完全にカトリック神学の核に定着させたその弟子トマス・アクィナスとの接点がどの程度のものであったかは、今日の状況ではまだ完全には明らかにされないが、一二四五年から四八年の間、パリおよびケルンにおいて、この順にトマス・アクィナスと出会ったことは確かである。しかしトマス側の資料から見ると、多少齟齬がある。それによれば、トマスはすでに故国ナポリ大学在学中にアルベルトゥスの令名を聞き，一二四〇年後半、そこからまずケルンに赴き神学の手ほどきを受けたことになっている。アルベルトゥスとトマスの関係については次章トマスの箇所で多少詳しく触れることにする。二人の師弟関係の結縁《けちえん》は、アレクサンデルとボナヴェントゥラの関係よりも、その共生の時間の長さと言い、研究上の親疎のただならぬいきさつと言い、それでも終生親しい仲を保つという哲学史の中で看過できない問題だからである。それはいずれ後に述べることにして、今はアルベルトゥスの博大な研究領域について述べることにしよう。

まず彼の謚号《しごう》は全科博士(doctor universalis)とあるごとく、その博大な知的関心の度は、まさに彼が恐らくはじめて西欧キリスト教世界に登場させたアリストテレスと同様、学問の全域に渡っていたと言ってよいであろう。すでに見てきたように、スコラの時代からボエティウスやアベラールを通じて、論理学と言語論の領域では古代のこの巨人の名と業績はラテン世界に知られていたし、十三世紀後半には形而上学や倫理学、心理学等で重要視されるアリストテレスであるが、その自然科学方面の全域にもアルベルトゥスの関心は及んでいたのである。それはロジャー・ベーコンのような実験科学ではなかったが、アルベルトゥスはその不完全なアラビア語やギリシア語の知識を通して、『自然学(Physica)』(一二五〇年)、『天体論・宇宙論(De caelo et mundo)』(一二五四年)、『気象論(Meteora)』(一二五四年)、『動物誌(De animalibus)』(一二六三年)など、すべてのアリストテレスの諸著書に、今でも研究史上必要な註釈書を残している。特にジルソンが紹介して以来、つとに有名になったが、『動物誌』の註釈においては、アリストテレスの所見と異なる発見をする毎に「されど我は見き(Ego autem vidi)」と断り書きをして、一々自己の観察を克明に述べているなど、当時の自然科学の水準を高めていたほどであるという。しかも神学の次元でも旧約聖書の『ヨブ記』『イザヤ書』『エレミヤ書』『ダニエル書』の註解、新約聖書の『四福音書』の註解などもあり、その他に体系的神学書としては『善の本性について(De natura bani)』『パリ神学大全(Summa Parisiensis)』『神学大全または神の讃美すべき知についてのスンマ(Summa theologiae sive de mirabilis scientia Dei)』すなわち『ケルンの神学大全』などもあり、スンマ(summa)つまりは大全ないし綜合的大系という著書名をヘイルズのアレクサンデルに次いで最も早く使った人の一人である。

　これほど多くの業績を知の全域にわたって成し遂げた中でも、反復を厭わず言うが、哲学史上の彼の目立つ貢献の一つは何と言ってもアリストテレスをその全貌においてラテン的世界に登場させたことにより、中世世界の未来を切り拓いた点にある。ただしその頃、十三世紀後半にはイスラム圏内ではアリストテレス研究は終息しつつあった。それはイスラム文化圏においてアリストテレス註釈家として抜群の功績を果たしたアヴェロエス（イブン・ルシュド）（Averroes〈Ibn Rushd〉, 1126-98）が諸種の事情により、イスラムの宮廷から追放されたことも大きな要因であった。

　いずれにせよ、この時期までに西欧ではギリシア語から直接にラテン語訳する企てがすでに進められていた。例えば、ドミニクス・グンディサリヌス（Dominicus Gundissalinus〈Dominicus Gundisalui; Domingo Gundisalvo〉, ca. 1110-81/90）、ヴェネツィアのヤコブス（Jacobus〈Jakob von Venetia〉, 12 c. 前半）などによる、『ニコマコス倫理学』やその『註解』なども公刊されていたことは、ここに特記しておきたい。というのは、この間に西欧におけるアリストテレス研究がアラビア語からの重訳の水準から脱却して、本格的な研究となりつつあったことを物語るからである。この年月の間にアリストテレス研究の先駆的思索家としてアルベルトゥス・マグヌスの名は忘れられるべきではない。彼が当初は知らなかったギリシア語翻訳の代表者にはメルベケのギヨーム（Guillaume de Moerbeke〈Guillelmus de Moerbeka〉, ca. 1215-ca. 86）がいた。アルベルトゥスの師としての教育ならびにギヨームの友としての協力に支えられてアリストテレス体系の西欧的理解の金字塔を樹立し、それを基に中世哲学の代表者となったのがトマス・アクィナスであった。

　一二四八年にアルベルトゥスは、ドイツ管区内にドミニコ会の神学大学を建設する使命を帯び、ケルンに赴き、そこに一時期はパリの人文学部と競ったほどに高度の研究を示すことになる大学を創設した。そのパリ大学から新しい神学の講師を求められたとき、アルベルトゥスはいささかの躊躇もなく、敢えて最も若い助手のトマス・アクィナスを推薦し、一二五二年の新学期からトマスはドミニコ会を代表するパリ大学の教授となった。そのトマスのアリストテレス新解釈に基づく思想の形成が、パリの保守的神学者たちから危険思想として攻撃され、公に講義停止の処分を受けた際、どこまでもトマスを学問的に支持し、名誉回復にもたらしたのも、すでに老齢に達していたが、学の将来を見通していた師アルベルトゥスであった。彼は八十歳の死に至るまで著述に励み、その全集はすでに一六五一年に企てられたのをはじめ、一八九〇年から九九年にかけては全三十六巻がパリで出版され、さらに一九五一年以降、ケルン大司教区立アルベルトゥス・マグヌス研究所の編輯による全四十巻（現在刊行中）の全集が刊行されつつあり、その完成を見なければこの巨匠の全貌を摑むことはできない状況である。

不思議な「註釈書」

私が今までに読んできた哲学書の数は、東西にわたり古代から現代に至るまで、遅読とは言え、七十年に及ぶ研究期間を考えてみるとかなりの数に上ると思う。しかし、今から概要を説明しようとするアルベルトゥス・マグヌスの「註釈」ほど、性格づけの難しいものに出会ったことはない。まず、そのジャンルが定かではなく、果たしてこれらが彼の著書と呼べるのかと躊躇せざるを得ないほど、複雑な構成と言おうか、むしろ無構成の放浪の旅に誘われて、酔うがままに思索を経験させられる気持ちになる、そういう著書がアルベルトゥスには多いのである。具体的に言うと、何の断りもない文章が実はアリストテレスの思想のラテン語訳であったり、それでは原文の訳かと読み直してみると、アルベルトゥス自身の註解やパラフレーズが混交し、それがいつの間にかアヴェロエスの考えと結ばれるなど、その天衣無縫の組み立てに翻弄されながら読み進むうちに、こちらの知的認識が充実してくるのを自覚せざるを得ないようになる。このような書物を、私はほとんど経験したことがない。そのような次第であるから、例えば原著者アリストテレスの「註釈」において、どこまでがアリストテレスで、どこからがアルベルトゥス・マグヌスの考えであるのかは不明のまま、結局はその原著の主題に関しては、この「註釈」を読む以前とは比較にならぬほど、知的充実感に心躍る読書の効果を、読者は意識せざるを得なくなる。具体例を次に示してみよう。それは『形而上学』A巻「第一論考　形而上学の確証性と高貴性について」[17]である。

この著作は、読むと極めて興味深い哲学書なのであるが、いかなる種類の書物であると言ってよいか、まったく途方に暮れる構造を持つと言わざるを得ない。この書の「第一論考　形而上学の確証性と高貴性について」の第一章は、「理論的学問は三つあり、形而上学は三つの学問のうちで第一のものであり、他の二つのものを確実なものとする」という長い標題である。哲学の真の叡知は、それがある神的なものとしてわれわれの中に存在することにおいて、知性を完成する。（中略）だが、自然において精細に考察されたものの中で、自然学的諸形相のすべての定義的観念は、運動あるいは変化、あるいはその両方の基体となる質料と共に包懐されたことは確かである。従ってその観念は、時間が時間的事物のうちにあることに従って、時間と共に包懐されねばならないのである。（中略）しかし、（われわれの）この思弁は至高の神的事物に関わるのであり、至高の神的事物は単純な差異を持つ存在であり、連続性と時間性をともなう観念の外にある受態(passio)

であり、連続性と時間性に先立つものであり、それらの原因であることによって、それらから存在することのいかなる原理をも受容することなく、従ってすべての連続的なものとすべての時間的なものを、存在において確定するものなのである。そしてその確定され基礎づけられた存在は前提されているのであって、連続的あるいは運動的存在の部分を考察する理論的学問および自然学において探求されることはない。(中略)従って、かの形而上学が他のすべての学を確定し、それらの基礎となり原理となるのである。(中略)それゆえに、その思弁は高さにおいて驚嘆すべきものであり、神聖さにおいて高貴なのである[18]」。

このように第一章の考察を進めた後、アルベルトゥス・マグヌスは第二章において、この学問の固有の対象は何であるかを他の哲学者たちの見解を議しながら、この学問における第一の対象は存在であり、第二の対象は原因で、第三の対象は神であることにより、神学という名に相応しいと言い、第三章では、この学問は多くのものに関わるけれども、「それらはすべて存在としての存在に類比的に統一されるから、端的には類比の一性〔を保証する本性〕としてそれぞれの学問を統一する」と言う。このように、アルベルトゥス・マグヌスはまず、アリストテレスに従い、テオロギア(神話伝承)とは異なるアリストテレスのテオロギケー(神学)を、必ずしもアリストテレスの言ったとおりの順序や言葉で辿ることをせず、それと関わりを持つ迂路《ディグレッシオ》(digressio)を介してアリストテレスの風土の中に人びとを連れ込み、このようなディグレッシオ(逸脱・迂回)を介して思索の行方《ゆくえ》を明らかにする。そのうえで驚嘆すべきことに、彼はようやく第四章において、アリストテレス『形而上学』A巻第一章九八〇a二一―二七のギリシア語原典を翻訳としては正しいラテン語訳にして提示する。すなわち、「すべての人間は本性によって知ることを欲求する。その証拠は感覚の愛好である。というのは、その効用を抜きにしても、感覚はそれ自らのゆえに愛好されるからであり、眼によるものが他の感覚と比べて最も愛好される。というのも、われわれは、行為するためばかりではなく、何も行為しないことが相応しい場合でも見ることをいわば他のすべての感覚に優って希求するからである。その理由は、この感覚が感覚の中で最もよくわれわれに認識させ、その多くの差異を明らかにするからである[19]」。

そして不思議なことに、アルベルトゥス・マグヌスは、「かの学問は他の学問から何かを受容することなく、他のすべての学問がこの学問から何かを受容することによって、この学問は第一哲学であるゆえに、われわれはまず、他のすべての学問が前提する知の生成を示すことから始めよう[20]」と語り出している。これなどは、アリストテレスのここで言おうとしていることであろうか。こういう形のテクストへの参入は、まさしく自らディグレッシオの範例を示すことであり、アリストテレスのテクストをまったく別の問題次元に展延させることによって、独特の「expositio（展延説明）」を加えるものである。例えば第五章において、アリストテレスの『自然学』の叙述に関係づけてゆく。このようにして、十三世紀前半におけるアリストテレス理解は、その当時の新プラトン主義優位の風潮において、アリストテレスを最も有意義な考察法として導入するための困難な紹介の仕方であったと見ることができる。思えば、この同じ『形而上学』をメルベケのギヨームと共に読み直し、訳し直しつつ、註解の本道に従ってアリストテレスをアリストテレスとして読みつつ、キリスト教の思想の中に活かしていったトマス・アクィナスは、アルベルトゥスのディグレッシオを真のアリストテレスの思索に展延説明としてレグレッシオ（regressio＝復帰、立ち返り）させたものと言うことができよう。アルベルトゥス・マグヌスには、前にも触れたように「スンマ（大全）」と名づけられた書物が複数あり、それらへの言及も必要であろうが、今のところは全四十巻（現在刊行中）の全集の完成を見なければ到底その全貌を摑むことはできない状況である。本書におけるアルベルトゥス・マグヌスの思想についての直接の省察はこれで終わることにする。しかし次項で、ある手稿本について述べることにより、アルベルトゥス・マグヌスの「註釈」の性格につながる一つの中世的傾向を述べておきたい。

手稿本との対面

ヨーロッパ各地のベネディクト会修道院に知友の多かったミュンヘン大学のアンリ・デク（Henri Deku）博士および当時の私の神学的論文に関心を持っていたミュンスター・シュヴァルツァッハのベネディクト大修道院のウルバン・ラップ（Urban Rapp）神父の紹介状を持って、シュタイアーマルクのベネディクト会立図書館を私が訪ねたのは、ヴェネブッシュ（Venebusch）がこの註釈書を印刷、公刊した一九六三年から五年も経った六八年秋のことであった。しかし私はある理由からこの出版物の写本の扱いに疑義を持つとともにヴェネブッシュの主張に興味もあって、是非とも自らの目で確かめたく、この手稿本の原物に接したかったのである。この原本は羊皮紙の手稿本で、皮革と木材で製本され、大きさは二一〇×二六二ミリメートル、厚さは三五ミリメートル、八十六枚からの羊皮紙から成り、書き手の異なったいろいろの著作が収められており、必ずしもアリストテレスの註釈だけではない。表紙のリストによると、アヴィケンナやエギディウス・ロマヌス（Aegidius Romanus ca. 1243-1316）の名もある。もっともここでエギディウスに帰せられている“De bona fortuna”という草稿は実は彼の著作ではなく、中世に流布していた『エウデモス倫理学（Ethica Eudemia）』と『大倫理学(Magna moralia)』からの抜粋であって、つまりは当時アリストテレスの著作と信じられていた書物のラテン語抄訳であることは明らかである。グラープマンこそが公刊された書物の中でこの写本にはじめて言及した学者であるが、ヴェネブッシュがその全体像を最初に明らかにしたことを忘れてはならない。

この中で最も重要なのは『霊魂論(De anima)』の稿本であり、それは容易に判読できる十三世紀風の書体で、一葉のフォリオ(folio)には平均五十五行で何の区切りもなく書かれている文章が縦に二列並んで書かれている。その中の五頁は、下部にかなり長い脚注が別人の手で書き込まれていて、よく読まれた手稿本の特徴の一つが見てとれる。ヴェネブッシュにより公刊された印刷本では、最初のフォリオ(Adomont Stiftsbibliothek, Codex lat. 367, fol. 9r)の写真が一葉添えてあり、かなり鮮明であるから、その部分のテクストの印刷形態はその書物の九二頁から九六頁にわたるので、照合して読むことによって、ある程度のパレオグラフィー(paleography)すなわち古文書学を学んだ人には十三世紀写本解読の練習に使用することもできる。写本解読の仕事は貴重であるが、いわば職人の手業であって、これに没頭してしまえば、もはや創造的に哲学することから離れてしまう恐れがあることは、草稿や写本の解読およびその公開において前人未踏の業績を挙げたマルティン・グラープマンの著書の全体的印象が、いささかならず思索的には平板の感をまぬかれないところからも肯《うべな》われることであろう。しかし、埋もれている中世哲学の未読、未公刊の写本の中には、未だ知られていない問いの提出や解答の試みがあるかもしれない。それゆえ周知のとおり、ミュンヘン大学神学部にはグラープマン研究所があってその功績を讃えながら、写本解読の仕事は続けられている。

ただし写本には誤写の可能性もある。殊に評判の高い広く読まれた内容の手稿本にこそその危険性があり、テクスト校訂や翻訳に際して写本を変更することが必要と考えられることがある。ヴェネブッシュもテクスト校訂の段階で、例えば第二問を仔細に検討すると、写本では corporalis とあるのを、前後の関係から、二、三行前に出てくる essentialis の誤記であろうと考えて、そのように読み替えているのは、にわかには同《どう》じがたい。ここはすぐ後の animata も animati と読み改めているけれども、私は原写本のとおり pars corporalis corporis animata のままで解釈するほうがよいと思われる。つまり、校訂者は「生物の肉体の本質的部分」というのに対し、原写本では「肉体の肉体らしく生命づけられている部分」と書かれている次第であるが、こう読まれるべきで、写本のままで写本の原著者の意図もよくわかるのではないか。

アルベルトゥス・マグヌスへの言及の必然性

ヴェネブッシュは、この不詳の手稿の著者が、同じくアリストテレスを受けながらトマスの学説と根本的に違う点をいろいろと挙げているが、例えば、あのよく問題になるπαθητικὸς νους(アリストテレス『霊魂論』III, 5, 430 a 24)をトマスは intellectus passivus(トマス・アクィナス『霊魂論について』III, lect. 10, n. 745)とするが、このマギステルは第六十七問論駁三で明らかなように、可能知性(intellectus possivilis)と同一視することを指摘している。これは一見小さなことに見えるかもしれない。しかしこれは、われわれの著者が能動知性(intellectus agens)と可能知性(intellectus possibilis)の二元性の人間における意義をいかに高く評価しているかの証しであり、能動知性は認識対象のみならず、認識主体にも関わる二重超越性を明示している。その点では、編者ヴェネブッシュの言うとおり、アルベルトゥス・マグヌスのディグレッシオ(逸脱)との類似がある。アリストテレス『霊魂論』でそうは言っていないけれども、ここで理性の二重超越を導出したことは面白い考えなのである。このテクストを敢えてここに紹介し、詳述したことは、十三世紀に神学者とは別に哲学者の動いていた人文学部およびその革新運動に理解を示した少数の神学者の精神運動を知るよすがになるであろう。

私が敢えてこのテクストを直接見ながら、註解としては疑義のある点を論議したことは、十三世紀の学者の中で、すべてに対して「されど我は見き」の精神に則り、他の学者よりも神学者における哲学の意味を極めて高く評価した学者としてのアルベルトゥス・マグヌスのアリストテレス紹介の仕方を何となく学んだマギステルが何人かいたことを示したかったからである。

哲学者の分類

哲学とは何かという問いに充分な解答を与えるということになれば、哲学者たちはさまざまに思い悩むことになろう。しかし、それの最もわかりやすい定義として、この学問の命名者でもあるソクラテスがわれわれに残した至言、「魂の世話」こそは広く一般に受け取られるものであろう。それにしても、このことはどうすれば可能なのか。そのことについてはすべての哲学者が、青少年や初学者たちには「魂の世話」とは魂のした行為についての反省のように外向的な対象志向の反省ではなく、自己の魂の主体的反省であり、それをどのように行うかにつき、自分の哲学によって教える責任がある。それゆえ哲学者はみな、教師(doctor)としての職責を有する者である。アルベルトゥス・マグヌスにはその自覚が強く、トマス・アクィナスが学んだケルン大学創立もアルベルトゥスの後進指導の熱意の成果で、たとい不完全であったとは言え、アリストテレスを先駆的に活用し、若いトマスに刺戟を与えたなど、教師として卓抜な存在であった。トマスは『真理論(De veritate)』『哲学大全(Summa philosophica)』のような純粋学術書を多く残したが、『神学大全』という立派な大部の教科書を試みたのは教師としての責務をアルベルトゥスに学んだからであった。

真の学者は教師や啓蒙家にとどまらず、独特の学問的営みに励む。哲学者の営みにはいかなるものがあるのか。周知のように、ジルソンは名著『中世哲学史(La Philosophie au moyen âge)』において、中世の哲学者に関する当時の格づけを含意した四つの分類について、以下のように述べている。[21] 敷衍すれば、次のようである。

(一) スクリプトール＝scriptor(書記)は、他の学者の著書を筆写するだけで、そこに何らの変更をも加えない人であり、原著を保存するには重要であるが、研究者というよりは資料保存者として貴重な存在である。

(二) コンピラトール＝compilator(資料収集家)は、自分の筆写した文章に他の註釈家たちの説明を書き加えて伝える人を言い、自らの新しい註釈を述べるのではなく、先行諸学者の註釈を正確に残すだけであるが、研究の歴史を知るうえに重要な存在である。

(三) コメンタトール＝commentator(註釈家)は、自らの研究成果をもって原文の理解に新しさを加える人のことで、難解な思想に対する自己理解により、原文の研究者を助ける不可欠の存在である。

(四) アウクトール＝auctor(著者、思索者)は、すなわちその名に値する著者のことで、その人の基本的な仕事は、その人自らの考えを外に向けて展開する人であり、独自の考えを証明するために他人の考えの助けを求めることはない。

ジルソンは「十三世紀の人びとにとって、アルベルトゥス・マグヌスは異論の余地なく一人の立派なアウクトールなのである」[22]と結んでいる。右の讃辞は、アルベルトゥスが実はコメンタトールではないということを含意しているかもしれない。なぜならば、アルベルトゥスの学問的関心は中世一般のアリストテレス研究者とは異なり、アリストテレスと同様に研究や関心は自然科学関係にも及び、一九四一年、教皇ピウス十二世(Pius XII, 在位 1939–58)は、すでに中世において教会博士となっていた彼を「自然科学研究者の保護の聖者」と讃えたほどである。アルベルトゥスの「註解」は、前述のように自然科学から旧約聖書、新約聖書の『四福音書』、そして体系的神学書まで存在するが、これほど多くの仕事があれば、右記のように多くの註釈は可能であろうが、よい註釈は原文の熟読を必要とする。これほど多くのテクストをどのように研究したというのであろう。

　真のアウクトールとしてアルベルトゥスは、独自の思想を展開したことは言うまでもないが、テクストから離れた自由な敷衍を全く独特な形で述べており、それは前述のコンピラトールではなく、コメンタトールでもなく、全く独自の説明(expositio)を行った人(エクスポジトール)と呼ぶに相応しい。これは方法的に構成される解釈(interpretatio)の学問性を持ってはいない。ここで想起すべき大事なことがある。それは、アルベルトゥスの愛弟子トマス・アクィナスが「哲学者」という普通名詞をアリストテレスのためにのみ用い、「註釈家《コメンタトール》」という普通名詞をアヴェロエス(イブン・ルシュド)のためにのみ用い、トマス自身が尊敬する師アルベルトゥス・マグヌスを一度たりとも「註釈家《コメンタトール》」と呼んだことはなかった。ここにわれわれは第六のタイプとして「註釈家《コメンタトール》」と「思索者《アウクトール》」を兼ねた哲学者を挙げなければならない。それが次章以下で考察するトマス・アクィナスである。

第十六章　一修道者の生涯と著作
——トマス・アクィナス(1)——

全体的印象

「天使的」とその人が言われるとき、その風貌は優美典雅、もしその作品についての印象ならば天衣無縫の詩美を漂わすというところであろう。しかしその死後二百九十三年目に、教皇ピウス五世(Pius V, 在位 1566–72)によって教会博士に列せられ、天使的博士(doctor angelicus)という名で呼ばれるようになった聖トマス・アクィナス(Thomas Aquinas, ca. 1224/25–74)は挙措鈍重で無粋であったがために「牡牛(bos)」と渾名《あだな》づけられていたうえに、中年に至っては腹部が大きく前に出て食卓につくと手が充分に卓上の食器に及ばぬこともあって、イタリアやフランスのドミニコ会の修道院で冗談めかして言われていることであるが、彼の席は定められ、その所では卓をくり抜き、彼が着座して両腕が自由に食器に届くようにしてあったとも伝えられるし、また一部に聖体讃歌「タントゥム・エルゴ」は彼の作詩であるとの伝説が語られているけれど、大著『神学大全(Summa theologiae)』をはじめ、彼の卓《すぐ》れた内容の盛られた文章は、主として学生や他の学者に理解しやすく書かれたからであるとは言え、達意明瞭と言われようとも、ローマの文人や十二世紀のアベラールの作品などに比べると、それらの人びとの天才的技法の名文に並び立つようなものではない。すべての哲学の学徒は古典ローマの名文を学習した後に、トマスの文章を読まされるとき、最初はその文章の品位の格差と文法修辞の平俗さにいささかならぬ失望を覚えるのである。

しかし、彼が初学者のために書いたという『神学大全』を謙虚の姿勢をもって読み進むとき、そこにはパルメニデス(Parmenidēs, ca. 515–ca. 450 B.C.)以来、思索の重んじた理性的課題としての、感覚的雑多から秩序への還元の堂々たる筋道が、キリスト教の教えとして予感されざるを得なくなり、読み進むにつれて、彼の時代までの人間知性の作用成果の一切が、それぞれの問題領域における肯否を含めて整理され、それらの検討の後に、彼自らの思考内容が論述されるという、実に整然とした思想の展望に対面することになる。前にも書いたように、このようなスタイルの考究方法の神学、スンマ(summa＝大全)の試み、つまり『神学大全』自体の成立から言えば、前章で述べたように、ヘイルズのアレクサンデルの方が先立つのであるが、トマスの『神学大全』の与える印象は、まさしく人びとを天主の教えに導く天使の役割を担う書物があるとすれば、これこそがそれであると言わざるを得ない。それゆえ、その思索の内容から見る限り、トマス・アクィナスが天使的博士と呼ばれることは誰にもまして相応しいと言わねばならない。しかし、彼のすべての著作が神学全体にわたるこのような入門指導書だけなのではないことは言うまでもない。

ところで、すでに述べたところから明らかなように、十二世紀はジルソンの言うように、いわゆる中世・ルネサンスの時代である。この時期に、キリスト教的西欧には、ギリシア文化を消化していたイスラム文化圏を介して、新しい知識が流れ入り、その刺戟で十二世紀は活気溢れる時代になった。各地の知的革新の中心となる大学の成立もその頃であるが、この文化的活気がさまざまの思想的反省を呼んだ。その結果の一つが、概念は実在するものか名称に過ぎないものかという、普遍者(universale)の存在様式を問うところの有名な「普遍論争」である。アベラールやシャルトル学派に見られる根本的反省から明らかなごとく、十二世紀の特色として論理的内面化が挙げられる。しかし、内向性はいまだ対象化や体系化を果たすとは限らない。十二世紀の思想は、それが神学であれ哲学であれ、新たな視点による問題を提起し、それらをめぐって多様な企てが思索のうえに新しい次元を開拓してきたのは事実であるが、それらは方法的自覚には及んでも、また問題の集中的な切り込みには成功しても、いまだそれらを統括した大きな体系として自己を呈示するに至ってはいなかった。中世の思想が、十一世紀までに完成された祈禱的観想の思弁とは異なった体系として樹立されるのは、前にも触れたとおり、十二世紀の終わりから十三世紀にかけてである。この転換期を代表する哲学者としては、アルベルトゥス・マグヌス、トマス・アクィナス、ヘイルズのアレクサンデル、ボナヴェントゥラを挙げることができる。この章で問題とするトマス・アクィナスが、なかでも大規模な体系構築という点において際だった存在であることは言うまでもない。

ドミニコ会に属し、アルベルトゥス・マグヌスとは師弟関係にあったトマス、フランシスコ会に属し、同様に師弟関係にあったヘイルズのアレクサンデルとボナヴェントゥラ、彼らの周辺には、ヨーロッパによるギリシア哲学の再発見と一般には言われるところの、新しい動向と「新知識」の波が打ち寄せていた。とりわけ、イスラム哲学とユダヤ思想を介して入ってきたアリストテレスの思想を基盤とするキリスト教の綜合は時代の機運であり、その意味でも壮大な体系が構成される条件は整っていたのである。

一　トマスの生涯

大学紛争とトマス・アクィナス

かつて人間の偉大な業績は、その人の環境や時代の貧困に対するその人自身の挑戦であり、補償であると道破した詩人がいた。またパピーニ(Giovanni Papini, 1881-1956)は「プラトンを見よ、ダンテを見よ」と言う[1]。周知のように、プラトンはギリシアのポリスが衰えかけ、師の大哲が死刑に処せられるような乱世に自らも囚われたり裏切られたりしながら思索し、多数の対話篇を書き上げた人であり、ダンテもまた中世の秩序が崩れた時代の争いに苦しみ、追放のさなかに不朽の名著『神曲(La Divina Commedia)』を書いた。トマス・アクィナスは十三世紀の人であるから、グラープマンの言葉を借りれば、盛期スコラ時代の学者であり、創成世代の多忙もようやく収まったドミニコ会の知的雰囲気の中に育ち、中世の最も恵まれた環境の学者であると見えもしよう。しかし、彼を取り巻いた現実の環境は決して一般に考えられるように閑静優雅ではなかった。トマスは大学に就任するその前後から学園紛争の渦中にいて、決して安閑と研究にうちこむだけですむ生活ではなかった。当時ドミニコ会の知的運動は、異教の中で讃えられる哲学に依存し過ぎる危険思想とみなされ、白衣に黒いマントのドミニコ会の修道服をまとうている限りは、修道院の外を安心して歩くことすらできない状態の中で、彼はドミニコ会に与えられていたパリ大学の神学第二講座の担当者として登場し、しかも危険思想の頭目と見なされるアリストテレスの徹底的な研究に基づく、新しい神学や哲学の思想を体系的に開拓することを止めなかった。一方で、理論的には愚鈍で、しかも騒動をこととする人びとの目から見れば、彼こそは山の彼方、すなわちローマ教皇の権力を代弁する者であるかのごとくに誤解されたのであり、他方で、ローマ教皇側からすれば、彼はあまりにも急進的に見えたのである。それゆえ、講座担当後、何年か後には、トマスはついにパリ大学での講義を差し止められるに至った。彼は危険思想家と目されたのである。

本書のような研究書に私事を述べることは差し控えたいと思うが、事実であるから数行ここに挿入しなければならない。私が中世哲学の書物を書こうと思い立ったのは、遥か昔の一九六〇年代のことである。それが不思議に、その執筆にとりかかると、いつも大小の大学紛争のために中断されるのである。かつて一九六八年、私は本書のスコラ学の概論にあたるところを書き上げた際に、すでに中世哲学史についてのある種の構想ができあがり、本書とはまたまったく別の形の中世哲学の草稿が用意されていたのである。しかし当時は、激しい紛争のために、研究時間が普通の状態の三分の一、四分の一に激減した。そこで、毎日のように大学の施設を破壊活動から守るために宿直しなければならない若い教授の一人として、自らの仕事を削減しなくてはならず、そのため私の本質的な課題としての体系的な思索のためにのみ時を割くことに決めて、歴史的研究は抛《なげう》たなければならなかった。このようにして中世哲学の書物は、まず大学紛争のために断たれたのである。いったん収まった一九七〇年以後、私は再び中世哲学にも目を向けるゆとりが生じはしたが、本書が完成に至らなかったという事情は、当時勤めていた東京大学文学部での小さな紛争や、私の属している学会の事情などが関係している。真摯に研究を続けているだけの私でさえも、何も知らずに騒動をこととする一部の暴力学生や偏見に満ちた学者らしからぬ人間からは、はるか昔の封建時代の哲学を代弁し、しかも当時の文部省の権力を代弁する者であると言われたり、世俗の権力を求める人と言われたりするのである。私はそのために大学内を大学教授としての服装で歩くことのできない時期もあり、殴られて病院に行くことさえ折を見て秘かに立ち動かなくてはならないこともあったし、また学会では事実無根の中傷に耐えなくてはならない日々もあった。そのことを考え合わすとき、学者はすべからくトマスのように、危機においても、中傷する衆愚の中にいても、悠々と勉強を続ける覚悟を持ち、それを実践しなければならない。私はトマス哲学を過度に尊重するトミストではないが、しかし、学者としてのトマスの生き方に励まされてきた。紛争で苦労したということでは、多くの国々の私と同年輩の大学教授はトマス・アクィナスと同じであった。そのことの詳細は、彼の生涯を述べるときに多少言及されるであろう。

誕生の年はいつか

一九七四年三月七日に、聖トマス・アクィナスの死後七百年祭が各地で営まれた。その年に出版されたウェイシェイプル(James A. Weisheipl)の名著『トマス・アクィナス　その生涯と思索と著作(Friar Thomas D'Aquino. His Life, Thought and Works)』は、トロントの教皇立中世哲学研究所所属のドミニコ会士に相応しく歴史的文献の調査に関して徹底的な検討を施し、その生涯を七時期に分けてそれぞれの時期における著作との関わりを詳細にわたって調べてあるから、いろいろ新しい事実を押さえてもいる。その中でもそれまでに公刊されたほとんどの関係書を困惑させたことを、開巻劈頭ウェイシェイプルは「〔トマスの死亡した日の〕一二七四年三月七日だけが彼の生涯の日付けとしては確実なものであるから、この日この年が世界中でさまざまな仕方で祝われるのは相応しいことである(2)」と言い、さらに続けて、「この前の世界的な記念式典は一九二三年に営まれたが、それは一三二三年七月十八日に行われた列聖式(3)の六百年記念であったが、その盛儀から一九七〇年に至る約五十年の間に生涯の記述について、非常に多くの埋もれていた資料が多くの修道院から発見されてきた(4)」と述べている。それゆえ、それらの評価や校合の結果などの必要事項に本書でも気をつけたいと思う。ただし、本書は思想内容の研究書であるから、右のような資料についてはトマスの誕生の年に限って顧慮することにしたい。

ほとんどすべてのトマス研究書が異口同音に書いていることは、トマスはナポリのアクィノ伯爵の一門として、ロッカセッカ城で一二二五年に生まれたということである。トッコのギレルモ(Guillermo de Tocco)をはじめとして多くの伝記作家は、トマスをアクィノ伯爵家の出身であると述べ、また幼時から極めて卓れた信仰の人であったとするが、その実は定かではない。現実に父ランドルフォ(Landorfo)の誕生の年も明らかではないし、母ドンナ・テオドーラ(Donna Theodora)がノルマン系の出身でナポリの旧家の娘であることは確かであるが、シチリア王国の女王の妹であるというのは風評に過ぎず、トマスを含めて何人の子どもを持ったかも判然としてはいないので、その系図や伝承が歴史的文献に詳細に残るほどの家柄ではないが、トマスが幼少時を城の中で過ごしたのは事実であり、またその家が下級貴族に属することも事実である。

だが、彼が一二二五年に生まれたという公式の記録文書があるわけではない。確かなことは、彼の死が一二七四年三月七日の朝ということだけである。そこで、そのときトマスは何歳何カ月であったかが問題なのである。死の日を三月九日と少し違えて録《しる》しているギュイ(Bernard Gui)は、トマスは五十歳のはじめに死んだと録しているので、これだと誕生の年は一二二四年となる。トッコのギレルモとピエトロ・カロ(Pietro Calo)は二人とも、トマスの死の日は普通の記録と同じであるが、ギレルモは聖人は四十九歳であったと録しており、それによると誕生年は一二二五年か一二二六年ということになる。ルッカのトロメオ(Tolomeo of Lucca)はトマスは五十歳の年に死んだが、四十八歳という人たちもいると言っているが、もしそうであれば別に一二二七年も誕生年の候補ということになる。列聖のための第一査問委員会委員ピペルノのニコラス(Nicholas of Piperno)は、トマスは証人にとって五十歳か六十歳に見えたらしいと証言していたが、それならば誕生年は一二一四年から一二二四年の間ということになる。あまり証拠にならないものではあるが、十八世紀の文書でマリアノ・アルメリーノ(Mariano Armellino)は、トマスは一二二〇年四月十六日にロッカセッカ城で生まれた。父はアクィノの伯爵ランドルフォ、母は伯爵の娘テアテのテオドーラであったと録している。このように死の年が明らかになっても、幾歳何カ月であったかが不明の限り、誕生の年月日の特定はできず、さまざまの種類の文書がいつどこから出てくるかわからない西洋中世の学僧の履歴なども、あたかも役所に出生届などがある近代国家の状況に慣れた考えで、いずれかの研究書に書かれているものを、そのまま無造作に受け取るわけにはゆかぬ。これらの記録類を博《ひろ》く収集、校合した一世紀前の代表的トミストの一人マンドネ(Pierre Mandonnet)は、一九一〇年に「こういうわけで彼〔トマス〕は、一二二五年のはじめから一二二四年の終わりに生まれたということで満足せざるを得なかった」と、ウェイシェイプルは書いている。(5) ただし、何とかしてこれ以上に正確な特定をしようというのが、ウェイシェイプルの小さいが一つの進歩をもたらした試みであった。こういうことが中世哲学史や、わけても哲学そのものの研究にどれほどの意味があるものか私には今のところ全くわからないが、とにかく成功すればトマスを尊敬している学者にとっては一つの日を特定するようすがともなろう。

　さて、中世には貴族はその家門を重視し、主としてその長子は家を継ぎ、領主としての務めを果たすべくその居城で教育され、次男、三男は長子に万が一のことがあるのを恐れ、しばらくは家住みのまま武将としての素地を教えられていたが、信心深く名望の誉れ高い貴族の場合、一児を修道献身者《オブラトゥス》(6)として、近くの大修道院へ送り込む習慣があった。それは原則として五歳の誕生日を過ぎてからのことである。トマスはランドルフォ伯の末子第六子であり、ベネディクト会のモンテ・カッシーノの大修道院にオプラトゥスとして献げられたことは知られている。当時の修道院の初等教育の実情は、伝記作者たちの記しているところだけでは必ずしも明らかではない。しばしば、トマスの天才の証しとして彼の設問に老師が驚くという話などもあるが、仮に幼いトマスが「神とは何か」と尋ねたことがあったとしても、それは普通の子どもが尋ねるのと大差はないと思う。ただ、モンテ・カッシーノのベネディクト会修道院では、人びとはその生まれと言い、その才能と言い、将来そこにおいて責任ある地位に就くことをトマスに期待していたに違いなかった。しかし、その修道生活は平坦ではなかった。教皇と皇帝との間に争いが生じ、モンテ・カッシーノは皇帝の軍隊の占領するところとなったために、トマスは一二三九年にロッカセッカの古城に戻った。だが、ナポリ大学の人文学部にトマスが入学したのは、この一二三九年ではないかとも言われている。この大学は当初は必ずしも卓れた大学と言われてはいなかった。それは一二二四年、フリードリヒ二世(神聖ローマ皇帝)の勅許によって、シチリア王国の隆盛を目的として建てられた学園であるため、むしろカロリング王朝のスコラの伝統に属し、自由な研究を謳歌していた中世の大学の中では異質のものであった。しかしそこでは教授の待遇は安定しており、また当時、真理研究を目的とした正統的な諸大学がその組織の増大につれ、それぞれの都市で思想上また経済上の問題を抱え、研究が必ずしも理想的に行われていなかったのに乗じて、ナポリ大学は多くの優秀な教授や学生を引き抜いてきたと言われ、次第にその学的陣容でも有名になりつつあった。いずれにせよ、そこで彼が学んだものは、自由七科すなわち文法、修辞学、弁証学、算術、幾何学、天文学、音楽であったに違いない。しかしこの他にも彼は、ベーナー(7)やヴァルツ(8)(Angelus Walz)の言うところによると、ボエティウスやポルフュリオスを通じてアリストテレスの書物のラテン語訳や註釈を学んでいた。ナポリ大学ではその後、果たしてどの程度までアリストテレスを理解していたかは不明であるが、少なくともその『天体論(De Caelo)』や『形而上学』がアヴェロエスの仲介を通じて知らされていたことは事実である。新興大学としてのナポリ大学は、(9)イスラムの学者たちを通じて伝わったそのような新しい学問について情熱を燃やす人びとを集めていた。

トマスの著作

ここでようやく、われわれはトマスの学術的著作の概観を述べるべき時を迎える。トマスの著述期間は、二十年前後とみてよいが、その間に、彼は教授として、祈る修道者として、また国際会議の花形として共同生活に割くべき時間や旅行に費やすべき時間が多く、著述に専念するわけにはゆかなかった。そのため、純粋に著作にあてられた時間はかなり少なかったと見なければならない。それにも拘わらず、質は申すに及ばず量的にも、例えば十九世紀に出版されたヴィーブス版では三十四巻の分量に上っているように、史上の大著述家に匹敵する大部の著述を残している。

彼の著作について私の知る限り、最も標準的な著作リストと思われるものは、一九五六年に出版されたエティエンヌ・ジルソンの『聖トマス・アクィナスのキリスト教哲学』(10)に収められているものであるが、その後では一九七四年に、先にも挙げたが、トロントの教皇立中世研究所教授ウェイシェイプルの出版した『トマス・アクィナス　その生涯と思索と著作』の三五五頁から四〇五頁にわたる"A Brief Catalogue of Authentic Works"という題のリストが最も正確なものの一つであると思われる。それによると、全著作が以下の十一項目に分類されている。

(一) 神学的綜合(Theological Syntheses)　一—三
(二) 学術的論争(Academic Disputations)　四—二四
(三) 聖書註解(Expositions of Holy Scripture)　二五—三五
(四) アリストテレス著作註解(Expositions on Aristotle)　三六—四七
(五) その他の著作註解(Other Expositions)　四八—五一
(六) 論争的著作(Polemical Writings)　五二—五六
(七) 特殊主題論文(Treatises on Special Subjects)　五七—六二

（八）専門的見解（Expert Opinions）　六三―六七
（九）書簡類（Letters）　六八―八三
（十）典礼関係小論および説教集（Liturgical Pieces and Sermons）　八四―九〇
（十一）偽書（Works of Uncertain Authenticity）　九一―一〇一

以上のように十一項目に分類されているが、十一番目の偽書十一篇を除いて、間違いなく彼のものと思われる著作は九十篇に及んでおり、例えば浩瀚《こうかん》な命題論集や邦訳書にしてA5判平均三百頁のものが五十巻を超えるような著作である『神学大全』も一篇として数えているのであるから、一人の著作としては信じられないくらいの量と言わなければならないし、しかも初心者用の入門書として書かれたと言われる『神学大全』でさえ、学者の研究書として考えられているほどの内容であるから、特にそれと区別されて、学術的論争に分類されている『真理論（De veritate）』などの内容を考えると、トマスの専門研究家でさえここで挙げられた著作をすべて読破することは不可能に近いであろう。このような大量の著作はどのようにして可能であったか。周知の事実であるが、トマスの著作はすべて口述筆記であった。知られている限りでは、四人の筆記者を一室に集め、それぞれ違う内容を口述したと言われ、ベルギーのルーヴァン大学のドンデーヌ教授は、トマスの現存手稿の専門研究家でもあると同時に第二ヴァティカン公会議への発火点となるピウス十二世の回勅『フマニ・ジェネーリス』の批判者として決して熱狂的トミストではなかった学者であるが、その彼が私に語ったことなのだが、同一文書に全く書体の異なった筆耕者が奉仕していたこともあり、その文書の真偽の判定に時を要することがあったという。それが二十世紀後半も続けられているトマス全集の編纂の仕事の逸話《アネクドート》であったことは、私にとって驚きであった。とにかく、トマス自身の文字は「知解不能（文字）（littera inintelligibilis）」と言われ、つまり解読不能なのであった。その字が書き込まれている手稿ならば絶対に真書であると言われるけれども、今日までのところその書き込みの多くが解読されたとは言われていない。

著作に関するクロノロジア

トマスが当時の革新的な思想家であったことは確認しておかなければならない。その教説は教会内部でも最初から公認されたものではなかったし、トマスが所属していたドミニコ会の中でさえ、ただちに勢力を得たものではなかった。一二五四年、トマスは二十九か三十歳になっていたが、その頃彼はパリ大学ですでに聖書の講義、ペトルス・ロンバルドゥスの『命題集』の講義をしながらその註釈を書き、そして『存在と本質（De ente et essentia）』を書き上げたところであったから、それらの内容から見て、トマスが弱年から並外れた才能の持ち主であったことはわかる。五六年、周知のように彼はフランシスコ会のボナヴェントゥラと並んで、パリ大学神学部の正教授に任命された。この頃に『真理論』を書き上げるとともに、未完に終わったボエティウスの『三位一体論』の註釈を企て、さらに哲学的スンマとして名高い『対異教徒大全(Summa contra gentiles)』に着手していた。このことは、トマスがすでに一応は独立した学者となってその代表的著作を書いていたのが、アリストテレスの原典研究に取りかかる前のことであったという事実を示す。しかし彼が真に革新的な思想家となるのは、研究方法としても全く革新的な文献学的方法、すなわちメルベケのギヨームというギリシア語の天才とめぐり会い、従来のようなアラビア語訳からの重訳によらず、直接ギリシア語原典からアリストテレスをラテン語に訳してもらい、それに対して註釈を施していくという共同作業を実行した後のことであった。そのめぐり会いは一二六一年、トマスがイタリアのオルヴィエートにいたときのことで、そこには四年も滞在し、ギリシア語原典でアリストテレスを読む傍ら、何年越しかの仕事となっていた『対異教徒大全』を書き上げた場所でもあった。イタリアに呼び返されたのはすでにその二年前の五九年であり、それは彼の母国にドミニコ会の神学研究のための修道院を建立するためであったが、まず最初に行ったのはアナーニュイで、そこでは『可能態について(De potentia)』を完成している。

　これらの著書には、周知のようにアリストテレス的術語が充分に使われているので、アラビア語文献を介して入っていたアリストテレス的概念は、彼の師であるアルベルトゥス・マグヌスの貢献によるところが多大であったにせよ、トマスにおいてはかなり正確なものであった。しかしそれらは、いわば別個に取り出された宝玉のような輝きであり、それらが本来一つの首飾りとしてそのように輝照し合うとでも言うほどのアリストテレスの全体系における有機的聯関において成立している意味論的構造性は、いまだ必ずしも正確に捉えられてはいなかった。オルヴィエートからローマに行ったのは一二六五年で、そこにいた二年間はアリストテレスの註釈を書き続け、六七年にヴィテルボに移るや、アリストテレス研究の余勢を駆り、しかも久々の体系的思索を喜ぶかのように、キリスト教に属することどもを、初心者の体系的教育に適した方法で伝達する[11]ことを目的として、代表的大著『神学大全(Summa theologiae)』の著述に着手する。そしてこの頃から『可能態について』以来、久しぶりに多くの「論争問題(quaestio disputata)」を書き上げるが、ヴィテルボで完成させたのは『霊的被造物について(De spiritualibus creaturis)』である。六九年、三度目のパリ入りをするが、そこではヴィテルボ以来の仕事として『神学大全』の著述を続けるとともに、重要な「論争問題」たる『悪について(De malo)』『霊魂について(De anima)』『世界の永遠性について(De aeternitate mundi)』『知性の統一性について(De unitate intellectus)』『離在実体について(De substantiis separatis)』等を著した。七二年、新たにまたパリを後にしてナポリに向かい、七三年にはナポリ大学で講義をしたが、そこは実に三十数年前、一二三九年秋に学生として彼が訪れた最初の大学であったようであるし、また四四年、ドミニコ会の修道服を着衣したのもこのナポリであった。そしてここでの神秘的経験の後、彼は完成寸前の『神学大全』の筆を折り、専ら黙想の生活に入ったのであるが、一二七四年一月、ときの教皇グレゴリウス十世(Gregorius X, 在位 1271-76)に特に懇請され、第二回リヨン公会議に病気をおして出席するための旅の途上、フォサノーヴァまで来たとき力尽き逝去したのである。

ところで、十九世紀におけるマルキシズムの哲学的開花および数学的論理学の勃興は、一面で社会哲学と科学主義哲学に活気をもたらした。これら二つの新傾向に対して、伝統的な哲学の側から認識論では新カント派、存在論としては「生の哲学」が台頭するとともに、より新鮮な思索の成立を求めて哲学の古典に対する文献学的研究が生じ、哲学史研究の面目を一新した。その一例が教皇レオ十三世(Leo XIII, 在位 1878-1903)の奨励によるトマス哲学の復興であるが、その運動は『トマス研究(La Revue Thomiste)』の創刊、マルティン・グラープマンを先達とする中世手写本の校訂、出版等に見られる。その間に体系的な思索運動としては、現象学と実存主義の成立があり、一時廃れていた形而上学的関心が哲学界全体に復興しかけたのが、二十世紀前半の状況であった。不幸なことに、近代国家の政治的闘争による戦争時代がこれと重なったため、国家主義、民族主義、階級主義等のイデオロギーが絡みつく負の要因も強かったこともあり、人類という基盤を失うことのなかったトミズムが自他ともに下等に評価される傾向もあった。その反動としてグラープマンなどは、当時の現代哲学の一切の問題がトマスの中にあるとまで主張した。(12) この行き過ぎた傾向に対して、トミストたちの中からも良識的反省が生じ、例えば一九九三年、教皇ヨハネ・パウロ二世(Johannes Paulus II, 在位 1978-2005)は『トマス研究』の創刊百年祭に際し、ジャック・マリタン(Jacques Maritain, 1882-1973)やエティエンヌ・ジルソンなど非司祭の学者の純粋学問的協力が、この雑誌の厳密な学術的発展のためにどれほど有効であったかを敢えて明言している。本書においても以下にトマスを論ずるに際しては、カトリック哲学者の自戒の一つとして、トマスが中世最大の哲学者たちの一人であることを読者と共に意識して、彼がプラトンを超えるとか、今後とも哲学の師として唯一人であるなどとは言わず、公正に論ずることにしたい。

二 『神学大全』の学説

神の存在証明

前掲の著作分類で第一に挙げられたのが「神学的綜合」であるが、そこには命題論集および二つの大全《スンマ》が含まれる。二つの大全とはすなわちSumma contra gentilesつまり『対異教徒大全』とSumma theologiaeつまり『神学大全』である。それぞれがトマスが学者として独立した中期および後期を代表する大著であり、キリスト教的思索の典型的古典である。前者は、当時スペインで文化的にも隆盛を極めていたイスラム教徒との理論闘争の教科書として、またイスラムに対する学問的な対決の書物として書かれたものであり、およそ一二五九年から六三年頃の間に成立した。この書物は四巻に分かれており、第一巻から第三巻までは主として神およびそれに関わる哲学的な真理が、新約聖書・旧約聖書に頼ることなしに、すなわち啓示と無関係に考えられている。それまでの神学書や哲学書が対決の相手としたのは、ほとんどユダヤ教徒ないしキリスト教の内部の異端者に過ぎず、立論の基礎に関しては、しばしば旧約聖書ないし新約聖書という共通地盤に訴えることができたのに対し、この『対異教徒大全』は新たに、一神論とはいえ、キリスト教とは共通性の少ないイスラム教徒の学者たちと論争するものであったがために、あくまでも理性の次元で論証するという性格を有している。そのことからこの書は、また『哲学大全(Summa philosophica)』とも呼ばれている。しかし、第四巻は救いに関する問題を扱い、三位一体論、キリスト論などを包含しており、必ずしもその内容は純粋に哲学のみであるとは言えない。しかしながら、「神学的綜合」の部分で代表的なものは何と言ってもトマスの著作の第一に挙げられる『神学大全』であるから、以下においてこの著作について説明したい。この書はトマス自らが言うところによれば、神学を学ぼうとする初学者のための綜合的教科書である。全巻は、第一部「神論および神による万物の創造」、第二部「人間論　理性的被造物としての人間が神に還帰する霊的運動」、第三部「キリスト論　人間の神に至る道としてのキリスト論」、そして補巻から成る。ただし、神学における初学者の入門にあたるのは第一部のみであって、例えばウェイシェイプルによれば、第二部以下の部分は、新旧の神学上の問題に対するトマス自らの新しい解決をその時代の最高文献を駆使して示した最も学問的な考察である(13)。

この著作がどのような構造で書き進められているかを以下に例を挙げて示すが、その前に『神学大全』の特色は何かについて触れよう。それを主として学説に注目して説明するならば、およそ次の三つの問題に言及することが必要である。

すなわち、

（一）神の存在証明

（二）世界の存在論的構造および認識論

（三）人間の社会的生活

トマスによれば、神の存在は純粋に理性的に証明できるはずである。これはパウロが『ロマ人への書』の中で述べていること、すなわち「それ神の見るべからざる永遠《とこしえ》の能力《ちから》と神性とは、造られたる物により世の創《はじめ》より悟りえて明《あきら》かに見るべければ、彼ら言い遁《のが》るる術《すべ》なし(14)」という預言的な言葉があるが、それを基にして考えているカトリック教の全体的な傾向を示している。トマスはそれを有名な「五つの道」に分析し、そのおのおのによって神の存在を証明しようとしている。これは後にカトリック哲学の正統的見解と見る人びとも出てきたほど、教会によって歓迎された説なのであるが、アリストテレスの『形而上学』の研究を介して、彼によってはじめて統一的に体系づけられたと考えることができる。簡単に言うならば、五つの道とは次のようなものである。

第一は、運動の事実からあらゆる運動の原動者を推理する道。第二は、あらゆる作用の第一の原因を推理する道。第三は、この世のものがいずれも可能的で偶然的であることから、それの根拠としての絶対的に必然的なるものを探る道。第四は、この世にある完全性(perfectio＝現代風に言えば価値)の原因としての絶対的完全性、すなわち絶対的価値を探る道。第五は、目的論的考察によってこの世に内在するあらゆる秩序の統括者としての最高目的に思いおよぶ道。このような考え方は、その一つ一つをとってみると、個々にはすでに先行者の中に認められる推論であり、そのいずれもトマスが独創的に発見した方法ではないと言っても差し支えないが、それにも拘わらず、綜合的にあらゆる方法を整理し、現象の世界の中で万人が確認する五つの事実、すなわち運動変化、原因づけられた存在、事象存在の非必然性、価値比較の事実、合目的秩序の存在という五つの現象的事実から出発して、自然的理性によってこれらの事実の究極的根拠としての超自然的な実在の存在を証明し得るという可能性を論理的に明らかにした功績は、甚だ大きかったと言わなければならない。なぜならば、信仰に属する問題の論争は、彼以前の一般的風潮としては、しばしば啓示という歴史的な事実の解釈をめぐる聖書文献学的論争に終わるか、内面の心情の主観的根拠による個人的な主張に終始するのが常であり、必ずしも理性の次元で論理的に展開されるとは限らなかったからである。その例をわれわれは、十二世紀の論理学の天才アベラールと、修道生活の代表者クレルヴォーのベルナルドゥスとの間の不幸な争いにおいてすでに見たことであった。

右のように述べることによって、宗教の問題を哲学的な論争の次元に引き下ろしたのがトマスであると言っているのではない。そうではなくて、宗教的な真理に属する問題の中で、理性的に解決できる場面はどの限りであるかということを論理的に明らかに示したところにトマスの特色があると言っているのである。従って、彼の精神の赴くところ、神によって創造された世界の構造の論理的分析を行うことになり、またそれに対する論理的照応としての認識論に進んでゆくことになる。

構造の例示

では、前にも述べたが、以下にどのような構造で書き進められているかを示すために、『神学大全』第一部第一問と第三部第八十四問の摘要を例示しておく。

第一部

第一問　聖なる教え(sacra doctrina)について

それがいかなるものであり、いかなる領域に及ぶか

まず聖なる教えそのものについて、それがいかなるものであり、いかなる範囲に及ぶかについて探求する必要がある。それに関しては以下の十項目を問わねばならない。

一　この教えの必要性

二　それは学(scientia)であるか

三　一つの学か否か

四　思弁的学(scientia speculativa)であるか実践的学(scientia practica)であるか

五　他の諸学に対する関係

六　それは知恵(sapientia)であるか

七　その主題は何か

八　それは論証(argumentum)的であるか

九　それは比喩的ないし象徴的表現をとるか

十　この教えと聖書(sacra scriptura)との関係

第一項　哲学的諸学(philosophicae disciplinae)以外に別の教えを持つ必要があるか

Ad primum sic proceditur.(第一については次のように執り行われる）哲学的諸学以外に別の教えを持つ必要はないと思われる。その理由は、

(一)『集会の書』三章二十二節に「汝よりも高きことを求むべからず」とあるゆえに、人間は理性を超える事柄を知ろうとしてはならない。しかるに、理性に属する事柄は、哲学的諸学において充分伝えられている。ゆえに、それら以外の教えを持つ必要はない。

(二)教えは存在するものについての教えとしてのみ

成り立つ。しかるに、すべての存在について哲学的諸学で扱われており、神についても同様である。アリストテレスも哲学にテオロギアがあると言っているから、それ以外に別の教えを必要としない。

sed contra(しかるにこれと反対に)『テモテへの後の書』三章十六節には「聖書はみな神の感動によるものにして、教誨《おしえ》と譴責《いましめ》と矯正と義を薫陶することに益あり」とある。しかるに神感による書は、人間理性によって発見された哲学的学には属さない。ゆえに神感による知を持つことは有用である。

このように相反する意見を聖書や先哲や聖人の語に仰ぎ、そのいずれを取るべきかを考えさせるのである。本文は次のように続く。以下も摘要である。

Respondeo dicendum(答えて言わねばならない)、すなわち人間の救済のためには、人間的理性によって求められる哲学的諸学の他に神的啓示(revelatio divina)による何らかの教えが必要であった。その理由は、人間は神を目的として秩序づけられているが、この目的は「汝のほかに何《いか》なる神ありて俟望《まちのぞ》みたる者にかかる事をおこないしや／いまだ聴かず／いまだ耳にいらず／いまだ目にみしことなし」(『イザヤ書』六十四章四節)とあるように、理性の能力を超えている。それゆえ神の啓示によって知らされることが必要である。また第二に、神について理性で追求し得る問題も、救済と関わる場合には、神の啓示が必要である。なぜなら、人間理性による認識は誤謬を交えるからである。以上により、哲学的諸学の他に啓示を通して聖なる教えが必要である。

それゆえ、〔答えの前に言われた〕(一)については以下のように言わねばならぬ。人間の認識能力を超えることを理性によって詮索するのは間違っているが、神によって啓示された場合は、信仰をもってこれを受け入れねばならない。(二)については、認識対象を構成する視点が異なれば、当然、学の性格も異なる。例えば、天文学者と自然学者とは「地球が丸い」という同じ結論を出すが、その際、前者は数学的方法すなわち質料から抽象された方法を用い、後者は質料に密着した方法を用いている。これと同様に、聖なる教えに属する神学と哲学の一部門とされる神学〔すなわちアリストテレスのいう第一哲学としてのテオロギケー〕も類的に異なっている。

このような方式で、トマスの思索は全巻を貫いている。この「項(articulus)」は、いわば『神学大全』の全体系の構成単位と見ることができる。『神学大全』は大部であって、この項の数は全部で二六六九であるが、すべてこの方式で統一されている。従って、すべての問いに対してトマスは、彼以前の学界における肯否をあますところなく考慮の中に入れ、独断的主張をすることなく対話的に思索を構成し通したことは、賞讃に値する。しかしこの方法に執《しゅう》する限り、従来問われなかったことが果たして独自の問いとして、あるいは独自の課題としてどの程度考えられるであろうか。彼が従来知られたすべての異論よりも高い次元に到達したことは認めることができるが、いまだ異論が影すらも見せない問い、つまりまったく新しい課題は、果たして彼によって提出されたのであろうか。その点についてわれわれは謙虚に問いたださなくてはならない。

ただ、トマスの『神学大全』の第二の重要問題はまさに第三部のキリスト論、すなわち人類の救済の問題である。この理論を完成させるために第一部の神論および神からの万物の発出としての創造、および第二部の理性を持つ人間の神への還帰の原理が問われたのである。それゆえに『神学大全』全体は、人間を頂点とする被造物全体が神から発出して、神へと帰入的に還帰する壮大な霊的運動を論述しようとするものである。従って、われわれは第三部をその一部でも見ることにしよう。

第三部
第八十四問　悔悛の秘跡について
第六項　悔悛は難船の後の第二の救命板であるか

Ad sextum sic proceditur.（第六については以下のように執り行われる）悔悛は難船（naufragium）の後の第二の救命板（secunda tabula）ではないように思われる。その理由は、

（一）『イザヤ書』三章九節「かれらの面色《かおばせ》はその悪《あ》しきことの証《あかし》をなし／ソドムのごとくその罪をあらわして隠すことをせざるなり」について『註釈』[15]は「難船の後の第二の救命板は罪を隠すことである」と述べている。しかし悔悛は罪を隠すのではなく、むしろそれらを明るみに出す。ゆえに悔悛は第二の救命板ではない。

（二）基礎は建物において第二ではなく第一の位置を占める。ところが、悔悛は『ヘブル人への書』六章一節「再び死にたる行為《おこない》の悔改《くいあらため》と神に対する信仰との基《もとい》」によると、悔悛は霊的な建物における基礎であり、『使徒行伝』二章三十八節「なんじら悔改《くいあらた》めて、おのおの罪の赦《ゆるし》を得んために、イエス・キリストの名によりてバプテスマを受けよ」によると、洗礼《バプテスマ》そのものに先行する。それゆえ、悔悛は第二の救命板であると言うべきではない。

(三) すべての秘跡はある意味での救命板、すなわち罪に対抗する助けである。しかし第六十五問第二項で明らかにされたように、悔悛はもろもろの秘跡の間で、第二ではなく第四の位置を占める。ゆえに、悔悛は難船の後の第二の救命板と呼ばれるべきではない。

sed contra(しかし反対に)、ヒエロニムスは「悔悛は難船の後の第二の救命板である」[16]と述べている。

respondeo dicendum(答えて言わねばならない)、自体的(per se)に存在するものは、付帯的(per accidens)に存在するものよりも、自然本性的に優先するもの(naturaliter prius)であり、実体が属性よりも優先するのと同じである。ところが、ある秘跡は、自体的に人間の救いへと秩序づけられており、霊的な誕生である洗礼、霊的な成長である堅信、霊的な栄養である聖体などがそうである。これに対して悔悛は、いわば付帯的に何らかの仮定に基づいて、すなわち罪を犯したという仮定に基づいて人間の救いに秩序づけられているものである。思うに、人間が自らの行為によって現実(actualiter)に罪を犯すのでなかったら、悔悛は必要ではなかったであろう。その場合でも、洗礼、堅信、聖体は必要としたであろう。それは、身体的生命において病気にならない限り、薬を必要としないが、生きるためには誕生、成長、栄養を必要とするのと同じである。

従って、悔悛はその他の秘跡を通じて与えられる充足性(integritas)の状態と比べれば、第二の位置を占めるのであり、このようにして比喩的に「難船の後の第二の救命板」と呼ばれるのである。航海する人にとって第一の救済策は、整備された船(navis integra)の中で安全に守られることであるが、船が難破した後の第二の救済策は、遭難者が救命板につかまることである。このように、地上の生という海における第一の救済策は、人が霊的な充足性を保つことであるが、第二の救済策は、もし罪によって充足性を喪失したならば、悔悛の秘跡によってそれを回復せねばならない。

Ad primum ergo dicendum.((一)については次のごとく言うべきである) 罪を隠すとは、二つの仕方で行われる。その一つは、罪が犯される際に行われるもの。秘かに罪を犯すよりも、公然と罪を犯すほうがより悪い。その理由は、公然と罪を犯す者は、罪を軽んじているからであり、かつ他の人びとに罪を見せて躓《つまず》かせるからである。従って、秘かに罪を犯すことは罪におけるある意味でも救済策とも言えるのであって、『註釈』は、「罪を隠すことは難船の後の第二の救命板である」と言っている。これは、悔悛のように罪を消し去るものではなくて、罪がより小さいものになるという意味である。

今一つは、人が告解を怠って犯した罪を隠す場合は、悔悛に対立するものであって、この仕方で罪を隠すことは、第二の救命板ではなく、救命板とは反対のことである。『箴言』二十八章十三節「その罪を隠すものは栄ゆることなし」と言われている。

（二）については、次のように言うべきである。悔悛は無条件的な意味の建築(aedificatio)に関して、霊的な建築物の基礎であると言うことはできず、罪の破壊の後に行われる再建(reaedificatio)における基礎なのである。神へと立ち帰る人びとにおいて、最初に生ずるのが悔悛である。使徒パウロが語っているのは、霊的な教えの基礎についてである。洗礼に先立つ悔悛とは、悔悛ではあるが、悔悛の秘跡ではない。

（三）については、次のように言うべきである。三つの先行する秘跡(洗礼、堅信、聖体)は欠けるところのない整備された船、つまり霊的な充足性の状態(status integritatis)に属するのであって、悔悛はそれとの関わりにおいて、第二の救命板と呼ばれている。

トマスは無味乾燥な概念の羅列によりかかり、パトスに訴える実存的説明に乏しいと言う人びとが多いが、パトスなくしてはあり得ない神への帰入的還帰に関する第三部において、トマスが時に応じてこのような詩的言語をも活用することを看過してはならない。

世界構造と認識論

トマスによれば、世界は論理的に秩序づけられている。その原因は、神が混沌ではなくて知性であるがゆえに、神によって創造された世界のうちに知性が貫かれていなければならず、それが世界の論理的な構造の根拠である。あらゆる現象的存在は、すべて四つの構成要素によって成立している。例えば、机は木を材料として一つの平面と四本の脚で組み立てられる形を持つが、材料をこの形にもたらした形成力としての工作職人がおり、それはものを書くためという目的に応じたものである。このように、すべてが四つの原因(causa)、すなわち材料と形、また形を形成するように材料を動かした力、およびその力に方向を指示した目的である。これを普通、質料因(causa materialis)、形相因(causa formalis)、起動因(causa efficiens)、目的因(causa finalis)と呼んでいる。これらが必ずしもトマスの独創ではなく、アリストテレスの『自然学』や『形而上学』においてすでに述べられていたことは周知の事実である。しかし、トマスはこの伝統的な概念を使用して、まったく新しい世界解釈を試みている。どのようにしてか。アリストテレスの哲学では、主として自然的な世界の生成消滅や運動の説明や制作物の構成方法において用いられたこの四原因説を、トマスはむしろ人間の社会的生活の説明にあてようとしていることが著しい。すなわち、ギリシアの物理学（ギリシア語ではピュシカ、すなわち自然学）的自然解明に対して、それを踏襲してはいるものの、むしろ主に人間学的な場面構成の説明原理としてこの四原因説の全面的応用を考えているということである。神学者は罪を神に背く行為と考えるが、哲学者はそれを理性に反する行為と考えると述べるトマスは、行為をまず内的行為と外的行為とに分ける。前者は意図であり、これを行為の形相因となし、後者は現象として外部に見える行動であるが、これを行為の質料因と呼ぶ。その目的因は善（または利益）であり、起動因は理性である。このように見てみると、人間にゆだねられた範囲で理性的に意図を決定する主体の判断が、人間の宗教的位置づけにどれほど大切であるかがよくわかる。

それゆえ、トマスの認識論には一つの特色があると言わなければならない。それは何か。記述と判断との予感的区別である。この区別を予感した最初の哲学者は恐らくアウグスティヌスではないかということは、本書の第五章において述べられているが、それをさらに論理的に明確にするようすがが、トマスの試みの中にあるのではないかと私は思う。もとより、この区別は現代論理学の問題で、拙著『同一性の自己塑性』（東京大学出版会、一九七一年）、Betrachtungen über das Eine 等で、私によってはじめて明らかにされたものであるから、トマスが自ら意識して明確に区別している文章はないけれども、われわれがトマスのテクストを熟読すると、その区別がトマスにおいては少なくとも論理的には明らかになされかけているように思われる。これは哲学史上、極めて顕著な事実と言わなくてはならない。

記述とは、ある現象がいかなる状態であるかということを客観的に述定することであり、判断とは、その状態がいかなる価値にあたるかということを主観の責任において断定する行為である。アリストテレスの体系では、四原因の働く場所は現象の客観的な説明に過ぎなかった。もとより、『ニコマコス倫理学』においても四原因説は応用されるが、しかしその効果は説明原理としてのものに過ぎない。トマスはさらにそれを超えて、人間が一つの事実を単に矛盾なく説明し得るというばかりでなく、それがそれとしていかなる価値を実現しているかという判断の領域に重きを置いた。ということは、学問の真の目的が人間の主体的な態度決定にあるということに他ならない。認識の目的は、単に問題解決としての現象説明の正確性にあるのではなく、現象の価値的権威づけを行う形での理念への接近という価値論的《アクシオロギカル》な課題を含む。ここに本来的な意味において、科学と哲学の差異があると言ってよい。現象の記述は原因を把握するが、現象に対する主体的な態度決定としての判断は、自己の内部における判断の原理（principium）を求めなければ不可能である。換言すれば、トマスにあっては考察の主題が世界の構造の現在にとどまらず、それを超えて、人間の自己の生存の原理に向かっている。ここに水平的な四原因の活用とは別な、自己の存在根拠に迫ろうとする垂直的な思惟構造がうかがわれる。

社会生活を秩序づけるもの

前項に述べられた判断の最も日常的な場面は、人間の社会生活を秩序づける法的裁定の世界である。普通に考えられている限りでは、法制が整えられてくるのは近世中期の契約社会の成立以後であるとされているが、すでに述べたように、国際的な人的交流のあった西欧十三世紀の思想の特色の一つは、法的規制による人間社会の展開である。現在、教会法として残されているものの基本的な体系は、トマスの『神学大全』の中にあると言って差し支えない。教会法の意義は、古代の世界が都市国家《ポリス》という限られた場面で、地縁的かつ血縁的な小地帯の心情的一致を基礎にした法であったのに対し、地縁も血縁もまったく異にする人びとの含まれている全人類を、神という理念のもとに統一しようとする理性的一致が前提となる普遍的法の提唱に他ならない。従って、それは形式としては、権利・義務の政治的統制を介して全領土を一元化しようとした古代ローマの法理念と類似しているが、内容的には一元化の水準が違う。なぜならばトマスの場合、全人類社会の法的形成の根拠になるものとして、創造主なる神の定めた自然法への信頼と、道徳的な行為の中心にある人格への顧慮があるからである。

トマスによれば、人間は理性的で、社会的生活を営む動物である。人間はその「理性的」という規定によって、目的を価値の認識において反省することができる。人間はこれによって完全性(perfectio)すなわち価値を求めるとともに、その価値は共同生活を支えるものとして社会的な共通善(bonum commune)でなければならないという法的連携を意識している。これに必要な道徳は古典的な四つの徳、すなわち賢慮、勇気、節制、正義というアリストテレスが『ニコマコス倫理学』で挙げた諸徳目の他に、信仰(fides)、希望(spes)、愛(caritas)という三つのキリスト教的徳目を加えている。そして前の四つが人間の自力によって獲得される自然的徳目であるのに対し、後の三者は神によって人間の精神に「注ぎ込まれた徳(virtus infusa)」であると言う。この注がれた徳によってはじめて、人間は救いに関与することができる。従って、恩寵(gratia)は自然(natura)を破壊するものではなく、これを完成するものなのである。このように、古典的なものの自然的完成の延長上に、これをさらに補完する超自然的な恩寵を期待するところに、トマスのオプティミズムがある。

ところで、そのような救いという全人類的な幸福を目的とすれば、人間は個人として自己の判断に基づく善を追求するだけではなく、共同生活のための共通善の実現を考える義務が生じる。というのも本性上、人間が集団的生活を営む社会的存在であるからに他ならない。その共通善はいかにして実現できるのか。その問いに対する答えの準備として、まず社会の現実形態が論ぜられる。この世にあり得ない理想を言うならば、トマスは最高の社会形態としてキリストを完全に模倣する君主のもとにおける君主制を挙げるが、しかし現実にはそのようなことはあり得ないので、専制を妨げるため、選挙による王制が望ましいと述べている。これは現代民主制国家の世襲を認めない大統領制度の予示と見ることもできよう。自然界の法則は神によって樹立されており、それを人間が認識してゆくときに学問的真理が実現されるが、社会的生活の法は人間が神によって定められた教えに従って構成してゆくものであり、このような法の構成が真理の実現なのではなくて、法に従って生きる生活の正しさこそが人間における生活の真理の実現である、とトマスは考える。

それゆえに、『神学大全』における真理の実現とは、単に世界の存在論的秩序を記述する記号の世界にあるのではなく、人間が生活することによって実現されてくる価値の中にあると言わなければならない。というのも、ここで語られる真理とは、命題の形で文章化される理論なのではなく、そのような理論を生み出す理性的存在をこの世に創り出した神そのものとしての価値充実性なのだからである。

旅《ホモ・ヴィアトール》ゆく人

中世の思想家には自由についての反省がないと言われることが多い。そして事実、封建制のもとに生きることや教会の規定の中で生活することには服従や約束が多く、そこでは人間の自由な活動は極めて制限されるように見えるであろう。聖書は甚だ多くの戒律や勧告を示すからである。けれどもトマスは人間に自由がなければ、助言、勧告、掟、禁令、褒賞、刑罰などは無意味になるであろうと言う。教会が聖書や教会法を通じて多くの掟を人間に課すのは、われわれが自由な選択をすることができ、かつその選択を効果的に援助するためである。従って、トマスにおける自由とは意志の自由選択に他ならない。それゆえ、トマスの自由論は道徳的な行為の面に限られる。もし、何らか彼の思想の中で欠如している点を挙げるとするならば、芸術における創造の自由を充分に述べてはいないということであろう。

しかし、このことは取り立てて批難するには当たらない。われわれはトマスの基本線を論理的に延長してゆくこともできるはずである。なぜならば、彼はその思索のまさに実ろうとする寸前の一二七四年の早春、四十九か五十歳の若さで生涯を終えているのであって、思索の途上で未完成のまま仕事を残していたからである。後でも触れるが、その死の前年、一二七三年の十二月六日、彼はその日のミサの後、従来の著作活動も口述もすべて放棄した。折から『神学大全』第三部「悔悛の秘跡」を第九十問第四項まで書き終えていたので、その後も仕事を続けるようにと、特に共同研究者のピペルノのレギナルドゥス(Reginaldus de Piperno, ?–ca. 1290)に勧められたのであるが、確かに健康上の問題もありはしたが、それよりも何らかの神秘体験があったようである。その後は決して、哲学ならびに神学の論証的な仕事をしなくなったと伝えられている。この前後のトマスの伝記は不思議であり、それを読むならば病理学的な診断も可能であるかもしれない。言われている限りでは、擱筆《かくひつ》後のトマスはひたすら祈りや観想に耽って沈黙の中で過ごし、しばしば忘我の放心状態になり、涙を流していたと言う。彼が死んだのは、第一回公会議のために教皇グレゴリウス十世の命を受け、リヨンに赴く旅すがらであった。トマスは、先の教皇ウルバヌス四世の勧奨によって書き終えていた『ギリシア人の誤謬を反駁す(Contra errores Graecorum)』という論文を携えており、公会議での討論を期待されていたが、病篤くして立ち寄ったフォッサノーヴァにあるシトー会の修道院内で事切れた。このようにして旅の途中でみまかったトマスは、まさしく「旅ゆく人《ホモ・ヴィアトール》(homo viator)」という彼が好んで用いた言葉に相応しい生涯を示した。

彼によれば、人は「道(via)」を通る「旅人(viator)」であるが、その意味は、人間が地上的な物質と天上的な神との中間にある可能性そのものであり、これを自ら明確な形に現実化して神のもとに至るべき中間的機構であるということである。そのようにして形成されるおのれの道の形がいかなる価値に相応するかにつれて、人間の道程の高度が刻まれてゆくのである。

ところで、托鉢僧団の設立の当初の目的は、高度の研究とは無関係であった。しかし、托鉢ならびに清貧の理想に集結する優秀な青年たちの中には、向学の精神に燃えた者も少なくなかった。そこで逆説的なことではあるが、国際的な研究所ストゥーディウム・ゲネラーレ(studium generale)を最も早い時期に設立したのは他ならぬ托鉢僧団であり、その中でも、トマスの属するドミニコ修道会であった。すでに一二四六年以前に、ドミニコ会はその四つの管区、すなわちプロヴァンス、ロンバルディア、ドイツおよびイギリスの諸管区内に、十二世紀に設立された大学の水準に優るとも劣らぬ研究施設としてのストゥーディウム・ゲネラーレに相応しい建物を建設することを決定し、前記の四管区に限らず、その修道会のいずれの管区からも、二人の学生をそれらの国際研究所に送ることができるように定めた。これら国際研究所は、パリ、ボローニャ、ケルン、オックスフォードに設立された。そしてこれらの町は、いずれも当時の大学設立の運動が起きていた場所であり、今日に至るまで代表的な大学の置かれている都市であるということは、注目に値する。

フランシスコ会、アウグスティヌス会、カルメル会などは、まもなくこのドミニコ会の例に従った。このようにして十三世紀の後半においては、修道会が極めて高度の研究所を持ち、それが次第に大学の運動と一致して、大学自体の神学や哲学の水準を極めて高度なものにしてゆく契機となった。ところで、studiumというラテン語は、中世においては多様な意味で使われている。もともとの語源は、「熱意」ないし「努力」という意味であるが、そこから「研究」の意味にも転用されている。しかし、regere studiumと言えば、「学校や研究所を維持し管理する」という意味になり、studiumは一つの研究組織体を指したが、さらにそれが転じて、そのような研究所や学校という場所を示す言葉としても使われていた。この使用例の名残は今日、写真のスタジオやテレビジョンのスタジオなどという単語に見ることができるし、また書斎のことをstudyと呼ぶ英語の使い方などにも影を落としている。従って、ストゥーディウム・ゲネラーレを「一般研究」ないし「一般教養」と訳してはならず、generaleはもとよりparticularis、すなわち「特殊な」に対する一般的という意味であるが、特に修道会での最初の使用意図は、provinciale すなわち「管区的」という意味に対比させたものである。generaleとは、すなわち管区としての特殊性、部分性に対して、あらゆる管区に開かれたという意味での「普遍性」「国際性」という意味である。これが後に、そのような大学が認定するところの"Jus ubique docendi"（どこででも教え得る資格、すなわち万国教授資格）という国際的な権利の設定されてくる下地になった。generaleはまたgens（人類）の形容詞形であるから、natio（民族）の形容詞形nationaleに対立する語で、中世では特に大切な語である。こうしてgeneraleには特殊に対する一般という意味が内含されていたので、近世ではストゥーディウム・ゲネラーレはロヨラのイグナティウス（Ignatius de Loyola〈Iñigo López de Loyola〉, 1491–1556）の用例にもあるように一般教養の意味となり、それが今日にもつながっているが、中世では全く別様に考えられていた。

トマスの生涯の最後について

トマスは前にも述べたように、四十九か五十歳という学者としては比較的若い年齢で、病のために死んだ。その最後の数カ月に関する記録は、カプアのバルトロメオの手に成る。この者は平信者であり、卓越した才能の書記官として、王に仕えていた人である。また彼の情報源は、レギナルドゥス修道士であった。レギナルドゥスはトマスの終生の友であり、特に晩年、常に彼の傍らにいて秘書の働きを務めていた。トマスについて、レギナルドゥスは問われるままに、バルトロメオに答えたものと思われる。そのバルトロメオの記録によると、ドミニコ会のローマ管区会議で、ローマにもストゥーディウム・ゲネラーレないし神学部を中心とした大学を設立しなければならないという決定がなされ、その責任者にトマスが選ばれた。これは既述のパリ管区や、プロヴァンス管区をはじめとする四管区以外にも、聖ドミンゴの出生地たるスペイン管区および教皇ゆかりの地たるローマ管区にも、新たな国際的規模の大学を創設する計画なのであった。トマスは、ローマ管区の大学創設の場所としてナポリを選び、そこに移住することになった。それは一二七二年の六月であったが、僚友のレギナルドゥスを加えた数人の一団は、九月中旬にナポリに到着した。トマスのナポリでの活躍は一年有半にわたるが、大学における講義は資料に基づく限りは割合に少なく、旧約聖書の『詩篇』の一篇から五十四篇までの講解のみにとどまったもののようである。そして、この期間における目立った活躍は説教であった。ドミニコ会はもともと創立の時から説教者修道会(Ordo Fratrum Praedicatorum)と自称していたので、彼が説教に熱意を注ぐのはドミニコ会士としては当然のことなのであった。殊に、一二七三年の四旬節に彼は、サン・ドミニコ・マジョーレ聖堂で連続説教を担当し、一般信者の間に非常な評判になった。しかし、いかにも彼らしい目立たない著作活動は、パリ時代と同様、営々として続けられていた。トマスは、常に修道院の厳重な生活規律を守り続けていた。朝早く起きてレギナルドゥスに告解を行い、聖ニコラウスの聖堂で自らミサを献げ、その際はレギナルドゥスが侍者を務めた。そして、そのミサには必ずニコラウス・フィッチアが出席していた。自分のミサが済んだ後、トマスはレギナルドゥスの執り行うミサに出席して、感謝の祈りを捧げた。その後に彼は講義を始め、授業を済ませると、小憩の後に著作や口述に取り組み、昼食の時間まで複数の秘書を使って著作活動をした。食事の後に祈り、午睡をする。その後に再び、著作と口述に耽って深夜に至り、晩課に他の修道士たちが起きてくるまで、聖ニコラウスの聖堂で祈り続けていることが多かった。暁課《ぎょうか》の鐘が鳴り渡ると、彼は急いで自分の独居室に帰り、あたかも他の兄弟たちのように今、鐘と共に起床したかのごとくに振る舞っていたという。暁課の後にはじめて彼は眠りについた。暁課は大体午前二時か三時なので、睡眠時間は三、四時間という少なさになるのではないかと思われる。トマスはこのような生活の中で、主として『神学大全』の第三部、すなわちキリスト論、洗礼、堅信、聖体などの秘跡論の完成に専念し、その他の著作も続けていた。ところが一二七三年の十二月六日、それは聖ニコラウスの祝日であるが、その日のトマスは常のように早く起きて、聖ニコラウスの聖堂でミサを執り行ったが、その最中に突然痙攣に襲われ、深く感動して自己を変えた。その描写に関し、ラテン語では commotus, millemutatione という語が使われているから、人びとの驚くほどの激変が生じたに違いない。この後、彼はもはや何も書かず、また口述もしなくなった。完全に筆を断ったのである。そしてこの激変が何であったかということについては、神秘学、宗教心理学や医学など各方面からさまざまの推測が立てられてきたが、事実としては一二七三年の春頃から、すなわちこの六カ月前頃から、トマスの放心ないし忘我の状態がたびたび劇的に起こるようになっていた。しばしば涙にくれて不動の姿勢をとるというようなことが、ミサ執行中に起こり、人びとの訝るところであった。このような状態で彼が執筆を断ったことにより、『神学大全』はその第三部第九十問第四項まで、すなわち「悔悛の秘跡」のところまでしか書かれていない。レギナルドゥスがそのことを残念に思ってこの著作を続けるように勧めたのに対して、トマスは「私にはできない」と返答するのみであり、「従来著述したものがすべて藁屑のように見えるのみだ」と語ったと伝えられている。(17) トマスはこの前後から健康を甚だしく害し、妹が訪ねてきても、あまり反応がなかったと言われている。レギナルドゥスがさらにいろいろ問いかけたところ、トマスは他言を慎むようにという条件のもとに、自分の身の上にはある神秘的な啓示ないし神秘経験が生起したと述べた。このような事態は、天才の最期の劇的な終末として、現代でも稀には見られる出来事である。その生活もその思想もまったく別であり、また明らかな病歴の残っている者との大きな違いはあるが、われわれはニーチェの末期《まつご》を思い出すことができる。トマスはしかし、そのように健康状態が衰弱しているにも拘わらず、衆望を担って、間もなくリヨンでの会議に出席するため、長途の旅をしなければならなかった。それは前にも触れたが、ギリシア教会とラテン教会との一致の運動を実現するための準備として、教皇ウルバヌス四世の要請で著したトマスの『ギリシア人の誤謬を反駁す』という論文を持参するように頼まれていたからであった。一二七四年、第十四回の公会議がそこで開催されることになっていた。トマスは、レギナルドゥスとサレルノのヤコブという修道者を伴って冬にナポリを発ち、旅を続けたとき、途上で木の枝で頭を強く打ち、脳出血の症状を呈するほどの衝撃を受け、一時気を失った。この事故の後、トマスはさらに衰弱の度を加えた。人びとはトマスを慰めて、やがてトマスが枢機卿に叙せられるであろうとも述べたが、トマスは自分は今のままの身分で修道会に役立つようでありたいと答えたと言われている。この枢機卿叙任の件は、可能であったかもしれない。というのは、彼と常に並称されていたボナヴェントゥラは、すでにその前年、一二七三年六月三日に枢機卿に叙されていたからである。トマスは旅を続けたが、モンテ・カッシーノやアクィノを過ぎて北上するうちに極度の衰弱を認めざるを得ず、ついに旅を断念し、マエンザ城に数日滞留した。その後、フォッサノーヴァにあるシトー会修道院で死を迎えることに決め、二月の終わりに驢馬に乗せられてその修道院に移った。そこで手厚いもてなしを受けたが、トマスは修道士たちに対する感謝を表そうという意図で、ソロモンの『雅歌』の講解を行ったと言われているが、それに関する草稿も写本も今のところ発見されていない。トマスは、「私は多くのことを教え、著述したが、私はそれをキリストと教会に対する信仰に基づいて行ったのであり、今、私は自分の伝えたことの正否を、すべて教会の判定に委ねる」と遺言して、(18)三月七日水曜日の朝に死去した。前にも述べたように、トマスはその後列聖されるのであるが、その決定会議において反対者の列聖反対の論拠は、トマスが生前に行った奇跡の数が極めて少ないということであった。この反論は教皇によって斥けられるのであるが、このような反対意見が出るほど、彼はその理性的な学問活動によって群を抜いた存在であった。

第十七章　思索の統括的自己呈示
――トマス・アクィナス(2)――

前章においてわれわれは、十三世紀を通じて認められる時代的特色やトマスの生涯や彼の著作などについて概略的に見てきたが、この章と次章においては、トマスの哲学における「認識」と「時間」、それぞれの問題に注目してみたい。

誤綴古写本の象徴

認識についての問題は、一般に受けとられる限りでは、もっぱら近世哲学の著しい特色や現代論理学の課題に限られるかのように見え、少なくとも中世哲学の主題としては、殊更に相応しからぬ趣きを感じる向きもあろうかと思われる。それというのも人びとは今日でもなお、たとえ中世哲学を尊重するにしても、それはその哲学が超越的な存在に向かって開かれている形而上学的性格を持つということのゆえであり、多くはむしろ中世哲学を全体としてすでに克服された過去の恥辱とさえ見なし、具体的にはその哲学を司祭の実用的な既成神学の前準備として、学校における教科書的なまとまりはあるので教育的には多大の意味があるにしても、本質的には他律的な近世スコラ哲学と同一視しているため、いずれにしても中世哲学の持つ真理への確実な考究に関する思索を見落としがちであるからに他ならない。

しかし改めて想起するまでもなく、アウグスティヌスの哲学は確実な認識の保証を求めての努力であったことは言を俟たず、また十二世紀を沸き立たせた普遍論争にしても、確実な認識の根拠を求めての幾世代にもわたる営みであったことは周知のところであろう。およそ真剣な哲学である以上は、確実な認識を求めて止まないのは当然であろう。そこで、中世哲学における認識の確実性の問題は果たしてどのような展開の可能性を持つものであるか、それについて少し基本的な面から考え直してみようと思う。

最初にヴァティカン図書館の「ラテン語写本二一八六」を取り上げたいと思う。これははじめのフォリオ二つを除くと、大部分は縦二十二センチメートル、横十六センチメートルの白い羊皮紙から成る百十九葉の写本で、その内容は主題ともども一貫したものではなく、その中にはドミニクス・グンディサリヌスやアヴィケンナ(イブン・シーナー)のものなどもあるが、同時に著者不詳のものもある。しかしいずれもその書体や略記法からみて、十三世紀に手書きされたものであることは間違いない。この写本群については、その若干の部分に関してはすでにアルビーノ・ナージィ(Albino Nagy)、ルートヴィヒ・バウル(Ludwig Baur)、ゲオルク・ビューロー(Georg Büllow)など[1]が十九世紀末から紹介の労をとってきてはいるが、全体として、哲学的ないし哲学史的には、いまだそれほど注目された古文書と言うことはできない。私がここでさしあたり考えてみたいと思うのは、この中でビニャミ＝オディエ(Bignami-Odier)が解読し印刷に付したfol. 58r–59r の著者不詳の写本一〇である。[2]

　哲学は記号学と記号対象学とに分けられる。
　記号学は文法学、弁証学、修辞学であり、
　記号対象学は実践哲学、思弁哲学および制作学である。[3]

この冒頭のわずかな行文がすでに多くのことを物語っている。まず哲学を、記号学と、記号づけられたる意味内容すなわち事象学とに分けているということ、次には、この写本には誤字が多いということである。[4]

学問、殊に哲学が形相の学として形式面に傾斜することはいわば当然のことであるが、その度が過ぎるとそれら記号の哲学としての論理学や弁証学、伝達学としての情報理論が哲学のすべてであると思われがちになる。十三世紀にその原稿が手写されているこの名も知れぬ著者は、記号が事象を知るための手段に過ぎないことを充分に知っていた。そして、その手段の自律的正確さがなくては、対象を確実に認識することはできないにしても、手段の正確さがそれのみで、手段によって知られるところの事象の確実な認識を保証するとは限らないことを暗示する。

ところで、もし「正確」と「確実」とに差別があるとすれば、それはまさに記号的観念の世界における一つの体系の成立理由と、この記号的聯関が表示しようとするところの事象の世界における存在聯関の成立理由の差異に他ならぬであろう。と言うのも、記号的聯関は対応事象の一つの解釈として、ある一つの事象をその解釈の立場において意味のある一つの結果と見なし、そこから一連の論理的溯及過程を仮設することによって、結果として見なされた事象の原因を設定すると、はじめて意味を持つ理論体系として成立するのに対し、事象的存在聯関は、前述のような溯及過程によってそれぞれの局面から諸々の原因が列挙されると否とに拘わらず、そのようなものとしてあり、従ってそれの現状としての現存在はわれわれの理解のいかんを問わず、ともかく一つの所与であり、それゆえこの所与を与えるところのものとしての「もとのもの(principium)」すなわち「原理」がいずれにしてもあらねばならない、ということだけは否定できない一つの現実聯関であるからに他ならない。要約すれば、ここには原因への溯及と原理への溯及との対立があり、稀にこの両者が事実上一致することがあるにしても、本来それらは次元を異にするものであることを忘れてはならない。原因を問うのは、「何故《なにゆえ》か」と問うところのクール・クアエスティオ(cur-quaestio)であり、それゆえもとより正確に理由づけなくてはならないにしても、挙げられる原因は必ずしも主原因であるとは限らず、またそれでも何ら間違いであると言うわけにはいかず、しかもいかに多く列挙していっても原因が尽きるということはない。例えば、「私が今この中世哲学の書物を読んでいるのはなぜか」と問われるとき、「雨が降って外出を取りやめて暇ができたから」と言うのも、「手もとにこの書物があったから」と言うのも、「中世哲学について興味があるから」と言うのも、いずれも理由としてほぼ同等に妥当する。われわれはこのような理由をほとんど無限に挙げてゆくことができる。原因はある見地を仮定し、それに基づいて構成される観念の世界、すなわち記号的に組織された条件法の場所において、運動する限りでの思考の終点に過ぎない。これは正確に指示されなくてはならないが、それがそのようにして知られても、果たして事象の存在においての基本的原理であるか否かは別問題である。原理《プリンキピウム》(principium)はクール・クアエスティオ(「なぜ」という疑問)では到達され得ない。なぜならば、それは条件法の括弧の外にあるからに他ならず、もともとクィド・クアエスティオ(quid-quaestio＝「何」という疑問)の対象であるからに他ならない。それは記号の地平にではなく、存在の領域に座を占めるものである。このことを問題の古写本の原著者は多少は意識していたもののようで、自然《ナトゥーラ》が運動の原理であることを論ずるところで、「原理《プリンキピウム》と原因《カウサ》とは、ここで考えられる限りでは本質的には同じであると記号づけられるにしても、これら両者は、およそ原理が、そもそも自然《ナトゥーラ》の成立以前には、運動の原理でありうるようなものは存在しはしないと語られる限りで、理論的根拠において異なっている」[5]と書いている。ということは、等しく知識と言われるものであっても、その知識を成立させる理性《ラティオ》が「何ゆえに《クール》(cur)」であるか「何か《クィド》(quid)」であるかによって、答えの性格が異なることを意味している。答えの性格の差は結局その価値(virtus)の差になる。冒頭の記号学と記号づけられた事象に関する学との区別とこのことを考え合わせてみるとき、われわれは条件法の契約内における系や軸に依存して、可動的な正確性(rectitudo)と存在の領域における不動の確実性(certitudo)との明確な差異を予見せざるを得ない。それだけの認識論的内容を有しているこの草稿が、既述のように誤綴術語に充ちているということは、何を意味するのであろうか。それは、この示唆に富む論文がその著者の狭い周囲にとどまらず、綴りなどは基本的術語の場合でさえ正しく記述することのかなわない写字生を介してかなり広範囲に読まれていたのではなかろうかということを暗示する。それは帰するところ、「正確」と「確実」との、「記号」と「事象」との、「仮構」と「現実」との間の認識論的差異性についての鋭い省察が、すでに十三世紀の主要問題の一つであったことを物語るのではないか。

主意的傾斜

その写本が多少は流布していたと見られるにしても、その著者の名前すら定かではない程度にしか尊重されなかった一つの古写本に書かれているところのものを持ち出して、それが書かれた時代の特色のように言い立てることは、いささか過当な誇張ではないのか。しかしここで考えておかなければならないのは、すでに十三世紀は「普遍論争」という近代において特別に注目をひいた学説、いわば論理学を存在に即して考え直そうとする企てをさまざまの視点から検討した十二世紀を経ていたということである。そもそも十二世紀の普遍論争は一言をもって尽くそうとすれば、例えばアベラールがそうであったように、存在する事物についての人間の基本的な一つの関係としての語り方の考察に発するものとして、存在の領域に対する記述の問題を中心とする記号学に他ならない。従って、その原初的形態はその昂揚された展開過程と共に、まさに前項で問題とした誤綴写本冒頭にあった記号学(scientia de signis)に他ならない。ただ、その記号的なるものとしての普遍概念(universalium)が存在としていかなるものであるかと問われる限りにおいて、記述の地平が認識を介して存在の領域に結ばれようとしている。してみれば、もし哲学の展開にも一つの歴史的展開を認める限りは、その次の世紀としての十三世紀には、記号学(scientia de signis)としての記号的記述の学と記号対象学(scientia de signatis)としての事象の存在論とが単に素朴な並行性ないし序列性において考えられるにとどまらず、むしろ積極的にいろいろの面からその関係を明らかにするような考察にもたらされると見ることは甚だ当然なのではないか。

事象を事象として眺め、それを意味する記号の地平において記号として計算することのみをもって終わりとしないようにするということは、一つの内的態度によって存在の領域への精神の参与を実現しようとすることに他ならない。確かに、本質《エッセンティア》においては同じものを、その理性《ラティオ》すなわち理論的根拠に関して区別するということに他ならず、それはつまり、記述的真理以外に何らかの形式でこれとは別の真理があるのではないかということを考えさせる。

ガンのヘンリクス(Henricus Gandavensis, ?–ca. 1293)は、そういう問題位相において見直されるとき、極めて注目すべき省察を行っていたと思われる。周知のように、アリストテレスはすでに「事実(ὅτι)の学」と「理由(διότι)の学」とを区別して、後者の学としての優位を語っていたが、それを踏襲したに過ぎないと一見思われがちであるこの十三世紀のアウグスティヌス主義者の学の区別を見てみると、そこにわれわれは、単に古典的区別以上のものを見いだすであろう。

『定期討論大全(Summa questionum ordinariarum)』の中で、ガンのヘンリクスは次のように書いている。「省察には二つの仕方があり、理由を問うものと根拠を問うものとである。(中略)すなわち、理由を問う省察は、何事かを先天的原因に依拠して認識するのではなく、ただ原因を介して他者によって認識されるということが仮定されるに過ぎない。つまり、そのものの概念が後天的に結果によって把握されるに過ぎない(6)」。すなわち理由を問うとは、先天的原因(causa a priori)としての原理に至るのではなく、考察の対象となっているところのものが、ともかくも因果律に従ってそのものとは別のものによって記述されさえすればよいと仮定すること、つまり考察対象がある一つの結果として見られ、それの要因となるものを後天的に探し出し、それが概念化されさえすればよいということになる。それはつまり、理由とは一つの事象を成立させる多くの他者の一つを経験的に記述するに過ぎないということを意味する。これに反し、「根拠を問う省察は、ある事象がその問い方によれば原因から先天的に認識される省察である(7)」ということは、同じく因果律に従って考える意味において、原因を求める点では「なぜなら《クイア》(quia)」を導く問いに似てはいても、すなわち、本質としては原因であるところのものを求めてはいても、この「何のために(propter quod)」の問いが求めるものは単にそれにとどまらず、「クイア」の経験的循環を絶つところの超越的原因としての先天的原因であり、その意味では諸原因の原因(causa causarum)すなわち基本的原因(causa principalis)としての原理(principium)でなければならない。もとより、どこに原理としての遡及限界を設定するかという問題は必ずしも明白ではない。まさしくわれわれは諸原理の原理(principium principiorum)を常に問題にしなければならないのではなく、ある特定事象の存在論的空間の原点としての特殊原理を把握すればよい場合もあるからに他ならない。

ところで、そのような原理の把握とはいかにして成立するのか。具体的に言えば、クール・クアエスティオ、すなわちクイアの導く原因から先天的原因としての原理への存在論的資格転換の認識論的権利づけはどういうことなのかという問いである。ガンのヘンリクスは言う、「原理はどれもそれ自らによって第一にしかも直接的に認識されるのであって、他の存在者を介してではない(8)」。すなわち、結果からの逆算推定による後天的な経路を介して、他者に支えられた形式において理解される原因とは異なって、原理はすべて直証的に知られる。ということは、そもそも原因から原理へという認識方位はありえず、原理ははじめから生得所与(data innata)であるということであり、従って、われわれの問い自体が間違っていることになりはしないか。そうではない。ガンのヘンリクスによると、認識される諸原理が生得観念として超越的に与えられているのではなく、それらを獲得する判断原理が生得的に具わっているに過ぎず、それはあたかも目で見る映像が生得的なのではなく、視力が生得的に具わっているから映像を持ち得るということと同様である。念のため、この考え方を示している箇所を添えれば以下のようである。「諸原理が超越的存在様態を示しているのは、その状態が各個人に生得的なのではなく、いわゆる生得的判断原理によって知られるからである。すなわち理性的霊魂に自然に具わった諸能力に依っていて、あたかも目が自らの中にさまざまの色を自然に獲得してゆき、それらによって自然にものを見てゆくのと同じである」(9)。

　さて、事情がそのようであれば、ここに次の三つの大切な事項を確認すべきである。

(一) 原理は判断(judicium)の対象であること。

(二) その判断にまた原理があり、それは生得的なものであること。

(三) 長い観察や推定による他者を介しての認識をもって考え出された原因のあるものを判断によって原理であると断定することは可能でなければならず、また、そうでなければ、原理は学問として認識されることはなくなるであろうということ。そうでなければ、ガンのヘンリクスが『クオドリベータ(Quodlibeta)』で書いていること、すなわち原理は総じて三つの方法で認識されるということと矛盾するであろう。

　確かに、ガンのヘンリクスは原理もまた原因と共に学の確実性を保証するものとして学問が取り扱うものと見なしていたし、原理の原理としての優位や高度はその真理の確実性と比例するものと考えていた。もし、この三点を認めるならば、われわれが学的に認識しうる原理とは、「なぜなら《クイア》」という答え方によって記述的に多くの原因を推定し、それらの原因の中から判断原理に従って一つの原因を判《わか》ち出して、それを特別に資格づけて原理と呼ぶことによって意識されるもの以外の何ものでもない。従って、原理の認識とはわれわれ思考主体の内発的な資格づけを原因に対して行わなくては成立しないものであるということになる。もとより、そのような変性操作が思考主体の恣意によるものではないことは明らかである。しかし、原因から原理への変性を受ける存在者にとっては、それが何らかの事象の原因であることは必然的であるにしても、原因であるというその条件法的次元から原理という超越的存在への超越化そのものは人間的精神の判定によるものとして、それ自らにとっては、必ずしも必然的とは言われ得ないもの、付加的なものと見なされなくてはならない。それゆえガンのヘンリクスは、「絶対的存在としての神にとってさえ端的に原理であることはあり得ず、それにとって、被造物の存在の原理ということは付帯的なものに過ぎない[10]」と言う。

このように、絶対的存在は原理ではないけれど、場合によって原理であることもできると考えなければならない。そして、この特別の場合としての「付帯的に(per accidens)」とは、まさに人間がそう断定する場合のことになりはしないか。そうであるとすれば、人間の自由な決定が原理を原因の中から選び分けるという意味においてではあるが、原理とは判断が原因の中から喚起するものであり、この判断の原理はこの判断の本性であるところの自由なる意志であるということになるであろう。こうしてガンのヘンリクスの考えを徹底化すれば、悟性が現象界の条件法的記述を介して、それぞれの記述側面において該現象の原因と覚しきものを種々と析出し、それらの中から意志の自由な選択によって原理が決定されるということになる。もしここにこの原理決定の過度の恣意や無軌の暴走を客観的に規制する実際に効果のある力の保証を求めるとすれば、それは判断の原理が自由という生得的なものであるということ、そしてこの自由が生得的であるということは、それが神からの所与として決して無制限に流れるものではなく、究極においては神の恩寵の内にあるという限りで一つの正しさの枠の中に位置しているということであろう。

それはそうかもしれない。しかしそれにしても、ここには主意的傾斜がある。知性の限りでは、現象の仮定的記述の記号聯関を超えることができず、意志の力でそれを超越するのであるというのならば、超え出たその世界はもはや記号以上のものとしての存在の領域であり、こうして原理を存在論的に探りあてたかに見えつつも、実際は意志が本来は等価の仮定的原因のいずれか一つを任意に選択決定したに過ぎないのではないか。もしそうであれば、原理は選ばれたのであって、認識されたのではない。そして認識されたのでない以上は、そこに確実性は語られはしない。「第一に、概念はそれによって何らの疑いも生じ得ぬような具合に真理を認識するとき確実であり、第二に、それによって太陽光でものを見るように知的光において真理を明らかにみることができる概念は確実な概念である[11]」とガンのヘンリクス自らが書いている。つまり、知識は論証が十全であるか知的直観であるかでなければ確実であるとは言えず、従ってこの考え方によるならば、前述の原理決定は確実性を持ち得るはずがない。そして、確実でない限りは学問ではない。このように、原理については確実な認識はないことになってしまう。しかしそれでよいのか。知識とは原理を確実に認識することではなかったか。主意主義の傾斜は、煎じ詰めればガンのヘンリクスの輝くばかりの認識論を背面から蝕《むしば》み、自己矛盾に誘うものであった。

それにも拘わらず、十三世紀はこのようにして、原因と原理、記述と判断、記号と存在、悟性とそれとは異なる超越的認識能力というような一対の対立群を立てて、知らず知らずに大きな哲学的風景を仕上げようとしていた。トマス・アクィナスはその中で、実に決定的に偉大な仕事を果たしたが、そういう意味での彼の持つ判断論における偉大性は、私の見るところでは、哲学史的研究が進んだ今日に及んでも、いまだ人の知るところではないかのようである。それゆえ、ガンのヘンリクスの予感しつつ処置し切れなかった問題について、トマスは何を考えようとしていたかを、あるいはむしろトマスの思索の中から、この問題についてわれわれは何を学び得るかを、テクストを克明に辿ることによって明らかにしなければならないと思う。

二重真理の新形態

思考の真偽に関して、アリストテレスはそれが事物を客観的に描写しているか否かによるという説を立てていたことは周知のとおりである。『形而上学』Θ巻第十章で、彼は次のように書いている。

ある物事において分離されているものを〔そのとおりに〕分離されていると考え、結合されているものを結合されていると考える者は真を言う者であり、当の物事がそうあるとおりにでなしにその反対に考える者は偽を言う者である。そうであるとすれば、真と言われるもの、また偽と言われるものが、いつ存在し、いつ存在していないか。これらをわれわれは何と解するか、検討しなくてはならない。まさしく、君が色白くあるのは、われわれが君は色白くあると真に思うがゆえにではなくて、かえって君の色白くあることのゆえに、このことを主張するわれわれが真である。(12)

この文章はいろいろのことを考えさせる。だが、ここに書いてあること自体には、反対するわけにはいかないであろう。認識の真偽は事物の存在によるかのようである。しかし、存在がどうあるかを知るのは認識である。事物が実際にいかにあるかを知ることなしには、その事物についての認識が真であるか否かを定めることはできない。これは一つの循環ではないか。そうであるとすれば、このように一見明白に思われるところの文章も、決して簡単に読み過ごすわけにはゆかない。ある命題の真偽の根拠となるものが仮に事物の状態であるとしても、その命題が事物の状態に合しているか否かを判定する原理は何か。事物の状態自体が乱れているとき、それを乱れていると言うことが真であるにしても、それのあるべき姿を言うこと、すなわち未だ事物には無いところの状態を言うこと、これは真ではないのか。もしそうであるとすれば、事物の現状描写という記述命題には真があり得るけれども、当為や理想についての価値命題には真偽中立しかあり得ないのか。それらの問いは決して安易なものではない。この章の内容は、幾度も反省して考え直されるべきではなかろうか。それゆえ『アリストテレス形而上学註解(Expositio in duodecim libros Metaphysicorum Aristotelis)』においてもトマスは、この箇所について極めて重要な省察を生んでいる。彼は「従って、われわれが君は色が白いと認めるがゆえに君が色白なのではなく、逆に、君が色白であるがゆえにわれわれは君を色白と認める[13]」と、アリストテレスをまとめ直したうえで、続けて「それゆえ、明らかに、事物の構造は臆見や言説における真理の原因である[14]」と言う。そこで「言説や臆見における真偽は原因としての事物の構造に還元されねばならない[15]」ということになる。この解釈は極めて重要であり、恐らく今日までの哲学の看過してきた問題を喚起するものであろう。重要であるというのは何故《なにゆえ》か。そして、喚起されるという問題とは何か。

この解釈において、トマスは二度も「臆見(opinio)」とか「言説(oratio)」と言って、決してユディキウム(judicium)、すなわち「判断」という語を使ってはいない。この点は重大な契機になる。確かにアリストテレスは原典において「ドクサ(δόξα)」と「ロゴス(λόγος)」を使っていて、その訳語として「臆見」と「言説」とが用いられたに過ぎないと言って、事もなげに処置することも文献学的には許されるかもしれない。しかし、この第十章のギリシア語原典には一度しか出てこないこれらの言葉が、いかに長文の解釈においてであるとは言っても、トマスのこの箇所の解釈には四度も繰り返し使われているというこのことはアリストテレスの「ロゴス」がもともと決して単なる言説ではなく、一種の確乎とした命題として、定義(definitio)や判断《ユディキウム》でさえあったことと照らし合わせるとき、敢えてそれをここでは「言説」と訳していることと共に、軽々に見逃してはならない事実であろう。そう考えてみると、トマスは、日常性における臆見や言説は事実の構造をそのとおりに記述してさえいれば間違いではないと認め、それゆえその種の言表の真偽を決定するのは事物の側にあり、従って事物こそがそれらの言表の真理の原因となるものとせざるを得ないのである。記述的知識で間に合う限りは、たとえすでに日常性を超えていようとも、すなわち科学的記述命題であろうとも、それの真偽を支配するものは、記述対象と記述とが一致しているか否かということによる以上、記述は事象に従わなくてはならない。事物が人間的認識を支配し、これの原因となるというほどにも、人間の精神は事物に従属しているものなのか。認識の確実性とはこの限りでは事物の各位相を正確に記述することに過ぎず、従っていずれの位相も同等にそれぞれの真理性を主張することになろう。例えば、ここにある花について、「この花は赤い」と言うのも、「この花は五センチメートルの高さである」と言うのも、「それは今から二時間前に花壇から運ばれてきた」と言うのも、もしそのとおりであるならば、いずれもほぼ同等に正確であり、こうして記述命題の場合は、いずれももの(res)の位相の数――それは無限とも思われるが――だけ多くの真が正確性として確実に語られるという相対性を認めなくてはならない。記述は、もともとそれ自身が多の統一であるところの「もの」を正確に分析しなければ成立せず、従って自らに多を含む「もの」を原因とする認識である以上は、どうしても絶対に正確であり得る多くの相対的命題群を際限なく言い続けなくてはならず、しかもそうしたからといって、絶対的な真理に至る希望すら生じはしない。

しかしわれわれの精神が行うところは、果たしてそのように外的な事象によって決定される認識のみであろうか。内から目醒め、われわれが自ら決定する場合がありはしないか。一つの絵を見て、それがどのような題材であるとか、どのくらいの大きさであるとかというような記述的知識とは別に、その絵が絵としてどの程度のものであるかという価値決定や、今この作品をどう処置するかというような実践的決定や、さらにそれがそもそも存在としてそこにあるところの意味は何かと問うときの場合などを考えてみなければならない。そこには決定する者の自己責任における一つの内的限定(determinare)がある。つまり、事象に原因づけられた記述ではなく、自ら秩序づけることおよび判断することがありはしないか。そして、それこそが単なる見解や科学的記述とは異なって知性の本来的な仕事ではないのか。トマスは「秩序づけることと判断することは哲学《サピエンティア》の仕事である」[16]と明瞭に書いている。サピエンティア(sapientia)を哲学と訳すことには疑義があるかもしれないが、サピエンチアの力はまずもって思弁的であるというのは確かにトマスの考え[17]であるから、前述の訳も可能であろう。

ところで、秩序づけること(ordinare)とはある事象を一つの秩序(ordo)にもたらすことであるから、その事象が置かれるべき場所を判定するものとして、結局は「判断すること(judicare)」と同じことである。そうすると今やわれわれは、常識や科学(scientia)が事とする記述(descriptare)とは全く別の、判断することを事とするサピエンティアがあることを改めて認めなければならない。そしてさらに、もし記述には事物の構造を原因とするロゴスや臆見のうえでの真があるとするのならば、サピエンティアとしての哲学にはそれとは異なった判断における真があることになりはしないか。そして、そこにこそ原因ではなく、原理(principium, ἀρχή)が問われてくるのではないか。この新しい形態の二重真理説を暗示する言葉として、「ロゴスや臆見のうえでの真」というトマスの表現はなされているのではなかろうか。しかしそれならば、サピエンティアの課題としての判断《ユディキウム》とは何なのか。

人間の自己証示としての判断《ユディキウム》の重さについて

外的事物の構造や状態を原因としてそれに強制される認識とは異なって、内から主体的に人間が行うところの決定という形でわれわれは今記述的認識とは全く異なるものとして判断を考えようとしている。それは正しいことであろうか。判断《ユディキウム》とはそもそも何であろうか。トマスは判断とは思弁的また実践的な一切の正確な決定であると考える。[18]従って、判断は事物を記述することではなく、自己が事物について行うところの決定である。それゆえ判断とは裁判の裁定に連なるものに他ならない。「判断とは裁き人の裁きの行為、すなわち裁きの現実態である。ところで裁き人とはいわば法を語る人である。(中略)それゆえ判断は正義の現実化[19]」と言わざるを得ない。判断は法廷の裁判、神の裁きの原義に復して考えられなくてはならない。

裁きであるがゆえにこそ、判断はその対象の記述的知識を前提として、その対象を自らの決定において述語づける。それゆえ、判断はその決定の原理を持っていなくては単なる恣意に堕する恐れなしとしない。他の事象についての判断は、その固有の原理に還元されて行われることがなければ確実性を有することができない。主体的に内部に持つところの原理は、決して私的なものであってはならない。「裁判官は公的権能によって証しされるものに従って裁きを下す。それゆえ、自らが個人的に知っていたことに従って裁きをしてはならないのである[20]」。すなわち、自らの内に原理を持ち、自らの責任において判断するということは、決して自己の独善的断定と同じではなく、自らの立脚するところには原理としての原理性がなければならない。それは、実際の裁判官の場合は、「裁判官は常に書かれている法に従って裁かなくてはならない[21]」ということで間に合うであろう。しかし「書かれている法(leges scriptae)」は、いかに人間精神の領域において確認されたものとは言っても、そしてその限りでは内的なものであるとは言っても、それはそのようなものとしてわれわれの前に所与としてあるところの外的規定であり、未だ真に内的になってはおらず、自らが完全には納得しなくとも平均的な水平秩序を保つために守り、それに規制されて動かなくてはならないものとして、半ば外的な強制力としての原因なのではないか。それゆえ、「確実な判断も事象に関しては主としてそれの原因から与えられる[22]」と言わねばならず、われわれは未だ真の原理に基づく判断にまではこの限りでは至り着いていないものとしなくてはならない。しかし少なくとも、ここにわれわれが自らの心の中の真理(veritas)をもとにして審《さば》くという限りでの原理への還元は、ほの見えているとしなければならない。思うに真理とは、もともとそれに基づいて判断すればよい判断、真理に適う判断が成立するところの原理そのものなのではないか。確かにトマスはアウグスティヌスの言葉を借りて、「真理とはそれに従って、それ以下のいろいろな事象について、われわれが判断するところのものである。すなわち、真理をもとにしてわれわれは他の事象を判断するというのでなければ判断の名に値しない[23]」と言う。真理はこうして、いわば判断の原理でなければならない。つまり、原因ではなく、原理に基づかなくては判断ではなく、原理が真でなければ真なる判断はなく、判断は審きとして自らが決定する自由なものであるがゆえに、この原理は自己の内部にあって自発性の根拠でなければならない。

それゆえ、ここで明らかに確実性についてもその保証がどこにあるかによって二つの種別が生じるのを認めざるを得ない。すなわち、外的規制力による記述的認識の場合のものの記述という原因に基づく確実性(certitudo)と、全く自発的な内的原理による主体的判断の確実性の二種類である。そのことを「確実性は二つの事から存立し得る、すなわち、原因からと主体からとである[24]」というトマスの考えに読みこむことはできないことではない。

このように、主体内部に判断の原理としての真理を求めなくては判断の確実性は成立しないということが明らかになれば、一つ一つの判断はそのつど自らの拠って立つ原理を探求することなしには存立するはずはないということにもなるであろう。なぜかと言えば、そのような内的原理は所与として外的に客観化されて、もはや求められずともすむ規範であるならば、すでに外的な範型因(causa exemplaris)に過ぎないからである。この常に確実な判断の原理でありつつ、しかも常に内に求められなくてはならない原理というもの、換言すれば、正確な記述とは異なって、確実な判断が成立するごとにその原理でありながら、常に判断のつど確実を志向するがためには新たに自覚されなくてはならない原理こそ、われわれの知的旋回の常住の回帰点であり志向点であるところの神に連なるもの、否むしろ神そのものであるのかもしれない。一切の存在根拠としての存在原理である神が、仮に証明されるなり信じられるなりして明らかに意識されているとしても、そのことがそのような神への形式的還元をもって判断の確実性の保証とはなりはしない。なぜならば、判断は認識の一形態であり、それゆえ判断の原理は認識の原理として、認識のつど意識を新たにされなくてはならないからである。認識原理がすべて必ずしも存在原理とは限らないとトマスが言うとき[25]、明らかに認識原理と存在原理とを少なくとも志向的に差別する意図は明瞭であったと思われる。従って、神を他の存在者の動静を介してそれらの原因として認識し、第一原因であるがゆえにそれらの存在原理であると言うことができても、そのような認識が成立しているからといって、それをただちに判断としての認識の原理にするわけにはゆかない。「神を認識することはなるほど他者を介して獲得される。しかし、神が一旦そのようにして認識された後には、それはもはや他者を介して認識されるのではなく、それ自らによってである」という言葉の持つ深い意義を探らなくてはならない。[26]

神は他者の原因として、存在原理として他者を経て認められた後は、もはや再びそのような意味で問われることは必ずしも必要ではないが、しかしそれにとどまらず、さらにそのようにその存在が疑われ得ない神も、今度はそれが神であるということによって人の自らの責任における審きとしての判断の原理として自覚されなくてはならない。それは、一つの判断が成立するためには対象を外部方向において眺めるのではなく、対象を自己の内において原理の方向に見返すことが必要であるということではなかろうか。つまり、事象を光の照射において見るのではなく、そこで見られた事象の位相を転回点として光そのものに向き直らなくてはならない。光を背負い、光からの遥けさにおいて事象を展望するところの事象への志向、闇への自己定位ではなく、事象において自己の闇への流失を止め、光への回帰としての回心を果たさなくてはならない。そのとき、事象は光線において浮かび出る相対位相によって知られるのではなく、光源からの距離によってその絶対的位置が決定される。いわば、日ごとの新しい回心がなくては、判断は本当には成立し得ない。しかも事象において見返し、事象と光そのものとの距離を見定めることは、その事態を変えることなく、そのまま自己において見返し、自己と光との距離を見定めることに他ならない。なぜならば、他者としての事象を認識することは、自己の意識の内部に該事象を置くことに他ならず、その限りにおいて、事象は自己意識化されており、従って認識された事象において見返すとは反省に他ならず、この反省の内向転換の果てに光を志向することになる。自己を省察することなしには光に達することはできず、自己を省察すること、自己と光との距離を見ることがそのまま自己において現実化された他者の認識事実の光からの隔たり、また光への近さを知ることになる。そして、そこにこそ自らが審くことによって自らも審かれるところの判断が成立する。われわれがある書物を読み、そこに何を事実認識として獲得するか、そこにおける事象よりの光への見返しが、そのままその書物をどの程度のものと判断するかという決断になると同時に、その書物における自己の器量の審かれの姿の決定にもなる。

このように見てくると、ここにトマス哲学の一つの危機があることも明らかであろう。原因を外的事象に持つ記述的認識の他に、原理を内部に持つ判断による認識がある。しかし、この原理内在の知識としての判断を保証するためには、アウグスティヌス流に考えなくてはならないということである。それは定式化しようとすれば、光を論ずる内容を考えてのうえでは、アウグスティヌスの流れを汲むガンのヘンリクスの

scire
- cognitio — exterior — descriptio — quia — causa — scientia ut dispositio rei
- cogitatio — interior — judicium — propter quod — principium — philosophia sive metaphysica.

「人が事象を知るには二様の仕方がある。一つは、他者による外的な証明、二つには、固有の内的な証明である」(27)とでも言うほかない。トマス哲学における一つの特色として、原因から原理を区別してゆき、記述から判断を区別してゆこうとする哲学的に有意義な傾向があるが、その半面で自然学的考究に基礎を持つ彼の形而上学が、超越論的形而上学としてのアウグスティヌス流の思索によっての破綻を自ら招くということもある。このことをもってトマスの思惟を難じるのは浅薄であろう。もし図式化してよければ、上図のような興味深い事項聯関が理解されるほどにも、われわれをして新たに思索させたトマスのテクストをむしろ讃えるべきであろう。

われわれの実際の体験が、事実認定としての記述とは全く異種の、目利きが行う裁定としての判断によって形成されてゆくのを、われわれの誰もが認めるに違いない。そうであるとすれば、われわれが自らの人格の責任において果たしてゆくこの審かれとしての審きという判断を、どのように確実性との聯関において論証すべきであるか。命題として言語的には同じ形式をとるがゆえに、近世哲学では混同してしまった記述と判断の区別、原因と原理の区別を、われわれは新たに考え直さなくてはならない。それこそ、記述的命題で終始する科学の認識論のみが行っていた認識の確実性の問題の近世的考究における一つの盲点を突く企てになるであろう。

中世哲学のテクストの静かな繙読《はんどく》は、決して歴史的な研究のみに終わるものではないと思う。そして、そうであれば、およそ思索する人はまたこのようなテクストの行間に身をひそめる修練も必要とするのではないか。

第十八章　対立する時間論　アウグスティヌスとの比較を中心として

――トマス・アクィナス(3)――

弁明の数値

この章ではトマス・アクィナスの時間論を、アウグスティヌスのそれとの聯関において考察したい。最終的には中世の形而上学の総括者としてのトマスの重要な思索の一部を論じようとするこの省察が、通常はこのトマスと対立した考え方の学者とも思われるアウグスティヌスの時間論に始まるばかりではなく、紙数の配分としても、アウグスティヌスの思索に関する量が多いということについては、一つの弁明が必要であろう。もし、トマスの先駆的な学者の説から始めるとするならば、アウグスティヌスの学説ではなく、アリストテレスのそれを論ずるのが普通に思われるからである。なぜなら、このアリストテレスをこそ、周知のようにトマスも「哲学者」と呼んで、常に問題ごとに参考にしているからに他ならない。それは確かにそうなのであるが、しかし、トマスにおける権威(auctoritas)としてのアリストテレスとアウグスティヌスの重みは、それほども違うものなのであろうか。シュニュ(Marie-Dominique Chenu)は、トマスが先人の学説をよく消化しながらも権威として活用する点に目を注ぎ、それら諸権威の引用数を『神学大全(Summa theologiae)』の最初の十二問について調べ、その結果を発表したことがある。それによると僅か十二問のうちに、トマスによる引用は百六十に及び、そのうちアリストテレスが五十五、アウグスティヌス四十四、偽ディオニュシオスが二十五、他にラテン教父たち二十三、ギリシア教父たち四、そしてその他が九となっている。[1] これだけを見ても、トマスにおけるアウグスティヌスの重要性を無視することはできない。このことから直ちに、中世のキリスト教文化におけるアウグスティヌスの偉大な影響力を人びとが想起するのは当然であろう。シュニュも、アウグスティヌスのいろいろな功績を挙げた後、わけても注目すべきこととして、アウグスティヌスが自らの作り上げてきたキリスト教文化の頂点に神学を位置づけ、哲学も自由七科の学もみなその侍者としたことを特筆している。[2] このことからして、トマスにおいては哲学上の権威はアリストテレスで、神学上の権威はアウグスティヌスなのであろうと考えることもごく自然である。しかしまた、もしそのとおりでよいとしたならば、トマスの思想体系そのものが何か単純な合成物に過ぎなくなり、どこにもトマスの独自の思索力がないことになりそうであるが、その点はトマスを好むと好まぬとに拘わらず、歴史的にも体系的にもそれでよろしいのか。確かに中世においてすら、エギディウス・ロマヌス(Aegidius Romanus, ca. 1243-1316)のように、トマスを独立の思索者とは見なすことなく、単なるアリストテレスの解説者(expositor)と見た人もいないではなかった。

トマスにおける権威の引用は、それに思索が一切を基づけるためではなく、それに頼って省察の内容を明瞭にしてはゆくが、結局それを超えて自らの証明により、自らの提出する問いに答えてゆくための方法論的な手続きである。その方法論的な意識は、彼自らがアベラールを読破していたか否かは別として、すでにその著『肯定と否定(Sic et non)』の中で企てられたアベラールの権威処理の方法と、それを介しての思索の質的上昇への志向を、事実上、踏襲していたことを意味している。ということは、たとえ使徒や教父と言えども、誤謬から自由であるはずはないから、これら権威間に矛盾撞着のある場合には、論証の上でより強い方を自ら判定して選びとってゆかなくてはならないという、アベラールにおいて自覚されている思索の論理的自律性に基づくトマスの思索は、権威のつぎはぎによって成立しているものではないことを証しするのであって、従ってまた、いかなる領域において、いかなる権威を、いかに使用するかということは、全く彼の思索の自由による。それゆえ、単純に神学においてはアウグスティヌスが権威であり、哲学においてはアリストテレスがそうである、というのがトマスの場合であると思い込んでしまってよいか否かが問題なのである。

「創造」は、どちらかと言えば神学上の問題であると思われるが、私の調べた限りでは、『神学大全』のこの問題(第一部第四十五—四十七問)に関する権威の引用は、アリストテレスの二十二、名は挙げられてはいないがアリストテレスに違いないもの十二の計三十四に対し、アウグスティヌスは僅か十五に過ぎない。しかし、その比は、次の「個体における事象の区別(De distinctione rerum in speciali)」と「悪の原因(De causa mali)」という哲学的な要素の強い問題(第一部第四十八—四十九問)になると、アリストテレスの引用九十四に対し、アウグスティヌスの引用は百六十四の多きにのぼり、名の挙げられていないもので確かにそれぞれに帰せられるべき引用を加えても、アリストテレス百六十五に対し、アウグスティヌスはなお百六十八の多数を示している。もとより、引用は単に算術的な数の多少に依らず、そこでいかに用いられているかという質の深浅を調べた結果に依らなくては本来的に論じられたことにはならない。それはそのとおりなのである。しかし、数の多少が、関心の度合いや必要の度合いを全く示しはしないと言うこともできないであろう。特にここでは、本来が神学性の強いはずである「諸々の被造物の神からの発出について(De processione creaturarum a Deo)(第一部第四十四問)においてアリストテレスが多く引かれているのに対し、本来が哲学性の強いはずの問題においてアウグスティヌスの方が多く引かれているという点を強調しておきたい。もとより、罪やキリストという純粋に聖書的な問題領域においては、アウグスティヌスの引用が圧倒的に多く、その点から神学においてトマスは、アウグスティヌスの権威を重んじていると言わねばならないであろう。しかし、今述べたような普通の予想を裏返す例もあるので、これらの数的事実をもって、ともかくもわれわれが認めておかなくてはならないことの一つは、トマスの思索におけるアウグスティヌスの占める哲学的位置は、人びとが通常考えているよりは遥かに大きく、場合によってはアリストテレスを凌ぐであろうということである。そうであるとすれば、トマスの体系全体を神学と哲学の分かちがたい全体であると見る限り、いよいよアウグスティヌスの比重は大きくなるであろう。そしてこのような事情から、「時間」の問題のように哲学の主要問題でありながら、神学にも深く関わり得る問題においては、トマスに関する研究であるとは言っても、その思索圏内に入るために、まずアリストテレスからではなく、アウグスティヌスから始めることには充分な理由があるであろう。そうすることによって、中世哲学の二つの大きな高山、教父の代表者と世のいわゆる盛期スコラの代表者、本書で言う大学時代の代表者が、永遠と関わる内的課題である「時間」の問題において、つながることも明らかになるであろう。

時間の内化

「時間」の秘密をアウグスティヌスにおいて探り出そうとする場合、フッサール(Edmund Husserl, 1859–1938)が『内的時間意識の現象学(Zur Phänomenologie des inneren Zeitbewußtseins)』で注目を要求したように、アウグスティヌスの『告白録』の第十一巻第十三章から第二十八章までにおいて、人びとは時間に関する多くの省察を、時間の意識化ないし意識の時間化を基にして学び続けた。今後もまた新しい内容の省察が、この箇所を中心にしてこの方法で生み出されてくるであろう。しかし私はこの方法とは全く別種の仕方で考えてみたい。というのは、人間の意識の現象学から明らかにされてくる時間の位相は、今や時間論の流行となり、そこには一種のマンネリズムがあるからである。私は時間を論理の構造や人間の行為、また文化的所産と相関的な問題位相において明らかにしたいと思い、多少その企てを続けてきたつもりである。そのような面からの時間論を、まずアウグスティヌスにおいて試してみたい。これは歴史的な研究ではないという非難に出会うかもしれない。しかし私は信じているのであるが、私の出したこの問いの「鉄の鎖の強い誘《いざな》い」に誘い出されてくるのは、アウグスティヌスの文章なのであり、答えているのはアウグスティヌスその人ではなかろうか。その答えを整理してゆくのは、確かに私において意識される解釈の論理であるが、その結果、そこに出されてくるのは、アウグスティヌスの思索そのものではなかろうか。これこそは問いの体系が明らかにするアウグスティヌスの問題可能性である。これが歴史でないと言うことはできまいと思う。

ところで、時間は存在論的に扱われ得るか。アウグスティヌスは言う、「もしも未来と過去があるとするならば、私は知りたい、いったいどこにあるのかを。それを知ることが、まだ私には不可能であるにしても、少なくとも次のことを知っている、どこにあるにせよ、そこにおいてそれは未来でも過去でもなく、現在である、ということを(3)」。しかし、この「そこ」とはどこのことであろうか。アウグスティヌスは、これら三つの時について、「過去についての現在、現在についての現在、未来についての現在(4)」があると言い、結局「この三つは何か魂のうちにある(5)」と言う。そこで従来、右に言われた「そこに」とは「私の内に」のことではないかと考えられ、意識に他ならないとされている。確かに、読み進めばそれを裏書きするように、有名な「過去についての現在とは記憶である、現在についての現在とは直視であり、未来についての現在とは期待である(6)」という文章にわれわれは出会う。多くの考察は、ここから時間の心理学に走ってしまう。なぜならば、アウグスティヌス自らが、時を測ることの可能性の根拠を、現在の時がもつ延長ないし広がりに求め、省察自体を延長としての時間意識に追い込んでゆくかに見えるからである。時の可能性の根拠がこのようにして内面の単位意識に限定されるということとは、過去・現在・未来を意識の現在の状態という内面の意識の相において発生した時間の内化に基づく。時間の本質への存在論的考究は、このようにして時間の心理学として内化される。これで果たしてよろしいのか。

内的時間の否定

仮に時間の分節としての過去・現在・未来がそれぞれ記憶・直視・期待という心理学的現象に還元されるとしても、もしそれにとどまるならば、時間は個人の意識現象という領域に追い込まれ、せっかく相関的であるとする外的理解の常識的自明性から抜け出て、時間を運動の外的量のようなものに内化したというのに、その内的志向そのものが個人意識に分散せざるを得ないのではないか。

心理学的還元としての記憶・直視・期待も、論理学の中に自己を呈示し得るのではないか。もしそれが成功すれば、過去・現在・未来という時間の構造的分節が、そのまま論理学に結びつくはずである。アウグスティヌスが「真理が白々と明け初《そ》めた方角に注意せよ[7]」とウェルギリウスを引用しているのは[8]、時間を測るという一見わかりきったようなことが問題となり、そこで「時間は延長に他ならず、(中略)精神そのものの延長でなければならない[9]」と言った後であることに注意しなければならない。つまり、時間を精神の延長とする時間の内化による考え方そのものが、決して日盛りのアクメー(盛期)なのではなく、ようやく真理が明け初めた時期というに過ぎない考えを持っているということの証しである。それゆえアウグスティヌスは、時間の心理学的内化が終わりではなく、さらにこれから考えなくてはならない真理の入り口であるとする。このことは大切である。かつて彼が、時間をわれわれは知っているが、時間とは何かと人に問われると、私にはわからないと述べた[10]ように、時刻と、時間間隔として常に自明的な外的量である時間が、一旦それは何かと問われると確かにわからなくなり、内的に過去・現在・未来の分節を持つ心理学的構造となって現れる。そして、それが意識の延長ないし広がりとして理解されたとき、多くの人びとはアウグスティヌスにおける「時」の内化として、「時」の問題の終極と考えがちなのであるが、彼自らはそれがまだ真理の曙に過ぎないと言うのである。それでは、この曙からどのように進むのであるか。

われわれは時間を測ると言う。確かに意識内部で或る単位を定めて、この時はあの時の二倍であると言い得るであろうし、この時刻は一日の全体のどこに位置するかを測ることもできよう。それゆえ、人は時間を測っているのである。しかし時間を測るとき、本当は何を測っているのかと自らに問いかけると、何を測っているのかわからなくなってしまう[11]。アウグスティヌスは音の例を出して、測ることの難しさを示した後、「では、どうして測ることができるのか。しかも、確かにわれわれは時間を測っている。その測られている時間はまだ時間ではなく、もうない時間でもなく、広がる間のない今の瞬間でもなく、また終わりのない時間でもない。すなわち、われわれが測るのは、未来の時間でも、過去の時間でも、現在の時間でも、過ぎ去りつつある時間でもない。しかも、われわれは時間を測る。(中略)時間を測るとは仮に長音節を短音節で測るのであるとしても、しかし、もし短音節が先で長音節が後であるとすると、短音節を保持して長音節に比べて測り、時間に関しては長音節が短音節の二倍であると知るのは、いかにして可能であるのか。短音節が鳴り止んだ後でなければ、長音節は鳴り始めないはずであるのに[12]」。ここでアウグスティヌスの言っていることは、時間を測るということは、現在はもうないものをもってまだないものを測ろうとするというような不合理な不可能なことなのではないかと自問することである。そして今は鳴り響いていなくても、測るということが可能でなくては時間の測定はできはしない。「それゆえ私が測るのは、もはや存在しない音節そのものではなく、何らか自らの記憶に深く刻まれて残っているところのものに他ならない(13)」ということになる。従って私が時間を測るとは、私が私の精神において時間を測るということなのである。それゆえ、「私は我が精神において時間を測る。過ぎ去ってゆくものが心に作る印象《アフェクティオ》(affectio)、作用、性質は、それが過ぎ去った後にも残存している。私はその現存する印象を測るのであって、過ぎ去ったもの〔としての過去〕を測るのではなく、時間を測るとき、私は印象を測っていることになる(14)」。ここにアウグスティヌスは、時間の内化を通じてこの内化を否定し、印象《アフェクティオ》という存在の接点に時間を引き連れてくる。それは、時間論が内化のアポリアを超えてゆく地点であり、個人意識の心理学的時間から人類の時間への超越可能性の機縁である。

ところで、印象《アフェクティオ》を測るとは何の意であろうか。例えば“Deus creator omnium”という詩句の一部分は八音節から成るが(15)、これを分析して、第一節 de は短音節であり、第二音節 us は語尾の s と次の c とが重なるので長音節になるが、それを比較して、「この音節(De)は時の長さにおいて一つの長さであるが、こちらの音節(us)は二倍の長さである(16)」とアウグスティヌスは言う。この例でわかるように、印象を測るとは、印象の記述をし、計算をして、判断への道を整えるということである。すなわち、印象を測るということにおいて、「過去の現在、現在の現在、未来の現在」としての時間意識が判断に移行する可能性が保証されている。われわれは短長短というリズムに感心し、これをよいと裁定すれば、そこに一つの判断が成立するからである。これらのことを考えて、論理学的に命題の様相と時間位相とを結びつけることができるのではなかろうか。命題の述語の時間位相をカテゴリーの表と対照させると次のようになる。

「……であろう」（期待）⟷可能性――不可能性
「……である」（直視）⟷存在性――非存在性
「……であった」（記憶）⟷必然性――偶然性

この表で明らかなように、未来、現在、過去というのは意識の内容というよりも、命題の範疇の様相に過ぎない。意識の内容というのは、現在のアフェクティオでなければならない。このように、時間の分節が、一方で個人的心理作用として期待、直視、記憶に整理されるのも大切であるが、他方それが普遍的、論理的な性格として、判断ないし記述の命題の範疇の様相に関連づけられることは極めて注目に値する。「従って、現在の志向が未来を過去に投げ渡し、未来が減って過去が増え、ついに未来は尽きてすべてが過去となる」[17]とアウグスティヌスが述べていることの意味は、結局、不確定的な可能性の領域から、確定的な必然化へ向けての認識の働きなのである。ここに時間の推移が個人の死であるような次元と、すなわち未来の消滅としての過去化という時間の推移が認識の必然化の過程となっている次元が並び立っていることも暗示されている。歌をうたうときに経験される現象、すなわち期待から記憶へと精神の中で行われる時相の変化が、「個人の全生涯においても行われ、また人びとのすべての生涯を含む人の子らの全世紀においても行われる」[18]とアウグスティヌスが言うのも、このように論理の問題として、個人心理の自己開披的自己転身という形で、個人的生のレヴェルとは異なった次元が考えられていたとすれば、従来の学者たちのように、ここに突如個人の私的時間意識から全人類の時間に移ることが不可解であると捉える必要はないであろう。

権威の問題

時間が論理の構造と関わるものであるとすれば、時間は論理の成立とも関わるであろう。なぜならば、論理は構造的に成立するものだからである。ところで、論理の成立とは認識の成立のことに他ならない。従って、われわれは時間と認識の成立との関係を考えることができるはずなのである。

さて、認識はどのようにして成立するのか。アウグスティヌスは人間精神の作用に類似のものが三つあり、それは類似してはいるが同一ではなく、その差別はそれを支える力にあるとして、「認識」、「信仰」、「妄想」を挙げ、それぞれの支えを「理性」、「権威」、「誤謬」であると言い、認識する者と妄想する者は信ずるが、信ずる者と妄想する者は認識しないと言う。ここで「妄想」は、「真理」と関わりがないから考察から省くとして、「認識」と「信仰」とを取り出してみると両者は相互に拒斥的である。だが本当に「信仰」と「認識」とは別々のものなのであろうか。もしそうであれば、それらの支えであるところの「権威」と「理性」とも、それらは別に積極的な関係は持たないであろう。しかしアウグスティヌスは、「信は認識に先立つ」[19]とも言っているが、例の「知らんがために信じ、信ぜんがために知る」という周知の語句に至れば、両者は仮に同時に同等に並立するものではなくても、論理的には補完関係にあるということを示している。ということはまた、それらの支えである「理性」と「権威」との否定的ではない関係を予示するものではなかろうか。

アウグスティヌスは、われわれが学芸に導かれるのは、二つの道によっていると言う。どのような道にであろうか。それはまさしく「権威」と「理性」との二つである。[20]彼はそこで続けて、無学の人には権威の方が適当であり、学のある人には理性の方が適しているという差はあるが、しかし元来いかほど学のある人でも、もとは無学であったのであるから、帰するところすべての人に真理への扉を開くものと言えば権威である、と言う。

もし、時間が認識の成立に論理的に意味があるとするならば、あらゆる認識の成立に意味のある権威は、時間と関係があるに違いない。このような方法で、われわれは、時間を権威と関係させて論じてみたい。それはすぐれて中世哲学的な主題なのである。

権威とは何か

権威とはしかし、何なのであろうか。あの「アウグストドゥネンシス」と名のって、その著書の翻訳が中世の時代にすでにいくつかの地方語に見られるという稀有の学者オータンのホノリウス(Honorius Augustodunensis, ca. 1080–ca. 1157)は、権威すなわちアウクトリタス(auctoritas)のもとになる名詞auctorがすでにして多義的である点に注目していた。それが両義語であると言って、彼は次の四つの意味群に分ける。(21)

(一) 国家の創立者、すなわち基礎づけた人、例えばローマのロムルス。

(二) また冒瀆の張本人、すなわち支配者や指揮者、例えばキリスト殺害のユダ。

(三) さらに書物の著者、すなわち構成者、例えば『詩篇』のダビデ、『ティマイオス』のプラトン。

(四) なお、言辞を強めることから一般に言われる普通名詞。

これらのいずれもがアウクトリタスの意味内容に関係してくるのはもちろんであるが、特に(四)の「言辞を強めることからそう言われる」というのは、極めて普通のアウクトリタスの意味として考えられる法律上の保証に関係するので大切である。法的に使われるとき、アウクトリタスは保証する人の保証性、または保証する物、さらにその人柄の威厳ということになるので、換喩を使えば、そのまま著者とかリールのアラン(Alain de Lille, ca. 1128–1202)が註釈書を指して使ったように、著書という意味にもなるが、要するにそのような著者や著書の持つ証拠としての力や重みを表す言葉と見るべきであろう。しかしそうなると、「権能(potestas)」との区別はいかになるであろうか。アウグスティヌスは『告白』の第二巻第六章で、「畏るべきは神のみで、神の権能からは何ものも奪われたり取り去られたりはしない」と言い、また『恩寵と自由意志について』の第二十章で、「まことは、またこの世の事物に囚われている意志も神の権能のうちにある」と言っていて、神の「権能」がたびたび語られるので、必ずしも「権威」と「権能」との差異は明確になっているとは思われない。これについても、シュニュの調べた資料によってみると、一二〇四年にインノケンティウス三世(Innocentius

III, 在位 1198-1216) の企てた差別がかなり有効ではないかと思われる。この教皇の「プルガロスへの書簡[22]」によって考えてみると、権威とは地上的権能とは異なった霊的ないし知的な証示ないし証明に関係すると言うこともできよう。そのような見解を支持するかのように、八百年も遡ることにはなるが、アウグスティヌスにも他の著作では、「教会の権威」や「真理の権威」などの使い方がある。

時間と権威

権威《アウクトリタス》とは「保証」の意であった。保証というこの意味から、また保証するだけの力もあるものという意味は成立する。しかしそれだけでは、それほど大きな意味で時間と関わるとは思われない。せいぜいそれが保証となっている契約がいつできたかという時刻と、その保証がどのくらいの時の長さを目途としているのかという期間が、時間として問題となるただ二つのことなのではあるまいか。あるいは、権能が「帝王の時代」と結びつくのに対し、権威は「教会の永遠」と結びつくというように考えれば、むしろ権威と時間との関係を考えることは当を得ていないようにさえ見える。だが、果たしてそうなのであろうか。

われわれが権威の問題に入ってきたのは、もともと時間を考えたからなのである。時間の内化として過去、現在、未来という三分節を記憶、直視、期待という心理学的意識に還元し、その個人意識的なアポリアを克服すべく、時間の測定という問題によってアフェクティオ(affectio = 作用、性質)を持ち出し、これを介して時間の内化としての時間心理学の否定としての時間の存在論に近づくために、時間の論理学に入り、心理学的個人意識を命題の様相論としてとらえ直し、こうして時間が論理学と関係するならば、認識とも関係するにちがいないということになり、それはまた認識の一般的な支えとしての権威にも関係するはずであるということになったのである。それゆえ、われわれは権威に到達するまでに、時間を時間性のあらゆる位相においてとらえながら、考え進んできたということになる。否、そればかりではない。今、もしわれわれが考察をさらに進めるならば、想像もできなかった大きな問題に行きあたるであろう。

脱＝時間の二方位

「権威には神的なものと人間的なものとがある」とアウグスティヌスはその『秩序論』の第二巻第九章で述べているが、彼は、「神的権威とは可感的標識において人間の全能力を超えるのみならず、人間を導きながら、どこまで自らをいやしめたかを人間に示すところのもので、かつそれを奇跡とうけとる感覚にとらえられずに、知性にまで登高することを命じるところのものである[23]」と規定しているところから、たとえ神的権威にも、「空中を漂う魔物の不思議な欺瞞を恐れなくてはならない[24]」と警戒されるものがあるにしても、よい神的権威というものは「玄義の権威[25](mysteriorum auctoritas)」として、帰するところしばしば啓示のごときものや教会の教えのごときものであることは明らかであろう。そして、それらのものを一つにした具体的な存在としての権威ということになると、それは聖書ではなかろうか。もとよりそれは人語で書かれ、文字を書いたのは人であるから、考えようによっては多少は人間的権威(auctoritas humana)の要素もあるかと思われる。確かに、『マルコ伝福音書』と『ヨハネ伝福音書』とは等しく霊感によると言っても、それぞれの人間的個性や思いめぐらしの差が如実に見えているからである。それゆえ、完全な言い方をしようとすれば、聖書こそは神的権威と人間的権威の一つとなったよい権威の典型と言うことができよう。

では、われわれ人間が真理に至るために寄りすがるべき共通の権威としての聖書を読むと、いかなることが時間性に関してさらに明らかになるであろうか。周知のように、『告白』の第十二巻は、『創世記』の解釈である。何故《なにゆえ》であろうか。それは多くの人びとがここに置かれた体系的位置をむしろ謎としているところである。しかし、私にはこれほど意図的に明らかなことはないと思われる。なぜなら、ここでアウグスティヌスは、第十一巻で行うことを得た時間の存在論化を完成することになるからである。

『創世記』の最初は、「元始《はじめ》に神天地を創造《つく》り給えり／地は定形《かたち》なく曠空《むなし》くして黒暗《やみ》淵《わだ》の面《おもて》にあり[26]」となっている。アウグスティヌスは、この最初の「元始《はじめ》」に注目する。そこには「何日目にこれを造り給うたかについては何ら言及がない[27]」からである。日付けが出てくるのはその後で、神が光を呼び、これを暗《やみ》と分かち、「神光《かみひかり》を昼と名《なづ》け暗《やみ》を夜と名け給えり夕あり朝ありき是首《これはじめ》の日なり[28]」と言うときなのである。この日付けなき「元始《はじめ》」とは何のゆえであろうか。アウグスティヌスは、はじめに天と地が造られたことに注目し、まず天を考えてみる。ここでは知性は部分的にではなく、全体的に、あらわに神を、直接顔を合わせて認識するので、今はこれ、今はあれ、というように知るのではなく、同時に知るのであるから、そこに時の変遷はあり得ない[29]。従って、この天はものの先後の秩序という枠組みを超えているので、脱=時間という性格を持つ。

次に地であるが、これは天と違って、「定形《かたち》なく曠空《むなし》くして」というのであれば、形相がなく、従ってやはり、これとかあれということがないため、どれが先か後かと言うこともできず、ここにも時間的変遷はあり得ないので、造られたときには地も脱=時間の領域にある。このようにして、一方の天ははじめから完全に形成されていて、他方の地は全くの無形[30]として、双方共に時間欠如、すなわち無時間性なのである。しかし、後者すなわち地の方は混沌としての無差別からくる無時間性であり、その脱＝時間性の方向が前者すなわち完全形成の同時認識の場としての天への方向とは全く逆であると言う他はない。

アウグスティヌスは『告白』の第十三巻第三十四章で、聖書をあるときは権威《アウクトリタス》と言い、またあるときは中空(firmamentum)と言っているが、それは聖書の権威が、特別の権威であるところの聖者——天において神と一致する者——と、それらの人びとに服する下位の人びととの間に在るということに他ならない。それは人間をいかなる人間的権威にも従わせまいとして人を自己に似せて造った神の贈り物である。[32]このようにして、時間性の構造は宇宙組織の形而上学的理解を強いる。権威とは、永遠の無時間性と混沌の無時間性の領域に形成される多くの時間的位相を繕うて苦しむ人間を、ともかく混沌の無知や道徳喪失から、天の至福と永遠にまで呼び上げようとする神の指である。「時」の中において神に歩みのぼることとは、時間性の塑性原理となっている権威から権威への自己転身の歴史を身に刻むことなのであろう。その意味では、権威とは価値の教育的自己展開の相なのではあるまいか。それゆえにこそ、時間性の諸相と照応するのであろう。

アウグスティヌスのこの形相的永遠と混沌的無時間性との中間にある時間性の秩序については、単に地から天への価値秩序という垂直面のみではなく、運動測定という外的時間から心理的な内的時間意識、さらにその否定による時間の存在論という、いわば水平的構造性を具えていることも忘れてはならない。トマスにはこのような内面化の方向での精緻な時間論はない。しかし、それは彼がこのような時間論に全く興味がなかったからなのであろう。彼にとって時間とは、アリストテレスの述べていたとおり、さしあたりは運動の数に過ぎなかった。しかし、彼も「時間を抽象的な数とは考えず、数えられる数でなくてはならない」[33]とする。端的には、「時間とは運動における先後の計数(numeratio)に他ならない」[34]のである。ということは、運動変化がなくては具体的に数を数えることは行われず、それゆえに時間は天の動きに応じたものと考えるとともに、これら一連の考え方から、トマスがわれわれに暗示した一つの例は、『神学大全』の神の存在証明に使われた否定神学の方法をもって、神には可能態から現実態への変化はあり得ないとし、従ってそこから神が時間の埒外に去って、永遠であるという証明が可能になっているということである。

トマスにおいても、しかしまた違った意味で時間の垂直構造および水平構造が考えられている。それはどのようなものであろうか。それを明らかにしてゆくために、まず、時間がそれから成ると思われる「今」という瞬間を、トマスがどのように考えているかを見る必要がある。

『神学大全』の第一部第十問において「神の永遠について」問うたとき、トマスは第一部第三問第七項で、「神の単純性(simplicitas)」を証明したときのことを想起している。「神は物体ではないから、量的部分の合成はないし、形相と質料の合成もない。また神においては、本性と個体とは別ではなく、本質も存在も別ではない。神には類と種差との合成も、基体と偶有の合成もない。それゆえに、神はいかなる意味でも合成されておらず、あらゆる意味で単純(simplex)である[35]」と論じている。神における合成の否定を介して、神の非合成としての単純性を明らかにしようとするこの論法が具体的に力を示し得るのは、合成体としての他の存在者に関する知識をわれわれが有しているからである。あたかもこれと同じように、永遠についても何かそれを考える縁《よすが》があるであろう。トマスは「われわれは単純なるものの認識に至るために、合成されたものによらなければならないが、あたかもそのように永遠の認識に至るためには、時間によらなければならない[36]」と言う。このようにして、時間が考察の課題として要請されてくる。

　このようにして課題となった時間の最も小さな単位としてわれわれに知られているのは「今」である。これをボエティウスの伝統に従って、トマスは時間と永遠との秘密を探る一つの足場にしている。ボエティウスは「流れる今が時間を造り、とどまる今が永遠を造る[37]」と言っているが、トマスはこれを引き、「とどまる今が永遠を造るということは、われわれの把握の側から言われる。すなわち、われわれが今の流れをとらえることによって、われわれの中に時間の把握が生ぜしめられるように、とどまる今をとらえる限りにおいて、われわれの中に永遠の把握が生ぜしめられるのである[38]」と述べ、われわれに直接与えられている「今」についての反省を深めることによって、流れる時間の方向にも、不変の永遠の方向にも、思考を進めることができると教えている。そして、このような直接所与としての「今」をトマスは「時の今(nunc temporis)」と呼ぶ。これはそのまま実体なのではない。「今」は何をめぐって語られる言葉なのかということは、「今」が何について語られているのかと問うことであり、「今」が何に付加されてくるのかと尋ねることに他ならず、こうして「今」の主語的基体(subjectum)は何かと問うことなのである。「今」の基体とは、常に「この今」という指摘に応じる存在者であるから、たまたま今ここに在るところのこの当のものである。それを仮に一瞬後に「今ここに在るもの」と呼んだ場合、それの状態は一変しているかもしれないが、そのような状態の変化にも拘わらず、それがその当のものであることに変わりはない。このように考えると、一つ一つの「今」は、そのものとしては変わらない基体であるところのものについて、多少に拘わらず変わったその状態を表すところの、そのときどきの述語に含まれることになる。それゆえ、「今」は「もの(res)」を限定するのであって、逆にそのものとしては自己同一を保つこの「もの」によって支えられている付帯的属性(attributio per accidens)の側にある。

このような事情であるからこそ、トマスは、アリストテレスの『自然学』第四巻第十一章二一九b一〇―一六における「以前と以後という観点に従って見られている運動の数」という問題を含む文章を解釈して、「時の今は、その基体について言えば、全時間にわたって同一である」[39]と言う。「今」が「今」として浮き出るように明確に意識されるのは、もとより意識が醒めていなければならないが、意識が知覚できるような変化を意識の志向対象がしなくてはならない。この変化を最も広い意味の一般的術語に還元すれば、運動ということになろう。それゆえ、意識の志向対象がともかくも知覚可能な運動をしなければ、「今」がその一瞬前の状態との差異によって誘い出されてくるということはない。こうして、時間の最小単位としての「今」が運動によって成立するのである。それゆえに、時間は何らかの運動であるということになる。

このように、「時間が動きに対応するように、時の今は動くもの(mobile)に対応する」[40]。それゆえ、この「今」は私が見るいくつかの動くものについても、同時に言われるし、またこの同じ瞬間に、遠くにいる多くの他人が、それぞれ知覚する多くの動くものについても、同時に言われる。このことは、「時の今」はまさにほとんど無限に近いほど多数のものについて同時に言われるということに他ならず、それはすなわち、時間の構成単位と見なされる「時の今」は、事物の次元において水平的には無限定に拡散されているということであって、この限りでは時間は無限定の水平構造を持つ限り、あるいは水平的構造に関する限り、時間は無限であると言わなければならない。しかもこの「今」は、それぞれの事物における運動の継起の過程に属するものとして多でありながら、時刻(hora)の観点からすると、この一瞬として同時刻なのであり、従ってこの「今」としてその時は絶対に一つでなければならない。ということは、事物の次元で水平的に見る限り無限定に「多」である「今」は、事物の変化運動の次元から離れて抽象的な時刻という垂直構造から考えると、「一」だということに他ならない。

では、時刻としての時は、何故《なにゆえ》に抽象的と言われ得るのか。トマスにおいても、時刻は日(dies)の部分として考えられ、一日という限られた持続の抽象的な尺度(mensura)と考えられているからである[41]。

時間と持続

一日が一日として、その前日からもその翌日からも区別されるのは、ある一定の持続を何らかの理由でひとしなみの時の流れの中で区別し得るからである。一日とは、零時から始まり、二十四時間経過してまた零時に終わるその持続を言う。そしてこのような一日の持続は、月の運行を基準とするにせよ、教皇グレゴリウス十三世(Gregorius XIII, 在位 1572-85)が改革したように太陽の運行を基準とするにせよ、要するに天体の運動に即して計算されたものである。それゆえ一見したところでは、持続はすべて物体の運動に関する概念と思われる。

ところで、時間が物体の運動に即しているから、すべて持続は時間に還元されるのであろうか。否、むしろ一日の例から見ると、持続は内部に時刻(hora)を含みはするが、それ自らは時間(tempus)の中に含まれているかのようである。なぜならば、一日が過ぎても時間は在り、一日の間にも過去という時間が在ったからである。しかし、この包摂関係は持続同士にも見られるのではなかろうか。というのも、一日はその内部に一時間という持続を二十四含み、かつ自己自身は一週間という持続の中にその七分の一の持続として含まれており、極小化の方向にも極大化の方向にも持続の包摂関係がさまざまに展開されているからである。

このように見てくると、持続とは時刻化された時間の分節であり、それはそのまま事物の運動に関する尺度の秩序のように思われる。だが、そのように言ってよいのであろうか。持続を時刻化された時間と等置することは持続の概念に合わない。なぜなら持続は字義どおり、どれだけという量的規定と関わりなく、ある事態が存続することであり、それが量的に明示されるという時刻的規定として示されなくてもかまわないからである。トマスにおいては、時間は持続の一形式ないし一種に過ぎず、時刻は本来持続と直接関わりを持たない。トマスによれば、持続には少なくとも本質的に異なる三種類の差別が立てられる。すなわち、永遠(aeternitas)、永劫(aevum)、および時間(tempus)の三つである。これら三つの持続は、それぞれ神の存在、天使の存在、人間の存在に照応するものである。[42]トマスは、「時間の概念は、すでに述べられたように運動から得られるのであるが、まさにそのように、永遠の概念は不変ということから得られる。しかるに神は最高度に不変であるから、神には永遠であることが最高度に適合する」[43]と述べている。さらにトマスは続けて、神以外のいかなる存在も自己の存在そのものではないから、従って自己の持続そのものでもない、と言い、しかも最高度の意味で存在するものは生命あるものでなければならないから、ここに「完全存在」と「完全持続」と「完全生命」とが神の永遠性において一致することが認められる。このように考えてくると、「永遠」という持続と「時間」という持続とは、単にその由来が「不変」と「運動」との差によるというばかりでなく、そのおのおのの持続に始源があったか否かという創造の問題に関わってくるであろう。

『神学大全』の第一部第五十四問第三項に『告白』の引用はあるが、『告白』はトマスによって決して深く読まれてはいなかった。従って、『創世記』一章一節の註釈に、創造については「三様の解が可能である」と言ってはいるが、その中にアウグスティヌスの『告白』で考えられた深い解釈は紹介されていない。トマスは、天や地が時間と同時に創造されたとするのである。(45) しかし彼はそう考えることによって、むしろアウグスティヌスよりも深い考え方を「持続」についてトマスは持つことができたと思われる。というのは、トマスは時間を内的にとらえなかった代わりに、神が事物のみならず時間をも産出すると考え、そのことが、神は自らの作った存在者に対して、自らの欲するだけの時間を、自らの能力を証するために与えるということになり、これは時間を個々の存在者の持続と同じであると考える見方なのである。

このように持続に注目すれば、当然一つの運動が連続的な持続であるのか、それとも持続を有する事物の連続的時間におけるる変化であるのかという問いも生じるであろう。これに対するトマスの考えは、天使の場所運動が瞬間に行われるか否かという問いにおいて、時間の連続性は運動の連続性に因ると称し、運動そのものを持続とは見ず、天使の運動が天体の運動に全く依存しないと言っているところから、(47) 等しく人間的な時間の枠を超えた超人間的時間としても、物体的なる運動を測る時間とは異質の知られざる時間を、トマスは観念の中に持っていたようである。「天使は天体の運動の数としての時間を超えているものである」けれども、天使は「天使の非存在に継起する存在という継起(successio)の数としての時間を超えることはできず、またその働きにおいて継起する数としての時間を超えることはできない」(48) と言う。そしてそのような天使は、創られた存在者であるから、永遠に存在している父・子・聖霊なる神とは徹底的に異なっている。恐らくトマスの観念の中にあった時間性の構造は、幾重もの天球の円が事物の時間帯と隔絶されて天使の時間帯として描かれていたに違いない。それはしかし、アウグスティヌスの実存的な時間意識の深さを喪失していはしたが、アウグスティヌスの人間注視的な構造の中で見落とされてしまった恒常的持続と終極的持続との時間論的な差異を知っていた人の表象なのである。そしてこれがなくては、そのことの善し悪しは別として、哲学が再び科学と結ばれることは不可能であったであろう。

なお恐らくはトマスが、先師アルベルトゥス・マグヌスの『被造物大全(Summa de creaturis)』(49) から継承したと思われる四者の同時被造性という考えは、現実の世界に実際に存在する時間が、人間的意識の延長として把握されるという時間の内化とは、思考類型として根本的に異なっていたと見るべきであろう。しかしそのことは、時間と人間的意識の関係を断つものではない。「神は、本性においてではなく、持続において世界より先なるものである」[50]が、この「より先」とは「時間の先行性ではなく永遠性の先行性を意味するから」[51]、「実際に存在する時間の永遠性を指すのではなく、想像上の時間(tempus imaginatum)の永遠性を指す」[52]に過ぎない。従って想像においては、このような形で時間は、人間的意識において持続概念を介してではあるが、永遠に対して一つの必然的なつながりを持つのである。これが時間と意識の関係の一つである。

今一つ別の関係も大切である。それはまた、天使の意識との対比から推論されることなのであるが、「天使の運動には中間過程が不要である」[53]から、「天使は連続的な時間で計測可能な運動の埒外にある」[54]。従って認識に関して言えば、天使にあっては、知的結晶への推理過程はあり得ず、こうして「天使においては、時間とは知性や情意の機能の継起そのものになる」[55]。これは、時間の理念が歴史的中間ではなく、知的ないし精神的価値の実現するカイロスとしての瞬間にあることを告示するところの、中世における大文章の一つであろう。しかしそこには、預言や啓示が思索体系よりも尊ばれる可能性が強すぎる恐れもあった。

永劫と時間

前項で述べたように、神が創造に際して自らの創った存在者に自らの欲するだけの時間を与えたとすれば、創造の秩序において存在の階層がある以上、時間もまたそれに応じて階層を持つに違いない。そして、創造の最大の問題は存在であるから、時間の階層は存在の階層に従属するものでなければならない。従って、存在において甚だ異なった二つのもの、すなわち肉体を持つことのない理性的存在者たる天使の時間と、理性的動物として肉体を持つところの理性的存在者たる人間の時間との間には、何らかの差異があることになりはしないか。

前項で「天体の運動に全く依存しない」ところの「天使の運動」について述べた際に、トマスは物体的な運動を測る時間とは異質の知られざる時間を、観念の中に持っていたのではないかと私は述べておいたが、ここに人間の時間と差別された天使の時間が、このような形で問われるとき、その観念の中に彼が抱いていた未知の時間とは何であるかを問わなければならない。言葉としては、それが「永劫(aevum または aeviterum)」という古くから使われていたものであることは、今さら断るまでもないことであろう。しかしこの「永劫」については、それと「永遠」との差別も「時間」との差別も、トマスの先行者たちにおいて必ずしも明瞭ではなかった。「永遠」と「永劫」との混合は、トマス自らの引用するところでは、アウグスティヌスが「神は永遠を造り給う者である」[56]と言うときに見られるし、『原因論(Liber de causis)』

における「神は永遠よりも前に在る」[57]という言表からも窺える。「永劫」と「時間」との混同は、トマス自らの引用によれば、「天体の運動は永続する」[58]というアリストテレスにおいても見られることである。

「永劫」を最も明瞭に考えていた人は、トマスのテクストから見られる限りでは、三人いる。すなわち、ボエティウスと、トマス自身が名を挙げてはいないがその所説から疑いなく推定されるところのヘイルズのアレクサンデル、そしてボナヴェントゥラである。

ボエティウスは、「神は時間が永劫から出てゆくように命じ給うた」[59]と言うことにより、少なくとも時間を永劫から区別すると同時に、時間とは全く関係のない対極者たる永遠に比較すると、永劫を時間の母胎とするほどに時間と関係づけているという限りでは、「永劫は時間と永遠との中間に位置するものとして時間とも永遠とも異なっている」というトマスの説を予告していると見ることができる[60]。ボナヴェントゥラは、周知のように、トマスと並んでパリ大学の講座を担当した十三世紀の代表的思想家であるが、その体系的思索力の豊かさから見れば、その師に当たるヘイルズのアレクサンデルは、ときとしてこれを凌駕するほどである。「永劫」の明瞭な定義という点に関しては、アレクサンデルは中世の一典型を完成させた学者である。彼によると永劫とは、存在しなかった後に存在を持つに至り、非存在に戻ることなく永久に持続するものであるので、彼は「永劫には始めがあるが終わりはない」[61]という言表を用意するに至った。この考えによると、永遠には始めも終わりもなく、時間には始めも終わりもあるということになる。このような区別は、しかしまたトマスによると付帯的な相異であって、自体的相異ではない。

永遠と時間との自体的な第一義的相異とは、そもそも何であろうか。永遠が神の本質に属するとして、神の持っている偏在性を有するがゆえに、「永遠はその全体が同時的に存在するのに対して、時間はそうではないということに他ならない」。その意味では、永劫も造られたものとして、創造以前にあった永遠の時を自己の中に持つことはできないから全体を同時に含むことはできないので、永遠から区別されている。

次に、ボナヴェントゥラの説を、トマスに従って述べておかなければならない。「ある人びとは、この三者の相異を次の点にあるとする」という書き出しで、トマスはフランシスコ会の僚友の説を紹介する。すなわち、「永遠は『より先・より後』を持たない、時間はより先・より後を持ち、それと共に新旧の交替がある、永劫はより先・より後を持つが、そこには新旧の交替がない」。しかし、以上の考えはトマスによれば、「矛盾を孕んでいる」。「持続における『より先・より後』は、同時的に存在することはできないから、もしも永劫がより先・より後を持つとすれば、永劫のより先なる部分が去れば、当然より後なる部分が新たに到来するはずであり、従って永劫においても時間におけると同様、新しくなるということがあろう」。

永劫と時間との差がいかなるものかということについても考えておくべきであろう。トマスは、恒存する存在性から離れる度合いに応じて、ものは永遠性から離れると考える。基体(subjectum)が転変(transmutatio)のうちに成り立つ存在者は不変なる永遠から離れており、このようなものはすべて時間によって測られる。ところがある存在者は、存在の恒存性から離脱する度合いが右に述べた転変的基体に比べてより少ない。これらの存在者は基体の必然的転変を含まないが、付加的な転変性を現実的にも可能的にも持つことができるに過ぎない。この例としてトマスは、まず天体を挙げる。天体の実体は、火星は火星として一つの実体的形相によって現実化されており、他の形相をとって他のものに転変しないという限りでは、基体的には転変しないが、天体運動による場所的転変性を持っている。同様に天使の場合もその実体は転変しないが、その本性について言えば、選択の転変性と知的認識や場所の転変性を持っている。永劫とはこのような基体の不転変性のもとに付加的転変性を有するものの尺度であり、自らにして永遠と時間との中間に位置するものである。それゆえ、「時間」と異なり、「永劫」はそれ自体としては「より先・より後」を持たないが、これを付帯的には持つことができる。しかし、天体の運動に影響されない天使の運動は、等しく「永劫」と言っても選択の自由なる決断としての内的、ペルソナ的決断を喚起する。そこに、単なる持続とは異なる歴史の契機がある。生成・消滅とは異なる純粋の内的決断のみが分節として綾《あや》どる歴史が含まれる地平、それが人間の時間とは異なる天使の永劫である。

トマスの思想における歴史哲学の不在について

最後に、時間の問題に関聯づけて、トマスにおける歴史哲学について、ごく簡単に触れておこう。歴史哲学的な問題を、『神学大全』第三部第三十一問から第三十七問までの「キリストの誕生」というそれ自身としてはまったく非哲学的な神学的問題に関して考察することは、本来許されるものか否かと疑問を持つ向きもあろう。しかし、どのような問題でも哲学的に問うことはできるはずなのであり、それを問うた結果として出されてくる答えは、哲学的なものと言うことができよう。信仰に関する問題についてはかなり敬遠したがる学者であっても、この第三部第三十一問までは辛抱してついてきた人であっても、この場に及ぶと当惑する人が多い。

例えば第三十一問第四項は、「キリストが女から生まれるのは相応しいことであったか」などという問いが出されて、そのトマス自らの答えの中には、「神の子が人間の肉体を女から受け取ることは、最も相応しいことであった」というものがあり、その理由として第一に挙げることは、「このことによって人間本性の全体が高貴なものとされたという理由によってである」であり、そしてその説明としてアウグスティヌスの途方もない考え方を引用するのである。「人間の解放は両性において明示されなければならなかった。それゆえ彼〔神の子〕は、より名誉ある性であるところの男の肉体を受けなければならなかったのであるから、女性の解放が当の男が女から生まれることによって明示されるということが相応しかったのである」(62)などという言葉も出てくる。男が女よりもより名誉あるものであるか、このようなことがどうして教父や天使的博士の言葉の中に出ているのであろうか。これは、この問題文が純粋神学的なものであり、それはそれとして問われるべきであるとしても、その答えが男性支配の社会という歴史的に限られた状況であったからこそ言われているのであり、その程度のことは人類の歴史的発展において太陽神を女性と見ていた時代や民族もあり、そのような歴史的感覚を持っていたとすれば、このような非哲学的な解答は避けられ得たと思う。もっともこのことで、トマスを責めるのは酷であるかもしれない。なぜなら、これらの問題に関しては、R・ポッター神父も稲垣良典教授も、「トマスが聖書学の歴史的方法については無知のまま、もっぱら教会会議文書と教父学という教説媒体の中で仕事を進めているからである」として、「あくまでも信仰の神秘を可能な限り神学の言語で語ろうと試みている」からという稲垣教授の見解は、それなりの妥当性を持つとして良い(63)。しかしわれわれは、それゆえにこれらの問題をこのような歴史哲学不在の形で、模範的なものと見てはなるまい。

我らの問うべき態度

キリストの誕生という純粋に神学的な問題であっても、これを宗教哲学ないし歴史哲学的な事象として問うことができるはずなのに、トマスはそれをしていない。そのことは、われわれがいかにトマスを尊敬しているとしても、簡単に容認することのできない欠点になりはしないか。第三十五問第八項において、トマスは問うている。「キリストは適当な時(tempus congruum)に生まれたか」。トマスは「答えて言わねばならない」として、以下のように言う。「キリストと他の人間たちとの間には次の違いがある。すなわち、他の人間が時の必然性に従属しつつ生まれるのに対して、キリストはすべての時を支配し、創り出す者として、母親と場所を選んだように、自らが生まれてくるべき時を選ぶのである。そして『ロマ人への書』十三章一節によると、〈神に由来することは秩序正しく〉そして適当に配置されているのであるから、キリストは最も適当な時に生まれたことが帰結する」。

われわれはこのような答え方をせずに、哲学的に答えることを試みなければならない。キリストの誕生の時期は、信仰の問題として、あの時代であるという答えは変わらないにしても、なぜあの時が誕生の時期として適当であるかということをわれわれは考えることができるはずである。哲学の問題としてキリストの誕生の、その正確な日時や時刻を問題とするのではない。しかし、多神教のみがはびこっていた時代に、ユダヤの一神教、儒教の一神教など一神教が世界史のうえで幾世紀を経て、思想界において多神教のギリシア文化の中からソクラテス、プラトン、アリストテレスという一連の超越的存在論の巨匠たちを経て、新プラトン主義が哲学的に一神論に結晶しようとしていた頃、それはまさしくキリストの生まれるべき時であったというような考察を、歴史的事実と論理的考察とに結びつけていくとすれば、今日の目からみて途方もない男女差別を語っているアウグスティヌスの説などを引いて、キリストの生まれが正しい時であったこととする必要はないであろう。アウグスティヌスにこのような愚説があることをあまりに取り立てて騒ぐことは慎もう。これはほとんどアウグスティヌスの謬説であろうし、人間は誰でも不完全なものであるから、このことで偉大なアウグスティヌスや偉大なトマスを貶めてはならない。なお、このあたりのトマスのテクストは聖書の引用に関し、写し違いがあったり、(64) また第三十六問第八項解答後の論駁二においてヨアンネス・クリュソストモス(Ioannes Chrysostomos, 340/350–407)は、『マタイ伝福音書註解』において述べている云々としているが、これはクリュソストモスの真作ではない。それは、この論駁四においても繰り返し出てくるが、このような真作か否かについての誤謬も、その時代に認められていたものを、その時代の歴史的知識でトマスが容認しているのであり、これをトマスの大きな欠点としてはならないが、誤りは誤りなのである。

こういう意味において私は、ここで述べたかったことが誤解されることを恐れる。われわれはここにおいてトマスが出した問題を、トマスとは違った哲学的な仕方で考えることの可能性を彼によって示されたと思うべきであり、彼が権威のつもりで引いた書物が必ずしも真作でないとすれば、権威についての見誤りがあったことになり、それはまた歴史的研究の仕方のない限界であるとして、神学上も権威とは何であるかについて、歴史的研究の再検討が必要だということをわれわれは彼から教わったと言うべきであろう。

Ⅳ　大学哲学の対極的位相

第十九章　十三世紀哲学の対極的位相

——ボナヴェントゥラとシゲルス——

天主に向かう志向の位相差

一　光の哲学者ボナヴェントゥラ

トマス・アクィナスの友にしてライバル

どのような営みの領域にも黄金時代と呼ばれる時期があり、そこではしばしば対立する二人の巨人が並び立って、ライバルのように相競っている場合がある。人びとが周知の近世後の思想史に限ってみても、それは十六世紀ならばエラスムス(Desiderius Erasmus, ca. 1466–1536)とルター(Martin Luther, 1483–1546)であり、十七世紀ならばデカルト(René Descartes, 1596–1650)とホッブズ(Thomas Hobbes, 1588–1679)、あるいは広く近世全体に拡げ見れば、デカルトにはヴィーコ(Giambattista Vico, 1668–1744)が対立したというような状況である。しかしこれらのライバルたちは、ある程度相互に知り合っていた場合もあるが、友ではなかった。これに反し、中世を代表する十三世紀の大哲学者、トマス・アクィナスとボナベントゥラとは、同じパリ大学においてまったく同じ時期に教授として競い合うとともに、友として交わりを続け、その死の年すら奇しくも同じなのであった。ボナヴェントゥラが一二一七年か一二二一年に生まれ、一二七四年七月十四日に死んでおり、トマス・アクィナスは、生まれはボナヴェントゥラよりも後であるが、その死は約四カ月その友に先立つ一二七四年三月七日であった。このような場合、哲学史の書物としてはどちらを先に扱うか、まことに定めがたい。しかし、中世哲学史を日本で著す場合、ボナヴェントゥラに比べれば遥かに広く読まれ、かつ研究文献も多いトマスを先に扱って、これとの対比においてボナヴェントゥラを論ずる方が、すべての点において理解しやすいのではないかと思われる。それが第十九章として、トマスの後にボナヴェントゥラを扱うことにした所以である。偶然、両者の師にあたるヘイルズのアレクサンデルとアルベルトゥス・マグヌスも同時代者であり、かつ僚友としての交わりがあったけれども、スンマという形式を創始したのはアレクサンデルの方であったから、同じ章(第十五章)で扱いはしたが、アレクサンデルの方を先に置いた。この順序からすれば先に扱われた人の弟子の方を、後に扱われた人の弟子よりも先に扱うべきだとする意見もあろう。本書では、いろいろと迷った末、右に述べたような理由で、このようにしたのである。

ボナヴェントゥラの生涯

周知のように中世哲学の最盛期の一つと言われる十三世紀の神学ならびに哲学をドミニコ会のトマス・アクィナスと共に担ったフランシスコ会のボナヴェントゥラ(Bonaventura)は、本名をジョヴァンニ・ディ・フィダンツァ(Giovanni di Fidanza)と言う。まったくの同時代者である二人は、またそれぞれの独自性において相対立するところも多く、共に同時期にパリ大学を背負って立った真の友であり、かつライバルであった。哲学史は、個人列伝史を超え、その基礎の上に問題の発展史でなければならず、本書の特色を敢えて揚言すれば、少なくとも筆者の意図においては、中世哲学を単に個人列伝史として記述することはせず、体系的思索の問題史的展開として提示し、読み進むことで思索が論理的に深まるように仕組まれているところにある。やがて中世哲学においても、この問題史的展開を比較哲学的視点から叙述する日がくるならば、ボナヴェントゥラとトマスとの比較研究こそ、ヘーゲル(Georg Wilhelm Friedrich Hegel, 1770-1831)とクーザン(Victor Cousin, 1792-1867)、ニーチェ(Friedrich Wilhelm Nietzsche, 1844-1900)とベルクソン(Henri Louis Bergson, 1859-1941)、ハイデガー(Martin Heidegger, 1889-1976)とヤスパース(Karl Jaspers, 1883-1969)のような興味ある研究も可能であろう。しかし、一巻をもって通史を試みる段階にある中世哲学の現状としては、本来同章において比較検討すれば極めて興味ある同時代者であるこの両者を、別章において継時的に論じなければならない。

ボナヴェントゥラは医師の家に病弱な子として生まれたが、その生家がローマの北方トスカナ地方、すなわちアッシジのフランチェスコの建てた大修道院に近かった関係もあって、この聖人に篤信の母は死の床にあったボナヴェントゥラの回復のとりなしを願った。このような関係から、彼は青年期までこの地方で教育を受けた後、成人に達した一二三六年、パリ大学に入学し、自由七科の学を学び、彼には極めて親近感のあった教父伝統の新プラトン主義に加え、当時最新の知識であったアリストテレスの哲学にも触れた。その後の一二四三年、幼少年期以来前記の理由で親しみを感じていた新しい托鉢修道会フランシスコ会に入会した。そこで彼は当時、全欧にアルベルトゥス・マグヌスと共に二大碩学と称せられていたヘイルズのアレクサンデルに出会うことになった。というのは、ちょうどこの頃、この大哲学者はあたかもその後継者となるボナヴェントゥラを待ち受けるかのように、五十歳にしてフランシスコ修道会に入会していたのである。不幸にも、アレクサンデルはボナヴェントゥラの入会後僅か二年の一二四五年に病気で急逝したため、ボナヴェントゥラはその講義や直接指導によるよりも、師の遺稿を読むことによって多くを学んだと言われている。

短い間ではあったが、師事することを得た偉大な神学者で唯一の指導者であったアレクサンデルの死後三年目の一二四八年、ボナヴェントゥラは聖書やペトルス・ロンバルドゥスの『命題集』の講読講師の後、五三年正教授の資格を獲得したが、パリ大学神学部教授会はほぼ同時に正教授資格を得たトマス・アクィナスともども、これら新しい修道会の会員の受け入れに反対した。この反対の理由は、一般には在来の在俗司祭の教授たちが既得権減少を恐れてのことという非学問的理由であると主張する人びとが多いが、私の見るところでは、両人が活発に引用するアリストテレスの学説は、もともとイスラム文化圏からの新しい刺戟のキリスト教化であるととられ、教父以来の伝統に反するものと考えられたり、また十二世紀フランスにおいて隆盛しかけた異端運動としてのカタリ派やヴァルド派に類する危険思想と誤解されていた点もあったと考えなければならない。というのは十三世紀後半、すなわちトマスの学説が形而上学として定着しかけていたときでさえ、フランスの大司教タンピエ（Étienne Tempier, ?–1279）は両修道会の指導者たちに否定的態度をとっていたからである。

せっかくパリ大学での正教授の地位を得たものの、実はボナヴェントゥラはその年の半年前の二月にフランシスコ会の総長に選挙されていたため、大学の内部で充分な活躍ができなかった。なぜかと言えば、その頃、聖者として極めて評判の高かったフランシスコ会の創立者アッシジのフランチェスコ（Franciscus Assisiensis, 1181/82–1226）の名望により、同修道会はイタリア、フランス、スペインのみならず、北ヨーロッパにまでも急速に拡大し、一説によると会員は三万人を超すと言われていたほどであるから、会全体の統一を図ることは並ならぬ仕事であり、さらに同修道会は、十二世紀に跳梁跋扈したカタリ派やヴァルド派などの異端を矯正する課題のために重要な役割を果たしていたので、そのような会の総長は教皇との個人面接の必要も多く、十年余にわたる修道生活の指導者としても東奔西走したためである。

主として大学の研究教育に専念できたトマスに比べて、ボナヴェントゥラは、執筆等の時間は少なかったにしても、パリ大学人文学部教授ブラバンのシゲルス（Sigerus de Brabantia

〈Siger de Brabant〉, ca. 1240–81/84）の率いるラテン・アヴェロエス主義のアリストテレス解釈に関して、すなわち真理は信仰の真理と理性の真理の二つに分かれる二重真理説や、全人類に行き渡るただ一つの知性の存在を主張し個人の魂の不死と個人の倫理的自主性を否定する単一知性論や、世の終わりを否定し、被造物の有限性に疑念を持つ考え方である世界の永遠性の主張を、トマスと共に反駁することに努めていた。ただ、親友と言われた二人の大神学者も次の点に関しては、別々の道を歩むことになった。世界の時間的始まりはあくまでも信仰によって認めるべき問題で、哲学的には肯定も否定もできない二律背反の事象、すなわち肯定も否定もできないとする考え方に対して、ボナヴェントゥラは等しくアリストテレスを肯定的に認めていたにも拘わらず、世界の永遠性に関しては、これが信仰に反するのみならず、哲学的にも不可能なこととして、この点ではアリストテレス主義に正反対の立場をとっている。主としてこのことが原因でボナヴェントゥラは、アウグスティヌスを通じて知られたプラトン主義に傾いていき、一二七三年四月からのパリ大学における連続公開講義で、アリストテレスは偉大な哲学者であるが、多くの誤謬を内含し、異端的教義の原因となるという主張を明言し、年来の友でもあったトマスが最後までアリストテレス主義に依拠し、これに基づいてカトリック神学を基礎づけた道とは別れることになった。右の連続講義が中断されなかったならば、もしかするとボナヴェントゥラの口から、トマス批判が流れ出たかもしれなかった。しかしこれが二人の友情を守る摂理であると思わせる事件のために右の連続講義はその年の、すなわち七三年五月下旬に中断されることとなった。なぜなら、ボナヴェントゥラは教皇グレゴリウス十世によって枢機卿に任命され、しかもギリシア正教会、すなわち東方教会との和合一致を計画した教皇の最高顧問として重要な人物を歴訪し、七四年のリヨンにおける公会議の最高責任者の一人となって、その仕事に忙殺されたからである。ボナヴェントゥラは、論敵となりつつあった親友トマスに、その公会議の顧問として出席を要請した。トマスは、病をおしてリヨンに向かう途中病死するが、ボナヴェントゥラもギリシア正教会とローマ・カトリック教会との和解が一応為された同公会議の第四期会を終えた同年七月十四日（トマスの死の五カ月後）、ライバルにして友であった人を追うようにして帰天した。

ボナヴェントゥラは以上のように、多くの旅行を試みねばならず、大著としては『命題集註解（Commentaria in quatuor libros Sententiarum）』『神学提要（Breviloquium）』等があるが、むしろ彼の特色は『神に至る精神の巡礼（Itinerarium mentis in Deum）』『三様の道についてあるいは愛の炎（De triplici via alias Incendium amoris）』『生の完成について（De perfectione vitae）』等の霊性の哲学的反省に関わるプラトン－アウグスティヌス的観想の著書に鮮やかに残されている。

詩的表現の気品

宝石は、中世の修道院において貴重な祈禱書の革表紙を飾る材料であり、また修道生活の中心ともなるミサ聖祭における最も貴重な祭具である黄金の聖杯を飾るためにも使われた。それは世俗で装身具に使われる材と同種のものでありながら、日々の修学と祈禱の際に、その美によって精神を神に集中させるために自然の輝きを人工で固定したものであった。そのような、「宝石は輝く太陽の光が地中に差し込んで結晶したものである」という美しい詩のような言葉は、ボナヴェントゥラのものと伝えられている。このように、ある意味では非科学的とも言える象徴的比喩を使いながら、いかなる宝石の定義よりもその本質を人間的精神の受容力に沁み透らせるボナヴェントゥラの言葉には驚嘆する他はない。確かに地中の貴石の類は、陽光熱と地中の水分をはじめとして諸々の元素の結合したものに違いないから、右のような定義を非知性的な直観として斥けるわけにはいくまい。トマス・アクィナスのアリストテレス直伝の正確な自然学的記述に比較すると、ボナヴェントゥラの記述には確かにプラトン-アウグスティヌス風の詩的表現の気品がある。いずれの方が哲学的に優っているかというような考え方は、自然の美しい実在の探求に関して、とるべからざる道である。そのことを如実に示す断章が一九三二年にアンキネ(P. Henquinet)によって発見され、プイヨン(Henri Pouillon)が精査の結果、ボナヴェントゥラに帰したのが一九四六年、そして同年ド・ブルイネ(Edgar de Bruyne)が出版したところの手稿五一Cである。[1] 以下にそれを示そう。それは、ベルギーのブリュッゲ(ブリュージュ)の図書館で発見されたもので、二十世紀の文献学上の大発見に属するものである。「美はまず物体の中にあり、次いで創造された霊的実体において第二相をとる。(中略)秩序と理性の最高の調和は神の中にあるが、調和は美であったがゆえに神は至高の美である。(中略)存在には四つの条件があるが、それは『一』、『真』、『善』および『美』であり、それらは共通に相互置換性を持っている。(中略)ところで、『一』と『真』と『善』とはそれぞれ独特の因果原理を持っていて、それらに従って理解される。統一があるということは、そのように構成されていることであるから起動因を持っていることであるし、真であるということはそのものの本質を把握したときにのみ言えることであるから、それはつまりそのものの形相を認めたことになるから形相因を持っていることであり、また善は秩序への適合性の観点から言われる価値として、目的因を持っている。だがこのような因果原理に即して見たときに、第四の超越たる美は何に対応するものであるか。美はすべての原因を包含する」[2]。

ここに何が語られているかを、一切余さず簡単に説明することは不可能である。なぜならば、ここにはボナヴェントゥラの存在論の中心的課題が結集しているからである。けれどもわれわれは、ここに彼の特色としての美の理論が示されていることを見逃してはならない。以下にそのことを説明する。

アリストテレス的世界認識の出発点は、端的に述べるならば、視覚が感性的認識として対象的存在の外形を獲得することにある。それを基盤としてより普遍的な認識可能性を持つものは、その実在の種的本性としての形相《エイドス》の認識に昇級する。すなわち、感覚的認識能力としての視覚によって、目前の物体の質料的塊から離れた形態が獲得され、それを基にして精神の目を通して非物体的形相《エイドス》という概念が成立するのである。その場合、認識価値としては真理が正確性という標識で表されるということが獲得すべき知識の基本線となる。

ところで、物質的形態から純粋な精神的形相《エイドス》への昇華経過そのものはほとんど同じであるとしても、このアリストテレス的伝統に対立するプラトン－アウグスティヌス的認識論においては、認識価値としては真理が前者の正確性よりも、むしろその善美性という標識で表されるということが獲得すべき知識の基本線となる。ここには、自然学的認識およびそれの超越的補完としての生の動きの形而上学と、美学・倫理学的認識およびそれの超越的補完としての美の光の形而上学との同格的対立が見られる。このことはボナヴェントゥラがアリストテレスを否定していることではなく、神の創造の際に、被造物に神の生命が与えられたというだけではなく、神の美が伝えられているということであり、そして生命の活力と共に、生命の輝きがあらゆる被造物に滲透しているという彼の創造の神学の超越性が、トマス・アクィナスの創造の神学の二律背反性と異なっているというだけのことであって、そのいずれを選択するかの価値判断は、哲学的には中立と言わざるを得ず、結局のところ、創造の神秘に対する信仰上の決断の同格的差異の問題とする他はない。

ボナヴェントゥラはその主著『命題集註解』において、「神は世界を創造した。（中略）世界を構成する一切の存在者は形を持っている。ところで形を持っているものはすべてある秩序をなしていることであるから、美を持っていることになる。なぜならば、美は秩序において成立するからである」(3)と言っているが、このことからも明らかなように、彼は、一切の存在者に創造者が種に従って形を与えたのであると考えている。従って、彼が美を考える際に媒介としたものは、直接神の手になるところの存在者、すなわち自然的存在者であり、直接考察の対象となった美は自然美であった。それは、美を直接神との関係において見ることに他ならない。それゆえに、自然美の原因としての秩序ないし形相は、神の知性の光の中で照らし出された創造の原型であると言うことができる。つまり、人間が自然美を意識するということは、本来的にはこの光の地平に参与してこの原型を認識することに他ならない。ボナヴェントゥラによれば、美を経験するとは光の源である神に向かって接近することである。「霊的実体において、美は第二の相をとる」と彼が前述の新しく発見された断章の中で述べているのは、右のような意味であって、美は明らかに理性の働き全体において浮き出されてくる存在の輝きに他ならない。それゆえ美は他の諸々の価値と異なって、いずれかただ一つの原因と相関的なのではなくて、存在者の存在を可能にするすべての原因の全体的放射に対応するものである。従って、自然美は事物を介して人間の知性において神が光として自己を語る仕方の一つであり、その意味においてはスコトゥス・エリウゲナ(Johannes Scotus Eriugena, ca. 810–ca. 877)の言葉を借りれば、「神顕《テオファニア》」[4]に他ならない。このようにボナヴェントゥラの美論は自然美を中心としており、芸術美についてはほとんど何も触れてはいない。事実、彼が人間の肉体的な弱さを補う知恵の光が可能にした七つの機械的技芸(artes mechanicae)を列挙したときに、明らかに芸術と呼ばれてよいものは、綜合芸術としての演劇のみであった[5]。それにも拘わらず、このように自然美に偏った彼の美学が、中世の芸術革新運動の上において重要な理論的役割を果たしたことを忘れてはならない。それは何か。

多くの学者たちが気づいているように、一二五〇年以前と以後、すなわち十三世紀半ばを境としてゴシック式大聖堂の建築上、三つの際立った相異が認められることに注意を払わねばならない。一つは、十三世紀後半以後、教会のヴィットロー(ステンドグラス)を透かす光量を多くして聖堂内の明るさが増していることであり、二番目に、同じく十三世紀後半以後、聖堂の正面は三門制を厳守し、三葉飾窓を持つようになり、三番目に、絵画や彫刻において創造主としての父なる神に代わって、子なる神キリストが最も多く登場してくる。この三点とも、ボナヴェントゥラの神顕《テオファニア》としての光の美学が造形芸術に具体化されたものと見ることができる。その証拠としては、『マルコ伝福音書』に関する説教の中で、彼が神の象徴としての光が教会の内部を満たせば満たすほど聖堂の美しさが増すことを暗示していることが挙げられる[6]。さらに、教会建築における三門制は三位一体の象徴であると見ることができるから、「この世の被造物はそこにおいて作者である三位一体が理解される書物のごとし[7]」であると言ったボナヴェントゥラの影響をそこに見なければならないというボビングの説も肯《うべな》わなければならないし、自然の中で経験できる最高の神顕は、「自然のうちの至美なるもの、すなわち人間」と、神そのものとの一致としてのキリストであるから、芸術の最高の課題としてキリストが教会建築の中心に位置づけられるのも当然であろう[8]。そもそも建築としての教会を天国の象徴として見ようとする傾向は、中世に始まる。それゆえに、神学的、形而上学的理論の物象化としての芸術運動は、中世において甚だ盛んであった。従って、当時の芸術一般は明らかに知性の所産として哲学の受肉と見ることもでき、ダンテ(Dante Alighieri, 1265–1321)の『神曲』がトマス・アクィナスの秩序の哲学の詩的開花と言われると同様に、パリのノートル・ダム寺院は、ボナヴェントゥラ美学の造形的結晶であるとされる。これは最近、誰でもが認めることなのであるが、私はボナヴェントゥラの光の思想は、ダンテの天国が光に満ちていること、ル・ゴフ(Jacques Le Goff, 1924–)が明確に示したように、十二世紀にキリスト教世界において一般化した煉獄を加えると、死後の世界が地獄・煉獄・天国と三段階に区切られており、さらに序詩一篇を除くと、各篇が三十三に分かれるというほど、三位一体の基本構造で構成されている『神曲』の構造を考えると、ダンテにおいてもボナヴェントゥラの三位一体の神を重視する考え方が、トマスの神学思想よりも、より大きな影響を及ぼしているのではないかと思うことすらある。それは、中世末期を代表する二大芸術作品、すなわち造形におけるノートル・ダム寺院、および言語におけるダンテ『神曲』双方が、ボナヴェントゥラの哲学的神学によって支えられていることにさえなるのである。さらに、十四世紀に完成したミサ聖祭の基本構造が、聖書朗読と説教にまで至る「浄化の道」、そして聖変化から聖体拝領に至る「キリストとの一致」、すなわち「キリストの十字架の犠牲と救済」、さらに感謝と祝福による「新生の自覚」という三部構造であるのも、ボナヴェントゥラの影響と見ることさえ可能であろう。この傾向こそは、古典ギリシアに可能性として認められていた芸術解釈の方法論的確立を促し、聖書解釈学の成果と相俟って、象徴学の体系化をもたらすことにもなった。芸術は一般人にとっては幸福な見聞の対象に過ぎないかもしれないが、選ばれた者にとっては、それを介して神的光への魂の飛躍を試みるべき真理への道の一つなのである。

意志の倫理的完成について

二十世紀前半における、それまで未知のボナヴェントゥラの手稿五一Cの発見、および解読という衝撃的な事件によって、「美」こそが「一」「真」「善」という三理念を包越するという形而上学的思想がボナヴェントゥラにおいていかに明瞭となったかを、われわれは今見てきたところである。しかしそのことは、しばしば耽美的恍惚の中に人間の実践的使命を忘却させるような、観想(contemplatio)に名を借りた隠遁主義を意味しはしない。ボナヴェントゥラ全集クワラッキ版の第八巻にある『三様の道についてあるいは愛の炎』[9]を読むことによって、われわれはボナヴェントゥラの観想が人間の倫理的完成を志向する実践的努力を排除するものであること、さらにはそれこそが哲学の完成への道であることを知るのである。

この書の序詞は、「見ずや、われ汝のために我が教えを勧告と知識とを以て三様に録《しる》したり」と『箴言』二十二章二十節を引いている。この場所は、最近のヘブライ語研究によって改良されたという新共同訳によると「わたしの意見と知識に従って三十句／あなたのために書きつけようではないか」、文語訳では「われ勧言《すすめ》と知識とをふくみたる勝《すぐ》れし言《ことば》を汝の為に録しゝにあらずや」とある。聖書における同じ場所が、これほども違っているということに異様な思いをする人もいるであろう。新共同訳では旧約聖書の箇所は原文のヘブライ語から訳している。しかし、中世のラテン的世界においては古いウルガタ訳を使っており、ボナヴェントゥラが読んだのはウルガタ訳である。確かにボナヴェントゥラが引用した一文の後に三十句にわたって教訓が述べられているが、これをウルガタ訳では予告的に「三様に録したり」と訳している。そのことはこの聖書の引用に続くボナヴェントゥラの説明からも明らかであろう。ボナヴェントゥラは続ける、「およそ一切の知識が聖三位一体のしるしを宿す以上は、とりわけ聖書が教える知識にはその面影は明瞭に表されていなければならないであろう。それゆえに、知者ソロモンは聖書の語句の持つ字義以外の三様の霊的意味、すなわち倫理的、比喩的、象徴的な意味に従って、神の教えを三様に録したといった次第である。ところで、この三様の意味とは、霊魂の働きの段階を成す浄化、照明、完成に呼応するものである。浄化は心の平安に、照明は真理に、完成は愛に導くから、これら三つの働きをすべて我がものとするならば、霊魂は幸福になり、これら三つの働きに身を入れるにつれて、霊魂はその功徳をあげてゆく[10]」と。今、聖書に挙げられた三十句を読んでみると、それがこのボナヴェントゥラの要約的説明に合っていると見ることができる。その一々についてここで説明するゆとりはないから、少なくともわれわれとしては、三様の道、すなわち霊魂の浄化、照明および完成に至るための黙想がいかなるものであるかを、テクストに従って学ぶことにしよう。

ボナヴェントゥラは、「まず黙想の本質を明らかにすべきである[11]」と言う。これら三様の道における修行は、人間の内なる三つのもの、すなわち「良心の針」「理性の光」「知恵の火花」によるのである。「もし自己が浄化されたいと望むのであれば、良心の針を使え。自己が照明されようと望むのであれば、理性の光を使え。自己が完成されようと望むのであれば(中略)知恵の火花を用いなければならない[12]」と言い、この三つによって人間の意志の倫理的完成についての哲学的思索を展開する。

キリスト教の修道院内で、個々別々に作成されたさまざまの院内規則集(regula)を仔細に検討すると、それらは今日の多くの修道院からは考えられないほどの多人数の修道士たちが、共同生活を摩擦なく営むために思慮深く考案された生活マニュアルとして出色のものではあるが、ともすれば外面的に合法的であれば、自己抑制の成果として曲がりなりにも修道生活が貫徹可能なふうに見られる面がないでもない。ボナヴェントゥラが「良心の針」という比喩をもって、第一の自己反省を命じていることは、人間の精神が外圧によって強制されるのではなく、自発的に規則に従う自由な態度で進まなければならないということを示している。そのために、「まず良心の針を使うが、それは第一にこれを刺戟し、第二にこれを研ぎ澄まし、第三にこれを直《なお》くしなければならない。すなわち、罪を思い起こしてこの針を刺戟し、自己を糾明して、この針を研ぎ澄まし、善を省察してこの針を真っ直ぐにしなければならない(13)」。ここに罪の想起として「怠慢」「邪欲」「悪徳」が克服されるべき障害として意識されてくる。「怠慢」、すなわち為すべきことを放置することは、しばしば悪を行う場合のように目立ちはしないが、「人は自ら注意すべき心、使用すべき時間、志向すべき目的に関して怠慢(omissio)ではなかったか(14)」否かを入念に考慮しなければならない。これに関し、「反省すべき第二のことは、自ら祈禱、読書、善の実行に関して怠慢ではなかったか(15)」否かということである。そして、「反省すべき第三のことは、痛悔すべきこと、抵抗すべきこと、進歩向上に努力すべきことに関して、怠慢ではなかったか否かということである(16)」。この良心の最初に反省すべき問題として怠慢を挙げていることは、今日から見て極めて特色ある考えとしなければなるまい。何もしないことは「悪」もしないことでもあるから、そのまま「善」であるかのようであるがそうではない。これは、自他共に認めるこの倫理状況に対する中世からの激しい叱責の声ととるべきではないか。従って、「すなわち、怠慢に対しては勉励が必要であるが、それは一切の怠慢を払い落とし、霊魂をして迷いから醒まし、決然と、しかもみごとに神の嘉《よみ》したもう仕事を実行させる精神のある一つの力である(17)」。これが「浄化の道」である。

「第二に、『浄化の道』に続いて『照明の道』が控えている。(中略)この道について最後に見るべきことは、理性の放つ光は神の約束したもうた報いを、黙想によって思索しつついかにして一切の善の根源に回帰するように省察を果たすべきかということである(18)」。言うまでもないことであるが、「神こそは一切の善の源泉であり目的であり、あらゆる要求や欲望や評価を超えて絶対的な善であり、そしてわれわれが万事を超えて、すなわち他のことの故にではなく、神自らのために、神を愛しかつ求めるならば、神ははじめてそのとき、われわれがかくも大きな善をいただくに相応しい者であると認めたもう(19)」。

次に、「完成の道」として「知恵の火花」による修行が始まる。「それは次の順序に従って行わなければならない。第一にこの火花は一つにされ、第二に燃え立たされ、第三に燃え熾《のぼ》らされなくてはならない。まず第一にこの火花は、われわれの愛着の働きをあらゆる被造物への愛から、創造主にのみ向けられるように一つにされる。(中略)第二に、この火花は燃え立たされなくてはならない[20]」。それは人びとの間で働いたキリストへの愛によって、「何よりも望ましい御者《おんもの》の臨在感が与えられるということに気づくであろう[21]」。これによって愛を燃え立たせることができる。「第三に、この火花を燃え熾《のぼ》らせることが必要である[22]」。ここで大切なことは、私の愛する神は知覚の対象でもなく、想像の対象でもない。それは、ただひたすらに憧憬の対象である。精神の浄化と照明と完成の道は、ここに終結するのである。「この方法による黙想においては、霊魂全体が挙げてそのことにあたらなくてはならず、しかもそれは霊魂のすべての能力、すなわち『理性』『自由決定』『良心』『意志』をもって行わなくてはならない[23]」。

　このようにしてボナヴェントゥラの黙想の成果が果たされるとき、それは人間の限りとしての高みに至ったことではあるが、そこから人間の限りとして達し得ないものへの内的な語りかけとして、本格的な祈禱が問題となる。祈りは自己のミゼールを嘆き、この自己を救うべき慈悲が求められ、その力への讃美と感謝の礼拝が捧げられるという三契機(祈禱、讃美、感謝)に分かたれる。このようにして祈禱の後に、はじめて神を平安と真理と愛徳において見る観想が行われるようになる。ここにトマスとは異なった、しかしトマスと共に並び称せられる十三世紀の偉大な哲学者が、完徳への道をわかりやすく教えた跡が見られる。このように、聖トマスという自然的理性の彼方に超自然的理性としての神に跪拝する像と、聖ボナヴェントゥラという霊魂の愛の火花によって人間の霊魂の限度を超えて神の直観に入ってゆく像と、二つの輝かしい像が見られるのである。

観想と実践のアフォリズム

ボナヴェントゥラの著書の中でその書かれた当初から学者たちの間で尊敬をもって愛読され、今も最も広く読まれ研究され続けているのは、一つは神秘神学の中世における代表作の筆頭に挙げられている『神に至る精神の巡礼』と、今一つは右の思想の学問論的な統括として諸学は神学に向けて還元される、すなわち神学を目標として統一的体系をなすことを論じた『諸学芸の神学への還元(De reductione artium ad theologiam)』である。この二書の内容の概略はボナヴェントゥラの見事な書名の付与によって明らかであるから、その要約や註解の類はこれを省き、寸鉄にしてしかも優美な彼のラテン語原文の例を両書から一例ずつ引き、もって彼の世界を歩み終えることにする。

　前掲の『神に至る精神の巡礼』の第六章冒頭は次のようである。

Post considerationem essentialium elevandus est oculus intelligentiae ad contuitionem beatissimae Trinitatis.

〔神の〕本質的存在性の省察の後に、知性の目を上げて至福の三位一体の直観に至らねばならない。

と言った彼は、次に掲げた『諸学芸の神学への還元』では、“Et hoc triplicatur in rationalem, naturalem et moralem.(〔この直観知の光が〕計量、自然、倫理の三領域を照らし分ける)”と言っている。これは憧憬にみちた精神が三位一体の神の至福直観に至ったときは、そこにとどまるのみではなく、そこから抽象や生の世界を返照して倫理を実現していくべき精神の使命を語っており、ここに十四世紀のダンテの天国に救われた精神の、この世に浮沈する者への嚮導《きょうどう》という行動性につながるものがある。ダンテは、トマスの形而上学の結晶であるばかりではなく、トマスの友にしてライバルであったボナヴェントゥラの倫理学の輝きでもあった。

二　ブラバンのシゲルス

アヴェロエス主義

中世哲学研究において、特に最近では、イスラム哲学のそれへの影響や一般にイスラム系の哲学者や神学者たちの考えを従来よりも詳細に論じなければならない状況に至っている。そのことは私も充分承知しているし、大学も専門も異にしながら年少時からかなり久しく学問的関係を保ち得た井筒俊彦教授は、機会あるごとにイスラム思想についての多くの情報を提示され、真剣にアラビア語の習得を勧告して止まなかった。一九五〇年代、主としてフランスおよびドイツにいた私は、両国の研究体制としてアラビア語の研究のため特別奨学金制度を設け、従来の中世思想の研究をその方面に拡大しようとしていた時期であったため、パリで講師として同僚であったアラビア語の天才イスラム学者ジェイムズ・クリセック(James Kriszeck)に連れられて、イスラム学の大家オーギュスト・マッシーニオン(Auguste Massignion)、およびその後継者アンリ・コルバン(Henri Corben)、その同僚ルイ・ギャルデ(Louis Garde)たちのもとをしばしば訪れ、そのたびにアラビア語ならびにペルシア語の中世世界の哲学的豊かさをそれぞれの立場から聞かされ、是非その方面の語学の習得をするように奨められたものであった。しかし本書でも随所に言及しているように、私は体系的思索を本務と考え、その修練のために哲学史の原典研究を行っているに過ぎないので、ギリシア語、ラテン語で精一杯であり、さらにアラビア、ペルシアの言語を学ぶだけの才能はなかった。従って、イスラム哲学に関しては、ラテン・アヴェロエス主義の学者のテクストに限る他はなかった。その代表者の一人がここで取り上げるシゲルス〈Sigerus de Brabantia〈Siger de Brabant〉, ca. 1240–81/84〉である。彼は十三世紀後半のその派の代表的哲学者であり、アヴェロエス主義者と言われても、ラテンという付加語が上についている場合は、あたかもアヴェロエス〈Averroes〈Ibn Rushd〉, 1126–98〉がアリストテレスの註釈に専念したように、ひたすらアリストテレスを理解する道としてアヴェロエスを読んでいる人たちなのである。ごく簡単に言えば、シゲルスの研究はアヴェロエスを通してアリストテレスを見るということであり、それは決してイスラム哲学の問題なのではなく、アリストテレス理解の仕方なのである。それゆえに、ラテン・アヴェロエス主義者と言っても、それはイスラムの哲学者なのではなく、ラテン語で書いたアリストテレス主義のカトリック哲学者なのである。周知のように、教父時代から論理学を除いては無視されていたアリストテレスが、アラビア語のイスラム哲学者を通じて知られ始めた関係上、すでにトマスの場合ですらアリストテレス主義のゆえに危険視されたように、ラテン・アヴェロエス主義者もアリストテレスに従っているという理由でやはり警戒されていた。

アリストテレス全集は、イスラムの世界で極めて重要視されていたが、その研究エネルギーがアフロディシアスのアレクサンドロス〈Alexandros ot Aphrodisias, 2–3 c.〉、アヴィケンナ〈Avicenna〈Ibn Sînâ〉, 980–1037〉ならびにアヴェロエスの註解書と共に、十一世紀以後急激に哲学的性格を深めた西洋カトリック世界に滲透していたため、十三世紀初頭、再三にわたってパリ大学は神学部の責任において、アリストテレスの自然学関係書と形而上学に対して特別な警戒の姿勢をとった。それらは新プラトン主義の超越論にのみ傾いていたカトリック神学の非現実的神秘思想に対し、トレドのラテン語翻訳者たちを介して激流のようにパリの思想界を呑み込んだ。アヴィケンナの註解付きのアリストテレスの自然学ならびに形而上学は、千年余にわたるカトリック神学の新プラトン主義的傾向を根底から覆すほどの現実的で説得力を持つ新思想であった。このためアヴィケンナの思想は、パリの最も有力な教授たちの間で広く読まれていたが、一二三〇年頃には、より原典に正確でありかつ内容的にも理解度が深められていると見られるアヴェロエスの影響が増してゆき、十三世紀後半にはブラバンのシゲルスをはじめ、学生の教育にも自己の思索展開にもこのラテン・アヴェロエス主義が圧倒的に優勢となった。そこで、主として論理学の領域にのみ執着していたパリ大学教養学部の自己制限に対し、この新たに習得されたアヴェロエス流の註解による哲学的知識を利用し、カトリック神学の再創造を企図したのはパリ大学の神学部の教授たちであった。オーヴェルニュのギヨームは、すでに一二三〇年代にアヴェロエスを最初に引用しているが、それにやや遅れてアルベルトゥス・マグヌスは、その『被造物大全〈Summa de creaturis)』のはじめの方ですでに八十回ものアヴェロエス引用を行い、結果としてアリストテレスをアヴェロエス風に見る視点の先駆者となっている。このことはラテン的西洋のカトリック思想の中に、イスラムの思想家としてのアヴェロエスの考えが、それとは知られずに侵入する危険も秘められていた。アルベルトゥス・マグヌスの体系的自己抑制としてのアリストテレス本人への尊敬に比べ、ラテン・アヴェロエス主義者たちは、すでに述べたように、アヴェロエス的アリストテレス主義者とでも言うべき非キリスト教的傾向に、少なくとも哲学の領域においては、傾斜していく危険があった。

ブラバンのシゲルスも十三世紀のパリ大学教養学部で教えていた関係上、一二七〇年の教会からの異端に対する禁令によってダキアのボエティウス(Boethius de Dacia, ?-1270)と共に異端の疑念の対象となり、一二七七年の禁令でも疑われ、宗教裁判所から出頭を命ぜられ、有罪となった。彼は自らイタリアに赴き、ローマ教皇庁に直訴したが、一二八〇年代に長年仕えた篤信の秘書が十年を超えるシゲルスに対する教会の異端者扱いに発狂し、シゲルスを殺したと伝えられている。信仰を保つための社会的制度としての教会が、大きな意味では真理の一契機たり得る可能性を残す学説の一端に対して、異端として否定的態度を示すときにも軽々しく説を屈しない学者としての信念がもたらした出来事ではあったであろう。その学者を師と仰ぐ長年の秘書によって刺殺されたという伝聞は、事実とすれば罪を犯してまで師の他とは異なる見解が、異端とされる前に、つまり正統信仰からはずれた者とされる前にその魂を教会の中に留めようとした師を思う行為なのであろうか。秘書が狂気の沙汰に及んだがゆえに、教会はシゲルスを死罪から救ったのかもしれない。一切が伝聞の闇に包まれたままであることは、教会というキリストによって建てられた救いの制度は、純粋に人によって人の観点からのみ行うる救いに資する行為が為されたときは、錯綜した善意のからくりと断定する場合もある。フライレ(Guillermo Fraile)およびウルダノス(Teófilo Urdánoz)も指摘しているように、ダンテは『神曲』において、その辺の事情を含意してシゲルスに一節を捧げている。(24)

『世界の永遠性について』に関する若干の省察

シゲルスには『知性的霊魂について(De anima intellectiva)』『世界の永遠性について(De aeternitate mundi)』『形而上学問題集(Quaestiones in Metaphysicum)』『諸原因の必然性と偶然性について(De necessitate et contingentia causarum)』『霊魂論(心理学)三巻への註解(Quaestiones in tertium De anima)』など多数の著作があるが、ここでは他のラテン・アヴェロエス学者にも共通する問題として、『世界の永遠性について』のみ述べることにしたい。

本書については、マンドネ(Pierre Mandonnet)の有名な研究書があり、さまざまの考察が可能な内容豊かな書物であるが、私はただ一点に限って特色を述べたいと思う。今日多くの人びとは、aeternitasすなわち「永遠」と、aevumすなわち「永劫」の哲学的および神学的差異を知らない。人びとは「世界の永遠性」という言葉を読めば、世界に終焉がないということを考えるであろう。しかしそのことなら、「永劫」と何らの差異はないのである。前者は始めも終わりもないことであり、後者は始めがあって終わりがないので、もしキリスト教の教義に従うならば個人の霊魂は神によって創造されるから、始めはあるのである。始めはあり、また肉体の死後も霊魂は不滅であるという教義に従うならば、霊魂は不滅であり、従って霊魂は永遠ではなく永劫である。そうであるとすれば、何が永遠なのであろうか。一切のものが神の創造によってこの世に呼び出されてきたのであるという『創世記』以来の教理を信ずるとすれば、神のみが永遠である。世界といえども永遠とは言えないことになる。シゲルスのこの問いは、従ってこの世に終わりがあってもこの世が何らかの形で存続しうるか否かという「永劫」の可能性の問題ではなく、ひとえに世界に始めがあるかないかという問題なのである。それを説明することは、世界にアルケー(arche)すなわち原理(principium)があるか否かを問うのであって、その終わりに関することを問うているのではない。

結論的に言うと、イブン・ルシュド、すなわちラテン名アヴェロエスの考えでは、世界は永遠であり、それを彼としては証明するのであるが、今述べたようにカトリックの信仰としてはその結論を認容するわけにはいかず、従ってそれを支える証明を認めるわけにはいかない。それゆえに、ラテン・アヴェロエス主義の代表者として知られているシゲルスは、アヴェロエスに従ったアリストテレスの学説として、世界を永遠であると論ずるのであるから、教会としてはこの優秀な学者をこのまま放置するわけにはゆかない。すでに一二七〇年に発せられたパリ司教エティエンヌ・タンピエによる『一二七〇年の非難宣言(Propositiones Parisius damnatae A.D. 1270)』において、「次に挙げられる誤謬は断罪され、また意図的にこれらの誤謬を教授したり、擁護したりするすべての者と共に、破門される――一二七〇年、聖ニコラウスの冬の祝日後の水曜日、パリ司教ステファヌス〔エティエンヌのラテン形〕によって」という公文書が発布された。それは全部で十三条の簡単なものであるが、その一が「すべての人間の知性は数的に同一である」、その五が「世界は永遠である」で、その六は「最初の人間というものは決して存在しなかった」などというものであって、これらは絶対にキリスト教徒の受容できるものではあり得ないが、アリストテレスに従って少なくとも哲学としてはこうでなければならないとブラバンのシゲルスは言い続け、神学と異なっても哲学の真理としては誤りはないという二重真理を唱えることになる。シゲルスは、哲学で証明する事象を超えたところに、信仰の真理の世界が開かれるのであるから、司教のこのような宣言には従うことができないと言って教え続けたために、結局一二七七年三月七日、タンピエが発した二度目の禁令、すなわち前記の十三条を含んだ二百十九の命題によるラテン・アヴェロエス主義者弾劾の右の文書によって、シゲルスはパリ大学を離れざるを得なくなった。右の多数の命題の中には、「個別化の原理として質料を挙げること」も禁じられていたが、これらトマス・アクィナスも主張していた条項も含まれていたから、この禁令全体は教会の絶対的命令としての資格を有してはいなかった。従って、シゲルスはまだその段階では異端者となっていたわけではない。しかし、パリ大学を去らなければならず、弁明のためにローマへ去らなければならなかったことなどがたたって、さまざまの伝聞はそれとしても、彼がパリに戻ることなしに客死したことは確かである。少なくとも、純粋哲学の真理では絶対的超越者としての神の真理は、つまり啓示神学的真理は論証しがたいという形で、むしろ信仰の高貴さをシゲルスは訴えているのであって、アリストテレスの哲学だけでは信仰の幸福に達し得ないということを証明して信仰を守り通しているのに、教職を追われ、異端に近い扱いを受けたまま生を終えねばならなかった者の無念さは、万斛《ばんこく》の同情の涙を禁じ得ない。ダンテの『神曲』では、前にも触れたが、シゲルスは天国に座を得ている。「二重真理」は、信仰が高ければ高いほど、哲学の純粋知性的内容とは次元の差が目立つことの表現であるとするならば、むしろ現代に受け入れられやすい思想であると私は思う。

　では、世界の永遠性に関する彼の哲学的証明とはどのようなものであったか。その著『世界の永遠性について』の序文で彼は言う。「ある人びとは〈人間という種は以前にまったく存在しない時があり、それゆえある一定の時に存在し始めたということ、また一般的に言えば、生成消滅するすべての個別者の種も同様であるということ〉を論拠をもって証明できると信じているが、その論拠のために以下のことが問われることになる。すなわち、人間という種は以前にはまったく存在しなかった時があり、それゆえある一定の時に存在し始めたのであるか、そして一般的に生成消滅するいずれの種もこれと同様であるのか、と。この際、論証の仕方はアリストテレスの道に従って進められる」。

　この序文に明らかなように、また同様の内容にあらかじめ触れておいたように、ここで問題となる「永遠性」とは世界に終末のないことではなくて、始まりのないことなのであるから「永遠」と呼ばれてはいるが、真実には「永劫」であるか否かのことである。シゲルスは、世界のうちに存在している人間という最高の種を取り上げて、これが時間的に始まりを持つかどうかを検討して、これが代表している世界も始まりを持つか否かを見極めようとしている。シゲルスは、人間という種も生成消滅する個体(individuum)において存在するのであるから、この人間という種はまた時間的な始まりを持つに違いないという考えを紹介し、これを反駁するのである。シゲルスの命題は、「そもそもすべての実体は、アリストテレスが形相(eidos すなわち species すなわち forma)は偶然的に生成消滅する現象的個体から離れて永遠に種として存在すると考えているから、その名で呼ばれるすべての現象的個体から離れて永遠に存在している」という内容である。つまり人間の種もその他の種も永遠的に存在するものであり、それに反して個々の人間は偶然的な生成によって付随的、すなわち非必然的に生じまた消滅していくものである。従ってシゲルスによれば、すべての種は永遠でなければならない。それゆえ、世界も永遠的に存在しているのであると主張される。この問題は、歴史的にはすでに教父時代にアウグスティヌスがアリストテレスとは無関係に『神の国(De civitate Dei)』第十一巻第四章以下で論じた問題ではあるが、その際は主としてギリシア的時間論に対するキリスト教的時間論の自己主張の見地から述べられているのであるが、ここでシゲルスは新たに西欧世界にイスラムを通じてのアリストテレス哲学を紹介することによって「創造論」と関わる問題として取り上げているのである。周知のようにトマスにもこのシゲルスの書と同じ標題の著書があるが、そこではラテン・アヴェロエス主義への論駁ではなくて、プラトン主義者に対してその証明の根拠の薄弱さを指摘しているのである。シゲルスのこの書は、トマスの書物(一二七一年刊)の一年後に出ているが、これについての言及は見られないので、両者の対決があれば興味深いことだったであろうが、われわれにとっては知る由もない。

アヴェロエス主義者に数えることはできないと思うが、最近の政治哲学の研究において注目を浴びている独特の中世思想家パドヴァのマルシリウス(Marsilius de Padua 〈Marsilio dei Mainardini〉, ca. 1275/80–1342/43)について一言述べておきたい。彼がその晩年、一三二四年に著した『平和の守護者(Defensor pacis)』には、その中に書かれている教皇制度に対する批判を含め、政治思想に関する限りは極めて反聖職者的、反教皇的な言論ならびに国家の支配は立法者であるべき人民の権威に基づいて保たれるべきであるという主張などが見られる。しかし、このことによって著者は単に宗教改革の先駆者と見なされるべきではなく、その言論には、二十一世紀になお改善されるべき教皇制度や宗教者の政治関与のある程度の必要性などに関して新たに注目すべきものがある。本書は哲学書であるから、当時の北イタリアの政治問題等に深入りしなければ理解しがたい『平和の守護者』を詳しく説明することは避けるが、同書の執筆に関してはパリ大学教養学部のジャンダンのヨハネス(Johannes de Jandun, 1280/85–1328)という、当時の代表的なアヴェロエス主義者が友人として支援を惜しまなかったことは確かである。一三二六年、危険な著書として知られ始めた『平和の守護者』の著者であることが世に知れ渡る直前、マルシリウスはジャンダンのヨハネスと共に密かにパリからバイエルン公ルートヴィヒ四世（Ludwig IV, der Bayer, 皇帝在位 1314-47）の宮廷に逃れ、そこで一三二八年にはアヴィニヨンから脱出してきたウィリアム・オッカム〈William of Ockham〔Occam〕〈Guillelmus de Ockham〉, ca. 1285-1347/49）と知り合い、その後二十年近く教皇庁と論争を続けた。マルシリウスはルートヴィヒ四世の行動を支え、自らの政治理論を実践に移し、ルートヴィヒ四世の占領したローマで人民集会を組織し、対立教皇を立て、自らも教皇代理に任命され、アヴィニヨンに逃れた教皇を異端者として排斥し、教皇ヨハネス二十二世（Johannes XXII, 在位 1316-34）を支持する司教たちを攻撃したが、皇帝ルートヴィヒがローマ市民の反逆により、バイエルンに退去するとき、彼と共にその宮廷に帰還した。その後の消息については必ずしも明らかではないが、自らの政治哲学を明確に要約した『小守護者論（Defensor minor）』を書き上げた後、世を去った。

以上をもってシゲルスに関連してのラテン・アヴェロエス主義の問題は本書としては終わりとする。

第二十章　十四世紀の哲学
――スコトゥスとオッカム――

知の体系に挑む意志

問題論的考察

十三世紀を概略的に述べるとすれば、トマス・アクィナスとボナヴェントゥラというパリ大学の名を高めた二人の大学者を中心としたスンマ(summa)の時代であった。トマスは、アリストテレス的知性を、ボナヴェントゥラはその新プラトン主義的象徴の光を主導概念とする体系を築いていった。そして、二人とも形相としての概念を活用して、神と人間を知的認識において結ぼうと努力していた。

これに対して、十四世紀の哲学を概略的に語ろうとすれば、ヨハネス・ドゥンス・スコトゥスとウィリアム・オッカムという二人の名を挙げなければならない。両者とも前代のトマスやボナヴェントゥラと異なり、知性よりも意志を、形相概念よりも唯名論を特色として、自ずから十三世紀の構築的体系に対して、分析的な批判的傾向を帯びた考えを展開した。

以上のことを問題史的転位として再考してみると以下のようになる。トマスの偉大な体系は、これを基礎的原理とするいわゆるトミズムを一般化する傾向を呼んだが、それは普遍者としての形相を普遍内在のアリストテレス的な実念論に則して捉えようとするものであった。すなわち形相は個物の内部に種的原型として存在すると考え、その根拠は神がその内部に持つ原型に従って創造したからであり、それゆえ神のうちに普遍は観念として実在するとし、われわれの知性によってとらえられる概念と通ずるものがあるとした。これは人間の知性こそが、神に内在する創造原型に照応するという考えである。従ってトマスにおいては、神によって創造された事物の人間的認識は、人間の知性によって確実に認識されることになる。ボナヴェントゥラは、この同じことを光の象徴によって、さらにわれわれの納得の度を高めさせたと言ってよいであろう。事物を知ることによってわれわれの精神は暗黒を脱し、神の創造の原型を透視するかのように、精神的視界の明度が高まり、「知る」とは事物が明らかになることであり、これによってわれわれの行為の方向も善に向かっての確実度を増してくるのである。

このようにして、トマスもボナヴェントゥラも、十三世紀を代表する学者として一言をもって尽くせば、意志に対する知性の優位を認めていたと言わなければならない。天主すなわち神(デウス)は、その真であり善であり種的に一である超越的理念に従って創造したがゆえに、しばしば全知全能の超越者と言われている。

しかしながら十四世紀は、全体として概観する限り、前述の知性の優位に基づく世界構造の秩序を継承しながらも、これを全面的に受容するのではなく、批判的に展開して新しい世界像を開拓したと言うことができる。

一　ドゥンス・スコトゥス

生涯と業績

ヨハネス・ドゥンス・スコトゥス(Johannes Duns Scotus, 1265/66-1308)は、「天使的博士(doctor angelicus)」と称せられたトマス・アクィナスの透明な綜合的大系に対し、その鋭利な論理的思考の精密さが早くから評価され、「精妙博士(doctor subtilis)」と称せられた。しかし、トマスやボナヴェントゥラのような先輩、ウィリアム・オッカムのような後輩と並び立つ学者であるにも拘わらず、それら三人の公式記録や個人的エピソードが実に豊富なのに比べると、不思議なくらいわずかな公式記録が残されている他、その生涯に関する個人的逸話の類は一切ない。それゆえ、彼がスコットランド地方のドゥンス村で一二六五年頃に誕生したと推定されるだけで、フランシスコ会に入会し、そこで基礎的教育を受け、後年オックスフォード大学で哲学および神学を講義し、一三〇二年頃パリ大学で神学を教え、当時のフランス国王フィリップ四世(Philippe IV, 在位 1285-1314)と教皇ボニファティウス八世(Bonifatius VIII, 在位 1294-1303)の対立に際しては、信徒として当然教皇側についたため、パリ大学からは一時期追放されもしたが、まもなく講義再開が許され、一三〇五年には神学修士となり、二年後にドイツのケルンに設立されたフランシスコ会のスコラに転任し、一三〇八年死去した。わずか四十数年の生涯はトマスと長さにおいて変わりはないと言ってもよいが、彼の生涯についてはこれくらいのことしかわからない。ただ、オックスフォード、パリ、ケルンという当時の重要な大学で多くの聴講者に影響を与えたため、その死後二、三百年に及んでルネサンス期にフランシスコ・スアレス(Francisco Suárez, 1548-1617)のような卓抜な後継者を出すほど、スコトゥス学派が形成されていた。二十世紀後半に、グラープマンをはじめとするテクストの批判的研究が進められたが、二十世紀の最終期に及んでも著作の三分の一くらいが刊行されているに過ぎない。主要著作は『任意討論集(Quaestiones quodibetales)』、『第一原理についての論考(Tractatus de primo principio)』、『レクトゥーラ(Lectura)』、『オルディナティオ(Ordinatio)』などであり、その他晩年の小論が知られているに過ぎない。

ドゥンス・スコトゥスの思索

すでにこの章の冒頭で暗示したように、ドゥンス・スコトゥスは、神は全き自由に、思いのままに創造したと考える。もし神がその自由なる意志にではなく善によって、あるいは美によって創造したとするならば、善の理念が神の規範となり、神よりも上位の位置に立つことになる。神が善によって創ったがゆえにこの世界が善なのではなく、神が全く自由に意志したがゆえに善なる世界が創られたのである。それゆえに神は、意志することによって創った世界を見て、それを善としたのである。これは創造の神話の聖書的記述とまったく一致する。それゆえに意志こそが知性の上位にあらねばならない。

このこと、すなわち知性に対する意志の優位という命題は、人間においても認められねばならない。われわれは全くどうしてよいかわからない場面に遭遇して「わからない」、すなわち知が限界に直面し、どうしてよいか知識で判定することができないときに、知ることができないから何もしないと言ってそこにとどまるのか。火が迫っている状況を考えよう。どちらの方向に進めば助かるのか、確実に知ることができない。だからと言ってそこに留まって焼け死ぬのを待つか。知性の限界において意志は決断の方向を定め、決断した方向に全力をもって走り去ろうとするのではないか。どのようにすればよいかわからないという知性の限界において、意志的に決断するというこの事実は、自由意志こそが知性に対して優位に立つことを示すものではないか。そのように考えると、知性による認識の根拠となる普遍者は、個々の存在に内在する本質として犯すべからざる認識の根拠なのであろうか、それは単なる名前なのではないか、という唯名論(nominalism)への傾向が生じてくるのは当然であろう。すでにドゥンス・スコトゥスは、普遍者は個物に内在し、それゆえに、例えば「理性的動物」という本質がすべての人間に共通するという限りでは、アリストテレス＝トマス的な普遍実在の考えに同《どう》じてはいるのだが、それゆえに個別化の原理(principium individuationis)をトマスが前述の普遍的形相を受容する特定の質料によるとしているのには反対し、この原理を個体的本質(haecceitas＝このもの性)によるものとした。ドゥンス・スコトゥスは、ソクラテスという個人は人間であるという普遍的形相の他に、ソクラテス性(Sokratitas)という個体的形相を持つとした。この個体的本質とは、ソクラテスのような顕著な人柄の人物のみが持つのではなくて、われわれ個々の一人ひとりが他者とは違うこの個別性を持つのであり、それぞれの犬や猫もそれぞれそれを持つのである。

この傾向は、十三世紀までの神学・哲学を支えた概念実在説(formalismus)を次第に弱体化させてゆく唯名論への歩み出しであった。その代表はウィリアム・オッカムである。彼はスコトゥスの思想をさらに徹底化して、完全な唯名論に立脚することになる。オッカムに従うと、もし普遍が実在するとすれば、多くの同種の事物に同一の普遍者が存在することになるから、一つのものが同時に多くの存在者の中に認められることになり、それは一つのものが同時に多くのものに存在することになるから不可能である。普遍は決して実在しない。真に実在するものはただ個物ばかりであって、普遍とはただ多くの事物を操作するための記号あるいは名称に過ぎないことになる。このようなオッカムの立場に立てば、単に記号に過ぎない概念に依存する抽象的知識に対して、経験的知覚を重んじて知識体系を築いていかなければならなくなる。そうであるとすれば、そのような基礎を持つことのない神学は、学として成立することは不可能になる。ということは、神に対する信仰の基礎となる神の存在について、学的認識は不可能であるというラディカルな考え方に至らざるを得ない。オッカムは、神学の学的価値を否定したけれども、信仰の意義を否認しようとしたのではない。これは学問的知識には依らない信仰を認めはするが、信仰と知識の一致を求める十三世紀までの教会の立場からすれば、極めて危険な考えとも言える。

しかし一方では、神という絶対的超越者に対して、人間という限定的存在者の微力な認識能力の体系が、神のような絶対者に知的に迫るなどという不遜な考えとは別に、人間の限られた自由意志の危機のたびごとに呼ばざるを得ない実存の支柱としての神への信仰は、知識の有無に拘わらず、人間の現実的要望として認めざるを得ないという意味では、信仰の絶対的確立を保証することにもなる。オッカム自身、その意図は全くなかったけれども、後年のマルティン・ルターをはじめとする、教会哲学としてのいわゆるスコラ学に対する徹底的な反抗の萌芽は、すでにこの頃に芽生えつつあったと見ることができる。これは、私の考えでは、新しい信仰の学としての神学の今までとは違った形式を呼び出し、これによって神学の新傾向が生じたという意見よりも、伝統的神学がその伝統を維持しながらもその中の誤りを正し、より豊富で、より確実な知識として繁栄していくための貴重な一契機として認めていくべきではないかと思う。私は十四世紀の神学の綜合的な見方としては以上で充分であると思うけれども、なお必要と思われることを以下に個別的に述べておきたい。

神の存在について

アリストテレスは、『形而上学』A巻第四章において、原因・原理についてその異同をさまざまな形で明らかにしようとしている。それはギリシア語のアイティア(αἰτία)およびアルケー(ἀρχή)であり、前者は別の言葉で説明すれば法廷用語の「訴因」、すなわちある事象が他の物の存在の理由となるものであり、後者をも別の言葉で説明するとすれば、「始源」すなわちその存在の現状が依って由来する根源のことである。それゆえ、タレスは世界の森羅万象の存在理由ではなく、それら一切がそこから生成するところの根源物質(アルケー)として「水」を挙げている。

中世の哲学は、周知のとおり、このアリストテレスの考えに基づき、アイティアをカウサ(causa)、アルケーをプリンキピウム(principium)と訳し、形而上学的考察を続けるのであるが、すでにトマスやボナヴェントゥラの哲学においても、この二つの重要な基本概念は、しばしば混同されているかに思われる。厳密に考えるならば、流出説をとる限りは創造主としての神が原理《プリンキピウム》となり、喚起説をとる限りは原因《カウサ》となる。いずれにしても、神は原理であるか原因であるかのどちらかになる。しかし普通に考えられる限り、われわれのような汚《けが》れた存在が、純粋な神から流出したと考えることは、質的にあまりにも違いすぎて困難であり、汚辱に満ちた物質界を前提とする二元論にならざるを得ない。また神が呼び出す喚起説をとる限りは、われわれを含めてすべての存在者が喚起されて生ずるという事態は創造の時期に関して理解しやすいが、動物における生来の能力差、また同一種における存在の格差(優秀な事物と失敗作)などを考察に入れると、全能の創造主に駄作の責任を帰さねばならなくなる。いずれにせよ、原因・原理説をもって、この世の存在の原因・原理としての神を認めることは論理的に不可能である。そもそも不完全なこの世の存在を意識する限り、神の存在を証明することは不可能になりはしないか。

ドゥンス・スコトゥスによると、実人生における不合理な出来事、例えば徳において卓越した優秀な人物の、不覚の事故による早世や、悪徳の人が不当な富の搾取によって権力の座につき良民を苦しめている事実などをみると、神の存在を信ずる者にとっては、信仰が学問的真理である確証は到底承認できないものとなるであろう。このようなことを考えると、「神の存在」がそれ自体によって知られる真理であるのではなく、被造物に関するわれわれの認識を通じて論証される可能性はほとんどないように思われる。そのことはつまり、運動の原因者としての第一の動者の存在証明をはじめとするアリストテレスに基づく十三世紀の哲学全体の価値を否定することでもあり、さらにそれ以前の中世におけるすべての神存在に関する証明の全類型を認めないということになる。そこに信仰と学問の乖離が明らかになるのは当然であろう。にも拘わらずドゥンス・スコトゥスは、神の存在はア・プリオリに前提されるものではなく、この世の事物に関するわれわれの認識を通じてア・ポステリオリに論証されねばならないとするのである。なぜならば、そうでない限りは神の存在は理性が認め得ないこととして、そのような神を信仰することは、非理性的な行為として哲学的に容認することができないからである。

ドゥンス・スコトゥスは考える、「無限なる存在者に関しては、その存在はわれわれにとって〈cur est〈なぜに存在するか〉〉という問いかけによる論証では証明され得ない。たとえ、この語に発する問いが命題一般として論証可能だとしても、これによって神が存在するという命題は問題にならないのである」[1]と。なぜならば、この世の存在がすべて有限である限り、有限者同士の存在関係は語られ得ても、それによってそれら一切のいずれもがそうでないところの「無限者」の存在を指示することはできないからである。「他方われわれにとって、神の存在を証明する命題は、被造物からの論証〈このような事態〉、つまり〈事実による論証〉によって適切に論証可能なのである」[2]と彼は言うのである。この命題の意味するところは、事物の存在の原因者を問うのではなく、この世の事物の状態という事実からその事実の根拠を問うのである。それは、偶然的な出来事に過ぎないものからの論証であり、それらの諸事実の最初の事実があったことを推定することはできても、神すなわち無限かつ絶対的で最も完全な存在者の証明にはならない。

そこでドゥンス・スコトゥスは、もう一つ補完的な論証方法を加えている。彼は下から上へというトマスの道をとらなかった。彼はむしろ超越的なる上のものから下のものへと展開する。つまり出発点として、存在の最も普遍的な概念を選択する。彼にとって神の基本的属性は、無限定性である。この無限定的なるものは、われわれの遭遇し得る、つまりは経験し得る一切の事物の属性たり得ないもので、ただ神の内的様態である。ただし、もし神以外の存在の中に、無限定的な性格が何らかの条件つきで認められ得るとすれば、それはその無限定性を与えた存在を予想させるのではないか。例えば天使は生命に関して無限定的であり、その動きも自由自在すなわち無限定的であるが、その能力に関しては全能ではなく、限定がある。しかしここで大事なことは、天使には無限定の可能性が大きいという事実である。人間の事態はどのようであろうか。人間に自由意志があるということは、行為に関する無限定が認められることである。人間以外の動物にも種的限定のもとにではあっても、運動の方向その他について無限定性が認められ、植物もその種子の状態のごときは種的限定を除けば無限定的であり、空気や水のごとき非生命的、現象的存在もそれなりの無限定性を持っている。このように考えてみると、無限定性を持つものが存在者としてあり、その無限定性が大きければ大きいほど、存在者の存在の位階が高い。そうであるとすれば、最高の無限定性を持つものとしての無限者が存在することは、これらの事態から推定されはしないか。このような推定としての論証が、ドゥンス・スコトゥスの考えた補完的証明の本質なのである。しかしここにすでに、信仰と学問的証明との間に何らかの不協和があることは否めない。むしろそのことが、学知つまり人間的な知恵を超えた彼方に無限者としての神の存在を想定させるこの世の事態があると言っても差し支えない。少なくとも、以上のことに神の存在を否定する力はないと言わなければならない。

トマス・アクィナスとの比較

あまりにも単純な言い方で多少とも面映ゆい気がするけれども、一言で十一世紀を要約すれば、それまでのプラトン主義をスコラ的に完成した時代であり、十二世紀はイスラム哲学の知識を新しく知ることによってそれを論理的に批判し、その勢いで大学の創設による研究の気運が高まり、新しい問題の次元を展開した時代であり、十三世紀はその魅力的ではあるが不安定な思想的波動を、アリストテレスを消化することにより、多くの「大全」という大系を構築した時代であり、十四世紀はこれに対立してみごとな体系を敢えて切り崩しながら別の視点からの見直しを展開するという批判の時代であり、このようにして中世の独自的展開が次の十五世紀において溶解しつつ、特にフィレンツェでは大学に代わって哲学はアカデミーが担当して近世に移っていく、と概略的に言うことはできよう。

従って、十四世紀は中世の自己批判であるとともに、近世への自己変化をも兼ねた複雑な時代である。これを極めて単純にしかし明確に示すためには、十三世紀を代表するトマス・アクィナスの構築的体系と、十四世紀を代表するドゥンス・スコトゥスの体系的批判とを対照しておくことが、十五世紀につなげるウィリアム・オッカムの哲学への導入として相応しいことではあるまいか。そのためにフライレ、ウルダノス共著の『西洋哲学史』(3)所収の対立表を参考に、これを補完する形で全体的対照表を作成し、次頁に挙げたその表を通して両者すなわちトマスとスコトゥスの異同を明らかにしたい。

対照表にある諸項目のうち、十三世紀と十四世紀が最も鋭く対立しているのは、「神の存在の証明」と「個体化の原理」の問題である。前者については基本的問題をすでに述べたので、残された問題は後者である。そしてこれこそ十四世

トマス	スコトゥス
1224/25-74年(49か50歳で死去).	1265/66-1308年(42か43歳で死去).
イタリア生まれ.	スコットランド生まれ.
ドミニコ会修道者，ナポリ，ケルン，パリで学ぶ.	フランシスコ会修道者，ケンブリッジ，オックスフォード，パリ大学で学ぶ.
パリ，ローマで教授.	パリ，オックスフォード，ケルン大学で教授.
体系的著作(二つの大全)／聖書註解／アリストテレス註解／論争的著作／討論集等あわせて数十巻.	真作著書五種類十六巻.
思想の性格として体系的綜合化，アリストテレス主義，どちらかと言えば哲学者.	思想の性格としてアヴェロエス主義およびトマス主義を批判，どちらかと言えば神学者.
存在は類比的 実体的形相は一つ. 実在的および概念的区別がある. 第一質料は可能態である. 個体化の原理は materia signata(特定質料). 実体的形相は物体性をもたらす. 諸元素は潜在的に混合体の中で存続する.	存在は一義的 いくつかの実体的形相がある. 実在的，概念的および形式的区別がある. 第一質料は固有の現実態である. 個体化の原理は haecceitas(このもの性). 物体性は実体的形相に先行する. 諸元素は現実態として混合体の中で存続する.
知性主義(推理主義) 知性の対象は質料的事物から抽象された本質. 理性の能力への信頼. 能動的知性は普遍者の抽象に必要. 主知説(intellectualism). 神の全能は条件づけられている(悪は不能). 事物の本性は神的知性に依拠する. 神の存在に関する証明は五つの道.	直観主義(明証主義) 知性の対象は存在である限りの存在. 信仰主義への傾向. 能動的知性は不要，普遍は事物に実在. 主意説(voluntalism). 神は絶対的全能性である. 事物の本性は神的意志に依拠する. 神の存在に関する証明は形而上学的.

紀を代表する新しい思索なのであり、そこにおいてはドミニコ会修道者のトマスの特定質料《マテリア・シグナータ》(materia signata)の考えと、フランシスコ会のドゥンス・スコトゥスのこのもの性《ハエッケイタス》(haecceitas)の二つが表にあるように対立しているが、この後者に対して、同じ十四世紀の同じ修道会の後輩であるオッカムが反対するのである。従って、十三世紀から十四世紀へ移行する大問題として「個体化の原理」を考えることにしよう。

すでにトマスのところでも触れたことがあるが、「個体化の問題」はその極であるところの「個人化の問題」につながる神学・哲学上の大問題であるが、最も理解しやすい場面から始めるとすれば、制作上における「個物化の問題」から説明するのが最上策である。

修道士が二十人、同じ形で同じ大きさの樫の木製の机を使用して、トマスの講義を聴講している様子を想像しよう。言うまでもなく、それらの机はみな同じ形相の、つまり同一のデザインであるから、個物の机としての個別化はただ同一の木材が切り取られた場所の差によると言う他はない。すなわち、同一木材の部位の差だけである。今、どの部位を指定する(signare)かによって、個物としてはA修道士の使用している机aとB修道士の使用している机bは、大きさも形も材料も同じであっても机aを構成している質料(materia)は、机bを構成している質料と同質ではあるが同一ではない。つまり両者の違いは、両者を構成している同質の質料が同じ形相を受ける際の指定された質料(materia signata)の部位の相違による。このようにして神の創造を考えた場合に、理性的動物としての人間の形相は同一であるが、その同一の形相を形成している肉体は同じものではない。

そもそもこのように「指定された(signata)」という語をトマスが用いたときの本心は、右に述べたような机のごとき人工品の問題を考えたのではなかった。周知のように、アリストテレスにおいて「個物」とは「ト・カテカストン(τὸ κατ' ἕκαστον)」、つまり個人というよりもむしろ個々の存在者《ト・オン》(τὸ ὄν)を意味しており、それゆえ個別化の原理は量的に規定された質料であり、その限定こそが「指定された」結果なのである。アリストテレスには神による限定という考え方はなかったから、個別化の原理はただ質料で済んだのであるが、中世においては特に十二世紀以後、個人としてのペルソナがインディヴィドゥウム(individuum＝これ以上分割されないもの)として人格的存在を重視し、旧約聖書の『創世記』における人間の創造において神が霊を吹き込むことにより、人間が誕生するという記述を哲学的に活かすとすれば、そこに神による肉体としての質料の指定がなければならない。ただ、そのようにしたところで個人としての個別化が質料であるということは、十三世紀のパリ司教エティエンヌ・タンピエの到底容認するところではなかった。従って、トマスが一時期危険思想家と見なされた一因は、哲学的に個人(persona)としてのインディヴィドゥウムをどのように言い表すかという問題につながるのである。仮にアリストテレスの学説をキリスト教化するために「指定された」としても、それが質料であるということになれば、人間精神の個体性は身体の個体性になりはしないか。そこでこれを救うために、人間の個人性は形相の側になければならないとして、トマスに反対して中世哲学の古代哲学に対する根本的な抵抗を示したものが、スコトゥスの個体化の原理としての「個体性(singularitas)」や「このもの性《ハエッケイタス》」なのである。それは、人間のナトゥーラ(natura)としての本性とは区別された究極的現実態(ultima actualitas)なのである。従って、ソクラテスは人間という本性に関する限り、プラトンやアリストテレスとまったく同一の形相を持つのであるが、ただソクラテスにおける人間としての個人性は周辺的な付加的限定なのではなく、「ソクラテス性」としか言えない存在性として措定されなければならない。それをわれわれが理解するためには、「このように措定された実在(realitas positiva hac in modo)」

と表現することによって、理解するように努めることさえ必要であろう。つまり、「個体化の原理」は本性としての人間性(humanitas)と同様に存在の世界における一つの肯定的な限定なのであるが、しかし本性的形相とは異なって、ソクラテスに固有な人間性としてプラトンをはじめ、すべての人間との共通性をまったく持たないので、次のことが大事なのであるが、われわれ人間の知性によっては、その在ることは確かなのであるが、神が吹き込んだ霊の特色としてそれが現実にいかなるものであるかを認識することは不可能であるとして、「それは何かである」というように肯定的に命題として措定することはできず、「それは何かではない」という否定的命題の形でしか言表的に理解することはできないものである。

トマスの個別化の原理、すなわち特定質料《マテリア・シグナータ》に固執する限り、人間の個別性という精神的なものは質料に帰することになる。これをドゥンス・スコトゥスは古代的な誤謬とし、別様の考え方として右に述べたような「このもの性《ハエッケイタス》」という形相を立てた。しかし、「このもの性《ハエッケイタス》」は、ポジティヴにそのように命名することはできても、その内容については何ら言表することのできないネガティヴなものとしてしか意識に現れないとすれば哲学的には無意味ではないか、という反対意見がオッカムのドゥンス・スコトゥスに対立する考えであった。

二　ウィリアム・オッカム

オッカムの考え方

オッカム(William of Ockham〔Occam〕〈Guillelmus de Ockham〉, ca. 1285–1347/49)にとっては、人という一般的形相の他に「ソクラテス性」という個別性の形相、すなわちより一般的に「このもの性《ハエッケイタス》」という形相を立てることは無用であるばかりではなく、誤謬であるように考えられた。形相の多数化を神の問題において否定する神の諸々の属性は、神の本質と区別されるものなのであろうか。見方によれば、「神的本性」という形相は「善そのもの」という形相であり、また「美そのもの」という形相でもあり、さらに創造者という万物の「第一原因」という形相でもある。これらは別々のものではなく、神の本性である神的形相として全く同一のものであり、ただ人間の見方の差異があるだけのことである。これらの間に実在的区別は存在しない。従って、神の諸属性と本質は同一であり、多数の範型的形相は神においてただ一つの神的本質の便宜上の呼び名に過ぎず、それら諸形相の間に実在的区別はない。これが、「このもの性」という形相を立てることを誤謬と考えたオッカムの根拠である。同様に個体化の原理に関しては、オッカムの見るところに従えば、トマスもドゥンス・スコトゥスも基本的には何らの実在的差異もない無駄な区別を立て、言語上の別名を独立の形相としたまでのことに過ぎず、トマスは「量」による限定的質料の中に個体の数的区分の原理を措定し、スコトゥスは本質的形相に関する限り人間として同一であるものの間に究極的差異性の形相を実在化しようとした。オッカムの「形相一元論」による限り、すべての存在者は形相と質料のそのような構成物として存在するという本質自体の力によって単一的かつ個体的なのである。そのために、いかなる外的な付加的形相も考える必要はない。すべての事物は同種、すなわち同形相の他の事物から独立的に区別されているのである。

この考え方はある意味では個体化の原理を不要な言語と見なし、神の創造という無からの呼び出しによって、本質としては同じ形相と同じ質料を持つ合成体が創られるたびに個体として出てくると言う他はない。実在的なものは個別的なのであり、普遍的なるものは霊魂のうちにしかない。存在者を形相と質料の合成体であるとする規定は、人間の霊魂のうちにおいて把捉される普遍的な存在者であり、それは個別的な実在ではない。個別的な実在はそのような普遍的規定に応ずるものとして、それ自体によって個別的なのである。私の見るところでは、オッカムはある意味で、不必要な詮議を排除して個別化の原理という問題を形而上学的な擬似問題として処理し、むしろ命題論にのみ傾いていく反形而上学的論理学の傾向を持つ学者の先駆者である。二十世紀中期に分析哲学が全盛期になったとき以後、オッカムの研究が極めて盛んとなり、彼の学派に属する多くの論理学者が新たに中世哲学の研究対象として挙げられるようになってきたが、それらの人びとは学派に所属してその内部の問題の論争に明け暮れ、十三世紀の巨大な諸体系に比較すると、大冊の哲学史でも取り上げる必要はないという事態を生んだ。壮大な精神からの哲学のそのような離別は、まさしく二十世紀中葉の哲学の在り方と類似しているところもある。本来の研究という面から見れば、あまりにも多数の大学が群立し、微細な独創性を求めての偏狭な努力が輩出して情報過多となり、現実の本質的課題に何らの貢献も果たさない学派的群小哲学史家の簇出《そうしゅつ》を招き、真理への憧憬を置き忘れたかのごとき現象が中世哲学を衰微にもたらしたように、今日もまたこの轍を踏まぬようにしなければならない。

歴史的現実に戻れば、十四世紀のパリ大学やオックスフォード大学は今日同様、哲学研究の中心的な地位を保っていたが、記録によると一四〇六年パリ大学の人文学部のみにおいて、一千名の教師と一万名を超える学生を擁してはいたが、そのような状態は恐らく学位授与の試験の厳しさが奪われ、学問の普遍化という美名のもとに劣化した知の普及が世界的現象としてなかったとは言えないであろう。これら群小の学的報告の中にも卓れた論考があるには違いない。一時期、パリやトリノ、ブリュージュ、オックスフォード、ミュンヘン等の大学の大図書館において中世の写本の山を見、その幾篇かを読もうとした経験を持つ者として、そこにも知られざる英知が秘められているという厳粛な思いと同時に、針の上に幾人の天使が踊り得るかというような愚かな問題を提出し、論じ続けているような文献もあることに真面目な失望をも感じたことのある私は、そういう中でもなお偉大な哲学の伝統を維持し、中世を輝かしい結末に導いた人としてこの後、オッカムを含む幾人かの大哲学者たちに目を向けようと思う。

人類にとり悲しい世紀

十四世紀は悲しい世紀であった。もとよりいずれの世紀にもそれとしての輝きはあって、ここにもはじめにドゥンス・スコトゥスやエックハルト(Meister Eckhart〈Echardus de Hochheim〉, ca. 1260–1327)、それにダンテがいたし、中頃まではオッカムもいて、それぞれが独特の思想を探せもしたし、その鋭利な言論は「批判の世紀」という呼称もあるほど、十三世紀の体系構築というみごとな綜合の陰に見失われていた論拠の不備が問われた反省の時代として、「人類の誇りの世紀」の面もあることは確かであろう。しかし実はこの世紀になって、中世がほぼ千年にわたって保ってきた独特の和平の秘策、すなわち聖俗のそれぞれの権威、つまり教皇と各国の皇帝との賢慮ある合力による世界秩序が完全に崩れてしまい、対立教皇の権威すら最も強かった世紀なのである。それの具体例の一つは、オッカムの属していたフランシスコ会の「聖霊派(spirituales)」という一団が、福音的清貧とアッシジのフランチェスコに対する常軌を逸した過度の崇敬により、一切の所有物を放棄することこそがキリストの完全な模倣であると主張し、教皇もキリストの代理者として何らの所有権を持つべきではないと言うほど、理性を踏み外した信心生活の熱狂に走り、ついに異端に陥ってしまった。その先導者は『清貧の生活について』の著者ペトルス・ヨハニス・オリヴィ(Petrus Johannis Olivi, 1247/48–98)というフランシスコ会の司祭であった。この異端宣言は教皇ボニファティウス八世によって一三一一年に発せられたが、彼らの態度は改められず、一切の所有権を捨てた結果として、托鉢のみに頼って生活することができなくなると窃盗に走ったと言われていたほどである。そのため、教皇ヨハネス二十二世(Johannes XXII, 在位 1316–34)によっては一三一七年、二二年、二三年と繰り返し異端宣告が行われたが、その効果がほとんどなかったのは、神聖ローマ帝国皇帝バイエルン公ルートヴィヒ四世があらゆる面で教皇と対立関係にあった事態を利用した面もあったからである。フランシスコ会総長チェゼーナのミカエル(Michael de Cesena, ?–1342, 総長在位 1316–28)は心底においてこの聖霊派を支持していたため、教皇はその釈明を求めて彼をアヴィニヨンに召喚したほどである。それは二四年、この暴徒を支持していたルートヴィヒ四世が破門された直後のことである。最も狂信的な信徒は王党派と組んで、この教皇こそ福音的清貧に対する異端に陥ったと称して、教皇の廃位を宣言するに至ったのはその年の五月であった。これらの事柄は、前述のパドヴァのマルシリウスやジャンダンのヨハネスが異端視されたのとも同じ年のことであった。オッカムは、その詳しい理由は不明であるが、この異端者たちと行動を共にしてはいたが、彼らが異端宣告を受けるまでは教皇に対して友好的な立場をとっていた。しかし、彼自身に対する審問も長期にわたったため、ついにはこの教皇に反感を抱くようになった。オッカムは総長のミカエルと面会したが、その際ミカエルはオッカムを自らの一派の理論的支持者であると認め、一三二八年、教皇に一通の反対文書をしたため、同年五月、共にアヴィニヨンから逃れ、ピサを経て、ルートヴィヒ四世のもとに走り、伝聞によるとオッカムは有名な言辞、「皇帝陛下よ、その御剣もて、我を守りたまえ。臣は陛下をこのペンにて守り奉らん」を述べたという。

教皇はフランシスコ会総長ミカエルたち四名に異端宣告を行った。この宣告は二九年四月五日に確定されたが、オッカムがこの宣告に含まれていたか否かは、私の知るところではない。彼らは、そこですでに二七年に異端宣告を受けていたマルシリウスと出会う。この頃は、オッカムが哲学や神学の思索から無縁な政治活動を始めた時期であった。ルートヴィヒ四世は異端宣告を受けた後イタリア諸侯に見放され、ミュンヘンに退き、なおも反乱に執着するマルシリウス、ジャンダンのヨハネス、オッカムのほか、二人のフランシスコ会士を最後までかくまった。一三三四年、仇敵教皇ヨハネス二十二世は歿したが、それを継いだベネディクトゥス十二世(Benedictus XII, 在位 1334-42)に対しても闘争は続けられる。フランシスコ会総長ミカエルは四二年、オッカムを修道会の総長代理者に指名して歿する。そしてルートヴィヒ四世も四八年に歿した。オッカムは預けられていた修道会の印章を新総長ギヨーム・ファリニエに渡すようにと委託して、四八年のヴェローナにおけるフランシスコ会総会で返上した。このことは、オッカムが教皇ならびに正統派フランシスコ会に完全に服従したのではないにせよ、少なくとも彼らに対する闘争を終える意思表示と見ることができよう。彼の歿年は明らかではないし、教会に服従し和解したか否かも審らかではない。中世哲学史に学力によって名を残しているカトリック者の中で、これほど反教会的でありながら以下に述べるように著作も多く、今日の教会において、なお尊敬を受けている人物を私は知らない。あのアベラールでさえ帰順したというのに、オッカムは不思議な人物である。

著作

オッカムは通常の哲学史ではその学説のみが語られ、前項に略述したに過ぎないが、まことに波瀾万丈の教会政治の実践者であったことにはまったく触れられることはない。それは彼の哲学および神学上の卓越した業績を守ろうとする歴代の学者たちの彼に対する配慮のゆえでないかと思う。私は最近に知り得た彼の実践者としての一面を簡潔に紹介したが、それはいささかも彼を貶めるものではなく、学説を述べること自体が自己の属する団体における実存の危機に陥るような時代に、敢えて誠実に生き通して数多《あまた》の著作を残した生涯を賞讃する思いがあるからである。ただしそれは、彼自身の思想が徹底的に反教会的であったとは思えないからこそ、誤解を解きたいという思いのゆえである。

トマス・アクィナスは一時、すなわち一二七七年の大断罪にその名が含まれていたこともあったにせよ、幾ばくもなくして一二九〇年頃には教会を代表する大学者と言われるに至ったが、その体系にことごとく反対したと言ってもよい修道会の先輩ドゥンス・スコトゥスの批判的な新しい体系に、またほぼ全体にわたって反対を表明し、しかもトマスに帰るのではなく、新しい次元を開拓したオッカムの哲学とはどのようなものであったのか。

右に述べたように、普通の学者に比べて極めて波瀾に富んだ、しかも不幸な生活であったため、その著作集が今日に至っても未完のものがあり、果たして名の知られているものに限るかどうかも不明の点がある。従って、近年のオッカムについての関心の高まりと共に、この著作に関しては本書の刊行後も新しい研究が続出する可能性もあるから、彼の場合に限って、私は重要であるとともに絶対に間違いないと思われる著作数点に限って挙げようと思う。現代人の関心を集めながら教会内での彼に関する紛争が未解決のままであるため、私の知る限り、一五一六年以降に新たな著作の刊行は行われていない。ということは、他の中世の学者に比べて、現代で進歩した文献学的研究による校訂その他については個別研究の段階を脱却しておらず、彼の専門研究家ではない私にとって、哲学史的に充分な情報を提供することはできない。

著作を列挙すれば、一四九五年にリヨンで刊行された『アリストテレス命題論註解(Expositio in librum Perihermenias Aristotelis)』は、アリストテレスの『命題論』に関する極めて精妙な註解というべき講義録ではないかと言われている。哲学用語の理解のためにも、言語哲学の論理的形態としても重要な書と思われるので、本書でもテクストを引いて多少の説明をしておこう。次に『随意討論集全七巻(Quodlibeta septem)』(パリ、一四八七年刊)、『論理学論考——アダムスに捧げる論理学大全(Summa logicae)』(パリ、一四八八年刊)、

『アリストテレス自然学八巻に関する諸問題(Quaestiones in libros Physicorum Aristotelis)』(シュトラスブルク、一四九一年刊)、『自然学書に関する註、または自然哲学(Brevis summula libri Physicorum)』(ボローニャ、一四九四年刊)、この他未完の自然学関係の書物が二種あり、別に教皇との論争に関する論文が七篇あるが、これは哲学や神学というよりも教皇の権限と尊厳に関する意見であるから、一々列挙する必要は本書の限りでは不必要であろう。これらの書物を通じて、オッカムはアリストテレス以外の人名を必ずしも明らかにしてはいないが、特に注目すべきことは前にも触れたとおり、スコトゥスと同じような十四世紀の不安定な精神的状況にあっての批判的な著作であるにも拘わらず、多くの重要な哲学的問題に関して、同じフランシスコ会の先輩スコトゥスに対して、徹底的に反発している点が興味深く、その結果スコトゥスが保ち得た正統信仰は承認し得ないという結論に至っていることである。

思想

一般的な哲学史的省察に入る前に、オッカムの著作の最初に挙げた『命題論註解』について少しくテクストを引こう。なぜならば、それは大学におけるオッカムの講義の雰囲気を伝えていると言われているからであるし、恐らくは彼も終生このような学究に相応しい生活の中で、その論理をより明快に説き続けたかったであろうと推測するからである。この講義がいつどの大学で行われたのか、また彼の幾度となく試みた旅行中のどこかの修道院における特別講義であったか否かは目下のところ不明である。二十世紀初頭からその後半一九八〇年頃まで、ある意味で哲学界の主流の一つであった分析哲学の論理学的研究の勢いに乗ってオッカムへの注目度はそれ以前の中世哲学研究の状況とは比較を絶するほど高まり、我が国においても卓れた個別研究が出版されてもいるので、その方面の学者たちにとっては不要かとも思うが、日本語では命題論集という名で論ぜられるものに、ペトルス・ロンバルドゥスの著作で有名な『命題集(Sententiae)』に関する研究と、アリストテレスの『命題論』すなわちラテン語でPeri hermeneiasとの二つがあるが、今ここで扱おうとする『命題論註解』は後者すなわちアリストテレスの『命題論』に対する註解であり、オッカムの著書として有名な『命題集註解(Ordinatio)』[4]とは全く異なった研究であることを念のため明らかにしておく。

『命題論註解』第一巻第三節

(前略)本書においては、魂の受態(passiones in anima)とはあるものについて述語づけられるあるものであり、しかも言葉でも文字でもないところのものとして解され、ある人びとによっては魂の観念と呼ばれ、またある人びとによっては概念(conceptus)〔すなわち魂で把握されたもの〕と呼ばれている。ところで、その受態がいかなる性質のものであるか、すなわち魂の外にある何らかの事物であるか、あるいは魂の中に実在的に存在する何ものかであるのか、あるいは魂の中に単に観念的、対象的にのみ存する心的に構成された何らかの存在(ens fictum)であるか、このようなことを考察するのは論理学者に属することではなく、形而上学者に属することである。

この文章を読むだけでもわれわれは、命題を論じようとする場合に初学者でなければ当然熟知しているはずの、アリストテレスの「魂の受態(τὰ ἐν τῇ ψυχῇ παθήματα または τὰ παθήματα τῆς ψυχῆς)」について、それがいかなるものであるかを詳しく説明しようとすること、またそもそも魂の受態がいかなるものであるかを論ずることは、論理学の仕事ではなく、形而上学の仕事であるというようなことが語られているのは、この書が研究著書として書かれたものというよりは、大学における講義の手控えないしは聴講者のノートを整理したものと見なされるべきであり、中世における大学の雰囲気を伝えるものと考えることができる。周知のように、ここに形而上学という学の名が使われていることは、これがアリストテレスには知られていない言葉であったから、ここでも中世のアリストテレス研究は、十二、三世紀に盛んであったイスラム哲学ならびにトマス哲学の影響が、フランシスコ会においてもいかに普及していたかは言うに及ばぬことである。

さて、前節でドゥンス・スコトゥスの個体化の原理に関して、これを否定するオッカムの考えを述べたが、同じフランシスコ会の先輩の学説をこれほども完膚無きまでに攻撃することは学者として決して責められるべきことではなく、むしろ褒められるべきことでもあり、古代のミレトス学派がタレスの一原理追求の学的理念を継承しつつ、決して師の学説を踏襲するのではなく、あるいは「ト・アペイロン(無限者)」、あるいは「空気」というように、別の考えを展開するのが真の学園の生きた精神であろうから、フランシスコ会に充ち満ちた学的自由の精神がこのような徹底した対立を呼んだものとして、同修道会の哲学的精神を尊重したいが、この後進の真っ向からの反対が可能であったことについては時代精神の趨勢も無関係ではなかった。それには主としてパリ大司教エティエンヌ・タンピエによる一二七七年一月十八日の異端宣告が関係していよう。自身有名な哲学者でもあったペトルス・ヒスパヌス(Petrus Hispanus)、すなわち教皇ヨハネス二十一世(Johannes XXI, 在位1276–77)の支持のもとに下された破門の脅威を伴いながら、主としてアヴェロエス主義に対する大断罪の対象として、タンピエは二十九の命題を異端と公表した。それらの命題にはトマスの見解でもある約二十近くの命題が、個体化の原理をはじめとして含まれていた。これは神学者や哲学者全般に対する脅威として、一九五六年にピウス十二世(Pius XII, 在位 1939-58)の回勅『フマーニ・ジェネリス(Humani generis)』が破門条件など付することなしにではあったが、実存主義や新神学運動など新しい学説に警告を表明し、むしろそれに対する非理性的な従順により、私の世代が尊敬していたアンリ・ド・リュバックやジャン・ダニエルウ、ならびにイヴ・マリー・コンガールたちの教職罷免とそれらの人びとの著書の修道会内部における事実上の禁書扱いに、われわれが教会の将来に対して不安を感じたのと一抹の類似性がある(一九六二年の第二ヴァティカン公会議以後、彼らは息を吹き返し、枢機卿になった人びともいる)。

話を戻すが、この一二七七年を境として、タンピエの大断罪に対して賛成する者の考え方を旧来の思考法《ヴィア・アンティークア》(via antiqua)、反対する者の考え方を現代的思考法《ヴィア・モデルナ》(via moderna)と名づけたり、それらに属する人びとを、前者に関しては古代人《アンティクィ》(antiqui)、後者に属する人びとを現代人《モデルニ》(moderni)と称するに至った。この対立は年を追うごとに鮮明となり、現実に破門者はそれほど多くはなかったようであるが、十三世紀末から十四世紀にかけて、当然のことであるが、ヴィア・モデルナを奉ずるモデルニが勢いを増してきた。その風潮の指導者と目されたのが、言うまでもなくウィリアム・オッカムなのである。

唯名論

いかなる時代にも、独創的思想の湧出する時期と、それら偉大な思想における不備や欠点を指摘するに忙殺される、いわゆる秀才の簇出《そうしゅつ》する時代がある。それはすでに述べたことであるが、このような時期の代表として、中世においては十四世紀が挙げられる。しかしこの時代は否定的にのみ評価されてはならない。そこには中世とは異なる時代を生まなければならないという俊敏な秀才たちの鋭角的な試みが、超越という偉大な試みとは別の、平凡な人びとが着実に歩む水平的次元への近視眼的ではあるが、上方にではなく前方に開かれた視野が予感されてくる。それは多くの場合、体系を成さず、しかも平凡人を引きつけて新しい時代への地上の道を開拓するという意味では、平俗化と見られても仕方がない。個体化の原理は無用であって、すべての存在者は存在者である限り、数的に数えられるという意味で個別的であるというオッカムの考えは、それならば個体化の原理は何かという問いに正面から答えるものではなく、常識の世界における同種のものを枚挙し、算術的に記号づけていく習慣の世界にとどまり、形相志向の上昇を敢えて放棄して、困難を避け、実利に執する方法に過ぎない。

唯名論と訳されるnominalismは、意識において明確にとらえられる形相、本質、類種関係等の抽象的思考において重要である述語すべてを、そのまま論理的思考において有益かつ必要であるとするという点においては、それ以前の普遍実在論と何ら変わりはない。ただし唯名論とは、それらの普遍的用語一切が名称(nomen)に過ぎず、実在する存在者を意識において明確にとらえるために人間的知性が命名した言語的約束に過ぎず、決して実体的に実在するものではないという考え方である。

ところでプラトンのイデアは、その影であると言われる実在界の個物を呼ぶ名称に過ぎないものではない。それら実在者を他の実在者との聯関において思考するために必要な記号的機能を有するばかりではなく、普遍者であると同時に範型因として実在する。この考えをより明瞭に言表しようとすれば、プラトンの『ティマイオス』対話篇を見ればよい。そこにおいて明記されている限りでは、造物主(デミウルゴス)がこの世を創成するに際し、範型として直観した超越界における実在なのである。中世哲学ではアウグスティヌスがこれを受けて、形相は創造の原型として神的意識のうちに実在するものであった。それゆえにこそ、一般に中世では「普遍者は神の精神において実在である(Universalia sunt realia in mente Dei.)」と言われ、人間の意識においてもそれは「概念としての形相(forma ut conceptus)」と考えられ、それは意識において虚構されたものではなく、意識において求められる本質なのであり、現実の個物を指示するに際し、名として言語的に代示するものである。

スコトゥスの形式主義に対するオッカムの反論

普遍的なものは、オッカムの考えによれば、事物の内部に形相として存在することはない。いくつかの相異なった存在者間の差異や類似性に関して、常識的な直観を超える詮議は無用なのである。オッカムによれば、ソクラテスとプラトンの間にある類似性は、彼ら二人とロバとの間にある類似性よりも遥かに大きな類似性である。従って、ソクラテスとプラトンは、彼ら二人をロバから区別する本性において一致していると見てよい。オッカムにとっては、存在者間の差異の直観的段階が問題なのであって、それら存在者の個々のうちに内在する形相的差異が問題なのではない。存在者の種々の段階においては、一つの段階に限って考えると、そこにおける各個体それぞれの内部に形相的差異が存在するのではなく、ただ或る個体と他の個体との間の区別のみが存在する。人間は存在者としての段階から言えば、知性を有するだけロバよりも上位にあるが、そのような本質を持つものとして、ソクラテスとプラトンとを形相的に区別することはできない。しかし天使は、ソクラテスやプラトンを含む人間よりも存在者段階としては上位にある。それは天使が動物的質料を有していないということにおいて、本質的に人間より上位の段階にある。大天使ミカエルとガブリエルは、機能的に区別はあるかもしれないが、大天使であるという形相において何らの差異もない。

要するに、オッカムにおいて普遍は、霊魂の外部ではいかなる仕方でも存在しないのである。このようなオッカムの思想の中で、論理学的に最も重要であるものは、「指示作用《スッポジティオ》(suppositio)」である。オッカムによれば、「普遍性」とは多数の個体に述語可能である限りにおける霊魂の指示としての述語づけの能力によって成立する。それゆえに、指示によってのみ普遍は成立する。なぜならば、普遍は複数の事物を指示する単一の記号だからである。この考えを基にして、後代の論理学的研究に大きな意味を持つオッカムの「代示作用」または「指示作用《スッポジティオ》」について多少の説明をしなければならない。唯名論者は、普遍(universalia)から一切の観念実在論的な理想主義哲学の残滓《ざんし》の排除を試み、普遍論に関して「スッポジティオ(代示作用または指示作用)」の理論を基本として重視した。すなわち、彼は「名辞(terminus)」こそが事物を「スブポネーレ(subponere = 或るものを下から担ぎ上げて言語の上に置くこと、つまり意味指示作用)」することのさまざまな意味を分析したのである。唯名論者たちは、前にも述べたとおり、ただ単一的な個体の実在的存在のみを認めた。それゆえに、すべての普遍的名辞は何ら実在性を持つものではなく、個体に背負われて、それの代理として個体を言語の面で指示する限りにおいて、個体と対応できるに過ぎない。換言すれば、普遍性とは言語の次元において、つまりは人間の意識の次元において個体の代理者となっているに過ぎないのである。従って、「普遍性」はさまざまの名辞という非実在的意味の述語づけに関する論理的機能に変成され、思考的次元の上においてのみ実在者の記号として機能するのである。そうしてみると、名辞は意味を代示し、命題は意味の関係を代示する。このように、名辞および名辞の結合としての命題は、人間の精神を事物との実在的接触の場面からその代示作用の次元における認識に至らしめる役割を果たす記号となる。このようにして認識は、記号によって代示される現実存在界の言語的描写となる。スッポジティオの種別やそれらと想像力との関係など、興味のある問題がオッカムに関して多々あるけれども、各哲学者の基本的思想を考察する本書としては、以上で充分とする他ない。

ただし、そもそもスッポジティオの原義は或るものを下から支え、上に置こうとすることで、或るものを見てそれに関わりの深いものを心に描く想像ないし仮想なども考えに入れてよいので、意味指示作用による意味すらオッカムの意識では個体に背負われた唯名論らしいもの、実体の代示者に過ぎないもので、言語次元上の実体の影に過ぎない。私はここに二十世紀後半から重要な機能性を持つ液晶面の影像としての情報の影の論理学《スキアロジー》(skialogy)が実体の存在論《オントロジー》(ontology)に代わって重要となると思っている。オッカムをそのような新しい面から考え直すことは、むしろこれからのオッカム論として大切なのではないかと考えている。つまり、影には一義性よりも両義性(アナログ)の揺れる連続があり、その不確実性から実体を操作する情報指令が返照的に乱発されるとき、実体は果たして実体性を保ち得るのであろうかという問い、そして遂には世界の動揺の時がくるのではないか、との哲学的不安を私は持たざるを得ない。これを支配し得るモラルが樹立されなくてはならない。

第二十一章　十五世紀哲学への道程

――エックハルトとイブン・ハルドゥーン――

母語による神学と社会哲学

トマス・アクィナスの死がボナヴェントゥラと同年の一二七四年、ドゥンス・スコトゥスの死が一三〇八年、ウィリアム・オッカムの死が一三四七／四九年、後節で扱うイブン・ハルドゥーン('Abd al-Raḥmān ibn Khaldūn, 1332-1406)の死が一四〇六年であり、これら五人の哲学者たちの生きた世紀を考えると、十三世紀から十五世紀にまで及んでいる。

ところで、今から論じようとするエックハルトは一二六〇年頃に生まれ、一三二七年に死んだ哲学者で、その生涯の年をごく概略的に言えば、トマス・アクィナスよりおよそ一世代後に生まれ、その二世代後に死んでおり、十三世紀後半に生まれて十四世紀前半に死んでいるのであるから、できる限り年代順に論述することが当然の哲学史という思想・文化の

歴史的研究書の常識から言えば、本来今挙げた五人の哲学者の同時代者ないしはやや先輩として、少なくとも彼らの間に置いて論じなければならないことになる。しかし、本書の著者として私は以下に述べる二つの理由から、この場所を選ばなければならなかったことを明らかにすることから始めたい。

エックハルトとオッカムおよびイブン・ハルドゥーンとの思想的関係

（一）エックハルト(Meister Eckhart〈Echardus de Hochheim〉, ca. 1260-1327)は、ドミニコ会におけるトマス・アクィナスの二、三代後のパリ大学教授に一二九三年に任命された。いわばトマスの後任者の一人である。このエックハルトの晩年、一三二三年に教皇ヨハネス二十二世によってトマスは列聖されたが、この同じ教皇の時代にエックハルトは、一三二六年にケルン大司教により異端の嫌疑をかけられ、正式に弁明するが、二七年審問が当時アヴィニヨンにあった教皇庁で続け

られ、彼の死の翌年一三二九年に、トマスを列聖したあの教皇ヨハネス二十二世その人によって、エックハルトは自ら立てた二十八の命題が異端ならびにその疑いの濃厚なものであるとされ、断罪されたのである。これによって、エックハルトは正統信仰と関わりの深い西洋哲学史の書物からはまったく姿を消してしまい、彼が再び哲学史において復活するのはその頃からほぼ五百年後の十九世紀後半まで待たねばならなかった。その教理的な理由よりも、なぜこのような事態が生じたかという哲学史的な理由をまず明らかにしたい。

それにはオッカムのところですでに触れたことであるが、以下の事情を踏まえておかねばならない。十三世紀に偉大な神学・哲学の体系が多く生み出されて以後、それらの学問に対する関心は高まり、十四世紀にはすでにパリ大学のみで千人に近い大学教授・講師が登録されており、これに象徴されるように、欧州全体に大学教育を経た多くの知識人がそれぞれの知的関心からさまざまの著書・論文を著すようになってきた。そのような場合、標準化されがちの正統的体系においてまだ論じられなかったような新しさを求めて、必ずしも充分の論拠が認められないままに自説を展開する人びとの数が激増し、その中には先駆的な、むしろ近世を予示するようなエックハルトをはじめとする新しい考え方、すなわち、当時それは新しい神秘主義と一括されていたプラトン主義の運動なども芽生えていた。それらに対しては、イスラム的色彩をようやく取り除いて、キリスト教化されたアリストテレス主義を重厚な柱と考えていた教皇庁から見れば、何らかの手を打たなければ教会としての団結に亀裂が生ずる恐れもあったからであろう。これは主として、十三世紀的大修道院の厳しい修道生活の範囲外に流出していった学問の自由な普及が持つ危険の源流を、なおしばらく検討する必要を認めた教皇庁の慎重な態度の故である。本章第二節で論じるイブン・ハルドゥーンもその『歴史序説(al-Muqaddima)』において、イスラム社会における知的危険の一つとして、学問研究が道徳的自制心を離れてあまりにも多くの情報を安易に発信するようになると学問は衰微する、と述べているが、これらの知的危機の状況の先駆的原因の一つであることを知ったうえで、エックハルトを読むほうが、その難解な文章の理解を過《あやま》たずに済むからである。

(二) エックハルトが危険視された理由の一つに、彼は神学や哲学という聖なる学問に相応しくない言語でそれらを民衆の間で語り、人びとを迷わす者ではないかという疑いを持たれるようになったことが挙げられる。これについてもオッカムが述べていたように、今まで意識の中で整えられていた形相的な思考の術語によってのみ論ずるのではなく、個体のように意識外の存在者について、それを直観する態度が必要であると言われる状況が、十四世紀の社会状況の中に次第に拡大されていった。それはイブン・ハルドゥーンの言葉を使えば、人間生活がその頃からより一層都会化し、生産活動や経済に関する政治的処置に必要な文書作成等も繁忙となり、人びとは教会ないし寺院と第一次産業の村落形態によって成立していた祈禱と労働の融和した生活から離れて、ルーミー(Jalāl ad-Dīn Muhammad Rūmī, 1207–73)の語を使えば、宗教生活の「醒めた心」と世俗生活の「虚《うつ》け心」の巧みな按配を実践しなくては都会生活は不可能になってくる。そこで、複雑化した労働に多くの時間を取られるようになった労働修道士や労働修道女、市井の中で同じく長時間の労働を必要とする職業に観想の時間をほとんど奪われる一般信徒のために、わかりやすい言語で、わかりやすい仕方で語る説教が必要となってきた。エックハルトのドイツ語による説教集その他は、その意味においては最も伝統的なドミニコ修道会の設立の精神が「説教(predictum)」にあることを忘れず、大学におけるラテン語による高度の研究的講義もさることながら、そこで養われる観想の精神を今述べられた観想の暇《いとま》も見つけがたい人びとが親しみ深く聴き取り、実生活にキリスト教精神を滲透させるためのものであり、それこそ、「説教者の修道会」すなわち ordo predicatorm の本来の姿であると彼が考えかつ実行した結果である。

ちょうどそれはベギーヌ女子修道会をはじめとして、母語で考えかつ書き、語る教化運動と同様に、ダンテのイタリア語による宗教詩『神曲』などと共に、ある意味で、近世を予示していたものであって、いずれにしても次の時代につながる哲学運動として、本書のこの場所に置いて論ずるべきであると考えたからである。

一　マイスター・エックハルト

活動と著作

このような新事態に対応するエックハルトの態度は、パリ大学においても、ケルン大司教区においても、ドミニコ会内部にあっては揺るがぬ名声を保持し続けていた。パリ大学では再度教授に任命されたり、同会のザクセン(サクソニア)管区長となり、さらに一三一四年にはドミニコ会総長代理として、その近郊全体の修道女をはじめとする女性信徒の教導の任に就いて、都会的知性化の社会のためにドイツ語説教に励んでいたことを付言するが、彼は本格的学者としてラテン語の著作を書き続けてもいた。未完の大著、すなわち千以上の命題を含む『提題集(Opus propositionum)』を第一部とし、若干の重要な問題をトマス・アクィナスの『神学大全』の様式に従って論じている『問題集(Opus quaestionum)』を第二部とし、聖書から神学的に重要な文章を選び、その解釈を試みた『註解集(Opus expositionum)』を第三部とする三部作がまとめられて完成していたならば、さだめし奥深い十四世紀を代表する大著になったに違いないが、私の知るところでは現在まで『提題集』の序文のところ、および『註解集』の中で、『創世記註解(Expositio libri Genesis)』『出エジプト記註解(Expositio libri Exodi)』『知恵の書註解(Expositio libri Sapientiae)』『ヨハネ伝福音書註解(Expositio sancti evangelii secundum Iohannem)』などが伝えられているに過ぎない。この最後のものは大部で、ほぼ完成されており、あたかも独立の一巻のごとく扱われ、今日出版されている彼の全著作の中で主著ではないかと言われている。最晩年に異端の嫌疑を受けたり、死後一年にして異端の宣告を受けたため、トマス以後最大のドミニコ会士の一人と目されてはいたが、当時の一般的風習としてはそのような人物の中心的著作の一部は当然のこととして隠匿されたままになっていたり、多くの場合は廃棄されたから、われわれとしては残されたラテン語で伝承されている著作のみに頼って、この偉大な哲学者の思索の一端を偲ぶ他はない。私の知るところは、一つには中世のほとんどの形而上学者が運命的に担った「存在の哲学」に関する極めて大胆な彼独特の超越論的哲学と、あくまでも言語的に表現して黙想の沈黙に自己融解することを防ごうとした彼独特の神秘思想と、この二つである。それらについて簡単に述べることにしよう。なお、十四世紀に世を去った彼をこのように十五世紀で取り扱う理由の一つとなった母語(彼の場合ドイツ語)による神学の著者の趣きを伝えるため、その例をドイツ語による説教集から引用しての考察を最後に加えることにする。

思想

西洋中世哲学に関する限り、右に述べた多くの事柄によって、エックハルトは革新的な形而上学的思索を求めていたように考える人がいるかもしれない。確かに彼の思想の中には、すでに私も述べたように、同時代の他の神学者や哲学者とは一括され得ない新しい考えの萌芽もありはするが、形而上学者としては、また神学者としてはエックハルトは決して革命的な思索を示した人ではない。彼の思索は、あくまでも存在を中心とする思想体系であった。基本的にはアリストテレスの『形而上学』のΛ巻における「ノエシス・ノエセオース」、つまり「思惟の思惟」としての神を、『出エジプト記』のモーセが神から聞いた神名ハヤト(hayath)のラテン語訳、すなわち"ego sum qui sum.(我は在りて在る者なり)"[1]、つまり「在りて在る者」という概念に頼って解釈してきた多くの先進たちに伍して、エックハルトは彼なりの新しい内容を案出したに過ぎない。このことは、エックハルトが「存在の形而上学」の伝統に属してはいるが、その伝統に埋没しているのではなくて、彼にしかできない新しさをわれわれに示していることを看過してはならない。それはどのようなことか。

神は「存在(esse)」であると、トマスも含めて中世哲学者は言う。しかしこの「存在」とはアリストテレスに従う限りは、「存在は多様に語られる(τὸ ὂν λέγεται πολλαχῶς)」という形式で範疇表に分解されていくアナロギアとしての存在とはまったく異なっているとエックハルトは考える。彼によれば存在は、創造主としての神の存在、すなわち「端的なる存在(esse simpliciter)」、換言すれば「純粋存在」もしくは「充溢した完全存在」と、被造物の存在すなわち「これこれしかじかの存在(esse hoc et hoc)」として指示し数え立てられる限定的個物とに分けられ、前者は感覚でとらえることもできず、またそのものは永遠不変のものであるのに対し、後者は可感的であり、またそれらのものは始めも終わりもあるところの有限者であり、両者は本質的にまったく異なったものと言う他はない。従って、「在りて在る者」と言われていることは「普通のものとして在るのではない在り方」を意味し、つまりこのような本質を持つ創造主は「存在ではあるが、並の存在ではない」ということで、「存在を超脱している」と言わざるを得ず、この「二重存在」とも言われるべき表現は、「存在に及ばない無ではなく、存在を超えた意味で存在ではない無である」ものを意味する独特の表現ととらなければならず、従ってそれは別の言葉で言えば、エックハルトがドイツ語の説教の中で「das Nichts(無)」としか言えないものと語っている「超存在(esse transcendens)」として、ラテン語ならば nihil とでも言わざるを得ない神なのである。[2]

このように考えれば、「神は無である」という言い方によって、神がわれわれが日常において経験的に知る単なる存在とは比較を絶した超越者として、われわれに稀にしか与えられないにしても、純粋観想や修行や祈禱の極限において達し得るかもしれない超意識的神秘体験の言語化が可能になったと言うべきであろう。中世の初期からあった神秘主義は、比較宗教学の泰斗であった岸英司により宗教的経験のオメガ(Ω)であると語られてきたし、それは常にクレルヴォーのベルナルドゥス(Bernardus Claraevallensis〈Bernard de Clairvaux〉, 1090-1153)のように沈黙の中に至福直観として実現されると言われてきたが、そのような至福の霊的経験に向けて構成された生活の場としての大修道院の垣根の外で、浮き世の苦しみに浮沈する者にとって、神秘体験がエックハルトのような形で言語化の対象となり得るならば、それはそのような世俗生活を送っているわれわれ近世以後の市民的社会人としての多くの人間にとって一つの望みになるのではないか。

なお、エックハルトのドイツ語著作集の中では、最高の徳として「観想」[3]ということよりも「出離離脱」が反復して語られているが、これは世俗社会の中で、神を観想するために必要な精神の物質からのピュゲー(φυγή＝逃亡、出離、解脱)を勧奨し、これを第一の徳としたプラトン主義の復興とも見られ、近世を開いていくフィレンツェのプラトン・アカデミズム、すなわちフィチーノ(Marsilio Ficino, 1433–99)やピコ・デラ・ミランドラ(Giovanni Pico della Mirandola, 1463–94)たちに続く、エックハルトの興した新しい精神運動とも見られる。

そのようなドイツ語による説教集の中に「知性と意志とについて」という珠玉の文章がある。それを引用してエックハルトの真骨頂を示すことにしよう。「霧のただ中の明けの明星のように、彼の生涯の日々における満月のように輝く太陽のように、この者は神の宮において光り輝いた」という『シラ書』五十章六、七節を引いてエックハルトは言う、「神の宮という語をとり上げ、神とは何であり、神の宮とは何であるか」と。「神は必然的に存在を超えていなくてはならない何かである。およそ存在を持つものは時間や場所を持ち、決して神にふれることはない。神は時間も場所も超え出ていて、神はすべての被造物のうちにある。神はすべての被造物のうちにあるというまさにそのことで、神はそれらを超えている。(中略)われわれが神を存在の中でつかむなら、われわれは神の宮の前庭にいるのだ。(中略)聖なる光を放つ神の住む神の宮とは知性である。神は自己自身、知の静寂のうちにある」(4)。このようにエックハルトは知を意志よりも高貴なものと考えている。

二　イブン・ハルドゥーン

二つの弁明

中世哲学にとってイスラム文化についての研究がいかに重要であるかということは、二十世紀の後半の常識となっており、日本でも井筒俊彦をはじめとして、森本公誠、中村廣治郎、黒田壽郎等の学者による原典翻訳や思想史研究など数々の著書が出ている。私はそれらのものも多少は研究したけれども、学問的著書としての哲学史の場合に言語が読めない際は、それらの言語で書いた哲学者について語ることは不誠実であると思うので、この哲学の重要性は充分意識しているけれども、本書では中世時代にラテン語訳として紹介されたもの以外は扱わないことにしている。しかし、以下にイブン・ハルドゥーン('Abd al-Raḥmān ibn Khaldūn, 1332–1406)の歴史哲学的著書を主として森本公誠の日本語訳に従って、ごく簡単にではあるが、言及したい。その理由は、西洋中世哲学において甚だしく欠落していると思われる部分、すなわち社会哲学的考察が、十四世紀に活躍した学者の著書の中にあって、それはその時代の考察でありながら、今日われわれを刺戟するところが多いからである。私の西洋哲学史は、思索の場として今日の哲学する者にとって重要な問題を扱っているので、この社会哲学の問題に関しては彼を無視することは許されないと思うのである。

『歴史序説』第一部の視点

私が言及するのは、『歴史序説(al-Muqaddima)』であり、テクストとして引用するのは、上にも述べたように、森本訳(岩波文庫版)である。社会哲学的思索をごく要点だけに限って言及するのであるから、その人物については何も語らず、直接に思索そのものに入ってゆきたい。

『歴史序説』は三部に分かれ、序論において彼の歴史学観が述べられ、第一部では文明とそれにまつわる本質的性格、すなわち王権・政府・所得・生計・技術・学問およびそれらの理由と原因、第二部ではアラビア人の歴史・民族・王朝についておよびそれと同時代の諸民族や王朝、その中にイスラエル、ギリシア、ローマ等の問題も含まれ、第三部では人類の今までの歴史にとってどれだけの意味があるかはわからないが、ベルベル人およびその一派であるザナータ族の歴史などが書かれている。私が取り上げるのはもちろん第一部のみである。

『歴史序説』の序論でイブン・ハルドゥーンが強調していることは、歴史家はただ伝達されているということだけで歴史的情報を信じ、習慣や政治、文明の性質、人間の社会を支配する諸条件などについて正しく判断せず、過去の資料と現代のそれとを比較しなければ歴史家ではないということである。このような学問的厳密性は、十二世紀のアベラールが哲学について語ったことと共に、中世における学問がいかに水準の高いものであったかをわれわれに意識させるのである。

イブン・ハルドゥーンは、歴史とは人間社会――それこそ世界の文明である――についての報告であると道破している。歴史と言えばしばしば傑出した人物の評伝や強大な国家の軍事的英雄などに傾いていた叙事詩的空気に対し、イブン・ハルドゥーンは文明と社会の変遷に注目し、繰り返すことになるが、彼にとって歴史とは所得・生計・技術・学問等、文明の諸問題を論ずるものであって、個人名の羅列に過ぎなかった多くのそれまでの史書とは類を異にする点で大いに注目に値する。

従って、彼自らが『歴史序説』の議論として社会生活上注目したものは以下の六つである。(一)人類の文明の一般論。(二)田舎や砂漠のその種類と地上におけるその文明の地域。(三)王朝・カリフ位・王権ならびに政府官職の議論。(四)都会の文明。諸集落と都市。(五)技術・生計・所得およびそれらの諸相。(六)学問。その修得と研究。そして続けて彼は言う、「私は最初に田舎や砂漠の文明について議論をする。それはのちに明らかとなるように、それが他のあらゆるものより先行するからである」(5)。

歴史学について

イブン・ハルドゥーンにとって、それでは歴史学とはいかなるものであるか。一般に考えられている限りでは、「(前略)歴史は、外面的には政治的事件、諸国家、遠い過去に起こった先例などの報告以上のものではない。(中略)状況の変化が人間関係にいかなる影響を及ぼすか、どのようにしてある国家がその疆域を拡げるか、そして、その国家が勃興し、やがて滅亡する時がくるまで、どのようにして地上にその生命を保たせたかを示してくれる。だが、内面的には、歴史は思索であり、真理の探求であり、存在者そのものやその起源の詳細な説明であり、また諸事件の様態とその原因に関する深い知識である。したがって歴史は、哲学に深く根ざしており、哲学の一分派に数えるのが適切である」(6)。このような著者の考えを知れば、著者の時代がちょうど中世末期でもあり、イスラム思想と関係の深かった時代の西洋哲学史の一部に、イブン・ハルドゥーンを加えることは許されるであろう。しかも、ここで扱おうとする『歴史序説』の序論において「われわれの主マホメット、『五書』(旧約聖書・モーセ五書のこと)と『福音書』に記し述べられたアラビア人の預言者に祝福と平安あれ」(7)と述べられていることを読めば、わが主マホメット(ムハンマド)という一句を除けば、キリスト教哲学者たちと類似点の多い源泉に基づくものであることがわかり、その意味でも、本中世哲学史にイブン・ハルドゥーンを加えるべきではないかと思われる。特に私は、以下にオッカムとのいわば偶然的な類似に十四世紀の時代相の本質を垣間見ることができると思う。

では具体的に彼はどのようなことを語っているのか。彼は『歴史序説』では、「(前略)文明とそこに現れる本質的性格、すなわち王権(原語ではmulk. 政治的支配権)、政府・所得・生計・技術・学問、およびそれらの理由と原因について述べる。(中略)これによって本書は哲学のための容器であると同時に、歴史学のための袋となった」(8)と述べている。特に私が注目したいことは、神ならぬ人間が保ち得る王権または政治的支配権の有限性に関する彼の考え、およびその支配権に属する人間的生活形態としてのハダール(hadar = 定住場所すなわち都会)とバドゥー(badw = 砂漠が原意であるが、ハダールの対語として「田舎」)に関する歴史哲学的考察である。

人類の文明について

イブン・ハルドゥーンは、人間が文明を発展させる前提として都市的結合に向かうことを絶対に必須の条件としている。彼は言う、「哲学者はこのことを『人間は本性上社会(ポリス」的存在である』という言葉で説明した」(9)。この場合の「哲学者」とは、イスラム哲学に始まる中世哲学を通じての習慣により、周知のようにアリストテレスのことである。すでにこのことにより、イブン・ハルドゥーンがギリシア古典哲学を継承していることは言うまでもなく、それに前述の聖書的伝統についての付言を考え合わせれば、イブン・ハルドゥーンは西洋の中世哲学者たちとほぼ同じ哲学的背景を担っていると言わざるを得ない。もとより、信仰の点ではイスラム教徒であるという宗教的差異は、これを忘れてはならない。

ところで、アリストテレスの言う「ポリス的動物」とは、都市国家的制度という形相面に重点を置いている。同じ命題を主張してはいるが、イブン・ハルドゥーンの場合は、この都市という文明的結合の説明において形相的抽象面ではなく、経済的、技術的な質料面の重要性に着目している。すなわちイブン・ハルドゥーンによると、神は人間を食物なしでは生命を維持できないように創造した。しかし人間は、自己の生命を維持するに必要な食物を自分だけでは準備できない。最小限の食物すら、麦の耕作、パン粉を挽いたり、それを焼いたりする操作を必要とするが、これら三つの仕事にもそれぞれ道具が必要であり、その道具を作る鍛冶屋や大工や陶工などの技術があってこそ得られるもので、生産と経済に関する共同作業がなければ、都市のような共同生活は成り立たない。そのような共同生活がなければ、人びとは容易に野獣や賊徒の襲撃に耐えることはできない。そこで人間は神が与えた命を守ることもできず滅亡する。質料面に関する相互扶助があってこそ人間は豊かに生き、神を讃える思想を形相的に高める文化をも発展させることができる。自らペルシアにも赴き、その文化にも接したと称するイブン・ハルドゥーンの『歴史序説』には、十三世紀のスーフィズムの大家ルーミーの名は挙げられないが、このルーミーの述べた真の人間の辿るべき道は「醒めた心」と「虚《うつ》け心」の両方を適度に交換して使いながら生きることであり、いずれか一方にのみ偏すれば精神と肉体とから成る人間はその合成者としての存在性を損なうことになるであろうという常識的判断と同種の思いが、そこに認められるのである。イブン・ハルドゥーンが『歴史序説』の第六章「スーフィズムの学問について」で長く論じているイスラム神秘主義の新しい傾向として、高位の存在界についても下位の存在界についても同様に真剣に考えなければならないという態度について触れていることは、意識に内在する形相面に執着するだけではなくて、認識の問題として外界の質料的条件に個別者の実在を認めたオッカムの哲学と相通ずるものを私は認めるのである。この観点からすると、地上における文明として「田舎や砂漠の民」と「都会の民」とは共に自然の集団でありながら、後者が歴史的には後代の組織であり、それは質料条件の複雑さが加わるにつれて、より大きな集団的生活形態が要求され、それと共に、より高度の形相的文化が、例えば『コーラン』研究の共同作業の進化および精神的深化が認められるはずであるのに、必ずしもそうならない理由はどこにあるのかと言えば、集団の統治が複雑となり、形相面の業務として統治のための法体系の整備や軍備に要する技術への配慮等、質料面に関わる形相すなわち抽象的概念や言語が発展するからなのである。連帯意識は、彼の考えでは、社会的集団活動の指導権の確立を要望するため、それに必要な拘束力を持つものとして、王権（政治的支配権）が成立するのである。ただし、そのような権力が続き得るのは、せいぜいが四世代であると彼は述べているが、そこに都市ないし国家論を述べるに際し、アリストテレスの純粋理論にのみ注目する態度とは異なって、王権の所有者も意識外の世界の個別者と認めるオッカム的視野が、オッカムについての何らの知識も持たないイブン・ハルドゥーンにおいて、これほども明瞭に見られることは共通の哲学的背景を持つ同時代者に見られる共通の傾向として、人びとの関心を引くに違いない。確かに、トマス・アクィナスが個別化の形相的原理を質料に求めたとき、中世期においてはある種類の人工物はみな同じ種類の質料から成るものが多かった。例えば、書物は羊皮紙で作られていたが、中世末期に至ってはパピルスとは異なった植物による用紙で作られるようになり、個別化は必ずしも従来の考え方だけでは始末に負えないものとなり、使われる質料によって現象させられるようになってきたことを考え合わせると、時代の質料面に注目しなければならない哲学の目が必要となってきたのである。現実に同じ質料、例えば十三世紀頃から盛んになったガラス製品の場合、同じ質料でありながら、グラスや酒瓶やステンドグラスなどが、むしろ個別化の原理として宝石をはめ込んだグラスや革袋による酒入れ、布による窓の風除けなどが語られなければならなくなってきた時代に、十四世紀はあったのである。王権や支配力と言うときに定義として語られれば時代の限定は入らないのが普通であるが、現実の王家や支配者を語ろうとすれば、そこには平均的に四世代ぐらいで交代していく現実が歴史的な認識として認められたのである。そこに新しい哲学への傾動が見られる。

カーリジーヤ
（斜陽性あるいは外に向かって失われゆくこと）

諸々の元素から成るこの世界は生成と消滅から成っているというのが、アリストテレスの考えであるが、イブン・ハルドゥーンはこの生成消滅を人間が作り出すものの質料面ではなく、形相面において認めるのである。それはすなわち、学問も生まれ、発展し、消滅し、技術も同様である。これは、学問や技術や芸術を、神的な知識や技能の知的な模倣的獲得によるものとして、質料より離れた形相面に位置づけた古典古代のギリシア的な考え方とは大いに違っている。イブン・ハルドゥーンは、歴史的な世界における「名門は人類がかもし出す一つの偶然にすぎず、これも生成腐敗の過程をまぬがれ得ない」[10]と言う。それが彼の述語では、「カーリジーヤ(khārijīya)」、すなわち「斜陽性あるいは外に向かって失われゆくこと」なのであり、これは指導的高貴性から低位で卑賤なるものへの傾向として一切の現象に認めることができるものであるとする。前に述べた「名門は四世代のうちに終わってしまう」[11]という歴史的認識も、この現れである。しかし彼はこれを原理的に説明する。「栄光の創始者は何が創始に値するかを知り、その栄光を創り出し、持続させる資格に気をつける」[12]。二代目は、「父と個人的な接触をすることによって、このことを学ぶ」。しかし、学ぶことによってその資格を得る者は経験によって得た者に劣り、従って、彼は初代に比べて劣る。「三代目の役割は模倣、とくに伝統への盲従である」。そのような者は、「自己判断者より劣った者であるから、三代目は二代目より劣っている」。四代目は築き上げられた栄光が、先代たちの経験や努力で保たれたとは考えず、「(前略)ただ(高貴な)血統の力によって、最初から彼の家系に与えられたもの」であると思い込んで、ただ血統の高貴さゆえに人びとはおのれに崇敬の念を抱いていると考え、生まれによっておのれを資格に相応しい者と誇るのみであるから、彼を支えようとした人びとを卑しめるに至り、人心を失い、名門は衰微し朽ち果てるのである。このようなイブン・ハルドゥーンの考え方は、形相はそれ自身として永続するものであっても、それはそれ自身として留まる限り、意識的次元の無時間的価値概念であって、それらが意識外に現象するのは、それらが質料といかに結びつけられるかによるのであり、質料的側面における受容性が質料的世界における個体の形相志向性の如何によると見ているのである。個体の意欲が意識されると否とに拘わらず、現象的世界の生成変化に応じて千差万別の運命を辿るなかで、人間の家門といういわば血統的個別者が時間的にまとめられた形で、集合的個体として認識されるとき、個体認識とも普遍認識とも異なった歴史的認識という独特の知識が成立することを暗示していると見ることができる。個体の学としての歴史学とは異なった知識形態として、歴史が成立しかけているように思われる。このことが、その数世紀後に発達してくる文化史における様式史その他の先駆になると見ることはできないか。

第二十二章　超越と命題
――ニコラウス・クザーヌスの場合――

人文主義の位置

中世哲学はその末期にドゥンス・スコトゥスやオッカムの精緻な命題論によって導出された唯名論的傾向の反形而上学的論理学者を数多く生み出した。それゆえ、その後百年のいわゆるクワトロチェント（十四世紀）の大学の哲学の継承者たち、つまりその当時の大学教授たちの主流なのであるが、彼らのほとんどがこの傾向を押し進め、命題論を内在的批判による反形而上学的認識論として一般化していった。イタリアの大学で流行した哲学も、例えばスワインズヘッド（Richard Swineshead〈Suisset〉, ?–ca. 1365）が著した『計算の書（Liber calculationum）』のように、自然学か数学のみが重視される基礎の上に論じられるため、無限者（infinitum）も量（quantitas）の面から考えられていた。こういう知的風土の中では、哲学の原点としてソクラテスの求めた「魂の世話（ἐπιμέλεια τῆς ψυχῆς）」に意味のある立論は期待できなかったし、内容の問われない否定性しか出てこないのではないかといぶかる空気がフィレンツェを中心とする人文主義者《ウマニスタ》（umanista）たちの新しい肯定命題を定立する運動を、主としてプラトンのテクスト研究に基づいて展開させた。その知的努力の具体的内容は規範的理念の価値論的省察と人間の存在論的位置づけであり、彼らはそこに肯定命題を立てて、人間に生き方を示そうとした。その代表的人物はフィチーノとピコ・デラ・ミランドラであった。

こういうイタリアのウマニスタたちによる人間論的哲学だけが、当時のロギカ・モデルナ（logica moderna）を誇ったスコラ哲学に反対する哲学だったと主張する哲学史書が多い。これらの著者はスコラと大学を区別できない人びとで、中世の学問構造に通じていないのである。十一世紀まではスコラで、十二世紀から十四世紀までは大学で、そしてそれ以後しばらくアカデミアで、というのが中世の哲学の中心地なのであった。もとより残党はいつの世にもいて、今述べようとするこの十四、十五世紀にもカプレオルス（Johannes Capreolus, ca. 1380–1444)やカエタヌス(Thomas de Vio Cajetanus, 1469–1534)のような著名なトミストもいたのであるから、その事実を忘れてはならない。けれどもトミズムは新しい哲学的企図には数えられないという考え方もあるに違いない。そうなると、中世から近世への過渡期の新しい哲学とは、ただ反形而上学的論理主義とルネサンスのウマニスタによる文化哲学ないし人間学のみなのであろうか。

一つの新しい大きな思索

私はそこに全く新しい仕方で、一つの新しい大きな形而上学の体系が樹立されていることを看過してはならないと思う。それはソクラテスが英知《ソフィア》への愛という「思い」から哲学を始めたように、その英知すなわちサピエンティアを愛し求めることから哲学を営み続けた十五世紀の哲学者ニコラウス・クザーヌス(Nicolaus Cusanus, 1401–64)の知的業績のことである。それは中世の他のいかなる哲学とも違った仕方で考え出された従来の形とは全く違った形而上学なのであった。以下にそれについて述べることにするが、テーマを形而上学の対象としての「超越」と論理学の対象としての「命題」、およびそれら両者の関係に限って考えることにする。その限定の理由は、本書の一章としての紙数の制限にもよるが、主としてむしろ形而上学を論理学に解消させようとした中世末期のスコラ哲学が問題とした命題論が論理的に形而上学的超越とつながる所以を明らかにすることにより、哲学が論理学から出発する知性の補完的昇級としての形而上学なしには完成しないことを証し立てて、ニコラウス・クザーヌスの偉業そのものの中核を明らかにしたいからである。そして、もしこのことが成功するならば、ひと頃の国際哲学会のような現代哲学をリードする哲学者の組織までもが、分析哲学や科学哲学のみに走った傾向の中で、今われわれがニコラウス・クザーヌスとは別の新しい形で論理学によって命題論が論理的に形而上学的超越に達する筋道を明らかにしてきたように、哲学は論理学の知性による補完的昇級としての形而上学において完成することを証し立てて、二十一世紀にまったく新しい倫理学、エコエティカ(生圏倫理学)や科学技術の形而上学としてのメタテクニカ(技術聯関の省察)の体系的展開の望みを持つこともでき、このようにして中世の最後を飾った哲学者の偉大さが現代の形而上学再興の気運にも及んでいることを示すことになろう。

ニコラウス・クザーヌスの生涯

クザーヌスはドイツのモーゼル河畔のクースに船主の子として生まれ、一四一六年にハイデルベルク大学に入学し、そこで一年を過ごした後、当時法学および神学において令名の高かったパドヴァの大学に移り、六年を経て、教会法の博士号を取得した。大学入学の前後にネーデルラントの「共同生活兄弟会」の学校で数カ月を過ごしたという説もあるが、そこで後に有名となるトマス・ア・ケンピスの『キリストに倣いて(De imitatione Christi)』を生み出す「新しい敬虔(devotio moderna)」という思想の影響を受けたらしい。それはとにかく、教会法の学識のゆえに一四三二年から行われたバーゼルの公会議の重要メンバーとなり、多くの面で特にイスラムとの関係修復のために改革を必要とする教会の外交担当者としての道を歩み、当時独立国として強力な組織を持ち始めたヨーロッパ各国とローマ教皇庁との法的関係の整備、特にビザンティンのギリシア正教との友好関係を深めるなど、その時代における世界平和の実現を志向する教会の代表者として、しばらくは主として教会の外交行政に専念した。その学問的成果は『普遍的協和について(De concordantia catholica)』という三巻の書物に結晶した。

クザーヌスの学的関心はその後、神学と哲学に集結してゆき、論理学とイスラム関係の学問に通じていたライムンドゥス・ルルス(Raimundus Lullus, 1231/32-1315/16)の原稿を求めてパリに行き、それを筆写したが、これは前述の若年時の外交経験と共に、クザーヌスが宗教間対話の先駆者の一人となったことの要因ともなった。ベルギーに新設されたルーヴァン大学からの再度にわたる教会法教授の招聘を断り、神学ならびに哲学の思索に専念するため、故郷に近いコブレンツで司祭として研究に身を捧げることになった。研究生活に沈潜したとはいえ、彼のイスラムやギリシア正教に関する開かれた態度によって、バーゼル公会議以後も東ローマ帝国への教皇派使節団三名の中に選ばれ、東ローマ皇帝ならびにギリシア正教総主教を伴ってヴェネツィアに向かい、フェラーラ公会議を成功させた。この機会に、彼は「無知の知(De docta ignorantia)」のインスピレーションを船旅の途上で得たと伝えられるが、周知のようにこれは彼の主著の一つの標題にもなっており、本章ではこれと関わりの深い書物について基本的なことを論ずるつもりである。なお、この船に乗る前の話であるが、彼はイスラムに関する多くの文献や情報を集めるのに成功した。一四四七年、クザーヌスの努力によってドイツの諸侯が教皇に与《くみ》することになり、この功績によりクザーヌスは四八年、枢機卿にあげられ、二年後にはブリクセンの司教に選任されたが、これは船主という一介の小市民出身者としては、当時異例のことであった。その後、プラトン対話篇に倣って、知恵や精神、秤による実験などと題する多くの対話篇を完成したが、その全著作が一九五〇年前後にハイデルベルク大学教授であったレイモンド・クリバンスキー(Raymond Klibansky, 1905-2005)によって編輯・刊行され、中世末期の哲学者としては例外的に、今日の研究が高い水準で行われている。

クリバンスキーは、一九四〇年前後、彼がユダヤ人であるということによって、その編集・刊行の業績を他の学者の手になるものとして、その名前を奪われるという、学界として許すことのできないナチス系学者の暴行もあったが、戦後それは正され、ハイデルベルク大学には歴代の最も重要な学者の一人として同教授の名が本館の正面玄関の広間の壁に刻まれている。小さなエピソードかもしれないが、神学や哲学の世界にも戦争を経てさまざまの不可解な事件が介入してくることがあり、それの歴史的訂正がこのような形で公にされることもある。当のクザーヌスの生涯においてもそれに類似したことがあり、彼は一四五二年以来、司教区の改革、特に聖職者の綱紀粛正および一般信徒の信仰の是正に全力を挙げ、しばしば貴族出身の高位聖職者や修道院長との烈しい対立に苦労し、生命の危険さえ感じることもあった。

パドヴァ大学時代の親友エネア・シルヴィオ・ピッコローミニ(Enea Silvio Piccolomini〈Aeneas Silivius〉1405-64)が一四五八年、教皇に選ばれピウス二世(Pius II, 在位1458-64)となった。ピッコローミニ自身は貴族の出身であったが、小市民出身のクザーヌスの正当な改革運動がドイツの貴族たちによって阻止され、不当な扱いを受けそうな状況を見抜き、一四五九年、即位後半年でクザーヌスを教皇特使兼司教総代理に任命し、『全般的改革(Reformatio generalis)』という改革文書の起草を命じた。クザーヌスはその友情と正義感に感激し、晩年を教皇と共に教会内部の刷新とイスラムやギリシア正教との和平維持に努力した。

しかし、巡礼者の安全のために早くから対トルコ十字軍を組織したいという教皇ピウス二世の考えにはクザーヌスは反対し続けた。教会内部の勢力に押されて教皇が、クザーヌスの反対にも拘わらず、一四五九年に十字軍組織の諸侯会議を招集したとき、その会議の席上で長年の親友であり、特別の厚遇をもって接した教皇に対し、クザーヌスは敢然として理路整然と反対意見を具申した。

こうした情勢の中で一四六一年、クザーヌスは『コーランの研究(Cribratio Alchorani)』という著作を発表したが、それは『コーラン』の中にもキリスト教の福音に通じるものが含まれていることを懸命になってしたためたものである。最後の著作『観想の最高段階について(De apice theoriae)』という著書を一四六四年春に公刊するが、それまでクザーヌスの反対もあって組織の遅れていた十字軍を、教皇はこの年の夏に組織して、東征の途につき、丁重な書簡をクザーヌスに送って後から従軍することを乞うた。自らの本意に添わないが、教皇の命令を拒むわけにはいかず、彼はローマを発って、旧友のもとに赴こうとした。しかし、道半ばのトーディという町で病の床に着き、旧友で医者でもある司祭トスカネッリが急遽駆けつけたが、その後まもなく世を去る。彼の墓はローマのサン・ピエトロ・イン・ヴィンコリ教会にある。遺体のうち心臓だけは彼の遺志に従って、故郷の聖ニコラウス養老院礼拝堂に埋葬されている。この養老院は、クザーヌスが生前自らの財力で設立したものであるが、死後五百四十年以上経過した今でもそのまま残っている。以下にクザーヌスの哲学、神学について考えることにする。

哲学の起源

哲学は人間の営みであるが、それは人間においてどのようにして生じるのであろうか。ここで問われるのは、哲学の歴史的起源、哲学が人類においてどのようにして生じたのかという問い、すなわちタレスや孔子に類する人びととその業績による学としての哲学の誕生に関する歴史的起源についての問いではない。ここで問われるのは、また哲学がニコラウス・クザーヌス個人にあってどのようにして喚起されたのかという個人的動機についての問いでもない。いずれも歴史的研究として重要な対象であるが、ここではそれが問われているのではない。われわれの問おうとするのは、哲学という学的営みが人間において成立する際の主体の普遍的根拠なのである。

一般的に言って、直ちに念頭に浮かぶ答えとしては、哲学も知識であるがゆえに、知一般の成立根拠としての好奇心《クリオジタス》(curiositas)ではないかという考えである。確かに「何故《クール》(cur)」と問うのはそのことに「関心《クーラ》(cura)」を持つからであり、そのような「知識欲《クリオジタス》(curiositas)」こそが求められている答えのようにも見える。アリストテレスも、単に「経験」を積んだだけの人は「事実(τὸ ὅτι)」を知っているだけであるが、これに対して「理由(τὸ διότι)」を知っている人は、どの事実によって、すなわち「何故に《なにゆえ》」、従って「クール」をつき止めようとする姿勢を貫いた者として知的に上位にあるとしている。(1) しかし、それだからと言って、「人が死に至るのはなぜか」を知ろうとして人を傷つけて観察し、死への転帰の理由を明らかにするという行為があれば、それは知的な学問として許されるべきではない殺人であり、到底哲学の名に適《かな》うはずもない。従って、単なる理由としての何故《クール》追求たるクリオジタス(知識欲、好奇心)がそれ自体としてほめられてはならないのである。それゆえ、アリストテレスは哲学の起源に関して次のように言っている。

διὰ γὰρ τὸ θαυμάζειν οἱ ἄνθρωποι καὶ νῦν καὶ τὸ πρῶτον ἤρξαντο φιλοσοφεῖν, ἐξ ἀρχῆς μὲν τὰ πρόχειρα τῶν ἀτόπων θαυμάσαντες, εἶτα κατὰ μικρὸν οὕτω προϊόντες καὶ περὶ τῶν μειζόνων διαπορήσαντες.

けだし、驚異することによって人間は、今日でもそうであるがあの最初の場合にもあのように、哲学し始めたのである。ただしその始めには、ごく身近の不思議な事柄

に驚異の念をいだき、それからしだいに少しずつ進んで遥かに大きな事象についても疑念をいだくようになったのである。(2)

トマス・アクィナスはその『アリストテレス形而上学註解(Expositio in duodecim libros Metaphysicorum Aristotelis)』の第一巻第三講において、他の場合と同様、原文どおりの訳を施したのちに註を書くのであるが、その訳は次のようである。(3)

Nam propter admirari homines nunc et primum incoeperunt philosophari: a principio quidem pauciora dubitabilium mirantes, deinde paulatim procedentes, et de maioribus dubitantes.

ここにおいて注意したいことは、訳出に際し不定形の動詞θαυμάζειν(タウマゼイン、驚異すること、驚嘆すること)をadmirari と訳し、同じ動詞の現在進行形を admirantes とせずに、mirantes と訳し分けていることである。ただし、この分別が充分意識してなされたとは思われない節《ふし》もあって、この部分の註解では、トマスは “incipiunt philosophari propter admirationem alicuius causae: aliter tamen a principio, et modo: quia a principio admirabantur dubitabilia pauciora. . .” と同じ動詞にしてアリストテレスに同調しており、結論のようにしてトマスがこの件をしめくくるときは、「疑いと admiratio とが無知から生じてくることは確かである」と言う。私はここで、アリストテレスとトマスとが、何か不徹底にタウマゼインの中にラテン語の讃美する(admiror)と驚嘆する(miror)とを混同している点を衝いてみたいのである。そしてそれはまた、近世以降この混同が miror に集約的に傾斜していき、ギリシア語のタウマゼインが Erstaunen, surprendre, astonishment などの語の方に一義的に偏してしまう理由をも明らかにすることになろう。そこにニコラウス・クザーヌスの歴史を超える偉大さも見えてくるのである。

タウマゼインとは何か

確かにアリストテレスを読むかぎり、タウマゼインは手近の謎めいたものに面しても生起するものであった。それゆえ、タウマゼインは驚き怪しむくらいの意味として、哲学の起源としては懐疑《ディアポレイン》(διαπορεῖν)と同等に考えられ、少なくとも『形而上学』の書き方では、上に挙げたように、トマスが訳したとおりでは、「手近な疑わしいものに驚いていたのが、いつしかより大きな事象についても疑いを持つことによって」とのみ書かれ、mirantes すなわちタウマサンテス(θαυμάσαντες)の意味は省かれてしまっている。これで見るかぎりは驚嘆《タウマゼイン》(miror)よりも懐疑《ディアボレイン》(dubitare)の方が、より大きな事象について哲学するには大切であるかのように書かれているのである。それでよいのであろうか。驚きの日常性における形ならば、つまり極めて手近な驚きだというのであれば、物陰から人が声を上げて飛び出せば驚くのであって、それで哲学ができるなどと考えることもできない。

そもそもタウマゼインが哲学の始源であると書いた最初の人はプラトンであった。『テアイテトス』の中でソクラテスがタレスについて語るとき、「なぜなら、実にそのタウマゼインのパトスこそ哲学者のパトスなのです。つまり、哲学の起源はこれ以外にはない。そこでイーリス〔虹の女神〕をタウマスの子だと言ったあの男〔ヘシオドス〕もまんざら下手な系譜語りをしたとは思えません(4)」と言って、タウマゼインは哲学の唯一の原理(アルケー、始原)であると断言し、タウマゼインとの同位性を、いわんやそれに対する劣位性をきっぱりと否定している。しかも、ここでタウマゼインという動詞の名詞形タウマ(θαῦμα)に酷似しそれに由来する名の神タウマス(Θαύμας)の子が神々の使者として神の思いを人びとに伝え、また人びとのあこがれを天界に伝えるイーリス(虹姫)であるという神話を録《しる》したヘシオドスは決して間違ってはいないようだと付言していることは、それがソクラテスの言葉として書かれているため、なおさら重要な意味を持つ。ソクラテスの哲学的活動は、まさしくアポロンの神託を巫女を介して承け、その真意を探索することから始まったのであり、それはまさしく天界のタウマスの意をその子イーリスを通して受けたと譬《たと》えることができるからである。そうするとプラトンにおいては、タウマとは天の神々と関わるような偉大なものではないかと思われる。特にそれは『アポロギア』を読むとき、ソクラテスの ὁ θεό と単数で呼ばれる神がアポロンではないかと推定されるとき、ますます肯《うべな》われてくるのである。そうであるとすれば、タウマゼインは近代の人びとがアリストテレスのこれと疑いとを同位化したり、トマスにおいても何か判然としていなかったのとは異なり、トマスとメルベケのギヨーム(Guillaume de Moerbeke〈Guillelmus de Moerbeka〉, ca. 1215–ca. 86)との訳では少なくとも使用された讃美《アドミラティオ》(admiratio)、すなわち崇高なる神秘への讃美ではないかと考えられる。タウマが偉大にして崇高であるならば、タウマゼインはまさしく賞讃すること(magnificare)なのであり、讃美すること(admirare)に他ならない。

ギリシア語の哲学的文献を精読すれば、タウマは確かに恐怖(ἡ ἔκπληξις)や驚愕(τὸ θάμβος)とは違っている。ストア派の詩人・哲学者アラトス(Aratos, ca. 310–ca. 240 B.C.)はその著『天象(Phaenomena)』において「父なる神よ、大いなる崇高さ!(Χαῖρε πατήρ, μέγα θαῦμα.)」と呼びかけているし、教父グレゴリオス・ホ・タウマトゥルゴ(5)(Γρηγόριος ὁ θαυματουργό=偉業を成す人、崇高を成す人グレゴリオス)と呼ばれた人は、確かにただ驚かす人なのではなく、偉大なことを成す人、つまりこれを宗教的な事象ととるならば、神の助けによって奇跡を成す人のことなのである。こうしてタウマゼインは「驚き怪しむこと」ではなく、「讃美すること」に他ならない。

対象と方法

それではこのタウマゼインの問題は、プラトンの理想主義的観念論の宗教哲学的讃美論からアリストテレスの現実主義的認識論の方法論的懐疑論への推移として、プラトン-アウグスティヌス的伝統から、すでにその破綻を見ぬいていたトマス・アクィナスの注意深い見通しによって成立したアリストテレス-トマス的伝統を経て、その頃知られるはずもなかったデカルトへと続く遠いつながりの糸の中の一筋なのであろうか。

私はそうではないと思う。十五世紀という中世から近世への過渡期に一人の偉大な哲学者が出て、このタウマゼインについて極めて独特の、しかも明瞭な省察を果たし、それによって卓越した命題論を形成しているのを知ったからである。その人の名はニコラウス・クザーヌスであり、この問題に関する著書は『知恵の愚者(素人)(Idiota de sapientia)』である。この書物は、フォロ・ロマーノで貧しい一人の無学者(idiota)が富める学者(orator)に出会い、話しかけるところから始まる。貧しい無学者が微笑みかけて次のように言う。

> 私はあなたの高慢な態度に驚いています。というのも、あなたは無数の書物を研究して絶えず読み、疲れ果てたと言ってもよいほどなのに、いまだに謙遜に達しておられないからです。これをみると、次のことは確かですね、あなたが他者に抜きんでていると自負しておられるこの世の知識は、神の前では愚かであり、そのため燃え立つのです。でも真の知識は卑下するものです。(6)

するともとより学者が、そのようなあなたの思い込みによる推測こそ書籍による研究の過小評価だと言い返すと、その無学者は、これは思い込みのうぬぼれではなく、愛(caritas)によって語っているのだと答え、会話が続行されていく。特に真理の所在について、それが書物にあるのか、それとも無学者が述べるように「英知は外で、街頭で呼んでおり、そしてその英知の呼び声は自らがいと高き所に住まうと言っている」(7)のではないかと言うことになるに及んで、それこそがソクラテスの思いでもあったからであろう、学者は「私の聞く限りでは、あなたは無学なのに、あなたは〈本当のことを〉知っていると思っているそうですね(8)」と語り、それをうけて無学者が、「私は自分が無知なのを知っています。あなたより謙虚です、この点で私はより知的なのです(9)」と結び、まさしくソクラテスの「無知の知(De docta ignorantia)」を言う。そこで学者は無学者に、どうしてあなたはその知を得たのか、それを知りたい、と問う。無学者の答えが見事である。「もしあなたが好奇的知識欲の吟味尋問の姿勢から離れたと私に思われるようになれば、偉大なことを開示しましょう(10)」と言って語り続けると、学者は「驚くべきこと(mira)、そして不調和なことをあなたは語る(11)」と言う。それは、学者には逆説として、論理の調性を逸脱したものに思われるからであるが、ともかくそこには何か今まで聞いたこともない、より高い超越が語られ、聴きたい魅力がある。そして無学者が説き来たり説き去って、「英知は論理学や大冊の書物の中には存在せず、これら感覚に触れ得るものから離脱して最も純粋な無限定的形相への回帰において存在するということをあなたがわきまえ知ればよいでしょう(12)」と言ったとき、このローマの学者ははじめて「至高の讃美の念(13)(admiratio)」に高められた。ここで、これまで驚嘆する(miror)としか言い得なかった学者は、言葉には出さないがはじめて讃美する(admiror)ことを経験するのである。そして常に「無限定としての無限者(infinitum)」を考慮して、諸々の概念形成の方法を無学者から示されているうちに、学者は「おお、難しい作業の驚くべき(miranda)容易さ(14)!」と言うと、それをうけての発言の中で無学者は次のように言う。

〔私のような無学の者が〕あなたの精神の目を、神が自らをあなたに現すようにしたという驚くべき容易な方法で(mira facilitate modo)、讃美して眺めらるべき御者に向けて(ad intuendum ipsum)開き得たということに関して、神は讃えられよ(15)。

この intuendum とは、その数行後に書かれている「範型、正確、真理、尺度、正義、善すなわち一切の完全性(16)(exemplar, praecisio, veritas, mensura, iustitia, bonitas seu perfectio omnium)」であるから、右のように意訳したのである。

それゆえ、ニコラウス・クザーヌスにおいては、『知恵の愚者(素人)』を介して驚くべき方法で讃美の対象を知るに至ったということであり、哲学の起源は無学者が持っていた讃美のパトスであり、学者もこの讃美《アドミラティオ》を経験して本式の哲学を始め、その終局は容易な驚くべき方法でその讃美の対象を知ることの讃美なのである。こうして哲学の起源は、人の思いとしては讃美なのであり、そこへの方法としては日常の中での驚嘆《ミラティオ》(miratio)が初期の段階で対応するのである。

語の対象は何か

ニコラウス・クザーヌスの名著の一つに『隠れたる神についての対話(Dialogus de Deo Abscondito)』がある。そのまたよく知られた対話として、異教徒とキリスト教徒の神についての問答がある。

異教徒「私の見るところ、あなたはいとも敬虔に身を投げ出し、愛の涙を、それも決していつわりではなく、心からの涙を流している。私はお尋ねしたいが、あなたは何者なのですか」
キリスト教徒「私はキリスト教徒です」
異教徒「あなたは何に祈っている(adoras)のですか」
キリスト教徒「神に」
異教徒「あなたの祈っている神とは誰ですか」
キリスト教徒「私は知りません[17]」

この問答の意味するところは何であろうか。まず、「あなたの祈っている神とは誰ですか」という問いに対する、「私は知りません(ignoro)」という答えは意味深い。それは神の称号としての創造主、父、万軍の主などはたくさん知っていても、モーセ以来「汝の神の名は」と問われると、知らないと言う他なく、神に問えば、「ハヤト(hayath)」という答えが返ってきたが、それも名ではなく自らの在り方に対する神自らの称号なのではないか。それにも拘わらず神は、「知られざる神」なのではなく、在ることも、することも、守ることも知られているが、名が知られていないのである。その本質は理解できても、その実体は知られないのであり、その「何」は理解でき、その「力」を知ることはできても、その「誰」であるかは知られていない。

ということは、語(nomen, terminus, verbum など)は、一般にいずれも対象を意味として持っている。すなわち、語は一般概念として知られるのであるが、ある語、たとえば神(deus)のような語は、その意味は対象として知られているが、それが誰であるか、何者であるかは理解の彼岸にあって、つまりは神秘的存在なのである。こういう存在を超えた者に対しては、人は語るだけの祈り、すなわちオラティオ(oratio)だけでは足りない。上の引用に adoras とあるようにアドラティオ(adoratio)に、すなわちそれとして固定的に指示することのできない者に何とかして心で目あてになる方向(ad)を定めて祈り(oratio)を捧げる「礼拝(adoratio)」に身を高めなくてはならない。ちょうどそれは、認識の方法という人為的なものに対する感嘆のパトスが驚嘆《ミラティオ》であるのに反し、神秘的認識の対象に対する鑽仰のパトスが讃美《アドミラティオ》であるという絶対的差異があるのに似て、此岸的なものと彼岸的なものの高度差として、オラティオとアドラティオの格差を明示する。

祈り《オラティオ》には、人に対する語りと神に対する祈りとの両義があるが、いずれも語の組み立てで可能であるが、神に対してそれを、一切の存在者のうえに絶対的に卓越する神秘(mysterium)として敬虔に礼拝するときの祈りはアドラティオとして、オラティオ(oratio)の口《くち》(os)の動きに何かが加わり(ad)[18]、身を投げ出す献身的分有・一致(participatio)や「心から湧き流れる感涙(lacrimatio cordialis)」をも含んだ全身的行為であることを忘れてはならない。

認識様態

ニコラウス・クザーヌスは語は対象を持つと言うが、語の対象は常に真であるのか。換言すれば、語が認識様態(modus cognoscendi)を示すとして、それは存在様態(modus essendi)と一致するのか。この問いに最も明瞭に、しかも彼の最後的な思惟が簡潔に述べられているのは、『要約(Compendium)』である。この本が一四八八年にシュトラスブルクで刊行されて以後、一五六五年にかけてミラノ、パリ、バーゼルと計四度印刷されているにも拘わらず、手写本は二つしか完本が伝わっていないということから、あまり大事にされなかった著書ではないかとされてきた。あるいはまた偽書の可能性があるのではないかと取り沙汰されたこともあったと聞くが、最近はその内容から見て、特に神概念において最晩年、すなわち一四六四年の著『観想の最高段階について』と同じ新しさがあるため、同じ年つまり彼の死の年に完成した書だと思われるようになった。その重要な書物において、彼はまず一切の認識の様態は、それが成立する前にあった存在様態(priorem essendi modum)を、単に意味する(significant)に過ぎないと言い、「それゆえ、この認識の側には事象自体はなく、ここにあるのはその表象、種、記号だけである」[19]。「それゆえ、われわれは、あらゆる認識に先立って、存在するところのものを一瞥する精神的視力を持ってはいる」[20]。「それだからと言って、このように見たところのものを認識において再び見ようと騒ぎ立てても、疲れ切るだけだ」[21]。それゆえ、認識様態の方向で尖鋭化を企てても事象から遠のくばかりであるから、むしろ事象の側に、事象の父(pater rerum)である神の方に精神の視力(visus mentis)を溯及させることはできないであろうか。

少なくとも、事物が認識に入ってくると記号(signa)の中にとらえられる。それゆえ、事物の存在はこのようにして言述ないし述定(oratio)の規整するところとなる。「言述はこうして事物の表示、すなわち定義である」[22]。これで明らかなように、概念(conceptus)はそれ自体いかに精妙で、思考の原理に見えようとも、それに先立つ言述《オラティオ》、すなわち定義がなければ成り立ちはしない。オラティオとはプロポジティオ(propositio)、すなわち命題《センテンティア》なのであり、これなしには概念はない。ということは、従来の論理学のように、概念、命題(判断)、推理の順序に思考が進むというよりも、まず命題すなわち判断がなくては、その命題に使われている要素概念より高級な概念、つまり本来知りたい最高概念の定義はないことになりはしないか。「それゆえ、一切の事物の形成者についての概念を精神の力によって相応しく作らなくてはならない[23]」が、「さまざまの指標記号でさまざまに示される[24]」のを、つまり多くの命題的知識を「言語の一つの終極に、一つの最高概念に秩序づけてまとめ上げるように[25]」しなければならない。それは何という概念であろうか。そのためには原理認識の種(species notitiae principii)について述べたこととも関わるが、原理《プリンキピウム》とはどう考えるべきかと言えば、「原理とは何ものもこれに先立ったり、これにまさる力を持つことのないものである[26]」。「自己と正確に同等のものを生む力のみが、それより大きいということを否定する。つまり最高の力とはそれ以上のもののあり得ないものである[27]」。「このものは自らのうちに一切を結合するのである[28]」。そこでニコラウス・クザーヌスは四つの終局指標[29](terminus)を列挙する。それらは「可能力、相等、一者、相似(posse, aequale, unum, simile)」であるが、最初の可能力(……することができるという能力)がなくては他の三つの根源的範疇も成立し得ないので、確かに「可能力はそれゆえ何ものもこれより力強いもの、すなわちこれより有能なものはあり得ず、またこれに先立つものはあり得ない、こうして確かに全能の原理である。(中略)かくてあなたは見る、可能力は存在と非存在の前に、行為と完成の前に、つまり存在と非存在の以前から、行為と完成の以前から、その他一切についてもそのようにそれら以前から具わるものとして考えられなければならない[30]」。「確かに精神の視力の対象は可能力以外の他の何ものでもない[31](Non est igitur objectum visus mentis aliud quam posse.)」。ここに使われた“Non . . aliud quam”という言い方が、いかにもクザーヌスらしい“Non aliud”との関連において、またさまざまに考えられよう。そしてまた、命題論の繋辞としても使われ、含意の不明な存在《エッセ》(esse)を超えた超越者(ἐπέκεινα τῆς οὐσίας＝実在の彼岸)としての神の名が、こうして可能力《ポッセ》(posse)として立てられるのである。

神論の展開

最晩年、まさしく死の年に書かれたと思われる『要約』においてポッセという神名に終着するまでのクザーヌスの神論の展開の跡を辿ることにしよう。この大筋を辿ることが、次項の重要な問題への必要不可欠な伏線を形成する。ここではその意味の限りで省察を録《しる》す。

まず、神は物体としての存在ではないから、感覚器官で知覚し得ないものとして「隠された存在」である。すなわち創造者は被造物のどこにも現れてはいない。従って神は、被造物に関わる語では語られ得ない。ということは、神を語るには被造物について妥当する論理では逆説に当たるような考え方、つまり神はかくかくである存在(esse)だと言表すれば、もうそれだけで限定されたものではあらぬ存在(non esse)だと言わざるを得ず、こうして「ある存在(esse)」と「あらぬ存在(non esse)」という反対者の同時的共存、つまり、「反対者の一致(coincidentia oppositorum)」を介して語られざるを得ない。このような神は定義できるのであろうか。

反対者の一致を介して語るとは、一つの言述《オラティオ》として命題を立てることに変わりはないが、その命題は肯定と否定とを合一させるものでなければならず、つまり否定神学(theologia negativa)による肯定であらねばならない。ということは、「神は神以外の他の何ものでもない(Deus est non aliud quam Deus)」という同一性的同語反復の、否定の否定による肯定を演出するところの"non aliud"を規定の形式の一部と考えることに他ならない。こうして、この語「他の何ものでもない(non aliud)」が意味するところは、肯定と否定とに、つまり措定と止揚とに優先している意味においてそれらの原理であり、それらの超越でもあるところのものに相応しいということになりはしないか。それゆえ、「他の何ものでもないものは、他の何ものでもないもの以外の他のもの」である。この命題理解は、ニコラウス・クザーヌス自らが三位一体の象徴のように思うほど深い真理なのである。従ってこの主語としての第一の「他の何ものでもないもの」は、「他の何ものでもないもの」という範疇的規定原理による正しい命題的把握として創造者の一切に先立つ力を表意する言述(oratio)の主語だということでもある。そうすれば、あのかつて考えた言述、すなわち「確かに精神の視力の対象は可能力以外の他の何ものでもない(Non est igitur objectum visus mentis aliud quam posse.)」という説明の施された命題は、驚くべき方法としての規定原理"non aliud (quam)"によって、讃美の対象としての神の能力である可能力という力を精神の対象として措定したことになる。こうして可能力は存在《エッセ》[32]と違って創造者そのものである。彼はそのことを「存在と非存在の以前から、行為と完成の以前から(ante esse et ante non esse, ante facere, ante fieri)」と言っていたことはすでに述べたとおりである。従って、「全能の神(Deus omnipotens)」としての「可能力」こそが「父」かつ「主」としての神の名ということになる[33]。

中世哲学の誘起するもの
——ニコラウス・クザーヌスの場合

以上の考察を経て、われわれはこれを「哲学の起源としての讃美《アドミラティオ》に関する問題」「神の名の問題」、そして「新しい体系的課題」の三つに分けて、中世哲学がニコラウス・クザーヌスという事例において、いかに哲学そのものの本質的課題を誘起しているかを明らかにしたい。

(一) 哲学の起源としての讃美《アドミラティオ》に関する問題

(a) ここで最初に明瞭に認めておきたいことは、哲学の起源は驚異《ミラティオ》ではなく、讃美《アドミラティオ》であることをニコラウス・クザーヌスは明瞭に書いているということである。そしてそのことはギリシア語のタウマ(θαῦμα)が偉大にして讃美されるべきものであって、タウマゾー(θαυμάζω)が驚きを表すエクプレーソー(ἐκπλήσσω)やアポレオー(ἀπορέω)などとは違って讃美するという意味であることにも関わっている。讃美するという行為の対象の極みは当然神である。すなわち神を讃美することから哲学が始まるのであるとすれば、確かに神学と哲学とに対象の差はないであろう。このことを考えると、神学と哲学とは学問として異なり、哲学は決して神的啓示(revelatio divina)を信頼する出発点とはしないということで神学とは一線を画するが、聖書というテクストを哲学的に問題にすることを積極的に試みるべきであろう。それはアポロンの神託をそのまま信ずることなく、知の諸領域の代表者においてその真偽を検証していったソクラテスの精神でもある。またすべての事象を哲学的解釈の対象にして、パレイゾン(Luigi Pareyson)、レヴィナス(Emmanuel Levinas)、ガーダマー(Hans-Georg Gadamer)、ベルリンガー(Rudolf Berlinger)、リクール(Paul Ricœur)、オリヴェッティ(Marco Maria Olivetti)、そして私などが聖書の哲学を試みることは哲学の新しい傾向となっているが、これは、ニコラウス・クザーヌスの讃美《アドミラティオ》によって、新たに励ましを得る企てなのである。

(b) 一般命題としての言語構造であるオラティオ(言述または述定)の対象が意味であって、いわば事物的限定の普遍的超越に至るのであるが、特殊命題としての言語構造である祈《アドラティオ》りの対象は超越論的超越(すなわち存在超越)なのであり、ここに言表の対象(objectum orationis)と精神の目の対象(objectum visus mentis)との差も見えるのである。

(c) 超越的対象に対する賞讃のパトスは讃美《アドミラティオ》であるが、そこからの認識方法に対する賞讃のパトスは驚嘆《ミラティオ》なのである。人のなすところの方法については祈《アドラティオ》りもなく讃美《アドミラティオ》もない。これら二つは超越者のためにとっておかれたものである。

(二) 神の名の問題

(d) ここでまず注目すべきことは、「我は知らざるゆえに祈る」の深い意味である。これはもとより、パウロが怪しんだ「知られざる神に」という献辞とは異なり、キリスト教徒として父なる神のことは知っていて、その神に対して祈っているのであるが、「汝の祈るところの神は誰か」と名を聞かれ、それは知らぬと言うのである。神の真の名は「他の何ものでもないもの(non aliud)」という規定的範疇によって、「全能の神(deus omnipotens)」の可能力とは何ものもそれより「能力のあるもの(potentius)」でもなく、それより「先なるもの(prius)」でもないものとして、「可能力以外の他の何ものでもないもの(non aliud quam posse)」、つまり可能力こそが肉の目ではなく精神の目が見る対象としての神の名になるのである。このようにして神名を哲学的に探索して、より真に近い神名を求め続けるべきであろう。

(e) 概念《コンセプトゥス》は言述《オラティオ》(oratio)の結果なのであるから、現象的存在の記述(descriptio)としての命題(propositio)という言述《オラティオ》は概念《コンセプトゥス》に先立つが、記述命題と言語形式は同じでも論理内容の異なる判断命題(裁定ないし決断命題)というユディキウム(judicium = 判断)としての命題である言述《オラティオ》もありはしないか。これは記述命題によって得た概念《コンセプトゥス》を前提としなければ成立しないのではないか。それともユディキウムとしての命題という言述《オラティオ》には祈禱《アドラティオ》的直観による理念把握が前提となるのであろうか。このような新しい問いも生じる。

(f) 人間が使い得る限りの言語であれば、必ず理解可能で交信可能であるということを「人間が理解しないところの言語はない」という文章でクザーヌスは言い表している。それゆえ、彼はセゴヴィアのヨハネス(Johannes von Segovia, 1395–1458)への書簡に「あらゆる可能性を捨ててはならない」と記すのである。[34]

(三) 新しい体系的課題

(g) クザーヌスが存在《エッセ》を体系の至高の地位から落とした理由は何であろうか。存在を超えるものがあるとすれば、それは単に存在するだけではなく、常に何ごとも可能であるところの全能の本質としての可能力であろう。またトマスにおいてはむしろアナロギアの統一的拡散のために好都合であった存在《エッセ》の意味論的二重性(すなわち「存在」と「繫辞」)の曖昧さも問題であったにちがいない。クザーヌスの問うた問い、すなわち存在以外の神名という考え方を神から離して、存在論(ontologia)以外の基本体系を構成しようとするとき、無の反対として「存在」ではなく、「有」すなわちエケイン(ἐχεῖν)を考える東洋的伝統を顧慮すれば、所有論(echontologia)の構想を企てることは必要な仕事である。それは participatio を介して西洋においても浸透し得るであろうから、普遍的体系となる可能性がある。クザーヌスの posse, facere そして fieri とする三位一体論に魅せられてこの点についての新しい神学を営むことも一つの課題となるにちがいない。

(h) クリバンスキーが『ニコラウス・クザーヌス以後の諸宗教のもとでの平和(Der Friede unter den Religionen nach Nikolaus von Kues)』においてコーヘンを引いて「ニコラウス・クザーヌスは、最初の近世的哲学者(der erste moderne Philosoph)である」としているのは、クザーヌスこそが諸宗教の対立抗争を何らかの形で収めようと考えたからなのである。大切な世界平和のために、その組織的な経綸の主体を十字軍に頼る教会におくのは中世的であり、職業軍人と国民皆兵制に頼る国家におくのは近代的であるとすれば、右の der erste moderne Philosoph の moderne をコーヘンの文章における字義どおりの「近世」ではなく、クリバンスキーが含意させた意味での「現代」と解することができる。そうすると、『信仰の平和(De pace fidei)』の中に録《しる》されたクザーヌスの「万物の創造主がこの世界で祝福された者として讃えられますように(35)」という言葉はそのまま、教会や国家ではなく、万物の創造主がこの世界のどこにおいても讃美されてほしいという願望である。これは教会や国家を介しての創造主との関わりを否定するものではないが、その世俗的権威の社会的制度の特殊性にこだわらずに、創造主そのものを讃美する態度である。それならば、少なくとも一神教の諸宗教や天を信ずる儒教にしても、また宗教という点では創造主を認めなくても、仏教そのものにしても生命としての自然を讃美する限りでは、新しい時代の世界を戦争や環境破壊に捲《ま》きこまないような生き方に向けて共に努力するだろう。クザーヌスはそういう思想を最初に持った人の一人であった。

中世の哲学者が誘起する現代への指標となるものは、このようにその数が多いばかりでなく、感動するばかりの深さと真剣さがある。本研究はそのことについての一例を示すものである。

終章　中世哲学の解纜——中世哲学における距離のパトス

一　現実と傾斜

哲学の重要課題としての傾斜

哲学の目標と人間理性の距離が中世哲学におけるほど、遥かで踰《こ》えがたく思われる場合があるであろうか。その目標は水平線の彼方に立っているのではないから、何世代歩み続けても到達することはできないし、それは垂直に高く超越する「神」と呼ばれているから、人間の知性のいかなる飛翔も及び得ない高さの彼方に輝いている。否、哲学自体も中世に至るまではその主体が地に立ち、天を仰ぐものと考えられていたが、中世においては罪の観念により、真理へのあこがれを持つ者も、この汚辱から浄化されねばならない条件にあると言うのであれば、この隔たりは何らかの神的恩寵が考えられぬなら、人間的知性の限りでは、絶望に近いと言わざるを得ない。しかし、どの時代の哲学よりも激しい情熱をもって右に述べられた地から天への隔たりの長さを越えて、単純に言えばその二倍にわたるほども遥かな罪のうめきの地下からおのれの浄化を果たしつつ、天上の光をあこがれると言うのであれば、「超越」が最も望まれつつ、最も至難であるのが中世哲学のパノラマであると言わねばならぬ。

人は祈りによって賜る恩寵により、もがき苦しみつつも慰め励まされ、まずは地上に引き上げられる希望を持つことは許されよう。しかし、ここから始まる哲学の道と言っても中世哲学の教えるところでは、その目標としての神に、プラトンの言うように、翼を持った馬を駆って飛躍したとて及ぶものではあるまい。天にも及ぶヤコブの梯子は、天使しか登り下りすることはできない。天に向かって人が匍《は》ってでも登れる何らかの傾斜面があれば、われわれのような哲学者でも天に至る可能性は残されるかもしれない。

プラトンは、魂が肉体を離れて自己自身に帰るならば、すなわち純粋思惟という魂の肉体からの「逃亡（φύγη）」を反復すれば、つまりは死の演習としての哲学を反復すれば魂は、人間の死後、神と一致すると言うけれども、死後のことを我ら哲学者がそう簡単に認めるわけにはいかない。なぜならば魂の肉体から離れての自己還帰の経験、そのような魂の飛翔は、証明がなくて単なる主観的夢想かもしれないからである。何としてでも前述の「匍匐《ほふく》して」でも登る傾斜はないものか。このようにして、「傾斜」はある時期から私の哲学的思索にとって最重要問題の一つになっているのである。

この問題は、距離の断絶と傾斜との差である。私はプラトンのように飛ぶこともできず、天使ならぬ身はヤコブの梯子を夢想することさえ許されない。仮に貧しい信仰によってでも地上に立ち得たとして、天との断絶を仰ぎ見て、どのように哲学的な営みを考えればよいのであろうか。繰り返して言う、私にとってたとえ匍匐してでも天に至る「傾斜」はないものか、というのが青春の哲学的課題であった。

問題は、断絶と傾斜との比較から始めれば、読者にとってこの重要性が理解され易いのではないか。私にとって、周囲に断絶があるのと傾斜があるのとでは、それが水平面のことであってすら絶対的な差異なのである。例えば、「法」という字は、水で四囲を包まれた庭園にあって、放牧されている馬が逃げられない状況を表意している。つまり、庭の周りに馬の飛び越せる距離よりは広い幅の溝を掘ってそこに逃げられないように水を入れておく。そこから越えがたいノモスとしての法律を意味する字となった。すなわち、庭園の制限とその外部の自由とは価値が異なるが、その異なる価値の間には断絶があって傾斜はない。断絶のあるところはそこから逃亡するためには飛躍しかなく、飛躍が成功するのは断絶が小さい場合のみであるから、断絶を感じさせる断絶は私に絶望を強いるか、私を諦念に追い込むかのいずれかである。価値とわれわれの現実との間に傾斜があるということは、例えばどのような状況を考えればよいか。先の馬と同様の条件で私が庭に閉じ込められているとしても、泳いで対岸に渡り、その対岸の壁に少しでも傾斜があれば、それをよじ登って逃げる可能性がある。しかし、もしその溝が何らの傾斜をもたない高い絶壁であるとすれば、私は逃げることができず絶望に陥る。しかし、もしそこに何か少しでも傾斜面のある壁があるとすればどうであろうか。そこにはもとよりすべり落ちる危険もあるであろうが、飛躍の失敗による一瞬の墜落死の恐怖はない。つまり、傾斜には人間の努力の可能性が許されている。ただし人間は壁の高さに怯じ怖れ、空しく諦念の中に自己を馴らしてゆくのであろう。まさしくそれは四囲の条件に身を屈して過ごす虜囚の生である。法の原義の馬の状況である。「法」の字が表す状況は、それ以下への墜落はないかわりに、それ以上の向上のない拘束の状態、アウグスティヌスの言に依れば、sub lege, すなわち法(lex)の桎梏の下にある状況という奴隷的状況に過ぎない。

谷間としてのスコラ哲学

中世哲学を表すのに、しばしば一般にスコラ哲学という呼称が用いられていた。私はそれを間違った非歴史的な呼称であると思う。中世の一時期にスコラ(schola)、すなわち学院においていわゆるスコラ的方法で学問が営まれたが、それはむしろ一つの小さな部分に過ぎない。中世を四世紀から十四、五世紀までの約千年とすると、その間を教父哲学の時代(四世紀—七世紀)、スコラ哲学の時代(八世紀—十一世紀前半)、大学哲学の時代(十一世紀後半—十四世紀)、哲学の一般への普及とアカデミアの時代(十五世紀)というように分けるべきではないかと思う。今この分け方について詳しい理由を述べる暇はないけれども、周知のように、教父時代の終わる頃の八世紀に、主としてカール大帝(シャルルマーニュ)の文化運動を機に、学院《スコラ》が建てられ始め、宮廷の官吏養成や司教区の司祭養成、修道院の修道士養成などの目的に即し、七科の自由学芸が教育されていたのであるが、その中の弁証学《ディアレクティカ》は、上級になるとしばしば哲学であったし、それらの前提のもとに考えられた神学は、例えばカンタベリーのアンセルムスやペトルス・ロンバルドゥスの場合のように、極めて厳密な思弁哲学や論証方法論であった。しかし、それら哲学的思索は全体としてはむしろ前代の教父時代の方が盛んであったことは言うまでもない。

また、十一世紀後半に学院《スコラ》に対し、そこでは真理そのものの探求よりも在来の知識が教え授けられているだけではないか、と不満を抱く自由な精神がこれとは別に大学《ウニヴェルシタス》(universitas)を興し、そこに大挙して俊秀が集まるようになった。研究者たちの組合ないし団体(universitas)としての大学においても、真理の探求よりも知識の応用を求め学ぶ人びとが多かったであろうことは想像に難くないが、しかし、そこでは少なくとも新しい知識が求められ、真理への新たな探求が企てられていたことは確かである。それゆえ、パリ大学における学問精神の始まりを告げたとされるアベラールをはじめとして、アルベルトゥス・マグヌス、トマス・アクィナス、ボナヴェントゥラ、ロジャー・ベーコン、ドゥンス・スコトゥス、ウィリアム・オッカムたち中世哲学を代表する大学者たちが輩出したのも明らかに学院《スコラ》ではなくて、大学においてであったことは言うまでもない。

そうなるとまさしく、教父哲学の時代つまりスコラ哲学以前、および大学哲学の時代つまりスコラ哲学以後という二つの時期に中世哲学は大いに展開したということになる。その谷間にあたるスコラ哲学の時代は、グラープマンが跡づけたように、スコラ的方法が考えられた時期であり、これがどのような形で大学哲学の時代に活かされているかということは、スコラ哲学を哲学として一般的に低く見るということとは別の問題である。十四世紀後半以後は、それならば大学哲学ではなくなるのかという問いも出されるであろう。しかし、今は中世にのみ限定して語っているのだということをまず述べておき、しかもごく一般的な指摘をすれば、フィチーノ(Marsilio Ficino, 1433-99)やピコ・デラ・ミランドラ(Giovanni Pico della Mirandola, 1463-94)のようなルネサンス・ヒューマニズムを代表する十五世紀の哲学者は大学ではなく、別組織の学士院《アカデミア》を根城にしたのであり、十六世紀のエラスムス(Desiderius Erasmus, ca. 1466-1536)、十七世紀を代表する哲学者デカルト(René Descartes, 1596-1650)、ホッブズ(Thomas Hobbes, 1588-1679)、スピノザ(Baruch de Spinoza, 1632-77)、ロック(John Locke, 1632-1704)、ライプニッツ(Gottfried Wilhelm Leibniz, 1646-1716)、パスカル(Blaise Pascal, 1623-62)の七人とも大学教授ではなかったということは明らかにしておかなければならない。哲学が再び大学で育ち展開するようになるのは、前述の十五世紀以後の哲学者が神と人間の距離のパトスよりも人間自身の認識能力の解明にそのパトスの多くを注ぎ、その問題のみに主力を傾けた十八世紀後半のカント以後のことである。

これらの事情の説明は本書の問題ではない。しかしここに見られる限り、人間の現実がいかに神との距離のパトスにおいて矮小かつ微弱であり、人間の目標の一つとしての神への霊的還帰のために、前項で述べた飛躍や傾斜の問題が中世哲学の主要課題であったかを思い出すときに、いずれのスコラも七科の学をもって現実に役立てようとするのみであって、神との距離のパトスとしての傾斜を忘れていたことは否めない事実である。われわれはここで再び前項において問われた神への距離のパトスとしての傾斜について、それが教父時代以後の中世哲学の主要問題であったことを再認識し、谷間としてのスコラ哲学時代を抜かした形で中世哲学全体を顧みることにしたい。

形相（イデアとエイドス）

中世哲学を、人間の惨めな質料的拘束としての肉身から神の自由への霊魂の還帰をテーマとする教父哲学から始めるとすれば、われわれはその準備としてまずプラトンに触れなければならない。存在論的構成をするにあたって、プラトンは「飛ぶ」ことを選んだ。「そもそも、翼というものが本来持っている機能は、重いものを遥かな高み、神々の種族の棲まう方へと翔け上がらせ、連れ行くことにあり、肉体にまつわる数々のものの中でも翼こそは最も神にゆかりある性質を分け持っている[1]」。

この『パイドロス』の比喩は、プラトンの飛翔の好例である。イデアは垂直に高かったから、それに憧れる人間は、地の現実を離れて高く飛ぶしかなかった。多くの点でプラトンに比べると遥かに現実的であったアリストテレスも、すなわち形相《エイドス》を第二実体と言って、これを、第一実体たるシュノロン（σύνολον, synolon＝形相と質料の合成体）としてのこの世の個物に内在させたが、純粋形相としての神ということになると、諸天体の上にある垂直の絶対的距離の向こうに置いた。こうなると、そこへは飛ぶことさえ不可能である。遠くからの観想（θεωρία, theoria, contemplatio）として眺め思うほか、何もできない。

自らを傾斜そのものとしたキリスト

存在論的には、絶対的一者に対して絶対的断絶があるけれども、それが実存的に超えることのできない断絶にとどまらず、絶対者への宗教的な連続が或るとき可能になった。それはいつのことか。それはイエス・キリストの媒介による人類の救いの可能性の呈示の時であるが、それは理論的には断絶を埋める「傾斜の神的設定」なのである。『ヨハネ伝福音書』においてイエスは言う、「汝らは我《わ》が往《ゆ》くところに至る道を知る(2)」。トマスがイエスに言う、「主よ、何処《いずこ》にゆき給うかを知らず、いかでその道を知らんや(3)」と。イエス、彼に言い給う、「われは道なり、真理《まこと》なり、生命《いのち》なり(4)」と。

イエスはこう言って、自分が人びとの歩む「道(ἡ ὁδός, via)」であることを示し、現実からより高きものへの傾斜が道として存在することになったことを告げるのである。それは『創世記』二十八章十二節のヤコブの梯子のイメージとも対立する考え方である。そこでは次のように記されている。「時に彼夢みて、梯《はしだて》の地に立ちいて其巓《そのいただき》の天に達《いた》れるを見又《また》神の使者《つかい》の其《それ》にのぼりくだりするを見たり(5)」。梯《はしだて》、すなわち梯子が石に垂直に立っているということは、天使が昇降するだけの梯子であって、歩幅の小さい人間は飛ばなくては上の段に登れない梯子なのか、重みある人間が登ろうとすれば倒れる梯子なのである。これに反し、イエスは自らが人びとの「道」であると言ったのである。それは、その上を歩めば天の方向に、すなわち絶対的価値の方向に至り着くことのできる坂道としての傾斜なのである。今や人間の前には断絶ではなく、キリストによって天への傾斜が生じたのである。それゆえイエスは「飛ぶ」という動詞は使わず、「歩む(6)」を用いる。教父たちはそのことに敏感であった。彼らは存在論的にはプラトンのイデアの離在を継承したが、実存論的にはイエスを継承し、坂としての道の傾斜を確保する。そのことを少し詳しく見てみよう。そのためには何をテーマとして見ればよいか。断絶と傾斜とが問題となるのは、憧憬か強制かによって一つの決断が迫られる時である。決断とは一つの行為を選択することに他ならない。それゆえ、選択《プロアイレシス》を考えよう。

古典的選択

選択が自己のとるべき手段の選択であり、その手段選択によって自己の道徳的意味づけが定まるということの限りでは、プラトンもアリストテレスも差異はない。従って、その点について、より明確に述べているアリストテレスの選択《プロアイレシス》についての考えを辿ることにしよう。

アリストテレスは行為の三段論法を述べるに際して、次の三つの重要な事項を指摘している。

(一) 行為の目的は自明的であり、それは大前提において定立される。例えば、医者は患者を治すという目的を自明的に立てているし、商人は利益を得ようという目的を自明的なものとして立てている。

(二) 行為の倫理的質は、それゆえ目的の如何ではなく、目的を実現させる手段選択によって決定される。それは小前提を場とする。

(三) 手段選択の基準は、ライスタ・カイ・カリスタ(ῥᾷστα καὶ κάλλιστα)すなわち「最も容易に」目的を実現するという手段の効果性とそれが「最も立派で」あるという倫理的価値認定であり、手段としての実行性は手段の妥当性として当然であるが、大切なことは、手段を選択するに際して、最も立派な手段を選ばなければならないということである。換言すれば、選択によって何が生起するのかと言えば、まず、(a)自明的な目的に適した手段が選ばれ、それによって、(b)行為の倫理的形相が決定され、そして(c)行為者の倫理性が問われるのである。

このような選択の論は、古典ギリシア哲学の道徳的省察の集大成をも兼ねた独特の成果である。ここでは一つ一つの行為のたびごとに、そのつど手段が具体的に選ばれなければならない。そしてそれがそのつど倫理的価値を示す普遍概念としての徳のエイドスに合致しているか否かが問われるのであるから、そのような形で、決断としての選択にはイデアへの精神の飛翔が企てられているかと思われる。これは断絶の倫理である。キリストによって道の傾斜を得た教父たちは、これ、すなわち飛翔の倫理とは異なることを考えた。それはどのような考えであるか。

選択対象の転換

手段を選択するということは、換言すれば「いかに行為すべきであるか」を考えることである。そして初期のキリスト教徒にとっては、すなわち教父たちにとっては、この問いはもはや問題にはならなかった。なぜならば、一切を愛をもって行うならば善いとイエスは教えたからである。それは、律法学者がイエスに「師よ、律法《おきて》のうちいずれの誡命《いましめ》か大《おお》いなる」と尋ねたときのイエスの答えが、有名な「なんじ、心を尽くし、精神を尽くし、思いを尽くして、主なる汝の神を愛すべし。これ大《おお》いにして第一の誡命《いましめ》なり。第二もまたこれに等し、おのれのごとく汝の隣《となり》を愛すべし。律法《おきて》全体と預言者とはこの二つの誡命《いましめ》によるなり(7)」であったことからも顕著であろう。これは、一にも二にも愛こそが行為の掟なのであり、従って愛をもって行為を行えばそれが善いことなのである。為すべき行為は愛の行為でなければならない。それはすなわち、手段は愛であるということになる。

アレクサンドリアのクレメンス(Clemens Alexandrinus, ca. 150–ca. 215)は、それゆえ、「富もまた道具であり、それを正しく使うこともできる(8)」と述べ、この世の一切のものはいわば心の道具に過ぎず、従って隣人愛によってあらゆる手段は聖化されるということを暗示している。それゆえ、選択の自由の対象は目的に対する手段に関わりはしない。手段は人が愛をもってさえいれば、自ずから定まるであろうし、聖化されるはずである。選択の自由の問題は、このようにして手段についてではなく、むしろ行為の目的の場面にあると言わざるを得ない。「人は隣人愛をもって何を存在の領域にもたらすべきであるか」、「人は神への愛をもって何を存在の領域にもたらすべきであるか」という新しい問いが選択の問題となる。すなわち、選択は手段にではなく、目的に関わることになった。確かにキリスト教徒においては、目的は単純に願望によって見境もなく自然的に立てられてはならないものであった。このようにして選択《プロアイレシス》の次元は、古典ギリシア哲学におけるように、行為的主体の手段選択という事象産出過程の態度決定にあるのではなく、行為の終局にまで、つまりその結果としての客観的存在者にまで及ぶことになる、否、本質的にはそのような所産的事象にのみ関わるのである。

事象の産出

ニュッサのグレゴリオス（Gregorius Nyssenus〈Grēgorios Nyssa〉, ca. 335–ca. 395）はこの伝統に立脚していて、知性的な神秘主義の名著と言われる『モーセの生涯』において、選択に関して注目すべき考察を果たしている。彼は言う、「万有は変化し、もとの自己と等しいままのものはなく、絶えずある状態から他の状態に生成変化が行われ、しかもこれはより善い状態に向かうか、より悪い状態に向かうかのいずれかなのである」[9]。確かに、われわれも決して常に同一の状態にいるわけではなく、われわれが自ら経験によって明らかに知るとおり、現在のわれわれからさらに新しい事態が生じる。従って、象徴的に言うならば、「われわれはみな何らかの意味で、それら刻々と生じる新事態の父である」[10]。これらわれわれの子ども、すなわちわれわれが生み出す新しい事態とは、「われわれの個人的な選択に基づいて生じたものである」[11]。すなわち、選択によって生じるものは、自己の徳の変化であるよりも事態の変化であり、それがいかに小さくとも世界の変革なのである。選択はそれゆえ手段の選択なのではなく、行為の結果何が生起するかを問う心的態度であって、存在者としてそこに呼び出されるところのものに対して責めを持つ。選択はそれゆえここでは道徳の課題であるよりも、まず歴史の課題とならなくてはならない。そして、この新しく生じたものによって、世界の歴史の状態が変わるからである。しかもこの変わるということは、前にも触れたように、世界がその状態を、その変化によって、いくらかでも善くなるか悪くなるかが決定されてくるという道徳上の価値論的省察が必然的に導出されるが、こうしてわれわれはより善き、より高き生に歩み着く可能性を持つのであるが、しかしこのことは同時に、より悪しき世界への降落の可能性を意味する。ここに自己を中心とする傾斜が意識されている。このようにして、グレゴリオスにおいては、歴史と道徳の一致が選択《プロアイレシス》を軸とした傾斜において可能となり、人生自体がキリストのととのえた傾斜としての緊張の中に歴史として位置づけられる。この傾斜は、人生を「歩む」という語を自然に使わせる。ヨアンネス・クリュソストモス(Ioannes Chrysostomos, 340/350–407)にもその語は使われている。

歴史の形成

飛ぶところには、回帰はあるが歴史はない。断絶を飛び越すときその足跡は刻まれないからである。傾斜を歩むとき、その足跡は傾斜面の上に刻まれる。ギリシア教父において意識された個人的実存の歴史とはまた違った意味で、傾斜を歩むイメージはラテン教父の中にも独特の歴史を形成した。

イエスの告げた「我は道なり」という語の力は、アウグスティヌスにおいても「我に従え」という教えそのものが、キリストの道を歩むこととして理解された。彼は選択すなわち liber arbitrium を論ずるに際し、パウロの書簡を引いて、選択が歩くことであるという。パウロがその『ピリピ人への書』三章十五―十六節で、「汝等《なんじら》もし何事にても異なる思《おもい》を懐《いだ》き居《お》らば、神これをも示し給わん。ただ我等《われら》はその至れる所に随《したが》いて歩むべし」と言うのを、アウグスティヌスはすべて引用して、「まことにわれわれがすでに到達しているところに基づいて歩むことによって、われわれのまだ達していないところにまでも、いずれは到達し得るであろう[12]」と述べる。「われわれがすでに到達しているところ」とは、啓示に基づいた教義の歴史的進展の結果明らかとなった共通の理解の高さやそれによる徳の高さをも言う。すでにアウグスティヌスの時代には、奴隷制度はなくなりつつあった。それだけ愛の歴史は或る高さまで、われわれにとって、つまり複数一人称としての人間にとって、展開し得ていたのである。それゆえ、前述のギリシア教父における個人の選択《プロアイレシス》を軸とした世界歴史の傾斜は、今や世界歴史の傾斜において位置づけられる個人の選択(liber arbitrium)という形で、一種の逆転した姿で見直されてくる。換言すれば、ギリシア教父における傾斜が、個的実存を絶望に陥れる断絶ではないところの道の傾斜の開拓の可能性、すなわち個人的な選択が少しずつ開拓するところのもの、すなわち上り斜面か下り斜面かの決定者ともなるべき、産出されるべき個別的事態を目標としたのに対し、ラテン教父にとっては、そのような個的な選択の統合(integrate)された人類の全体傾斜の中で見直された個人的選択の問題である。このように考えるならば、遥か後代にデカルトを嗤《わら》ったガッサンディ(Pierre Gassendi, 1592–1655)の言ったこと、すなわち「我歩む、ゆえに我あり(Amblo ergo sum.)」こそはまさしく事実なのである。それゆえアウグスティヌスは、本書ですでに述べたように、『詩篇註解』において、「歩まず」、「立たず」、「座らず」という動詞にことさら注目して誘惑の兆しも歩むことに始まることを告げている。まさしく、いかに歩むかがいかに実存するかであり、「歩み」こそは個的人間の「存在《エッセ》」になるのである。

しかし世界歴史の傾斜面を展望すれば、そこにはさまざまの栄枯盛衰があるので、その限りでは、多くの事物も歴史的存在として勢いや力の波長があり、それをアウグスティヌスは、聖書に倣って「朝と夕とが作られている(Et mane quippe in eis factum est et vespera.)」というのである。ここに完全現実態《エンテレケイア》(ἐντελέχεια)を頂点とする古代の生物学的傾斜線とは異なった劇的変化の複雑な傾斜線が、例外的な偶然的なものとしてではなく、必然の事実として意識されている。

そのとき、例えば衰えたものも生じ栄えたものも生じるが、その衰えたものへの憐れみの愛が常に善いのか、栄えるものへの讃美の愛が常に善いのか、すなわち愛と言っても、善い愛と悪しき愛(boni amores et mali amores)とがあって、それぞれによって善い行為の集積、つまり善い風習《モレス》(mores)と悪い風習が生じることを忘れてはならない。そしてこのことはまた、初期キリスト教徒およびギリシア教父のこの点における楽天主義(optimismus)、すなわち、愛が手段としてありさえすれば、それで行為は善になる、という考え方の欠点をつくことになる。

このようにして異なった風習が生ずるにつれて、それへの異なった対処の仕方やそのための、または純粋に知るための、それらの風習の記述が必要になるので、従ってここに歴史記述が要請されてくる。それはすでにアウグスティヌスその人から始まっていたが、オロシウス(Paulus Orosius, ?–ca. 418)以降の人びとの歴史文書や年代記の、またそのための学問の時代が始まるのである。それは記録の集成となる。

歴史の傾斜

記録の集成と共に、その内容の一致や相違が問題となる。つまり、事実についての記述の差ではなく、記述された事実の説明の差が問われる。それは帰するところ、考察の差に他ならない。換言すれば、そこで問われるのは現実そのものの傾斜なのではなく、現実としての傾斜に対する考察が事実に適合しているか否かの問題なのである。そこには、考察の生命が言語に依っている以上、現実としての傾斜に対する言語の一致不一致の問題が生じていることを知らねばならない。すなわち、存在論的傾斜に対する言語の一致不一致が問われているのである。そこでは言語が現実のように傾斜して悪を述べていれば真正なのであり、現実とは異なって真正を述べていれば、その言語は誤謬に傾斜していることになる。すなわち、ある人にとって悪への傾斜がモレスと化していた場合、歴史的記述としてはその人の悪への傾斜に即した言語が現象しなくてはならず、そこに何らかの配慮によって、悪への傾斜的降落とは違った言語的記述がなされるとすれば、たとえそれが言語すなわち思索の現れとして真正であっても、言語すなわち記述の現れとしては誤謬に傾斜していることになる。ここにはじめて、傾斜は道としての救済論的可能性とは異なって、道の歩み方、否、道への態度決定としての生《せい》の傾斜、すなわちあのキリストそのものである傾斜を上に歩む成果、つまり上への傾向としての善い風習(boni mores)と、それを歩まず、下への傾向としての悪い風習(mali mores)が明瞭に区別される。そしてそれと共に、そのことを記述する言語が記述として正しいか否かという言語的傾斜の問題が生じる。このようにして、救済のための存在論的可能性としての道の本質と考えられた「傾斜」という概念は、認識論的に見直されたときには、真正に対する逸《そ》れとしての傾斜、真正に対する逸脱という一種の否定的概念に化する他ないのである。

こうして、アウグスティヌスにおいては、残存していた存在論的傾斜の救済論的概念が、その歴史哲学から「従来の歴史書や年代記の記録すべてを調べ、戦争の重圧や病気から来る滅び、飢餓の悲惨、(中略)尊族殺害や恥ずべき行為による悲惨に至るまで、過去の時代に溯って研究[13]」して、キリスト教の知られていなかった時代の惨状を記述したオロシウスの歴史学に移行するにつれて、言語の不的確という負の概念に化してゆく。というのも、自ら勤勉な研究者であっても、想像力の鈍い人間であると自覚するアウグスティヌスは、明らかな事実以外は言語化しないという態度を守り続け、悪や惨劇をそのままに告げ、知り得ないところや理解し得ないところは欠落を敢えて辞さないのであった。それゆえ、第三ポエニー戦役の原因はわからないと述べていて、ここにみられるのは年代記作成者の精神である[14]。

このように「年代記」史家が滅びに傾斜した事実のみを書かざるを得ないとき、それがいかにこの世の現実としても、それに即した記述をすれば、必然的にその言語記述はすべて滅びに傾斜せざるを得ない。それゆえそれに対する反動のようにして、言語の滅びへの傾斜をキリストの用意した道としての救いへの傾斜に変換するために、すなわち零度よりも地獄の方向に傾きを示す傾斜を、逆に零度よりも天の方向に傾きを示す上への傾斜に転換するため、ここに言語の自己浄化としての聖人伝(hagiographia)が出現することになった。その緒《いとぐち》を成すものは、すでに四世紀のセウェルス(Sulpicius Severus, 360–420)の手になる『聖マルティヌス伝(Vita Sancti Martini)』であるというのは大方の考えであるが、これは手法としては古典ギリシアの英雄や賢人の像をもってカトー(Marcus Porcius Cato Censorius, 234–149 B.C.)を飾ろうとする古典ローマの文人キケロ(Marcus Tullius Cicero, 106–43 B.C.)の踏襲に過ぎず、キリスト教の聖人を主として古典ギリシアのカテゴリーで語ろうとしたものに過ぎない。それは、決して中世的とは言えない。これに反して、九世紀の『カール大帝伝(Vita Caroli Magni)』はエインハルドゥス(Einhard〈Einhardus〉, ca. 770–840)によって書かれ、そこでは他人の悪意に対する王の側の忍耐強い歩みが、そのままキリストに従うこと、すなわちキリストが示した傾斜としての道を歩むこととして讃えられていると見ることができる。

このようにして、世界は確かに地より天に向かう一つの大きな傾斜として見られるとき、それは何に対しての傾斜なのであろうか。スコラ学の時期の偉大な神秘主義者に関して問題となった世界直観(visio mundi)か、世界原型の直観(visio mundi archetypi)かの規定はともかくとして、世界の傾斜は不動の神の創造原型に対しての傾斜であるとしか言えないであろう。そしてこの時期の歴史的記述は、いずれも自己が傾斜であることを自覚していない。スコラ学の一つの特色は、この傾斜意識の欠如である。

言語の傾斜

われわれが提出した「傾斜」という概念は、教父時代の哲学がギリシア古典哲学と異なるものであることを如実に示すものであった。教父時代が終末に近づくとともに、存在論的、救済論的性格を失い、事実への言語の合致か否かという認識における逸脱に変わるということが述べられ、そこにスコラ学時代の歴史学が成立したのである。ここにはまことに奇妙な逆説が成り立つ。というのは、人間の為す事実はしばしば悪であり、完全ではないから、それを正確に記述する言語は悪を語り、不完全を語るが、それこそ良い言語として真正であり、従って悪の語られる悪しき言語が真実であり、真正なのである。それは言語そのものの持つ悲劇的宿命なのであろうか。およそ真理が事実と合致する言語であると見られる限り、自然の記述は、自然の一切がはかないものである以上、はかないものであり、歴史の記述は、歴史が悪に汚されている以上、汚れたものであり、真理はこのようにして、はかなく、汚れた言語ということになりはしないか。それを象徴するかのようにして、バンベルク写本(Bamberg Q. VI. 30)には次のような文章がある。「雄弁そのものは論理学と言われているものと同じである(Eloquentia ipsa eadem est, que dicitur loyca.)」。このラテン文中の斜体で表記した語は言うまでもなくquaeおよびlogicaが正しいのである。しかし、もし発音されているとおりに書かれるべきであるとすれば、queとloycaと書かれなくてはならなかった地域は多かった。従って、文字が言語の現実の発音を記述するのである以上は、本来の正しい字とは異なって、音声に傾斜した表音性を持たざるを得ず、それゆえ、誤字が真実であるということになる。ここで文字は、先ほどまでの考察における言語の象徴であり、発音の状況は歴史的事実の象徴と見ることができよう。

そして、実際に雄弁が論理学と同じであるとすれば、それこそ現実の語りが思考の方法そのものなのであるから、そこには「声(vox)」と「概念(conceptus)」の区別もなく、およそ権威の語る歴史的な語であれば、すなわち真理となるはずである。権威の伝統の言表が歴史の課題となるとき、そしてその当の言表が論理そのものであると見られる限り、すでにそこには権威的言表としての言語に対しては思考の無力が認められており、原理的には権威の発言の矛盾対立に面すれば、いたずらに狼狽するか、好悪に依るしか態度を示し得ない状態であった。そこには、聖書が神の言語であり、従って論理であり、人類の歴史であるという形での、言語・論理・歴史の三位一体が無条件に拡大されて、人間の立場からする人間の世界の考察にも妥当するかのように思う空気がある。そこには、論理の宗教的傾斜が無意識のうちに生起している。歴史の記述を求めた結果としての言語の傾斜は、このようにして一つのカオスに陥った。歴史はモレスを知ろうとする。それならば、求められるべき真理とは果たして何なのであろうか。それはモレスの事実ありのままの記述的真理なのであろうか。その考えがカオスに陥った今、われわれは考え直してみなくてはならない。

言語的傾斜の是正

歴史学の対象としての生き方や習俗であるところのモレスについて、アベラールは次のように言う。「モレスとわれわれが言うのは、われわれを悪業や善業に傾けさせるところの精神の悪徳や徳のことである」[15]。すなわち、モレスとは徳と悪徳との綾なす人間の精神的次元である。それはしかし、全体としてわれわれを善業や悪業に傾けさせるものとして、われわれが提出してきた概念「傾斜」に関係する形容詞pronus(傾きの)を作用の説明として喚起している。われわれはそれゆえ、傾斜をその名詞形プロヌム(pronum)と呼べば、みごとにラテン語で言い当てることになるであろう。プロヌムは具体名詞としては「坂」である。そして、これこそ教父時代にニュッサのグレゴリオスの「選択」を考えた際に、われわれが暗示したイメージであった。人生は大きな坂なのであり、その坂での喘ぎの現実を知ることによってのほかは、この坂を登りつめた頂《いただき》に輝く神を知ることにはならない。そのことはアベラールの言葉では「すなわち、被造物――人間のモス(mos)によって神を語ることになる」のであるから、モス(モレスの単数形)すなわち傾斜そのものが神を語るための場なのである。ということは、傾斜としての歴史は決して学問の目的ではなく、神を思うための階段に過ぎないのである。

そのことは、哲学においては、哲学史をどのように見るかということにつながる。アベラールは、「pronus（傾きの）」という語を使ったすぐ後に、負への傾きをpravusと言っているように、哲学上の過去の文献の中にはいかに権威に出ずるとしても、「上への傾斜《プラヴィタス》（pravitas）」に有意義なものと「下への傾斜《プラヴィタス》」に属するものとがあるはずである。こうして彼の『肯定と否定（Sic et non）』において「相互に異なるのみならず、ときには反立する聖人たちの言辞」がある場合に、いかにすべきかを次のように述べて、哲学史上の言語的傾斜の是正を試みている。詳しいことは別の論文において論じたことがあるので、[16]ここでは列挙するにとどめたい。

（一）書物（scriptura）の損傷や写し違いがないか否かを調べてみる。（二）再論（retractatus）の際に、著者自らの考え方を述べて学説を少しずつ改めていることはないか。（三）当時、主題に関し、禁止令が出ているか否かというような外的、社会的事情を調べる。（四）単語や文章が多義性を持つことに思いを致して意味論的周縁まで一致点を探索してみる。以上の四つの文献操作を試みたうえで、なお一致が求められない場合、（五）両命題を比較して論理的に強い方を採る。それでも双方の主張は合わず、しかも論理的妥当性についてみても同一である場合は、どのようにすべきであるか。預言者や使徒のような権威でさえ、人間として誤謬からまぬかれることはないと考え、（六）自分の理性の限りを尽くして思索することが必要である。

このようにすることにより、同一問題に対する哲学史上の言論の対立というプラヴィタスとしてのプロヌムには、観念的に解決の道は開かれており、そのことは真理そのものへの論理的階段が坂としての傾斜につけられ、問いによってその階段を幾つ上ればよいかは異なるが、それにより真理への道が開かれているのである。すなわち、このようにして真理そのものの同一性に合わない差異性と反立性とは、それらが逸脱《プラヴィタス》としての傾斜であるとして、坂《プロヌム》としての傾斜の上りの方向に是正されてゆくのである。それは理性の場の構築であると言うべきであろう。それこそが、前代のスコラ学時代の歴史学とは異なる学問、すなわち「歴史学と共にキリスト教的神学の目[17]」と言われる哲学を再興した大学の人アベラールの画期的業績である。

場の傾斜

アベラールが理性のための場を一つの上方への傾斜として設定し得たのは何故《なにゆえ》であろうか。アベラールは傾斜を設定したのではなく、上りがたい傾斜に石段を設定したに過ぎない。歴史の対象としてのモス（mos）がすでにして傾斜であったことを想起しなくてはならないであろう。

それでは何故《なにゆえ》、歴史は傾斜なのであるかと問うてみなくてはならない。そこには、「我は道なり」という、すでに述べたあのイエスの語を再び引用してはならない。あの「道」としての傾斜は、神学的な啓示として、プラトン－アリストテレス的断絶に対して与えられたものであり、教父たちがそれをよすがに、傾斜の倫理学と歴史哲学を展開したのであった。今、われわれの問うのは、その傾斜が何故《なにゆえ》歴史として、モスとしてあるのかということである。いわば、世界が何故《なにゆえ》傾斜であるかということである。

ヘイルズのアレクサンデルは、神の遍在の秘密を問うて、それは神があらゆる場所にいることではなく、あらゆる場所が神をとらえようとして神のもとにあると言っている[18]。神は場所でとらえられるような物体的な存在ではないから、神の遍在とは、むしろすべての場所が神をとらえようとして自己を神の方に向かって伸ばしているという形而上学的上昇傾斜の風景を成している。すなわち、キリストが「我は道である」と言ったのはこの世のすべての場所が神へと向かう傾斜風景を成していることの確認を示したということなのである。しかし、たとえすべての場所がそのように神に向かった傾斜であるとしても、そして人がそれを道として辿るにしても、傾斜の頂点から人は神のもとに行けるものなのか否かはまだわからない。神がわれわれを拒めば歩みは空しい。

神の傾斜

アレクサンデルは『詩篇』百三十九篇の解釈を通して神的傾斜を語る。それも前掲の論文で私は述べたことがあるから、結論を引くにとどめるが、その『詩篇』は神の遍在を歌い、神が「天」と「海の果て」と「地の底」という三つの場所にいると告げている。それぞれの場所は神に向けて傾斜し、神はその見えざる手を伸ばすに違いない。しかし、神が拒めばそれも空しい。アレクサンデルはこの三つの場所に神がいるとは、場所が神のもとに傾斜しているだけではなく、神がまた場所に向かって手を差し伸べているのであるということを、以下のように言う。すなわち、神は三つの存在の在り方、つまり神は「本質的に(essentialiter)」、「可能的に(potentialiter)」、「現前的に(praesentaliter)」存在するのである。天において神は本質的にあり、海において神は力(vitrus)として可能的にあり、地獄に神はいないと言われるが、地獄があるということで神は営み(operatio)としてそこにも現前的に在るとしなくてはならず、このように神の存在があらゆる場所に下に向けて傾斜していることを忘れてはならない。これは恵みの傾斜である。

人の傾斜

神すらも傾斜を持つ。この世のものは神を求め、神に倣うのである以上、存在者はすべて傾斜を持つのではないか。われわれは今まで場所の傾斜を考え、傾斜を坂としてのみ考えてきたが、神の傾斜を介して今や傾斜は存在の傾斜として考えられなくてはならないところに至った。

そのように考えてみると、われわれの術語「傾斜」を用いれば、たしかに存在者は傾斜を持つというのが、アリストテレスの生物学的考えであったことになる。すべての生物は「生誕《ゲネシス》」に始まり、「可能態《デュナミス》」「現実態《エネルゲイア》」に進展し、「完全現実態《エンテレケイア》としての盛期《アクメー》(ἀκμή)」に達して以後は、やがて「消滅《プトラ》(φθορά)」に帰する。それは山形を成す傾斜線を内含する。

しかし「消滅《プトラ》」は、直ちに「死《タナトス》」であろうか。このように考えてみるとき、トマス・アクィナスが『アリストテレス形而上学註解』第七巻講義五で述べていることは、極めて大きな問いを提出すると言わねばならない。彼は次のように言う、「人は死すべき動物ではあるが、人(homo)の人間性(humanitas)は、全体としては、人間と全く同じではない。なぜならば、人間性という概念は、ただ人間の本質的原理だけを取り入れるのであって、個人の生に入ってくるところのあらゆる付加的なるもの、偶然的なるものを排除しているからである。それゆえ、人間性とは人がそれによって人であるところのものである。ゆえに、人間は全体を意味するが、人間性は部分しか意味しない」。

これは重大な問題を内包する文章である。偶然的なるものや付加的なものの中における決断こそが、その人間をその個人として成長させるものである。そこには、動物としての人間が人間性として普遍的に辿る傾斜線、換言すれば、人間が人間という動物として辿る、動物としての一般的傾斜線の他に、また人間という種として辿る種的傾斜線の他に、人間は個性の総体として、それら一般的傾斜線から断絶した自己の実存的傾斜があって、それを個々の人間が創造してゆかなくてはならない。その場が、神の傾斜と出会う歴史の傾斜面である。

実存的創造たるべき道としての傾斜の構造化
――サン・ヴィクトールのフーゴーの示した象徴的省察

個々の人間には、人間としての一般的傾斜とは全く別の実存的傾斜があると言うのならば、人間は一つでありながら、別の命を生きるということに他ならない。それは人間の自己分裂であり、人間としての破滅ではないのか。その破滅による人間失格を避けるためにこそ、今われわれは一般的傾斜から相違した自己の実存的傾斜となり得べきものを、少なくとも卓抜した天才が創造してくれるのを待ち、それに倣って自己の実存的生を生きていかなくてはならないと繰り返し述べていたのではなかったか。一人の創案が成功すれば、人間はみなそれに倣って澎湃《ほうはい》として、その途につく。この点で注目すべき哲学者は、人類に示した道(via)としてのキリストの在りようを「傾き《プロヌム》(pronum)」という概念によってラテン語ではじめて哲学の世界にもたらし、救世主の降誕としての受肉(incarnatio)という垂直の救済事業が、実は人間にとって登攀可能な坂道(via prona)としての「傾斜《プロヌム》」であることを暗示した天才アベラールと奇しくも全く同時代者の才人サン・ヴィクトールのフーゴー(Hugo de Sancto Victore, ca. 1096–1141)なのである。本来、本書のように浩瀚《こうかん》な哲学史の場合、十二世紀を論じた際に当然触れるべきであったこの鋭敏な哲学者に、せめてこの総括の場に至ってでも、わずかとは言え紙面を割いて彼の重要な思索の一端を紹介し得る機会に及び得たことは、著者として誠に大きな喜びである。

彼が十二世紀の卓越した教育者であることは、彼の後に輩出したサン・ヴィクトールのリカルドゥス(Richardus de Sancto Victore, ?–1173)をはじめ、サン・ヴィクトール学派の名のもとに、多くの神秘主義の神学者たちが、フランスのみならず、イギリスやドイツの生まれの人びとにも及んでいるのを知るだけでもわかるであろう。しかし、彼自身については生まれ故郷も判明せず、著書にしてもミーニュ版のラテン教父全集第百七十五巻から第百七十七巻の三巻にもわたってその名のもとに集められている文献があるにも拘わらず、それらのおよそ半数以上は、その名も特定しがたい弟子たちの手になるものではないかと言われるほど、彼自身に関する研究はまだ行き届いてはいないのが現状である。

彼の著書にあって本章で課題としている「傾斜《プロヌム》」に関わるものは、『ノアの神秘的方舟《はこぶね》について（De arca Noe mystica）』である。この方舟の中に入れられた生物はいろいろあるが、人間について言えば、「ノアとノアの子セム、ハム、ヤペテおよびノアの妻と其子《その》等三人の妻諸倶《もろとも》に、方舟に入りぬ(19)」とあるので、これらはイエス生誕前の人びとであるから教義的にはまだ救われてはいないが、神によって義人として方舟に収められた人びとであるから、罪から救われる可能性のある人びとということになる。これを前述したところと関係づければ、やがて何らかの方法でキリストの道を通って天上に至り得る人びとのはずである。われわれの知るところでは、このような人びとは地獄の底にではなく、すでに地上にあって、天と地を結ぶ垂直の柱としてのキリストという恵みによって救われる資格があるからこそ、方舟に入れられたのである。しかし厳密に言うならば、彼らはキリストが受肉生誕の後になって、そのキリストが自ら「道」であると示したあの傾斜を何とか匍匐して天に至るとは、まだ言えないのである。彼らは少なくとも洪水によっておぼれることなく、方舟の中で救いを待つ存在である。

では、どのようにして彼らは救いの道としての傾斜を辿ることができるのか。キリストの受肉以前の方舟の世界では、そのような傾斜に恵まれてはいない。今問題にしている著書の第二章のはじめに、フーゴーは書いている。「方舟の中心に立てられた柱があるが、その柱は生命の樹を意味する。それは、楽園の中心に立っている樹と同じ資格のものであり、その樹に与えられた使命としては教会の中心に植えられた木として、主イエス・キリストを予表する(20)」。なぜならば方舟は楽園の再現として、構造的にキリスト教会を象徴しなければならないから、その中心に植えられた樹は当然のこととして、垂直な高い柱として、人間がこれによって天の高みに関わり得ることを表していなければならない。第五章に至ると、フーゴーは方舟の内部を三つの部分に分ける。第一の部分を「自然法の時代」、第二の部分を「ロゴスの受肉にまで至る義の法の時代」、第三は「受肉からこの世の終わりに至るまでの恩寵の時代」と理解し、最初の段階は自然法に従う人、次は律法に従う人、第三が恩寵に従う人、というように理解するのである。これは、方舟内部の段階的構造となっており、つまり真っ直ぐ垂直に立てられて、手に何かを所持する限りは登攀の可能性もない天地の結びとは異なって、階段を成しているがゆえに、単なる坂を登るよりもさらに容易な構造であり、人間が各自おのれの力に相応しく、これら三つの基本的段階をさまざまに工夫していけば、垂直の柱を急傾斜の坂道とし、それをさらに段階的に細分して少しずつ上りゆく石段のような道にすることの可能性を示している。この種の段階的区別は結局のところ、第七章で高さに即して垂直方向になされるそれらの区分について、そこへと登るための「十二の梯子」とか、「十の小道」などというものが、結局のところ前述の三段階による傾斜の階段化を原則とするものである。「さらにここでは、船底から上方に向かって七十七の階段が区別される」[21]などというように、実に複雑な形で、一本の天地を結ぶ垂直な柱としてのキリストが、自己を道として、つまりは傾斜として示したものを登りやすい階段に構造化したということが、この難解な神秘的修練の書の要点なのである。大別すれば、修練の第一は認識、第二は黙想、第三は観想であり、これはまた節制、思慮、勇気という道徳的徳目とも関わる構造である。サン・ヴィクトールのフーゴーに基づく神秘主義の方法的深化は、サン・ヴィクトール学派の特色としてアベラールの倫理学的傾斜論を神秘主義の実践的修行によって修道者たちに普遍化し、それを通じてさらに一般信徒の世界に神の愛を知らしめる方向を取るに至った。この傾向が、第二十一章で述べたエックハルトの一般信徒への神秘主義の説教や、次節で述べる、『キリストに倣いて』の持つ福音の一般化の傾向を準備するものであったことは注目しなければならない。墜落の恐れがあって天才にしか許されない飛翔でもなく、降落の恐れがある坂としての傾斜を匍匐するのでもなく、傾斜として主が与え給もうた道を、普通の人間の実存にも可能な段階を一段ずつ上るように教えたことは、修道者としての修道院内の修練の生活を穢すことなく修道院外の一般信徒の信仰生活に神秘思想を知らしめるものとして、修道院内で発達した中世哲学の世俗への貴重な贈り物と言わなければならない。そして世俗における信仰が大きな意味を持つ時代がこれに続くのである。

結語

右のように見てくると、傾斜を自覚し始めた教父哲学は古典哲学に負いつつもそれとは全く違う思索の展開を始めたものであり、スコラ学時代はその傾斜自体に没頭して傾斜を忘却した時代であり、それに続いて、再び傾斜を価値論的、形而上学的に自覚した時代としての大学哲学時代があるというような中世哲学の時代区分もできるように思われる。しかしより重大なことは、プロヌムとしての傾斜が、アベラールやヘイルズのアレクサンデルやトマスの哲学の主要問題として伏在していたことの発見であり、またそれが神の傾斜、事物の傾斜、人間の傾斜、場の傾斜、歴史の傾斜、言語の傾斜というように多面的に問題を有し、単に中世哲学史の問題であるばかりではなく、われわれの思索の問いとして、われわれに迫るものを中世哲学の研究が与えているということである。

二　中世の終焉

いつまでを中世とするか

すでに述べたように、哲学史の世界ではエティエンヌ・ジルソンやチャールズ・H・ハスキンズたちによって語られ作られた「十二世紀ルネサンス」という術語は、関係者にとって周知のものではあるが、一般の常識としては今日でもルネサンスと言えば、十四世紀から十六世紀のイタリアからヨーロッパ各国に広まった文芸復興運動を指し、特に十五、十六世紀のイタリアは「盛期ルネサンス」あるいは「イタリア・ルネサンス」などと称され、人びとの関心を強く惹きつけている。というのは、この時期のイタリアで衆人が思い浮かべるのは主として三人の大画家であり、これを生誕の順序に列挙するとレオナルド・ダ・ヴィンチ(Leonardo da Vinci, 1452–1519)、ミケランジェロ・ボナロッティ(Michelangelo Buonarroti, 1475–1564)およびラファエロ・サンティ(Raffaello Santi, 1483–1520)であるが、見られるとおり三人とも十五世紀中葉から十六世紀中葉までの生涯であった。そのうえ、ルネサンスの代表的哲学者として重要視されるべき者は、十四世紀のペトラルカ(Francesco Petrarca, 1304–74)を除けば、ニコラウス・クザーヌス(Nicolaus Cusanus, 1401–64)、フィチーノ、ピコ・デラ・ミランドラ、エラスムス、トマス・モア(Thomas More, 1478–1535)、ポンポナッツィ(Pietro Pomponazzi, 1462–1525)、パラケルスス(Aureolus Theophrastus Paracelsus, 1493–1541)、ラブレー(François Rabelais, ca. 1494–ca. 1553)、ジョルダーノ・ブルーノ(Giordano Bruno, 1548–1600)等、十五世紀から十六世紀までの人びとである。従って、いわゆるイタリア・ルネサンスを中心とする十五、十六世紀の哲学を近世ルネサンス哲学と呼ぶ習わしに準じて、近世哲学に入れて論ずるとすれば、中世哲学は十四世紀をもって一応の終焉を迎えつつあったことになるが、この世紀の後半頃から十五世紀半ば頃までの哲学者は、中世から近世への過渡期としてその場に応じてどちらかに属せしめて論ずることができるかと思う。従って、本書ではこのような中世の終末を描くに際して、ラテン的中世という文書形態からは離れ、母語の一つとしてのイタリア語で中世的思惟の総決算を述べるダンテ（Dante Alighieri, 1265–1321）とペトラルカと、ラテン的中世の象徴であるラテン語で書きながら中世的教会の権威からはかなり自由な思想を展開し、中世を総括しながら近世への移行を予示する幾多の課題を独特の思索で放射し、十五世紀半ば過ぎまで活躍して中世と近世を橋渡ししたニコラウス・クザーヌス（第二十二章）と教権にとらわれない自由な近代的敬虔（devotio moderna）の思想によって、近世に開かれるキリスト教の考え方を予示している書物の著者の一人と目されるトマス・ア・ケンピス（Thomas a Kempis〈Thomas Hemerken van Kempen〉, 1379/80–1471）に見いだし、この三人の著書を中世最後の哲学書と見立て、このような幾つかの対立点を示し合う文化的現象の哲学的比較をもって中世の終焉を述べることにしたい。

母語による中世哲学の総括——ダンテの革新的思想

中世大学派の巨匠トマス・アクィナスが五十歳頃という比較的若くして世を去った一二七四年、それは十三世紀後半の、まさに中世哲学の黄金時代というべき時期であったが、そのわずか四十七年後、すなわち一三二一年に、このトマス思想の詩的結晶と言われているダンテの『神曲（La Divina Commedia）』が完成した。この文芸作品はダンテの豊かな想像力によって、トマスがアリストテレスの壮大な思想に洗礼を授けたと言われるほどに、キリスト教はじまって以来の秩序ある哲学体系を、美しいイタリア語の叙事詩に置換したものである。特に古典ギリシア以来の四大枢要徳を、キリスト教思想の信・望・愛という三大対神徳によって補完した新たな倫理思想を、「地獄」「煉獄」「天国」を通しての詩的遍歴の象徴を介して解明することにより、以下の説明が示すように新しい時代を用意した点は、中世哲学を来るべきルネサンスのプラトン主義再生につなぐものとして注目に値する。

ダンテの意義の一つとして「トミズム的詩人」と前述したが、彼の哲学史的意義は、全盛期の中世の余光の中にありながら、むしろその閉鎖的完結性とは全く異質の、その百五十年以後に輝き出すルネサンスの新しい光の予標となっている革新的迫力に満ちた預言的詩句に含まれている。またダンテは中世的世界の統一の象徴であったラテン語を駆使した哲学論文も書きはしたが、自らの胸に澎湃《ほうはい》として漲《みなぎ》り立つ新しい想いを遺憾なく表現するには母語に頼るべきではないかという先駆的言語思想の旗手として、生涯をかけた主著『神曲』の作詩には、イタリア語、それも彼の故郷のトスカナ方言による昇華を期して臨んだのである。しかもその内容は、自己の実存が直面した幾つかの内的、外的事件を人類の救済史に結びつけて、中世的閉塞感を打破する新鮮なキリスト教的世界観を呈示するものであった。そのために彼は、ローマ建国の叙事詩を創作した大詩人ウェルギリウス(Publius Vergilius Maro, 70-19 B.C. 作品中ではイタリア語化してヴィルジリオ(Virgilio))を導者とする魂の試練の旅を想像した。その際、十二世紀に発達した倫理観により定着した新しいトポス「煉獄」の思想を加えて、現世の彼岸を地獄(inferno)、煉獄(purgatorio)、および天国(paradiso)の三界に分け、地獄は星(希望の象徴)なき闇、煉獄は遥かな隙間にわずかの星を望見するところ、天国は星そのものによって成り立つ天球とした。従来、救われた霊魂は天国において神との神秘的一致(unio mystica)の至福、すなわち憂いなき観想(contemplatio)の平和のうちに憩うとされていたのに対し、「天国篇」第十八歌において次のように歌っている。(22)

ああ天上なるわが見る勇士

悪例によって道をはずれた
地上の人らのため祈りませ。

(Paradiso, Canto XVIII, v. 124–126)

これを見ればすぐ理解されることであるが、ダンテの新しい考えによれば、愛に満ちたベアトリーチェが天国においても、下界すなわち地上の権力闘争や肉欲や物欲等に苦しみ悪に傾くダンテを憐れみ、聖母マリアと聖女ルチアに懇願してヴィルジリオを案内人としてダンテに正しい道を歩ませようとしたように、救われて天国にある霊魂はおのれの至福に満足することなく、地上にのたうつ我らのために、「悪例によって道をはずれ」ぬよう祈らねばならないし、それに応じて愛なる神はキリストの十字架の死が空しくならぬよう、地上の人間に善なる道を介して救われる望みを与える存在たることが明らかになるのである。このことは、カトリック教会が地上における天国の写しとして、信仰と道徳において信徒たちを含めて人類の模範となる組織でなければならないという、いわば自《じ》縄自《じょうじ》縛《ばく》の苦闘の中に追い込まれる危険もなくはない。従って、組織の長としての教皇の人間的責任は極めて重要である。行政や管理の任にあたった人は誰でも思い当たることであるが、俗事に関わらざるを得ないために理想主義を貫くことは困難である。しかし、ダンテは秋霜のように厳しい態度で、例えば教皇ニコラウス三世(Nicolaus III, 在位 1277–80)やボニファティウス八世(Bonifatius VIII, 在位 1294–1303)を、容赦なく地獄に追われた人びとの数に入れている。ある意味では大人げないように見られるこの裁定は、しかし、宗教の世俗化を防ぐ意味においては妥協を許さぬ理想主義の詩的措置であった[23]。

ペテロの後継者たるローマ教皇の絶対的権威を否定するかのようなこの詩人の態度は、地上の教会の堕落を矯正するために、いわば革命的な社会運動の必要を彼が予感していたことの現れであろう。地上の霊魂の勇気ある道徳的活性化を期待する天国の霊魂の道義的声援を次のように表現することにより、ダンテは前にも触れた中世的体系の刷新の必要を人びとに告げている。「天国篇」第二十七歌において次のように歌われている。

待ちに待っていた嵐が起こり
艫《とも》をば舳《へさき》の方にめぐらせ
そして船団が直行すれば
花の後からは実がなるでしょう
(Paradiso, Canto XXVII, v. 145–148)

これは、ある意味では、約二百年後にカトリック教会を揺るがすまでになった革命的なルター(Martin Luther, 1483–1546)の抗議《プロテスト》につながる予言的な内容を持つものである。天国の霊魂が地上の教会にこれほどの関心を持つほどにも天が地を愛するという神学的構造を組み立て、新しい時代のために革命をすら方位づける未来の活性化の希望を述べているところに、私はトマス哲学の詩的結晶がダンテに含まれているという多くの人びとの意見を充分認めるとともに、それればかりではなく、ダンテは地上の未来の世界に新しい風が吹き起こる望みを人類に委ねていると言ってよいように思う。右の詩の船団とは教会であると考えることもできるし、また近代までの最大の社会組織であった国家とも見ることができるので、神学者やキリスト教哲学者にとっても、国家の指導者や新しい社会組織を模索する青年たちにとっても、この詩は特定の時代に囚われない永遠の希望を告げている。

この希望の重視こそが、私の見るところでは、十三、十四世紀の中世哲学におけるダンテを際立たせる輝照である。「希望」は対神徳の一つとして、使徒パウロやアウグスティヌスが特別に尊重した徳目なのであるが、不思議なことに、イエスの直接の教えが語られる福音書においては、希望が人びとに説かれることはなかったと言ってもよかろう。なぜなら、イエス・キリストの存在そのものが人びとに救済の希望を喚起させていたので、イエスが特別にその説教の中で改めて希望を語る必要はなかったのではなかろうか。イエスが去った後は使徒が、使徒が去った後は教父が、浄化された霊魂の希望を救済と結びつけて語らなければならなかった。「希望」はこのようにして、個人の霊魂の救済の象徴としての天国を終局目的としているから、天国に至れば希望は満たされ、至福直観の永続の中に補完的に止揚されてしまう。中世の神学は、一般的慎みのゆえに、浄化された霊魂がこのような天国へと迎え入れられるところで、つまり時間から永遠に昇華するところで、自発的にその論理の進行を鎖《とざ》すのである。ここからは何事も語ることはできない。そのことの象徴のようにして、ダンテが『神曲』においてその人の思想を詩に託したところのトマス・アクィナスは、『神学大全』を未完のままにして筆を絶ち、五十歳頃にして世を去るのであった。それは見方によれば、中世哲学全体の終焉の前触れであった。それから後は、この未完の体系に対する批判や修正や補完の連続であった。ただダンテだけはその未完の体系の先を行こうと試みた。換言すれば、天国における霊魂の望みとは何であるかということを問うたのである。

ダンテのそのような大胆な試みについて、なお『神曲』を読み解くことにしよう。周知のようにダンテは、天国においてペテロの面前で試問を受け、信仰と望みの関係について答え、さらにヤコブに望みについて試問を受ける。それらの試問について以下に一つずつ考えてみよう。

ペテロはダンテに向かっておごそかに次のように問う（「天国篇」第二十四歌）。

よいキリスト者よ、信条を言え、
信条とは何か？[24]

これに応じてダンテは実にみごとに答えた。

信は望まれたものの実体
まだ来ないものの証しなのです。
これぞ私には信の本質[25]

自らの魂が救われて、天国で神と一致する永遠観想に至れば望みは達成され、そこにキエティズム(quietism)の神秘的自己完成が輝きの至福として立ち現れるということは、中世に流布した観想的神秘主義の一般的理想であった。プラトンの「神への同化《ホモイオーシス・トオイ・テオイ》」も、ここではそのように理解されていたが、ダンテにあっては「信」とはまだ来たらぬ事象の自己証示であると言って、未完の状態であると言明されていることについては、確かに彼が、本来は天国に召された身分ではなく、現《うつ》し身《み》のままそこに招かれて天国を見ているという詩的仮構の中で、死を経ぬ者の立場からの発言という意味での知的抑制があり、それが「私に言わせていただければ(pare a me)」というほどの自己規制の語が添えられている理由だと見る意見は確かに可能であろう。しかし、ここではむしろ現し身の至らなさということではなく、ペテロの問いに対するダンテの答えとして、それは「人類普遍の理性を持つ『私』の考える限りでは」という読み方であれば、中世神秘主義のキエティズム的傾向においては、自己の魂の救済が得られれば「後は野となれ山となれ」ですむのかという新しい時代に向けての問いかけと共に、それに対する自らの応答を試みたものと言わねばならない。そしてそれが一般に受け入れられる可能性を含めて、ダンテにおいて有意味の問いとなったことについては、信仰の社会と民衆へのより広範な浸透がその背景として考えられるであろう。その一つとしては、西洋の宗教史上、世界構造としては現世・地獄・天国という三元論で語り継がれていた伝統が、恐らくは使徒信条において久しく暗誦されていた「古聖所」——イエスが死後三日間滞留していた場所——という概念を明確化する中世的要求に応える必要が挙げられよう。さらには、死に直面して告白をし、償いの祈りを果たし、終油の秘跡を受けたとしても、そしてその生前の所行から見て地獄に行く必要はもはやあるまいと見えるにしても、悪事を重ねていたことを顧慮すれば、聖なる人の浄化された霊魂に比べると、天国に迎えられる資格など今すぐには到底考えられそうもないというような程度の人びとの霊魂の行き先を、どこかしかるべき浄化修練の場として確保してやらなければ、われわれ普通の信者がそれぞれ自ら考えてみても困るのではないかという事情なども影響したと見るべきであろうか。

ル・ゴフ(Jacques Le Goff, 1924-)によると、十二世紀になって浄罪としての煉獄が教理的にも問題化されて、キリスト教上の一般常識となってきた。それをダンテはいち早く時代的な課題として採用し、宇宙四元論を構成した。この点で彼の『神曲』は、「地獄篇」は伝承の与える表象を、「煉獄篇」では一世紀経ったか経たぬかの新知識の与える表象を取り入れて、詩の光景を描いているのである。そして「天国篇」においては、彼自らの極めて大胆な新しい思想に基づき、天国の至福直観の輝照のさなかにある霊魂も単に永遠の憩いにあるのではなく、地上の、また煉獄の霊魂の救いの希望に燃えて、神の救世の聖業を、その祈りにおいて醒めて望むことによって、神の側にあって助けなくてはならないことになる。それこそ、希望に導かれる宇宙生命の鼓動なのである。私はここに、中世の末と近世の初めとを兼ねているダンテ的ルネサンスが新しい世界を憧憬《あこが》れ呼ぶ、重い苦しみと明るい喜びのないまぜとなった過渡期の知性の典型を見る。

右の省察を含む聖ペテロの問いは、決してその一つにとどまりはせず、次々と続き、例えば第四の問答を別の実例として引用してみると(「天国篇」第二十四歌)、

輝く光の奥深くから

彼問う「あらゆる徳の基《もと》なる

この美しさの宝石[26]はいつ
汝に来たか」と。ダンテ答える、
「新旧いずれも羊皮紙上[27]に
捲《ま》き潤された聖霊の慈雨
それにいただけた御教えこそが
どの論証より私にとって
鋭いものだと存じられます」。

(Paradiso, Canto XXIV, v. 88-96)

というやりとりで、天国への信仰の中にいかに希望が大切であるかが示されていて、ペテロその人は、元来信徳の守護者であるのに、ダンテへの試問はその支えとしての希望の徳に集中しているのである。これは『神曲』の著者ダンテが新時代を希望の徳の力で乗り切らなければならない信仰の危機時代が迫りつつあることを、それだけ強く予感していたからであろう。

右に見てきたように、一語で尽くすならば、ダンテは天国の霊魂の持たなければならない対神徳としての「希望」について、三つの重要な省察をわれわれに示したと言ってよい。第一に、ダンテはこの場面ではまだ死んでおらず、正式に天国に永住している霊魂ではない。従って、聖人とダンテの神学的対話において語られることは、天国に関する教理として正式に規定されるものではない。ペテロをはじめとする天国側の教理関係者の間でも、現在の人類に示すべき教理として認められず、いずれダンテを含め、そのような新しい考えの人びとが天国に迎えられるまでの先送りされた課題として、今後の展開を待つものである。われわれ現に地上にある者も、これを課題として真剣に考察していくべきではなかろうか。

第二に、後述するヤコブとの対話において理解される限りでは、希望は天国においては確かにすでに救われて天国にいる霊魂の自己の救済ではなく、まだ天国に迎えられていない者の霊魂の救済、すなわちその人びとの至福直観の社会化が問われているのである。それゆえすでに救済された霊魂には、天国において祈るなど救いの手を伸ばし、神を助ける義務がある。恐らくそれには、天国の門が他宗教において浄化された霊魂と、キリスト教の教義が救済のために要求する最低条件との調和の問題が、「天国の門」という表象には含まれるであろうから、見ようによっては、第二ヴァティカン公会議の中で予感され、その後の教皇の諸宗教に対する開かれた態度の教理的体系化の第一歩が可能性の形で含意されているのかもしれない。

第三に、いずれは来なければならないことが自然学的にも認められざるを得ないこの世の終末が、単に地球の不毛や消失のみを意味するのかということである。この世と呼ばれる限りの宇宙のいずこかへの人類の大移動が行われた後の、すなわちそれが現在のわれわれにはまったく想像もつかない形でのこの世の終末なのかわれわれには見当もつかないが、そのような形の最後の審判に至るまでの希望の問題も隠されているのである。

これほども、ダンテが希望を大切にするのはなぜであろうか。それを改めて理解するためには、『神曲』の序論の一角を占める「地獄篇」第三歌を振り返って読まねばならぬ。

われを過ぎ人は嘆きの都市に、
われを過ぎ人は永遠《とわ》の嘆きに、
われを過ぎ人は亡者に至る。
正義は至高の主を動かして、
神の権能と最高の知と

原初の愛とがわれを創った。
われに先立った被造物とは
永遠《とわ》のものだけでわれ永遠《とわ》に立つ。
ここに入《はい》る者望みを棄てよ。

(Inferno, Canto III, v. 1-9)

これは周知のように、この地上の荒廃した森の彼方の荒れ地に立っている凄惨な地獄門の黒い石の碑銘である。これを読めばわかるように、この門を入れば、すなわち地獄に入れば、もはや戻ることはできず、行く先は嘆きの都市、永遠の嘆き、滅びの民の群れているところであり、従ってそこに入るためには、門の前に一切の希望を捨てていかなければならない。ということは、地獄とは一片の希望すら許されない場所、すなわち絶望の府なのである。この定義による限りは、もしわれわれが何らかの形で、自己と関わりのある他者を絶望に陥れることがあるとすれば、われわれ自身が地獄の門となって、その他者はわれを過ぎて地獄に行くことになるのである。否、私自身がこの世において絶望を感ずることがあるとすれば、それはそのまま私が生き地獄にのたうつことになるのである。そうであるとすれば、天国においてもその至福直観に、理性の理解できる限りの希望はなければならないのではないか。近代国家の世界の崩落が予感される現在において、あらゆる場面での閉塞感により希望を失いつつあるわれわれ現代人は、これと言う決定的な現状打破の方策を示す思想の少ない現在、希望を何よりも重視するダンテの考えの中に、われわれ自身の再生(renaissance)の縁《よすが》を求めてみる試みは、一条の光を与えはしないか。今われわれに必要なルネサンスとは、単に古典的な文化のルネサンスではなく、自己自身の人間としてのルネサンスなのではないか。そのように思われる今日、中世哲学の最高の姿を詩的結晶に表し得たにも拘わらず、新たに当時の霊魂のルネサンスを求めたダンテの哲学は、希望のパトスに留まっていたに過ぎないにせよ、われわれが範として学ぶべき知の一つであることは確かである。

さて、ペテロとの対話的問答は数えようによっては六つとも七つともあるように見えるが、ペテロはダンテの信徳のうちに望みを含ませる思いも、トマスの「信の上にこそ高い望みが望まれるのだ」という考えをよく知ってのことだと見ており、大いに満足を感じてゆく。そしていよいよベアトリーチェは、イエスが「希望」の象徴とも考えたヤコブの前にダンテを連れていく。そこでヤコブはペテロと同じような問いを発し、ダンテの考えの生きた深みを待っている(「天国篇」第二十五歌)。ダンテはためらうことなく、

望みは未来の栄光《さかえ》をめぐる
確かな期待で、神の恵みと
先立つ人為の徳が要ります
(Paradiso, Canto XXV, v. 67–69)

と答え、それが神と人間との協力によって生起するはずの大きな期待(attender)であることを述べる。このことは行為の重要性を暗示しており、十四世紀のペトラルカ、十五世紀のピコ・デラ・ミランドラにつながる実践倫理への傾向がここに明瞭に見えている。この状況の中で、ヨハネの「何が、汝の心を神の愛へと向けたのか」という愛の試問に答えて、ダンテは宇宙や私の存在を確保するため、十字架に付けられたキリストの死を介して得られるものを「私と同じく信者誰もが／待ち望む気持ちが大切である」と、ここでも希望を力説している。(28)「地獄篇」で地獄門の碑文の詩の最後は、「ここに入る者(一切の)望みを棄てよ」と録《しる》して、地獄を絶望の府として星なき夜と規定したダンテは、その対極に当たる天国を希望に満ちる天球の輝きとすることにより、彼の詩を補完したと同時に、十四世紀の前半を、中世の終末を一つの時代の終局であると見なしてはいても、ここで希望を反復することにより、

十四世紀後半以後の時代への思索の自己展開の展望を信じていたのであった。

新しい自然的世界の展望

ダンテの天国の詩的イメージの希望に満ちた輝きを自然において呼吸し、そこから新しい哲学を開いていって、中世最後の哲学の一典型を作ろうとした人の一人はフランチェスコ・ペトラルカである。ダンテが想像の四元的宇宙像によって、対神徳の無限の広がりを希望の意味論的な展望において祈念していたのに対し、高山の頂からの自然的展望のひろがりにおいて人間の自由の羽ばたきを実感し、これとダンテの希望とを結びつけ、後期ルネサンスの意志の次元に定着させたのが詩人哲学者ペトラルカの使命であった。そのことがラテン語で書かれているのが有名な『ヴァントゥ山登攀記《とうはんき》』で、これは書簡文として、ディオニジ(Dionisi)という名の修道士で聖書学の教授をしている人物に送られたものである。

四月二十六日という日付けはあるが年は書かれておらず、それについては、一三三五年、一三三六年、一三五二年か五三年の諸説が出されているが、いずれにせよ大差はなく、要するに一三三六年四月二十六日に試みた登山行の記録であることに間違いはない。その文章は西洋世界ではじめて登山そのこと、すなわち山頂に至る苦難とその酬《むく》いとしての自然の展望を喜ぶことにだけ意味を求めた行為の記録なのである。しかし、それが何故《なにゆえ》、中世哲学史にとって意味があるのか。

安きにつこうとして嶮《ここ》し路に挑む弟とは別の道を選んだペトラルカは、登る途中ですでに弟に遅れをとり、三度も笑われる始末であった。谷間で憩うたときの瞑想に以下のような文が読まれる。「われわれが祝福されたという生活は確かに高い場所に位置している。世に言われるように、狭き道のみがそこに導く。また多くの丘もその間《かん》にあって、われわれは徳から徳へと気高い足取りで進んで行かなければならない。頂上にはあらゆることの終極があり、われわれの遍歴がそれへと向けられている目的地〔終極〕がある。そこに達することを誰もが欲している。だがオウィディウス（Publius Ovidius Naso, 43 B.C.-A.D. 17）が言うように、『欲することでは不充分である。目的を達するためには熱望することが必要である』」[29]。

ここにも中世末期の哲学者たちに共通の広やかな展望の彼方への烈しい熱望、まだ見ぬものへと至ろうとする終極への希望が強く言い表されている。これは一つには、十三世紀に成立した偉大な大学哲学としてのトマスにその代表の見られる、スンマ的体系性からの自己解放の要求でもあった。一つの悩める魂の内面は、決して論理的完結性の普遍的構造の閉鎖的同一性に閉塞することに満足しない。高山の自由に解放される展望に羽ばたく、魂の無限な生命力の光に向かう独自の開放性こそがなければならない。リヨン地方の山脈が見え、マルセイユの海の風景まで も下に望み見る自然の開けを楽しみながら、「魂を一層高尚な物事へと高めているうちに、私はあなた〔ディオニジ〕の友情の贈り物であるアウグスティヌスの『告白』という書物を覗いてみようという気になった。（中略）『人びとは山の高い頂や、海の巨大な波浪や、河の広大な流れや、大洋の広漠たる周囲や、星々の回転に驚嘆しに出かけていくが、自己自身のことを忘れ去っている』。私は唖然としたことを告げなくてはならない。（中略）確かに霊魂をおいて讃嘆すべきものはないのであり、その偉大さに比べれば、何ものも偉大とは言えない[30]」と言って、哲学を内面化するアウグスティヌスに哲学の門戸を開かせ、教会の中世からの解放の象徴としてトマスからアウグスティヌスへの思索の転換を企てたのである。

この二点、すなわち神の創造した自然を高山において発見し自然の広大な地域に神の名を広めようとする希望と、それとは対比的に内面の深さに入っていく哲学者アウグスティヌスを引き立てて、新しい時代をダンテを継いで拓いていこうとする新しさことが目立つことを意識すべきであろう。

私の哲学的関心から言えば、ペトラルカのアウグスティヌスへの尊敬を受け継いで、プラトンとプロティノス(Plōtinos, ca. 205–ca. 270)における形而上学的な高さと深みをキリスト教神学の新しい内発力にしようと考えたフィチーノや、彼を継ぐというよりも乗り越えて、人間がその自由意志によって自己の運命を選択することができ、人間とは自らの決断の結果なのであると語り、神を超存在(super ens)として、哲学的にははじめてプラトンの「実在の彼岸《エペケイナ・テース・ウーシアス》」という超越者を立てたピコ・デラ・ミランドラの二人を詳しく述べたいと思うが、この二人はすでに完全に十五世紀の後半に属するので、十五世紀前半過ぎをもって中世の終わりと見る私は、これらをすべて近世ルネサンスの哲学者として別の機会に扱うことにしたい。

中世哲学最後の書――「キリストに倣いて」運動の生んだ代表的著作

ルネサンス以来、これまでの五百年くらいの間にどの書物が最も広く読まれているかは、正確にはわからない。しかし出版部数や引用された度数などから見ると、聖書が一位で、次は『キリストに倣いて(De imitatione Christi)』であろう。この二冊ほど多くの国語に訳され、人びとの心をとらえた書物はない。

聖書は大宗教の聖典であり、新約が加えられてからでも、二千年近く教会や教育機関が推しているから、広く読まれるのも当然であるが、『キリストに倣いて』は成立後五百年前後で、著者も目立たぬ修道者であるという虔《つつ》ましい書物であり、社会のいかなる権威からも特に推されたことはない。それなのに、ラテン語写本が三百種を超し、ラテン語印刷本は二千種以上、すでに十五世紀前半に部分的にではあるがドイツ語訳(一四三四年)、フランス語訳(一四四七年)が出、十九世紀末までにはほとんどすべての近代語訳が成立しており、キリスト教徒の少ない日本でも、すでに早くキリシタン時代の慶長元(一五九六)年にローマ字版日本語訳、そのひらがな訳(慶長十五(一六一〇)年)(その第二巻の題 contemptus mundi——世をはかなむこと——を日本語読みにして『こんてむつすむん地』）が刊行され、その不思議な響きが魅力となって、広く読まれた。教会の中には、その近代化のためにさまざまの改革を果たした第二ヴァティカン公会議の勢いに乗って、古い信心書などを時代遅れとのみ考えて、これらをすべて否定的に見る人びとも多い状況もあり、さらにまた経済と科学が世情を導く今でこそ読む人の数は減少しているかと思うが、いつの世、いずこにおいても依然として人びとの心が求める書物の一つではないかと私は思う。その理由は何であろうか。

この書が人に親しまれる理由は何よりも文章のわかりやすさ、章節が短くて読みやすいこと、その内容が瞑想を誘う深みを具えながら、人を深淵に突き落とすことなく、高みからの救いにつながる安らぎを与えるからである。そのことは、たとえば、「人間はみな生まれながら知ることを望むが、神を恐れない知識が何の役に立とうか(31)」という文章を見てもわかる。近代戦争は科学的総力戦の形態を取り、知識の悪業であるし、人間の物質的繁栄のみを考え、また開発の過剰が自然環境の破壊を招き、現代の危機と化したことも、神不在の知識の自己破滅の証しである。人間は自己を存在の中心と見なしてはならない。「自分自身を真実に知ってこれを軽んずること、それが最高でまた最も有用な教えである(32)」と告げることにより、本書は不遜な支配欲から宗教的知識としての信への自己転換への方法を示している。高みや深みを具えた書物はまだ他にもあろう。しかし、本書にはそれ以上のものがある。それは果たして何なのであろうか。

この小さな書物は、悩み哀しむわれわれを計り知れぬ大きな力で抱き上げる。「時として悩みや意に反することがあるのも、われわれにとって善いことである。なぜならばそういうことが、われわれはみなこの世では流人《るにん》の身であるのを悟らせ、自分の望みをこの世のものに置いてはならないということを想い出させるから(33)」、「幸せとは誰のことになるかと言えば、それは確かに神のためにことを忍び得る人に違いない(34)」というような文章は、平凡なわれわれの他人には隠している辛い涙をぬぐう慰めである。

この慰めは、しかし、甘やかしではなく、諭《さと》しを含む。「人間的な慰めを多く求める必要がないように、神にこそ堅い信心を置かねばならない」[35]という穏やかな諭しもあるが、ときにそれは鞭のように烈しい。「死の後に誰があなたを覚えていようか。誰があなたのために祈るであろうか。行いなさい、今行うのだ。おまえができるどんなわずかの善行でも」[36]。こうして本書は慰められた心に的確な諭しを与え、神への道を歩むように促す。

「もしも疑惑の深みに沈み入るのを欲しないなら、いとも深遠な秘跡に対し、好奇心からの無益な詮議などせぬがよい」[37]という文章は、学問的探求心を抑えるかに見えるが、この書は信仰の書であるから、「いつも主イエス・キリストにおいて憩いを求めよ」[38]と教え、「永遠のよろこび」[39]としての「救い」[40]に必要な「神に至るより確かな道」[41]として「神によってととのえられたもの」[42]を示すのが目的である。「信仰と愛とがあらゆるものに優先する」[43]と述べ、秘跡についての瞑想をもって本書が結ばれるのもそのためである。

現代人にとって、特に我が国においてキリスト教徒の中にさえ、十五世紀の近代敬虔主義(devotio moderna)に立脚する著者が修道者を対象にして書いたこの書はそれだけですでに時代遅れだと難ずる人びともおり、生産的な仕事が必要な現代の信仰生活にとって退嬰的で有害であると主張する人びともいる。神学者の中にもそういう人びとがいる。

現代と十五世紀とでは、社会的環境が甚だ異なっていることは認めざるを得ない。読者を考えても、現代の我が国では多くはキリスト教徒ではないし、西欧諸国でもキリスト教の勢力が、当時に較べれば弱まったことも事実である。従って、昔ながらの修道院があっても、付近には他の宗教の信者や宗教に無関心の人びと、反対の人びとも住み、修道者たちはその後継者が毎年減ることを憂い、経済の面からも、住民との交際の面からも、地域社会に対する現実的な奉仕をしなくてはならず、過去の時鐘に基づく勤行《ごんぎょう》の自律的な祈禱生活の囲いの実態は守れないであろう。

しかし考えてみると、キリスト教徒であろうとなかろうと、また修道者の仕事が社会事業化したとしても、いずれにせよ、それらの人びとのすべてを含めて、一般にわれわれ現代人も自己修養を必要とすることには、人間として変わりのあろうはずがない。ところで、修養とは内面を培うことである。人間が機械技術の動きに流され、部品のような生き方を強いられ、その内面を失いかけた今の世には、生活の中心を神との出会いが期待される内面に置き、その目的を永遠の善に結ぶという考えが特に必要である。人間は物質欲や便利さの他に、キリストが為したように、他人への奉仕と自己犠牲の美しさを自らの中に取り戻さなくてはならない。その見地から思い直せば、自分がその道をとるとらぬに関係なく、「犠牲的精神はそこでは生活の中核を成している(44)」ところの修道院生活の現代における人間学的意義を了解し得るに違いない。それは「労苦を歓喜にまで変じた(45)」精神力と「人間の心を耕して天国への道を拓く(46)」という高い目的とを、沈黙のうちに教えている。人間は一人になって自己を見つめるとき、自己の醜さに耐えられないこともある。「この世で人間は、あたかも火炉の中の黄金のように、試練を受けるのである(47)」という内的な厳しさは、特に現代の教育に必要な考え方であろう。

『キリストに倣いて』は信心の書である。著者は繰り返し、善い行いをしないならば、高遠な議論をしても何の益もありはしないと諭し続けている。しかし、このことは知性やその現実態としての学問を軽んじているのではない。「学問や、また何によらず物事の素直な知識は咎められるべきものではなく、それはそれ自体としては善いものであり、神によって秩序づけられたものである(48)」が、これよりも「良心と有徳な生活が常により大切なものである(49)」から、善い生活よりも知識を優先させる考え方に反対しているに過ぎない。従って、この書は無学の人の書いた非知性的な信心書ではなく、単純ではあるが晶質の知性の美しさを秘めた文から成る。従来のすべての註釈はみな聖書の引照関係を示すのみであって、ヒューマニズム的見地、すなわち人文主義的註釈があまり考えられていないが、もしこのような註釈を施すと、そこには充実した知的な学術書が成立するであろう。

一例を示せば、『キリストに倣いて』第一巻第二章劈頭の、「人間はみな生まれついてものを知ることを望む」という訳文の原文は、“Omnis homo naturaliter scire desiderat.”であるが、これはメルベケのギヨーム訳のアリストテレス『形而上学』冒頭のラテン語“Omnes homines natura scire desiderant.”を少し読みやすくしたもので、natura(自然本性によって、あるいは生まれのゆえに)という名詞の奪格の用法を、natraliter という副詞に直している。これは哲学を勉強した人ならば誰でも暗誦している文章であろうが、このように少し原典とは違った文章になっていることは、後々に少し問題となるところである。この文章にすぐ続く、「神に仕える卑しい田舎男は、自身をゆるがせにして天体の動きを測る傲慢な哲学者に優る」という文は、プラトンの『テアイテトス』(一七四A)にある話、星を観測して穴に落ちたタレスを嗤ったトラキアの田舎出の女の話を巧みに逆用したものであるし、その次の「自己をよく知る者は、自分を卑しいと考え、他人の賞讃を喜びはしない」というのも、プラトン『アポロギア』の二一から二二にかけての箇所や四一Eのラテン語訳の要約である。また、この『キリストに倣いて』の第一巻第一章第三節や、第一巻第三章第一節で言われる、この世を軽んじて天国に向かうことを勧めたり、感覚の欺きやすさを警《いまし》めたりする文章は、プラトン『パイドン』の八一前後を思い出させるし、「高邁な言葉が聖人や義人を作るのではなく、有徳の生活が人を神の愛に相応しくする」[50]という考えは、「徳行の人カトーの方が弁舌の人ソクラテスより偉大である」という意味のことを書いたキケロの『友情について』を忍ばせる。オウィディウスの詩が、第一巻第十三章第五節に引かれているのは周知のことであろうが、「その大波の動揺をさえやわらげる」[51]という表現も、これが『詩篇』八十九篇十節からの引用であることを忘れさせ、ウェルギリウスの『アエネイス』の第一巻、大荒れの海の描写に使われた言葉であるのを意識させるほど、その前後もなかなかの名文である。

「人がいかなる被造物からも自分の慰めを求めないとなったとき、そのとき人は完全に神の御手にのみ自らをゆだねまつる。すなわち信頼に満ちて神に残りなく身をゆだねる(52)」というのは、アウグスティヌスの『告白』第一巻第一章の再現と言ってもよく、「誘惑は人に謙遜を教え、心を浄めるから有益である(53)」という考えは、同じくアウグスティヌスの『神の国』にもあるし、有名な「幸いなる罪(felix culpa)」という逆説に通じるものである。「自分自身を真実に知る(54)」は、「汝自身を知れ」というデルポイの神託とも通じ、ソクラテスが若者に勧めた努力目標でもあり、『汝自らを知れ(Scito te ipsum)』を書いたアベラールの倫理学のモットーでもあったし、「誰が言ったかを問わずに、言われていることは何かに心を用いよ(55)」は、伝トマス・アクィナスの『ヨハネス修道士に当てた修学法勧告書簡』の第十一則を思わせるが、この書簡の十六の規則は、いかにも学者の勧告らしい第十四則、第十五則を除けば、他はすべて『キリストに倣いて』の随所にほとんど同文で登場してくる。

私がここに示したのは、問題の書『キリストに倣いて』のおびただしい知的背景に関するわずかな例に過ぎない。これによってしかし私は、この書が引用のモザイクであるなどと言おうとしているのではない。一読すればわれわれはこの書が、さりげない書き方の文章によるにも拘わらず、西洋文化の晶質の知性が集約され、宝石のごとく輝いているのを認めざるを得ない。この書物の著者は、この人文学的知の結晶の上に、キリストを模範とする生活を、それらの背景を成す文化の中ではあまり強調されなかった三つの徳、「謙遜」と「忍耐」を支えとして「愛」という最高の徳を目標として掲げているのである。その「愛」はすさまじい。「私を全身の熱意に燃えさせ、焼き尽くし、私を主なるあなたにお変えくださいますよう、私が内面におけるあなたとの合一の恵みによって、また火のような熱愛の融合によって、あなたと一つの霊に化することができますように(56)」と言うのである。それはプラトンやニュッサのグレゴリオスに出てくる「神への同化」、すなわち「神との神秘的一致《ウニオ・ミュスティカ》」の思想が言葉として見られるというような人文主義の段階を遥かに突き抜けて、この書に先立つ偉大な中世の思索と道徳の一切が、否、それ以上に、その当時までの宗教的知性の一切がそこに収斂され、一つの完成を見たとでも言われるべき大文章である。それこそ自己神化のあこがれが、最も謙虚な自己無化の態度の神秘的報償として与えられるプロセスなのである。そしてこれが神秘主義の命なのである。この背後には、旧約聖書でも語られている主の御言葉が、新約聖書の最も大切な主の言葉「なんじ心を尽《つく》し、精神を尽し、思《おもい》を尽し、力を尽して、主なる汝の神を愛すべし(57)」があることを思い出さない人がいるであろうか。

では問題の書の著者は誰であるか。普通に知られている限りでは、トマス・ア・ケンピスと言われている。この人は一三七九年または八〇年に、ドイツのデュッセルドルフ近郊ケンペンのヘメルケン家に生まれ、一三九三年以降、オランダのデヴェンテルで勉学を始め、九八年に二十人の同志と共に写字生としてラーデウヴェインス(Florentius Radewijns, ca. 1350–1400)が指導していた「共同生活兄弟団」に入り、ここで近代敬虔主義(devotio moderna)の神秘思想に馴染み、後に述べるフローテ(Geert Groote〈Gerardus Magnus〉, 1340–84)の影響を受けた。記録にこそ残されていないが、前章で触れたように、かつてニコラウス・クザーヌスもその頃、大学入学前後に数カ月をここで過ごしたとも言われる。トマスは翌年、ズウォレ(Zwolle, オランダ東部)近辺に新設され、長兄ヨハネスが修道院長をしていたウィンデスハイムの聖アウグスチノ修道会に入り、一四一三年司祭に叙任された。この修道院では最初の頃は最も優秀な写字生として重んぜられていたに過ぎなかったが、時と共にその優れた人柄が全般的に知られ、二度も副院長に選挙され、特に神秘神学の著述家として知られるようになった。明らかに彼自らの著作とされているものでは、『霊魂の独白(Soliloquium animae)』、『霊操小典(Libellus spiritualis)』、『キリストの生涯に関する祈禱と瞑想(Orationes et meditationes de vita Christi)』、その他フローテやラーデウヴェインスたち近代敬虔派の巨匠や聖女リドヴィナの伝記などが広く知られているが、最も優れた著書として『神を求める心の昂揚(Elevatio mentis ad inquirendum Deum)』は、内的な自己の宗教体験に基づいた神秘思想の的確な記述であって、十五世紀に書かれた神秘神学の代表的な著作の一つに挙げられている。

ソマリウス(H. Sommalius)が編んだトマス・ア・ケンピスの全集は、すでに一六〇〇年にアントワープで出版されているが、二十世紀になって一九二二年にポール(J. Pohl)編の全集がフライブルクで出版された。ラテン語版の『キリストに倣いて』については、四部の単独テクストが多数あるが、いずれの版が最も良いのか私にはよくわからない。この『キリストに倣いて』は、体系的一貫性をもって綴られたものではない。各巻とも独立に成立し、第一巻、第二巻は黙想録、第三巻、第四巻はイエスと弟子たる著者の対話篇である。第一―四巻それぞれは、一四一〇年、一二年、一四年、四一年に成立したもので、約三十年にわたる営みであった。どういうわけか、古い版では第三巻と第四巻の順序が逆になっている。ほとんどの日本語訳も、この本の著者をトマス・ア・ケンピスとしており、それは前述のように最も流布した説であり、この想定ないし確信を最近の研究で裏づけようとする努力も行われているが、私の見るところでは、この方向の研究にはなお疑問の点が多い。

『キリストに倣いて』の訳書の依拠するラテン語版が、トマス・ア・ケンピスの手になることは疑い得ないと思われる。アントワープのイエズス会修道院に、彼の自筆署名入りのラテン語原稿があるからである。しかし、この書の原典はオランダ語で、その著者は「共同生活兄弟団」の事実上の創立者ヘールト・フローテというデヴェンテル生まれの修道者であるという説もある。その場合、このオランダ語原典を当時の知識階級の国際語であったラテン語に訳したのが、トマス・ア・ケンピスであるということになる。これについては、オランダ語版の校訂者ファン・ヒンネケン(Jacobus van Ginneken)の研究もあり、ここで詳述する紙数のゆとりもないので、結論的に書くにとどめる。フローテの第一巻全部と第二巻の最初の第十二章は、トマスのラテン語訳の出る前から知られており、それらがこの訳書の依拠するラテン語版の第一巻、第二巻を形成している。その第一巻第一章の中の「たとえうわべだけで聖書のすべてを知り」と多くの邦訳書が訳しているラテン語は scire exterius であり、これは「外面的に知る、うわべだけで知る」と字のとおりに訳しても誤訳とは言えないが、その場合通常のラテン語では scire superficialis(表面的に知る、うわべだけを知る)と言い、また確実に記憶しているときは memor を使い、scire exterius という用法はない。これは恐らくゲルマン的語法で、例えばドイツ語で「意味を理解して記憶する」という場合は sich erinnern を使うが、「意味もわからずに暗誦する」場合を、auswendig lernen と言う。「それは外面的に知る」という意味であるが、この言葉をそのままラテン語に意味として訳せば scire exterius になる。敢えてラテン語の用法にないこのような句がここに出ていることは、原文がゲルマン語系のオランダ語かドイツ語であり、それをラテン語に直訳したからこのように非ラテン語的言表が残されているわけである。先に挙げたように、現にこの部分のラテン語を直訳すると、「たとえうわべだけで聖書のすべてを知り」となるが、うわべだけで聖書のすべてを知ることはできない。ここはどうしても「たとえ聖書のすべてを暗誦していても」とならなければ文意は通らない。この一言を見ても、著者として伝えられたトマス・ア・ケンピスはラテン語訳をした人なのである。フローテがオランダ語で書いた原稿が一九二一年まで発見されていなかったことを見ても、写字生として卓抜の才能を持っていたトマスが、四十歳の若さで原稿を遺して逝った師であるフローテのために、草稿を読解し、ラテン語に訳して広く世間に知らしめようとしたと考えることができる。

フローテの原稿とトマスのラテン語版とは以下のような差があるが、それは別の本というほどの差ではなく、ラテン語訳を公刊するに際し、訳者が改編したものと見ることができる。すなわち、フローテ(オランダ語)版の第二巻第十三章から第六十章までは、トマスにより改編され、多少新しい文章が付加されてラテン語版の第三巻となり、フローテ版では第三巻第十六章に当たるものはラテン語版にはなく、逆にラテン語版にあってフローテ版に見当たらぬものは、訳書第三巻第二十六章、第二十九章など、十二もの章がある。なお、訳書の第四巻第五章はフローテ版では第三巻第十七章に当たるが、これは訳書の第四巻第十一章、第十五章、第十八章と共に、トマスがその伝記を書いた近代敬虔主義の一人ファン・ショーンホーフェン（Jan van Schoonhoven, 1356/57–1432）の手に成るものであろう。このような考えは、一九二一年にドイツのリューベックの図書館で、フローテのオランダ語の写本が発見されて以後の研究によるが、それ以前からも、著者についてはクレルヴォーのベルナルドゥス、ジャン・ジェルソン、ボナヴェントゥラ、ゾイゼ（Heinrich Seuse〈Henricus Suso〉, ca. 1295/97–1366）ら著名な学者をはじめ、写本や古版本でも約四十人の名が挙げられ、研究者によっては二百人以上もの候補者を数え上げているほど問題になっていた。

前述したように、哲学・文学の古典的知識の豊かさから見れば、神秘主義者ロイスブルーク（Jan van Ruysbroeck, 1293–1381）の影響の他に、もともとはパリ、ケルンなど一流の諸大学に当時としては例外的に三十歳を超すまで長く学んでいたフローテの筆になると考えるのが自然かもしれない。古典の借用や引用がみごとなのは前述のとおりであるが、多くの学者が暗誦しているほど周知の古典ですら、多少原文とは違ったラテン語になっている理由も、いったんオランダ語に訳された文の再ラテン語化だからであろう。

しかし何はともあれ、「誰が言っているのかということよりも、何が書かれているかに心を用いよ」というこの書に引かれたトマス・アクィナスの文章に従って読むことにすれば、著者の候補者を二人に絞ったままで静かに『キリストに倣いて』を読み続けることが、人間の知の限界を守りながら、おのれ自身の内面を高めることになるのではないか。これこそが中世哲学史の最後に挙げる書物の性格としても相応しいような気がする。この書物には、信徒として守るべきキリストの模範と信徒として信ずべき神の声とが語られているが、制度としての教会の権威《アウクトリタス》についてはほとんど述べられていない。宗教の中で哲学に関わるものとして、神とキリストへの信徒のパーソナルな関わりに重点を置き、神学においてならば重要な教会の権威について特に言及することのないこの書は、ラテン語で書かれていながら、ラテン的中世とは自ずから異なる新しい哲学の時代を信仰の面からも予見していると思われる。ラテン語そのものはその後、何百年も哲学の国際語として用いられ続けたが、その内容はかつてのラテン語文献とは時と共にその差異を大きくしていった。その第一歩がこの書物だったのである。

註

序章　豊饒なる中世

(1) Étienne Gilson : La Philosophie au moyen âge, Paris, 1922.

(2) Martin Grabmann : Die Geschichte der scholastischen Methode Bd. I, II, Freiburg im Breisgau, 1909, 1911.

(3) Ibid., Bd. I, S. 148.

(4) Kurt Flasch (hrsg.) : Mittelalter, Geschichte der Philosophie in Text und Darstellung, Stuttgart, 1982.

(5) A. H. Armstrong (ed.) : The Cambridge History of Later Greek and Early Medieval Philosophy, Cambridge, 1967.

(6) Cf. Étienne Gilson : L'esprit de la philosophie médiévale, Paris, J. Vrin, 1944. なおジルソンは、デカルトの第四省察はギリシア人とデカルトとの間に自由の思索を彫琢した中世哲学の長年の努力が介在しなければ存立し得なかった、とも言っている。

(7) Cf. Henri Gouhier : La Pensée Métaphysique de Descartes (3e, éd.), Paris, 1978.

(8) Cf. Grabmann : Die Philosophie des Mittelalters [Sammlung Göschen, Geschichte der Philosophie, Bd. III], Berlin und Leipzig, 1921.

(9) Cf. Thomas Aquinas : Summa contra gentiles, II, 4.

(10) 岩下壮一『中世哲学思想史研究』岩波書店、一九四二年、一七九頁。なお、( )内のラテン語は引用者による付加であり、また現代仮名遣いに改めている。

(11) Anselmus Cantuariensis : Proslogion, Cap. I.

(12) 『創世記』三章十七―十九節参照。そこには「土は汝のために詛《のろ》わる。汝は一生のあいだ労苦《くるし》みて其より食を得ん。(中略)汝は面《かお》に汗して食物を食《くら》いついに土に帰らん」と記されている。なお本書での日本語訳聖書の引用は若干の例外を除き原則的に文語訳による。

(13) Les frères de Limbourg, 十四世紀に活躍したポール(Pol)、エルマン(Herman)、ジャン(Jean)の三兄弟。オランダに生まれた彼らはパリで金細工の修業をした後、写本装飾に転じた。

(14) Meister Eckhart : Reden der Unterweisung (übertragen und eingeleitet von Josef Bernhart), München, 1922, S. 26.

(15) 『ルカ伝福音書』十章三十八―四十二節。

(16) 今道友信『同一性の自己塑性』東京大学出版会、一九七一年、第三篇「人間の自由について」参照。

(17) Boethius : De consolatione philosophiae, Liber V, Cap. 6.

(18) Ibid., III, 8.

(19) Thomas Aquinas : Summa theologiae, I, Qu. 1, art. 8.

(20) Justinus : Dialogus cum Tryphone Judaeo, II, 8. なおこの書のギリシア語標題は "Τοῦ ἁγίου Ἰουστίνου Φιλοσόφου καὶ Μάρτυρος πρὸς Τρύφωνα Ἰουδαῖον Διάλογος(哲学者にして殉教者なる聖ユスティノスのユダヤ人トリュフォンとの対話)" である。

(21) Aurelius Augustinus : De civitate Dei, Liber VIII, Cap. 1.

(22) 拙稿「神の遍在」『聖トマス大学キリスト教文化研究所紀要』第二三巻、二〇〇八年所収、参照。

(23) Epiktetos : Dissertationes ab Arriano digestae (hrsg. von H. Schenkl), Teubner, Leibzig, 1916, I, 1.

(24) Plotinos : Enneades, I, 8, 13.

第一章 教父学の展望

(1) 上智大学編『カトリック大辞典』第Ⅰ巻、冨山房、一九四八年、六五九―六六〇頁、および上智学院新カトリック大事典編纂委員会編『新カトリック大事典』第Ⅱ巻、研究社、一九九八年、三六二頁参照。

(2) Platon : ΘΕΑΙΘΗΤΟΣ, 176 B 1.

(3) Platon : ΦΑΙΔΩΝ, 82 B 8-10.

(4) J. P. Migne : Patrologiae graecae (以下、P. G. と略記), XLIV, 429 D.

(5) 『創世記』三章十九節。

(6) 『創世記』三章二十一節。

(7) Cf. Tertullianus : Adversus Valentinianos.

(8) Cf. Aristoteles : Meteorologica, B, 1, 353 a 35 ; Metaphysica, E, 1, 1026 a 19.

(9) 『マタイ伝福音書』五章十七節。

(10) 同書、五章四十四節。

(11) Aurelius Augustinus : De gratia et libero arbitrio, XX.

(12) 『エペソ人への書』二章八―九節。

(13) 同書、二章十節。

(14) Cf. Augustinus : De civitate Dei, Liber XI, Cap. 17.

(15) Augustinus : De gratia et libero arbitrio, VIII.

(16) Ibid.

(17) 『詩篇』五十一篇十節。

(18) 『コリント人への後の書』五章十七―十八節。

(19) Augustinus : De gratia et libero arbitrio, VIII.

(20) Cf. Augustinus : De doctrina christiana, II, 11.

(21) 『ルカ伝福音書』一章三十節参照。本文中のルビには「インヴェンティオ」と記したが、これは読者の理解を容易にするためであり、原文には inventio のもとになる動詞 invenio の変化形が使われている。以下にこの聖句のラテン語原文を挙げておく。"ne timeas Maria invenisti enim gratiam apud Deum."

第二章 転位と塑性

(1) Johannes Saresberiensis : Metalogicon, III, 4.

(2) 詳細は、一九五八年の『哲学雑誌』第七三巻第七三八号所載の拙稿「古書七行考」(今道友信『アリストテレス』〔講談社学術文庫、二〇〇四年〕に再録)を参照されたい。

(3) Platon : ΑΠΟΛΟΓΙΑ, 39 A 6-B 1.

(4) Aristoteles : Ethica Eudemia, III, 1229 a 40.

(5) 教父は普通その民族や国籍に関わりなく、使用した言語によって区分されるが、シリア教父、コプト教父、ヘブライ教父たちを除いて、他にただラテン教父を考えてみるだけでも、そこには絢爛たる学者が居並ぶので、教父の哲学を論ずるにあたってただギリシア教父だけに問題を限るのは手落ちであるかもしれないが、教父時代の初期にはいわゆる黙示文学者以外はすべてギリシア語で書いた人ばかりであったことや、前章のギリシア哲学との直接的な言語上の聯関から考えてみれば、このような制限はむしろ当然のことである。

(6) Cf. Clemens : I epist. 2, 13, 16, 56, 59, 62.

(7) Cf. Didache, III, 2 ; IV, 13.

(8) 『マタイ伝福音書』五章三節。「幸福《さいわい》なるかな、心の貧しき者(Μακάριοι οιοι πτωχοὶ τῷ πνεύματι)」。

(9) Homeros : Odysseia, VI, 208.

(10) Ignatios Antiocheia : Epist. ad Polycalpum, V.

(11) Ignatios Antiocheia : Epist. ad Romanos, II.

(12) P. G., XCII, 1649.

(13) Cf. Jean Daniélou : Platonisme et théologie mystique, Paris, 1946, p. 7.

(14) Cf. ibid., pp. 8-9.

(15) Cf. P. G., XLIV, 336, 353, 420, 424.

(16) Ibid., 185.

(17) Cf. ibid., 336, 353, 420, 424.

(18) Ibid., 436.

(19) Cf. Daniélou : op. cit., pp. 20-26.

(20) P. G., XLIV, 305.

(21) Ibid., 316.

(22) Ibid., 317.

(23) Ibid., 1000.

(24) Ibid., 305.

(25) Ibid., 316.

(26) Ibid., 376.

(27) Cf. ibid., 488-496.

(28) アテネで刊行されている希希語辞典にはこのように、現代ギリシア語で書かれている。なお、この語は聖書にも次のように出ている。「彼らはペテロとヨハネの臆することなきを見(θεωροῦντες δὲ τὴν τοῦ Πέτρου παρρησίαν καὶ Ἰωάννου. . .)」(『使徒行伝』四章十三節)。「我らはかくのごとき希望《のぞみ》を有《も》つゆえに、更に臆せずして言い(Ἔχοντες οὖν τοιαύτην ἐλπίδα πολλῇ παρρησίᾳ χρώμεθα)」(『コリント人への後の書』三章十二節)。

(29) P. G., XLIV, 429 D.

(30) Ibid.

(31) Cf. Ibid., 1145. この語はθάρσος(勇気、大胆さ)から派生している。

(32) Ibid., 1124.

(33) Ibid., 497.

(34) Cf. J. G. Sikes : Hervaei Natalis Liber de paupertate Christi et Apostolorum, pp. 209-298, Archives d'histoire doctrinale et littéraire du moyen âge, Paris, 1938. 原文中の下線は引用者による。

(35) Thomas Aquinas : Summa theologiae, II-1, Qu. 45, art. 1.

(36) Ibid., art. 4.

(37) Ibid., art. 3.

第三章　自由と美と神秘の聯関について

（1） Cf. Werner Wilhelm Jaeger : Early Christianity and Greek Paideia, Massachusettes, 1961.

（2） Cf. Jean Daniélou : Platonisme et théologie mystique, Paris, 1946.

（3） 今道友信『美学の源流としてのプラトン』（「美学史研究叢書」第一輯所収）、東京大学文学部美学芸術学研究室、一九七〇年、五頁参照。

（4） Cf. Platon : ΦΑΙΔΩΝ, 63 E–69 E, 80 A 3, 82 B 8–10 ; ΘΕΑΙΘΗΤΟΣ, 176 B 1.

（5） P. G., XLIV, 429.

（6） M. F. Owsjannikow und S. W. Smirnowa : Kurze Geschichte der Ästhetik, Berlin, 1966.

（7） Hieronymus : Epistola, 107 et 128.

（8） ラテン語、ギリシア語、ヘブライ語の三カ国語を自由に操れる人の意。

（9） Augustinus : Confessionum Liber X, Cap. 33.

（10） Ibid.

（11） Johannes Damascenus : Contra imaginum calumniatores orationes tres, 1, 17.

（12） アレクサンドリアのクレメンスは、『ストロマタ（Stromata）』においてアリストテレスに言及しているし、エメサのネメシオスの『Περὶ φύσεως ἀνθρώπου（人間の本性について）』には、アリストテレスの『ニコマコス倫理学』に類似した記述が多い。また、イェーガーは、バシレイオスも『ニコマコス倫理学』を知っていたと断言している。Cf. Harnack : Diodor von Tarsus, Leipzig 1901 ; Diekamp : Theologische Revue, 1903 ; Jülicher : Theologische Literaturzeitung, 1902 ; Funk : Kirchengeschichtliche Abhandlungen und Untersuchungen, III, Paderborn, 1907 ; Grabmann : Die Geschichte der scholastischen Methode, Bd. I, Freiburg, 1909.

（13） Aristoteles : Metaphysica, 982 b 26–27.

（14） Ibid., 1075 a 20–22.

（15） Aristoteles : Ethica Nicomachea, 1112 b 12–16.

（16） Ibid., 1112 b 17.

（17） 『マタイ伝福音書』二十二章三十六―四十節。

（18） P. G., XLIV, 328.

（19） Cf. J. Gaith : La conception de la liberté chez Grégoire de Nysse, Paris, 1952.

（20） Cf. Aristoteles : Ethica Nicomachea, 1154 b 24–31.

（21） Cf. P. G., CXX, 605–694.

（22） Cf. P. G., XLIV, 349.

（23） P. G., XLIV, 304.

（24） Ibid.

（25） Ibid., 429.

（26） Ibid.

（27） Ibid., 360.

（28） 『出エジプト記』三章三節。

（29） Cf. P. G., XLIV, 1145.

（30） ナジアンゾスのグレゴリオス（Gregorios 325/30–ca. 390）、およびバシレイオス、ニュッサのグレゴリオスの三名のこと。

(31) Cf. Étienne Gilson und Philotheus Boehner : Christliche Philosophie von ihren Anfängen bis Nikolaus von Cues, 3. Aufl., Paderborn, 1954, S. 193.

第四章　包越と恩寵

(1) 『エゼキエル書』三十六章二十六節。
(2) 『エゼキエル書』十八章三十一節。
(3) Augustinus : De gratia et libero arbitrio, XV.
(4) Ibid.
(5) Ibid.
(6) Ibid., XXII.
(7) 『ヨハネ伝福音書』三章十七節。
(8) Augustinus : op. cit., XXII.
(9) Ibid., II.
(10) Ibid.
(11) Ibid.
(12) Ibid.
(13) 『ガラテヤ人への書』五章四節。
(14) 『ガラテヤ人への書』二章二十一節。
(15) 『マタイ伝福音書』五章十七節。
(16) Augustinus : op. cit., XIII.
(17) Ibid., XIV. 以後、次の註(18)までの間の諸引用もみな同章からのものである。
(18) Ibid., XV.
(19) Ibid.
(20) Ibid.
(21) 『歴代志略下』二十一章十六―十七節。
(22) Augustinus : op. cit., XXI.
(23) もちろん知悉する読者は、アウグスティヌスの有名なテクストであれば、『三位一体論』の viget et claret desuper judicium veritatis を想起することによって反論を企てたくなるかと思うが、そこでは問題は別であって、その judicium も veritas も最も広義に使われた場合である。
(24) Augustinus : Confessionum Liber VII, Cap. 6.
(25) 『詩篇』三十五篇七節参照。この箇所は文語訳では、「かれらは故なく我をとらえんとて網をあなにふせ故なくわが霊魂《たましい》をそこなわんとて阱《あな》をうがちたればなり」となるが、ラテン語のウルガタ版聖書では、“iustitia tua sicut montes Dei/iudicia tua abyssus multa/homines et iumenta salvabis Domine.”となる。アウグスティヌスはこれをうけて、“ex abysso justi judicii tui (あなたの正しい裁きの深淵から)”と記している。
(26) Augustinus : Confessionum Liber VII, Cap. 17.
(27) Ibid., Cap. 13. 服部英次郎訳でもこの箇所は「正しい判断」と訳されているが、原文では“indicio saniore pendebam (より賢明な判断で判定する)”である。いずれにしても、「真」という語は使われていない。
(28) Ibid., Liber III, Cap. 6.
(29) 『エペソ人への書』五章二十七節。
(30) Augustinus : Confessionum Liber X, Cap. 1.
(31) Ibid., Liber VII, Cap. 7. 二つの言葉すなわち cogitanti, redeunti とも同一文章内に見いだされる。原文には、構文上 et が不要であるから使われていない。

(32) その間の事情は、『告白』第七巻の第七、第八、第九の各章に詳しく述べられている。
(33) 「生命(vita)」「道(via)」「真理(veritas)」と並んでいるのは、言うまでもなくキリストの自己自身の説明として使った言葉である。『ヨハネ伝福音書』十四章六節「イエス彼に言い給う『われは道なり、真理《まこと》なり、生命《いのち》なり、我に由らでは誰にても父の御許《みもと》にいたる者なし』」。
(34) Cf. Aristoteles : Metaphysica, 981 b 12.
(35) Cf. ibid., 1038 b 6.
(36) Cf. ibid., 1001 b 33.
(37) Cf. ibid., 995 b 30.
(38) 『論語』巻第八、季子第十六の十一。「善を見ては及ばざるが如くし、不善を見ては湯を探《さぐ》るが如くす」。
(39) Augustinus : Confessionum Liber X, Cap. 24.
(40) Ibid., Cap. 26.
(41) Ibid.
(42) Ibid., Cap. 29.
(43) Ibid., Cap. 30.
(44) 『ヨハネの第一の書』二章十六節。「おおよそ世にあるもの、即ち肉の欲、眼《まなこ》の欲、所有《もちもの》の誇《ほこり》などは、御父《みちち》より出《い》づるにあらず、世より出《い》づるなり」。
(45) Augustinus : Confessionum Liber X, Cap. 34.
(46) Ibid., Cap. 35.
(47) 「慈しみ深い母」というのがもともとの意味であるが、そこから派生して、精神の戻る場所ということで、やがて「母校」という意味も加わった。
(48) Ibid.
(49) Ibid.
(50) Cf. ibid.
(51) Ibid.

第五章　超越と解釈

(1) Augustinus : Confessionum Liber XI, Cap. XIV.
(2) Ibid., Cap. XVIII.
(3) Ibid., Cap. XX.
(4) Ibid.
(5) Augustinus : De ordine, Liber II, Cap. 14, 40.
(6) 「さてまたアトレウスの子は迅やかな船を　汐《うしお》の中へと引き出ださせ、その漕手には二十人を　撰《よ》りすぐって(ἔκρινεν)乗り組ませ」(呉茂一訳、岩波文庫)と、ホメロス『イリアス』第一歌にある ἔκρινεν は κρίνω の分詞形である。
(7) Augustinus : Confessionum Liber VII, Cap. 12.
(8) Ibid.
(9) 『詩篇』一篇一—六節。以下にラテン語訳ウルガタ版聖書から原文を引用しておく。

Psalum 1

Beatus vir qui non abiit in consilio impiorum
et in via peccatorum non stetit
et in cathedra pestilentiae non sedit
sed in lege Domini voluntas eius
et in lege eius meditabitur die ac nocte
et erit tamquam lignum

quod plantatum est secus decursus aquarum
quod fructum suum dabit in tempore suo
et folium eius non defluet
et omnia quaecumque faciet prosperabuntur
Non sic impii, non sic:
sed tamquam pulvis quem proicit ventus, a facie terrae.
Ideo non resurgent impii in judicio,
neque peccatores in consilio iustorum,
quoniam novit Dominus viam iustorum;
et iter impiorum peribit.

（10） Cf. Augustinus: Enarrationes in Psalmos, 1, 3.

（11） Ibid., 1, 1, 15–16.

（12） Ibid., 1, 16–18.

（13） Ibid., 1, 18–20.

（14） 本章註（9）参照。

（15） Ibid., 2, 3-4.

（16） Ibid., 2, 4-5.

（17） Ibid., 2, 7-8.

（18） Ibid., 2, 9.

（19） Possidius: Vita Augustini, 18, 9 [Wilhelm Geerlings (hg.): Possidius, vita Augustini, Paderborn, 2005, S. 63].

（20） プファイファー（Rudolf Pfeiffer, 1889–1979）、スネル（Bruno Snell, 1896–1986）、イェーガーたちと共に、ドイツの正統派古典文献学者ヴィラモヴィッツ＝メレンドルフ（Ulrich von Wilamowitz-Moellendorff, 1848–1931）の晩年の高弟の一人で、ラテン古典文献学者として戦後の第一人者であった。『ローマ人の精神世界（Römische Geisteswelt）』や不朽の論文集『ギリシア・ローマの文献についての研究（Studien zur griechischen und römischen Literatur）』という七二三頁に及ぶ大著が残されている。

（21） Cf. Henri-Irénée Marrou: St. Augustin et l'Augustinisme, Paris, 1956.（邦訳、長戸路信行訳『聖アウグスティヌス 思想と生涯』中央出版社、一九九四年、一五頁）。

（22） Cf. Hans Freiherr von Campenhausen: Lateinische Kirchenväter (zweite durchgesehene Auflage), Stuttgart, 1960, S. 178.

（23） Cf. Marrou: op. cit.（前掲邦訳書、四四—四五頁）。

（24） Martin Grabmann: Die Philosophie des Mittelalters [Sammlung Göschen, Geschichte der Philosophie, Bd. III], Berlin und Leipzig, 1921, S. 9.

（25） Augustinus: De dono perseverantiae, XX, 53.

（26） Cf. Augustinus: Confessionum Liber X, Cap. 35.

（27） Ibid., Liber I, Cap. 6.

（28） アウグスティヌスの "confessiones" を「告白」ではなく「讃美録」と訳すべきであるということを、七十人訳ギリシア語聖書の ἐξομολογεῖν とラテン語 confiteri との対応にまで溯って日本語で説明したのは、岩下壮一『中世哲学思想史研究』（岩波書店、一九四二年）の一九一—一九二頁における註がはじめてであろう。

（29） 『詩篇』九十五篇三節、百四十五篇三節参照。

（30） Augustinus: Confessionum Liber XI, Cap. 1.

（31） Ibid., Cap. 2.

(32) Ibid.
(33)『創世記』一章一節。
(34) Augustinus : Confessionum Liber XI, Cap. 3.
(35) Ibid.
(36) Ibid, Cap. 6.
(37) アムランは、海水に身を投じ、死力を尽くして溺死寸前の二人の青年を救うことに成功したが、自らは力尽きて、その哲学の完成を待たず、ソルボンヌ大学の教授としての幾多の期待を果たさないまま、しかし神の証人として死んだ。
(38) Augustinus : Confessionum Liber XI, Cap. 2.
(39) Ibid.
(40) Ibid, Cap. 1. 引用文中の「心を開き」は、前述の私の「身の抜《ひら》き」という表現に通じる。「自らの悲惨」と「汝の慈悲」をアウグスティヌスが告白するのは、前述の自己の不完全と裂傷の意識が絶対者への憧憬となり、そこにその絶対的存在の声を受容する意識構造が成立したからである。「汝がすでに始めた業を続け」るとは、前述の絶対者の意向がわれわれを介して実現されてゆくことを意味し、「われわれを完全に自由に」するとは、前述の事象の裂傷に苦しみ、記述命題間のアポリアに囚われていた状態から解放してゆく判断を考え出させるということである。そして、「われわれ自身がもはや自己自身において悲惨な者ではなくな」るとは、前述の判断に基づいてその方向に解釈を行うならば、対象論的視覚論理のアポリアにおける暗黒の体験や、否むしろその前の、事象の裂傷において呻かざるを得ない実存であるということなど、そういう事象に埋没し、無に傾斜する実存的悲惨を超脱してゆくことであり、また「汝において幸福な者となる」とは、解釈の実践において精神は、少しずつ神意が教え示されてきて、つまり一歩ずつ超越の度を高め、ついに神と志向的に一致する幸福を体験することができるという意味である。
(41) Ibid, Cap. 9.
(42) Augustinus : Contra Academicos, Liber II, Cap. 3.
(43) Ibid.
(44) Ibid.
(45) Ibid. 原文は次のとおりである(下線は引用者による)。
. . . si veram pulchritudinem cujus falsae amator est, sanatis renudatisque paululum oculis posset intueri, . . .
(46) Ibid, Cap. 3.
(47) Augustinus : Confessionum Liber II, Cap. 2. 以下にラテン語の原文を引用しておく。
Quis mihi modularetur aerumnam meam et novissimarum rerum fugaces pulchritudines in usum verteret earumque suavitatibus metas praefigeret, ut usque ad coniugale litus exaestuarent fluctus aetatis meae, si tranquillitas in eis non poterat esse fine procreandorum liberorum cobtenta, sicut praescribit lex tua, domine. . .
(48) Ibid, Cap. 1.
(49) Cf. Josephi Capello : S. Aurelii Augustini Confessionum, introductione et notis aucti cura et studio, Marietti (ed.), Torino, 1948, p. 39.
(50) Augustinus : Confessionum Liber II, Cap. 2.
(51) Ibid.

(52) Ibid., Cap. 3.
(53) Ibid.
(54) Ibid., Cap. 2.
(55) Ibid., Cap. 5. 原文には、"Etenim species est pulchris corporibus"とある。
(56) Ibid.
(57) Ibid.
(58) Ibid., Cap. 2.
(59) Ibid., Cap. 5.
(60) Ibid., Cap. 6.
(61) Ibid.
(62) Ibid.
(63) Ibid.
(64) Ibid., Liber VII, Cap. 12.
(65) Augustinus : Confessionum Liber XIII, Cap. 2.
(66) Ibid., Liber IV, Cap. 16.
(67) Ibid., Cap. 15.
(68) Augustinus : De ordine, Liber I, Cap. 8, 24. 原文は以下のとおりである。

… quo animae dotatae disciplinis et virtute formosae copulantur intellectui per philosphiam …

(69) Ibid., Cap. 8, 25.
(70) Ibid., Liber II, Cap. 19, 51.
(71) Cf. Augustinus : Enarrationess in Psalmos, 44, 3.
(72) 本章註(45)参照。

第六章 スコラ学展望

(1) Dante Alighieri : La Divina Commedia, Inferno, Canto II, v. 120.
(2) Ibid., Canto I, v. 2.
(3) Cf. ibid., v. 31-54. 特にここの絶望とは登高の望みを失うことであり、第五十四行で"Ch'io perdei la speranza dell' altezza.(高みへと至る望みを私は失った)"と詠っている。
(4) Ibid., Canto II, v. 127-132.
(5) Ibid., v. 133-140.
(6) Ibid., Canto V, v. 85.
(7) Ibid., Purgatorio, Canto XXVII, v. 127-130.
(8) Ibid., Canto XXX, v. 31-33.
(9) Ibid., v. 49-51.
(10) ベアトリーチェの容姿を形容する三つの色彩で三つの対神徳を象徴することになっている。すなわち、白が信仰、緑が希望、赤が愛を表している。
(11) 原文は以下のとおりである。"Philosophia est ancilla theologiae." この有名な辞句は、ペトルス・ダミアニに由来すると言われているが、さまざまな学者等によって繰り返し用いられている。
(12) Cf. J. P. Migne : Patrologia latina(以下、P. L.と略記), CXLV, 602-603.
(13) P. L., CL, 322.
(14) Ibid., 158.
(15) Thomas Aquinas : Summa theologiae, I, Qu. 91, art. 1
(16) Ibid., Qu. 78, art. 1.

(17) 『箴言』二十二章二十節。なお、新共同訳聖書で同箇所は「わたしの意見と知識に従って三十句／あなたのために書きつけようではないか」と訳されている。
(18) Bonaventura : De triplici via, alias incendium ameris [Fontes Christiani, zweisprachige Neuausgabe christlicher Quellentexte aus Altertum und Mittelalter, Bd. 14, Freiburg, 1993], Prologus, 1.
(19) Cf. Ibid., Prologus, 2.
(20) Cf. Ibid.
(21) 十二世紀にもすでに「スンマ」と名づけられたものが、主として法典集や聖書研究や諸基礎学の領域に多かった。恐らく最初の神学スンマはパリ大学の教授たちから出されたと思われる。
(22) Robertus de Melun : Codex Bruggensis, 191, fol. 1r. Cf. Grabmann : Die Geschichte der scholastischen Methode, Bd. II, S. 23.
(23) この註より次の註までの間のトマスの引用は、Summa theologiae, I, Qu. 2, art. 1 からである。
(24) Cf. Étienne Gilson : La Philosophie au moyen âge, 2e éd., Paris, 1952, pp. 201-202.
(25) Cf. Grabmann : Die Geschichte der scholastischen Methode, Bd. I, S. 234-238.
(26) アベラールの論理学は P. L., CLXXVIII に散在する。
(27) Cf. ibid., CLXXVIII, 1340-1345.
(28) Cf. ibid., 1345-1347.

第七章　学燈の保持

(1) Martin Grabmann : Die Geschichte der scholastischen Methode, Bd. I, S. 148.
(2) Boethius : De consolatione philosophiae, Liber I, V.
(3) Ibid., Liber I, I.
(4) Ibid., Liber II, VII.
(5) ボエティウスの数多い著作については本章において言及しているが、以下のものも参照されたい。上智大学中世思想研究所(編訳・監修)『中世思想原典集成』第五巻(後期ラテン教父)、平凡社、一九九三年、二三一—二四頁。
(6) Boethius : op. cit., Liber I, I.
(7) Ibid., Liber I, IV.
(8) Ibid.
(9) Ibid., Liber V, V.
(10) Cf. ibid., Liber II, III.
(11) Ibid., Liber II, IV.
(12) Ibid.
(13) Ibid.
(14) Cf. ibid., Liber II, IV.
(15) Cf. ibid., Liber III, X.
(16) Ibid., Liber III, XI.
(17) Ibid.
(18) Ibid.
(19) Cf. ibid.
(20) Ibid., Liber III, XII.
(21) Ibid.

（22） Cf. ibid.
（23） Ibid., Liber III, XI.
（24） Ibid.
（25） Ibid.
（26） Ibid.
（27） Ibid.
（28） Ibid.
（29） Ibid., Liber IV, II.
（30） Ibid.
（31） Ibid.
（32） Ibid.
（33） Ibid. ここで言われている「プラトンの考え」とは、『ゴルギアス』四六六に見られる考えのことを指す。
（34） Ibid., Liber IV, VII.
（35） Ibid., Liber IV, II.
（36） Ibid., Liber V, I.
（37） Ibid.
（38） Ibid.
（39） Ibid.
（40） Ibid.
（41） Ibid., Liber V, III (Metrum).
（42） Ibid., Liber V, III (Prosa).
（43） Ibid.
（44） Ibid., Liber V, VI.
（45） Ibid.
（46） Ibid.
（47） Cf. Grabmann : op. sit., Bd. I, S. 160.
（48） Cf. ibid., S. 161.
（49） Cf. ibid., S. 164.
（50） Cf. ibid., S. 150.

第八章　思索としての神学

（1） 拙稿「カトリック神学の基礎としての哲学の再生」、『英知大学キリスト教文化研究所紀要』第二二巻、二〇〇七年、一一二二頁参照。
（2） Boethius : De Trinitate ; Quomodo Trinitas unus Deus ac non tres Dii, Prologus, 31-33.
（3） Cf. ibid., II, 5-15.
（4） Ibid., 16-18.
（5） Ibid., VI. 24-26.
（6） Cf. ibid., I, 7-8.
（7） Ibid., 9.
（8） Ibid., 10.
（9） Ibid., 24-25.
（10） Cf. ibid., 21-29.
（11） Ibid., 30-31.
（12） Ibid., III, 13-15.
（13） Ibid., 19-22.
（14） Ibid., 29-31.
（15） Ibid., 46-48.
（16） Ibid., 50-51.
（17） Ibid., IV, 2-4.

(18) Ibid., 104–105.
(19) Ibid., 107–108.
(20) Augustinus : De Trinitate, Liber V, Cap. 5, 6.
(21) Boethius : op. cit., VI, 4.
(22) Ibid., V, 1–2.
(23) Cf. ibid., 5–29.
(24) Cf. ibid., 42–43.
(25) Cf. ibid., V, 48–57, VI, 3–7.
(26) Boethius : Contra Eutychen et Nestorium, Prologus, 58–61.
(27) Ibid., II, 1–2.
(28) Ibid., III, 4–5.
(29) Ibid., 5–6.
(30) Cf. ibid., III.
(31) Cf. ibid., III, 10.
(32) Ibid., 9–11.
(33) 本書においても、このボエティウスのいわゆる第三論文を便宜上、「デ・ヘブドマディブス」とする。Cf. Boethius : De hebdomadibus, P. L., LXIV, 1311–1334.
(34) Ibid., 1311. 以下、次の註(35)までの間の引用は同箇所からである。
(35) Marius Victorinus : Adversus Arium, Liber IV, 19 [Albrecht Locher (hrsg.) : Marii Victorint Afri opera theologica, bibliotheca scriptorum teubneriana, Leipzig, 1976, S. 152, 20–21].
(36) Boethius : De hebdomadibus, P. L., LXIV, 1311.
(37) Ibid.
(38) Ibid., 1314. 以下、次の註(39)までの間の引用は同箇所からである。
(39) Ibid., 1313.
(40) Ibid., 1314. 以下、次の註(41)までの間の引用は同箇所からである。
(41) Richard McKeon (ed.) : Selections from Medieval Philosophers I, Augustine to Albert the Great, New York, Chicago and Boston, 1929, p. 65.
(42) Étienne Gilson : La Philosophie au moyen âge, 2e éd., Paris, 1952, p. 139.
(43) Gilson-Boehner : Christliche Philosophie von ihren Anfängen bis Nikolaus von Cues, 3. Aufl., Paderborn, 1954, S. 239.
(44) マリウス・ウィクトリヌスによるラテン語訳。P. L., LXIV, 15. ウィクトリヌスの訳もボエティウスの訳も同じギリシア語を訳しているので、内容そのものには当然のことながら違いはない。因みにこの箇所を日本語に訳すと以下のようになる。

類とは何か、また種とは何か、差異とは何か、固有性とは何か、偶有性とは何かを知ることは、メナンティウスよ、アリストテレスの『カテゴリー論』に向けてにせよ、定義の理論に向けてにせよ、つまりは総じて、分割に関する、あるいは論証に関わる事柄に向けて必要なことであり、それらを知ることは多大の有用性をもつものでありますので、手短に君に説明してみたいと思います。古人たちによって、真に深遠かつ荘重な仕方で、どんな種類の問題が提示されたのかを、私としては、他の事柄に対するある何らかの見通しをともなった簡単な言い方でそれらのことを適度に説明しようと思うのです(石井雅之訳。『中世思想原典集成』第五巻、平凡社、一九九三年、四五頁)。

(45) ボエティウス自身によるラテン語訳。P. L., LXIV, 77.

(46) Ibid.

(47) Ibid., 71-72.

(48) Ibid., 72.

(49) Ibid.

(50) Ibid., 73.

(51) Ibid.

(52) Ibid.

(53) Ibid., 75.

(54) Cf. ibid., 77-78. “necessarium suum”は「彼のネセサリウム」、“necessarium nostrum”は「われわれのネセサリウム」、“necessarium nobis”は「われわれにとってのネセサリウム」ということであり、ここではもちろんネセサリウムをどう訳すかが問題となっている。本文にある“necesse est”は直訳すると、「必然的である」となる。

(55) Ibid., 78.

(56) Gilson : La Philosophie au moyen âge, p. 154.

(57) Cf. McKeon (ed.) : op. cit., p. 66.

(58) この句は、メルゼブルク写本の中で発見されたエピグラムの部分で、作者はボエティウスの息子あるいは義父のシムマクスではないかと推測されている。

(59) アスティのジャコバン(Jacobin d'Asti)が一二七四―七八年の書写時期に挿入した部分を除く。

なお、本章で挙げたトマスの著作の原題を以下にまとめて載せておく。

『イザヤ書註解(Expositio in Isaiam)』/『エレミヤ哀歌註解(Expositio in Threnos Ieremiae)』/『エレミア書註解(Expositio in Ieremiam prophetam)』/『ヨブ記註解 Expositio in Job』/『マタイ伝福音書註解(Lectura super Evangelium sancti Matthaei)』/『ヨハネ伝福音書註解(Lectura super Evangelium sancti Johannis)』/『聖パウロ書簡註解(Lectura superEpistolas sancti Pauli)』(『ロマ人への書』および『コリント人への前の書』一から十節=expositio,『コリント人への前の書』十一節および『ヘブル人への書』=lectio)/『詩篇註解(Postilla super Psalmos)』(五十四篇まで)/『マタイ・マルコ・ルカ・ヨハネ伝福音書連続註解(Expositio continua in Matthaeum, Marcum, Lucam et Johannem)』/『自然学註解(Expositio in libros Physicorum Aristotelis)』/『心理学(霊魂論)註解(Sententia libri De anima)』(第1巻はlectio, 第二・三巻はexpositio)/『感覚と可感的なるもの註解(Sententia libri De sensu et sensato)』/『形而上学註解(Expositio in duodecim libro MetaphysicorumAristotelis)』/『気象学註解(Expositio in libros Aristotelis Meteorologicorum)』/『政治学註解(Sententia libri Politicorum)』/『命題解釈論註解(Expositio libri Peryermenias)』/『分析論後書註解(Expositio libri Posteriorum)』/『ニコマコス倫理学註解(Sententia libri Ethicorum)』/『記憶論註解(Expositio libri De memoria et reminiscencia)』/『天体論および世界論註解(Expositio in Aristotelis libros De caelo et mundo)』/『生成消滅論註解(Expositio in libros Aristoteli de generatione et corruptione)』/『原因論註解(Expositio super librum de causis)』/『デ・ヘブドマディブス註解(Exoisitio libri Boetii de Hebdomadibus)』/『三位一体論註解(Super Boetium de Trinitate)』/『偽ディオニュシオス・アレオパギテス神名論註解 Expositio in Dionysium de divinis nominibus』/『ペトルス・ロンバルドゥス命題集註解 Scripta super libros sententiarum』。

(60) 例えば、ペトルス・ロンバルドゥスの『命題集』は非常に多くの学者の註釈をよび、これについてはプロトワ(Protois)の報告(Protois : Pierre Lombard, Paris, 1880)もあるが、ポセヴァン(A. Possenvin)は知っているだけでも二百六十人がこれに註釈を施したと言い、ピッツ(Pits)は英国の神学者だけでも百六十人が、エシャール(Eshard)はドミニコ会の修道者だけでも十五十二人がそうであったと言っている。

(61) Tertullianus : De praescriptione haereticorum (hrsg. von Erwin Preuschen, zweite neubearbeitete Auflage), Frankfurt, 1968, 7, 9-10.

(62) Tertullianus : De anima Cin [Corpus christianorum, series latina, II], II, 1.

(63) Ibid., XX, 1.

(64) Cf. Eusebios : Historia ecclesiastica, VI, 19.

(65) Ibid., 15.

(66) Cf. P. L., CLXXVIII, 351-356.

第九章　否定と超越

(1) Étienne Gilson : La Philosophie au moyen âge, 2e éd., Paris, 1952, p. 151.

(2) 「ウィウァリウム(Vivarium)」とは「養魚池」のことで、修道院の庭に川の水を引いて造られた養魚池があったため、このように呼ばれた。

(3) Cf. Martin Grabmann : Die Geschichte der scholastischen Methode, Bd. I, S. 177.

(4) Cf. P. L., LXIX, 539.

(5) 『創世記』二章十九節。

(6) Cf. Grabmann : op. cit., S. 146.

(7) Cf. Mabillon : Traité des études monastiques, divisé en trois parties, t. 1-3, Paris, 1691-92 ; Grabmann : op. cit., S. 146-147.

(8) P. L., CI, 12.

(9) Cf. ibid., 613-638.

(10) プラトンにおいても例えば『ラケス』においてアンドレイア(勇気)も見いだせるので、この人に源流があるとも言える。

(11) Cf. John F. Wippel and Allan B. Wolter : Medieval Philosophy, New York, 1969.

(12) 岩下壮一『中世哲学思想史研究』岩波書店、一九四二年、八八頁。なお、エリウゲナの『予定論』の幾つかある箇所から、一つだけ原文を以下に引いておく。

Quid est aliud de philosophia tractare, nisi verae religionis, qua summa et principalis omnium rerum causa, Deus, et humiliter colitur, et rationabiliter investigatur, regulas exponere ? Conficitur inde, veram esse philosophiam veram religionem, convertimque veram religionem esse veram philosophiam. (De praedestinatione, Cap. I)

(13) Frederick Copleston : A History of Philosophy, Vol. II, 5th impression, London, p. 116.

(14) P. L., CXXII, 441.
(15) Cf. ibid.
(16) Ibid., 441-442.
(17) Ibid., 442.
(18) Ibid., 513.
(19) Ibid.
(20) Ibid.
(21) Ibid.
(22) Ibid.
(23) Ibid.
(24) Ibid.
(25) Cf. ibid., 893.
(26) Cf. Copleston : op. cit., p. 132.
(27) P. L., CXXII, 513
(28) Grabmann : op. cit., Bd. I, S. 189-190.
(29) Cf. Jean-Barthélemy Hauréau : Notices et extraits des manuscrits de la Bibliothèque, t. 20, 2, pp. 1 ff.
(30) Cf. Ludwig Traube : Autographa des Johannes Scottus (aus dem Nachlaß herausgegeben von Edward Kennard Rand), München, 1912.
(31) Edward kennard Rand : Johannes Scottus, München, 1906, 4. 49.
(32) P. L., CXXII, 461.
(33) Ibid., 459.
(34) Grabmann : op. cit., Bd. I, S. 205.
(35) Cf. Gilson : op. cit., p. 201.
(36) Grabmann : op. cit., S. 210.
(37) Ibid., S. 211.

第十章　論証と真理

(1) Anselmus Cantuariensis : Proslogion, Cap. I. 以下に原文を挙げておく。

Eia nunc ergo tu, domine Deus meus, doce cor meum ubi et quomodo te quaerat, ubi et quomodo te inveniat. Domine, si hic non es, ubi te quaeram absentem ? Si autem ubique es, cur non video praesentem ?

(2) ランフランクスは、その後さらに七年を経た一〇七〇年にはカンタベリーの大司教に任ぜられ、英国に渡り、そこでもアンセルムスの前任者になるほどの縁がある。
(3) 『マタイ伝福音書』二十二章三十一節参照。
(4) Anselmus : op. cit., Proemium.
(5) Cf. P. L., CLVIII, 63.
(6) Anselmus : op. cit., Proemium.
(7) Anselmus : Monologion, Prologus.
(8) Ibid.
(9) Ibid.
(10) Ibid.
(11) Anselmus : Cur Deus homo, I, 24.
(12) Ibid., I, 25.
(13) Ibid.
(14) Ibid., I, 1.
(15) Cf. ibid.

(16) Ibid.
(17) Anselmus : Proslogion, Cap. I. アンセルムスは『詩篇』六篇四節、十三篇二節、八十篇四節から引用した後、このように祈って述べている。
(18) Ibid.
(19) Ibid.
(20) Ibid.
(21) Ibid.
(22) Ibid.
(23) Ibid. 有名なこの語句の原文は“Credo ut intelligam”である。
(24) Franciscus Salesius Schmitt : Anselm von Canterbury/Proslogion, Stuttgart, 1962.
(25) Anselmus : Monologion, Prologus.
(26) Ibid., Cap. I.
(27) Ibid.
(28) Ibid.
(29) Ibid.
(30) Ibid.
(31) Ibid.
(32) Ibid.
(33) Ibid.
(34) Ibid., Cap. II.
(35) Anselmus : Proslogion, Proemium.
(36) Cf. ibid.
(37) Ibid., Cap. I.
(38) Cf. Anselmus : Monologion, Prologus.
(39) Ibid., Cap. LXXIX.
(40) Anselmus : Proslogion, Cap. I.
(41) Anselmus : Monologion, Cap. XLII.

第十一章　純粋思索の自己展開

(1) P. L., CLVIII, 63.
(2) Rudolf Berlinger : Philosophie als Weltwissenschaft (vermischte Schriften), Bd. 1, Amsterdam, 1975.
(3) Cf. Anselmus Cantuariensis : Proslogion, Cap. II.
(4) Cf. ibid., Cap. III.
(5) Ibid., Cap. IV.
(6) Cf. Franciscus Salesius Schmitt : Anselm von Canterbury/Proslogion, Stuttgart, 1962.
(7) Augustinus : De doctrina christiana, Liber I, Cap. 7.
(8) Cf. Berlinger : op. cit., S. 159.
(9) Cf. Rudolf Allers : Monologion-Proslogion/die Vernunft und Dasein Gottes/Anselm von Canterbury, Köln, 1966 ; Schmitt : op. cit.
(10) Pierre Rousseau : Œuvres philosophiques de Saint Anselme, Paris, 1947.
(11) Cf. Anselmus : op. cit., Cap. III.
(12) Ibid., Cap. IV.
(13) 『詩篇』五十三篇二節。この箇所のラテン語訳は以下のとおりである。“Dixit insipiens in corde suo : non est Deus.”
(14) Anselmus : op. cit., Cap. IV.

(15) Ibid.

(16) Gaunilo : Quid ad haec respondeat quidam pro insipiente, (2).

(17) Ibid., (3).

(18) Ibid., (4).

(19) Ibid.

(20) Ibid., (5).

(21) 原文は“Quidquid est in re”であり、さらに的確に意訳すれば、「何であれ事物という形で存在するもの」となる。

(22) Ibid., (6).

(23) bonum(善)が使われるのは「大いなる」という語が価値の大きさに関係するからであり、unum(一)が使われるのは、問題となっているようなものが、結局は一つしか考えられないからである。

(24) ラテン語のnaturaとは、周知のとおり「自然」「本性」「実体」等を意味する。

(25) Anselmus : op. cit., Cap. III.

(26) Gaunilo : op. cit., (7).

(27) Ibid.

(28) Anselmus : Quid ad haec respondeat editor ipsius libelli, Prologus.

(29) Ibid., (1).

(30) Gaunilo : op. cit., (2).

(31) Cf. Martin Grabmann : Die Geschichte der scholastischen Methode, Bd. I, S. 339.

第十二章　原型と刺戟

(1) 『出エジプト記』三十二章十節。

(2) 同書、三十二章十一―十三節。

(3) 同書、三十二章十四節。

(4) 祈禱を意味するoratioは、ラテン語の「語る(orare)」という動詞に由来するが、ユダヤ教の伝統を承け、この動詞をキリスト教では人間同士の語り合いにも、神と人との語り合いにも使い、後者をわれわれが祈禱と訳しているだけのことである。

(5) Issac Husik : A History of Mediaeval Jewish Philosophy, New York, 1916, Introduction, p. xiii.

(6) 何を聖書とするかという点では、キリスト教、イスラム教、ユダヤ教においてそれぞれ多少異なるところは周知のとおりであるけれども、いずれにしても旧約聖書は共通の聖典である。

(7) ミシュナー(Mishnah)は二世紀末に編纂されたユダヤ教の口伝律法。このミシュナーおよびゲマラ(Gemara)から成るユダヤ律法集がタルムード(Talmud)である。タルムードには、三七五年頃のパレスチナ版(Palestinian)と五〇〇年頃のバビロニア版(babylonian)とがあり、後者は厖大である。

(8) ラビ(rabbi)は「師」の意味であり、宗教的導師としてのユダヤ教の律法学者。

(9) たとえば主日を日曜日とすることは、聖書にではなく、聖伝に依っている。

(10) ガオンのもともとの意味は「大家」であるが、タルムード研究学院長のことである。

(11) ギブニー編『ブリタニカ国際大百科事典19』(日本語版改訂)、一九八八年、七二九頁参照。

(12) ムータジラ(Mu'tazilah)とは「分離」という意味。ムータジラ派はイスラム神学の一派で、始祖であるバスラのワーシル・イブン・アター(Wāṣil ibn 'Aṭā', 699–748)が師のハサン・アル＝バスリー(al-Ḥasan al-Baṣrī, 642–728)と意見を異にして、師から離れたことから、このような呼称が生まれた。
(13) Cf. Étienne Gilson : La Philosophie au moyen âge, p. 306
(14) Cf. Jakkob Gutmann : Die Scholastik des dreizehnten Jahrhunderts in ihren Beziehungen zum Judenthum und zum jüdischen Literatur, Breslau, 1902, S. 55 ff. ; Husik : op. cit., p. 1.
(15) Cf. Martin Grabmann : Die Geschichte der scholastischen Methode, Bd. II, S. 75–76. 九世紀から十三世紀のユダヤ人の哲学的著作は、少数の例外を除いてすべてアラビア語で書かれていた。
(16) Cf. Gilson : op. cit., p. 368.
(17) Cf. Husik : op. cit., p. 2.
(18) Cf. Yehudah Halevi : Al-Chazari, aus dem arabischen (gebundene Ausgabe, übersetzt von Hartwig Hirschfeld), Wiesbaden, 2000, I, 67.
(19) Cf. ibid., I, 63 ; II, 66.
(20) Cf. Husik : op. cit., p. 153.
(21) これはハレヴィーの哲学的代表作『ハザールの書』のことで、ヘブライ語で一般に『クザリ』と呼ばれている。アラビア語の原文の原題は「見くびられた信仰を擁護するための論争と論拠の書」というものである。
(22) Cf. Husik : op. cit., p. 153.
(23) Cf. ibid., p. 154.
(24) ムワッヒド朝とも言う。チュニジア以西の北アフリカとイベリア半島の南部を支配したベルベル人の王朝で、一一三〇年から一二六九年まで存続した。
(25) Cf. Husik : op. cit., p. 236.
(26) Cf. ibid., p. 239.
(27) Cf. ibid., pp. 240–241.
(28) 「星座の犬」とは「犬座」のことである。日本語には「犬座」という語はあるが、外国語にはこれにあたる語がないので、ここでは「星座の犬」という語を使った。
(29) Cf. Husik : op. cit., p. 240.
(30) Cf. ibid., p. 242.
(31) Cf. ibid., p. 61.
(32) アヴィケブロンの他、アヴィケムブロン(Avicembron)、アヴェンケブロル(Avencebrol)など、微妙に異なった名を見出すことができるが、これらはすべてガビロルのことである。
(33) Fernand Brunner : Ibn Gabirol. La source de vie livre III, trad., Vrinn, Paris, 1950.
(34) Rudolf Seyerlen : Avicebron, De materia universali (Fons vitae). Ein Beitrag zur Geschichte der Philosophie des Mittelalters [Theologische Jahrbücher, Bd. XV, XVI], Tübingen, 1916.
(35) Cf. Israel Efros : Studies in Medieval Jewish Philosophy, New York, 1974, p. 40.
(36) Husik : op. cit., pp. 59–60.
(37) Cf. Gilson : op. cit., pp. 152–153.
(38) Husik : op. cit., p. 60.
(39) Ibid.

(40) Cf. ibid.
(41) Cf. Brunner : op. cit., p. 10.
(42) Husik : op. cit., p. 62.
(43) Cf. ibid., pp. 63-64.
(44) Cf. ibid., p. 64.
(45) Cf. Joseph Bobik (ed.) : The Commentary of Conrad of Prussia on the De ente et essentia of St. Thomas Aquinas, Nijhoff, 1974.
(46) Cf. Husik : op. cit., p. 65.
(47) Clemens Baeumker (ed.) : Avencebrolis (Ibn Gebirol) Fons vitae Beiträge zur Geschichte der Philosophie und Theologie des Mittelalters, Texte und Untersuchungen, 2. Aufl., Münster, 1995], S. 196.
(48) Cf. ibid., S. 258-259, 268, 322.
(49) Ibid., S. 330-331.
(50) Ibid., S. 326.
(51) 『申命記』六章四―五節。
(52) 『創世記』二十七章四十一節参照。
(53) 『出エジプト記』二十二章二十七節。なお新共同訳では、二十六節にあたる。

第十三章　方法と普遍

(1) P. L., CLXXVIII, 115.
(2) Ibid., 116.
(3) Ibid., 117.
(4) Ibid., 119.
(5) Ibid., 123.
(6) Ibid., 124.
(7) Ibid.
(8) P. L., CIC, 832.
(9) Ibid.
(10) 『命題集』は、ランのアンセルムスとその学派によって編集されたもので、多岐にわたる内容からなる短い命題が集められている。
(11) ルフェーブルが、『精華集(Liber pancrisis)』の中の二十九の命題をトロワ図書館の写本 Troyes 425 A に基づいて刊行したことを契機に、『命題集』の多くの批判校訂版が出版されるようになった。
(12) 原題は次のとおりである。
Sententie vel questiones Sanctorum Augustini, Ieronimi, Ambrosii, Gregorii, Isidori, Bede extracte vel exposite a modernis magistris Guillelmo, Anselmo, Radulfo, Ivone Carnotensi episcopo.
(13) このアンセルムスは、ここではラードルフと並べて書かれているから、明らかにランのアンセルムスであるが、同じ書物のトロワ図書館の写本 Troyes 425 A には、標題に Anselmi et frabris eius Radulfi と書かれているから、そのことは保証されると見てよい。
(14) P. L., CLXXVIII, 126.
(15) Ibid.
(16) Ibid., 132.
(17) 『申命記』二十三章一節。なお、この箇所は新共同訳聖書では二十三章二節となっている。
(18) P. L., CLXXVIII, 136.
(19) Ibid.
(20) Cf. ibid., 147.
(21) Ibid., 147-148.
(22) 信条とは、キリスト教徒の信ずべきことを要約したものである。アレクサンドリアの司教アタナシオスの名が冠されているが、彼によって書かれたものではない。四十二節から成るが、二十八節までの前半では三位一体論、後半ではキリスト論が扱われている。
(23) P. L., CLXXVIII, 152-153.
(24) Ibid., 159.
(25) 『詩篇』五十五篇七節。
(26) Cf. P. L., CLXXII, 1055.
(27) Cf. ibid.
(28) P. L., CLXXVIII, 1139-1140.
(29) P. L., CLXXVIII, 165.
(30) Ibid., 180.
(31) 『ヨハネ伝福音書』十五章十八―十九節。
(32) Cf. Martin Grabmann : Die Geschichte der scholastichen Methode, Bd. II, S. 104 ; Étienne Gilson : La Philosophie au moyen âge, p. 297.
(33) Cf. P. L., CLXXVIII, 343-352.
(34) Maurice de Gandillac : Œuvres choisies d'Abélard, Paris, 1945, p. 35.
(35) Cf. Augustinus : In Iohannis Evangelium tractatus, XXIX, 6.
(36) Cf. P. L., CLXXVIII, 1035-1056. 例えば credamus in Deum の意味であるのに credamus Deum (ibid., 1040) としているというように一貫していない。
(37) P. L., CLXXVIII, 354.
(38) Cf. Grabmann : op. cit., S. 104.
(39) Victor Cousin : Petrus Abaelardus/Opera, Tomus I (reprografischer Nachdruck der Ausgabe Paris, 1849), Darmstadt, 1970, p. 618.
(40) P. L., CLXXXIII, 971.
(41) Ibid., 968.
(42) Abaelardus : Theologia scholarium, Liber secundus, II.
(43) P. L., CLXXVIII, 1230.
(44) Cf. ibid., 1230-1232.
(45) Cf. P. L., CLXXVIII, 1022-1030.
(46) Gandillac : op. cit., p. 21.
(47) Cf. Grabmann : op. cit., S. 223.
(48) Cf. Heinrich Denifle : Die Sentenzen Abälards und die Bearbeitungen seinen Theologie vor Mitte des 12. Jahrhunderts, in : Archiv für Literatur- und Kirchengeschichte des Mittelalters, Bd. I, Berlin, 1885.
(49) 『マタイ伝福音書』十一章二十九節。
(50) Epistola, XXX, Quae est Petri Venerabilis ad Heloisam.
(51) P. L., CLXXVIII, 1681-1682.
(52) 畠中尚志「アベラールとエロイーズ並びにその書簡集について」『アベラールとエロイーズ――愛と修道の手紙』岩波文

庫、一九三九年、三九四頁参照。

(53) Maria Teresa Beonio-Brocchieri Fumagalli : The Logic of Abelard (translated from the Italian by Simon Pleasance), Dordrecht, 1969.

(54) Cousin : op. cit., pp. 504-552.

(55) Cf. Gilson : op. cit., p. 262.

(56) Cf. P. L., CLXXXV, 595-596 ; P. L., CLXXXV, 595-617.

(57) Cf. Gilson : op. cit., p. 263.

(58) Cf. Jean Jolivet : Arts du langage et Théologie chez Abélard, Paris, 1969, p. 253.

(59) Cf. Grabmann : op. cit., S. 421.

第十四章　論理学の本質

(1) Cf. Martin Grabmann : Die Geschichte der scholastischen Methode, Bd. II, S. 44. グラープマンは、ミュンヘンの国立図書館に所蔵されている多くの写本、いわゆるミュンヘン手写本の中から、Clm (Codex Lat. med.) 9921, fol. 13v と Clm 14516, fol. 1v に記されている学問分類の図を紹介している。私は以前、ミュンヘン大学のシュマウス(Michael Schmaus)教授とデク(Henry Deku)博士の厚意によって、幸運にもこれらの写本を見ることができた。

(2) Cf. ibid., S. 31-40.

(3) Cf. ibid., S. 36.

(4) Cf. ibid., S. 37. 原文では次のようになっている。

Eloquentia ipsa eadem est, que dicitur loyca. Hec dividitur in dyalecticam, rhetoricam, grammaticam. Dyalectica in dissertivam sive rationalem et in sophisticam dividitur.

もとより、これは中世写本のラテン語の中でも語形の崩れ方が甚だしいので que は quae, loyca は logica, Hec は Haec, dyalecticam は dialecticam とそれぞれ読み直すべきである。

(5) Cf. ibid., S. 46.

(6) Cf. ibid., S. 47.

(7) P. L., CLXXXII, 532.

(8) Ibid., CLXXVIII, 375.

(9) Étienne Gilson : La Philosophie au moyen âge, p. 281.

(10) ガイヤーは、一九一九年以来、二一年、二七年と続けて、『バイトレーゲ(Beiträge)』すなわち『中世哲学の歴史についての論考(Beiträge zur Geschichte der Philosophie und Theologie des Mittelalters)』の中に発表し、最終的に一九三三年、『ピエール・アベラールの哲学論集(Peter Abaelards Philosophische Schriften)』を完成させた。

(11) Abaelardus : Logica Ingredientibus [Beiträge zur Geschichte der Philosophie und Theologie des Mittelalters, Text und Untersuchungen, Bd. XXI, Heft 1, Münster, 1919], Philosophische Schriften Peter Abaelards (zum ersten Male herausgegeben von Bernhard Geyer), S. 1.

(12) Ibid.

(13) Ibid.

(14) Ibid.

(15) Ibid., S. 2.

(16) この問題は imitatio と imaginatio との差にもつながる極めて大切な問題であるが、いまだ充分検討されてはいないものである。

(17) Cf. Maurice de Gandillac : Œuvres choisies d'Abélard, p. 26.

(18) Abaelardus : Logica Ingredientibus, S. 17.

(19) Ibid. ただし原文ではこの部分は註(18)で引用した箇所に先立つ。

(20) Ibid.

(21) Ibid.

(22) Cf. ibid., S. 136.

(23) Gandillac : op. cit., p. 88.

(24) Abaelardus : Logica Ingredientibus, S. 30.

(25) Beiträge zur Geschichte der Philosophie und Theologie des Mittelalters, Text und Untersuchungen, Bd. XXI, Heft 2, 1919, Philosophische Schriften Peter Abaelards (zum ersten Male herausgegeben von Bernhard Geyer), S. 136.

(26) Ibid., Heft 3, S. 307.

(27) Cf. Abaelardus : Super Topica glossae, in Abelardo : Scritti di logica (ed. Mario del Pra), Italia, 1969, p. 254.

(28) Cf. Beiträge zur Geschichte der Philosophie und Theologie des Mittelalters, Bd. XXI, Heft 3, S. 399.

(29) Ibid., Heft 1, S. 1.

(30) Cf. Fumagalli : The Logic of Abelard, p. 13.

(31) 例えば、ドリスル (Leopold Delisles)は、パリ国立図書館での研究に際し、写本目録 Inventaire des manuscrits latins de Notre-Dame et d'autres fonds (Paris, 1871)を発表して、その中で Codex Lat. 18108 について、この Alcuinus ad Widonem と記された神学的命題集を十二世紀末のものとし、その特色は倫理神学や倫理学的なところにあり、この傾向はその例が当時の写本にはなはだ強く認められるとしている。Cf. Grabmann : op. cit., S. 144.

(32) ドライエ(Ph. Delhaye)は、この時期の多くの学者における倫理学の体系的位置がおよそそのようであったことを、幾人かの例を示しながら立証している。Cf. Ph. Delhaye : L'enseignement de la philosophie morale au XIIe siècle [Medieval Studies, XI], 1949.

(33) Cf. Marie-Dominique Chenu : La Théologie au douzième siècle ; La Theologia nel XII secolo, Bibliotheca di cultura medievale, Paris, 1966.

(34) Cf. Grabmann, op. cit., S. 499.

(35) Cf. Rudolf Thomas : Der philosophisch-theologische Erkenntnisweg Peter Abaelards im Dialogus inter philosophum, Judaeum et Christianum, Bonn, 1966.

(36) Cf. J. Cottiaux : La Conception de la théologie chez Abélard [Revue d'Historie ecclésiastique, XXVIII], 1932, pp. 263–267.

(37) Cf. Peter Abelard's Ethics (an edition with introduction, English translation and notes by David Edward Luscombe), Oxford, 1971, p. XXVII ; Artur Michael Landgraf : Introduction à l'histoire de la littérature théologique de la scolastique naissante, Montréal, 1973, p. 83.

(38) Cf. Fumagalli : op. cit., p. 14.

(39) P. L., CLXXVIII, 1611–1612.

(40) Ibid., 1614.

(41) Ibid., 1642.

(42) A＝J・ファラトゥーリ(松尾大訳)「イスラーム文化とニヒリズム――ニーチェとの関連に於いて」『思想』六五五号、一九七九年一月、五四―六六頁参照。
(43) Cf. R. Klibansky : Peter Abaelard and Bernard of Clairvaux, A Letter by Abaelard [Medieval and Renaissance studies, V], 1961, p. 21.
(44) Cf. Jean Jolivet : Abélard et le philosophie [Revue de l'histoire des religions, LXIV], pp. 188–189.
(45) Cf. R. Thomas, op. cit., S. 179–180.
(46) P. L., CLXXVIII, 1613.
(47) Ibid., 1663.
(48) Ibid.
(49) 『ヨハネ伝福音書』三章三十一節。
(50) P. L., CLXXVIII, 1614.
(51) P. L., CIC, 858.
(52) P. L., CLXXVIII, 652.
(53) Ibid.
(54) 『マタイ伝福音書』六章二十二節。
(55) P. L., CLXXVIII, 653.
(56) 『マタイ伝福音書』三章八節。
(57) P. L., CLXXVIII, 672.
(58) Abaelardus : Dialogus, P. L., CLXXVIII, 1682.『マタイ伝福音書』六章十節参照。
(59) Cf. P. L., CLXXVIII, 1089.
(60) Abaelardus : Dialogus, P. L., CLXXVIII, 1682.
(61) P. L., CLXXVIII, 375.
(62) P. L., CLXXVIII, 1636.
(63) Ibid.
(64) P. L., CLXXVIII, 1225.
(65) Cf. P. L., CLXXVIII, 989–991.

第十五章　スンマの祖型とアリストテレスの登場

(1) この人については十九世紀末、Teofilo Domenichelli の手で、La Summa de Anima, di Frate Giovanni della Rochelle, Prato 1882 が出版されている。Cf. Étienne Gilson : La Philosophie au moyen âge, pp. 436–439 ; Jacques Guy Bougerol (éd.) : Summa de anima/Jean de La Rochelle, Paris, 1995.
(2) 一二二九年の謝肉祭の休日にパリ郊外サン・マルセルの居酒屋で、勘定のことから商人と学生との口論が生じ、居酒屋の主人が召集した近在の若者らが学生を袋だたきにした。翌日、学生らは復讐のための武器を携えて出かけた。商人側は教皇使節に訴え、使節は司教に善処を要望したところ、司教は摂政ブランシュ・ド・カスティーユに訴えた。彼は代官に命令したので、代官は兵を率いて学生団を襲い、数名の学生が殺された。これは一二〇〇年に定められた大学の特権に違反する処置なので、教授たちは教皇使節やパリ司教に抗議したが容れられず、ついに教区司祭を中心とする大学側は大学を解体し、マギステルたちは学生たちと共にパリを去り、オックスフォードやトゥールーズに移った。この間、サン・ジャック修道院を拠点として、大学を護り通したのがドミニコ会であって、そのため、ドミニコ会は二講座を獲得した。一二三一年、ストライキを中止して帰って来た教区司祭たちと学生らは、ドミニコ会、フランシスコ会という托鉢修道会の急激な成長に驚き、反感を持った。このことが根となって、三〇、四〇年代と確執が続いたが、一二五二年以降、サン・タムールのギヨーム（Guillame de Saint-Amour〈Guillelmus de Sancto Amore〉, ca. 1200-72）が教区司祭側の運動の中心人物となるや、激しく修道司祭の修道会優先の思想に反対し、一二五五年には、修道司祭追放の議さえ成立したのである。

（3） 一九二四年から四八年にかけて校訂版が刊行された。Cf. Doctoris irrefragabilis Alexandri de Hales Ordinis minorum Summa theological/iussu et auctoritate Berardini Klumper ; studio et cura Pp. Collegii S. Bonaventurae ad fidem codicum edita, 1924-48.

（4） Cf. Gilson : op. cit., p. 436.

（5） Gilson-Boehner : Christliche Philosophie von ihren Anfängen bis Nikolaus von Cues, S. 474.

（6） 一九〇三年から出版されているQuaracchi の Bibliotheca franciscana scholastica medii aevi は一九六一年までにすでに二十三巻もの量に上るが、この中にヘイルズのアレクサンデルからグランデのペトルスに至る教師たちのテクストが多数ある。Cf. Fernand van Steenberghen : La Philosophie au XIIIe siècle, 1966, p. 165.

（7） Augustinus : De civitate Dei, Liber XI, Cap. 3.

（8） Ibid.

（9） Steenberghen : op. cit., p. 165.

（10） 今道友信『超越への指標』ピナケス出版、二〇〇八年、五九二—五九四頁参照。

（11） Alexander de Hales : Summa theologica, Pars 1, inquisitio 1, Tract. 1, Quaestio I.

（12） Ibid, Solutio.

（13） Ibid それゆえ、逆説ないし反論的に神を認めていることになる。

（14） Ibid., Pars 1, inquisitio 1, Tract. 2.

（15） Cf. ibid.

（16） 『詩篇』百三十九篇七—十五節を以下に文語訳で挙げておく。

我いづこにゆきてなんぢの聖霊《みたま》をはなれんや／われいづこに往《ゆ》きてなんぢの前《みまへ》をのがれんや／われ天にのぼるとも汝かしこにいまし／われわが榻《とこ》を陰府《よみ》にまうくるとも視よなんぢ彼処《かしこ》にいます／我あけぼのの翼をかりて海のはてにすむとも／かしこにて尚《なほ》なんぢの手《みて》われをみちびき／汝のみぎの手《みて》われをたもちたまはん／暗《くらき》はかならず我をおほひ／我をかこめる光は夜《よ》とならんと我いふとも／汝のみまへには暗《くらき》も、ものをかくすことなく／夜《よる》もひるのごとくに輝けり／なんぢにはくらきも光もことなることなし／汝はわがはらわたをつくり又《また》わがはゝの胎《たい》にわれを組成《くみな》したまひたり／われなんぢに感謝す／われは畏《おそ》るべく奇《くす》しくつくられたり／なんぢの事跡《みわざ》はことごとくくすし／が霊魂《たましひ》はいとつばらに之《これ》をしれり／われ隠れたるところにてつくられ／地の底所《そこべ》にて妙《たへ》につゞりあはされしとき／わが骨なんぢにかくるゝことなかりき。

（17） すでにアルベルトゥスの著作について述べたときに触れたことであるが、彼の全集出版についての計画が、十七世紀以来、三、四回にわたって企てられたが、いずれも満足な全集としての実を伴わず、十九世紀には全三十八巻が予定されたが、それも不充分ということで、一九五一年以来、ミュンスターで刊行中の批判校訂版の全集も四十巻が予定されているが、未だその半ばにも達していないのは主として右に述べた不思議な組み立ての内容によって、どこからどこまでがアルベルトゥス・マグヌスの文章であるかを定めがたい場合が多く、その結果、仕事を進めがたいからである。自然科学系の研究の場合は、頻出する「されど我は見き」以下しばらくは明らかにその著者の所見と断定できるが、形而上学的思索の場合は、その選別は極めて難しい。その中で、私にとってこの区別が比較的明瞭であるのは、ここに取り上げるテクストであり、この部分に関しては宮内久光教授訳（アルベルトゥス・マグヌス『形而上学』、上智大学中世思想研究所編訳・監修『中世思想原典集成』第十三巻、平凡社、一九九三年、所収）によることにする。

（18） 同書、三七七―三八二頁。なお、宮内久光教授はpassioを「情態」と訳しておられるが、引用に際しては「受態」と改めた。

（19） 同書、三九〇―三九一頁。

（20） 同書、三九一頁。

（21） Cf. Gilson : op. cit., p. 505.

（22） Ibid.

第十六章　一修道者の生涯と著作

（1） Cf. Giovanni Papini : Dante vivo.

（2） James A. Weisheipl : Friar Thomas D'Aquino. His Life, Thought and Works, Oxford, 1975, Preface, p. ix.

（3） canonisatio. カトリック教会が公式に聖人と認める式典で教皇ヨハネス二十二世により執り行われた。

（4） Weisheipl : op. cit., Preface, p. ix.

（5） Ibid., p. 4.

（6） オプラトゥス（oblatus）とは、「提供する（offero）」「奉献する（obtuli）」「放棄する（oblatum）」に由来し、幼児期より神への奉献として修道院で教育を受けさせ、そこの大修道院長（abbot）に期待されることも多かった。正式の誓願ではないが、本人が長じて後もその修道院に残って修道者となる誓願を立てれば後の大修道院長に選ばれる候補者になる場合もあったのである。有力な貴族の出であれば、その大修道院長は生家からの援助もあろうし、領主としての一門にとってもそのような大寺院を精神的後ろ盾として持つことにはさまざまの利点が考えられる。周知のようにトマスはベネディクト会を出て、ドミニコ会に入会して修道者となった。

（7） Cf. Philotheus Boehner : Christliche Philosophie, Paderborn, 1965, S. 511–512.

（8） Cf. Angelus Walz : Saint Thomas Aquinas—A Biographical Study, Westminster, 1951, p. 20.

（9） Cf. Charles Homer Haskins : Studies in the History of Mediaeval Science, New York, 1960 (republished), p. 250. ハスキンズはこのシチリア王国におけるアリストテレス主義を研究した最初の学者であった。

（10） Cf. Étienne Gilson（trans. L. K. Shook and C. S. B.）: The Christian Philosophy of St. Thomas Aquinas, London, 1957. この書の三八一―四三九頁にI. T. Eschmann（O. P.）による“A

Catalogue of St. Thomas's Works"が掲載されている。

(11) Cf. Thomas Aquinas : Summa theologiae, Prologus.

(12) Cf. Martin Grabmann : Die Philosophie des Mittelalters [Sammlung Göschen, Geschichte der Philosophie, Bd. III], S. 18.

(13) Cf. Weisheipl : op. cit., pp. 360–362.

(14) 『ロマ人への書』一章二十節。この箇所の新共同訳を挙げておく。「世界が造られたときから、目に見えない神の性質、つまり神の永遠の力と神性は被造物に現れており、これを通して神を知ることができます。従って、彼らには弁解の余地がありません」。

(15) P. L., XXIV, 66.

(16) Ibid.

(17) Cf. M.-H. Laurent (ed.) : Processus canonizationis Sancti Thomae Aquinatis Neapoli [Fontes Vitae Sancti Thomae Aquinatis notis historicis et criticis illustrati, fasc. IV], Toulouse-Saint Maximin, 1911, p. 376–377.

(18) Cf. ibid., p. 332.

第十七章　思索の統括的自己呈示

(1) Cf. Albino Nagy : Alchindi, Liber de quinque essentiis [Beiträge zur Geschichte der Philosophie und Theologie des Mittelalters, Bd. II, Heft 5, 1897] ; Ludwig Baur : Dominicus Gundissalinus, De divisione philosophiae [ibid., Bd. IV, Heft 2–3, 1903] ; Georg Büllow : Dominicus Gundissalinus, De processione mundi [ibid., Bd. XXIV, Heft 3, 1925].

(2) Cf. J. Bignami-Odier : Le manuscrit Vatican latin 2186 Archives d'histoire doctrinale et littéraire du moyen âge, 1938.

(3) Ibid., p. 156.

(4) この箇所の原文は次のとおりである。

Phylosophia diuiditur in scientiam de signis et scientiam de signatis.

Scientia de signis continet grammaticam, dyalecticam, rethoricam.

Scientia de signatis diuiditur in actiuam, speculatiuam et poeticam.

Phylosophia, dyalectica, rethorica というように、大切な学問の名称について、取るに足りないと言えばそれまでに過ぎぬものにもせよ、綴りの間違いがある。Philosophia, dialectica, rhetorica がそれぞれ正しい綴りであるが、この y を i の代わりに使う誤りや h の有無やその位置の異なりなどは、中世の写本にかなり多いのは事実であるが、写字生の教養の不足を示す誤りには違いない。

(5) Ibid., p. 159–160.

(6) Henricus Gandavensis : Summa quaestionum ordinariarum, VII, 4.

(7) Ibid.

(8) Ibid., I, 1.

(9) Ibid., I, 11.

(10) Ibid., VII, 6.

(11) Ibid., II, 1.

(12) Aristoteles : Metaphysica, IX, 1051 b 3–9.

(13) Thomas Aquinas : Expositio in XII libros Metaphysicorum

Aristotelis, Liber IX, Lectio XI.
(14) Ibid.
(15) Ibid.
(16) Thomas Aquinas : Summa theologiae, I, Qu. 1, 6.
(17) Cf. ibid., I, Qu. 65, art. 1 ; II-2, Qu. 45, art. 3.
(18) Cf. ibid., II-2, Qu. 60, art. 1.
(19) Ibid.
(20) Ibid., Qu. 67, art. 2.
(21) Ibid., Qu. 60, art. 5.
(22) Ibid., Qu. 9, art. 2.
(23) Thomas Aquinas : De veritate, Qu. 1, art. 1. Cf. Augustinus : De vere religione, XXXI ; Ut enim nos et omnes animae rationales, recte judicamus. なお註(21)参照。
(24) Thomas Aquinas : Summa theologiae, I, Qu. 1, art. 5. および II-2, Qu. 4, art. 8.
(25) Cf. ibid., I, Qu. 85, art. 3.
(26) Ibid., II-2, Qu. 27, art. 3.
(27) Henricus Gandavensis, Summa theologica, I, 1.

第十八章　対立する時間論
アウグスティヌスとの比較を中心として

(1) Cf. Marie-Dominique Chenu : Introduction à l'étude de Saint Thomas d'Aquin, Paris, 1950, p. 106.
(2) Cf. ibid., pp. 44-51.
(3) Augustinus : Confessionum Liber XI, Cap. 18.
(4) Ibid., Cap. 20.
(5) Ibid.
(6) Ibid. 有名な文章なので、原文を挙げておく。Praesens de praeteritis memoria, praesens de praesentibus contuitus, praesens de futuris expectatio.
(7) Ibid., Cap. 27.
(8) 『アエネイス』第四巻五八六。
(9) Augustinus : op. cit., Liber XI, Cap. 26.
(10) Cf. ibid., Cap. 14.
(11) Cf. ibid., Cap. 26.
(12) Ibid., Cap. 27.
(13) Ibid.
(14) Ibid.
(15) "Deus creator omnium(神は万物の創り主)"は、次のように八音節に分けられる。de-us cre-a-tor om-ni-um.
(16) Augustinus : op. cit., Liber XI, Cap. 27
(17) Ibid.
(18) Ibid., Cap. 28.
(19) Augustinus : Epistulae, 120, 3.
(20) Augustinus : De ordine, Liber II, Cap. 9.
(21) Cf. P. L., CLXXII, 348.
(22) Innocentius III : Regestorum sive epistolarum, Liber septimus, P. L., CCXV, 284. この書簡の中に次の一文が見られる。
...ut ostendatur quanta sit differentia inter auctoritatem pontificis et principis potestatem.
(23) Augustinus : De ordine, Liber II, Cap. 9.
(24) Ibid.

(25) Ibid.
(26) 『創世記』一章一―二節。なお、ラテン語原文は次のとおりである。
In principio fecit Deus coelum et teram. terra autem erat invisibilis et incomposita et tenebrae erant suoer abyssum.
(27) Augustinus : Confessionum Liber XII, Cap. 13.
(28) 『創世記』一章五節。
(29) Cf. Augustinus : Confessionum, Liber XII, Cap. 13.
(30) Cf. ibid.
(31) Cf. ibid., Cap. 12.
(32) Cf. ibid., Liber XIII, Cap. 34.
(33) Thomas Aquinas : Summa theologiae, I, Qu. 10, art. 6.
(34) Ibid., Qu. 53, art. 3.
(35) Ibid., Qu. 3, art. 7.
(36) Ibid., Qu. 10, art. 1.
(37) Boethius : De Trinitate, Cap. IV.
(38) Thomas Aquinas : op. cit., I, Qu. 10, art. 2.
(39) Ibid., Qu. 10, art. 4.
(40) Ibid.
(41) Cf. ibid.
(42) Cf., ibid., Qu. 10, art. 5.
(43) Ibid., Qu. 10, art. 2.
(44) Ibid., Qu. 46, art. 3.
(45) Cf. ibid.
(46) Cf. ibid., Qu. 46, art. 1.
(47) Cf. ibid., Qu. 53, art. 3.
(48) Ibid., Qu. 61, art. 2.
(49) 天と第一質料ないし地と天使と時間の四者は最初に創造され、存在の齢を等しくするところの coaequa(同輩)なのだという考え。
(50) Thomas Aquinas : op. cit., 3, Qu. 46, art. 1.
(51) Ibid.
(52) Ibid.
(53) Ibid., Qu. 53, art. 3.
(54) Ibid., Qu. 63, art. 6.
(55) Ibid.
(56) Ibid., Qu. 10, art. 2. Cf. P. L., XL, 16.
(57) Ibid., Qu. 10, art. 2. Cf. Proklos : Institutio theological, 88 ; Plotinos : Enneades, 3, 7, 1-3.
(58) Thomas Aquinas : op. cit., I, Qu. 10, art. 4. Cf. Aristoteles : Physica, IV, 12, 221 b 3-5.
(59) Boethius : De consolatione philosophiae, Liber IX.
(60) Thomas Aquinas : op. cit., I, Qu. 10, art. 5.
(61) Cf. ibid. なお、これより次の註までの間の引用は、同箇所からのものである。
(62) Ibid., III, Qu. 31, art. 4. Cf. P. L., XL, 14.
(63) 稲垣良典「解説 幼な子イエスをめぐる神学的問題」、トマス・アクィナス(稲垣良典訳)『神学大全』第三十三・三十四冊、創文社、二〇〇八年、二〇四頁。
(64) 第三十一問第四項の解答後の論駁三に引かれた『使徒行伝』十章十五節には、「Quod Deus creavit, tu ne commune dixeris(神が創造し給うものをあなたはありきたりのもの、つまり汚れたものと言ってはならない）」とあるが、このcreavitはウルガタ版聖書原文ではpurificavitであって、写し違いである。

第十九章　十三世紀哲学の対極的位相

（1）Cf. P. Henquinet : Les études franciscaines, 1923-33 ; Henri Pouillon : La beauté, propriété transcendentale chez les scolastiques (1120-1270), Archives d'histoire littéraire et doctrinale du moyen âge, Vol. XV, 1946, pp. 264-320 ; Edgar de Bruyne : Études d'esthétique médiévale, Vol. III, Le XIIIe siècle, 1946, pp. 190-191.

（2）Manuskript 51 C.

（3）Bonaventura : Commentaria in quatuor libros Sententiarum magistri Petri Lombardi, Tomus II.

（4）Cf. Johnnes Eriugena : De divisione naturae (Periphyseon), Liber V, cap. 26.

（5）Cf. Bonaventura : De reductione atrium ad theologiam.

（6）Cf. Bonaventura : Sermo S. Marco, I.

（7）Cf. Bonaventura : Itinerarium mentis in Deum.

（8）拙著『美の位相と芸術』（増補版）東京大学出版会、一九七一年、四四—四六頁。

（9）この書は中世以来、『三様の道について（De triplicivia）』として知られていたが、『愛の炎（Incendium amoris）』という別名で呼ばれることもあった。十九世紀の末頃には、この書のスンマ的性格が注目され、『神秘神学大全（Summa theologiae mysticae）』と称すべきだと提唱する研究者も多々あった。

（10）Bonaventura : De triplici via, Prologus, 1.

（11）Ibid., Cap. I, 2.

（12）Ibid.

（13）Ibid., Cap. I, §1, 3.

（14）Ibid., §1, 4.

（15）Ibid.

（16）Ibid.

（17）Ibid., §1, 9.

（18）Ibid., §2, 10, 14.

（19）Ibid., §2, 14.

（20）Ibid., §3, 15, 16.

（21）Ibid., §3, 16.

（22）Ibid., §3, 17.

（23）Ibid., §4, 19.

（24）Cf. Dante : La Divina Commedia, Paradiso, Canto X, v. 133-138. G・フライレ／T・ウルダノス（M・アモロス他訳）『西洋哲学史（中世Ⅳ）』新世社、一九九七年、五一六—五一七頁参照。

第二十章　十四世紀の哲学

（1）Duns Scotus : Ordinatio, I, 2, 1 1-2.

（2）Ibid.

（3）G・フライレ／T・ウルダノス『西洋哲学史（中世Ⅳ）』、二九三—二九四頁。

（4）オッカムは、ペトルス・ロンバルドゥスの『命題集（Sententiae）』四巻の註解を著している。そのうちの第一巻に対する註解、すなわちScriptum in librum primum Sententiarum は、『オルディナティオ(Ordinatio)』と呼ばれている。『命題集』の他の三巻に対する註解、すなわちQuaestiones in libres II–IV Sententiarum は草稿状態であり、『レポルタティオ(Reportatio)』と呼ばれている。

第二十一章　十五世紀哲学への道程

(1) 『出エジプト記』三章十四節。

(2) Cf. Meister Eckhart : Predigt 71 [Meister Eckhart, Die deutschen und lateinischen Werke (herausgegeben und übersetzt von Josef Quint), Bd. III], S. 204-231.

(3) Cf. Meister Eckhart : Traktat 3, von der Abgeschiedenheit [ibid., Bd. V], S. 400-434.

(4) Cf. Meister Eckhart : Predigt 9 [ibid., Bd. I], S. 138-158.

(5) イブン・ハルドゥーン(森本公誠訳)『歴史序説1』岩波文庫、二〇〇一年、一三〇—一三一頁。

(6) 同書、二一—二二頁。

(7) 同書、二〇頁。

(8) 同書、二九—三一頁。

(9) 同書、一三四頁。

(10) 同書、三五九頁。

(11) 同所。

(12) 同書、三五九—三六〇頁。これより以下の引用は、同書、三六〇頁からである。

第二十二章　超越と命題

(1) Cf. Aristoteles : Metaphysica, 981 a 28-b 1.

(2) Ibid., 982 b 12-15. 和訳は、出隆訳『形而上学』アリストテレス全集第十二巻による。

(3) トマスのテクストは、ラテン語訳についてはマリエッティ版に従ったが、註解は一九八〇年刊のS. Thomae Aquinatis opera omnia curante R. Busa S. J. によった。

(4) Platon : ΘΕΑΙΘΗΤΟΣ, 155 d 2-5. 日本語訳は、田中美知太郎訳『テアイテトス』プラトン全集第二巻による。

(5) 一般にはグレゴリオス・タウマトゥルゴス(Gregorios Thaumatourgos, ca. 213-270/275)として知られている初期ギリシア教父の一人。黒海沿岸のポントス地方に生まれ、その際、テオドロス(Theodōros)と名づけられたが、十四歳で受洗したとき、グレゴリオスという洗礼名を得た。カイサレイアで五年間、恐らく二十代前半の頃、オリゲネスのもとで学んだ後、司教に叙階され、ネオカイサレイアの司教となった。ニュッサのグレゴリオスによるものも含めて、グレゴリオスの伝記は四種あるが、その生涯は奇跡に満ち、驚嘆に値することから、タウマトゥルゴス(奇跡を行う人、偉業を成す人、崇高を成す人)と呼ばれた。

(6) Nicolaus Cusanus : Idiota de sapientia [Opera omnia, iussu et auctoritate Academiae Litterarum Heidelbergensis ad codicum fidem edita, V], Liber I, 1.

(7) Ibid., 3.

(8) Ibid., 4.

(9) Ibid.

(10) Ibid.
(11) Ibid., 7.
(12) Ibid., 27.
(13) Nicolaus Cusanus, op. cit., Liber II, 28.
(14) Ibid., 45.
(15) Ibid., 46.
(16) Ibid.
(17) Cusanus : Dialogus de Deo Abscondito [Opera omnia, iussu et auctoritate Academiae Litterarum Heidelbergensis ad codicum fidem edita, IV], 1.
(18) ad の前綴りとしての力は、adoratio-oratio, adapto-apto, adopt-opto, advenio-venio などで推察できる。一極に集中して動詞の力が増すのであろう。
(19) Nicolaus Cusanus : Compendium [Opera omnia, iussu et auctoritate Academiae Litterarum Heidelbergensis ad codicum fidem edita, XI], Cap. I, 1.
(20) Ibid., 2.
(21) Ibid.
(22) Ibid., Cap. XI, 25.
(23) Ibid., Cap. VII, 21.
(24) Ibid.
(25) Ibid.
(26) Ibid., Cap. X, 29.
(27) Ibid.
(28) Ibid.
(29) Cf. ibid.
(30) Ibid.
(31) Ibid., Epilogus, 46.
(32) esse は、繋辞を兼ねるがために命題論的距離の対象性をひく語となる。
(33) なお、possest という新語を論じる一四六〇年の『可能現実存在(Trialogus de possest)』という著書は、posse と omne posse esse とを区別する一四六四年の『観想の最高段階について(De apice theoriae)』と共に、posse 思想の現れとして、本来ここにおいて詳説し、posse との関わりをより深く考えるべきであるが、ここでは posse が論理的に確保されればよいのであるから、敢えて省略した。
(34) この種の哲学的な企ての二十世紀における最初のものは一九五六年八月にモロッコでの宗教・哲学の会議(組織委員長 R. P. Martin, A. Massignon, E. Levinas, Y. Moubarac, U. ahya, J. Northrop, T. Imamichi, J. Kriszeck, J. Lacouture, O. Lacombe, R. P. Regis)であったが、その時もアベラールとクザーヌスは先駆者として名が挙げられた。
(35) Nicolaus Cusanus : De pace fidei [Opera omnia, iussu et auctoritate Academiae Litterarum Heidelbergensis ad codicum fidem edita, VII], XIX, 68.

終章　中世哲学の解纜

(1) Platon : ΦΑΙΔΡΟΣ, 246 D 7-10.
(2) 『ヨハネ伝福音書』十四章四節。
(3) 同、五節。
(4) 同、六節。ここに引用した四—六節のギリシア語は以下のとおりである。
καὶ ὅπου ἐγὼ ὑπάγω οἴδατε τὴν ὁδόν. Λέγει αὐτῷ Θωμᾶς, Κύριε, οὐκ οἴδαμεν ποῦ ὑπάγεις· πῶς δυνάμεθα τὴν ὁδὸν εἰδέναι; λέγει αὐτῷ ὁ Ἰησοῦς, Ἐγώ εἰμι ἡ ὁδὸς καὶ ἡ ἀλήθεια καὶ ἡ ζωή·

（5）『創世記』二十八章十二節。

（6）『ヨハネ伝福音書』八章十二節「かくてイエスまた人々に語りて言い給う『我は世の光なり、我に従う者は暗き中《うち》を歩まず、生命の光を得《う》べし』」。

（7）『マタイ伝福音書』二十二章三十四—三十八節。

（8）Clemens Alexandrinus : Τίς ὁ σωζόμενος πλούσιος (Quis dives salvetur), 14.

（9）P. G., XLIV, 328.

（10）Ibid.

（11）Ibid.

（12）Augustinus : De gratia et libero arbitrio, I.

（13）P. L., XXXI, 667. 略した箇所には、地震、洪水、火山の爆発などの自然の猛威が挙げられている。なお、林健太郎・澤田昭夫編『原典による歴史学入門』講談社学術文庫、一九八二年、二一六頁以下に、河井田研朗氏による本書の抜粋訳が掲載されているが、そこでは『異教徒に反論する歴史(Adversus paganos historiarum libri septem)』として紹介されている。

（14）Cf. P. L., XXXI, 917. 明らかな事実以外は言語化しないというこの伝統は、リシュール(Richer)、アド(Ado)、また典型的年代記と言われる『フランク人言行録(De gestis Francorum)』を著したエモワン・ド・フルーリ(Aimoin de Fleury, ca. 960-ca. 1008)、あるいは『イギリス民族教会史(Historia ecclesiastica gentis Anglorum)』をはじめ、ミーニュ版で第九十巻から第九十五巻まで六巻にわたる著作を残したベーダ・ウェネラビリス(Beda Venerabilis, ca. 673-735)の著述方針にも受け継がれている。『歴史書五巻(Historiarum libri quinque)』の著者ロドルフォ・グラベール(Rodulfus Glaber, ca. 11 c.)に至っては、天変地異の微細な事実をも余すことなく記録している。

（15）P. L., CLXXVIII, 634. なお、この箇所の原文は以下のとおりである。

Mores dicimus animi vitia vel virtutes quae nos ad mala vel bona opera pronos efficient.

（16）拙稿「スコラ学」堀米庸三編『岩波講座世界歴史10 中世ヨーロッパ世界II』岩波書店、一九七〇年所収、および同「中世の大学」堀米庸三・木村尚三郎編『西欧精神の探究 革新の十二世紀』下、NHKライブラリー、二〇〇一年所収、参照。

（17）Cf. Gottlieb Söhngen : Philosophische Einübung in die Theologie, München, 1955, S. 1.

（18）拙稿「存在の傾斜」中山浩二郎・有働勤吉・簑輪正・今道友信編『中世の哲学者たち』思索社、一九八〇年所収、一五頁参照。

（19）『創世記』七章十三節。

（20）P. L., CLXXIV, 684.

（21）P. L., CLXXVI, 694.

（22）以下、ダンテ『神曲』からの引用箇所は、一行が八音と七音から成る十五音で私が訳したものである。そうすることによって日本語詩としての調子が保たれると同時に、ダンテが使用した一行十一音節が母音の長短の法則に照らすと、およそ短音十五音平均になるため、イタリア語の一行の訳にはふさわしいと思うからである。

(23) Cf. Dante : La Divina Commedia, Inferno, Canto XIX.
(24) Ibid., Paradiso, Canto XXIV, v. 52-53.
(25) Ibid., v. 64-66.
(26) 原文では、gioia であり、「喜び」という意である。そこから転じて宝石、装身具などの意味が出てきた。ここでは「信」を表している。
(27) 羊皮紙とはここでは書物、つまり旧・新約聖書を表し、「聖霊の慈雨」は聖書が神感によって書かれたことを表している。
(28) Cf. Dante : op. cit., Paradiso, Canto XXVI, v. 22-66.
(29) Francesco Petrarca : Familiarium rerum liber IV, 1.
(30) Ibid.
(31) Thomas a Kempis : De imitatione Christi, I, 2, 1.
(32) Ibid., I, 2, 4.
(33) Ibid., I, 12, 1.
(34) Ibid., I, 22, 1.
(35) Ibid., I, 12, 2.
(36) Ibid., I, 23, 8.
(37) Ibid., IV, 18, 1.
(38) Ibid., III, 21, 1.
(39) Ibid., I, 1, 4.
(40) Ibid., I, 23, 8.
(41) Ibid., I, 3, 4.
(42) Ibid.
(43) Ibid., IV, 18, 5.
(44) 大澤章『丘の書』岩波書店、一九三八年、二四九頁。
(45) 同書、二六七頁。
(46) 同書、二〇〇頁。
(47) Thomas a Kempis : op. cit., I, 18, 3.
(48) Ibid., I, 3, 4.
(49) Ibid.
(50) Ibid., I, 1, 3.
(51) Ibid., III, 34, 3.
(52) Ibid., I, 25, 10.
(53) Ibid., I, 13, 2.
(54) Ibid., I, 2, 4.
(55) Ibid., I, 5, 1.
(56) Ibid., IV, 16, 3.
(57) 『マルコ伝福音書』十二章三十節。

あとがき

哲学だけは今も古代と全く同じように、ただ人間の知性だけで営まれている。違いがあるとすれば古代以来、今日に至るまで何百という卓れた哲学者たちが思いを凝らし書き残した文献が、我らの前に山積し、人間の純粋思惟の千差万別に驚かされるということであろう。それら先進たちの努力の跡を辿ることによってのみ、一人ひとりの哲学者の知性は独断の夢から覚める。古来からの問題を新たに考え直したり、新しい問題を統括して考え直したりしながら、われわれは鍛えられてゆく。それゆえにこそ、哲学史が単に過去の歴史としてではなく、現在の知性が学ぶ場であるとともに、未来への挑戦の基礎を成す。それら過去の偉大な文献を何らかの原理に従って分類して学ばなければ、我らは無秩序の中で当惑するだけである。それもよかろう。しかし初学者たちは、言語的にもなるべく系統的にまとまった場面で歴史的な進展を追うことによって、おのれ自らの知性を効果的に鍛えることができる。西洋中世哲学史も独自の文化遺産の輝きであると同時に、今述べられた勉学ならびに思索の修練のために、必要な文化遺産である。

昭和二十(一九四五)年四月一日、それは第二次世界大戦における日本の無条件降伏(同年八月十五日)直前の頃であるが、私は東京帝国大学文学部哲学科に入学した。同年五月一日、私は戦時特別受業学生に選ばれ、出隆教授指導のもとギリシア哲学を学んでいた。その頃、東大では西洋中世哲学史は独立の講座を与えられていなかった。西洋哲学に関しては、哲学・哲学史第一講座および哲学・哲学史第二講座の二講座のみであって、第一講座は古代・中世哲学史であり、これを出隆教授が一人で担当し、第二講座は近世・現代哲学史であり、これを哲学科全体の主任教授であった伊藤吉之助教授および池上鎌三助教授の二名が分担していた。専任はその三人であった。非常勤講師として西洋中世哲学史を週一時間、武田信一講師、西洋近世哲学史を週一時間、東京高等学校教授の山崎正一講師が担当していた。第二講座に関しては伊藤教授も池上助教授も近代・現代哲学の専門家であったからである。関係の深かった学科として倫理学科があり、第一講座は倫理学・西洋倫理学史で、主任教授の和辻哲郎教授が西洋現代倫理学を、金子武蔵助教授が西洋古代倫理学を分担し、第二講座は倫理学・日本倫理学史で、古川哲史助教授が担当していた。非常勤講師として吉満義彦上智大学教授が西洋現代倫理学を担当していた。美学・美術史学科において、第一講座は美学であり、大西克禮教授が主任教授として美学・西洋近代美学史を担当していた。これら関係諸学科の講座を見ても、当時は専任の教師は概論または概説の講義一つ、特殊講義一つ、演習一つを受け持たなければならなかったが、西洋中世哲学史は週一時間の武田講師の時間のみで、これに関する演習はなかった。なお、本来講座は教授一名、助教授一名、非常勤講師一名、助手一名、副手一名で構成されなければならなかったが、多くの学科において、二講座ある場合はいずれかの講座が一名の欠員を余儀なくされ、ほとんどすべての学科において、二講座において専任教官四名が揃っているところはなかった。そのような状況の中で、哲学科は他の哲学関係学科に比べて学生も多かったので、一名の増員を図ることになり、それが第一講座の中世哲学史担当者の予定であった。私が大学院特別研究生後期のとき、主任教授は伊藤教授定年退官のため出教授となり、第二講座の池上助教授は教授に昇進し、岩崎武雄助教授が新たに加わったが、依然定員は三名のままであった。その頃、出教授ならびに池上教授によって全く非公式にではあるが、命令としてではなく暗示的勧奨として私に西洋中世哲学史研究に専念してみてはどうかというお達しがあり、近い将来補充されることになる一名の教官に対する何名かの候補者の一人として、いずれ戦後国交が正常化したならば、海外留学の候補者に推される可能性もあるということまで聞かされ、それは倫理学科の和辻教授からも伺った話であった。

私は、当時から思索力を鍛えるために主として出、池上両教授の勧奨もあり、古代ギリシアならびに中世哲学の研究論文を多数整えてはいたが、私の意図は哲学史の専門家になることではなく、哲学の体系的思索にあったので、この本来極めてありがたい暗示的勧奨に忠実ではなく、主たる論文の多くは学術雑誌に掲載されるには程遠い騎虎の息ごみに跳るだけの未熟な体系的思索の模索ばかりであった。そのうち敗戦後数年の間に日本の学界の風潮も文部省の教育方針も社会学、心理学、教育学等の充実に重点を置くこととなり、思想の根底をなすと言われて重視されたはずの東大の哲学講座の一名増員の計画は消え去り、また中世哲学を重視なされていた二人の教授のうち和辻教授は定年退官で、今一人の私の指導教授の出教授は政治問題で大学を去り、新たに指導教授と仰いだ池上教授の思いもよらぬ早い逝去により、私は外国で流浪の非常勤講師を続ける他なく、帰国後九州大学を経て、竹内敏雄教授の推挙により、私が美学と形而上学の授業担当として二十年後に東大に戻ったときにも、西洋中世哲学の講座はなかった。私の考えているような形の中世哲学研究が正当であるか否かは別として、西洋中世哲学の研究は少なくとも、西洋哲学と東洋哲学を綜合するような新しい哲学思索の練習の場として最適であると思われてならず、その後第一講座の古代哲学を担当した斎藤忍随教授の執拗とも思われるほどの勧奨もあって、私はその後の五十年間も中世哲学研究を絶やしたことがなく、それは決して私の主体研究対象としてではなかったが、折を見てはその成果を書きとめておいたものが、このような書物になったのである。

講義とは無関係で、忙しい講義の準備の合間を縫って、神を忘れなかった中世の哲学には何か現代に意味のある精神の霊的な能力を開発するものがあるに違いない、私の思索に現代と未来のための力を与えるものがあるに違いない、と考えて五十年間少しずつ研究を絶やさなかったものの出版すれば千頁の本になろうかと思う本書について、著者としてはさまざまの思いを抱かざるをえない。本書に関するかぎり、私の研究場所は三カ所である。本書の第十章までは、東京大学文学部美学芸術学研究室、および東洋一と言われる東京大学図書館およびキリスト教神学関係の書籍やテクストの多い上智大学図書館を含めて、東京大学の私の研究室の中であった。本書の第十四章までは私が東大定年退官と同時に創設した哲学国際センターであり、ここを中心として木曜日を中世哲学の日と定め、特にポストモダンに役立つ思索の材料を求めて、西洋中世のテクストを新しいパースペクティヴで読む訓練を自らに課していた。これは次の第三の場に至る助走であったかと思われる。本書第十五章以下終章に至る箇所の半分以上の充実した内容の書かれた第三の場は、私がそこの大学院宗教文化博士課程後期を創設するために岸英司学長に招かれて赴いた西国尼崎市にあった英知大学（現聖トマス大学）のサピエンティア・タワー七階全域を占めるキリスト教文化研究所所長室であった。その大学の神学および哲学は良書に充ちていたし、キリスト教文化研究所の雰囲気が本書を完成に向けるには好適であった。私は第二の場、哲学国際センターでの中世研究を全廃し、中世哲学執筆はこの場ですることに定めたが、それは大成功であった。東京の哲学国際センターはエコエティカやメタテクニカをはじめとする私の本来の現代哲学者としての体系的思索の国際的な仕事に専念する場とし、西洋中世哲学は英知大学およびその関係で知りえた研究の場に限定したので能率が倍増したと思われる。

第一、第二の時代、岩波書店合庭惇氏に資料の面でも助力を仰ぎ、執筆の上での便も氏を通じて得たが、不幸にも学生紛争の時代と重なり、そのうち同氏が大学教授に転じたため、執筆自体も遅れ勝ちとなった。その頃助手の一人であった橋本典子氏（現青山学院女子短期大学教授）が、特に西洋中世美学に関心をもつ大学院学生を動員してすでに他所で発表した論文をとりまとめ途中まで原稿にしたことは有難かった。第三の時代の作業は本書の作業に関するかぎりはまさに圧巻であった。岸教授、和田幹男教授という卓越した才能の司祭たちの神学研究書案内も他に得難いものであったし、本文の口述筆記、註の学問的整備、全体の原稿の改めての整理など一切を引き受けた英知大学大学院非常勤講師三村利恵氏は西洋中世の女性哲学者の研究をしていたこともあったためか、力の入れ方が抜群であった。特に三村氏は序章から終章に至る私の全原稿をデータに打ち込むという多大の労苦をもって編集作業を実に短期間で済むようにまでしてくれた。これには合庭氏を次いだ中川和夫氏が驚いて喜び、これほどの有難い編集援助は稀であると三村氏への謝意をくりかえした。私も三村氏の協力に深謝する辞を知らないほど感謝している。なぜかと言えば三村利恵氏がいなかったなら、私が命がけで書いていた本書は絶対に存しえなかったからである。

もともと中川氏に本書の手書き原稿の存在を知らせ、出版契約は古い昔の口約束のようでもあるが出版を勧告して下さったのは東京大学教授関根清三氏であった。私のかつての東大における聴講者である同氏の当時から変らぬ有難いご厚意に感謝の念を明らかにしたい。また、本書の校閲を引き受けて下さった友人、聖心女子大学名誉教授宮内久光氏には多大のご苦労をおかけすることになり、このことに対しても深謝している。

ようやくにして出先生、和辻先生、池上先生、斎藤忍随教授たちの古くからの宿題を果たした気もするが、西洋中世哲学については私が大学入学直後、グラープマンの書を共に読みながら教えて下さった武田信一先生、慶應大学松本正夫先生、京都大学の高田三郎先生方にも感謝を献げなければならないし、同僚として競い合った京都大学の山田晶君、九州大学の稲垣良典君たちにも感謝しなければならない。

長いあとがきになったが、私は今癌を病み、入院中であり、余命幾何もないと言われて病床にあり、この書の校正刷りを読みつつ、他の完成したい書物のことを案じ、言わば死力を尽くしている現状であるから、何となく書き残しておきたいことが多かったからである。出版のこと編集のことなどに病床にたびたび足を運んで忠実に仕事を果たして下さった、そしてまたこの困難の多大な仕事を見捨てることなく、助力の限りを尽くして下さった中川氏に、私の生きているうちにと早い印刷をして下さったことも含めて表す謝辞をもって結びとする。

二〇〇九年八月一日

昨年すなわち二〇〇九年の夏に癌が発見され、余命約二カ月という診断をそのとき宣告された。そうなるとその二カ月の間に何か一つでも書き終えて仕事の一つも完成できないまま死ぬことになっても困るので、比較的完成度が高そうに思えた本書、西洋中世哲学史の原稿を病室で完成させようと考え、何かものに取り憑かれでもしたように、昼夜の別なく手を加えたり、書き足したりしていた。その頃は抗癌剤の副作用も強く、自分のライフワークであるエコエティカ(生圏倫理学)やその他の新しい思索を続けるだけの気力が出てこなかったので、ただひたすら本書の完成に向けて力を傾倒するしかなかった。そしてそれに集中する理由は他にもあって、大学に入ったばかりの敗戦間際の頃から、ほとんど個人授業のようにして私に中世哲学を教えて下さった武田信一先生への恩返しの心構えであった。それゆえ、とりあえずの「あとがき」はそういう感謝で何十年かにわたって書き継いだ原稿を飾るものとなった。

それはともかく、そのあたりのことを確かめるために、その当時の思い出を綴った私の二冊の著書『空気への手紙』と『知の光を求めて』を読み返してみたら、私に西洋中世の哲学の勉強を勧めたり、命じたりなさったのは武田先生ではなく、他の方々であったことが明瞭となり、武田先生は夏目漱石の『心』に登場する先生のように、ただご自身の楽しみに本を読み、それを私にも勧めておられたに過ぎないことも明らかになった。そうこうするうちに、何とはなしに鈍り切っていた判断力も少しは正常化するにつれ、前述の二冊の本によって、どういう方々がどのような理由で私に西洋中世哲学に関する書物を著すように命じたり、勧告したりされたかを、私の書物の中の記述を基にして考え直してみようと思えるようになった。そうすると大切なことも明らかとなった。そして、余命の期限を十カ月も過ぎた今、その明らかとなった大切なことや西洋中世哲学を研究する契機となった先生方について書き留めておこうと思う。

明らかとなった大切なこととは何か。それは武田先生が急患として入院なさった日、私は先生を見舞い、「これからも、教えて下さい、先生！」と申し上げたとき、先生はしばらく目をつぶり、息を整えてからささやくような声で、「ありがとう、……僕は……学問をしてきた。……それが……僕だけに意味が……あったのではなく、君にも……意味があったのか。……ありがとう」と言われた。そして看護婦の熱の測定などがあった後、先生は「今道君……よく……来てくれた。君の……ありがとうを……僕は……喜ぶ」と私の心に彫り込むような言葉を残された。これは『ムネーモシュネー』誌第八号（二〇〇四年八月発行）にある今から五十年以上も前の思い出の記である。武田先生が私に西洋中世の哲学を教えて下さったが、今挙げた先生の言葉は、私が武田先生のように学問を学んだことを意味しているのであって、この言葉は私の心の宝であるが、先生は私に本を書くようになどとは一言も言っておられない。漱石の『心』の「先生」と全く同じなのである。

ではどのような方々が、どのような理由で私に西洋中世哲学を書くようにと言われたのであろうか。それらの方はすべてとうの昔になくなられているのであるから、今の私の思い出だけで綴れば、どのような間違いがあるかもしれない。それでそういう方々について書いた私の文章の中から、具体的には『空気への手紙』（一九八三年）および『知の光を求めて』（二〇〇〇年）、『遠い茜』（二〇〇六年）の三冊から、選び出すことにする。

哲学的に最も強烈に私に西洋中世哲学の必要性を訴え、かつ命じられたのは、西田幾多郎先生であった。晩年を鎌倉の姥ケ谷と記憶しているところでお過ごしだった先生と私の、あまり知られざる関係の深さはいずれ語ることもあると思うが、今は昭和二十年五月二十二日の先生のお言葉を記しておく。

「アリストテレスでは論理《ロギーク》がフォルマーレでないことに注意しなければならない。すなわち、ザインとロゴスが合一していた。中世ではザイン（存在）はペルゼーンリヒカイト（人間性）を得て深まったが、ロゴスはそのままであったから、どうしてもフォルマーレ（形式的）となる。カントのローギイクはニュートン物理学の、すなわち自然科学の論理である。まだ本当のザインの論理になっていない。ロゴス自体を深める方向に君は考えてみないか。それはある意味で中世を追いかけることになる。その大事な中世の本当の意味の大哲学者はアウグスティヌスである。時間性も歴史性も意志自由の問題もあそこから深まって来た。それに比べるとトマス・アクィナスは器用にまとめただけの人だ。プラトン、アリストテレス、アウグスティヌス、この三人はどうしても尊敬しなければならず、読めば読むほど深さがわかる。西洋中世の哲学を本気でやらずに、ペルゾーンや時間性、歴史などがわかるはずはない。私の独自の考えとしての無や場の問題も、西洋中世の思想の深まりと関係があるのだ」。そしてここから田邊哲学への、特にその中世なき歴史観への批判があったが、それは私も同感であった。当時在学中の一高の講堂で「文化の限界」という題で西田の後任、京大教授田邊元の講演を聴いたが、その際、種の論理の説明の一環に、国民と真理を媒介するものとして天皇が話題になり、その天皇も食糧不足で痩せてこられたと言い、流涙してハンカチで目を拭った。彼のその真面目さは、人を打つものがあり、それによって京都大学に進学を決意した友人は多かったが、私にとってはそれこそ愚かの極であって、当然ここに歴史哲学の欠片《かけら》も見ることはできなかった。西田先生は私に向かい、「君も西洋中世を追いかけてみてはどうだ。君は考えるとき、考えるのであって、図式にあてはめてはならぬ。図式で成功するのは科学であって、哲学にはならぬ」（以上、『空気への手紙』七〇頁前後と私の日記からの抄記）。

次に出隆、池上鎌三の両先生であるが、先生方は東京大学には古代哲学と近世哲学の二講座しかなく、中世哲学の講座を立てたいので、中世哲学を勉強せよと私に強く奨められたが、これはその後に生じた大学紛争のために実行できなかった。しかし、両教授は意見が常に対立していたが、私に中世哲学を担当させようという点では常に一致していた。

そのような人びとが私に中世哲学を期待したことの一つは、私がカトリック教徒であり、カトリックはトマス・アクィナスの哲学・神学を中心とするという世間一般の誤解のゆえもあった。慶應大学の松本正夫先生、東京女子大学長の石原謙先生、東京大学美学科の竹内敏雄先生はみなキリスト教徒としての私に、中世哲学、中世美学が日本ではまだ充分ではなかったということで、中世関係の講義を期待されたのであった。もともと哲学の思索、形而上学的体系の樹立を憧憬れていた私にしてみれば、中世関係の講義や研究を期待されたことは、苦痛のこともあった。しかし一方で欧州現地でその文化を多少は見知っていた私としては、この時代を暗黒時代と言われることには大反対であり、ポーランドの碩学タタールケヴィッチが彼の美学史を通常そこから美学が始まると言われる十八世紀のバウムガルテンの前で終わる大著をものし、そこにも中世美学の偉大さに注目すべきであることを示しているということもあった。タタールケヴィッチ先生と私の二人は、こもごも中世美学史の重要性を述べて、世界の学界にそのための二人の目標を掲げ、業績を示すことになった。それはブカレストにおける国際美学会での話で、『知の光を求めて』の一五五頁前後に書かれている。

私の『中世の哲学』の完成については、限られた余命を十カ月以上も延命可能として下さった主治医・飯塚敏郎先生をはじめとする諸先生および看護師の方々の医学的治療、それと併せての執筆に対するご理解にも深く感謝しなければならない。

また、病床の私をいつも心に留め、たびたび見舞ってくださる宮内久光氏には、特にトマス・アクィナスに関する幾章かに対し、いくつかの有難いご指摘をいただいたことに心よりの感謝を申し上げたい。

そして、合庭惇氏が岩波の編集者であったときに持ち上がった企画を、関根清三教授が中川和夫氏に伝え、その実現を勧めた。本来ならもっと早くにこの書を完成させたかったが、多忙を極めていたため中断の時期もあったにもかかわらず、中川氏は完成まで見捨てず、ぷねうま舎を立ち上げた後も、そこでの仕事と並んで、私の原稿を岩波から出して下さることになった。

何よりも、その中川氏が感嘆するほどの仕事(数十年にわたる原稿の全編の入力作業にはじまり、註を含めたその他の細々《こまごま》としたことに至るまで)をこなした三村利恵氏がいなければ、これらの原稿は埋もれて忘れられてしまったに違いない。つまり、三村氏の骨身を惜しまぬ助力がなければ、本書は完成し得なかったのである。三村氏そして中川氏、特にこのお二人に改めてこの場を借りて深甚の謝意を表したい。お二人の出版に向けての多大な努力を伴ったご協力により、先に述べた先生方から奨められ、期待された中世哲学の研究が、ここに一つの大きな成果として実を結んだことはこのうえない幸せである。

この大きな実りを一つの糧として、残された時間を活用して、新たな思索のために費やしていきたい。

二〇一〇年三月十四日

今道友信

初出一覧

序章　豊饒なる中世

原題・自由と思索の故郷たる中世について

『世界人生論全集』3（筑摩書房、一九六四年、三九七—四一二頁所収）に大幅に加筆。

第一章　教父学の展望

原題・教養と発明——教父時代の哲学と神学

中世哲学会編『中世思想研究』XIV（一九七二年、一六—二九頁所収）に大幅に加筆。

第二章　転位と塑性——ニュッサのグレゴリオス（1）

原題・転位と塑性に関する一研究

中世哲学会編『中世思想研究』IV（一九六一年、一五—三一頁所収）に大幅に加筆。

第三章　自由と美と神秘の聯関について——ニュッサのグレゴリオス（2）

原題・自由と美と神秘の聯関について——ニュッサのグレゴリウスの美學

今道友信編『美學史研究叢書』第二輯（東京大学文学部美学藝術学研究室、一九七一年、九—四二頁所収）に大幅に加筆。

第四章　包越と恩寵——アウグスティヌス（1）

原題・包越者——アウグスティーヌスによるgratiaと神の省察。恩寵と自由意志論の研究

中世哲学会編『中世思想研究』VIII（一九六六年、一〇—二二頁所収）に大幅に加筆。

第五章　超越と解釈——アウグスティヌス（2）

原題・解釈の論理学的位置について——アウグスティヌス『告白』及び『詩篇講解』研究による論理学的判断論の展開と解釈の現象学から解釈の存在論的体系的意義の確立への企て

東京大學文學部研究報告『哲學論文集』第二（一九七二年、八五—一五六頁所収）、および、アウグスティヌスに於ける超越の問題

『理想』四三五号（一九六九年、四三—五〇頁所収）に大幅に加筆。

第六章　スコラ学展望

原題・スコラ学

岩波講座世界歴史10『中世4』（一九七〇年、四二七—四五二頁所収）に大幅に加筆。

第七章　学燈の保持——ボエティウス(1)　書き下ろし
第八章　思索としての神学——ボエティウス(2)
書き下ろし
第九章　否定と超越——ヨハネス・スコトゥス・エリウゲナ
書き下ろし
第十章　論証と真理——カンタベリーのアンセルムス(1)
原題・論証と真理——カンタベリーのアンセルムス
『清泉女子大学紀要』三五(一九八七年、二九—四九
頁所収)に大幅に加筆。
第十一章　純粋思索の自己展開
——カンタベリーのアンセルムス(2)
原題・純粋思索の自己展開——アンセルムス研究二
『清泉女子大学紀要』三六(一九八八年、一—一五頁
所収)に大幅に加筆。
第十二章　原型と刺戟——中世のユダヤ哲学　書き下ろし
第十三章　方法と普遍——アベラール(1)　書き下ろし
第十四章　論理学の本質——アベラール(2)
原題・アベラールに於ける論理と言語
今道・中山・箕輪・有働共編『中世の哲学者たち』
(思索社、一九八〇年、六五—一〇四頁所収)に大
幅に加筆。
第十五章　スンマの祖型とアリストテレスの登場
——ヘイルズのアレクサンデルと
アルベルトゥス・マグヌス　書き下ろし
第十六章　一修道者の生涯と著作——トマス・アクィナス(1)
書き下ろし

第十七章　思索の統括的自己呈示——トマス・アクィナス(2)
原題・認識の確実性について——聖トマス新解釈の
企て
中世哲学会編『中世思想研究』X(一九六八年、一
—二二頁所収)に大幅に加筆。
第十八章　対立する時間論　アウグスティヌスとの比較を
中心として——トマス・アクィナス(3)
原題・時間性の構造——中世哲学の場合
松本正夫他編『トマス・アクィナス研究——没後七
百年記念論文集』(創文社、一九七五年、一四一
—一六二頁所収)に大幅に加筆。
第十九章　十三世紀哲学の対極的位相
——ボナヴェントゥラとシゲルス　書き下ろし
第二十章　十四世紀の哲学——スコトゥスとオッカム
書き下ろし
第二十一章　十五世紀哲学への道程——エックハルトと
イブン・ハルドゥーン　書き下ろし
第二十二章　超越と命題——ニコラウス・クザーヌスの場合
中世哲学会編『中世思想研究』XLII(二〇〇〇年、
一—一九頁所収)に大幅に加筆。
終章　中世哲学の解纜——中世哲学における距離のパトス
一　現実と傾斜
中世哲学会編『中世思想研究』XXIX(一九八七年、
一—二〇頁所収)に大幅に加筆。
二　中世の終焉　書き下ろし

■岩波オンデマンドブックス■

中世の哲学

2010年5月28日　第1刷発行
2017年7月11日　オンデマンド版発行

著　者　今道友信《いまみちとものぶ》

発行者　岡本　厚

発行所　株式会社　岩波書店
〒101-8002　東京都千代田区一ツ橋2-5-5
電話案内　03-5210-4000
http://www.iwanami.co.jp/

印刷／製本・法令印刷

ISBN 978-4-00-730626-6　　Printed in Japan

人名索引

カ 行

サ 行

タ 行

ナ 行

ハ 行

マ 行

ヤ 行

ラ 行

ワ 行